KB071534

상담학개론

대표저자 **김계현**

김창대 · 권경인 · 황매향 · 이상민 · 최한나 · 서영석 · 이윤주
손은령 · 김용태 · 김봉환 · 김인규 · 김동민 · 임은미 공저

COUNSELING

학지사

머리말

이 『상담학개론』이 계획된 것은 이미 수년 전이다. 우리나라에 상담을 전공하는 대학원 및 학부 학생의 수가 급격히 늘어남에 따라 상담학의 개론서 및 각론 서적의 필요성이 강하게 제기되었기 때문이다. 그 배경에는 우리 사회 여러 분야에서 전문적인 상담 서비스를 요구하는 폭넓고 강한 수요가 작용했던 것으로 이해할 수 있겠다.

'상담학'은 '상담에 대한 학문'의 줄임말이다. 이 단어는 어떤 외국어에 대한 번역어가 아니라 우리나라에서 자생(自生)한 단어다. '상담학'을 영어로 번역한다면 'Science of Counseling'이 가장 적합한 번역이라고 할 수 있을 것이며, 굳이 한 단어로 조어(造語)를 한다면 'Counselogy'라고 할 수 있겠다. 상담에 대한 학문으로서 종전까지의 대표적인 명칭은 '상담심리학', 즉 Counseling Psychology이었는데, 본 개론서 저자들은 다음과 같은 생각에서 이 책의 이름으로 '상담학'이라는 단어를 사용하기로 결정하였다.

'상담심리학'은 '심리학'의 한 분과로서 심리학의 기본 가정의 틀을 벗어나기 어렵다. 그런데 상담의 실제 활동 영역은 매우 다양하고 넓어서 심리학이라는 단일 학문만으로는 전부 포괄하기 어렵다는 인식이 보편적으로 이루어지고 있다. 더구나 상담을 전문적으로 가르치고 상담전문가를 양성하고자 하는 대학의 학과가 심리학 이외에도 교육학, 가족학, 아동학, 복지학, 신학 등 다양하다는 현실, 게다가 최근에는 '상담학과'를 설치하는 대학들이 급증하고 있다는 현실이 상담학에 대한 새로운 개념화(槪念化)가 필요함을 말해 주고 있다. 따라서 본 개론서를 기획한 당초의 취지는 우리나라에서 시행되는 상담의 실제를 가급적 폭넓게 포괄하는 내용으로 책을 구성한다는 것이었다.

상담은 종전에 심리학적으로 이해하듯이 개인의 심리적 문제를 해결하는 데에 국한되지 않는다. 현대 사회의 상담은 고용, 실업, 직업 전환의 문제, 비행과 범죄의 문제, 다문화 시대의 각종 사회적 문제에 관여한다. 그리고 현대의 상담은 군 · 회사 · 학교 · 정부 등 커다란 조직체의 문제에도 관여한다. 이런 경우에 상담은 한 개인의 단위뿐만 아니라 조직 전체의 단위로도 개입을 해야 한다. 상담은 또한 시 · 군 · 구 및 도 혹은 국가 전체와 같은 더 큰 지역사회 단위의 개입을 하기도 한다. 다시 말해서 현대의 상담학은 제도, 법률, 정책, 문화 등 종전의 상담이 깊이 관여하지 않았던 주제들을 다루어야 한다는 시대적 요청에 직면하고 있다.

이 책 『상담학개론』은 대학원 및 학부의 상담학 전공생들이 공부하는 개론 교재를 염두에 두고 작성되었다. 따라서 한 학기 강의에 적합하도록 14개의 장으로 분량을 정하였으며, 각 장의 내용도 전공생들의 필요에 맞도록 적절한 난이도를 유지하였다. 이 책은 상담학에 막 입문한 학생 및 상담학 입문을 계획하는 수험생들이 읽기에 가장 유용할 것이라고 생각된다. 이 책을 읽음으로써 상담에 대한, 그리고 상담학에 대한 보편적이고 폭넓은 이해를 도모하기를 바라며 그다음에는 각 세부 영역에 관한 각론 서적들을 독파해 주기를 바란다.

현대의 상담학은 상담의 실제, 이론, 연구 세 측면을 골고루 포괄해야 한다. 이 책은 가급적 그 세 측면을 균형 있게 다루고자 노력하였다. 이 책이 '상담학'이라는 용어를 정식으로 채택한 최초의 전문 서적이라는 점에 대해서 자부심과 책임감을 저자들은 가지고 있으며, 앞으로 우리나라의 상담학이 지속해서 발전하도록 독자 여러분과 함께 열심히 매진할 것을 약속드린다. 끝으로, 이 책이 출판되는 데 함께 애써 준 학지사 김진환 사장과 직원들께 감사드린다.

2011년 3월
저자대표 김계현

차 례

제1부 상담학의 개념과 영역

제2부 상담의 이론과 적용

제3부 상담학의 주요 쟁점

제1부

상담학의 개념과 영역

제1장
상담과 상담학

　이 장은 본 개론서를 시작하는 장으로서 몇 가지 주요 쟁점들을 다룬다. 우선, 상담에 대한 개념적 정의를 살펴볼 것이다. 상담을 여러 측면에서, 여러 관점에서 조망하는 작업을 할 것이다. 그다음에는 상담학(相談學)이 무엇인지, 무엇이어야 하는지에 대해서 논의할 것이다. 상담학의 성격과 구성 요건 등에 대해서 살펴볼 것이다. 마지막으로, 상담을 수행하는 사람, 즉 상담사란 누구이고, 상담전문가가 되는 경로와 방법은 무엇이 있으며, 하나의 전문인으로 발전하는 진로는 어떠한지 등에 대해서 설명을 할 것이다.

1. 상담의 개념

　상담학이 무엇인지 살펴보기 전에 상담학의 주된 탐구 대상인 '상담'이 무엇인지를 먼저 살펴보아야 할 것이다. 상담이란 무엇인가? 상담은 이미 우리 사회에서 수십 년 이상 사용되어 온 용어이며 활동이며 제도다. 따라서 상담이 무엇인지를 살펴보는 일은 그다지 단순하지 않다는 것을 예상할 수 있다. 이 절에서는 상담학자들이 상담을 무엇으로 개념화하며, 상담을 어떻게 정의하는지에 대해서 검토할 것이다. 아울러 상담은 상담학의 탐구 대상일 뿐만 아니라 우리나라 사회의 여러 부문에서 보편적으로 이루어지는 활동이기 때문에 상담의 일반적 의미에 대해서도 검토해야 할 것이다. 상담의 개념은 상담을 적용하는 기관, 제도, 목적에 따라 달라지기 때문에 이 책의 각 장에서는 조금씩 다르게 상담을 정의할 가능성이 있다.

1) 상담의 다양한 정의

상담은 한자로 相談으로, '서로'라는 뜻의 相과 '이야기'라는 뜻의 談이 합해진 말이다. 한자어를 직역하면 '서로 이야기함' 정도의 뜻이 된다. 국어사전에서는 상담을 "어려운 문제를 해결하거나 궁금증을 풀기 위해 서로 의논함"으로 풀이하여 서로 이야기를 나누는 이유나 목적이 있음을 암시하고 있다. 상담은 또한 영어로는 counseling[1]인데, 사전상에는 '의논, 협의, 조언, 권고' 등이 대표적인 의미로 제시되어 있다.

(1) 상담학에서의 상담

앞서 말한 것처럼 상담이라는 단어는 상담학에서만 사용하는 것이 아니라 더 보편적으로 사용되고 있다. 우리 사회에서는 부동산상담, 세무상담, 법률상담, 건강상담 등 상담이라는 단어를 다양하게 사용하고 있는데, 상담학자들은 이러한 상담은 '상담학의 상담'이 아니라고 생각한다(김계현, 1997; 이장호, 1982; 이형득, 2003; 정원식, 박성수, 1978). 그렇다면 상담학자들이 생각하는 '상담학의 상담'은 무엇인가?

① 상담전문가에 의한 상담

상담학자들이 생각하는 '상담학의 상담'은 '상담전문가'에 의해 수행되는 상담을 뜻한다. 그렇다면 여기서 상담전문가란 누구를 말하는가? 이 장의 제3절에서 상담전문가 양성 및 자격 등에 관한 사항들을 좀 더 상세하게 설명하고 있는데, 한마디로 상

---

1) counseling의 번역어로서 상담(相談)의 경우 우리나라뿐만 아니라 일본에서도 같은 단어를 사용하고 있다. 중국에서도 상담이라는 용어를 사용하기는 하지만 심리자문(諮問)이라는 용어를 더 빈번히 사용하는 것으로 보인다.

담전문가란 상담의 이론과 실제에 관하여 소정의 교육·훈련을 받은 사람, 소정의 심사 절차를 통과한 사람을 지칭한다. 사실 우리 인간은 삶의 과정 중에 수시로 문제에 부딪히고 그에 관해서 다른 사람과 의논하고 조언을 듣곤 하지만 우리는 그 모든 것을 '상담'이라고 부르지는 않는다. 이 책에서 말하는 상담학의 상담은 소정의 교육·훈련을 받고 소정의 자격을 갖춘 전문가에 의한 상담을 의미한다. 상담이 상담 전문가에 의한 상담을 지칭한다는 속성은 우리나라 상담학의 초기 저서들에서도 이미 분명하게 언급된 바 있으며(이장호, 1982; 정원식, 박성수, 1978), 30여 년이 지난 현재에도 이 속성은 지속되고 있다.

② 상담의 영역

상담에서 다루는 문제의 영역은 어디까지인가? 모든 문제에 대한 의논을 상담이라고 할 것인가, 아니면 문제의 영역에 제한을 둘 것인가? 앞서 언급한 부동산상담, 세무상담, 법률상담, 건강상담, 투자상담 등도 모두 '상담'이라는 용어를 붙이고 있지만 이 책에서는 그것을 상담학에 포함시키지 않는다. 왜 그런가? 부동산상담은 상담 전문가보다는 공인중개사에 의해서 수행되며, 세무상담은 세무사에 의해서, 법률상담은 변호사, 변리사 혹은 법무사에 의해서, 건강상담은 의사, 간호사 등 의료 관련 전문가에 의해서 그리고 투자상담은 투자 및 재무 전문가에 의해서 수행되기 때문이다. 그렇다면 상담전문가의 전문 영역은 무엇인가? 여기서 그 영역을 정확하게 구획 짓는 것은 무리이지만, 현재 보편적으로 인정하고 있는 상담의 영역은 심리, 진로와 직업, 교육 및 학업, 발달과 장애, 결혼과 가정, 인간관계, 적응, 중독·비행 등 문제 행동, 신앙(信仰) 등을 포함하고 있다. 단, 이러한 상담 영역은 시대의 변화에 따라 조금씩 변화한다.

(2) 상담과 심리치료

상담의 개념을 논의할 때는 심리치료와 상담이 같은 것인지 혹은 다른 것인지, 다르다면 어떤 점에서 다른지의 쟁점이 항상 제기된다. 이 쟁점은 아주 오래된 해묵은 쟁점이지만 아직 완전히 해결되지 않았기에 여기에서도 다시 언급할 만한 가치가 있다. 이 주제에 대해서는 김계현(1997)의 저서에서 비교적 상세히 논의하고 있다.

① 상담과 심리치료를 구분하지 않는 관점

상담(counseling)과 심리치료(psychotherapy)를 구분할 필요가 없다고 보는 관점이 있다. 이 관점은 주로 상담사(카운슬러 혹은 상담심리학자)가 하는 활동과 심리치료사(psychotherapist)가 하는 활동을 구분하기가 어렵다는 점에 기초하고 있다(Corey, 2001). 상담사와 심리치료사는 이론, 인간관, 기법, 기술 등에서 상호 차이점보다는 중복성을 더 많이 가지고 있다는 것이다. 예를 들면, 상담사와 심리치료사는 이론을 공유할 뿐만 아니라 경청, 질문, 해석, 조언, 정보 제공, 평가, 지지 등 근본적으로 동일한 활동을 한다(Corsini, 1979). 이런 관점을 취하는 저서들은 상담이론과 심리치료이론을 구분하지 않고 설명하며 상담기법과 심리치료기법도 거의 구분 없이 설명한다.

② 상담과 심리치료를 구분하는 관점

반면에 상담과 심리치료를 구분할 필요가 있다고 보는 관점이 있다. 이 관점을 취한다 하더라도 상담과 심리치료사가 완전하게 다른, 즉 중복성이 전혀 없는 별개의 것이라는 것은 아니다. 중복성을 인정하면서도 양자의 차이점에 주목하는 입장이라고 볼 수 있다. 그러면 상담과 심리치료 간의 어떤 차이점을 말하는 것인가? 첫째, 상담에서 다루려는 문제의 속성과 심리치료에서 다루려는 문제의 속성 간에 차이가 있다는 점이다. 예를 들면, 불안장애, 우울증, 강박장애, 성격장애 등의 문제들은 심리치료의 대상인 반면, 인간관계 문제, 진로문제, 학업문제, 일시적 적응장애 등은 상담의 대상이라는 것이다(홍강의, 1993). 둘째, 상담의 목적과 심리치료의 목적 간에 차이가 있다는 점이다. 상담에서는 태도나 행동의 변화, 새로운 생활기술의 학습 등을 주된 목표로 삼는 반면, 심리치료에서는 내면화된 사고의 변화, 미해결 갈등의 해소, 성격의 기본 구조 변화 등을 목표로 삼는다(이장호, 1986; 정원식, 박성수, 1978; 정원식, 박성수, 김창대, 1999).

(3) 상담과 생활지도

상담은 종종 생활지도(guidance)와 대조되기도 한다. 생활지도는 초등학교 및 중·고등학교에서 행해지는 활동으로서 상담과 개념적으로 중복성을 가지기 때문에 상담학 문헌에서 종종 논의 주제가 되고 있다. 우리나라 학교 및 교육계에서는 생활지도와 상담을 개념적으로 구분하는 경향이 있다(김계현, 2002). 생활지도가 주로 복장 및 두발 상태, 학교생활의 기본 규칙(지각, 수업 태도 등), 기본 예절(정숙한 실내 통행, 윗사람에 대한 인사 등) 등에 관한 지도를 의미한다면, 상담은 학업부진, 교우관계 고민, 진학 및 진로 문제 등 개인적인 문제에 대해서 학교의 전문상담교사, 진로상담교사 혹은 담임교사와 상의하는 것을 의미한다(김계현 외, 2009).

학교에서의 상담은 생활지도의 한 방법으로 이해되기도 한다. 학교 생활지도에 관한 이론서들은 대표적인 생활지도 활동으로 학생조사(학생에 대한 이해), 정보 제공, 학생상담, 진로지도, 정치(placement, 定置), 심리교육 등을 들고 있으며 상담은 이런 활동 중의 하나라는 입장을 취하고 있다(이재창, 1988, 2005; 황응연, 윤희준, 1983). 반면에 상담을 생활지도의 한 '방법'으로 보지 않고 생활지도의 '원리'라는 확대된 개념으로 해석하는 관점도 있다. 한마디로 상담의 원리에 입각한 생활지도를 말한다(박성희 외, 2006). 생활지도의 양상은 수용, 공감, 존중, 지원(지지) 등 상담적 원리와 기법을 어떻게 적용했는지에 따라서 크게 달라질 것이기 때문이다. 상담의 원리가 적용되지 않은 생활지도는 일방적 훈육이나 권위주의적 지도와 다를 바 없게 된다는 입장이다.

2) 상담현장을 통한 상담의 이해

상담의 개념을 이해하는 가장 효과적인 방법은 상담이 실제로 수행되는 현장(fields)을 찾아가 그곳에서의 상담활동을 직접 목격하는 것이다. 이 방법의 가장 큰 이점은 상담을 추상적 수준으로 이해하는 것을 넘어서서 상담의 진정한 모습을 직접 관찰할 수 있다는 것이다.

(1) 학교상담

학교는 상담활동이 가장 활발하게 이루어지는 기관들 중의 하나로, 우리나라의 상담이 태동하고 발전하는 데 가장 중추적인 역할을 해 왔다고 할 수 있다. 학교에서 상담은 학생의 학교생활 적응, 학업문제, 교우관계 문제, 가정문제, 비행 및 학교폭력 등 여러 종류의 문제에 관여하며, 문제가 심각해지기 전에 미리 그것을 발견하여 조치를 취하는 예방의 기능을 중요시한다. 우리나라의 많은 중·고등학교에는 전문상담교사 및 진로진학상담교사가 배치되어 있고(초등학교에는 배치된 곳이 거의 없음), 각 지역교육청은 전문상담순회교사를 두고 있다(초·중등교육법 제19조 및 시행령). 또한 각급 학교에는 Wee 클래스(Wee Class)를, 그리고 교육청 단위로는 Wee 센터(Wee Center)라는 상담실을 설치하여 상담활동을 강화하고 있기도 하다.

학교상담의 역사를 간단히 살펴보면, 우리나라 학교의 교도교사제도의 경우 1958년도에 중등학교 교사들을 대상으로 상담교육이 시작되었고, 1964년부터는 교도교사 자격제도가 시행되었으며, 1973년도에는 교도주임제도가 시행되었다. 그 이후 자격제도가 바뀌면서 1998년도에 전문상담교사(1급), 2005년도에 전문상담교사(2급) 자격이 신설되어 오늘에 이르고 있다. 현재의 전문상담교사는 과거의 교도교사와 거의 유사하면서 교육 및 훈련 과정이 더 강화된 것이다. 일부 사립 중·고등학교에서는 상담 관련 학회에서 인증하는 전문상담사 혹은 상담심리 전문가 자격 소지자를 전담 상담사로 채용하기도 한다. 또한 새로운 제도에서는 과거와는 달리 초등학교 및 특수학교에도 전문상담교사를 배치하도록 보완되었다. 2011년에는 진로진학지도를 담당하는 상담교사를 양성·배치하기 시작하였다.

(2) 대학상담

대학교도 학교이지만 대학에서의 상담은 '학교상담'이라고 하지 않는 것이 관례다. 우리나라의 대학에는 여러 가지 다양한 이름의 상담소가 있다. 크게 심리 및 개인적 문제를 다루는 상담소, 진로 및 취업 지원을 위한 상담소, 성희롱 및 성폭력 관련 상담소가 설치되어 있다. 대학에 따라서 이 기능들을 한두 개로 묶어서 상담소를 설치하기도 하며, 각 기능을 독립시켜서 상담소를 설치하기도 한다. 심리 및 개인적 문제를 다루는 상담소는 주로 '학생생활연구소' '학생상담소' '학생생활상담소' '정신건강상담소' 등의 이름을 사용한다. '학생생활연구소'는 2000년대 초반까지는 그 설치를 법령으로 정한 이른바 '법정기관'이었으나, 현재는 각 대학의 자율에 의해 상담기관을 설치하고 그 명칭도 자율적으로 사용하도록 제도가 바뀌었다. 진로 및 취업 문제를 주로 다루는 상담소는 '경력개발센터' '취업지원상담소' '종합인적자원개발센터' 등의 다양한 이름을 사용한다. 대학에 따라서는 여학생을 위해서 '여대생경력개발센터'를 별도로 두기도 한다. 성희롱 및 성폭력 관련 상담소는 2002년 이래 모든 대학이 의무적으로 설치하도록 되어 있다. 대학에 따라서 상담소를 독립적으로 설치한 곳도 있고, 학생생활연구소 등에 부설로 설치한 곳도 있다.

우리나라 대학상담의 역사를 살펴보면, 대학상담은 1962년 서울대학교와 이화여자대학교에 학생지도연구소가 설치됨으로써 시작되었다. 특히 서울대학교 학생지도연구소는 서울대학교 학생들을 위한 상담서비스뿐만 아니라 당시 우리나라의 상담전문가 양성교육의 중심 역할을 담당하였다. 현재 서울대학교, 서강대학교, 연세대학교, 이화여자대학교 등에 설치된 상담소들은 상담학을 전공하는 대학원생들의 실습 장소 및 인턴십 장소로서의 기능을 수행하고 있다. 즉, 대학의 상담소는 학생을 위한 상담서비스 기능뿐만 아니라 전문가 양성 기능까지도 담당하고 있는 것이다.

(3) 청소년기관 상담

청소년을 주 내담자로 하거나 청소년문제를 주 영역으로 활동하는 상담기관들이 많다. 오래전부터 YMCA 혹은 YWCA, 경찰청이나 지방자치단체에서 설립·운영하는 청소년상담기관들이 활동을 해 왔다. 그러다 1990년 '청소년기본법'을 근거로 당시 중앙정부의 체육청소년부 산하에 '청소년대화의광장'이라는 이름의 상담기관이 설치되었고, 이것이 1999년 문화체육부 산하 '한국청소년상담원'으로 개칭되었다. 현재는 정부부처 변경에 의해 여성가족부 산하기관으로 바뀌었다(2010년 3월). 또한 16개 각 시·도에는 '종합청소년상담지원센터(구 종합청소년상담실)', 각 시·군·구에는 '청소년지원센터(구 청소년상담실)'(약 140개)가 설치되어 활발한 활동을 하고 있다.

청소년상담센터는 청소년이 상담을 받으러 찾아오는 상담뿐만 아니라 도움이 필요하다고 판단되는 청소년들을 적극적으로 찾아가는 형태의 상담, 즉 아웃리치(out-reach) 활동을 펼치고 있다. 뿐만 아니라 지역의 여러 기관이나 자원봉사자들을 상담센터와 연계하여 위기청소년 지원사업을 벌이는 CYS-Net(Community Youth Safety Net)도 2000년대에 개발되어 시도되는 새로운 상담서비스 시스템이다. 한국청소년상담원 및 지역의 청소년상담센터들은 각 지역의 학교들과 상담활동을 연계하여 시행하고 있다. 가장 대표적인 것이 '또래상담'인데, 각 학교에서 실시하는 또래상담에 대해서 상담센터가 전문적 지원을 해 주고 있다.

청소년상담은 법령(청소년기본법 제22조)에 의해 전문가 자격이 정해져 있으며 2003년도부터 전문가 자격제도를 시행하고 있다. 전문가 자격으로는 청소년상담사 1급·2급·3급이 있고 1년에 1회씩 자격 시험 및 심사를 실시한다.

(4) 직업상담(취업지원 상담)

1997~1998년의 외환위기로 인해 IMF(국제통화기금)의 원조를 받게 된 것을 계기로 실업문제가 우리 사회에 크게 대두되었고, 이 문제는 2007년 전 세계적인 금융위기로 더욱 심화되었다. 청년층 실업문제, 대졸자 미취업문제 등은 개인적인 문제일 뿐만 아니라 국가적인 문제로 인식되고 있다. 그래서 정부에서는 직업능력의 개발, 직업 탐색과 발견, 직업 변경, 취업 등의 영역에서 대대적으로 상담활동을 하기 시작했다. 노동부에서는 전국 각 지역에 고용센터(구 고용지원센터, 고용안정센터)를 설치하여 실업급여 업무를 비롯한 취업지원, 진로개발 등의 상담 업무를 활발하게 전개하고 있다. 또한 한국고용정보원, 한국직업능력개발원 등에서는 직업상담에 대한 기초연구, 상담도구 개발 등의 연구개발 업무를 시행하고 있다. 그리고 직업상담사 1ㆍ2급 국가자격증이 제도화되어 2000년부터 매년 자격 부여를 하고 있다. 직업 및 진로상담은 특히 대학교에서 활성화되고 있다. 앞서 언급하였듯이 대학은 의무적으로 학생들의 진로의식 개발, 취업기술 향상, 진로 의사결정, 직업역량 개발, 직업 정보 제공 등의 업무를 하도록 되어 있다. 이런 업무는 대학의 경력개발센터, 인적자원개발센터 등에서 담당한다.

(5) 기업상담(산업상담, 직장인상담)

기업체에서의 상담은 근로자, 즉 피고용인의 고충처리에 관한 법률(노사협의회법)과 여성 근로자 권익에 관한 법률(남녀고용평등법) 등을 기반으로 시도되기 시작했다. 초기에는 상담전문가보다는 회사 내의 기숙사 사감이나 인사담당자로 하여금 고충처리 위원 혹은 상담역을 겸직토록 하는 경우가 많았다. 그러나 1997~1998년의 외환위기를 겪으면서 기업 내 문화가 크게 바뀜에 따라 기업의 상담에도 변화가 일기 시작했다. 인사 구조조정으로 이직, 해고, 전직, 조기 퇴임 등이 늘어나고 평생직장의 개념이 사라지면서 개인의 경력 개발과 경력 관리의 중요성이 부각되었다. 직장에서 경험하는 스트레스로 인해 겪게 되는 정신건강 및 신체건강 문제가 산업재해로 인정받게 되어 경영인들은 피고용인들의 정신건강 상태까지 관리해야 하는 입장이 되었다. 또한 국민들의 복지의식이 고양되어서 근로자들은 의료, 상담 등의 서비스를 복지제도의 일환으로 여기게 되었다. 이런 배경을 기반으로 2000년대에는 삼성, LG, SK 등 대기업과 외국계 기업들을 중심으로 회사 내에 상담센터를 설치하고 전문상담사들을 고용하기 시작하였다. 또한 기업의 근로자상담을 전문으로 수행하는 '상담회사', 즉 EAP(employee assistance program) 전문회사, 전직지원이나 경력개발 등의 업무를 전문으로 수행하는 회사 등이 설립되면서 직장인들을 주 고객으로 하는 형태의 상담이 증가하고 있다.

(6) 복지기관 상담

많은 사회복지기관, 아동복지기관, 부녀복지기관, 노인복지기관에서는 상담활동을 하고 있다. 복지기관은 기본적으로 '사회사업' 혹은 '사회복지'의 개념에 의해 설립 · 운영되므로 상담활동을 하는 이들이 대개 사회사업학이나 사회복지학의 배경을 가지고 있으며 사회복지사 자격을 취득한 사람들이다. 그들의 상담 영역이 과거에는 저소득층 사람들에게 복지 프로그램에 관한 정보를 제공하는 일, 보호가 필요한 아동이나 부녀자들에게 보호기관을 알선하는 일 등에 국한됐으나, 최근에는 그 활동영역이 청소년 선도, 가족복지, 가족치료 등에까지 확대되고 있다. 예를 들면, 각 시 · 군 · 구에 설치되어 있는 건강가정지원센터, 지역복지센터에서는 주민들을 위한 상담활동을 전개하고 있다.

(7) 종교기관 상담

개신교, 가톨릭, 불교 등의 성직자 및 수도자들은 신도들의 신앙적 고민과 갈등뿐만 아니라 그들의 생활상의 고민(예: 부부갈등, 고부갈등)에 대해서도 상담을 해 준다. 그래서 성직자 및 수도자는 오래전부터 상담학에 관심을 가지고 있었으며, 최근에는 그들의 교육과정에서 목회상담 등 상담 관련 과목의 비중이 점점 높아지고 있다. 대학원과정에 상담학 전공을 설치하고 있는 신학대학원이 늘어나고, 학부과정에 기독교상담학과가 설치되는가 하면, 불교대학원에 상담전공학과가 설치되기도 하였다. 또 최근에는 성직자가 아닌 전문상담자를 종교기관(즉, 교회)에서 채용하여 활용하는 곳도 생기고 있다.

(8) 사설개업상담

개인, 법인 혹은 사설단체가 설립하고 유료상담을 하는 것을 사설개업상담(private practice)이라고 한다. 최근 우리나라에서는 이런 유료상담소를 개업하는 사례가 부쩍 늘고 있다. 아직 유료상담을 개업할 수 있는 전문가 자격에 대해서는 구체적인 법적 규정이 없지만 대개 상담 관련 학회(한국상담학회, 한국심리학회)의 전문가 자격증을 소지한 전문가들이 주로 개업활동을 하고 있다. 그러나 전문적 훈련 경력이 불명확한 사람이 전문상담을 표방하고 개업하는 사례도 있어서 앞으로 관련 학회 및 학과를 주축으로 개업 자격 및 기타 규칙에 대한 법률 제정이 요청된다고 하겠다. 사설 개업 상담은 유료를 원칙으로 하므로 상담자들이 내담자들에게 조기에 확실한 상담효과를 보여 줘야 하는 부담이 무료상담보다 더 강하다. 이 점이 상담의 '상업적 요소'를 강화시켜서 전문가 간에 경쟁을 하게 만들고, 또 상담을 이용할 대중들에게 상담의 효과에 대한 홍보를 촉진시키고 상담의 효과성을 더 높이는 역할을 할 것이다. 또한 바로 이 상업성 때문에 개업이 가능한 전문가 자격을 통제하는 장치가 필요한 것이다.

(9) 정신과상담

종합병원의 정신과, 대규모 정신병원, 개업 정신과의원 등에서도 각종 상담활동이 이루어지고 있다. 정신과에서는 약물요법을 비롯한 의학적 처치방법을 주로 사용하지만 상담을 비롯한 각종 심리요법, 교육요법, 예술요법도 다양하게 수행되고 있다. 따라서 정신과상담은 의사 이외에 상담전문가, 심리학자, 특수교육 교사, 사회복지사, 예술치료사 등에 의해서도 이루어진다. 단, 의료기관에서 치료적인 일이라고 보기 어려운 교육적인 일(예: 학습 집중력 향상 등)에 지나치게 참여하는 현상은 바람직하다고 볼 수 없다.

3) 상담방법을 통한 상담의 이해

이상에서 우리는 상담의 다양한 개념 정의, 상담이 수행되는 다양한 현장에 대해 살펴볼 수 있었다. 상담을 이해하는 또 다른 접근은 상담방법들을 검토해 보는 것이다. 지금까지 상담의 방법은 다양하게 발전되어 왔다. 여기서는 상담의 인적 구성, 의사소통 경로, 상담의 시간적 길이 등을 살펴봄으로써 상담에 대한 이해를 구하고자 한다.

(1) 인적 구성을 통해서 본 상담의 다양성

① 개인상담

내담자 1인을 상대로 하는 상담방법을 개인상담(personal counseling)이라고 한다. 개별상담 혹은 일대일 상담이라고도 부른다. 대부분의 정신건강 문제나 성격문제 등을 다루는 심리치료사들은 개인상담의 형태를 가정하고 이론을 구성하고 기법과 절차를 개발하였다. 즉, 개인상담과 심리치료는 상담학 발전의 근간(根幹) 역할을 해 온 셈이다. 그러나 개인상담은 경제성이 부족하다는 비판을 받고 있으며, 그 대안으로 다음의 집단적 개입방법들이 제시되고 있다.

② 집단상담

10명 내외의 크지 않은 집단을 대상으로 수행하는 상담방법을 집단상담(group counseling)이라고 한다. 집단상담에서는 상담사를 치료사라고 부르기도 하지만 지도자, 리더 혹은 촉진자라고 부르기도 한다. 집단상담에서는 특히 집단 구성원 간의 상호작용 과정과 집단 역동(dynamics)이 중시된다. 집단 운영방식에 따라 집단의 종류를 구분할 수 있는데, 집단 리더가 프로그램 내용을 계획된 대로 이끌어 가는 '구조적(structured) 집단'과 당초에 계획된 내용 없이 그때그때의 집단 과정과 역동에 따라 진행하는 '비구조적(unstructured) 집단'이 있다('구조적' 대신에 '구조화'라는 용어가 쓰이기도 함).

③ 부부/커플상담

결혼한 부부, 결혼 예정인 커플, 이혼한 전(前) 부부, 동거 중인 커플, 연애 중인 커플 등에서 2인을 함께 상담하는 방법을 부부상담 혹은 커플상담이라고 부른다. 이 상담에서는 커플 혹은 부부간의 갈등문제를 주로 다루게 되는데, 처음 2인 중 어느 한 사람의 문제를 다루고 이후의 상담과정에서 다른 한 사람이 그 사람을 돕는 입장에서 상담에 참여하는 경우도 있다. 부부상담은 원래 부부간의 갈등을 해결하고 원만한 관계를 유지하는 것을 전제로 시도되는 것이지만 이와 다른 특수한 경우도 있다. 예를 들면, 이혼을 전제로 하되 이혼의 과정에서 발생할 수 있는 상처를 최소화하고 원만한 이혼에 이를 수 있도록 돕는 조정(mediation, 調停)상담이 있다.

④ 가족상담

가족을 상대로 하는 상담방법을 가족상담 혹은 가족치료라고 부른다. 가족상담이나 가족치료를 받게 되는 경로를 보면 가족 중 어느 한 사람에게 문제가 있어 상담을 받는 과정에서 상담자가 개인상담보다는 가족상담을 권유했기 때문에 이루어지는 경우가 많다. 어떤 가족치료사들은 가족 전원이 동시에 오도록 하는 방법을 절대 원칙으로 삼기도 하지만 대부분의 가족치료사는 가족의 일부 구성원과 함께 상담을 시작해서 처음에 상담에 오지 않았던 가족들을 오게 하는 방법을 적용한다. 가족상담 및 가족치료에서는 종종 2명의 상담자가 공동치료자(cotherapist)로서 팀으로 일하는 방법을 활용하기도 한다.

⑤ 집단교육적 상담

프로그램된 내용을 비교적 큰 집단(보통 15인 이상, 학교의 경우 학급 단위)에게 계획된 대로 교육하는 상담방법이 있다. 이것은 앞서 집단상담에서 설명한 '구조적 집단'과 비슷하지만 집단의 크기가 더 크고 집단 구성원 간의 상호작용이 적으며 집단 역동을 덜 강조한다는 점에서 다르다. 주로 집단지도자가 예정된 내용을 가르치고, 연습시키며, 수행 수준을 평가하거나 수정해 준다. 과제부여 방법도 자주 사용된다. 이런 집단교육은 집단 구성원이 자신의 성격, 가치관, 진로계획 등을 정확하게 이해하고 새로운 방향을 찾게 하는 목적으로 실시하는 경우가 많다. 집단교육적 상담은 심리교육(psycho-education)이라고도 불린다.

(2) 의사소통 경로를 통해서 본 상담의 다양성

① 면접상담

상담의 가장 전형적인 의사소통 경로로서 글자 그대로 상담자와 내담자가 서로 같은 공간에서 면담을 위주로 의사소통하는 것이다. 대부분의 개인상담과 집단상담은 이 면접방법을 택하고 있다. 상담을 받는 사람인 클라이언트(client)를 내담자(來談者)라고 하는 이유도 상담의 주된 방법이 면담이라는 속성에서 나온 것이 아닌가 하는 짐작을 해 볼 수 있다. 어떤 사람은 相談이라는 한자어의 뜻에 집착해서 마주 앉아 대화하는 형태만을 상담이라고 부르고 다른 형태는 상담이라고 부르지 말아야 한다고 생각하기도 하지만 이처럼 글자의 뜻에 집착할 필요는 없어 보인다. 다음에 설명할 놀이나 예술적 표현을 매개로 한 상담치료나 혹은 통신매체를 활용한 상담방법도 있다는 것을 인정해야 할 것이다.

② 표현요법

예술적인 표현을 통해서 마음속의 감정을 표현·표출하거나 혹은 남의 표현을 감상함으로써 공감을 경험하는 치료방법이 다양하게 시도되고 있다. 대표적인 방법으로는 음악치료, 미술치료, 드라마치료, 동작치료, 글쓰기치료 등이 있다.

③ 놀이치료

인형(가족 인형, 동물 인형, 군인 인형 등), 자동차나 총 등의 장난감, 그림도구, 모래, 어린이용 운동기구 등 다양한 물건들을 비치한 놀이치료실을 통한 치료방법이다. 놀이치료에서 아동은 마음대로 말하고 행동하고 놀이함으로써 자신의 감정과 생각 등을 자유롭게 표현하며, 치료자는 아동에게 감정 반영, 질문, 해석, 제안, 지시, 지지, 통제 등을 제공한다. 치료자는 또한 아동과 함께 놀이를 하면서 대화를 하기도 한다.

④ 전화상담

전화를 통해서 대화를 하는 상담방법이다. 전화상담은 우리나라에서 특히 1980~1990년대에 매우 많이 활용되었고 현재도 여전히 애용되고 있는 상담방법이다. 익명성을 보장할 수 있다는 점과 상담자를 방문할 필요 없이 전화로 상담자와 신속하게 대화할 수 있다는 점이 장점으로 작용한다. 우리나라에는 '사랑의 전화' '생명의 전화' 등을 비롯해서 '성폭력전화' '여성의 전화' '노인전화' 등 다양한 목적, 다양한 이용자를 전제로 한 상담전화들이 있다. 전화상담은 원래 외국에서 자살 등 위기 개입을 주목적으로 시작된 상담방법이며 우리나라에도 자살 예방을 위한 전화상담이 다양하게 이루어지고 있다.

⑤ 전자통신 상담

컴퓨터와 인터넷을 중간매체로 이용하는 상담을 지칭한다. 인터넷이 보급되기 전에는 PC통신 상담이라고 불리기도 했다. 가장 흔한 방법은 이메일을 이용한 상담인데, 이는 과거에 흔히 사용되던 '서신(편지)상담'을 현대화한 것이다. 서신상담의 장점은 시간을 가지고 차분하게 자기 문제를 글로 표현할 수 있다는 점인데, 이메일 상담은 서신상담의 이런 장점을 포함해서 전화상담의 신속성까지 겸비하고 있어 오늘날 매우 애용되고 있다. 더구나 인터넷 영상통화를 활용할 경우 면대면 상담도 시도할 수도 있어 면접상담의 장점까지도 가질 수 있다.

⑥ 전자 프로그램 상담

전문가들에 의해서 만들어진 기존 프로그램에 들어가서 내담자가 필요한 정보를 얻거나 구체적 지시사항을 얻는 상담방법이다. 특히 진로상담에서는 이런 프로그램을 많이 활용하는데, 학생들이 직업 정보를 구하거나 자신의 직업 흥미와 적성을 알아보거나 진로계획을 세우거나 하는 등의 목적으로 상담을 받을 때 상담전문가의 도움을 받아 프로그램에 의한 상담을 한다.

다시 강조하지만, 현대의 상담은 면대면 상담의 방법에만 의존하지 않고 전자통신, 전자화된 프로그램이라는 첨단매체를 비롯해서 음악, 미술, 글쓰기, 놀이, 동작, 드라마 등 예전부터 사용해 오던 표현방식을 다양하게 활용하고 있다. 이처럼 상담의 방법이 다양하게 진화하고 있기 때문에 상담학자들은 이런 방법론적 진화에 발맞추어 상담의 이론을 발전시켜 나가야 할 것이다. 즉, 상담의 개념을 글자 그대로 '相談'에만 국한시키지 말고 좀 더 확장된 개념으로 이해해야 할 것이다. 그렇게 해야만 상담학이 현대인들의 다양한 요구에 효과적으로 대처할 수 있을 것이다.

(3) 시간적 길이로 본 상담의 종류

상담학에서는 상담의 시간적 길이를 말할 때 상담자가 한 내담자(혹은 한 사례)를 몇 차례에 걸쳐서 만나느냐를 기준으로 삼곤 한다. 여기서 '몇 차례'를 말할 때 '회기(session)'라는 용어를 사용한다. 상담의 시간적 길이를 기준으로 생겨난 개념은 '단기상담(short-term counseling 혹은 brief counseling)'이다. 상담의 길이가 몇 회기 이하일 때 단기상담이 되는지에 대한 절대적인 기준은 아직 없고 관례적인 기준들이 있을 뿐이다. 예를 들면, 대학상담소에서는 대학 운영이 학기를 단위로 이루어지기 때문에 약 10회기 정도 이하를 단기상담이라고 부르는데, 모든 대학이 이 기준을 적용하는 것은 아니다(김계현, 2002).

　단기상담은 정신분석이 너무 장기화되는 것에 대한 대안적인 시도로 발생하였다고 알려져 있다. Freud가 정신분석 방법을 개발하던 초기에는 상담이 주로 단기에 이루어지곤 했지만, 정신분석이 체계화된 이후에는 상담이 몇 년에 걸쳐 수행되는 매우 장기적인 작업으로 변화되었다(Mann, 1973). 그러나 이런 장기적인 정신분석 방법은 비판을 받았으며 그 대안으로 단기적인 방법들이 제안되기 시작하였다. 하지만 당시의 단기심리치료는 보통 50~60회기 정도를 의미하였기에 현대적인 관점에서는 장기에 해당된다.

　최근에는 단기상담의 한 형태로서 단회(single-session) 모델이 제기되었다(Talmon, 1990). 단회상담 모델은 대부분의 상담 사례가 단회로 종결되는 경우가 가장 많다는 데에서 착안한 것으로 보인다(김계현, 2002). 다만 단회상담 모델은 모든 사례를 단회로 종결해야 한다는 취지를 갖고 있지는 않다. 상담자는 사례를 단회로 종결지을 수도 있다는 것을 항상 염두에 두고 사례에 임해야 하며, 필요에 따라 2회기, 3회기를 가질 수 있다는 입장을 취한다. 이 경우 2회기에서 상담자는 또 하나의 단회상담 모델에 입각한 상담을 시도하고, 3회기에도 단회상담 모델을 따른다.

　단기상담, 단회상담은 단순히 상담의 시간적 길이, 즉 회기 수만을 의미하지 않는다. 단기 및 단회 상담은 물리적으로 시간만 단축한 것이 아니라 상담의 이론, 개념, 철학, 방법 등에서 장기적 상담과는 확연한 차별성을 추구한다. 이런 시도는 특히 해결중심적인(solution-focused) 상담 접근법에서 주로 이루어졌다. 해결중심 상담은 미국에서 발생한 전략적 심리치료이론(Haley, 1987)에 근거를 두고 있는데, 해결중심 상담의 이론과 구체적 기법들은 한국계인 Insoo Kim-Berg와 Steve de Shazer에 의해서 주로 개발되고 보급된 바 있다. 그들의 해결중심 상담은 주로 4~6회기 정도의 단기상담 모델을 채택하고 있다.

　앞에서 설명한 이메일 상담이나 전화상담 등은 거의 모든 사례가 단회상담 모델을 따른다. 현대사회의 상담이 단회기화 혹은 단기화되는 것은 상담매체의 변화와도 무관하지 않다. 여기서 우리가 알아야 할 것은 시간적 길이의 다양성이다. 즉, 시간적 길이에 따라 단회기 상담, 2~5회기 정도의 단기상담, 5~10회기 정도의 단기상담, 10~20회기 정도의 중기상담 그리고 그 이상의 장기상담 등으로 나누어 볼 수 있다. 상담자는 특정 모델만이 옳다거나 다른 것보다 더 효과적이라는 등의 생각을 주의해야 할 것이다. 상담의 시간적 길이를 결정하는 데에는 다양한 요인들이 작용한다. 따라서 상담 회기의 길이를 쉽사리 결정하기보다 사례의 속성과 진행 상황 등에 따라 탄력적으로 결정해야 할 것이다(단기상담, 단회상담, 해결중심 상담에 관한 상세한 설명은 김계현(2002)의 9장, 10장, 11장을 참고하라.).

2. 상담학

이 절에서는 상담학이란 무엇인지, 어떤 특성을 가지는지, 상담심리학과의 차별성은 무엇인지, 왜 상담학이라는 명칭을 가져야 하는지, 상담학의 미래는 어떠할지 등에 대하여 논의하고자 한다. 아직 상담학은 그 구조가 완성된 학문이 아니기 때문에 이 절의 내용은 필자의 개인적 견해가 반영된 결과임을 미리 밝혀 둔다. 다만 상담학이 미래에 지속해서 발전하고 우리 사회에 건설적으로 관여하고 공헌할 수 있는 범위, 즉 상담학의 외연(外延)이 더 확장되기 위해서는 여기서 필자가 밝히는 견해가 실현될 필요가 있을 것이다.

1) 상담학의 독립성과 관계성

(1) 상담학: 새로운 명칭

이 책에는 상담학, 상담학자 등의 용어가 자주 등장한다. 독자에게 이들 용어가 익숙해지기를 바라는 마음에서다. 상담학이라는 학문명은 언제부터 사용되었는가? 이 질문에 대한 공식적인 답변은 없다고 말하는 것이 옳을 것이다. 그보다 중요한 것은 상담학이라는 이름을 사용하는 이유일 것이다.

상담학이라는 이름은 분명 새로운 것이다. 우리나라에서 10년 전까지는 거의 사용하지 않던 이름이다. 그 이전에는 학문명으로 상담심리학을 보편적으로 사용하였다. 상담 분야 전공서적을 출판하는 경우에는 상담심리학이라는 명칭을 쓰든가, 아니면 그냥 '상담'이라는 명칭을 사용하곤 하였다. 예를 들면, 우리나라 상담심리학계의 원로인 이장호는 『상담심리학입문』(1982)이라는 서명을 사용하였으며, 이 책의 저자 중에 김계현도 『상담심리학』(1995), 『상담심리학 연구』(2000)라는 서명을 사용하였다.

혹은 많은 저자가 '상담과 생활지도' 라든지 '노인상담' '학교상담' '청소년상담' 등의 서명을 사용하곤 하였다. 상담학계의 원로인 정원식·박성수(1978)는 '카운슬링의 원리' 라는 서명을 사용하기도 하였다. 서명에 '상담학' 이라는 이름을 붙인 경우는 거의 보기 어려웠던 것이 사실이다.[2]

이처럼 '상담학' 은 확실히 새로운 이름이다. 이 책의 저자들은 '상담학' 이라는 명칭이 단지 하나의 서명에 그치지 않음을 미리 밝혀 둔다. 우리는 상담학이라는 명칭이 하나의 학문명이 되어야 한다는 생각을 가지고 있다. 전술한 것처럼 상담학이 개념체계, 영역 설정, 이론 구성, 연구방법론 등에 있어서 아직은 불완전한 형태임은 분명하지만 하나의 독립된 학문으로 발전되어야 할 필요성이 있다는 믿음을 가지고 있다. 그리하여 여기에서는 상담학이 하나의 독립 학문으로 발전할 수 있는 가능성을 검토하고, 독립 학문으로 설정되어 가는 과정을 구체적으로 그려 보는 작업을 할 것이다.

(2) 상담전공 및 상담심리학전공

과거에 상담을 공부한 사람들은 주로 심리학과와 교육학과에 소속되어 상담공부를 하였다. 심리학과에서는 오래전부터 임상심리학전공이 설정되어 있었는데, 임상심리학의 일부로서 심리치료사가 자리하고 있었고 심리치료와 개념적으로 연결되어 있는 '상담' 이 자연스럽게 그 일부로 자리하게 되었다고 할 수 있다(심리치료와 상담 간의 개념적 관계에 대해서는 앞 절에서 논술한 바 있다.).

미국에서도 1950년대 이전에는 상담심리학(counseling psychology)이 심리학의 한 분과학문으로서 제대로 자리 잡고 있지 못한 상태였다. 20세기 전반 미국의 상담은 심리학보다는 사범대학의 학교 생활지도, 직업지도 등의 영역에서 중요한 전문활동으로 발전하고 있었다. 즉, 미국에서 상담의 뿌리는 교육학에 있다고 보는 것이 옳다. 미국의 심리학계에서 상담심리학이 자리 잡기 시작한 것은 1950년대 이후다(Gelso & Fretz, 2001).

한편, 우리나라의 경우 교육학과에서는 어떤 연유로 상담을 공부하게 되었을까? 교육학에는 오래전부터 교육심리학이라는 전공이 자리하고 있었는데(예를 들면, 서울대학교 사범대학에서는 1960년까지 교육심리학, 교육행정학, 교육학의 3개 학과가 교육학부

---

2) 일본에서는 이미 1990년대에 상담학이라는 단어를 서명에서 사용하였는데, 한 예로 우치야마 기쿠오(內山 喜久雄)의 『임상교육상담학(臨床教育相談學)』(1996; 김남성 역, 2000)을 들 수 있다.

를 이루고 있었다) 교육심리학과에서 상담, 생활지도, 정신위생, 심리검사 등의 과목을 가르치고 있었다. 1961년 이후부터 이 3개 학과가 하나의 교육학과로 통합되면서 교육심리학이 교육학의 한 분과학문이 되었고 자연스럽게 상담이 생활지도와 함께 교육심리학의 일부가 된 것이다(한국카운슬러협회, 1993).

요컨대, 미국에서 counseling psychology가 심리학의 한 영역으로 간주되기 시작한 것은 1950년 전후의 일이고, 우리나라에서 상담심리학이라는 명칭을 본격적으로 사용되기 시작한 것은 1980년 전후의 일이라고 볼 수 있다. 또한 교육학과와 사범대학에서는 상담심리학이라는 명칭을 사용하지 않고, 대신 교육심리학 내에 '상담을 전공하는' '상담에 관심이 많은' 혹은 '상담을 공부하는' 교수 혹은 학생들이 생겨나게 되어 상담이 교육학, 특히 교육심리학의 일부로 조금씩 자리 잡기 시작한 것으로 보인다.

지금까지 우리나라에서 상담심리학 혹은 상담 전공의 태동에 관한 내용을 주로 살펴보았다. 이제부터는 그 이후의 변천과정에 대해서 논의해 보겠다. 사범대학 교육학과에는 교육심리학, 교육과정, 교육철학, 교육사, 교육사회학, 교육행정학, 교육평가 등의 하위 전공이 설정되어 왔고 최근에는 그 하위 전공이 더욱 세분화되었다. 이유는 분명하지 않지만, 한 학과에 이런 많은 전공이 공존하다 보니 교육심리학의 일부인 '상담' 혹은 '생활지도'는 오랫동안 독립된 전공으로 인정받지 못하였다. 이런 현상은 심리학과에서도 마찬가지여서 학습심리학, 발달심리학, 지각심리학, 생물심리학, 사회심리학, 성격심리학, 임상심리학, 심리측정학 등 다양한 세부 전공이 한 학과에 공존하여 상담심리학은 오랜 기간 심리학과의 한 전공으로 인정받지 못하였다.

우리나라에서 상담과 관련된 변화는 1990년 이후에 급격하게 일어났고 2000년대에는 더욱 심화되었다. 그 변화의 배경에는 다양한 원인들이 작용하였겠지만, 변화의 양상은 상담을 공부하고자 하는 학생 수가 급증하는 현상으로 나타났다. 이런 현상은 심리학과보다는 사범대학 교육학과에서 더 뚜렷하게 나타나서 대학원 지원자 중 대부분이 상담을 전공하고자 희망하는 경향이 나타났다. 예전에는 상담을 공부하려면 교육심리학을 전공하곤 했지만 1990년대 이후에는 상담전공을 교육심리학전공으로부터 분리하기 시작했고, 이런 분리가 각 대학 내에서 거의 공식화되어 교육학과에 상담전공이 따로 존재하는 것을 당연하게 받아들이게 되었다고 말할 수 있다. 심리학과 역시 전통적으로 실험을 기반으로 한 기초심리학 분야가 주류를 이루어 왔지만 근래에는 많은 대학의 심리학과 대학원에 상담심리학을 전공하고자 하는 지원자의 비율이 급증하는 현상을 경험하게 되었다. 뿐만 아니라 대부분의 심리학과는 학부과정에 전문상담교사 자격증 과정이 생겨서 학부과정에서도 상담교육을 강화하게 되었다. 결국 교육학과와 심리학과는 모두 상담을 공부하고자 하는 학생의 수요가 크게 증가하게 되었고, 이런 수요에 대응하기 위해서 상담을 전공한 교수의 신규채용이 급증하는 결과를 낳게 되었다.

(3) 상담학 · 상담심리학

'상담학'의 성격을 논하기 위해서는 우선 '상담심리학'에 대해서 면밀하게 살펴보아야 할 것이다. 왜냐하면 우리나라에서는 '상담학'이라는 이름보다 더 오랫동안 '상담심리학'이라는 이름을 사용해 왔기 때문이다. 게다가 대학 전공의 명칭으로 '상담학'보다는 '상담심리' 혹은 '상담심리학'을 선호했던 경향이 있기 때문이다.

앞서 언급한 것처럼, 상담은 심리학이나 교육심리학의 한 분야로 자리해 왔기 때문에 심리학을 상담의 학문적 기초로 삼는 것은 매우 자연스러운 일이었다. 그러나 현대사회에서 상담이 실제적으로 발전하고 확대된 것을 고려해 본다면 심리학만으로는 상담의 배경학문 혹은 모(母)학문으로서 충분하지 못하다는 생각을 할 수 있다. 다시 말해서, 상담이 심리학이나 교육학(특히 교육심리학)의 하위 분야로 설정되는 것보다는 하나의 독립된 '상담학'으로 새로이 자리 잡아 나가는 것이 타당해 보인다는 것이다.

김계현의 경우 초기 저서인 『상담심리학』(1995, 1997)에서 상담학과 상담심리학이라는 명칭 사이에서 고민을 한 흔적을 발견할 수가 있다. 그는 당시로서는 '상담학'이라는 명칭이 매우 생소해서, 그리고 심리학이 상담의 학술적 기반을 제공한 점 등을 고려해서 '상담심리학'이라는 명칭을 사용하기로 판단하였다. 그러나 저자는 머리말에서 "궁극적으로 우리나라에서는 상담심리학이라는 이름의 학문은 '상담학'이라는 이름으로 바뀔 필요도 있어 보인다."라고 개인적 의견을 제시하기도 하였다.

2010년대에 이른 지금 '상담학'이라는 명칭은 별로 생소하지 않다. 한국상담학회(2000년 대학상담학회, 집단상담학회, 아동청소년상담학회, 진로상담학회 등이 통합됨)가 결성된 지 10년이 되었고, 학회의 공식 학술지인 『상담학 연구』가 10년간 40호에 걸쳐 700편 이상의 논문을 게재한 것 등에서 상담학이라는 이름이 우리에게 익숙해진 것 같다. 또한 대학에서 '상담학과' '○○상담학과' 등의 학과를 신설하거나 학과명을 변경한 사례들이 생겨난 것도 상담학이라는 용어를 친숙하게 만들어 준 것 같다. 이런 현상은 출판계와 서점에서도 나타나곤 했다. 예를 들어, 출판사들이 '상담학 총서' '상담학 시리즈' 등의 타이틀 아래 간행물을 내는가 하면, 서점들은 서가(書架)에 '상담학'이라는 분류명을 붙이기도 했다. 이는 '상담학' 서적의 출판량과 판매량이 그만큼 증가한 결과로 생겨난 현상이라 할 수 있겠다.

그렇다면 용어의 생소함이 어느 정도 해소되었다는 것이 '상담학'이라는 학문명을 취하는 데 충분한 조건이 되는가? 그렇지는 않을 것이다. 용어의 생소함 해소는 부분적인 조건은 될 수 있어도 충분조건은 되지 못한다. 그렇다면 어떤 조건들 때문에 '상담학'이라는 명칭을 사용하는 것이 좋겠다고 판단하는가?

가장 중요한 조건은 우리 사회에서 상담을 활용하는 범위, 바꾸어 말해 상담이 우리 사회에 관여하는 범위가 매우 넓어지고 있다는 것이다. 현재 우리 사회에서 상담은 심리치료의 범위를 훨씬 넘어섰다. 물론 심리치료는 상담의 이론적 기저로서의 위치를 점하고 있음이 틀림없다. 그러나 심리치료가 아닌 '다른 전문적 상담'들이 이미 우리 사회에 뿌리를 내리고 있다. 그것은 단지 예방(prevention)을 위한 상담만이 아니다. 한 예로 진로-직업상담 분야를 살펴보자. 진로-직업상담 분야에서 직업선택(의사결정)의 부분은 심리학적 배경을 많이 필요로 한다. 하지만 진로-직업상담 분야에는 그 외에도 취업지원, 실업관리, 전직(轉職), 노년기 설계 등 다양한 상담활동 영역들이 존재한다. 이들 활동을 위해서 심리학적 배경은 최소 한도로만 필요할 뿐이다. 그런데 우리가 상담심리학을 지나치게 강조한다면 취업지원, 실업, 전직, 노년기 등의 상담서비스를 자칫 왜곡시킬 우려가 있다. 사실 우리 사회의 진로-직업상담 분야에서 커리어 코칭, 커리어 컨설팅, 스태핑(staffing) 등 '상담'이 아닌 용어를 더 선호하는 이유에는 외래어가 가지는 매력성뿐만 아니라 '상담'이라는 용어가 갖고 있는 '심리적' 의미의 감소 영향 때문은 아닌가 생각된다. 만약 진로-직업상담에서 심리학적인 부분만을 고수하고 그 외의 부분은 모두 포기한다면 영역의 과도한 축소를 초래할 뿐만 아니라 진로-직업상담 자체를 크게 왜곡시키는 결과를 초래할 것이다.

'상담학'이라는 명칭을 사용하는 또 다른 조건은 그것이 하나의 학문 분야로 성립될 만한 상황이 어느 정도 성숙되었다는 점이다. 상담학에서 심리치료 분야는 이론,

연구 등에서 가장 탄탄한 기반을 형성해 왔다. 다음으로 진로-직업상담 분야, 가족-부부치료 분야 역시 이론과 연구 부분에서 기반이 튼튼하다. 게다가 심리치료, 진로-직업상담, 가족-부부치료 각 분야의 이론은 그것이 기초로 하는 관점, 개념, 이론체계, 연구 주제 등에 있어서 각기 상당한 차별성을 가지고 있다.

그렇다면 심리치료, 진로-직업상담, 가족-부부치료는 각기 독립적인 학문으로 분리하는 것이 낫지 않을까? 그러기에는 그것들이 가지는 공통적인 속성인 상담적 속성이 매우 강하게 자리 잡고 있다. 다시 말해서, 심리치료, 진로-직업상담, 가족-부부치료 등은 그것들이 모두 상담이라는 매개방법을 활용한 휴먼서비스(human service)라는 점에서 강한 공통점을 가지고 있다. 현재로서는 이러한 상담적 속성을 가진 다양한 휴먼서비스 분야들을 별개로 분리하기보다 하나의 학문 '울타리'로 묶어 보는 것이 가장 타당한 판단이라고 생각된다.[3]

2) 상담학의 성격과 구성

(1) 응용학문

학문의 성격을 기술할 때 우리는 종종 그것이 '순수학문'이냐 '응용학문'이냐를 언급하곤 한다. 수학, 물리학, 화학 등은 대표적인 순수학문이며, 공학, 의학, 경영학, 교육학 등은 대표적인 응용학문이다. 이런 분류 기준에서 본다면 상담학은 당연히 응용학문에 해당한다.

그런데 근래에는 이런 순수 및 응용 학문의 구분이 어떤 의미가 있는지 의문을 제기하는 의견이 있다(김계현, 2000). 물리학자와 화학자는 공학자보다 기초적인 내용을 연구하는 것이 사실이다. 하지만 '순수'를 표방하는 물리학자나 화학자의 연구들도 그들이 규명하려는 현상이나 물질이 현실 분야에서 응용될 것임을 전제로 한다는 것역시 사실이다. 오늘날의 수학자들 중에는 경제학, 재정학 등의 문제를 수학적 원리로 해결하는 것을 주요 연구 과제로 삼는 사람들도 많다. 즉, 다른 학문 분야와의 융

---

3) 미국에서 counseling psychology의 학문상의 내용 구성은 심리치료와 예방 이외에 진로-직업상담과 가족-부부치료를 포함하고 있다(Brown & Lent, 2000; Gelso & Fretz, 2001). 그런데 counseling psychology에서 그 내용들은 그것들이 psychology이기 때문에 묶이는 것이 아니라 counseling이기 때문에 묶이는 것이라고 보아야 할 것이다. 따라서 미국의 counseling psychology는 우리말로 '상담학'이라고 부르는 것이 더 타당할 것이다.

합, 다른 학문에의 응용을 전제로 수학을 하는 것이다. 이런 경우 그것을 굳이 '순수 학문'이라고 칭해야 할 필요가 있을까?

순수학문과 응용학문의 구분은 일단 정도의 문제라고 보는 것이 타당하다고 하겠다. 즉, 순수의 속성이 강한 학문이 있고 응용의 속성이 강한 학문이 있다고 구분하는 것이 옳을 것이다. 이런 관점에서 본다면 상담학은 공학, 의학, 경영학처럼 순수보다는 응용의 속성이 더 강하다고 하겠다.

우리는 상담을 종종 이론, 실제, 연구의 3개 측면으로 나누어 설명하는 것을 볼 수 있다. 그중 '실제(practice)'가 상담학의 응용적 속성을 가장 전형적으로 대변해 줄 것이다. 상담의 이론, 실제, 연구의 3개 측면 간 발생 순서는 어떠한가? 상담의 이론과 연구가 발생하기 전에 이미 상담의 실제가 발생하고 수행되고 있었다고 말하는 것이 옳다. 이런 발생 순서를 따져보는 이유는 간단하다. 상담의 이론을 구성하고 상담에 관한 과학적 연구를 하는 것은 단지 상담이라는 현상을 '순수하게' 이해하려는 목적에서라기보다 상담의 실제가 더 '잘' 더 '효과적으로' 수행되도록 하기 위해서라는 점을 강조하고자 하기 때문이다. 다시 말해, 상담을 이론적으로 연구하고 실증적으로 연구하는 것은 상담 실제를 더 향상시키기 위해서라는 것이다(김계현, 1997, 2002; Gelso & Fretz, 2001).

미국의 경우 상담학자[4]를 양성하는 기본 철학으로 과학자-실무자 모델(scientist-

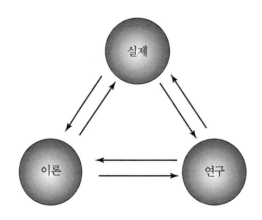

[그림 1-1] 상담학에서 상담의 이론, 실제, 연구 간의 관계

---

4) 이 책에서 말하는 상담학자는 미국에서 말하는 상담심리학자(counseling psychologist)와 전문적 카운슬러 (counselor)를 모두 포함한다.

practitioner model)을 채택하고 있다(Gelso & Fretz, 2001). 이것은 상담의 실제를 모른 채 상담을 연구하는 상담학자가 배출되어서도 안 되고, 상담에 관한 과학적 연구를 수행할 수 없거나 과학적 연구 결과를 이해하지 못하는 상담실무자를 배출해서도 안 된다는 점을 강조하는 모델이다. 한마디로 상담학자는 상담의 실무적 측면과 과학적 측면을 모두 겸비해야 한다는 것이다. 따라서 이 모델 역시 상담학의 응용학문적 속성을 잘 대변해 주고 있다.

그러나 현실은 과학자-실무자 모델과 다소 괴리가 있을 수 있다. 대학원에서는 과학자 교육과 실무자 교육을 어느 한쪽에 치우치지 않고 균형을 맞추어 수행하고자 노력한다고 말할 수 있다. 이와 관련해서 미국에서는 상담학 관련 협회(대학원과정에 대한 인정을 담당하고 있는)의 감독과 통제를 받고 있다. 우리나라의 경우는 그런 협회가 아직 없어서 협회 차원의 관리·감독이 결여되어 있는 실정이고, 각 대학원에서 자체적으로 과학자-실무자 균형을 추구하는 수밖에 없다. 대학원 교육에서는 과학자-실무자 균형을 맞추려고 노력하더라도 학생들이 학위를 취득한 후 어떤 기관의 어떤 직책에서 일하는가에 따라 과학과 실무 중 어느 한쪽으로 치우치는 결과가 초래된다. 즉, 상담센터에서 내담자들을 직접 대하거나 혹은 상담센터의 운영에 종사하는 사람들은 실무에 치우치게 되며, 대학에서 교수직에 종사하는 사람들은 연구(과학)와 교육에 치우치게 된다. 아직 공식적인 용어는 아니지만 실무 위주로 경력을 밟고 있는 사람을 '상담전문가'(전문상담사)라고 칭할 수 있을 것이고, 과학(연구) 위주로 경력을 밟고 있는 사람은 '상담학자'라고 칭할 수 있을 것이다. 그러나 경력 배경에 따른 전문가의 칭호는 법률, 각 관련 단체의 입장 등과 연결되는 예민한 사항이다.

(2) 복합학문

상담학은 '복합(complex)'적 속성을 가지고 있다. 이미 잘 알려진 학문인 심리학과 대비해서 설명해 본다. 심리학은 상대적으로 덜 복합적이다. 심리학은 일차적으로 개인의 인지, 행동, 정서 등을 탐구 대상으로 삼는다. 집단에도 관심이 있지만 그것은 가족, 조직, 단체 등에서 나타나는 개인들의 행동과 반응을 연구하는 것이다. 심리학 내에 여러 분과 심리학들(지각, 인지, 성격, 발달, 사회, 문화, 조직, 임상, 상담 등)이 있지만 그것들 간에는 기본 가정, 관점, 접근방법, 연구법 등에서 상당 정도의 공통분모가 존재한다. 그러나 상담학은 이와 다소 차이점을 가지고 있다.

상담학은 복합학문이라는 속성에서 교육학이나 경영학과 유사하다. 교육학은 교육이라는 광범위한 개념으로 묶여 있지만 교육심리학, 교육사회학, 교육철학, 교육과정, 교육평가, 교육사, 교육행정, 교육정책 등 분과들 간에 개념적, 이론적 공통분모가 크지 않다는 특징을 갖는다. 교육심리학과 교육사회학 간의 공통분모보다는 (개념 및 이론에서) 교육심리학과 심리학 간의 공통분모가 더 많을지도 모른다. 경영학에서도 유사한 현상이 발견된다. 경영학은 전통적으로 인사관리, 회계관리, 재무관리, 마케팅, 국제경영 등으로 구성되어 있지만 그것들 간에 공통분모는 (개념 및 이론에서) 그다지 크지 않다. 결국 학문의 하위 분과들 간에 개념적, 이론적 공통분모가 어느 정도인가를 기준으로 그 학문이 얼마나 복합학문인지를 가늠할 수 있을 것이다.

이 점에서 상담학은 비교적 복합학문 쪽에 가깝다고 볼 수 있다. 상담학을 심리치료, 가족-부부치료 등에 국한시킨다면 별로 복합적이지 않을 수 있다. 게다가 심리치료, 가족-부부치료가 내담자 개인이나 개별 가족의 희망에 의해서 시작되는 경우라면 상담이라는 것이 그다지 복합적이지 않을 수 있다. 하지만 상담이라는 현상은 그렇게 단순하지가 않다. 많은 상담은 국가, 사회, 지방자치단체, 조직체 등의 필요와 판단에 의해서 제도적으로, 정책적으로 발생하기 때문이다. 학교상담은 내담자 개인의 필요와 상담교사 개인의 전문성 간의 관계만으로 충분히 설명되지 않는다. 학교상담은 교육부의 정책, 국회의원들의 입안, 교육부와 국회의원들을 대상으로 활동하는 각종 노력('로비'라고 부르는)과 그런 노력을 발생시키는 국민들의 수요 등이 복합적으로 작용한 결과로 보아야 한다. 청소년상담, 노인상담, 진로-직업상담 등에도 유사한 현상이 존재한다.

상담을 오로지 내담자(수요자)와 상담자(공급자) 간의 개인적 관계로만 생각한다면 상담학은 별로 복합적인 속성을 가지지 않아도 될 것이다. 그러나 상담학은 상담을 그렇게 제한적으로 보지 않는다. 상담학에서 보는 상담은 내담자와 상담자 간의 관계뿐만 아니라 그런 상담관계가 효율적으로 발생하고 능률적으로 진행될 수 있도록 하는 제도 · 정책 · 법률 · 경영 등을 포괄하고 있다. 그렇기 때문에 상담학은 복합학문의 속성을 가지게 된다.

교육학에 비유해 보면 상담학의 복합적 속성이 쉽게 이해될 것이다. 교육학에서는 교육을 배우는 자(학생)와 가르치는 자(교사)의 관계로만 생각하지 않는다. 교육학에서 보는 교육은 교육정책, 법률, 제도, 기관 설립 및 운영 등 다양한 현상들까지 포함한다. 상담학은 교육학보다는 덜 복합적일 수 있지만 복합학문의 속성을 많이 포함하고 있다고 보아야 한다. 복합학문은 학문 내부에서 분과학문들이 가지는 기본 가정, 철학, 인간관, 관점, 연구방법론 등에서 아주 큰 차이가 존재하기 때문에 분과들 간의 소통이 원활하게 이루어지기 어렵다는 단점을 가지고 출발하지만 자체적으로 장점도 가지고 있을 것이다.

이 책에서는 상담학의 이런 복합학문의 속성을 반영하고자 한다. 종전의 개론서들은 주로 심리치료에 국한해서 상담심리학개론을 구성한 경향이 많다. 그러나 이 책에서는 우선 상담의 제도적, 정책적, 법률적 측면을 하나의 장(章)으로 할애해서 제시할 예정이다. 또한 학교상담, 청소년상담, 직업상담 등과 같이 국가정책에 의해서 수립되고 수행되는 상담을 별도의 장이나 절에서 다룬다. 뿐만 아니라 그동안 상담학 문헌에서 비중 있게 다루지 않았던 심리검사와 상담연구 부분을 각각 독립된 장으로 두었으며, 최근 우리나라에 급격하게 발생하고 있는 다문화 현상을 고려하여 다문화사회에서의 상담문제를 여러 관점에서 다루고자 한다. 다만 한 가지 아쉬운 점은 상담센터의 설립과 경영, 상담 관련 행정, 상담의 경제학적 측면 등에 관한 부분은 다루지 못하였다는 것이다. 이런 부분들은 곧 후학들에 의해서 새로이 탐구될 것으로 기대하며 머지않은 장래에 그런 내용까지도 다루는 개론서가 출간될 것으로 믿는다.

(3) 상담학의 구성

상담학의 구성을 살펴보기 전에 먼저 미국 상담학(상담심리학)의 구성에 대해서 간략하게나마 개관해 보자. *Handbook of Counseling Psychology*는 제1판(Brown & Lent, 1984), 제2판(1992), 제3판(2000), 제4판(2008)에 걸쳐서 출판되었다. 판을 거듭하면서 이 책은 상담심리학의 구성체계를 세우는 데 매우 큰 공헌을 한 모범적인 예라고 할 수 있다. 또한 Gelso와 Fretz의 *Counseling Psychology*(1992, 2001)도 상담심리학의 구성체계를 세우는 데 큰 공헌을 하였다고 인정된다. 이 두 문헌을 검토해 보면 다음과 같은 점을 발견할 수 있다.

첫째, 두 문헌은 개인 심리치료를 비롯해서 집단상담, 진로-직업상담, 가족-부부치료 등을 상담심리학이 관여하는 주요 영역으로 규정한다. 기본 이론으로 정신분석, 행동심리학, 인지-행동주의, 인본주의 이론들을 다루면서 동시에 진로-직업상담, 가족-부부치료의 경우는 그 나름의 세부이론을 다룬다(예: 진로-직업상담 세부이론으로는 특성요인 이론, 가족상담 세부이론으로는 체계이론). 말하자면 '기둥'에 해당하는 이론이 전자의 것들이고, '가지'에 해당하는 이론이 후자의 것들이라는 입장이다.

둘째, 두 문헌은 공통적으로 다문화주의를 비중 있게 다룬다. 미국에서는 이미 1970년대에 문화간(cross-cultural) 상담에 대한 논의가 활발하게 이루어졌으며, 근래에는 그 개념이 다문화상담으로 발전하는 양상을 띠었다. 두 문헌은 또한 예방의 중요성을 강조하면서 상담은 치료 못지않게 예방의 기능을 강화해야 한다는 입장을 표방한다. 나아가 성장과 발달을 도모하는 상담, 즉 상담의 교육 기능을 강조한다(미국 상담심리학자들은 미국에서 긍정심리학이 발생하고 유행하기 전에 긍정, 성장, 발달의 철학을 심도 있게 다루고 있었다고 보아야 한다.).

셋째, 두 문헌은 상담을 전문직으로 정의하며 상담이 전문직으로 발전한 역사적 배경과 과정을 비교적 상세하게 소개한다. 그리고 상담전문가들이 관여하는 분야들, 전문가로서의 윤리문제 등에 대해서도 비중 있게 다룬다. 상담전문가를 양성하고 전문가 자격을 심사·관리하는 사항에 대해서도 빠뜨리지 않는다.

이상을 정리해 보면, 미국의 상담심리학은 그 범위를 심리치료에만 국한시켜 생각하지 않는다는 특징이 있다. 이는 아마도 여러 가지 이유와 관련이 있을 것이다. 심리학 내적으로는 임상심리학 등 다른 인접 분야와의 중복성 문제로부터 가급적 탈피해 보려는 의도가 관련될 것으로 짐작된다. 심리치료에만 지나치게 집중할 경우 상담심리학의 고유 영역이 무엇인지 불분명할 것이기 때문이다. 그리고 심리학 외적으로는 미국의 대학에서 상담심리학과를 설치한 단과대학이 대체로 사범대학이라는 사실을 들 수 있다. 심리학과 내에 상담심리학전공을 운영하는 학교 수는 극히 적으며 해가 갈수록 점차 감소하고 있는 실정이다. 즉, 미국의 상담심리학은 사범대학의 교육학적 철학이나 관점, 교육학적 관심 영역 등을 어느 정도는 포괄하는 것이 당연해 보인다. 한마디로 미국의 상담심리학은 심리학적 관점과 이론을 근간으로 삼으면서 교육을 비롯한 관계 영역의 철학과 관점들을 포함시키는 구조를 취한다고 할 수 있다.[5]

---

5) 미국에서는 우리말 상담학에 해당하는 용어가 없다. science of counseling이 최선의 용어라고 생각된다. 간

이제 우리나라 상담학으로 논의의 초점을 옮겨 본다. 앞에서 진술하였듯이 우리나라의 대학에서 상담을 가르치고 연구하는 학과는 교육학과, 심리학과를 비롯해서 아동-가족학과, 사회복지학과, 목회학과 등이 있다. 최근에는 상담학과가 40여 개의 대학에 설치되어 있다. 이와 같이 우리나라의 상담학은 다양한 학과에서 가르치고 연구하는 학문으로 자리 잡아 가고 있는 것이 미국을 비롯한 외국과 다른 점이다.

이런 전통은 상당히 오래전부터 형성되었다고 볼 수 있다. 1960년대 초는 우리나라에 상담이 도입되고 서울대학교 및 이화여자대학교에 학생지도연구소가 처음 설치된 시기다. 중·고등학교에서는 교도교사를 훈련시켜서 상담활동을 시작하기도 하였다. 그런데 이 시기에 관한 문헌 및 '증언/진술'들에 의하면(한국카운슬러협회, 1993) 상담의 핵심 초점을 무엇에 둘지에 대한 고민과 갈등이 심했던 것으로 보인다. 구체적으로는 상담의 핵심을 심리치료에 둘지 혹은 전반적인 학생 생활지도에 둘지로 교수들 간에 논쟁과 갈등이 상당히 심했었다. 상담의 핵심을 심리치료에 두는 것은 상담을 받는 학생 개인, 즉 내담자 개인에게 상담자의 관심을 집중한다는 의미가 된다. 반면에 전반적 학생 생활지도에 초점을 맞춘다는 것은 학교의 전반적 교육 방침을 고려한다는 의미 이외에 내담자뿐만 아니라 학교 학생 전체에 대한 서비스를 수행한다는 의미도 있다.

여기서 우리는 우리나라 상담학의 중요한 특징을 발견해야 한다. 그것은 상담을 수행하는 맥락과 관련이 있다. 학교상담의 경우 교육부의 정책, 지방 교육청과 학교의 방침, 학부모의 요구, 학교장의 교육철학 등이 상담의 맥락이 된다. 즉, 상담은 내담자 자신의 요구 이외에 상담의 방향에 영향을 주는 맥락적 요소들이 더 많이 있으며 때로는 그 맥락 요소들의 영향력이 아주 강할 수도 있다. 대학상담도 교육부와 대학 당국의 정책과 무관할 수 없다. 청소년상담은 중앙정부와 지방자치단체의 청소년 정책에 의해서 좌우될 때가 많고, 이런 맥락적 영향력을 무시한다면 청소년상담을 효율적으로 수행하기가 곤란할 것이다. 진로-직업상담은 최근의 경제 상황, 청년층 실업, 조기 퇴직 등의 현상과 무관하지 않으며 정부의 노동 및 고용 정책으로부터 직접적인 영향을 받는다. 다문화상담 역시 국가 전체적인 문제로서 상담이 이런 새로

혹 사범대학에서 psychology를 삭제하고 counselor education이라는 학과(전공)명을 사용하는 경우가 있기도 하다. 필자는 학술지 *Journal of Asia Pacific counseling* 창간호 논문(2011)에서 '상담학'에 해당하는 영어로서 counselogy라는 신조어 사용을 제안하였다.

운 국가적 변화에 어떻게 대응할지를 같이 고민하고 문제 해결을 위해 공헌해야 하는 입장에 있다.

요컨대, 우리나라에서는 상담학이 내담자에게만 초점을 맞추는 것이 아니라 내담자 이외의 맥락적 요소들에도 주목해야 한다는 점을 이미 초기부터 인식했던 것 같다. 특히 근래에 이르러서는 국가의 교육정책, 청소년정책, 여성-가족정책, 노동-고용정책 등이 상담의 주요 맥락으로 작용한다는 점을 분명하게 인식하는 것으로 보인다. 이런 인식은 청소년상담의 법제화(청소년기본법), 학교상담의 법제화(초·중등교육법), 이혼숙려상담의 법제화(민법), 건강가족 지원의 법제화(건강가정기본법), 성폭력상담의 법제화(성폭력방지 및 피해자 보호 등에 관한 법률) 그리고 고용지원 상담의 법제화(고용정책기본법) 등 이미 우리나라 상담학계의 거의 모든 영역에서 이루어지고 있다. 따라서 우리나라 상담학은 관련 정책과 법제도에 관한 내용을 반드시 포함하고 있어야 한다.

3. 상담전문가

상담전문가는 누구인가? 상담전문가가 되기 위해서는 어떤 교육과 훈련을 받아야 하는가? 전문가 자격제도로는 어떤 것이 있으며, 그 심사 기준은 무엇인가? 상담가의 전문성과 윤리성을 제고하고 유지하기 위한 장치는 무엇인가?

1) 상담교육과 훈련(수련)

(1) 상담교육의 철학과 모델

① 상담가의 전문적 역량과 인간적 역량

상담자에게는 어떤 역량이 요구되는가? 많은 상담학자들은 상담전문가로서 유능하게 활동하기 위해서는 전문적 역량과 인간적 역량이 모두 필요하다고 주장하고 있다. 상담전문가로서 제대로 기능하려면 지식과 기술뿐만 아니라 인간적 포용력과 이해력, 내담자의 안녕을 위하는 가치관과 윤리성까지 갖추어야 한다는 철학이 상담학에 깔려 있다고 보인다. 이 경우 학자들 중에는 역량(力量)이라는 단어 대신에 자질(資質)이라는 단어를 주로 사용하기도 하는데(이형득, 김계현, 1999; 천성문 외, 2006), 필자가 보기에 여기서 역량과 자질 간에는 약간의 의미 차이가 있다. 자질이라고 하면 '타고난 것'이라는 뜻이 많이 있어서 교육과 훈련의 의미가 퇴색될 가능성이 보인다. 반면, 역량이라고 하면 현재 보유하고 있는 능력과 교육 · 훈련으로 발전 · 확장시킬 수 있는 능력이라는 의미가 강조되므로 여기서는 역량이라는 용어를 선택한다.

상담자의 전문적 역량을 살펴보면, 먼저 상담자는 다양한 상담이론을 잘 알아야 하고 내담자의 특성 및 환경의 차이를 고려하여 가장 적합한, 즉 '최선의' 이론을 취사하고 선택할 줄 알아야 한다. 어느 한 가지 이론만을 고집하는 것보다는 이론을 선택적으로 적용하는 능력을 길러야 할 것이다. 인간의 다양한 문제들을 모두 해결할 수 있는 완벽한 이론은 없기 때문이다. 아울러 상담자는 각종 상담기술을 습득하고 연습하며 다양한 상황에서 능숙하게 사용할 수 있도록 역량을 증진시켜야 한다. 상담 기법은 배우기만 한다고 해서 현장에서 능숙하게 사용할 수 있는 것이 아니며 여러 차례 연습을 거쳐야만 능숙한 실습이 가능해진다. 그 외에 상담자의 전문적 역량으로는 다양한 문화적 차이에 대한 이해력, 상담자 윤리에 대한 정확한 이해 등을 들 수 있다(천성문 외, 2006).

상담자의 인간적 역량은 전문적 역량 못지않게 중요하다. 상담의 가장 중요한 도구는 기법이 아닌 상담자 자신이기 때문이다(이형득, 김계현, 1999). 상담자는 인간 본성을 깊이 이해하고 수용할 줄 알아야 한다. 상담자는 내담자의 부정적이고 어두운 측면과 긍정적이고 밝은 측면 모두를 선입견 없이 있는 그대로 볼 줄 알아야 한다. 상담자는 또한 인생의 다양한 경험을 쌓도록 노력해야 한다. 다양한 개인의 다양한 경험을 모두 직접 체험할 수는 없지만 그러기 위한 노력을 게을리하지 말아야 한다. 남자는 여자의 일생에 대해서(반대의 경우도 마찬가지), 부유층 출신이라면 저소득층의 생활에 대해서(반대의 경우도 마찬가지), 기성 세대는 젊은 세대의 생활과 가치관에 대해서(반대의 경우도 마찬가지) 경험의 다양성을 추구해야 할 것이다. 상담자는 꾸준히 자기 개발과 성장을 위한 노력을 하여야 한다. 개인의 잠재 가능성을 신뢰하고 성장과 발전이 가능하다는 믿음을 가지는 것이 상담학의 중요한 가정이기 때문이다. 상담자의 이런 태도는 선택된 상담이론과 일관성을 이루어서 내담자에게 영향을 미칠 수 있다. 만약 상담자 자신의 가치관과 생활태도가 상담이론의 가정과 일관성이 없다면 내담자에게는 혼란스러운 영향을 끼칠 것이다(이형득, 김계현, 1999).

Pope와 Vasquez(2007)는 이런 상담자의 역량을 지적 역량(intellectual competence)과 정서적 역량(emotional competence)으로 구분했다. 이러한 구분은 앞의 전문적 역량 및 인간적 역량의 구분과 유사하다. 한 가지 덧붙일 것은 상담자에게는 여러 가지 난관, 스트레스, 장애물 등을 인내하면서 내담자에 대해 꾸준히 민감성을 유지하고 관심 기울이기를 지속할 수 있는 역량이 갖추어져야 한다는 것이다. 공윤정(2008)은 이것을 상담자의 근면성(deligence)이라고 표현하고 있다.

② 상담교육에서 과학자-실무자 모델

이 모델은 현재 미국의 상담심리학, 임상심리학 그리고 상담자 교육에서 지배적으로 채택되는 교육 모델이며 철학이다. 이 과학자-실무자 모델을 우리나라의 상담학 교육에서도 그대로 채택하는지에 대해서는 의문이 있다(김계현, 1997, 2002). 다만 미국에서는 이미 오래전부터 상담전문가 양성 모델로서 이 모델을 적용해 왔기 때문에 여기서 잠시 살펴보고자 한다.

과학자-실무자 모델은 미국에서는 60년 정도의 역사를 가지고 있다. 1949년과 1950년에 각각 콜로라도 주 볼더와 미시간 주 앤아버에서는 임상·상담심리학자 양성에 관한 전국회의가 열렸는데, 두 회의 결과 이른바 과학자-실무자 모델(scientist-practitioner model)을 심리학자 양성의 골격으로 정하였다. 이 모델은 첫 회의 장소를 기념하여 '볼더 모델'이라고 부르기도 한다. 이 모델의 채택에 대해서는 그 이후 미국 내 여러 회의에서 재확인되었다. 또한 1977년에는 미국상담자협회(American Counseling Association[ACA], 1977년 당시에는 American Association for Counseling and Development[AACD])에서도 그들의 카운슬러 및 인사 분야 전문가 양성에 관한 기준으로 채택하였다. 다시 말해서 과학자-실무자 모델은 미국에서의 상담학 교육 모델로서 가장 보편적으로 채택되고 있다(Gelso & Fretz, 2001).

구체적으로 과학자-실무자 모델은 대학원의 교육과정을 결정한다. 이 모델을 따르는 대학원 교육과정에서는 상담에 관한 과학적 내용과 상담 실무적 내용을 둘 다 배워야 한다. 과학적 내용에는 연구설계법, 통계학, 측정·평가, 상담연구 논문강독, 과학철학과 연구방법론 등이 해당하며, 상담 실무적 내용에는 상담방법, 상담이론, 성격심리학, 검사 및 평가(진단), 상담실습 등이 해당한다.

그런데 미국에서 상담심리학(상담학) 분야의 대학원 입학생 중 대부분은 실무에 주
로 관심이 있으며, 일부 학생만이 연구에 관심이 있거나 연구–실무 모두에 관심을 보인
다(Heppner, Kivlighan, Jr., & Wampold, 1992, 1999, 2008). 이런 문제점을 보완하기
위해서 미국의 관련 학회에서는 각 대학원 교육과정에 대해서 학회인준제도를 시행

과학자–실무자 교육 모델의 진정한 의미

과학자–실무자 모델을 기초로 상담학(상담심리학) 교육을 받으면 어떤 역량이 습
득되는가? 이 교육 모델이 지향하는 이상적 방향은 상담의 실무에서 과학적으로 사고
하고 상담연구에서 실무를 고려하는 것이다(김계현, 1997). 대학원 졸업 후에 실무 분
야로 진출하더라도 과학적 훈련을 받은 상담자는 상담 사례에 관한 판단을 할 때 객관
적 자료에 근거하여 합리적이고 과학적인 추론을 한다. 연구 분야로 진출한 사람 역시
실무교육을 받았기 때문에 상담 실무에서 의미가 있는 연구를 하게 된다.

과학적으로 사고하도록 교육받은 상담자는 어떤 특성이 있는가? 과학적 사고의 핵
심은 이론적 가설과 실제적 데이터를 동시에 고려한다는 것이다. 예컨대, 내담자가 아
버지에 대한 공포를 나타내었을 때 정신분석이론으로 '무장된' 상담자와 행동심리학
으로 '무장된' 상담자는 각자 다른 가설을 세울 것이다. 전자는 내담자의 공포는 어머
니에 대한 성적 충동이 억압되고 그 결과 아버지에 대한 공포심으로 왜곡되어 나타난
것이라는 가설을 세울 수 있다. 후자는 내담자가 아버지 혹은 비슷한 성인 남자로부터
심한 공포 체험을 학습한 결과라고 가설을 세울 수 있다. 여기서 과학적으로 사고할
줄 모르는 상담자는 자기의 가설이 이 내담자의 경우에 맞는지 검증 혹은 확인하지 않
은 채 이론적 추론만을 믿고 상담해 나갈 것이다. 그러나 과학적으로 훈련된 상담자는
자기의 가설이 틀릴 수 있다는 전제 아래 항상 내담자가 제공하는 실제적인 데이터에
의거해서 가설의 진위를 파악하고자 노력한다.

이론은 어디까지나 이론이고, 가설은 어디까지나 가설이다. 그것들은 반드시 실제
데이터에 의해서 검증받아야 한다. 그렇다면 이론과 가설이 왜 필요한가? 이론은 이미
선행 연구자들에 의해서 형성된 것이기 때문에 상담자는 이론을 근거로 예측을 할 수
있고, 이런 예측의 결과는 바로 가설로 나타난다. 이론과 가설은 상담자가 내담자를
이해하는 데 틀을 제공해 준다. 이 이론적 틀을 활용할 때 상담자의 예측과 이해 역량
은 배가 된다. 다만 상담자는 이론적 가설을 그대로 확신하지 말고 반드시 실제적인
데이터에 의해서 확인해야 한다.

하고 있으며 대학원들이 과학자-실무자 모델을 제대로 적용하고 있는지 정기적으로 실사하고 있다.

③ 상담자 발달이론

상담전문가의 역량을 표현할 때 '초보-중급-고급' 등 수준의 차이가 있다는 전제를 적용하곤 한다. 상담교육 이론가들은 상담자의 역량이 교육과 수련에 의해서, 그리고 수련 이후에도 계속해서 발달한다는 가정을 가지고 있다(Skovholt & Ronnestad, 1992). 그리고 상담전문가와 심리치료사의 전문성을 발달이라는 관점에서 설명하는 이론 중에는 전문성 발달에 단계가 존재한다는 주장을 하기도 한다(Skovholt, 2001).

- 단계 1. 인습적 단계: 별도로 기획된 교육이나 훈련을 받지 않은 상태에서 평소 자신의 삶을 통해 경험한 바를 토대로 타인의 고민을 들어주고 충고하거나 해결방안을 조언하는 것이다. 교사 혹은 청소년 캠프 등에서 근무하면서 자신에게 상담사로서의 자질이 있다고 생각하거나 혹은 자기가 좀 더 전문적인 훈련을 받는다면 타인을 더 잘 도와줄 수 있을 것이라고 생각하게 된다. 이런 경험은 종종 사람들이 상담학에 입문하여 전문적 교육을 받고자 하는 동기를 제공한다.

- 단계 2. 전문적 훈련기로의 이행단계: 대학원에서 상담전공을 하거나 다른 기관에서 개설된 상담학 과정에 등록하여 전문교육을 받기 시작한다. 이 시기에는 '유능한 상담사'가 되고 싶은 열정과 기대로 가득 차게 된다. 상담을 통해서 개인의 일생을 변화시킬 수 있고, 나아가 조직과 사회의 발전에도 크게 기여할 것이라는 긍정적 기대감에 부풀어 있다.

- 단계 3. 대가 모방단계: 강의, 독서, 역할연습, 시연, 관찰, 실습 등 여러 방법으로 교육을 받지만 특히 그 분야의 대가들이 어떻게 상담하는지를 궁금해한다. 모방의 대상은 선배, 교수, 유명한 상담사 등이다. 사례발표회, 워크숍 및 상담 시연회 등에 열성적으로 참여하고 배운다. 매우 구체적이고 실제적인 상담기술에 민감해하며 관찰을 통해 배운 것을 익히고 활용하고자 노력한다.

- 단계 4. 조건적인 자율단계: 위의 단계가 주로 배우고 흡수하는 단계라고 한다면, 이 단계는 자기가 배운 것에 대해서 스스로 평가해 보는 단계다. 자신이 유능한 상담사인지, 유능한 상담사로 더 성장할 수 있는지에 대한 의문을 제기하기도

한다.

- 단계 5. 탐구단계: 이 시기에는 대학원생, 인턴 등의 신분을 마치고 실무 분야에 전문가로 취업하게 된다. 이때 전문가 자격증(2급 자격증 정도)을 취득하는 경우가 많다. 석사학위를 받고 인턴십을 수료하고 전문 자격증도 취득했기에 자신이 공식적으로 전문가임을 내외적으로 공인받는다. 그러면서도 자신이 진정한 전문인으로서 자격이 충분한지를 의심하기도 한다.

- 단계 6. 1차 통합단계: 학위 취득 후 10년 정도 실무 분야에서 상담전문가로 근무한 경력을 가지고 있다. 슈퍼바이저의 지도감독을 받지 않고 스스로 판단하고 계획하고 실행하는 역량을 확보한다. 그동안 배우고 익힌 지식, 기술, 사고력, 판단력 등이 일관성 있게 통합되는 경험을 한다. 공식적인 교육과 훈련, 슈퍼바이저의 가르침 등 외부적인 것에 대한 지향성이 감소하고 대신 자신 안에서 스스로 이론과 가설을 구성하는 경험을 한다.

- 단계 7. 개별화 단계: 자신만의 독특한 이론과 가설 구성을 할 수 있는 개념틀을 확보한다. 그 분야에서 자기가 이미 선배 대열에 속해 있음을 알게 된다. 배우는 역할보다는 가르치는 역할과 지도하는 역할을 더 많이 수행한다. 가르치는 가운데 스스로 깨닫고 배우는 체험을 한다. 자기 주도적인 학습을 지속한다.

- 단계 8. 2차 통합단계: Eric Erikson이 인간발달이론에서 말한 절망 대 통합의 개념과 유사한 발달단계 개념이다. 수십 년 동안의 상담전문가로서 그리고 한 인간으로서의 여정이 담겨 있는, 1차 통합에 비해서 훨씬 더 수준이 높은 통합을 경험한다. 자신의 강점과 특징을 비롯해서 자신의 약점과 한계를 모두 포용하고 수용하는 자세를 보인다. 자신의 약점과 한계를 받아들임에 있어서 느끼게 되는 두려움이나 후회가 이미 크게 감소되어 있음을 알 수 있다. 이제는 모든 것을 상담학 지식이나 상담이론만으로 해석하려 하지 않고 훨씬 더 폭넓은 세상으로부터 배우고 또 세상에 영향을 주고자 하는 동기가 더 강해진다.

(2) 상담교육 방법

① 교육기관

교육기관은 상담교육을 시행하는 주체이며 장소다. 대표적인 상담교육기관은 대학 및 대학원이다. 그 외에 학회와 사설 연구소를 들 수 있다.

대학 및 대학원에서는 학위과정을 제공한다. 상담학을 공부하여 학사 · 석사 · 박사 학위를 취득할 수 있다. 흥미로운 사실은 석사학위와 박사학위 과정이 먼저 생기고 학사학위 과정이 나중에 생겼다는 것이다. 학사학위 과정은 상담학과 및 ○○상담학 과 등의 학과에서 시행하며, 석사학위와 박사학위 과정은 주로 교육학과, 심리학과 에서 시행한다. 상담학과에서도 시간이 경과하면 대학원과정이 활성화될 것으로 예 측된다.

특수대학원으로는 교육대학원, 상담심리대학원, 상담학 대학원대학교 등의 형태 도 있다. 이 중 대학원대학교란 특정 분야만을 개설하는 소규모 특수대학원을 지칭 한다. 이들 특수대학원은 주로 석사학위자를 배출하는 데 주력한다.

학사과정 중에 자격증 취득을 주목적으로 하는 과정이 있다. 대표적인 것은 전문 상담교사(2급) 자격을 취득하는 과정인데, 이 과정은 주로 상담학과와 심리학과의 학 부에 설치되어 있다. 그리고 부분적으로 교육학과의 대학원과정에 설치되어 있다. 이들 과정은 이른바 '무시험 자격검정'으로서 학과에 설치된 교육과정을 제대로 이 수하면 졸업과 동시에 2급 전문상담교사 자격증을 부여받는다. 그리고 상담교사 임 용시험에 합격하면 각급 학교에서 전문상담교사 혹은 순회상담교사로서 근무할 수 있다.

우리나라의 상담교육기관으로는 사설 연구소 및 관련 학회를 빠뜨릴 수 없다. 사설 연구소들은 상담소의 기능, 즉 내담자들에게 직접적으로 상담서비스를 제공하는 업 무 이외에 상담학을 공부하고자 원하는 일반인, 상담학의 특정 이론이나 기법을 배 우고자 하는 상담학도들에게 교육서비스를 제공하기도 한다. 이런 교육 기능은 각 학회에서도 활발하게 수행되고 있다. 학회들은 사례발표회를 하거나 특정 이론과 기 법의 권위자를 초빙하여 워크숍을 개최하기도 한다. 전국 규모의 대규모 학회로는 한국상담학회와 상담심리학회(한국심리학회 산하)가 대표적이다. 그 외에 특정 분야 를 표방하는 학회의 예로 가족치료학회 등을 들 수 있다.

② 교육방법

현대의 상담교육은 전통적인 강의 및 토론 이외에 다양한 교육방법과 매체를 활용 한다.

• 관찰: 상담교육에서 사용하는 관찰에는 크게 두 가지가 있다. 첫째는 비디오 시청이다. 1965년 미국의 상담학자 Everett Shostrom이 기획·제작한 Three Approaches to Psychotherapy 테이프(이른바 '글로리아[Gloria] 테이프') 이후 상당히 많은 상담 및 심리치료 시연 테이프가 출시되었다. 우리나라에서는 이런 대가의 상담 시연 테이프 제작이 그다지 활발하지 못한데, 상담학이 발전하기 위해서는 국내에서 기획·제작된 테이프가 좀 더 많이 나와야 할 것이다.

　관찰의 두 번째 방법은 교수, 선배, 동료 학생의 상담장면을 직접 관찰하는 것이다. 최근 한국상담학회에서는 집단상담, 부부/가족치료, 개인상담 등을 해당 분야 전문가가 다수의 청중(학회 회원 및 상담학 학생) 앞에서 직접 시연하는 행사를 정기적으로 열고 있다. 이는 우리나라 상담학 발전에 지대한 공헌을 할 수 있는 과감한 시도로 평가된다. 상담시연 관찰로는 무대 위에서의 시연 이외에 일방경을 사이에 두고 상담장면을 관찰하는 방법도 자주 쓰이고 있다.

• 역할연습: 상담을 모의로 해 보는 역할연습(role-playing)은 상담교육에서 가장 빈번히 사용하는 방법이다. 역할연습에는 부분 기술 연습과 전체 기술 연습의 두 가지가 있다. 부분 기술 연습이란 요약, 감정 반영, 질문, 해석 등 상담의 미세 기술(micro skills)을 연습할 때 주로 사용하는 것으로 상담의 초보 단계 교육에서 자주 활용된다. 전체 기술 연습이란 구조화, 인지 재구성, 정보나 조언 제공, 역설적 개입 등 일련의 절차 전체 과정과 기법들을 연습하는 것으로 초보 학습을 거친 다음 단계의 교육방법이다.

　역할연습은 단지 상담자와 내담자의 역할을 해 본다는 데 그치는 것이 아니라 역할을 연습한 후에 그 내용과 과정을 분석해 봄으로써 상담교육의 효과를 극대화하는 데 의의가 있다(김계현, 1997). 그러기 위해서는 역할연습 과정을 비디오로 녹화하여 축어록을 작성하고 그에 대한 분석 및 대안연구를 시도하는 것이 바람직하다. 대개 분석양식의 좌측 반에는 축어록을 작성하고, 우측 반에는 분석자 자신의 평가 및 대안연구, 관찰자 및 내담자의 피드백 등을 작성한다.

• 실습: 실습(practicum)에는 크게 두 종류가 있다. 하나는 대학 정규과정의 일부로 제공되는 실습으로서 이를 통해 학점을 취득한다. 대학 내의 학생상담소, 경력개발센터, 대학 밖의 Wee 센터, 청소년상담센터, 건강가정지원센터 등에서 시간제로 상담 실습을 하는 것이다. 그런데 우리나라의 대학, 대학원 상담교육에

서는 아직 이 부분의 발전이 덜 되어 있어 향후 노력이 필요하다.

다른 하나의 실습 형태는 인턴십이다. 인턴십은 비교적 내담자 수가 많고 종사 전문가 수가 많은 상담기관에서 시행한다. 우리나라에서는 1960년대에 서울대 학교 학생지도연구소에서 시행한 것이 상담 인턴십의 효시로 여겨지는데, 그 이후 상담 인턴십이 제대로 시행되지 못하다가 1990년대 이후 서강대학교, 한국청소년상담원 등에서 인턴십을 시행하면서 발전하고 있다. 그런데 특이한 것은 우리나라의 상담 인턴십은 인턴들이 교육비를 내고 인턴십을 받는다는 것이다. 대부분의 다른 분야 인턴십은 인턴들이 소액이지만 보수를 받는 경우가 많은데 상담 인턴십은 그 반대다.

• 수퍼비전: 상담 수퍼비전(supervision)에는 '지도'의 기능과 '감독'의 기능 두 가지가 모두 포함된다. 대부분의 수퍼비전 이론에서는 '지도'의 기능만을 지나치게 강조하고 있는데 이는 잘못된 것이며, 상담 실무기관의 입장에서는 지도 기능과 감독 기능 모두를 균형 있게 다룰 수 있도록 조정해야 한다. 특히 감독의 기능은 초보 수련생이 사례를 잘못 다루는 경우에 대비해서 필요한데, 그런 경우 내담자에게 피해를 입힐 수도 있으므로 중요하다.

수퍼비전을 실시하는 방식으로는 개인 수퍼비전과 집단 수퍼비전의 두 가지가 있다. 개인 수퍼비전은 일대일 교습으로서 음악에서 연주가를 교육을 할 때 개인 레슨을 하는 것과 유사하다. 집단 수퍼비전은 10명 내외의 집단에서 한 수련생이 사례를 내놓고 나머지 수련생은 듣기만 하거나 혹은 토론에 참여하는 방식의 수퍼비전이다. 개인 수퍼비전과 집단 수퍼비전에는 각기 장점과 단점이 존재한다.

• 사례발표회: 사례발표회(case conference)는 집단 수퍼비전과 구분되어야 한다. 사례발표회는 다수의 청중 앞에서 발표자와 토론자가 사회자의 인도 아래 사례를 발표하고 토론 및 분석을 하는 것이다. 수퍼비전에서 논의의 중심이 수련생 (즉, 사례를 내놓은 사람)에게 맞추어진다면, 사례발표회에서는 논의의 중심이 사례에 있다는 점이 가장 다른 점이다.

그럼에도 우리나라에서는 한동안 사례발표회와 수퍼비전을 혼동하여 이 둘을 같은 것으로 오해한 적이 있다. 그래서 사례발표회에서 발표자의 사적인 부분을 공개하게 하거나 발표자를 지나치게 곤란하게 만드는 일들이 있었다. 이런 오류는 과거에 전문가의 수가 부족하고 사례를 통해 공부할 기회가 많지 않은 현실에서 나온 궁여지책이었을 뿐이라고 생각된다. 지금은 이 두 가지가 어느 정도 구분되고 있는 것으로 보인다.

- **교육 분석**: 교육 분석은 정신분석가 양성에서 사용되던 방식인데, 현재는 정신분석훈련이 아니더라도 많은 상담수련생이 활용하고 있다. 수련생은 이 과정을 통해서 자기 이해도를 높일 뿐만 아니라 자기 수용을 비롯한 다양한 치료 경험을 하게 된다. 그렇게 하여 감정관리 능력을 향상시키고 불필요한 역전이(counter-transference)를 예방하는 등의 효과를 얻을 수 있다. 무엇보다도 내담자의 입장을 직접 경험해 본다는 것이 전문상담사가 되는 데 가장 유용한 점이기도 하다.
- **집단상담 참여**: 집단상담은 우리나라에서 매우 보편적으로 활용되는 상담교육 방법이다. 따라서 많은 집단상담이 상담학을 공부하는 학생들을 위해서 구성되어 주로 방학기간에 시행되곤 한다. 이것은 단지 집단의 리더가 되기 위한 훈련뿐만 아니라 자신의 대인 상호작용 및 집단과정에 대한 민감성과 이해력 향상을 도모하는 데 효과가 있다.

2) 전문가 자격과 윤리

상담 분야 전문가 자격에는 국가자격과 민간자격의 두 가지가 있다. 국가자격은 법령으로 규정된 바를 기반으로 해서 정부부처 혹은 위탁기관이 직접 관리하는 경우를 지칭한다. 상담 분야 국가자격으로는 전문상담교사, 청소년상담사, 직업상담사 등이 대표적이다. 민간자격이란 학회 혹은 기타 민간단체에서 자체적인 규정에 의거하여 발급하고 관리하는 것을 지칭한다. 상담 분야 민간자격으로는 한국상담학회, 상담심리학회(한국심리학회 산하), 가족치료학회에서 관리하는 자격이 대표적이다.

민간자격 중에는 '국가공인 민간자격'이라는 것이 있는데 이를 국가자격과 혼동해서는 안 된다. 국가공인 민간자격이란 민간단체에서 발급·관리하는 것 중에서 한국직업능력개발원에서 소정의 심사를 거쳐 인정한 것을 말하는 것이다. 상담전문가 민간자격 중에는 국가공인 민간자격은 없다. 다만 이는 상담 관련 민간자격들이 그 관리가 소홀하거나 혹은 자격 요건이 낮아서가 아니라 상담 전문자격을 굳이 국가기관에서 공인제도에 의해서 통제·관리할 필요가 없기 때문으로 풀이된다. 학회에서 시행하는 상담 관련 민간자격은 대체로 엄정하게 관리되고 있다. 그럼에도 신용할 수 없는 유사 자격, 다시 말해 비슷한 이름을 가진 '정체불명'의 자격증 또한 남발되고 있음을 주의해야 한다.

(1) 국가자격

① 전문상담교사

전문상담사 자격에 대한 규정은 초 · 중등교육법(2008)에 기반을 두고 있다. 전문상담교사 1급과 2급이 있는데 그 자격은 〈표 1-1〉과 같다. 각급 학교에 전문상담교사를 배치 · 운영하는 내용에 대해서는 초 · 중등교육법 시행령, 학교폭력예방 및 대책에 관한 법률에서 규정한다. 다만 전문상담교사 자격 부여에 관한 세부사항들은 수시로 개정되기 때문에 이 자격을 취득하고자 하는 개인은 개정되는 새로운 규정을

표 1-1 전문상담교사의 자격(초 · 중등교육법, 2008)

구분	개정 전	개정 후
1급	1. 정교사(2급) 또는 보건교사(2급) 이상의 자격증을 가진 자로서 3년 이상의 교육경력이 있는 자가 교육인적자원부장관이 지정하는 교육대학원 또는 대학원에서 소정의 전문상담교사 양성과정을 이수한 자 2. 전문상담교사(2급)자격증을 가진 자로서 3년 이상의 전문상담교사 경력을 가지고 자격연수를 받은 자	1. 2급 이상의 교사자격증(「유아교육법」에 따른 2급 이상의 교사자격증을 포함한다)을 가진 자로서 3년 이상의 교육경력이 있는 자가 교육과학기술부장관이 지정하는 교육대학원 또는 대학원에서 소정의 전문상담교사 양성과정을 이수한 자 2. 전문상담교사(2급)자격증을 가진 자로서 3년 이상의 전문상담교사 경력을 가지고 자격연수를 받은 자
2급	1. 대학 · 산업대학의 상담 · 심리관련학과 졸업자로서 재학 중 소정의 교직학점을 취득한 자 2. 교육대학원 또는 교육인적자원부장관이 지정하는 대학원의 상담 · 심리교육과에서 전문상담 교육과정을 이수하고 석사학위를 받은 자 3. 2급 이상의 교사자격증을 가진 자로서 교육인적자원부장관이 지정하는 교육대학원 또는 대학원에서 소정의 전문상담교사 양성과정을 이수한 자	1. 대학 · 산업대학의 상담 · 심리관련학과 졸업자로서 재학 중 소정의 교직학점을 취득한 자 2. 교육대학원 또는 교육과학기술부장관이 지정하는 대학원의 상담 · 심리교육과에서 전문상담 교육과정을 이수하고 석사학위를 받은 자 3. 2급 이상의 교사자격증(「유아교육법」에 따른 2급 이상의 교사자격증을 포함한다)을 가진 자로서 교육과학기술부장관이 지정하는 교육대학원 또는 대학원에서 소정의 전문상담교사 양성과정을 이수한 자

표 1-2   전문상담교사 양성과정 이수과목(교원자격검정령 시행규칙)

구분	이수영역 또는 과목	소요 최저 이수	
		1급	2급
필수	심리검사, 성격심리, 발달심리, 특수아상담, 집단상담, 가족상담, 진로상담, 상담이론과 실제	14학점 이상 (7과목 이상)	14학점 이상 (7과목 이상)
	상담실습 및 사례연구		
선택	아동발달, 학습심리, 행동수정, 생활지도연구, 이상심리, 청년발달, 영재아상담, 학습부진아, 사회변화와 직업의 세계, 학교심리, 적응심리, 사이버상담, 성상담, 학습상담, 인지심리, 심리학개론, 사회심리, 생리(생물)심리, 인간관계론, 특수교육학개론, 학교부적응상담	4학점 이상 (2과목 이상)	28학점 이상 (14과목 이상)

비고: 전문상담교사(1급) 양성과정의 경우 '상담실습 및 사례연구' 는 학점(교과목) 이수는 하지 아니하나, 2종 이상의 사례연구 · 발표를 하고 20시간 이상의 실습을 하여야 한다.

수시로 점검해야 한다.

② 청소년상담사

청소년상담사 자격은 청소년기본법(제22, 23, 24조 등)에 기반을 두고 있다. 소관 부처는 2010년 3월 이전에는 보건복지부, 2010년 3월 이후부터는 여성가족부다. 자격의 심사, 전형, 관리의 업무는 한국청소년상담원에서 시행하며, 필기시험은 한국산업인력공단에서 시행한다. 청소년상담사는 청소년 분야의 다른 자격(예: 청소년지도사)에 비해 자격 요건에서 더 많은 수련을 요한다는 점에서 그 전문성에 있어 상당 수준 인정을 받는다고 볼 수 있다.

표 1-3 청소년상담사의 급별 자격요건(2010년)

구분	자격요건
1급	1. 대학원에서 청소년(지도)학 · 교육학 · 심리학 · 사회사업(복지)학 · 정신의학 · 아동(복지)학 분야 또는 그 밖의 여성가족부령이 정하는 상담관련분야(이하 "상담관련분야"라 한다)를 전공하고 박사학위를 취득한 자 2. 대학원에서 상담관련분야를 전공하고 석사학위를 취득한 후 상담실무 경력이 4년 이상인 자 3. 2급 청소년상담사로서 상담실무 경력이 3년 이상인 자 4. 제1호 및 제2호에 규정된 자와 동등 이상의 자격이 있다고 여성가족부령이 정하는 자
2급	1. 대학원에서 상담관련분야를 전공하고 석사학위를 취득한 자 2. 대학 및 다른 법령의 규정에 의하여 이와 동등한 학력을 인정받는 기관에서 상담관련분야를 전공하고 학사학위를 취득한 후 상담실무 경력이 3년 이상인 자 3. 3급 청소년상담사로서 상담실무 경력이 2년 이상인 자 4. 제1호 내지 제3호에 규정된 자와 동등 이상의 자격이 있다고 여성가족부령이 정하는 자
3급	1. 대학 및 「평생교육법」에 의한 학력이 인정되는 평생교육시설의 상담관련분야 졸업(예정)자 2. 전문대학 및 다른 법령의 규정에 의하여 이와 동등한 학력을 인정받는 기관에서 상담관련분야를 전공하고 전문학사를 취득한 자로서 상담실무 경력이 2년 이상인 자 3. 대학 및 다른 법령의 규정에 의하여 이와 동등한 학력을 인정받는 기관에서 상담관련분야가 아닌 분야를 전공하고 학사학위를 취득한 후 상담실무 경력이 2년 이상인 자 4. 전문대학 및 다른 법령의 규정에 의하여 이와 동등한 학력을 인정받는 기관에서 상담관련분야가 아닌 분야를 전공하고 전문학사를 취득한 후 상담실무 경력이 4년 이상인 자 5. 고등학교를 졸업하고 상담실무 경력이 5년 이상인 자 6. 평생교육법에 의해 학력이 인정되는 평생교육시설에서 학점을 취득 후 관련분야 학사학위를 받은 자 7. 제1호 내지 제4호에 규정된 자와 동등 이상의 자격이 있다고 여성가족부령이 정하는 자

표 1-4 청소년상담사 자격검정 과목 및 방법

		자격검정 과목	자격 취득 방법
1급	필수	• 상담자 교육 및 사례지도 • 청소년 관련 법과 행정 • 상담연구방법론의 실제	필기시험 ↓ 서류전형 ↓ 면접시험 ↓ 자격연수 (100시간)
	선택	비행상담 · 성상담 · 약물상담 · 위기상담 중 2과목	
2급	필수	• 청소년 상담의 이론과 실제 • 상담연구방법론의 기초 • 심리측정 평가의 활용 • 이상심리	
	선택	진로상담 · 집단상담 · 가족상담 · 학업상담 중 2과목	

3급	필수	• 발달심리 • 집단상담의 기초 • 심리측정 및 평가 • 상담이론 • 학습이론
	선택	청소년이해론 · 청소년 수련활동론 중 1과목

③ 직업상담사

직업상담사는 고용노동부(2010년 7월 이전까지는 노동부)의 소관이다. 검정 시행기관은 한국산업인력공단이다.

직업상담사는 2급과 1급으로 나뉘는데, 직업상담사 2급은 대학의 심리학과, 경영 · 경제학과, 법정계열학과, 교육심리학과 그리고 사회교육기관이나 사설기관(학원)의 직업상담사 과정 등이 '관련학과'로 되어 있으나 전공에 제한을 두지는 않는다. 시험은 필기시험과 실기시험으로 나뉜다. 필기는 직업상담학, 직업심리학, 직업정보론, 노동시장론, 노동관계법의 5개 과목 각각 20문항씩 총 100문항을 사지선다형으로 본다. 필기시험 합격자는 실기시험을 보는데, 실기는 주관식 문제에 답을 서술하는 방법으로 검정한다.

직업상담사 1급에 응시하기 위해서는 직업상담사 2급 취득 후 3년 이상의 실무 경력이 있거나, 대졸자로서 5년 이상의 실무 경력이 있어야 한다. 시험은 역시 필기시험과 실기시험으로 나뉜다. 필기시험 과목은 고급직업상담학, 고급직업심리학, 고급직업정보론, 노동시장론, 노동관계법규 각각 20문항씩 총 100문항을 사지선다형으로 치른다. 실기는 3시간 정도 작업형으로 검정이 이루어진다.

(2) 민간자격

상담 분야 민간자격의 요건이나 검정방법 등에 대해서는 각 학회의 홈페이지를 통해서 관련 규정을 손쉽게 찾아볼 수 있으니 여기서는 별도로 제시하지 않는다. 대표적인 민간자격으로는 한국상담학회의 전문상담사(수련감독자급, 1 · 2급 · 3급; http://www.counselors.or.kr), 상담심리학회(한국심리학회 산하)의 상담심리전문가(전문가급, 심리사급; http://www.krcpa.or.kr) 그리고 가족치료학회의 가족치료사(수련감독급, 1 · 2급; http://www.familytherapy.or.kr) 등이 있다. 이 중 한국상담학회의 전문상담사 자격은 세부 영역별 혹은 상담방법별(예: 심리치료, 부부/가족, 아동·청소년, 대학, 진로, 군, 기업, 집단상담, NLP, 중독, 교정 등)로 자격검정을 시행하고 관리한다.

(3) 상담전문가 윤리

상담전문가는 자격 요건을 갖추어야 할 뿐만 아니라 그 업무를 수행함에 있어서 정해진 윤리규정을 지켜야 한다. 윤리규정을 위반하는 경우에는 자격을 몰수당할 수 있으며 경우에 따라서는 법적인 책임을 추궁당할 수도 있다. 각 상담전문가 자격의 윤리조항은 해당 학회의 홈페이지, 자격검정 시행기관의 홈페이지에서 찾아볼 수 있다.

정체불명의 '사이비' 자격증

상담 분야에는 그 시행기관의 실체가 불분명한 자격증들이 존재한다. 그 명칭은 ○○상담사 등 정부기관이나 권위 있는 학회의 자격증 명칭과 거의 같아서 이름만 가지고는 쉽게 구별되지 않는다. 항상 신문 등 매체에 광고를 내면서 자격증을 하루라도 빨리 취득해야 유리하다는 식의 유혹을 한다. 대개는 검정시험 과목의 교재나 문제집을 판매하는 것이 주목적이다. 자격증 명칭을 수시로 변경하면서 영업활동을 지속한다. 그럼에도 현재의 민간자격 관련법으로는 그와 같은 행태를 단속할 근거가 희박하다. 따라서 상담 분야의 자격에 대해서는 자격증을 부여하고 관리하는 관련 학회 및 정부기관에서 좀 더 적극적인 대민 홍보로 더 이상의 피해자가 발생하지 않도록 노력해야 할 것이다.

✡ 참고문헌 ✡

공윤정(2008). 상담자 윤리. 서울: 학지사

김계현(1995). 상담심리학(초판). 서울: 학지사.

김계현(1997). 상담심리학(개정판). 서울: 학지사.

김계현(2000). 상담심리학 연구: 주제론과 방법론. 서울: 학지사.

김계현(2002). 카운슬링의 실제(개정판). 서울: 학지사

김계현, 김동일, 김봉환, 김창대, 김혜숙, 남상인, 천성문(2009). 학교상담과 생활지도(제2판). 서울: 학지사.

박성희, 김광수, 김혜숙, 송재홍, 안이환, 오익수, 은혁기, 임용우, 조봉환, 홍상황, 홍종관 (2006). 한국형 초등학교 생활지도와 상담. 서울: 학지사

이장호(1982). 상담심리학 입문. 서울: 박영사.

이재창(1988). 생활지도: 성장과 적응을 위한 접근. 서울: 문음사.

이재창(2005). 생활지도와 상담. 서울: 문음사

이형득(2003). 본성실현상담. 서울: 학지사

이형득, 김계현(1999). 청소년상담 수퍼비전. 서울: 한국청소년상담원

정원식, 박성수(1978). 카운슬링의 원리. 서울: 교육과학사

정원식, 박성수, 김창대(1999). 카운슬링의 원리. 서울: 교육과학사

천성문, 박순득, 배정우, 박원모, 김정남, 이영순(2006). 상담심리학의 이론과 실제. 서울: 학지사.

한국카운슬러협회(1993). 한국 카운슬링 30년. 한국카운슬러협회.

홍강의(1993). 청소년 상담의 이론적 경향 고찰: 치료적 관점. 청소년상담연구, 1(1). 한국청소년상담원.

황응연, 윤희준(1983). 현대 생활지도론. 서울: 교육출판사.

Brown, S. D., & Lent, R. W. (1984). *Handbook of counseling psychology* (1st ed.). New York: Wiley.

Brown, S. D., & Lent, R. W. (1992). *Handbook of counseling psychology* (2nd ed.). New York: Wiley.

Brown, S. D., & Lent, R. W. (2000). *Handbook of counseling psychology* (3rd ed.). New York: Wiley.

Brown, S. D., & Lent, R. W. (2008). *Handbook of counseling psychology* (4th ed.). New York: Wiley.

Corey, G. (2001). *Theory and practice of counseling and psychotherapy* (6th ed.). Pacific Grove, CA: Brooks/Cole.

Corsini, R. J. (Ed.) (1979). *Current psychotherapies* (2nd ed.). Itasca, Illinois: Peacock.

Gelso, C., & Fretz, B. (2001). *Counseling psychology* (2nd ed.). Harcourt.

Haley, J. (1987). *Problem-solving therapy* (2nd ed.). San Francisco: Jossey-Bass.

Heppner, P. P., Wampold, E. B., & Kivlighan, D. M., Jr. (2008). *Research design in counseling*. Belmont, CA: Thomson.

Skovholt, T. M., & Ronnestad, M. H. (1992). *The evolving professional self: Stages and themes in therapist and counselor development*. Chichester, England: Wiley.

제2장
개인상담의 과정과 기법

상담은 형태에 따라 개인상담, 집단상담, 가족상담 등으로 구분한다. 그중에서 개인상담은 가장 많이 통용되는 방법이다. 이 장에서는 개인상담의 과정과 기법을 소개하고자 한다. 그러나 그 전에 포괄적인 의미의 상담과 그 상담에서 작동하고 있는 변화촉진 조건에 대해 먼저 소개하고자 한다. 이 논의는 이후 상담 이론이나 과정을 좀 더 포괄적으로 이해하는 데 유용한 틀을 제공할 것이라 생각한다.

1. 상담이란

1) 상담의 의미

일상생활에서 어려움을 경험하거나 중요한 결정을 앞둔 어떤 사람이 올바른 결정을 하기 위해 인생 경험과 지혜가 풍부한 사람을 찾아가서 자문을 구하는 일은 아마 인류 역사와 함께 시작되었을 것이다. 시대에 따라 이름은 달라졌지만, 부모나 교사를 비롯하여 멘터,[1] 랍비, 모사,[2] 카운슬러, 심리치료사, 코치 등은 어려움을 겪는 사람들에게 어려움을 극복하고 지혜로운 결정을 내려 현재 상태보다는 좀 더 나은 상태로 옮겨 가도록 도왔던 이들이다. 그들이 했던 일들은 가장 포괄적 의미의 '상담(counseling)'이라고 할 수 있다.

한편, 좁은 의미의 상담은 강조점에 따라 몇 가지 형태로 구분된다. 그중 하나는 Sigmund Freud의 정신분석에서부터 시작된 심리치료(psychotherapy)다. 심리치료는 정신병이나 신경증을 비롯하여 심리 · 사회적으로 어려움을 겪고 있는 사람들을 지금보다 개선된 상태로 옮겨 가도록 돕는 활동으로서 상담의 중요한 하위 영역이다. 심리치료는 주로 상담실이나 병원에서 이루어진다. 두 번째 영역은 생활지도(guidance)다. 학교에서 이루어지는 주요 활동을 학습지도와 생활지도로 구분할 때, 생활지도는 학습지도를 제외한 모든 영역에서 학생들이 지금보다 좀 더 나은 상태로 옮겨 가도록 돕는 활동이다. 이 활동은 주로 학교나 가정에서 이루어진다. 세 번째 영역은 진로상담(career counseling)이다. 진로상담은 생활지도의 한 영역으로 시작되었다가, 진로발달(career development)이나 진로결정(career decision)이 학교 이외의 장소에서도 이루어질 수 있다는 점이 부각되면서 별도의 중요한 영역으로 자리를 잡았다. 이 활동은 주로 학교나 기업체, 평생교육기관 등에서 이루어진다.

이처럼 상담은 넓은 범위의 서비스 활동을 포함한다. 그러나 이 활동들은 다양한 측면에서 도움이 필요한 사람들에게 인간의 변화기제를 활용하여 그들의 심리적 문제, 정서나 사고, 가치관 등을 개선하며, 지혜로운 결정을 내리고 그 결정에 대해 책임을 지며 개선된 행동을 하도록 돕는 활동이라는 점에서 공통적이다. 또한 상담은 교과 지식을 가르치거나 일방적으로 결정을 내려주거나 경제적 조력을 직접 제공해 주지 않는다는 점에서도 공통적이다. 이런 점에서 상담은 심리치료를 포괄하지만 그에 제한되지 않으며, 직접적으로 친구가 되어 주거나 경제적 조력을 하지는 않으면서, 심리사회적 도움이 필요한 사람들에게 정서, 사고, 행동, 가치관, 사회적 관계 등

---

1) 멘터(mentor)라는 말의 기원은 그리스 신화에서 유래된다. 고대 그리스의 이타이카 왕국의 왕인 오디세우스는 트로이 전쟁을 떠나면서 자신의 아들 텔레마코스를 멘터라는 이름의 친구에게 맡겼다. 그는 오딧세이가 전쟁에서 돌아올 때까지 텔레마코스의 친구, 선생님, 상담자, 때로는 아버지가 되어 그를 잘 보살펴 주었다. 그 후 멘터라는 그의 이름은 지혜와 신뢰로 한 사람의 인생을 이끌어 주는 지도자라는 의미로 사용되었다.

2) 모사라는 용어는 성경에서 찾아볼 수 있는데 영어 성경에서 counselor의 번역어다. "이는 한 아기가 우리에게 났고 한 아들을 우리에게 주신 바 되었는데, 그의 어깨에는 정사를 메었고, 그의 이름은 기묘자라, 모사라, 전능하신 하나님이라, 영존하시는 아버지라, 평강의 왕이라 할 것임이라"(이사야 9:6)

을 개선하고 삶의 과정에서 좀 더 지혜로운 결정을 내리며 그 결정에 대한 책임을 수용하도록 돕는 활동을 의미한다.

2) 상담에서 변화를 촉진하는 요인

상담을 심리치료를 넘어 심리사회적 변화기제를 활용하여 도움이 필요한 사람으로 하여금 좀 더 나은 상태로 옮겨 가도록 돕는 포괄적인 활동이면서도 교과 지식을 가르치거나 경제적 조력을 직접 제공하지는 않는 제한적인 활동이라는 의미로 규정할 때, 김창대(2009)는 내담자의 변화를 촉진하는 조건들을 다음과 같이 정리했다.

변화촉진 요인(changing elements)이란 내담자를 위해 상담자(심리치료를 하는 상담자뿐 아니라 진로상담이나 심지어 코칭 활동을 하는 상담자들을 모두 포함)가 하는 많은 일 중에서 내담자를 변화시키는 데 직접적으로 영향을 끼치는 요인을 의미한다. 내담자의 변화를 촉진하는 요인은 대체로 ① 자기의 확인(self validation), ② 진정성의 확보(authentic experience), ③ 패턴의 자각과 수정(pattern change), ④ 다양한 지식과 기술의 습득(acquisition of knowledge and skills), ⑤ 실존적 선택과 책임의 수용(taking existential position)의 다섯 가지로 요약할 수 있다. 다음 변화 촉진을 위한 다섯 가지 조건에 관한 설명은 김창대(2009)에서 발췌한 것이다.

(1) 자기의 확인

자기(self)의 문제는 인간이 의식을 소유하기 시작한 이후 가지게 된 가장 중요한 질문 중 하나일 것이다. 일반적으로 심리학에서 자기는 자아개념, 자긍심 등으로 표현된다. 그러나 상담 영역의 이론에서는 정신역동 접근에서 Freud의 자기애 개념, Erik Erikson의 자아정체감(self identity)을 필두로 하여 여러 이론가에 의해 그 중요성이 강조되고 있다. Carl Rogers나 Albert Ellis의 수용 개념도 자기 존재의 타당성의 확인이 중요함을 강조한다. 특히 Heinz Kohut은 자기애 개념을 소개하면서 모든 사람에게는 자기 자신이 온전한 존재로 확인되고 타당화되는 경험이 중요함을 강조하고 있다. 인간중심이론의 Rogers나 대상관계이론의 Donald Woods Winnicott 등이 제시한 공감과 버텨 주기(holding), 충분히 좋은 엄마 되기(good enough mothering) 등도 결국 참자기를 확인하는 과정임을 감안하면, 자기를 확인하는 경험은 내담자에게 매우 중요하며 자신의 경험세계에 발붙일 수 있는 심리적 대지를 마련해 주는 것 같다.

(2) 진정성의 확보

진정성의 확보란 내담자 자신의 현상학적 경험세계를 부정하지 않고 있는 그대로 경험하게 한다는 의미다. 이것은 주로 나중에 소개될 게슈탈트 상담이론의 창시자인 Fritz Perls가 진정성을 경험하는 주체로서의 자기를 강조하면서 염두에 두었던 개념이다. 게슈탈트 이론에서 중시하는 자각(awareness)이나 접촉 개념은 현상학적 세계가 아무리 고통스럽고 힘들더라도 피하지 않고 접촉하는 것이 중요하다는 것을 보여 준다.

진정성을 확보하지 못하는 경우란 자신의 경험을 충분히 자각하지 못하는 것을 의미한다. 예컨대, 아버지로부터 지나친 압박과 강요를 받으며 자란 학생에게 당시 어떤 느낌이었는지 질문하면 '화가 났다.'는 말을 잘 하지 못하고 '그건 다 내 잘못이다.' 또는 '그것은 모두 아버지 잘못이다.'라는 답을 하는 경우가 있다. 또한 가정폭력이나 성폭력을 당했던 내담자에게 당시에 어떤 느낌이었는지 질문하면 '잘 기억나지 않는다.'고 답하기도 한다. 좀 가벼운 예로, 연인관계에 있는 두 사람이 이야기하는 것을 잘 관찰해 보면 주로 정서적인 측면을 말하고 이해해 주기 원하는 여성에게 남성은 "당신이 이러이러해서 서운하다.' 거나 '당신이 많이 걱정되고 속상했겠다.' 라고 하지 못하고 '그렇게 화낼 일이 아니다.'라거나 '그래서 내가 어떻게 하면 되겠는가?'를 묻는다. 이때 남성은 자신이나 상대편의 정서적 측면에 접촉하지 못한다고 볼 수 있다.

정서적 측면의 접촉, 즉 진정성을 확보하는 것은 몇 가지 측면에서 이롭다. 첫째, 생각이나 사실보다는 훨씬 어떤 개인의 실체에 가깝기 때문에 그 개인의 속마음에 근접하여 자신이나 그 개인을 깊이 이해할 수 있다. 즉, 생각과 사실은 바꾸어 말할 수 있어도 정서적 반응은 속이기 어렵기 때문에 당사자의 본 모습을 좀 더 깊이 이해할 수 있다. 예컨대, 약속시간을 어긴 상대방에게 '괜찮다'고 말하지만 그 표정이나 느낌이 화가 나 있는 사람을 '화가 난 것'으로 이해하는 것이 '괜찮은 것'으로 이해하는 것보다 올바로 이해하는 것이다. 둘째, 정서적 반응을 하기 어려워하는 사람은 대체로 정서적 반응은 취약하고 부끄러운 것이라고 보는 경향이 많은데, 정서적 반응을 한 이후에는 그것이 수용되는 경험을 동시에 함으로써 자신을 좀 더 많이 수용하게 된다. 즉, 수용에 도움이 된다. 셋째, 특정 상황에서 보이는 정서적 반응을 통해 그 상황에서 그 사람이 진정으로 무엇을 원하는지, 어떤 가치관을 가지고 사는지에 대해 깊이 이해할 수 있다. 한 가지 쉬운 예로, 약속을 어긴 사람에게 '화' 라는 정서적 반응을 보이는 사람은 그렇지 않은 사람보다 약속과 신뢰를 중요한 가치로 생각하는 사람이라고 가정할 수 있다. 다른 사람과의 관계가 어긋날까 봐 노심초사하고 불안해하는 사람은 '관계' 를 매우 중요한 가치로 생각하는 사람이라고 볼 수 있다. 이처럼 정서적 경험의 실제 내용이 무엇인지 깨닫고 접촉함으로써 진정성을 확보하는 것은 자신이나 내담자를 더 깊이 이해하는 데 도움이 된다.

(3) 패턴의 자각과 수정

기존의 상담이론, 특히 성격이론에 바탕을 둔 상담이론은 내담자의 심리사회적 건강을 촉진하기 위해 필요한 것으로 건강하고 적응적인 패턴의 형성을 들고 있다. 여러 가지 상담이론들을 면밀히 살펴보면 비록 강조하는 측면에 따라 차이는 있지만 대부분의 이론이 패턴과 관련된 개념들을 가지고 있다. 여기서 패턴이란 개인의 특성에 의해 상황의 변화에 상관없이 지속되고 반복되는 습관을 의미하며, 이러한 습관은 정서, 관계, 사고, 행동의 측면으로 구분된다. 이러한 패턴이 상황과 시점, 발달 단계에 적절할 때 적응적이라고 하는 반면, 상황이나 현실에 맞지 않고 유연하지 않으며 경직되었을 때는 부적응적이라고 한다. 이러한 경직되고 부적응적인 패턴을 좀 더 유연하고 적응적인 것으로 수정할 때 사람들은 좀 더 나은 상태로 변화할 수 있다.

앞으로 소개될 여러 상담이론들은 그 강조점이나 표현방식은 다르지만 패턴과 관련된 개념을 제시하고 있다. 예컨대, 정신분석이론의 방어기제는 곧 자기도 모르게 불안으로부터 자신을 방어하기 위해 사용하는 지적·정서적·행동적 패턴이다. 또한 대상관계이론이나 애착이론에서 제시하는 관계표상(representation)이나 내면화된 작동모형(internalized working model) 역시 자신에게 익숙하여 내면화되고, 그 결과 새로운 대상과의 관계에서도 자신에게 익숙했던 관계방식을 기대하게 만드는 틀이라는 의미에서 중요한 관계 패턴이다. 그 밖에 인지상담이론에서 Ellis가 제시한 비합리적 신념체계, Aaron T. Beck이 제시한 추론의 오류나 스키마(schema)와 같은 개념들은 인지적 측면에서의 패턴을, 그리고 행동주의 상담이론에서 습관은 행동 측면에서의 패턴을 지칭하는 개념들이다. 그 밖에 Alfred Adler가 제시한 생활양식(life style) 개념은 무력감을 탈피하고 힘을 추구하려고 하는 과정에서 형성된 생활의 틀과 패턴을 의미하며, 기본적 오류(basic mistake) 역시 개인의 사고와 생활에 지속적으로 영향을 끼치고 있는 잘못된 신념과 패턴을 의미한다. 교류분석이론에서 개인을 이해하기 위해 분석의 대상이 되는 생활각본(life script), 게임(game), 구조 등은 모두 개인의 패턴을 의미하는데, 이러한 것들은 인지, 행동, 관계 중 어느 한 측면의 패턴을 의미하지 않고 다양한 영역이 혼합된 형태의 패턴을 의미한다. 이러한 기제들은 이론에 따라서 인지적, 정서적, 행동적 특성 중 하나 또는 이들 중 둘 이상이 통합된 특성을 가지고 있다. 심리·성격상담을 주로 하는 상담자들은 내담자의 심리적·성격적 문제를 경감시키기 위해 이러한 패턴과 기제들을 변화시키는 것을 상담의 목표로 삼고 있다.

(4) 다양한 지식과 기술의 습득

다양한 지식과 기술의 습득이란 일상생활에서 직면하는 다양한 문제들을 해결하는 능력과 지식, 기술을 배운다는 의미다. 이들은 자아개념이나 성격처럼 삶의 기간을 이루는 뼈대와 같은 것은 아니지만 좀 더 윤택하고 건강한 삶을 영위하기 위해 필요하다.

사실 기존의 상담이론에서는 구체적이고 행동적인 능력의 습득을 중시하는 행동주의나 주변 상황에 대한 올바른 파악과 판단, 문제 해결을 위한 자원의 동원 등의 구체적인 기술을 중시하는 인지상담이론을 제외하고는 문제 해결력이나 관리기술의 습득에 대해서 그리 많이 강조하지 않는다. 그것은 오히려 학습이나 교육학에서 강조된다. 그 이유는 기존의 상담이론과 국내에서 이루어지는 상담 실무가 주로 정신역동이론과 인간중심이론의 관점에 뿌리를 두고 주로 심리치료적 접근을 강조하며, 그 결과 지적인 내용의 전달보다는 상담관계에서의 상호작용 경험을 강조하기 때문일 것이다. 그러나 지식과 기술의 습득이 어려움을 겪고 있는 사람이 지금보다 좀 더 나은 상태로 옮겨 가는 데 필요하다는 사실은 분명하다. 심지어 자신의 적성, 흥미, 직업적 성격, 자신의 진로발달 단계, 직업세계, 정보탐색 기술 등과 관련된 지식과 기술이 많이 필요한 진로상담에서조차 이 측면의 변화촉진 조건은 상담에서 많이 경시되어 온 감이 있다. 그러다 보니 내담자가 현실적인 문제를 해결하고 싶음에도 상담자는 내담자의 어릴 적 외상 경험에 초점을 맞추거나 내담자와의 관계를 중시하는 한편, 그들에게 필요한 지식과 기술을 가르치고 습득시키는 일은 다소 미루는 경향이 있었다. 그리고 상담자 훈련과정에서도 내담자와 관계를 형성하고 관계 경험을 통해 내담자의 변화를 촉진하는 것이 소위 '진짜' 상담이고 기술이나 지식을 전달하는 것은 상담이 아닌 것처럼 폄하되는 경우가 있는 것 같다. 그러나 지식과 기술의 습득은 엄연히 상담에서 내담자의 변화를 촉진하는 중요한 조건이며 내담자가 건강한 삶을 살기 위해서 꼭 필요하다.

(5) 실존적 선택과 책임의 수용

실존적 선택이란 변화를 앞둔 시점에서 새로운 행동을 할 것인지, 아니면 이전 방식대로 살아갈 것인지에 대한 내담자의 선택을 의미한다. 효과적인 상담에서 상담자는 내담자들을 이와 같은 선택의 기로에 놓는 경우가 많다. 상담자가 내담자에게 조언을 주지 않는다거나 대신 결정해 주지 않는다는 것은 상담자가 내담자 대신 선택해 주지 않고 이러한 선택의 기로에 놓는 것까지만 한다는 의미다. 대체로 내담자는 변화를 앞둔 시점에서 선택을 해야 한다는 것에 대해 불안해하거나 다양한 감정을 갖게 되어 주저하거나 변화를 꾀하려는 상담자의 시도에 대해서 저항하는 경우가 많다. 이 시점에서 상담자는 변화를 앞두고 지금까지 좀 불편했지만 그래도 익숙했던 자신의 행동 패턴을 바꾸어 새로운 행동을 시도할 것인가, 아니면 새로운 행동을 시도하는 것이 너무 두려워서 그것을 시도하지 않고 이전의 행동 패턴을 유지할 것인가에 대해 내담자가 스스로 선택하도록 도와주어야 한다. 이것은 매우 실존적인 선택이며, 이러한 요소는 현실치료이론과 실존주의 이론에서 매우 강조된다.

상담의 의미를 '상담자가 위에서 제시한 변화촉진 조건들을 활용하여 내담자로 하여금 지금보다 좀 더 나은 상태로 옮겨 가도록 돕는 활동'이라고 이해하는 경우, 상담자에게는 몇 가지 이로운 점이 있다. 첫째, 상담자는 앞으로 습득할 상담이론을 좀 더 통합적인 형태로 이해할 수 있다. 사실 이 다섯 가지 조건은 기존의 상담이론을 재검토하면서 각각의 이론들이 궁극적으로 추구하는 것을 통합하려는 노력의 결과로 정리된 것이다. 따라서 이 다섯 가지 조건은 기존의 개별 상담이론을 습득할 때 활용할 수 있는 전체적인 개념적 틀을 제공할 것이다.

둘째, 상담자는 상담을 심리치료적 상담, 진로상담, 학업상담 및 코칭을 별도의 틀로 이해하지 않고 하나의 틀 속에서 이해할 수 있다. 기존처럼 상담이론을 심리치료적 상담의 관점으로만 이해하면 진로상담, 학업상담 그리고 코칭에서 상담자나 코치가 해야 할 일에 대해서 많은 시사점을 얻기가 어렵다. 그러나 상담이론을 이론가가 아닌 변화촉진 조건을 중심으로 이해하면 이와 같은 문제를 경감시킬 수 있다. 왜냐하면 진로상담, 학업상담이나 코칭에서 주로 다루어지는 지식과 기술의 습득과 훈련 부분도 하나의 틀 속에서 이해할 수 있기 때문이다.

셋째, 상담자는 치료적 상담과 발달적 상담을 하나의 틀 속에서 통합적으로 이해할 수 있다. 지금까지 상담자들 사이에서는 대체로 치료적 상담과 발달적 상담이 별도의 틀 속에서 이해되어 왔다. 치료적 상담은 문제 있는 내담자의 문제를 '치료' 하여 정상을 만드는 상담이고, 발달적 상담은 정상이지만 일상생활에서 일시적으로 어려움을 경험하고 있는 내담자가 좀 더 윤택한 삶을 살도록 돕기 위한 상담으로 개념화되었다. 그러나 위에서 제시했듯이 상담을 '상담자가 변화촉진 조건을 활용하여 내담자로 하여금 지금보다 좀 더 나은 상태로 옮겨 가도록 돕는 활동' 이라고 정의하면, 지금의 상태가 문제 상태이고 좀 더 나은 상태가 정상 상태이든 혹은 지금의 상태가 정상 상태이고 좀 더 나은 상태가 초정상 상태이든 간에 상담자가 할 일은 동일한 틀 속에서 이해할 수 있으며, 위에서 제시한 다섯 가지 조건은 이 양자에 모두를 포괄하여 이해할 수 있는 틀을 제공할 수 있다. 사실 실제 치료적 상담이나 발달적 코칭을 하다 보면 다섯 가지 조건 모두가 중요하다. 그러나 굳이 구별한다면 치료적 상담에서는 자기의 확인, 진정성의 경험, 패턴의 자각 및 수정 등이 상대적으로 강조되는 반면, 발달적 상담에서는 자기의 확인, 다양한 지식과 기술의 습득, 실존적 선택과 책임의 수용 등이 상대적으로 강조되는 경향이 있다.

내담자의 변화를 촉진하는 다섯 가지 조건이라는 개념적 틀은 여러 가지 이점을 제공하지만 몇 가지 제한점도 가지고 있다. 그중 하나는 이 개념적 틀은 집단상담이나 가족상담에서 찾아볼 수 있는 변화촉진 조건을 포괄하지는 못한다는 점이다. 집단상담이나 가족상담에는 다른 변화촉진 조건들이 작동하는데, 그것은 집단과 가족 자체가 가지고 있는 변화촉진 조건(예: 집단 역동, 체계 등)들이다. 이러한 차이는 개인상담을 집단상담이나 가족상담과 구별하는 중요한 조건이 된다. 개인상담의 전략과 기법을 소개할 이 장에서는 상담 전략과 기법을 분류하고 그것들 간의 유사점과 차이점을 비교할 때 이 다섯 가지 변화촉진 조건을 기본 틀로 삼아 설명하고자 한다.

2. 개인상담

1) 개인상담의 의미와 특성

개인상담은 상담에서 도움을 필요로 하는 내담자가 한 사람으로 제한되는 것을 말한다. 이러한 수적 특성으로 인해 개인상담은 다음과 같은 점에서 집단상담이나 가족상담과 다르다. 첫째, 개인상담은 내담자의 심리사회적 특성과 역동에 개입한다. 개인상담에서 상담자가 개입하는 표적(target)은 내담자 개인이다. 상담자는 내담자 개인의 심리내적 기제와 역동에 주목한다. 한편, 집단상담에서 상담자는 각 개인의 심리내적 기제와 역동보다는 내담자들이 모여 형성한 집단원 간의 역동과 집단 전체의 특성에도 주목한다. 즉, 집단상담에서는 집단 전체의 응집력, 집단원들의 소속감, 집단원들끼리의 관계 등에 주목하지만, 개인상담에서는 내담자 개인의 심리내적 상태에 상대적으로 좀 더 많은 관심을 가진다. 또한 가족상담에서는 개별 가족 구성원의 개인적 역동이나 문제보다는 가족체계 전체의 기능이나 부부관계와 같은 체계의 기능에 초점을 둔다.

둘째, 개인상담에서 도움을 제공하는 사람은 주로 상담자다. 개인상담에서 상담자는 내담자 대신 선택이나 결정을 하지는 않는다. 그러나 상담자는 그러한 결정을 하도록 인도하고 정보를 제공하며 결정을 하지 못하게 방해하는 장애물을 극복하도록 돕는다. 하지만 집단상담에서는 상담자뿐 아니라 다른 집단원들도 서로 도움을 주며, 가족상담에서는 가족 구성원들이 서로 돕는다. 각 집단원이나 가족은 서로 자신의 경험을 나누고 공유함으로써 다른 구성원들에게 도움을 제공한다.

셋째, 개인상담은 집단상담에 비해 더 사적인 이야기가 가능하다. 그래서 좀 더 심각한 문제와 심리내적 역동을 다루기에 효과적이다. 집단상담에서도 집단원들은 상담 중에 언급된 내용은 다른 사람에게 전하지 않는다는 약속을 한다. 그러나 집단원들은 전문가가 아니며, 그래서 전문가 윤리를 반드시 지킬 의무가 없고, 집단 내에서 언급된 이야기가 누설되지 않는다는 보장을 할 수 없다. 또한 가족상담에서도 때때로 한 구성원이 미처 다른 가족에게 이야기하지 못한 것을 가족 전체나 배우자가 함께 있을 때 이야기하기가 어렵다. 따라서 개인상담은 집단상담이나 가족상담, 부부상담에 비해 개인의 비밀을 보장받을 수 있는 가능성이 크며, 그렇기에 더 사적인 이야기가 가능하고 심각한 어려움들을 극복하도록 돕기에 효과적이다.

2) 개인상담의 목표와 기능

상담을 심리사회적 변화기제를 활용하여 도움이 필요한 사람으로 하여금 좀 더 나은 상태로 옮겨 가도록 돕는 포괄적인 활동으로 규정할 때, 상담의 목표는 크게 소극적 목표와 적극적 목표의 두 가지로 구분된다. 소극적 목표란 내담자가 자신의 심리사회적 문제로 인해 불편이나 고통이 심하고 그 결과 정상적인 삶을 살지 못하고 있을 때 정상 수준의 삶으로 옮겨 가도록 내담자를 돕는 것을 의미한다. 반면, 적극적 목표란 정상 수준의 삶을 살고 있는 내담자에게 자신의 내면세계에서 아직 발휘하지 못한 내적인 잠재력을 발휘하게 하여 좀 더 나은 삶, 좀 더 긍정적인 삶을 살도록 조력하는 것을 의미한다. 이를 다른 영역의 활동에 비유해 보면, 다리가 아픈 사람을 치료하여 직장에 출근할 수 있을 정도로 만드는 것이 소극적 목표라면, 자신의 내적 잠재력을 최대한 발휘하여 육상이나 마라톤을 할 수 있을 정도로 강한 다리를 만드는 것은 적극적 목표라고 할 수 있다.

상담에서 자주 세우는 소극적 목표에는 일상생활이나 발달과정에서 겪는 삶의 여러 가지 문제를 해결하는 것(문제 해결), 학교 및 직장에 적응하는 것(적응), 심리적·정신적 병리의 경감 및 해결(치료), 범죄나 중독, 정신병리를 발생시키는 조건을 미리 막는 것(예방), 대인관계나 조직 내의 갈등을 줄이는 것(갈등 해소) 등이 있다. 한편, 상담에서 세우는 적극적 목표에는 사랑, 신뢰, 희망 같은 긍정적 정서의 함양과 그에 따른 긍정적 행동을 촉진하는 것(긍정적 정서와 행동의 변화), 자신에게 가장 잘 맞는 학교나 직업 그리고 배우자를 선택하는 것(합리적 결정), 성격, 직업 및 학업의 측면에서 자신의 잠재력을 최대로 발휘하는 것(전인적 발달), 자신에 대해 긍정적 자아개념을 가지는 것(자기존중감), 삶의 긍정적 가치를 발견하는 것(긍정적 삶의 의미 발견) 등이 포함된다.

그동안 상담이라고 하면 심리치료를 떠올리고 그 결과 대체로 소극적 목표를 달성하는 데 역점을 두어 온 경향이 있다. 그러나 실제 상담에서는 진로발달이나 경력개발과 같은 활동도 포함될 뿐더러, 운동선수의 심리적 안정과 최고 수준의 성취를 위해 상담적 개입이 도입되는 경우도 많다. 뿐만 아니라 요즈음에는 긍정심리학의 영향을 받아 신뢰, 사랑과 같은 긍정적인 상태로의 변화과정에 상담이 할 수 있는 일이 많다는 사실이 자주 확인되며, 최근에는 상담과 유사하지만 직장인들의 잠재력을 최대한으로 끌어내는 과정의 하나로 코칭이라는 활동이 등장하기도 했다. 이러한 점을 고려할 때 상담이 소극적 목표뿐 아니라 적극적 목표도 추구한다는 점을 분명히 기억하고 있어야 한다.

3) 개인상담의 유형

개인상담은 목표의 특성이나 주제에 따라 몇 가지 유형으로 나누어진다. 첫째는 치료적 상담 대 발달적 상담이다. 치료적 상담은 앞서 언급한 상담의 목표 중에서 주로 소극적 목표를 달성하고자 하는 상담이다. 치료적 상담에서는 신경증의 경감, 성격장애의 개선, 심리사회적 문제의 해결, 정신병리의 개선, 대인관계 갈등의 해결 등이 주요 주제로 다루어진다. 이에 반해 발달적 상담은 앞서 언급한 상담목표 중에서 주로 적극적 목표를 달성하고자 한다. 개인의 잠재력 발달, 긍정적 정서와 행동의 촉진, 경력개발의 촉진, 개인의 직무능력의 최대 발현, 합리적 의사결정 등이 주요 주제로 다루어진다.

둘째는 심리상담 대 진로상담이다. 심리상담은 주로 심리내적 측면의 문제 해결이나 긍정적 정서를 촉진시키는 상담이다. 한편, 진로상담은 학교 및 직업 선택, 경력개발 등을 돕는 상담이다.

셋째는 상담 대 코칭이다. 상담은 전통적으로 개인의 심리내적 갈등과 문제를 해결하는 활동이라는 인상이 짙다. 이러한 이미지를 벗어나 기업체에서 적응을 잘 하고 있는 직장인들을 대상으로 그들의 업무 실적을 개선하고 삶의 가치관을 재정립하며 합리적 의사결정을 내릴 수 있도록 돕는 활동으로 코칭이라는 영역이 생겼다. 상담을 넓은 의미로 해석한다면 코칭도 상담활동에 포함될 수 있으나, 전통적인 좁은 의미로 해석한다면 코칭은 상담에 비해 좀 더 기능을 잘 하는 사람들을 대상으로 하고 그들의 긍정적인 면과 힘에 초점을 맞추어 그것을 끌어내는 방식의 개입을 한다고 하겠다.

3. 개인상담 과정

　이 절에서 상담과정(counseling process)을 논하기 전에 먼저 고려할 점이 있다. 첫째, 상담과정이란 ① 내담자의 상담신청에서부터 상담 종결 후 후속 회기에 이르는 단계와 절차라는 의미, ② 내담자가 현재 상태에서 좀 더 나은 상태로 옮겨 갈 때 겪는 심리내적 또는 관계적 경험이라는 의미를 포괄한다. 전자는 후자에 비해 상대적으로 거시적인 의미의 과정이며 개별 상담이론과 관련성이 적다. 여기에서는 주로 전자를 논의하고자 한다. 둘째, 상담과정이란 상담단계와 달라 순서가 반드시 정해져 있는 것은 아니다. 예컨대, 관찰 및 평가는 상담의 첫 단계에서 중요하지만 실제 상담에서는 그것이 첫 단계뿐 아니라 지속적으로 이루어진다. 따라서 이 절에서 관찰 및 평가의 주제가 처음에 다루어진다 하더라도 실제는 상담의 다른 단계에서도 중요하다는 점을 기억해야 한다. 셋째, 개인상담은 심리치료적 상담(therapeutic counseling), 진로상담(career counseling), 학습상담(academic counseling)뿐 아니라 코칭(coaching)도 포괄할 수 있다. 여기에서는 가능한 한 다양한 양식의 개인상담에 대해 포괄적으로 논의할 것이다. 다만 논의 중에 특정 양식의 개인상담을 구별해야 할 경우 따로 부연설명을 할 것이다.

　개인상담의 과정 및 과제를 살펴보면 다음과 같다.

1) 관찰 및 평가

(1) 관찰
　상담에서 관찰은 상담 첫 회기의 처음부터 마지막 종결까지 빠질 수 없는 과정이다. 관찰은 질문이나 탐색과 더불어 내담자에 대한 정보를 수집하는 데 가장 중요한 방법이다. 또한 관찰은 내담자의 이야기와 경험을 중요하게 생각하고 그에 대해 깊은 관심을 가지고 있다는 메시지를 전달하는 목적도 가진다. 상담에서의 관찰은 일상생활에서의 관찰과 비교해 볼 때 선택적이라는 점에서 공통적이다. 그러나 상담에서의 관찰은 일상생활에서의 관찰에 비해 내담자의 변화를 위해 필요한 측면에 초점이 더 맞추어져 있다. 내담자의 변화를 위해 필요한 측면이란 내담자의 비언어적 단서, 언어적 단서, 이 둘 사이의 상호작용 등이다.

① 내담자의 비언어적 단서의 관찰

상담자가 관찰할 필요가 있는 내담자의 비언어적 단서 중 대표적인 것으로는 내담자의 전반적 외양, 의복이나 차림새, 표정, 눈 맞춤, 눈물, 상담자와의 거리 등이 있다. 전반적 외양이란 상담실에 들어올 때의 태도, 앉아 있는 자세, 건강 상태 등을 의미한다. 짐작할 수 있듯이 상담실에 들어올 때의 태도에 자신감이 있는지, 주저하는지, 앉아 있을 때 의자 등받이에 편안히 기대어 앉는지, 건강해 보이는지 등은 내담자의 현재 심리 상태를 반영한다.

의복이나 차림새, 표정 등은 내담자의 적응도에 대한 증거를 제공하며, 눈 맞춤 여부는 내담자의 불안 정도, 대인관계의 어려움 정도를 반영한다. 특히 눈 맞춤 여부는 상담에서 내담자의 심리적 안정감 수준에 대해 매우 중요한 단서를 제공한다. 다만 문화권에 따라 눈 맞춤의 의미는 달라질 수 있다. 예컨대, 우리나라에서는 눈을 맞추면서 이야기하는 것보다 약간 피하면서 하는 것이 공손함의 표현인 반면, 서양에서는 눈을 피하는 것이 자신감의 부족으로 오해되기도 한다.

눈물은 내담자의 심리적 고통과 현재 상담이 내담자가 숨기고 싶어 하거나 취약하다고 스스로 생각하고 있는 부분에 접근한 정도를 반영하기 때문에 상담과정의 중요한 이정표가 된다. 그러나 눈물에 대한 태도는 내담자의 성별에 따라 매우 다르다. 사회적 통념상 여성보다는 남성이 상담실에서 눈물을 보이는 것에 대해 매우 수치스럽게 여긴다.

상담자와의 거리란 내담자가 상담자로부터 두려는 거리, 몸의 기울기, 팔짱 여부 등을 의미하는데, 이는 상담 상황이나 상담자에 대한 불편감, 심리적 경계를 유지하려는 마음 등을 반영할 수 있으므로 유의할 필요가 있다.

② 내담자의 언어적 단서의 관찰

내담자의 언어적 단서란 말의 내용보다는 말하는 스타일, 사용하는 언어의 수준, 초점 유지 여부, 구체성 등을 의미한다. 말하는 스타일이란 말의 속도, 높이, 말하기 주저하는 영역 등을 지칭한다. 말의 속도가 느리고 톤이 낮은 경우는 에너지 수준이 낮다는 것을 추론할 수 있다. 특정 영역에 대해 말하기 주저한다는 것은 그 주제가 내담자가 심리적으로 수용하기 어려운 영역일 개연성이 있음을 알려 주며, 사용하는 언어의 수준은 내담자의 교육 정도나 자신의 긍정적인 면을 과대하게 보여 주려는 욕구를 시사한다. 초점 유지 여부란 상담자의 질문에 대해 내담자가 얼마나 초점을 가지고 답할 수 있는지, 내담자가 말을 처음 시작했을 때 말하려고 했던 요점을 말을 끝내는 시점에서 기억하고 결론을 잘 맺는지 여부를 의미한다. 이것은 내담자의 지적 수준, 불안 정도, 우울 정도, 사고과정 등을 가늠할 수 있는 지표가 된다. 구체성이란 내담자가 자신의 경험을 얼마나 구체적으로 진술할 수 있는지 여부로, 상담자는 내담자가 지나치게 추상적으로 말하거나 감정에 접촉하지 못할 때 이를 내담자를 이해하는 데 중요한 단서로 활용할 수 있다. 끝으로 웃음(또는 미소)도 중요한 관찰 대상이 된다. 맥락에 맞게 웃는지, 실제 경험과의 일치성 여부 등은 자신의 내적 경험에 대한 내담자의 개방성과 관련된 중요한 정보를 제공해 준다. 여기에서 주의할 점은 이러한 모든 자료는 하나의 가설만 제공할 뿐이고 탐색해야 할 영역의 문을 열어 줄 뿐, 한두 번의 관찰로 내담자의 특성에 대해 섣불리 결론을 내려서는 안 된다는 것이다.

③ 언어적 단서와 비언어적 단서의 상호작용 관찰

상담자가 관찰해야 할 언어적 단서와 비언어적 단서의 상호작용 중에서 가장 중요한 것은 언어적 표현과 비언어적 행동 간의 일치 여부다. 내담자가 상실 경험을 말하면서 웃는 것, 화를 내면서 웃는 것, 괜찮다고 하면서 얼굴을 찡그리는 것, 상담이 참 좋고 오고 싶다고 하지만 상담시간에 매번 하품하는 것 등은 언어적 단서와 비언어적 단서가 불일치하는 경우다. 이때 상담자는 이 둘 사이의 괴리를 관찰하고 이러한 괴리가 있는 것을 내담자가 알고 있는지 적절한 시점에 탐색하며, 이 둘 사이에 일치를 이룰 수 없는 타당한 이유를 이해하려는 노력을 할 필요가 있다.

(2) 평가

평가는 관찰에 바로 이어지는 과정이다. 평가는 관찰과 마찬가지로 첫 만남에서부터 지속적으로 이루어진다. 상담자들이 평가에 대해 자주 하는 오해 중 하나는 평가를 측정이나 검사와 동일시하는 것이다. 평가는 검사 외에도 관찰, 탐색, 심지어 개입 이후의 내담자 반응의 관찰 등 다양한 방식으로 이루어진다. 또한 평가는 상담자의 전문적 판단이 개입된다는 점에서 측정과 구별된다. 대체로 상담에서 하는 평가는 내담자의 호소문제, 내담자의 심리적 상태에 대해서 이루어지며, 특별한 경우 내담자가 자신이나 타인에게 위험한 행동을 할 가능성에 대해서 평가가 이루어진다.

① 호소문제의 평가

상담에서 대체로 가장 먼저 하게 되는 평가는 호소문제의 평가다. 상담자는 상담을 시작하기 위해서 내담자가 어떤 문제와 어려움을 극복하고 싶은지, 그리고 시간적으로 왜 지금 상담을 하기로 결정했는지를 알아야 한다. 상담자는 내담자의 문제와 어려움의 특성 및 증상을 파악함으로써 내담자가 심리치료적 상담, 진로상담, 학업상담, 또는 코칭 중 어떤 양식의 상담에 적합할지 평가한다. 뿐만 아니라 상담자는 호소문제의 평가를 통해 개인상담 외에 집단상담이나 가족상담, 다양한 심리교육 프로그램을 병행할 필요가 있는지 등을 가늠한다. 때때로 내담자가 진로상담을 하려고 상담실을 찾았지만 실제 호소문제와 어려움의 심각성을 고려할 때 심리치료적 상담이 필요한 경우나 그 반대의 경우가 있다. 또는 개인상담을 원했지만 집단상담이나 가족상담 또는 교육 프로그램이 적합한 경우가 있다. 이런 현상은 내담자가 자신이 경험하는 어려움의 특성을 잘 모르거나 혹은 다양한 양식의 상담에 대해 잘못된 정보나 선입견을 가지고 있기 때문에 발생한다. 이럴 때 상담자는 내담자가 호소하는 문제의 성격을 잘 파악함으로써 가장 먼저 어떤 양식의 상담이 내담자에게 가장 적합한지를 내담자와 함께 결정해야 한다.

간혹 내담자가 가져온 문제의 특성이 상담자의 전문 영역과 다름에도 내담자 문제를 자신의 전문 영역으로 재해석하여 자신의 방식으로 상담하는 경우가 있다. 예컨대, 내담자는 진로결정을 하러 상담실을 찾았지만 상담자가 심리치료적 상담을 하려고 하는 경우, 또는 심리치료적 개입이 필요함에도 자신이 할 수 있는 진로상담적 개입만 하고 좀 더 적합한 상담 전문가에게 의뢰하지 않는 경우, 가벼운 코칭을 요청하는 피코치에게 심리치료적 개입을 하는 경우 등 다양한 경우가 있다. 이러한 상담자의 행동은 매우 비전문적이며 비윤리적이다. 상담자는 이러한 점을 유의해야 한다.

74

② 내담자 상태의 평가

두 번째 종류의 평가는 내담자 상태의 평가다. 내담자의 상태란 상담의 양식에 따라 달리 규정된다. 예컨대, 심리치료적 상담에 내담자의 상태란 주로 심리적 기능이나 대인관계 기능을 의미하는 한편, 진로상담에서는 진로결정 수준, 진로탐색 행동 수준 등을 의미한다. 학업상담에서는 학업성취 수준, 사용하는 학습 전략의 효율성 등을 의미하며 코칭에서는 피코치의 현재 직무능력, 직장 내 대인관계 수준, 직무수행 수준, 경력개발 수준 등을 의미한다. 상담자는 내담자의 호소문제와 내담자 상태를 면밀히 파악하여 내담자가 지금보다 좀 더 나은 상태로 옮겨 가기 위해서 어떤 양식의 상담이 가장 효과적일지 그 영역을 정한 후에 내담자의 현재 상태를 평가해야 한다.

심리치료적 상담에서 사용하는 가장 고전적인 평가 기준 중 하나는 내담자의 어려움이 신경증과 정신병 중에서 어디에 해당하는지다. 신경증이란 내담자가 문제를 겪고 있지만 현실과 접촉을 유지하고 있고 문제에 대해 불편감을 느끼고 있는 상태인 반면, 정신병이란 현실과의 접촉이 원활하지 않아 자신의 현실에서 발생하지 않은 일을 혼자 경험하는 경우를 의미한다. 그래서 정신병의 경우 신경증보다 주관적 불편감이 오히려 적을 수도 있다. 그 밖에 내담자의 외양, 태도, 의식 기능 수준, 활동 수준, 정서와 기분 상태, 자존감, 언어, 사고과정, 사고 내용, 인지 기능, 판단능력 등을 중심으로 평가한다(Lukas, 1993).

진로상담에서는 내담자의 진로결정 수준, 진로탐색 행동 수준 등을 평가하며, 학업상담에서는 내담자의 학업성취 수준, 지능 수준, 사용하는 학습 전략의 효율성, 학습 태도 등을 평가한다. 물론 진로상담이나 학업상담에서의 평가는 앞서 소개한 심리치료적 평가에서 일상생활을 영위하는 데 큰 어려움이 없는 내담자를 대상으로 이루어진다. 왜냐하면 내담자 중에는 진로상담이나 학업상담을 하러 상담실을 방문했지만 실상은 좀 더 심각한 심리적 어려움을 가지고 있는 경우가 있고, 그러한 심리적인 어려움이 있을 때에는 진로나 학업 영역에서의 능력개발 외에 심리적인 어려움을 함께 다루어 주어야 하기 때문이다.

③ 자신 및 타인을 해칠 위험에 대한 평가

이 영역의 평가는 모든 영역의 상담자가 해야 할 평가 중에서 빠뜨리지 말아야 할 평가 중 하나다. 내담자가 자신이나 타인을 해칠 위험이 있을 때, 상담자는 일반적인 심리치료적 상담이나 진로 및 학업 상담, 코칭에서 밟는 절차와는 전혀 다른 위기상담의 절차를 밟아야 하기 때문이다. 위기상담은 일반상담 및 코칭에서의 절차와 다음과 같은 점에서 큰 차이가 있다. 첫째, 위기상담에서는 상담 내용에 대한 비밀보장의 원칙을 따르지 않을 수 있다. 둘째, 위기상담에서는 내담자의 자율적 결정권이 제한적으로만 보장된다. 즉, 내담자가 자율적으로 자신이나 타인을 해치겠다는 결정을 내렸을 때 상담자는 그것을 허용할 수 없다. 셋째, 위기상담에서는 내담자나 상담자의 자율성보다는 따라야 하는 절차를 밟아 상담이 진행되는 경우가 많다.

상담자는 내담자가 자신을 해칠 위험이 있는지 여부를 평가하기 위해 자신을 해칠 위험을 높이는 요인(예: 과거의 자살 기도, 절망적인 느낌, 무직 상태, 남성, 우울이나 중독, 성격장애의 병력, 심한 우울 후 최근 향상된 상태 등)을 상세히 살펴야 한다. 그 밖에 자살가능성을 높이는 변인들, 즉 자살사고, 자살의지, 충동성, 치명성의 수준을 검토해야 한다.

타인을 해칠 위험 여부를 평가하기 위해서는 위험요인(예: 폭력행동 경험, 최근 2주간 신체적 공격이나 공포유발 행동 여부, 공감능력 부족, 남성, 복수심과 분노에 쌓인 생활, 약물남용 경험 등)의 존재 여부와 치명성 등을 검토해야 한다(Heaton, 1998). 심리치료적 상담뿐 아니라 진로상담이나 학업상담에서도 이와 같은 위험이 감지될 경우는 자신 및 타인을 해칠 위험을 다루는 위기상담의 절차를 밟아야 한다.

④ 심리검사를 활용한 평가

평가와 관련하여 다룰 또 하나의 주제는 관찰이나 면담을 통한 평가가 아닌 심리검사를 활용한 평가다. 이것은 방대하고 별도의 장으로 다루어야 할 주제이기 때문에 4장에서 상세히 다룰 것이다. 하지만 여기에서 강조하고 싶은 것은 심리검사를 활용한 평가는 상담자의 관찰과 면담을 통해 이루어지는 평가에 결코 우선하지 않는다는 점이다. 심리치료적 상담에서건 진로 또는 학업상담에서건, 심리검사는 관찰이나 면담을 통해 내려진 전문가적 판단을 좀 더 타당화할 수 있는 한 가지 방법에 불과하다. 관찰과 면담에서 내담자가 우울한 것 같다는 평가를 내렸는데 심리검사도 그 평가를 지지하는 결과를 보일 때, 상담자는 자신의 평가에 대해 좀 더 많은 증거를 확보하고 좀 더 안정적인 판단을 내릴 수 있게 된다. 하지만 관찰과 면담에서는 우울하다고 볼 수 없는데 심리검사에서 우울하다는 결과를 보일 때, 상담자는 심리검사에만 의존하여 내담자가 우울한 것으로 판단하지 않는다. 이처럼 전문적인 평가가 심리검사 결과에 의한 평가에 우선한다는 점은 진로상담이나 학업상담에도 유사하게 적용된다. 즉, 상담자는 내담자가 자신은 이공계 쪽에 흥미가 있다고 하는데 흥미검사 결과도 그와 같다면 내담자에 대해 훨씬 안정적인 평가를 할 수 있다. 그러나 검사는 내담자가 이공계 방면에 흥미가 있다는 결과를 보이지만 내담자가 예술계 방면에 흥미가 있다고 보고하거나 면담 결과가 상이할 때, 상담자는 검사 결과를 무턱대고 믿는 것이 아니라 이러한 차이가 어디에서 파생하는지 탐색하는 중요한 자료로 활용해야 한다.

2) 상담관계 형성

상담자와 내담자 간의 효과적 상담관계는 라포(rapport)라고도 하는데, 이것은 모든 형태의 상담에서 바탕이 된다. 라포란 두 사람이 마치 춤을 추는 것과도 같아서 둘 사이에는 흐르는 물과 같은 상호작용 속에서 발생하는 역동적인 작용과 반작용, 즉 이러한 떨림 속에서 서로의 마음을 끄는 민감성이다(Heaton, 1998). 라포가 없는 상태, 즉 상담자와 내담자의 사이가 나쁜 상태에서는 효과적인 상담이 이루어질 수 없다. 이 명제는 심리치료적 상담이나 진로상담, 학업상담, 코칭 등 그 어떤 형태의 상담에서건 타당하다.

일반적으로 라포를 형성하는 조건이라 하면 Rogers가 제시한 무조건적인 긍정적 존중, 공감적 이해, 일치성 등이 언급된다. Rogers는 이러한 조건들이 라포를 위한 조건일 뿐 아니라 실제 내담자의 변화를 촉진하는 조건이라고 했다. 이 조건들이 내담자의 변화를 위한 필요충분조건인지에 대해서는 이견이 많지만, 상담관계 형성을 위해 필요한 조건이라는 점에 대해서는 대부분의 상담자가 동의한다.

(1) 무조건적인 긍정적 존중

Rogers는 무조건적인 긍정적 존중(unconditional positive regard)을 수용 또는 배려로 묘사한다. 상담자는 내담자와의 관계 형성을 위해 또는 내담자의 변화를 위해 내담자에 대해 무조건적인 긍정적 존중의 태도를 보여 주어야 한다. 무조건적인 긍정적 존중은 때때로 혼란을 일으킨다. 예컨대, 내담자가 너무 화가 나서 욕설을 하고 타인을 구타하며 심지어 타인을 죽이려고 할 때에도 그것에 대해 무조건적인 긍정적 존중의 태도를 보여야 하는가의 문제다. 이는 무조건적인 긍정적 존중의 의미를 올바로 이해한다면 쉽게 해결된다. 무조건적이고 긍정적으로 존중해야 할 대상은 '내담자의 경험' 또는 '내담자의 현상학적 세계'다. 내담자의 행위도 존중할 수 있지만 모든 행위를 존중해야 한다는 의미는 아니다. 즉, 상대편이나 자신을 해치거나 폭력을 가하는 행위는 무조건적인 긍정적 존중의 대상이 아닐 수 있다. 실제 상담에서 내담자의 모든 행위를 수용하지 않고 내담자의 경험이나 현상학적 세계까지만 무조건적이고 긍정적으로 존중하는 태도를 보인다면 내담자와의 라포 형성이나 내담자의 변화를 이끌어 낼 수 있다.

(2) 공감적 이해

Rogers에 의하면, "공감 상태 또는 공감한다는 것은 다른 사람의 내적 준거체계를 마치 자신이 그 사람인 것처럼 정서적 요소 및 의미와 함께 정확하게, 그러나 '마치 그런 것처럼'이라는 조건을 절대로 잊지 않고 인식하는 것이다."(Rogers, 1980) 상담자는 내담자가 겪는 경험(또는 작게 말해서 감정)을 정확하게 감지하고 이러한 이해를 내담자에게 전달한다. 최상의 공감적 이해(empathic understanding)가 이루어지면, 상담자는 내담자의 개인적 세계의 매우 깊은 곳까지 들어갈 수 있어서 내담자가 알아차리는 것 이상의 더 깊은 수준까지도 알아차릴 수 있게 된다(Heaton, 1998).

그러나 공감적 이해는 타인의 감정을 정확하게 똑같이 느끼거나 똑같은 경험을 해야 하는 것을 의미하지 않는다. 오히려 똑같은 상황에 처하더라도 상담자가 완전하게 동일한 상황을 동일하게 경험하는 것은 불가능함을 깨닫는 것이 더 중요하다. 따라서 공감이란 내담자의 경험을 정확히 읽어 주는 것도 중요하지만 잘못 읽었을 때 (잘못 읽은 자신을 비난하거나 실수한 이유에 대해 관심 가지기보다 여전히) 그 내담자의 마음과 경험에 대해 다시 질문하고 그 내담자의 현상학적 세계에 접근하려는 과정이 중요하다. 또한 공감은 상담자가 자신의 견해를 희생하거나 동정 및 인정을 베풀어야 한다는 것을 의미하지도 않는다. 그보다 내담자에게 진실로 다가오는 것이 무엇인지 확인해 줄 필요가 있다는 것을 의미한다(Heaton, 1998).

(3) 일치성

Rogers는 일치성(congruence)이란 "상담자가 어느 순간 툭 터놓고 자신의 내부에서 일어나는 감정이나 태도와 일치할 때 생기는 것이며, '투명하다'는 말이야말로 이러한 상황에 딱 들어맞는 표현이다."(Rogers, 1980)라고 했다. 일치성은 매우 중요한 개념임에도 Rogers의 주요 개념 중 혼란을 가장 많이 초래하곤 한다. 상담시간에 상담자가 내담자를 미워하는 마음이나 화가 난다고 했을 때 일치성의 원리에 따라 내담자를 미워하거나 화를 내야 하는지, 아니면 그것을 참고 지속적으로 내담자 편에서 공감해 주어야 하는지와 관련된 혼란이 그 예다. 이런 혼란을 해결하기 위해 우리가 구별해야 하는 것이 있는데 그것이 상담자의 거울기능(mirroring)과 반응(reaction)의 차이다. 거울기능이란 내담자가 하는 말이나 행동에 대해 상담자가 거울처럼 되비추어 주는 것을 의미한다. 예컨대, 자신의 책임은 전혀 돌아보지 않고 지속적으로 상담자를 비난만 하는 내담자를 만나면 상담자는 화가 날 수 있다. 이때 상담자는 내담자에게 "당신이 그렇게 하면 제가 화가 나는군요."라고 말할 수도 있고, 그 말을 하는 대신 화라는 감정에 반응하여 내담자에게 얼굴을 붉히거나 욕설을 하거나 때로는 교묘하게 화나지 않은 척하면서 내담자를 다시 보지 않으려는 노력을 비밀스럽게 할 수도 있다. 전자는 거울기능이라고 하고, 후자는 반응이라고 한다. 거울기능이란 상담자가 자신의 전체를 활용하여 내담자가 하는 행동의 의미를 내담자에게 되비추어 주는 기능을 의미한다. 결론적으로 거울기능을 하는 한 상담자는 내담자를 만났을 때 자신의 마음속에 있는 감정적 경험을 내담자에게 드러내어 전달하여 일치성을 유지할 수 있다. 그러나 반응은 그것을 드러내든 비밀스럽게 하든 내담자에게는 도움이 되지 않는다.

(4) 좋은 상담관계를 형성하는 다른 조건

이상의 조건들은 좋은 상담관계, 즉 라포를 형성하는 데 필수적인 조건들로 알려져 있다. 그런데 실제 상담에서는 상담 영역에 따라서 기존 상담자들이 많이 언급하지는 않지만 분명히 이 세 가지 조건 외에도 상담관계를 돈독히 할 수 있는 조건들을 찾아볼 수 있다. 이처럼 세 가지 조건 이외의 다른 조건들에 대해 언급하고 좋은 상담관계를 형성하는 조건을 좀 더 폭넓게 찾아보려고 하는 몇 가지 이유가 있다. 우선 기존 문헌에서 제시하는 조건들이 주로 전통적인 심리치료적 상담에서 강조되던 조건들이어서 새로운 양식의 심리치료적 상담(예: 단기상담, 인지행동적 상담)이나 다른 영역의 상담(진로상담, 학업상담, 코칭 등) 관계를 촉진하는 조건을 포괄하기에는 다소 미흡한 면이 있기 때문이다. 새로운 양식의 심리치료적 상담에서는 목표를 아주 정밀하고 구체적으로 설정하여 내담자에게 전달할 수 있는 능력, 내담자의 내적 역동을 내담자가 이해하기 쉬운 말로 설명할 수 있는 능력, 상담 절차 및 기법을 정확하게 적용할 수 있는 능력 등도 상담 관계 형성을 위해 중요하다.

둘째, 다른 영역의 상담에서도 무조건적인 긍정적 존중, 공감, 일치성 등이 중요하다. 그러나 청소년들은 상담자의 지나친 공감을 불편하다고 하며 진로상담, 학업상담 그리고 코칭에서는 심리치료적 상담에서 필요한 만큼의 공감이 필요하지 않다. 오히려 청소년 내담자들과 관계를 형성하기 위해서는 수용과 문화적 콘텐츠의 공유 등이 중요하다. 진로상담이나 학업상담에서는 직업 및 진로에 대한 정확한 정보, 다양한 심리검사에 대한 정확한 지식과 적용능력이, 코칭에서는 기업체 내부의 사정과 역동에 대한 이해 등이 관계 형성에 중요하다. 따라서 상담자는 효과적 상담관계 형성을 위해 전통적으로 강조되어 온 조건 외에 내담자 특성과 상담 영역에 적합한 조건들을 발굴하고 구체화할 필요가 있다.

3) 상담의 구조 세우기

생산적인 상담을 하기 위해서 상담자는 그러한 작업이 이루어지도록 환경을 조성하고 유지하는 책임을 져야 한다. 상담에서 구조를 세우지 못할 경우, 상담은 목적 없이 떠돌고 상담자나 내담자는 아무것도 이루지 못한 것처럼 느끼게 된다. 상담의 구조를 세우기 위해서 상담자는 내담자와 상담자 그리고 상담과정에 대해 기대하는 바를 명료하게 전달하고, 상담목표를 구체화하여 내담자와 공유하며 이야기의 영역과 속도를 조절함으로써 상담의 구조를 세울 수 있다.

(1) 기대 명료화하기

상담에서는 우선 내담자가 해야 하는 일에 대해 명료화할 필요가 있다. 상담에서 내담자는 대화의 주제를 결정할 책임이 있다. 어떤 내담자는 그 책임이 상담자에게 있다고 생각하기도 한다. 이런 생각을 하는 내담자에게 상담자는 그 책임이 내담자에게 있고 그 방법이 더 효과적이며 상담자는 내담자가 정한 주제에 대해 내담자가 이야기를 잘 하도록 촉진할 것이라는 이야기를 분명히 전하는 것이 좋다. 물론 때때로 상담자가 주제를 정할 수도 있지만, 이것은 예외적임을 분명히 해 두는 것이 효과적이다. 이를 위해 상담자가 "이제부터는 상담에 오기 전에 할 이야기를 가지고 오는 것이 효과적입니다."라고 말하거나 혹은 매번 상담 회기를 "오늘은 어떤 이야기를 할까요?"라고 질문하는 것으로 시작하는 방법을 사용할 수 있다.

또한 내담자는 자신이 해야 할 일에 대해 최종 결정을 내릴 책임이 있다. 내담자는 간혹 상담자가 자신을 대신해서 결정을 내려주기 원하는 경우가 있다. 이때 상담자는 자신이 내담자로 하여금 결정을 내릴 수 있는 정확한 기점에 데려가는 일까지는 할 수 있지만 결정 자체는 내담자가 내려야 함을 설명해 준다. 다음은 진로상담이나 심리상담에서 자주 볼 수 있는 상호작용의 예다.

> 상담자: 지금까지처럼 부모님의 기대에 맞추어 살면 부모님의 인생은 행복해지겠으나 당신의 자유로운 삶은 포기해야겠지요. 그리고 당신은 속으로 비밀스럽게 부모님을 원망하면서 살 거예요. 반면에 부모님의 기대에 맞추지 않고 산다면 당신은 자유롭게 되겠지만 더 이상 착한 아들이라는 평가를 받는 것은 포기해야 할 겁니다. 당신에게 정말 어려운 결정이 될 것 같아요. 제가 대신 결정을 내려주기 바라겠지만, 그러면 결국 당신은 스스로 결정을 내릴 수 있는 기회를 다시 놓치게 될 겁니다.

상담자와 내담자가 맺는 관계에 대해서도 기대를 분명하게 할 필요가 있다. 내담자는 상담자를 어떻게 불러야 하는지, 상담자에게 전화를 해도 되는지, 사생활에 대해 질문을 해도 되는지, 상담자와 식사를 함께해도 되는지, 친구가 되어도 되는지 등에 대해 잘 모를 경우가 많다. 상담자는 자신의 경계를 분명히 알려 주고(예: 신체적 접촉이 제한된다거나 상담실 밖에서는 만나지 않는다는 것 등) 유지할 필요가 있다. 이러한 경계에 대해서는 사전에 미리 알려 줄 수도 있지만, 상담이 진행되면서 이러한 주제가 나올 때 설명해 주는 것도 좋다. 다만 경계를 분명히 할 때 내담자를 거절하는 것처럼 보이지 않도록 조심해야 한다. 이 경우 경계는 분명히 하면서 동시에 경계를 분명히 함으로써 얻을 수 있는 것을 설명하고 분명한 경계 때문에 내담자가 경험할 좌절에 대해 공감할 필요가 있다. 예를 들면 다음과 같다.

상담자: 저는 당신이 외로워하고 신체적인 접촉을 원한다는 것을 잘 압니다. 그리고 제가 당신의 요구를 거절함으로써 당신이 힘들어할 수 있다는 점도 잘 이해합니다. 제가 당신을 안아 준다고 해도 그것이 당신의 어려움을 해결하는 데 도움이 되지 않을 뿐더러, 당신에게 필요한 위로나 친밀한 관계를 제가 직접 제공하는 것이 되어 우리 관계를 복잡하게 만들 수 있음을 이해하기 바랍니다. 제 생각에는 당신의 일상생활에서 좀 더 친밀한 관계를 만드는 방법에 대해 이야기할 수 있다면 그것이 훨씬 더 큰 도움이 될 것 같습니다.

(2) 상담목표의 구체화

상담목표는 상담의 구조를 세우는 중요한 방법 중 하나다. 대체로 내담자의 호소문제를 뒤집으면 그것이 목표가 되는 경우가 많다. 예컨대, 내담자의 호소문제가 '남편과 화내면서 많이 싸우는 것'이라고 하면 상담목표는 '남편과 화내지 않고 싸우기'나 '남편과 싸우는 빈도를 줄이기'가 될 수 있다.

목표는 가능한 한 구체적으로 세우는 것이 효과적인 상담에 도움이 된다. 예컨대, 심리치료적 상담에서 "저는 저 자신을 찾는 것이 목표예요."라고 말하는 내담자의 목표를 구체화시키기 위해서는 아래와 같이 개입할 수 있다. 이 개입을 살펴보면 자신을 찾는다는 추상적인 말을 ① 구체적인 상황(상황의 구체화)에서 ② 행동적인 용어(변화상태의 구체화)로 전환하는 것이 효과적인 방법임을 알 수 있다.

내담자: 저는 저 자신을 찾는 것이 목표예요.

상담자: 참 중요한 일인 것 같아요. 그런데 ○○ 씨에게 지난주나 최근에 있었던 일 중에서 자신을 찾지 못했기 때문에 해야 할 일을 하지 못했거나, 하지 말아야 할 일을 해야 했던 일이 어떤 것이지요?

내담자: 저는 제가 저 자신을 잘 알고 있다면 친구가 제가 하고 싶지 않은 일을 제게 부탁했을 때 거절했을 것 같아요. 그런데 그러지 못했거든요.

상담자: 그러니까 ○○ 씨가 자신을 찾는다는 것이 여러 가지 의미가 있겠지만, 친구가 부탁을 하더라도 자신이 하고 싶지 않으면 거절할 수 있는 사람이 되고 싶다는 이야기 같네요.

내담자: 네, 그래요.

다른 예로 학업상담에서 "저는 공부를 잘하고 싶어요."라고 말하는 내담자에게는 "정말 중요한 목표이고 바람이지요. 혹시 앞으로 얼마 이내의 기간에 점수를 몇 점에서 몇 점까지 올리고 싶다는 것인가요?"라고 질문함으로써 목표를 구체화할 수 있다.

(3) 속도 조절과 영역 선택

속도 조절과 영역 선택이란 주어진 시간 내에 내담자가 꺼낸 주제를 충분히 다룰 수 있겠는지 가늠하여 주제를 짧게 다루거나 다음 회기로 미루는 것을 의미한다. 상담자는 회기 중에 내담자에게 앞으로 남은 시간을 알려 주거나 다음 시간으로 미루어야 할 것 같다는 이야기를 전해야 한다. 예를 들면, "당신은 지금까지 남편과의 관계에 대해 이야기했습니다. 좀 전에 자녀에 대한 이야기를 시작했는데, 앞으로 5분 정도밖에 남지 않은 것 같습니다. 혹시 간략히 말하거나 혹은 그 주제를 다음 주로 미루고 오늘은 남편과의 관계를 정리해 보면 어떨까요?"라고 할 수 있다.

이와 유사한 사례로 내담자가 여러 가지 주제를 쏟아낼 때 상담자는 내담자의 속도를 조절하고, 여러 이야기 중에서 내담자가 하고자 하는 이야기에 초점을 맞추기 위해 다음과 같이 말할 수 있다.

> 상담자: 당신은 학교생활이 외롭다는 이야기, 학업 습관이 좋지 않다는 이야기, 또 앞으로 무엇을 해야 할지 모르겠다는 이야기를 했는데요. 모두 중요한 이야기인 것 같아요. 혹시 이 셋 중에서 어느 이야기를 가장 먼저 하고 싶은가요?

4) 개입

개입은 상담관계를 형성한 후 내담자의 변화를 꾀하기 위해 상담자가 적극적으로 변화 촉진적인 반응을 하는 과정이다. 변화를 촉진하는 개입은 변화기제를 이해할 필요가 있는데, 변화기제는 상담이론마다 달리 설명하고 있다. 여기에서는 대표적 심리치료 상담이론이라고 할 수 있는 정신역동이론, 인간중심이론, 행동수정과 행동치료, 인지행동이론에서 제시하는 개입 절차와 진로상담, 학업상담, 코칭에서 제시하는 개입 절차를 간략히 설명하고자 한다. 상세한 내용은 이 책의 5~9장, 그리고 앞으로 상담자가 되는 과정에서 공부하게 될 이론서들을 참고하기 바란다.

(1) 정신역동적 접근에서의 개입

정신역동적 접근은 한때 특정 상황에서 발생한 불안으로부터 심리적/신체적 측면에서 자신을 보호하기 위해 성공적으로 활용했던 행동양식(방어기제)이었지만, 이제는 상황이 불안을 유발하지 않는 상황이 되었음에도 무의식적으로 불안을 느껴(신경증적 불안) 계속해서 불필요하게 남아 있거나 현실의 요구와는 맞지 않게 고착·유지되는 행동 패턴(방어기제)을 중요한 문제라고 본다.

따라서 정신역동적 접근에서의 문제 해결이란 신경증적인 불안에 의해 무의식적으로 유지되는 기제와 행동 패턴을 알아차림으로써 의식적으로 통제/조절할 수 있는 능력을 가지는 것을 의미한다. 따라서 정신역동적 접근에서는 무의식을 의식세계로 끌어올림으로써 통찰하게 하는 것과 반복적인 통찰 및 행동의 훈습이 상담자의 주요 과제가 된다. 내담자의 무의식을 의식세계로 끌어올리는 일은 몇 가지 측면에서 이루어진다. 첫째, 내담자의 무의식적 욕구를 스스로 이해하고 받아들이게 하는 것이다. 둘째, 무의식적으로 내담자가 채택하게 되는 심리적/행동적 기제와 패턴의 의미와 방식을 알아차리는 것이다. 이처럼 무의식을 의식세계로 끌어올리는 일을 하기에 가장 효과적이라고 생각했던 방식은 자유연상, 꿈의 해석이며, 특히 내담자가 타인과의 관계에서 보여 주는 무의식적 욕구나 행동 패턴은 상담자와의 관계에서 전이나 저항의 형태로 나타난다고 보았다. 그래서 전이나 저항의 분석, 그러한 행동에 대한 상담자의 해석 등이 주요 기법이 된다. 그리고 이러한 통찰과 새로운 행동의 선택 그리고 행동의 공고화는 한두 번의 통찰과 연습으로는 불가능하기 때문에 반복적인 통찰 및 행동의 훈습이 필요하다. 그렇게 함으로써 자신의 무의식적 동기 및 욕구와 행동 패턴을 의식한 후, 심리내적으로는 자신의 무의식적 욕구를 수용하고 행동적으로는 현실에 맞는 행동을 분별할 줄 알며 신경증적인 불안에 의해 행동하는 것이 아니라 현실적인 요구에 맞게 유연한 태도로 선택과 결정을 내리면서 행동하도록 개입한다.

(2) 인간중심적 접근에서의 개입

인간중심이론에 의하면 사람에게는 자기실현(self actualization)을 하려는 욕구와 중요한 타인으로부터 사랑을 받으려는 욕구가 있다. 그런데 때때로 이 두 가지는 충돌한다. 자기실현을 하려고 하면 주변 사람의 기대와 사랑을 받지 못하게 되고, 반대로 주변 사람의 기대와 사랑을 받으려니 자기실현을 포기해야 할 것 같은 경우가 있다. 이것은 주로 부모나 주변의 주요 타자가 자녀의 자기실현의 동기와 욕구에 대해 민감하지 못하거나 그것을 무시할 경우에 발생하는데, 전자보다 후자의 욕구를 선택함으로써 자기실현의 동기를 좌절시켜 진정한 자기감(authenticity)을 잃어버리고 거짓 자기(false self)를 발달시킬 때 문제가 발생한다.

이러한 문제를 해결하기 위해서는 주변 사람의 기대와 인정보다는 자기실현의 방향을 선택하는 것이 문제 해결의 초점이 될 수 있다. 상담자는 내담자가 자기실현의 욕구를 충족시키려는 방향으로 가게끔 격려하고 자기실현의 과정에 동참하며 인정해 주는 태도를 가짐으로써 내담자가 더 이상 그 둘 사이의 갈등 없이 자신의 참자기(real self)를 찾아가도록 돕는다. 따라서 상담자는 내담자에게 수용, 공감, 존중의 태도를 보임으로써 사랑을 받고자 하는 내담자의 욕구를 위협하지 않는 안전한 환경을 제공하고, 내담자가 진정한 자기의 모습을 알고 경험하도록 도와야 한다. 그렇게 함으로써 내담자로 하여금 스스로 진정성을 회복하고 계속적으로 자기를 실현하는 사람이 되도록 돕는다.

(3) 행동주의적 접근에서의 개입

행동주의적 접근에서 문제란 자극과 반응이 부적응적으로 연합되었거나, 부적응적 행동에 반복적으로 강화가 주어졌거나, 어떤 행동에 대한 모방을 통하여 어떤 행동이 습관으로 굳어진 상태를 의미한다. 행동주의적 접근에서는 하위 이론적 관점에 따라 세 가지 점에 초점을 맞추어 문제를 해결한다. 고전적 조건형성이론에서는 자극과 반응의 부적응적 연합을 제거하고, 조작적 조건형성이론에서는 부적응적 행동에 주어지던 강화를 제거하며 적응적 대안행동에 대해서는 강화를 제공한다. 그리고 사회학습이론에서는 문제행동을 보여 주던 대상을 제거하고 모범적 대상을 제공함으로써 긍정적인 행동을 모방하게 하는 데 초점을 맞춘다. 부적응적 연합의 제거, 강화의 적절한 제공, 긍정적인 모방행동의 촉진이라는 세 가지 주요 과제를 수행하기 위해 상담자는 기본적으로 과학자적인 태도와 절차를 밟게 된다. 과학자적인 태도와 절차에는 엄밀한 측정, 기초선의 설정, 목표의 세분화, 변화촉진 요인의 투입, 변화정도의 평가 등이 포함된다. 행동주의적 상담에서 활용하는 기법에는 크게 관계 촉진을 위한 기법, 모델링 기법, 조작적 조건형성 관련 기법, 공포증 감소기법, 혐오기법, 자기관리 기법, 인지행동수정, 바이오피드백 기법, 집단적 기법 등이 포함된다. 다양한 기법을 통해 문제가 해결된 상태란 단순히 문제행동이 없어진 상태를 넘어서서 새로 습득한 적응적인 행동에 대해 스스로 강화를 제공하고 관리할 수 있는 상태를 의미한다.

(4) 인지상담이론적 접근에서의 개입

인지상담이론에서 부적응적인 행동이나 정서는 비합리적 신념이나 추론의 오류에서 유발된다고 본다. 여기에서 비합리적 신념이란 경직성, 지나친 과장, 자기 및 타인 비하, 좌절에 대한 인내심 부족 등의 특성을 지니며, 추론의 오류란 임의적 추론, 선택적 추상화, 과잉일반화, 이분법적 사고 등의 특성을 지닌다. 이는 사고 패턴의 일종이며 내담자는 자신이 이러한 패턴을 가지고 있다는 것을 모르거나 알면서도 바꿀 수 없을 때 문제를 경험한다.

문제 해결의 초점은 비합리적 신념이나 추론의 오류를 자각하고 수정하는 데 있으며 특별히 신념의 경직성을 타파하고 유연한 신념을 가지도록 하는 데 있다. 내담자의 비합리적 신념이나 추론의 오류를 수정하기 위해 인지적·정서적·행동적 기법 등 다양한 방법이 사용된다. 인지적 기법으로는 비합리적 신념에 대한 논박, 인지적 과제, 내담자의 언어 변화시키기, 유머의 사용 등이 있으며, 정서적 기법으로는 합리적 정서의 상상, 역할연기, 수치감 공격의 연습 등이 있다. 끝으로 행동적 기법으로는 일반적 행동주의 상담의 절차, 즉 조작적 조건형성, 자기관리, 체계적 둔감법, 이완기법, 모델링 등이 있다. 이를 통해 내담자로 하여금 유연하고 융통성 있는 사고방식을 가지게 하며 인지적 과정을 보다 유연하고 폭넓게 하여 추론의 오류를 피할 수 있도록 한다.

(5) 진로상담에서의 개입

진로상담은 내담자 특성에 대한 이해, 직업세계의 이해, 그리고 이 두 가지의 매칭의 절차로 이루어진다. 내담자 특성이란 내담자의 흥미, 적성, 직업적 성격, 발달단계 등을 포함한다. 내담자 특성은 면담이나 검사로 파악한다. 직업세계의 이해란 직업의 종류, 직업에서 요구하는 흥미, 적성, 직업적 성격 외에 보수, 직업의 전망 등을 의미한다. 진로상담은 내담자가 자신의 특성과 직업세계에 대한 정보를 가지고 있으면 올바른 직업 선택을 할 수 있을 것이라는 가정하에 상담이 이루어진다. 이 모형은 진로상담의 절차를 보여 주는 가장 기본적인 모형이다.

하지만 때때로 진로상담을 원하는 내담자들 중에는 정보가 부족해서라기보다 자신이 무엇을 원하는지 잘 알지 못하거나 정서적·성격적 어려움 때문에 의사결정을 잘 하지 못하는 경우가 있다. 이러한 경우에 상담자는 내담자의 바람, 가치관, 인생관 등을 탐색하여 그것들이 더욱 명료해지도록 조력해야 한다.

(6) 학업상담에서의 개입

학업상담에서의 개입은 크게 세 가지 측면에서 이루어진다. 즉, 내담자의 인지 기능에 대한 정확한 평가를 기초로 한 적절한 배치, 내담자의 학습방법 및 전략의 진단 및 개선을 위한 훈련 그리고 인지적 기능 외의 방해요인에 대한 개입이다. 인지 기능에 대한 정확한 평가와 적절한 배치란 내담자의 인지 기능을 평가함으로써 수준별로 적절한 교육기회를 제공하고 그들의 잠재력을 최대한 발휘하도록 돕는 것을 의미한다. 예를 들면, 학업문제를 호소하는 내담자에게 지능검사를 실시하고 지능이 낮거나 높을 때 그들의 지적 수준에 맞는 교육 프로그램을 제공하고 그들이 가지고 있는 잠재력을 최대한 발휘하도록 돕는다. 또한 학습장애아에게 특수교육적인 개입을 하거나 지능이 뛰어난 학생들에게 영재교육 프로그램을 처방하는 것들이 이에 해당한다.

내담자의 학습 방법 및 전략의 진단 및 개선을 위한 훈련이란 학업문제를 호소하는 내담자를 대상으로 그들이 사용하는 학습 방법 및 전략이 효과적인지 평가하고 그것이 비효과적일 때 수정하기 위해 다양한 개입을 하는 것을 의미한다. 예컨대, 인지 기능도 정상이고 공부도 열심히 하지만 성적이 오르지 않는다면 그들이 공부하는 방법과 전략을 검토하고 문제를 발견하여 수정하는 방식으로 상담을 진행한다.

인지적 기능 외의 방해요인에 대한 개입이란 학업문제를 호소하는 내담자들 중에는 인지 기능이 정상적이고 학습 방법 및 전략에 대한 지식과 적용능력을 가지고 있음에도 자신의 능력에 못 미치는 성취를 하는 내담자들을 대상으로 한다. 학업성취는 인지 기능뿐 아니라 공부에 대한 부모의 적절한 열의, 내담자의 정서적 안정성, 적절한 불안 수준 등에 의해서도 좌우된다. 따라서 상담자는 내담자의 인지 기능 외에도 정서적·관계적 문제를 다룰 필요가 있다.

(7) 과정기반 개입

과정기반 개입에서는 내담자 문제의 원인이나 발생과정에 초점을 맞추기보다 '내담자가 현재의 상태에서 지금보다 좀 더 나은 상태로 옮겨 가기 위해 필요한 조건이 무엇일까?'라는 질문을 던진다. 그 후 기존 상담이론에서 이 질문에 대한 답이 될 만한 것들을 찾아 정리해서 다음과 같은 다섯 가지 조건을 추출했는데, 이것이 앞에서 소개한 다섯 가지 변화촉진 요인이다. 내담자의 변화를 촉진하는 조건에는 자기의 확인, 진정성의 확보, 패턴의 자각 및 수정, 다양한 지식과 기술의 습득, 그리고 실존적 선택과 책임의 수용이 포함된다. 이 조건들은 별도의 이론이라고 하기보다 기존 상담에 근거하여 이루어지는 상담의 과정 속에서 상담자들이 제공하는 조건들이기 때문에 상담과정에 기반한 개입방법이다. 따라서 어느 한두 개의 특정 이론에 근거를 두지 않으며 통합적인 성격을 띠고 있다. 결과적으로 이 개입모형은 심리치료적 상담뿐 아니라 진로상담이나 학업상담에서의 내담자, 코칭에서의 피코치들에게도 적용할 수 있다(김창대, 1999).

5) 위기 상황

상담에서 위기 상황이란 내담자가 자살이나 자해를 시도하거나 심리적 외상을 입고 혼란에 빠져 스스로를 보호할 수 없는 상황을 의미한다. 위기 상황에서의 개입은 표준적 상황에서의 개입과 비교해 볼 때 상담 절차나 상담자의 역할이 전혀 다르다. 상담자가 위기 상황을 표준적 상황으로 잘못 판단하여 개입할 경우 내담자뿐 아니라 상담자의 전문성에도 큰 타격을 입게 된다. 여기에서는 위기 상황의 의미, 위기 상황에서의 대응방법과 상담자의 역할 등에 대해 소개하고자 한다.

위기 상황이란 내담자가 자기 자신을 해롭게 하는 경우, 타인에게 해를 끼치는 경우, 자기 자신을 보호하지 못하는 경우, 심리적 외상을 입은 경우, 상담자가 법적으로 보고해야 하는 행위를 내담자가 하는 경우 등을 포함한다. 첫째, 자기 자신을 해롭게 하는 경우란 언어적 또는 행동적으로 명백하게 자살하겠다고 밝히는 것 외에도 음주 상태에서 고속으로 운전한다거나 자신이 하늘을 날 수 있다는 망상을 가지고 있어 자기 파괴적인 행동을 할 가능성이 큰 경우를 의미한다. 둘째, 타인에게 해를 끼치는 경우란 타인을 해치는 행위를 실제로 하려는 동기나 능력을 가진 상태에서 타인을 위협하는 경우를 의미한다. 셋째, 자기 자신을 보호할 수 없는 경우란 내담자가 자신이나 자녀를 보호하지 못하거나 음식, 수면, 개인 위생 같은 기본적인 욕구에 무관심하여 그런 문제를 해결할 능력이 없거나 그러기에는 마음이 혼란스러운 경우를 의미한다. 넷째, 심리적 외상을 입은 경우란 사고, 폭력 또는 심각한 상실을 경험한 경우를 의미한다. 이때에도 위기 개입이 필요한데, 그 이유는 이러한 개입을 함으로써 외상후 스트레스 장애와 같은 증상을 예방할 수 있기 때문이다. 다섯째, 상담자가 법적으로 보고해야 하는 행위를 내담자가 하는 경우란 내담자가 아동학대, 노인학대, 장애인학대와 관련된 내용을 이야기하는 경우다. 이런 내용이 상담 중에 보고되면 상담자는 그 내용을 상위 기관이나 표적이 되는 대상과 경찰에 알려야 할 의무가 있다.

표준적 상황과 위기 상황의 가장 큰 차이는 표준적 상황에서는 내담자의 상태를 평가한 후 상담자의 전문적이고 개인적인 판단에 의해 개입하는 반면, 위기 상황에서는 개입 절차가 법이나 별도의 행동수칙으로 정해져 있어서 상담자가 자신의 개인적, 전문적 판단보다는 그 행동수칙을 준수해야 하는 경우가 많다. 따라서 표준적 상담에서 지켜야 할 가장 큰 윤리규범 중 하나인 비밀보장의 원칙이 위기상담에서는 수정되어 적용된다. 위기 상황에서 상담자가 내담자의 안녕과 그들의 기본 권리를 보호하는 태도로 대응하기 위해서는 다음과 같은 점을 염두에 두어야 한다. 첫째, 상담자 자신이 스스로를 위험한 상황에 빠뜨리지 않도록 한다. 예컨대, 폭력이 발생하는 상황이라면 영웅심을 발휘하기보다 경찰을 불러 상황에 개입하도록 해야 한다. 상담자는 자신이 다룰 수 없는 문제를 다루려고 해서는 안 된다는 윤리적 책임을 가지고 있다. 둘째, 신속하게 도움을 요청해야 한다. 예를 들어, 어떤 내담자가 칼로 아내를 죽이겠다고 하면서 상담실을 나갔다고 할 때 상담자가 운에 맡기고 무작정 상담실에서 앉아 있어서는 안 된다. 이때 상담자는 내담자를 민망하게 한다거나 상담자 자신이 우습게 보일 수 있다는 점을 염려할 시점이 아니다. 사람의 목숨이 걸린 이런 상황에서는 조심하기보다는 실수하는 것이 대체로 더 낫다.

6) 평가와 종결

상담에서 종결은 개입만큼이나 중요하다. 사실 종결은 상담이 시작되면서부터 언급되고 준비되어야 할 절차다. 상담자는 상담 초기부터 종결에 대해 이야기할 필요가 있고 정기적으로 상담자와 내담자가 가진 시간적 제약을 깨우쳐 주어야 한다. 아직 국내에서는 상담서비스에 대한 지원을 보험회사에서 하는 경우가 드물지만, 최근에는 기업체나 관공서에서 복지 차원에서 직원들이 상담서비스를 받았을 때 지원하는 경우가 증가하고 있다. 이런 경우 대부분 회사나 관공서로부터 직원이 지원받을 수 있는 상담서비스의 회기 수가 제한되어 있기 때문에 이런 상황에서의 상담은 처음부터 회기 수와 종결에 대해 언급을 하면서 시작하는 것이 좋다. 뿐만 아니라 내담자 스스로 상담료를 지불하는 경우, 내담자가 상담료를 지불할 수 있는 능력, 내담자가 상담을 위한 시간을 할애할 수 있는 정도 등도 상담 종결을 좌우하는 외부적 조건에 해당한다. 외부적인 제약과 더불어 내담자의 준비도 측면에서 종결을 고려할 수 있는 조건에는 다음과 같은 것이 있다(Heaton, 1998).

- 내담자의 초기 문제나 증상이 감소 또는 제거되었다.
- 내담자가 처음의 단계에서 상담이 필요했던 문제와 패턴을 이해하는 데 충분할 정도의 통찰을 했다.
- 내담자의 상황을 고려할 때 내담자의 대처기술이 충분하다.
- 내담자가 계획하거나 생산적으로 일할 능력이 증진되었다.

종결을 순조롭게 할 개연성을 높이는 방법에는 다음과 같은 것들이 있다(Heaton, 1998).

- 회기 수와 기대되는 상담 효과를 이야기함으로써 상담 초기부터 종결에 대해 논의하라.
- 내담자가 종결하려는 바람에 대해서도 유의하라. 내담자가 종결을 원하는데 상담자가 반대할 경우 상담관계가 매우 복잡해진다. 대체로 내담자의 바람을 존중하는 것이 좋다.
- 내담자가 목표에 근접할수록 회기 사이의 기간을 길게 하라.
- 상담관계가 내담자 중심이 되지 않도록 하라. 필요하다고 해서 상담은 친구나 가족을 대신할 수 있는 것이 아님을 알려라.
- 일기를 쓰거나 자조집단에 참여하고 준전문가의 도움을 받거나 지지적이고 도

움을 주는 친구나 가족을 점차적으로 확보하라.
• 종결은 진전의 하나이고, 자립은 가치가 있는 개념임을 강조하라.
• 경제적인 이유로 상담을 중단해야 하는 경우 적은 비용 또는 무료상담을 받을
  수 있는 곳을 안내하라. 이때 상담을 의뢰하기 위해 필요한 상담기록 및 정보 공
  개에 대한 동의서를 받아두는 것이 좋다.
• 종결에 대한 상담자의 기대를 명확히 하라. 어떤 경우는 종결을 완전한 끝이라
  고 보는 반면, 다른 경우는 내담자가 필요하다면 되돌아올 수 있게 하기도 한다.
  종결이 어떤 방식으로 이루어지는지에 대해 상담자가 추천하는 방식을 정확히
  전달하라.
• 종결 또는 상담 전반에 대한 내담자의 견해를 들어라.

4. 개인상담 기법

상담기법에는 그 어떤 형태의 상담을 막론하고 사용하는 기본 기법이 있는 한편,
이론별로 별도의 의도와 목적으로 적용하는 기법이 있다. 이 절에서는 이 두 가지를
구분하여 소개하고자 한다. 지면의 제약상 각 기법에 대해 간략히 소개하고자 한다.

1) 기본 기법

(1) 주의집중과 경청
주의집중과 경청은 내담자가 자신의 생각, 감정, 경험을 스스로 탐색할 수 있도록
상담 전체에서 사용하는 기술이다(Hill & O'Brien, 1999). 주의집중은 상담자가 신체
적으로 내담자를 향하는 것을 의미하며, 경청은 내담자가 전달하는 언어적 또는 비
언어적인, 명확하거나 불명확한 메시지를 특별하게 포착하고 이해하는 것이다(Egan,
1994). 주의집중은 눈 맞춤, 표정, 상체 기울임, 준언어 등으로 전달한다. 상담자는
내담자의 이야기를 들으면서 다른 곳을 보기보다 자연스럽게 눈을 맞추고 진지하고
관심 있는 표정을 지으며 상체를 15° 정도 기울이고, 답변이 필요할 때는 '음……'
'아…… 네……'와 같은 준언어로 지금 주의집중을 하고 있음을 전달한다. 주의집중

의 중요성을 강조하고 기억하기 쉽게 하기 위해 이건(Egan, 1994)은 SOLER, 즉 내담자를 정면(squarely)으로 보고, 개방적인 자세(open posture)를 가지며, 상체를 내담자 쪽으로 약간 기울이고(lean forward), 눈 맞춤(eye contact)을 자연스럽게 하며, 편안한 자세(relaxed)를 가지는 것이 중요하다고 했다. Hill과 O'Brien(1999)은 ENCOURAGES를 강조했는데, 그 뜻은 다음과 같다.

E: 적당한 정도의 눈(eye) 마주치기를 유지한다.

N: 고개 끄덕임(nods)을 적당한 수준으로 사용한다.

C: 주의집중을 할 때 문화적 차이(cultural difference)를 인식하고 존중한다.

O: 내담자 쪽으로 열린 자세(open stance)를 유지한다.

U: '음……'(uhm) 등의 인정하는 언어를 사용한다.

R: 편안하고(relaxed) 자연스럽게 대한다.

A: 산만한 행동은 피한다(avoid).

G: 내담자의 문법적(grammatical) 스타일에 맞춘다.

E: 세 번째 귀(ear)로 듣는다. 즉, 언어적 메시지와 비언어적 메시지를 주의하여 듣는다.

S: 적절한 공간(space)을 사용한다. 너무 가깝거나 멀리 앉지 않는다.

경청은 내담자의 언어적, 비언어적 메시지를 잘 듣는 것이다. 경청을 통해 상담자는 내담자의 경험에 함께하며 내담자가 자신의 경험을 탐색하는 것을 돕는다. 주의집중과 경청을 통해 상담자는 내담자가 제공하는 사실적 정보를 잘 수집·정리함으로써 내담자에 대해 깊이 이해할 수도 있지만 내담자의 가치와 존재감을 높일 수도 있다. 상담자는 사실적 정보도 중요하지만 주의집중과 경청이 전달할 수 있는 메시지, 즉 내담자의 가치에 대한 인정에 대해 유념하여 주의 집중하고 경청해야 한다.

(2) 질문과 탐색

질문과 탐색은 내담자로부터 많은 정보를 수집하기 위해 내담자에게 묻는 것을 의미한다. 그런데 실제 상담 경험을 돌아보면 질문과 탐색의 궁극적인 목적은 내담자에 대한 사실적인 정보 수집 이상의 기능이 있음을 알 수 있다. 질문과 탐색은 사실적인 정보 수집 이상으로 내담자가 자신의 경험에 집중하도록 촉진하는 기능을 한다. 한 예를 들면 다음과 같다.

〈예 1〉
내담자: 저는 어릴 때 많이 맞고 자랐어요.
상담자: 언제 많이 맞았나요? 누가 때렸나요? 몇 대쯤 맞았나요?

〈예 2〉
내담자: 저는 어릴 때 많이 맞고 자랐어요.
상담자: 그때 어떤 상황에서 맞았나요? 그리고 그때 어떤 마음이나 감정이 들던가요? 맞
　　　　을 때 참을 수 없었던 것은 무엇이었나요?

〈예 1〉이 사실에 대한 질문이라면, 〈예 2〉는 당시 내담자의 경험에 접근하는 질문이다. 내담자의 경험에 접근하기 위해서 상담자는 질문을 하면서 내담자의 경험세계를 놓치지 않고 따라가면서 질문해야 한다.

질문과 탐색을 할 때 유의할 점을 살펴보면, 우선 가능하면 폐쇄형 질문보다는 개방형 질문을 한다. 폐쇄형 질문은 내담자가 '예'나 '아니요'로 답하게 하는 질문인 반면, 개방형 질문은 내담자의 진술을 촉진하는 질문이다. 폐쇄형 질문은 내담자의 반응을 제한하는 반면, 개방형 질문은 내담자의 반응을 촉진하는 특성이 있다.

〈예 3〉
내담자: 저는 지난번 시험을 잘 못 봤어요.
상담자: 지난번에 수학시험을 잘 못 봤던가요? 그래서 기분이 나빴나요? 걱정도 많이 되
　　　　었겠어요.
내담자: 네.

〈예 4〉
내담자: 저는 지난번 시험을 잘 못 봤어요.
상담자: 지난번에 어떤 시험을 봤지요? 그래서 기분이 어땠나요? 걱정이 많이 된 이유가
　　　　있을 것 같은데…….

또한 질문과 탐색은 내담자에게 자유를 주는 것 같지만 사실 내담자로 하여금 자신이 탐색해야 하는 경험으로 인도하는 강력한 도구다. 예컨대, 아래의 예에서 내담자가 한 이야기 중에서 어떤 부분에 초점을 맞추어 질문과 탐색을 하는지에 따라 내담자가 하게 되는 경험의 방향은 크게 달라지며 상담 주제도 달라진다. 이 예에서 상담자 1은 부모의 부족한 부분, 내담자 가족의 어두운 부분에 초점을 맞추는 반면, 상담자 2는 내담자의 경험세계와 강점에 초점을 맞추도록 촉진한다.

〈예 5〉
내담자: 제 어머니는 어려서부터 많이 편찮으셨고 아버지는 무능했어요. 그래서 저는 제가 저희 가정을 일으켜야 한다고 생각하면서 자랐어요.
상담자 1: 어머니는 어디가 편찮으셨나요? 아버지는 직업이 없으셨나요?
상담자 2: 그런 상황에서 마음이 어떠셨나요? 그랬다면 많이 힘들었을 것 같은데, 힘든 중에도 자신을 견딜 수 있게 한 것이 있다면 무엇인가요? 아버지나 어머니에게 화도 많이 났을 것 같은데, 화를 내고 뛰쳐나오기보다 그 상황에서 지탱하게 한 힘은 무엇일까요?

(3) 이해와 공감

이해와 공감은 내담자의 경험세계에 함께하려는 노력을 의미한다. 앞에서도 소개했듯이, "공감적 이해란 다른 사람의 내적 준거체계를 마치 자신이 그 사람인 것처럼 정서적 요소의 의미와 함께, 그러나 '마치 그런 것처럼'이라는 조건을 절대로 잊지 않고 인식하는 것이다."(Rogers, 1980) 공감의 의미에 대해서는 앞에서 상세하게 논의했기 때문에 여기에서는 공감의 의도와 기능에 좀 더 초점을 맞추어 설명하고자 한다. 첫째, 공감은 감정을 반영하는 것만이 아니라 내담자가 가지고 있는 감정을 타당화하고 그러한 상황에서 그 감정과 경험을 하는 것이 당연함을 인정해 주는 것을 포함한다. 따라서 이러한 공감은 감정을 드러내는 것 외에 내담자에 대한 수용과 인정의 메시지를 동시에 전달하는 기능을 한다. 둘째, 공감은 내담자의 경험을 좀 더 선명하게 자각하도록 돕는다. 셋째, 공감은 내담자의 마음을 읽는다는 자세로 하기보다 상담자가 내담자가 처한 상황을 상상하고(인지적 상상), 그 상황에서 어떤 경험을 할 것 같은지 느껴 보며(정서적 공명), 그러한 자신의 느낌을 말로 드러내어(표현적 공감) 내담자에게 자신의 상상과 정서적 공명이 내담자의 경험을 대변하는지 확인하는 태도로 하는 것이 좋다. 공감 연습을 하다 보면 상담자가 내담자의 경험을 반영하기 위해 감정 단어를 찾는 현상이 일어나는데, 이러한 현상은 오히려 내담자의 이야기를 듣거나 마음을 이해하는 것을 방해하는 경우가 있기 때문이다. 넷째, '불안'이나 '우울' 같은 경험은 공감의 대상으로 삼기에는 너무 불분명한 경험이어서 다른 용어로 바꾸어 공감하는 것이 좋다. 예컨대, 우울은 다른 사람을 상실했을 경우, 열심히 노력했지만 실패하여 무력해졌을 경우, 다른 사람에게 화가 나지만 그 화를 밖으로 내지 못하고 참거나 자신에게 돌리는 경우 등이 있다. 따라서 우울하다고 하는 내담자와 공감하기 위해서는 상실감, 무력감, 화 등의 용어로 바꾸어 공감하는 편이 낫다. 다섯째, 때로는 신체적 언어를 사용할 수도 있다. 예컨대, 필요에 따라서 외로움은 춥다, 상실감은 상처 등의 언어를 사용하는 것이 효과적이다.

(4) 도전과 직면

직면이란 상담자가 내담자의 특정한 부분을 돌아보게 하는 개입이다. 대체로 초보 상담자들이 상담에서 직면을 가장 어렵게 여기곤 하는데, 그 이유 중 하나는 직면에 대한 오해 때문인 것 같다. 직면에 대한 오해를 살펴보면, 우선 직면은 공격이 아니다. 초보 상담자들은 직면을 내담자의 잘못을 지적해 주는 것과 같은 것으로 이해하곤 한다. 그러나 직면은 지적이나 비난, 공격이 아니다. 둘째, 직면은 상담자와 내담자가 직접 대면하는 것이 아니다. 즉, 내담자에게 '내가 보기에 당신은 이렇다 저렇다.' '당신은 그렇게 하면 안 될 것 같다.' '당신의 그러한 모습은 아이 같은 모습이다.'와 같은 이야기를 하는 것이 아니다. 셋째, 직면한다는 미명하에 내담자를 '고치려고' 해서는 안 된다. 상담자가 보기에 불편한 부분, 좋지 않아 보이는 부분을 지적하고 고치려고 직면기법을 사용하면 대부분의 내담자는 받아들이지 않을 뿐 아니라 상담관계가 훼손될 수 있다.

올바른 직면은 우선 내담자가 자신의 일부를 마주 대하도록 돕는 것이다. 이는 내담자의 언어적 메시지와 비언어적 메시지의 불일치를 보게 한다든지, 내담자의 행동이 다른 사람에게 어떻게 전달될 수 있는지를 내담자 입장에서 전달하는 것을 의미한다. 둘째, 직면을 한 후에는 내담자의 입장에서 공감하고 이해하려는 태도를 보여 줄 필요가 있다. 아래의 〈예 6〉은 내담자의 언어적 메시지와 비언어적 메시지의 불일치를 보여 주는 직면인데, 그러한 불일치를 내담자가 보도록 한 후에 그렇게밖에 할 수 없는 이유를 탐색함으로써 내담자의 입장에서 공감하고 이해하려는 태도를 보이고 있다.

〈예 6〉
상담자: 당신은 말로는 괜찮다고 하면서도 얼굴 표정은 그렇게 보이지는 않는데, 제가 제대로 본 건가요? 만약 그렇다면 실제로 불편하면서도 말로는 괜찮다고 해야 할 것 같은 이유가 있을 것 같은데요.

셋째, 직면하는 상담자는 일종의 거울 역할을 해야 한다. 즉, 상담자가 거울이 됨으로써 내담자의 행동이 가지고 있는 의미와 그것이 초래할 수 있는 결과를 내담자에게 보여 주는 태도로 직면하는 것이 좋다. 아래의 〈예 7〉은 직면을 통해 내담자가 자신의 행동이 다른 사람에게 미칠 수 있는 결과를 볼 수 있도록 돕는 장면이다.

〈예 7〉
상담자: 자주 상담시간에 늦는 것을 알고 계신가요? (내담자가 자신의 행동을 돌아보게 한다는 톤으로 전달) 그리고 이런 일이 밖에서도 반복되시나요?
내담자: 왜요……, 선생님이 기분 나쁘신가요?
상담자: 흠…… 네……. 제 기분도 상하긴 하지만, 그보다 밖에서 다른 사람도 저 같은 경험을 하면 기분이 상할 수 있을 것 같거든요. 그런 것을 알고 계시나요? 그렇게 자주 늦으시는 데는 이유가 있을 것 같은데 알려 주실 수 있나요?

마지막으로 직면한 이후에는 내담자가 경험하는 것을 타당화해 줄 필요가 있다. 위의 〈예 6〉과 〈예 7〉에서 상담자는 맨 마지막에 '그렇게 하는 데는 중요한 이유(나름대로의 타당한 이유)가 있을 것 같다.'고 탐색함으로써 상담자가 내담자를 좀 더 이해하고 싶고 타당한 이유에 대해 궁금해한다는 의사를 전달하고 있다.

2) 상담의 주요 기법

이상의 기본 기법 이외에 이론별로 의도가 있는 기법들이 있다. 그러나 여기에서는 기법을 이론별로 구분하지 않고 앞서 제시한 내담자의 변화를 촉진하는 다섯 가지 조건을 중심으로 각 이론에서 제시한 기법을 재정리하여 소개하고자 한다. 제시된 기법은 다섯 가지 조건을 잘 보여 주는 대표적인 기법에 해당한다. 여기에서는 내담자의 변화촉진 조건별 기법과 함께 관련 이론을 나열하는 정도로 제한하므로, 기법에 대한 좀 더 상세한 설명은 이후 상담이론을 설명하는 장이나 다른 저서를 참고하기 바란다.

(1) 자기의 확인

자기의 확인을 위해서 상담자는 다양한 방법으로 접근할 수 있다. 내담자의 자기를 확인해 주는 방법은 크게 내담자 자기의 내포와 외연을 확인하는 것으로 구분된다. 우선 내담자 자기의 내포를 확인한다는 의미는 내담자가 자신이 가지고 있는 것, 경험하고 있는 것을 확인하는 것으로서 이것을 할 수 있는 조건에는 우선 타당화(validation; Linehan, 1997)를 들 수 있다. 타당화는 내담자의 경험 자체를 있는 그대로 타당한 것으로 인정하고 받아들이는 것을 의미한다. 그밖에 내담자의 경험에 대한 공감이나 거울반응(mirroring), 내담자에 대한 인정과 칭찬, 내담자 경험을 버텨주기(holding), 그리고 내담자가 이전에 충격적인 경험을 했을 때 자신이 하지 못했던 말을 확인하고 해 보게 하는 방법 등도 이에 해당한다.

내담자의 외연을 확인한다는 의미는 내담자가 자신과 타인 간에 있는 경계(boundary)를 확보한다는 의미다. 경계를 확보한다는 것은 다음과 같은 의미를 지닌다. 첫째, 타인이 나와 다르다는 점을 받아들일 뿐 아니라 나도 타인과 다르다는 점을 받아들임으로써 타인이 나와 다른 점을 가지고 있더라도 그에 대해 화내지 않을 수 있다. 둘째, 내가 타인과 다른 점을 가지고 있더라도 그것 때문에 불안해하거나 다른 사람과 비슷해지려고 눈치를 보지 않는다는 의미다. 셋째, 자신의 정서적 불편감을 다른 사람의 행위나 변화를 통해서 해소하려고 하지 않는다는 의미다. 즉, 다른 사람에게서 내 맘에 맞지 않는 부분이 발견된다고 해서(예: 다른 사람이 나를 충분히 돌보지 않는 것 같은 상황) 그에게 화내거나 비난을 함으로써 상대방의 행위를 바꾸려고 하고, 그 결과 나의 불편감을 상대편의 변화를 통해 경감시키려는 노력을 더 이상 하지 않을 수 있다는 의미다. 한 개인이 지금보다 좀 더 나은 상태로 옮겨 가기 위해서 이처럼 타인과 나 사이에는 적절한 정도의 경계가 있으며 그러한 경계가 있는 것에 대해 불편해하지 않도록 도와줄 필요가 있는데, 이를 위해 상담자는 내담자의 지각과 경험이 투사(projection)에 의한 것인지 아닌지를 통찰시킬 뿐 아니라 내담자의 투사적 동일시(projective identification), 타인의 경험이 내담자가 하는 경험과는 다를 수 있음을 깨닫게 하는 다양한 방법을 활용할 수 있다.

(2) 진정성의 확보

진정성의 확보란 내담자로 하여금 자신의 경험(사고, 감정, 신체적 반응 포함)을 선명하게 자각하도록 돕는 것을 의미한다. 기존의 상담이론을 면밀히 검토하면 이론가별로 그 표현은 다르지만 상담에서 내담자의 변화를 촉진하는 조건으로 지금-여기의 경험을 충실히 하는 것을 매우 중시하고 있다. 관련되는 개념으로는 앞서 언급한 공감(인간중심), 버티기(대상관계), 담아내기(containing; 비온), '거기에 머무르세요' 기법(게슈탈트), 빈의자 기법(게슈탈트), 실제로 해 보기(아들러), 대리적 내성(vicarious introspection; 코헛) 외에도 마비된 경험으로 인도하기, 과거 외상경험으로 인도하기, 그동안 피하고 있던 불안유발 경험의 직면, 공포유발 경험의 직면, 우울 또는 불안과 같은 미분화된 감정의 명료화, 반응(reaction)이나 행동화를 유발하는 공포나 신체감각의 직면과 분화, 이미지 작업을 통한 정서의 분화 등을 들 수 있다.

(3) 패턴의 자각 및 수정

패턴의 자각 및 수정이란 내담자가 자신도 모르게 반복해서 하게 되는 행동 패턴이나 사고 습관을 자각하고 좀 더 적응적인 방향으로 수정하는 것을 의미한다. 우리가 접하는 대부분의 상담이론은 개인의 지속적이고 반복적인 행동 패턴을 유발하는 인지적·정서적 기제에 대한 개념들을 한두 개씩 포함하고 있다. 다시 말하면, 각 이론은 비록 성격이 형성되는 과정과 그것의 특징은 조금씩 다르지만 성격을 형성하는 핵심적 기제에 대한 개념을 한두 개씩 가지고 있다. 예컨대, 정신분석이론에서의 방어기제, 대상관계이론에서의 표상(representation)이나 작동모형(working model), 아들러 이론에서의 생활양식과 기본적 오류(basic mistake), 인지상담이론에서의 비합리적 신념이나 스키마, 행동주의에서의 습관, 게슈탈트 이론에서의 미결 감정의 해결을 추구하는 다양한 행동들의 유형과 지금-여기를 경험하지 못하게 하는 다양한 방어들, 교류분석에서의 게임, 각본(script) 등은 개인의 특정 행동이 반복되고 지속되게 하는 기제들이다. 이러한 기제들은 이론에 따라서 인지적·정서적·행동적 특성 중 하나 또는 이들 중 둘 이상이 통합된 특성을 가지고 있다. 심리 · 성격상담을 주로 하는 상담자들은 내담자의 심리적 · 성격적 문제를 경감시키기 위해 이러한 패턴과 기제들을 변화시키는 것을 상담의 목표로 삼고 있다.

이처럼 심리 · 성격상담의 목표 중 하나는 부적응적임에도 지속적으로 반복되는 지적 · 정서적 · 행동적 패턴을 적응적인 것으로 바꾸는 것이다. 관련 기법으로는 방어기제에 대한 통찰과 수정(정신역동), 생활양식 및 기본적 오류의 분석(아들러), 습관적 의사소통 방식의 분석(교류분석), 게임분석(교류분석), 구조분석(교류분석), 행동적 습관의 수정(행동주의), 비합리적 사고 및 추론의 오류에 대한 직면과 수정(인지상담) 등이 있다.

(4) 다양한 지식과 기술의 습득

다양한 지식과 기술의 습득이란 내담자에게 필요한 지식과 기술을 전달하고 교육하는 것을 의미한다. 내담자에게 자신에 대한 정보 제공(진로상담), 직업세계에 대한 정보 제공(진로상담), 학습 전략에 대한 정보 제공과 훈련(학업상담), '나-메시지'의 교육과 훈련 등을 통해 수많은 지식과 기술을 제공함으로써 내담자의 변화를 꾀할 수 있다.

습득해야 할 다양한 지식과 기술에는 자기관리 능력, 문제 해결력, 양질의 정보습득 기술, 대인관계 기술 등이 포함된다. 이 중에서 자기관리 능력이란 자신의 생활을 이끌어 가는 데 필요한 기본적인 생활 습관, 정서적 충동을 적절하게 관리하는 능력 등을 의미한다. 일상생활에서는 시간관리, 돈관리, 심리적 에너지 관리, 스트레스 관리 능력 등이 포함된다. 학업 영역에서는 시간관리, 다양한 학습 전략의 습득 및 메타학습 전략의 활용능력 배양 등이 자기관리 능력에 속할 수 있다. 진로 영역에서는 진로를 위한 준비를 하고 스스로를 발달시키는 데 필요한 다양한 방법과 전략을 습득하는 것이 필요하다. 정보습득 기술은 인간의 변화를 위해 다양한 측면에서 매우 중요한 요소다. 정보에는 취업 정보, 진학 정보 등도 포함되지만, 앞에서 언급했던 자아정체성 및 자기를 형성하는 단계에서 자기에 대한 정보를 스스로 또는 다른 사람들의 피드백을 기초로 얻는 것도 중요하다. 어떤 상담자는 정보의 제공이 너무 쉽거나 소위 '깊은' 역동이 아니라는 생각에 상담과정에서 무시하는 경우가 간혹 있는데, 이는 매우 큰 잘못이다. 양질의 정보나 기술의 습득은 변화의 매우 중요한 초석이 된다.

사실 대부분의 이론은 새로운 행동을 실험하고 연습하는 과정을 포함하고 있다. 행동주의 이론을 제외한 다른 이론에서는 실험이나 연습이라는 말을 잘 쓰지 않기에 연습이라는 말이 행동주의 이론의 전유물인 것처럼 오해를 불러일으키는 경향도 있다. 그러나 정신분석이론에서의 훈습이나 아들러 상담이론이나 게슈탈트 이론에서의 실험, 인지상담이론에서 제시한 다양한 기법 등은 모두 새로운 행동의 실험과 연습을 촉진하는 기법들이다. 그리고 그 어떤 상담 접근에서도 한두 번의 깨달음이나 통찰로 내담자가 변화되지는 않는다는 점을 인정하고 있다는 사실을 고려할 때, 상담이론에서는 실험이나 연습에 관련된 기법을 명시적으로 제시하지 않는 상담 접근에서도 상담 실제에서는 상담과정에서 습득한 것을 적용하고 실험하며 반복적으로 연습하는 절차를 필수적인 것으로 간주해야 할 것이다.

(5) 실존적 선택과 책임의 수용

실존적 선택과 책임의 수용이란 내담자로 하여금 실존적 태도를 가지게 하고, 중요한 선택과 결정을 스스로 하게 하며, 그 결과에 대한 책임을 수용하게 하는 것을 의미한다. 이것은 특별한 기법이 있기보다 상담자가 실존적 태도를 이해하고 그러한 태도를 가지고 상담을 함으로써 내담자에게 은연중에 전달되도록 하는 것이다. 여기서 실존적 태도란 다음과 같은 명제를 깊이 이해하고 그러한 명제에 맞게 살아가는 것을 의미한다. 실존적 명제에는 ① 사람은 반드시 죽는다. 그렇기 때문에 남은 시간을 어떻게 살지에 대해서 생각하는 것이 중요하다. ② 과거는 지나갔다. 따라서 과거에 대해 후회하는 것은 별 도움이 되지 않으며, 그보다는 앞으로 책임 있는 선택과 결정을 하면서 사는 것이 중요하다. ③ 삶에는 주어진 의미가 없다. 사람은 던져진 존재일 뿐이다. 따라서 의미를 창조하는 것이 중요하며 어떤 의미를 창조하여 자신의 삶을 꾸려 갈지는 전적으로 자신에게 달려 있다. ④ 사람은 원래 혼자다. 그렇기 때문에 최종 순간의 선택은 전적으로 혼자하게 되며, 그 결과에 대한 책임도 혼자서 지게 된다. 또한 사람은 원래 혼자이기 때문에 다른 사람이 자신을 이해하지 못하거나 자신을 돌봐 주지 않는다고 해서 그에 대해 화낼 권리가 없다. 사람이 원래 혼자일 수밖에 없는 것이 원래 상태임에도 함께 있어 주는 가족과 친구가 있을 때 우리는 그들에게 감사할 수밖에 없다. 이러한 명제들을 상담자가 가지고 있고, 이 명제를 받아들인 태도로 내담자를 만나며, 상담 전체를 통해 그것이 내담자에게 전달되도록 하는 것이 이러한 태도를 전달하는 방법이다.

✿ 참고문헌 ✿

김창대(2009). 인간변화를 촉진하는 다섯 가지 조건에 대한 가설: 상담이론의 관점에서. 인간이
해, 30, 21-43.

Egan, G. (1994). *The skilled helper* (5th ed.). Monterey, CA: Brooks/Cole.

Heaton, J. A. (2006). 상담과 심리치료의 기본기법[*Building basic therapeutic skills*] (김창대
역). 서울: 학지사. (원전은 1998년에 출판)

Hill, C. E., & O'Brien, K. M. (2001). 상담의 기술[*Helping skills: Facilitating exploration,
insight, and action*] (주은선 역). 서울: 학지사. (원전은 1999년에 출판)

Linehan, M. M. (1997). Vaildation and Psychotherapy. In A. C. Bohart & L. S. Greenberg
(Eds.), *Empathy reconsidered: New direction in psychotherapy* (pp. 353-392).
Washington, DC: American Psychological Association.

Lukas, S. (1993). *Where to start and what to ask: An assessment handbook*. New York:
Norton.

Rogers, C. (1980). *A way of being*. Boston: Houghton Mifflin.

제3장
집단상담

　　인간의 행동 변화를 위해 많은 노력이 이루어져 왔다. 그러나 변화를 위해 노력해 본 사람이라면 인간의 변화가 생각만큼 쉬운 일이 아니라는 것에 쉽게 동의할 것이다. 상담은 이처럼 쉽게 바뀌지 않는 인간의 마음이나 행동에 대한 효율적 변화 전략으로서 주목받기 시작했고, 그중에서도 집단상담 방식은 오랫동안 여러 가지 방식으로 효과를 검증받아 왔다. 집단상담에 대한 현장의 관심은 다양한 대상에 대한 다양한 주제로 확산되고 있다. 한국에서 집단상담의 활성화는 한국 상담의 특성으로 거론되기도 한다. 현장의 요구에 의해 집단상담은 상담자들에게 전문성을 함양해야 할 하나의 영역으로 자리 잡아 가고 있다. 이 장에서는 효율적인 집단상담자가 되기 위해, 상담자들이 이해해야 할 집단상담의 이론적 개념과 원활한 집단상담 운영의 기초가 되는 지식들을 살펴보고자 한다. 이 장은 집단상담 이론, 집단상담 과정, 구조화 프로그램으로 구성되어 있다. 집단상담 이론에서는 집단상담의 기본 개념과 목표, 집단상담자의 자질 및 특성, 집단상담의 대표적 이론 등을 설명한다. 집단상담 과정에서는 집단 역동 및 상호작용 작업, 집단상담의 치료적 요인, 집단상담의 발달단계 등이 포함되어 있다. 그리고 구조화 프로그램에서는 구조화 프로그램의 개념 및 이론적 배경, 구조화 프로그램의 역할과 목적, 구조화 프로그램 개발모형 등을 살펴본다.

집단상담(group counseling)은 개인상담과 더불어 중요한 상담의 형태로 자리 잡았다. 초기에 집단상담은 개인상담으로부터의 파생물에 지나지 않았고, 상당한 기간 동안 상담에서 이류급의 상담 형태로 취급되어 왔다. 그러나 이제 집단상담은 그 자체로 강력한 효과를 가진 상담 개입방식으로 인정받고 있다. 집단상담은 단순히 저렴한 비용으로 상담을 받을 수 있는 수단이 아니라 개인상담과는 차별화된 치료적 이점을 제공하는 개입방식이 되었다. 집단상담은 심리적 문제의 전 영역에서 효과가 있는 것으로 밝혀졌고, 내담자의 대인관계능력이나 집단에서의 행동능력 개발과 같은 측면에서는 특별한 성장의 기회를 제공하는 것으로 평가된다(Earley, 2000).

상담 및 심리치료의 효과와 관련된 문헌에서는 집단상담이 분명하게 효과적인 상담 및 심리치료 방식임이 확인되고 있다. 집단상담과 개인상담의 성과를 비교하는 연구들에서 집단상담은 개인상담만큼 효과가 있으며, 때로는 개인상담보다 훨씬 더 효과적이라는 결론에 도달하기도 한다(Fuhriman & Burilingame, 1994; McRoberts, Burlingame, & Hoag, 1998; Tschuschke, 1999).

독특한 치료적 요인과 더불어 경제적, 시간적 절감의 이유로 집단상담은 상담 현장에서 선호되고 있다. 또한 다양한 심리적 문제 해결 및 개인의 성장 지향적 집단상담, 심리교육적 집단상담까지 포괄적인 영역에서 활용되고 있다. 더불어 상담자들을 위한 집단상담은 상담자 훈련과 교육에 기여하는 바가 크다.

이 장은 집단상담자로서 효율적인 집단 운영을 위해 필요한 주요 개념 및 원리에 대한 이해의 폭을 넓히기 위해 크게 세 가지 영역으로 나누어 살펴보고자 한다. 집단상담 이론, 집단상담 과정, 구조화 프로그램에 대해 영역별로 중요한 주제를 다룰 것이다.

1. 집단상담 이론

1) 집단상담의 기본 개념

(1) 집단상담의 개념과 목표

집단상담을 이해하기 위해서는 먼저 다양한 집단 작업에 대한 이해가 필요하다.

집단상담전문가협회(Association for Specialists in Group Work: ASGW)에서는 다양한 집단 작업을 ① 과제실행집단, ② 심리교육집단, ③ 상담집단, ④ 치료집단의 네 가지 영역으로 구분하고 있다.

첫째, 과제실행집단은 특별자문위원회나 위원회 계획입안집단, 관리개발집단, 사회활동집단, 토의집단, 공부모임, 학습집단 등 다른 유사한 집단을 포함한 조직이나 국가기관에서 많이 실시한다. 과제실행집단은 집단의 명시된 목표를 성취하고 실행을 증진시키기 위한 집단 역동의 원리와 과정을 적용하는 것에 초점을 둔다.

둘째, 심리교육집단은 참가자들의 인지적, 감정적, 정서적, 행동적 기술들을 집단 만남 안에서 구조화된 절차를 통해서 개발하는 데 중점을 두고, 일련의 교육적 결핍과 심리적 장애를 예방하는 것을 목표로 한다. 심리교육집단 전문가는 비교적 잘 기능하고 있지만 특정 분야에서 정보가 부족할 수 있는 집단원들을 교육한다.

셋째, 상담집단은 집단원들이 겪고 있는 일상적이거나 힘에 겨운 대인관계 문제들을 해결하도록 돕는다. 직업, 교육, 개인적, 사회적 성장이 주된 관심사다. 개인의 주요 성격을 변화시키는 것이 목표가 아니고, 심각한 행동적인 장애를 치료하는 데에 중점을 두지 않는다. 상담집단은 의식적인 사고, 감정, 행동을 강조하는 대인관계 과정과 문제해결 전략에 초점을 두고 인간발달과 관련된 문제들을 집단원들이 잘 다루고 생활하도록 돕는 데 목표를 둔다. 또한 상담집단은 상호 피드백과 지금-여기에 초점을 둔 지원방법을 사용한다. 집단의 초점은 기본적으로 잘 기능하는 집단원들에 의해서 결정되고, 집단은 성장 지향적인 특징을 가지고 있다. 상담집단은 보다 긍정적인 태도와 개선된 대인관계 기술을 갖도록 도우며, 행동 변화를 촉진하는 방식으로 집단과정을 이용한다. 아울러 집단에서 새롭게 습득된 기술과 배운 행동을 실생활에 적용하도록 돕는다.

넷째, 치료집단은 집단원의 심층 심리적 문제들의 재조정을 돕는다. 사람들은 일반적으로 우울, 성적 장애, 불안 및 정신지체와 같은 특정한 증상이나 심리적 문제들을 완화시키기 위해 집단치료에 참여한다. 심리치료를 전문으로 하는 집단상담자는 현재의 행동과 과거를 함께 탐색하고 개인 상호 간의 관계와 개인 내적인 상호관계를 평가, 진단, 해석함으로써 과거의 기록과 현재를 연결시킨다(ASGW, 2000).

집단상담은 교육적 목적이 강한 심리교육 집단이나 치료적 목적이 강한 치료집단과는 차별성을 가진다. 집단상담과 집단치료는 인간의 심리적 문제의 해결을 돕는 과정이라는 점에서 매우 유사점을 가진다. 그러나 집단치료가 비정상적인 환자에게 초점을 맞추고 있다면 집단상담은 비교적 정상적인 내담자를 대상으로 한다는 점에서 다소 차이가 있다. 집단치료는 교정적 접근방식이고 집단상담은 대체로 예방적·성장 촉진적 접근방식이라고 볼 수 있다. 그러나 이런 구별은 개념상의 분류에 그치기 쉽다. 어떤 수준의 대상을 다루며, 어느 정도의 전문적 과정을 거치느냐에 따라 집단치료와 집단상담은 연속선상에 있다고 볼 수 있다.

집단상담의 목표는 다양한 차원으로 설명할 수 있다. 각 이론이 표방하는 목표가 있고 집단과정상의 목표가 있으며 궁극적이고 종합적인 목표가 있다. 이론별 목표는 뒤에서 집단상담의 대표적 이론을 제시할 때 함께 제시한다. 집단상담의 과정적 목표(Corey & Corey, 2007)는 자기와 타인에 대한 신뢰 형성, 자기 이해 및 정체성의 발달, 인간의 문제와 욕구에 대한 보편성과 공통성 인식, 자기 수용, 자기존중감, 자신감 증진, 정상적인 발달문제와 갈등해결 방식 발견, 자신과 타인에 대한 주도성, 자율성, 책임성 증진, 자신의 결정에 대한 자각과 결정능력 증진, 특정 행동 변화를 위한 구체적 계획 수립과 완수, 효과적인 사회적 기술 습득, 타인의 욕구 및 감정에 대한 민감성 향상, 타인에 대한 배려를 바탕으로 한 정직하고 솔직한 직면방식 습득, 타인의 기대에 부응하는 태도에서 벗어나 자신의 기대에 맞게 사는 방식 학습, 가치관 명료화 및 수정 등이다.

이와 같은 과정적 목표의 달성을 통해 다양한 주제의 집단은 각 집단의 궁극적 목표를 달성하려고 노력한다. 위의 다양한 집단상담 목표를 요약하여 집단상담의 종합적인 목표를 제시하면, ① 자기 이해, 자기 수용 및 자기관리 능력의 향상을 통한 인격적 성장, ② 개인적 관심사와 생활상의 문제에 대한 객관적 검토와 그 해결을 위한 실천적 행동 습득, ③ 집단생활 능력과 대인관계 기술 습득으로 요약할 수 있다.

(2) 집단상담의 구성

① 장소

집단은 좋은 분위기를 형성할 수 있는 장소에서 이루어져야 한다. 집단의 장은 집단원들에게 편안하고 사생활이 존중되는 느낌을 제고함으로써 그들이 집단을 일상의 사회적 상호작용과는 다른 특별한 공간으로 경험할 수 있도록 해야 한다. 집담상담 장소는 집단원 전체가 들어가도 좁지 않을 정도로 적당히 넓어야 하고, 외부 소음이 차단되는 것이 이상적이다. 그리고 긴급한 경우를 제외하고는 전화나 다른 사람들 때문에 방해받지 않는 곳이어야 한다.

② 집단 크기

일반적으로 집단상담은 성인의 경우 10명 내외가 가장 적절하다고 할 수 있다. 상호작용 중심 집단의 경우는 7~8명으로 이루어지는 것이 이상적이다(Salvendy, 1993; Yalom, 1995). 집단상담의 리더가 2명인 경우 집단원의 수가 좀 더 늘어날 수도 있지만, 집단 크기가 너무 큰 경우 효과적인 상호작용을 기대하기 어려울 수 있다. 한편, 성인의 경우 집단이 7명보다 적을 때 성격 및 구조 측면에서 다양성이 결여될 수 있으며, 6명 정도는 작업은 가능하지만 바람직하지는 않다.

아동과 청소년은 성인과 달리 더 적은 수의 집단원으로 구성하는 것이 바람직하다. 청소년의 경우 지지집단이나 상담 및 치료 집단은 6명이 적절하며 8명은 넘지 않는 것이 바람직하다. 그러나 심리교육적 집단상담의 경우는 10~12명도 가능하다. 아동의 경우 4명이 가장 적절하며 6명보다 많을 경우 다수의 아동에게 초점을 두기가 어렵기 때문에 바람직하지 않다. 주의력결핍 과잉행동장애(ADHD) 또는 중증 행동문제 아동의 경우는 3명으로 집단이 구성되기도 한다.

③ 집단 회기의 길이와 빈도

집단상담의 1회기 길이 역시 대상에 따라 달라진다. 성인의 경우 1회기는 보통 1시간 30분~2시간이 선호된다. 집단 초기에는 모든 구성원의 참여를 위해서, 중반부터는 각 사람의 충분한 참여를 가능하게 하기 위해서다. 청소년의 경우는 40~90분이 보편적이다. 아동의 경우는 집중시간이 훨씬 짧으므로 길게는 40분, 짧게는 20분이며, 30분 정도가 적절하다.

집단 빈도에 있어서 대다수의 집단은 일주일에 한 번 모인다. 집중적인 시간 형태로 24~48시간을 확보하여 마라톤 형식으로 이루어지는 집단도 자주 볼 수 있다. 또는 주별 과정과 집중과정을 혼합하기도 한다.

(3) 집단상담이 효과적인 경우와 비효과적인 경우

① 집단상담이 효과적인 경우

집단상담이 가치 있는 이유는 먼저 대부분의 문제가 궁극적으로 대인관계 문제이기 때문이다. 많은 심리적 문제의 뿌리가 일차적으로는 원가족이나 다른 관계의 문제로부터 유래되기 때문에 여러 문제는 결국 관계의 문제로 간주될 수 있다. 집단상담은 이러한 관계의 문제를 다루는 데 있어 효과적이다.

집단상담은 다른 부가적 이점들을 가지고 있다. 집단상담은 고립된 삶을 사는 내담자에게 지원체계를 제공한다. 집단원들은 집단에서 타인의 작업을 관찰함으로써 상담에 대한 교육을 받을 수도 있다. 새로운 집단원들은 집단에 장기적으로 참여한 집단원들이 자신의 문제를 극복하는 과정에서 성공 경험을 봄으로써 희망을 갖는다. 어떤 집단원은 자신만이 그 어려움을 갖고 있는 것이 아니라는 것을 알게 됨으로써 자기 방어를 내려놓고 자기 탐색의 기회와 위안감을 얻기도 한다. 집단원들은 또한 타인에게 도움이 되는 그들의 능력을 인식함으로써 자신의 힘이 북돋워지는 것을 느끼기도 한다.

집단상담은 독특한 성장 경험을 제공한다. 집단상담의 내담자들은 타인과 관계를 맺는 능력이나 집단, 조직, 공동체에서 기능하는 능력을 향상시키는 경향이 있다. 그들은 또한 타인과의 차이점이나 타인의 독특성을 더 수용하고 이해할 수 있게 되는 경우가 많다. 내담자들은 타인을 공감하고 돌보며 그들을 돕는 능력을 증진하는 경향을 보인다. 그들은 많은 사람에게 보다 헌신하고 그들과 유대관계를 맺을 수 있게 된다. 동시에 자신을 순응시키려는 타인의 요구에 맞서 자신의 개별성을 주장하는 법을 배운다. 이러한 특성들은 내담자의 복지를 향상시킬 뿐 아니라 보다 건강한 사회를 만들어 갈 수 있는 사람이 되도록 도와준다. 다양한 측면에서 집단원들을 성장·향상시키는 집단상담은 특히 다음과 같은 경우에 효과적이다(Earley, 2000).

- 대인 간 문제를 가지고 있는 경우: 집단상담은 고립과 외로움, 수줍음, 불안정, 데이트나 친밀한 관계 형성의 곤란, 갈등에 대한 두려움, 주장성의 결여, 대인관계에서의 완고함과 경직성, 정서적 무감각, 타인에 대한 지나친 분노나 판단, 친밀함의 결여, 집단에 대한 두려움 등 중요한 대인 간 문제를 가지고 있는 사람들에게

효과적이다.

- 대인 간 자극이 필요한 경우: 집단은 자신의 문제와 감정에 접근하기 위해 더 많은 대인 간 자극을 필요로 하는 개인들에게 효과적이다.
- 피드백이 필요한 경우: 어떤 집단원들은 의식하지 못한 채 파괴적인 방식으로 타인과 관계를 맺는다. 그런 사람은 집단에서 다른 집단원들에 의해 직면될 수 있으며, 자신의 행동이 타인에게 미치는 영향을 이해하는 데 도움을 받을 수 있다.
- 안전성의 문제가 걸린 경우: 많은 내담자가 프라이버시가 있는 개인상담에서 더 안전하고 편안하게 느끼나 어떤 사람들은 그 반대로 느낀다. 통제받아 왔거나 유년 시절 친밀한 관계에서 손상을 입었던 내담자들은 집단장면에서 더 안전하게 느낀다. 왜냐하면 집단장면에서는 친밀성에 대한 두려움이 개인상담에서만큼 활성화되지 않기 때문이다.
- 전이와 역전이 문제가 걸린 경우: 집단상담은 전이를 희석함으로써 개인상담에서 발생할 수 있는 퇴행성 전이를 누그러뜨릴 수 있다. 집단에는 전이를 일으킬 사람들이 많기도 하고, 집단장면에서의 관계는 개인상담의 경우만큼 친밀하지 않기 때문이다. 따라서 전이와 역전이 문제가 걸린 집단원들에는 좀 더 안전한 상담상황을 제공할 수 있다.
- 과도기적 단계가 필요한 경우: 집단상담은 개인상담에서 일상생활로 옮겨 가는 데 있어 과도기적 단계가 될 수 있다. 집단은 개인상담 장면이 가지고 있는 모든 치료적 잠재력이나 어느 정도의 안전성과 함께 일상적인 사회적 상황의 특성이나 친밀한 관계를 확보하고 있다. 결국 내담자는 개인상담을 하면서 습득한 보다 건강한 존재방식을 집단이라는 꽤 안전한 치료적 학습환경 속에서 실험해 볼 수 있다.

② 집단상담이 비효과적인 경우

집단상담이 모든 내담자에게 적합한 것은 아니다. 집단상담은 타인에 대해 지나치게 두려워하거나 신뢰가 결여되어 있는 사람, 집단환경을 견디기에는 부끄러움이 심한 사람에게는 적절하지 않다. 또한 개인상담 장면에서와 같은 수준의 친밀성, 비밀보장, 안전성을 특별히 필요로 하는 사람에게도 적절하지 않다. 특히 다음의 이슈들과 관련 있는 사람에게는 적절하지 않다.

- **참석의 문제가 걸려 있는 경우:** 집단상담은 참석 요건을 충족시킬 수 없는 내담자들에게는 효과적이지 않다. 잦은 결석은 자신과 다른 집단원에게 많은 영향을 끼치기 때문이다.
- **병리 및 기질적 문제를 가진 경우:** Salvendy(1993)의 목록 중에는 낮은 지능, 기질적인 문제, 불충분한 언어 구사력, 심각한 말더듬, 심각한 의학적 질병, 편집증, 급성 정신병이나 자살 경향성 등이 포함된다. 그리고 Yalom(1995)은 여기에 건강염려증과 반사회성을 덧붙였다.
- **중도 탈락의 가능성이 높은 경우:** Yalom(1995)은 집단에서 중도 탈락하게 마련인 내담자는 다음의 특성을 갖는 것 같다고 결론짓고 있다. 즉, 심리적 자각 수준이 낮은 경우, 높은 부인 경향, 높은 신체화 수준, 낮은 동기, 보다 심각한 정신병리, 낮은 호감도(적어도 상담자의 입장에서), 낮은 사회경제적 계층이나 사회적 효율성, 낮은 지능 등이다. 또한 집단에서 괴짜이거나 친밀감 또는 정서적 전염을 매우 두려워하는 사람들도 중도 탈락할 가능성이 높다.
- **개인상담에서 실패한 경우:** 내담자들은 단순히 개인상담에서 그들이 진전을 보이지 않는다는 이유로 집단상담에 의뢰되어서는 안 된다. 집단상담이 개인상담보다 성공적일 것이라는 특별한 이유가 있을 때 이루어지는 의뢰는 정당하지만 단순히 개인상담의 실패를 다루기 위해 의뢰되어서는 안 된다.

③ 상호작용적 집단이 비효과적인 경우

상호작용을 강조하는 상호작용적 집단상담은 매우 효과적인 측면이 있지만 다음과 같은 경우에는 효과적이지 않을 수 있다.

- **특수문제:** 상담에서 구체적으로 논의되어야 할 급박한 문제를 갖고 있는 내담자들(예: 약물중독, AIDS, 성적 학대, 섭식장애)은 일반적인 목표를 가지고 있는 상호작용적 장기집단에 적절하지 않다. 그들은 지지집단, 문제중심 집단, 개인상담 중 하나로 의뢰되어야 한다.
- **위기 상황:** 죽음, 실업, 질병 같은 위기를 겪고 있는 사람의 경우도 위와 동일하게

적용된다.

- **중독**: 술이나 마약을 남용하는 사람은 상호작용 집단에 적절하지 않다. 상호작용 집단은 회복 후기에 매우 유용할 수 있다.
- **대인관계 형성에 대한 동기 결핍**: 관계 맺기를 두려워하거나 방어하는 내담자, 심지어 관계를 맺을 능력이 없는 내담자라도 집단에 받아들일 수는 있다. 그러나 이 경우 집단에서 다른 집단원과 관계를 형성하는 일에 어느 정도 관심은 가지고 있거나 적어도 자신이 대인관계에 관심이 부족하다는 점에 대해 탐색하려는 동기는 가지고 있어야 한다.
- **직면을 견디는 능력의 부족**: 집단에서 자신에게 맞닥뜨린 직면을 검토하고 그로부터 유익한 점을 취할 만한 에너지를 갖고 있지 못한 경우가 있다. 이때는 개인상담이나 특별히 이러한 취약성을 지닌 내담자들을 위해 고안된 자기심리학적 관점에 기초한 집단에 의뢰해야 한다.
- **집단 보호하기**: 집단원을 위한 최선의 처치를 결정하는 것에 더하여, 상담자는 집단원이 소속되어 있는 집단의 안녕을 고려해야 한다. 특히 극도로 적대적인 집단원에게 주의할 필요가 있다.

이상의 경우에 집단상담자는 해당 집단원에게 집단에서 빠질 것을 말해 주어야 한다. 이때 최대한 그 집단원이 수치심을 느끼지 않을 수 있는 방식으로 말하는 것이 필요하다. 그의 잘못으로 간주되지 않을 만한 이유를 강조하며 이야기하는 것이 최선이다. 초점은 집단에서 빠지라는 것이 아니라 그 집단원에게 가장 적절한 상담 프로그램으로 의뢰하는 것이다.

2) 집단상담자의 자질 및 특성

(1) 집단상담자의 자질

집단원들의 인간적 성장과정에서 차지하는 집단상담자의 비중이나 그 중요성은 오래전부터 인식되어 왔다. 최근 상담 성과를 가져오는 요인에 대한 연구들은 상담사가 성과의 차이를 만들어 내는 중요한 요인임을 밝히기 시작하였다(Kim, Wampold, & Bolt, 2006; Wampold, 2007; Wampold & Brown, 2006). 기존의 연구들이 주목했던 처치의 종류에 따라 상담의 성과가 달라지는 것이 아니라 상담자가 상담 성과의 차이를 만들어 내는 중요한 요인이라고 결론 내리고 있다. 즉, 이론이나 방법에 차이를 가지는 처치의 효과보다 상담자 효과가 더 중요하다는 것이다. 더불어 지금까지 간과되어 왔던 상담자 요인의 효과에 대한 탐색을 위해 유능한 상담자의 특성이 무엇인가를 확인하는 작업에 대한 관심이 고조되고 있다. 이에 앞서 많은 학자들은 집단상담의 성과를 가져오는 집단상담자의 특성 및 자질을 임상적인 경험을 통하여 제시해 왔다. 이를 정리하면 〈표 3-1〉과 같다.

표 3-1 집단상담 성과와 관련된 집단상담자의 인간적 자질과 전문적 자질

이형득(2002)	인간적 자질	• 인간에 대한 선의　• 자신에 대한 각성　• 용기 • 창의적이고 도전적인 자세　• 끈기　• 유머
	전문적 자질	• 이론적 틀 가지기 • 전문가의 조언 아래 장기적이고 다양한 훈련의 기회
윤관현, 이장호, 최송미 (2006)	집단상담자의 바람직한 특성	• 집단원을 민감하고 정확하게 이해한 것을 토대로 집단원들과 상호 교류할 수 있는 능력 • 비소유적 온정과 집단원에 대한 수용성을 발휘할 수 있는 능력 • 집단장면에서 성숙되고 순수한 심정으로 임할 수 있는 자세 • 자기 자신에 대한 깊은 이해
	전문적 자질	• 인간행동에 대한 깊은 이해 • 개별적 행동 의미를 명료화시키는 능력 • 개입 및 상호작용 속도와 깊이를 조절하는 능력
박성수, 김창대, 이숙영 (2000)	인간적 자질	• 정서적으로 함께함　• 개인적 능력 • 용기　• 자신을 직면하는 기꺼움 • 자기 인식　• 진실성 • 진솔성　• 정체성 • 집단과정에 대한 신념과 열정　• 창의성 • 힘　• 삶의 중심 유지능력
	집단지도자의 기술	• 집단의 구성 및 유지 • 집단 분위기 조성 • 집단규범의 설정 • 의사소통 및 상호작용의 촉진 • 집단상담의 문제를 윤리적으로 다루기 • 집단상담자로서의 모델링 • 집단과정의 정확한 이해 및 치료적 활용

Corey & Corey (2007)	인간으로서의 집단상담자	• 용기 • 집단원과 함께 있음 • 집단과정에 대한 믿음 • 자신의 문화에 대한 인식 • 개인적인 힘 • 기꺼이 새로운 경험을 찾는 태도 • 유머 감각 • 개인적인 헌신과 적극적 참여		• 기꺼이 모범을 보임 • 선의와 보살핌 • 개방성 • 공격에 대처할 때 비방어적이 됨 • 활력 • 자기 자각 • 창조성
	직업인으로서의 집단상담자	• 적극적 경청 • 요약하기 • 해석하기 • 지지하기 • 모범 보이기 • 종결짓기	• 반영하기 • 촉진하기 • 질문하기 • 저지하기 • 솔선수범하기	• 명료화 • 공감하기 • 직면하기 • 진단하기 • 평가하기

(2) 집단상담자의 특성

유능한 집단상담자는 어떤 특성을 가지고 있는가에 대한 답을 얻기 위해 집단상담 전문가들이 선정한 한국 집단상담 대가(권경인, 김창대, 2008)의 특성을 살펴보고자 한다. 그들이 집단상담자로서 성장·발달하는 과정에서 발견되는 주요한 특성들은 ⟨표 3-2⟩와 같다. 그중에서도 그들의 인간적 특성 및 전문적 특성을 살펴보면 다음과 같다.

표 3-2   집단상담 대가 발달과정의 주요 특성

집단상담 선택 배경
• 강렬한 첫 집단상담을 경험함
• 집단상담을 통한 개인적 변화 경험
• 집단상담만의 치료적 요인 발견
• 이타심을 가짐

• 강화물이 됨
• 개인상담보다 더 많은 수입을 가져다줌
• 기업 및 교육 프로그램으로의 전환이 용이
• 집단상담 능력에 대한 인정

집단상담에의 몰입
• 집단상담이 재미있음
• 집단상담에서 의미를 발견함

• 도전과 기술의 조화
• 집단상담 자체가 좋음

멘터
• 초기 집단상담 지도자가 멘터가 됨

• 강렬한 관계 경험을 가짐

좌절과 그에 대한 대처

- 집단상담자로서 초창기 좌절이 많음
- 압도될 만한 큰 좌절은 없었음
- 후기의 내면적 좌절, 성장하기 위해 만들어 낸 좌절
- 집단상담에 더 많이 나를 밀어 넣기
- 집단상담에 대한 기대를 조절함
- 자신의 한계를 수용함
- 연결된 다른 영역으로 잠시 관심을 돌림
- 좌절에 대한 지속적 성찰과 책을 통한 학습

개인적 삶의 고통, 결핍, 불안에의 기여

- 개인적 삶의 고통, 결핍, 불안

탁월한 전문성 획득에 기여한 상황

- 외부와 내부의 요구가 있음
- 선구자 역할을 함
- 생계 수단으로 선택함

성장을 위한 전략

- 2년 이상의 장기집단 경험
- 집단상담 시연 및 공개 관찰집단 참여
- 집단상담에 모든 삶을 건 이들과의 밀착학습
- '밥 먹듯' 집단상담하기
- 어려운 집단원들과 집단상담 많이 하기
- 지속적인 자기 보기
- 종교적 · 철학적 힘의 축적
- 집단 돌아보기, 슈퍼바이지와 슈퍼바이저 경험
- 지칠 줄 모르는 학습자 되기
- 내 식의 집단상담 만들기

인간적 특성

- 자기 개방에 대한 두려움, 꺼림이 매우 적음
- 다양성에 대한 호감과 추구
- 높은 위험 감수 경향
- 서두르지 않는 '기다림의 명수'
- 인간에 대한 깊은 신뢰
- 높은 수용력
- 깊은 공감능력
- 깊이 있는 진정성
- 유연함과 융통성
- 무거움과 아픔을 생산적으로 처리하는 유머
- 다양하고 강렬한 감정에 대한 두려움이 적음

전문적 특성

- 집단 역동을 보는 눈이 세밀해짐
- 중요하게 다루는 집단 역동이 바뀜
- 어려운 집단 역동을 수월하게 다룸
- 집단 전체와 관계를 맺는 리더십
- 집단 진행의 편안함과 가벼움을 가짐
- 집단목표와 개인목표를 자유롭게 조형함
- 집단상담을 조직, 사회, 민족 문제의 해결책으로 확장
- 저항의 존중
- 빠르고 정확한 개개인에 대한 이해
- 인지적 유능성: 많은 정보량, 정보의 통합, 변별적 적용, 우수한 기억력
- 자신의 능력에 대한 현실적 기대를 함
- 개별화되고 특화된 기술을 지님
- 자신의 상담이론 형성

집단상담 대가들의 인간적 특성은 그들이 개인상담자들보다 자기 개방에 대한 두려움이나 꺼림이 적다는 것이다. 이는 집단상담 자체가 여러 사람에게 개방된 형태이며, 상담자 자신을 도구로 활용해야 하는 경우가 많으므로 상담장면에서 자신을

더 개방해야 하기 때문인 것으로 보인다. 그들은 다양성에 대한 호감을 가지고 있거나 적어도 다양성을 추구하는 것으로 나타났다. 또한 높은 위험 감수 경향도 발견되었으며 서두르지 않는 '기다림의 명수' 들이다.

집단상담 대가들은 인간에 대한 깊은 신뢰와 높은 수용력, 깊은 공감능력, 깊이 있는 진정성을 가지고 있었고, 집단상담 진행 시간이나 횟수, 진행방식 등에 대한 유연함과 융통성을 가지고 있었다. 그들 대부분은 자신이 재미있는 사람이라고 생각하지 않았지만, 집단상담에서 무거움과 아픔을 생산적으로 처리하는 유머 감각을 가지고 있었다. 더불어 다양하고 강렬한 감정에 대한 두려움이 상대적으로 적은 것으로 나타났다.

집단상담 대가의 전문적 특성으로 가장 두드러진 것은 그들이 집단 역동을 깊이 이해하고 활용하는 능력을 가지고 있다는 점이다. 그들은 전문성이 성숙해 감에 따라 집단 역동을 보는 눈이 세밀해지고, 중요하게 다루는 집단 역동이 바뀌며, 어려운 집단 역동을 수월하게 다루는 것으로 나타났다. 유능한 상담자들은 강한 관계를 형성하는 기술을 가지고 있다는 공통점이 있지만, 집단상담 대가들은 그러한 관계기술 위에 집단원 전체와 관계를 맺는 기술, 집단원 간의 관계를 촉진하는 한 차원 높은 관계기술을 가지고 있는 것으로 나타났다.

집단상담 대가들도 발달 초기에는 집단상담이 긴장되고 어려웠으나 시간이 지날수록 집단의 진행에 편안함을 가지게 되었으며, 집단목표와 개인목표를 자유롭게 조형하게 된다고 했다. 그들은 집단상담을 조직, 사회, 민족 문제의 해결책으로 확장시켜 나가며, 저항을 존중하고 중요한 작업적 요소로 취급하였다. 그들은 또한 효과적인 집단상담을 위해서 개개인에 대한 빠르고 정확한 이해를 강조했다. 인지적 측면에서 그들은 유능성을 가지고 있는 것으로 확인되었다. 즉, 그들은 많은 정보량을 처리할 수 있는 능력이 있으며, 정보 간의 통합과 변별적 적용, 우수한 기억력을 가지고 있는 것으로 나타났다. 집단상담 대가들은 궁극적으로 개별화를 향해 나가게 되는데, 이를 위해 자신의 능력에 대한 현실적인 기대를 하고 개별화되고 특화된 기술을 가지며, 자신의 상담이론을 구축하는 등의 전문적 특성을 가지는 것으로 나타났다.

3) 대표적 집단상담 이론

집단상담과 관련된 다양한 이론들 중에 현재 활성화된 집단상담 실제와 결부되는 이론들을 중심으로 살펴보면, 집단상담의 대표적 이론으로 정신분석, 사이코드라마, T집단, 인간중심, 게슈탈트, 인지상담, 교류분석, 현실치료 이론들을 선택했다. 〈표 3-3〉에는 각 이론에서 집단상담의 목표, 집단상담자의 역할, 주요 기법이 요약 · 제시되어 있다.

표 3-3 대표적 집단상담 이론의 목표, 집단상담자의 역할 및 주요 집단기법

집단상담 이론	집단상담의 목표
정신분석	무의식 혹은 심층에 숨어 있는 문제의 원인을 분석하여 의식세계로 노출시킴으로써 자아 기능을 변화시키는 것을 목표로 함. 초기 가족관계를 재경험할 수 있도록 집단의 환경을 활용, 과거 사건과 관련된 감정을 탐색
사이코 드라마	극적인 행위를 통해 오랫동안 묻어 둔 상황을 밖으로 표출하도록 하여 정서적 압박감에서 벗어나게 함. 행위를 통해 정서를 탐색, 원래의 사건에 대해 실제적이고 진실한 교정적 경험
T집단	학습방법에 대한 학습, 자기 이해력의 증진, 집단 기능에 대한 통찰력의 증진, 효과적인 집단원의 역할 학습, 구체적 행동기술(의사소통 및 피드백 기술) 습득
인간중심	다양한 자신의 감정을 탐색할 수 있는 안전한 환경의 제공, 경험에의 개방성, 자신에 대한 신뢰 및 자신감의 획득, 현재에 살도록 함, 개방성과 자발성, 일치성의 발전
게슈탈트	순간순간의 경험에 중점을 두고 현재 경험에 대한 알아차림을 강조, 지금-경험-각성-현실에 초점을 둠, 자각하지 못한 자신의 통합
인지상담	집단원이 수집하고 평가하는 것과 모순된 증거로 잘못된 신념을 직면, 집단원의 독단적 신념을 찾아내고 줄임, 자동적 사고의 인식과 변화
교류분석	집단원으로 하여금 자아 상태의 오염을 제거하도록 돕기, 생활장면에서 모든 자아 상태를 고르게 활용할 수 있는 능력 개발, 부적절한 생활각본을 버리고 생산적인 생활각본을 지니도록 돕는 것
현실치료	집단원들이 선택하고 책임질 수 있게 행동을 학습하도록 돕기, 집단원이 자신의 행동을 평가하고 변화를 위한 행동계획을 결정하도록 돕기
집단상담 이론	집단상담자의 역할
정신분석	전이와 저항에 대해 주의를 기울이고, 적절한 때에 그것을 해석하며, 언어화를 통해서 통찰하도록 돕고 이를 공유; 집단원들로 하여금 어린 시절의 경험을 재생하도록 도움; 집단상담자에게 향한 전이행동을 지각하고 처리하며, 집단 내의 갈등을 원만히 해결할 수 있는 기술을 터득
사이코 드라마	디렉터는 웜업, 행위 및 나누기를 이끎; 주인공을 선택하는 과정, 어떤 내용을 심리극으로 검토할 것인지, 그리고 그런 실연을 시공간에서 어떻게 구성할 것인지에 관한 결정을 촉진; 제작자 · 치료자 · 사회분석가의 역할

T집단	분위기 조성 및 행동의 모범 보이기; 집단 규준의 발달·유지를 도움; 의사소통의 통로를 열어 주며, 이를 위해 집단이 의사소통 체제를 발달시키는 데 장애가 되는 요인을 극복하도록 도움; 조력자·집단원·전문가로서 집단에 참여
인간중심	집단 촉진자로서 아주 적은 구성과 방향을 제시; 수용적이고 안전한 분위기 조성; 한 사람의 참여자인 동시에 촉진자로서 집단의 분위기를 자유롭고 신뢰성 있게 조성해 줌으로써 개인과 집단 자체의 성장과정을 도움
인지상담	REBT(Rational Emotive Behavior Therapy)에서 집단원들이 보다 효율적인 인지적 변화를 하도록 하기 위해 교사나 훈련자의 역할; CT(Cognitive Therapy)에서는 협력적 관계에 관심을 두고 소크라테스식 문답법을 활용하여 역기능적인 신념을 찾고 대안적 생활규범을 발견하도록 도움
교류분석	촉진자 이상의 역할로 집단원과는 구별된 역할을 담당; 집단원에게 게임과 교류에서 자아 상태, 초기 결정과 생활각본에 대해 인식하는 방법을 가르침
현실치료	집단원들이 자신의 행동을 평가하도록 하며, 집단원들의 중요한 욕구를 발견하도록 함; 현재 자신의 행동이 욕구를 충족하기 위한 방법인지를 살펴보고 사회적으로 받아들여질 수 있는 방식을 선택하도록 도움; 인간적 관계 형성과 집단원의 선택과 책임 능력을 신뢰하며 도움

집단상담 이론	주요 집단기법
정신분석	해석, 꿈분석, 자유연상, 저항분석, 전이분석 등을 통해 무의식을 의식화하고 통찰을 촉진
사이코 드라마	역할 바꾸기, 한 장면 드라마, 시간퇴행, 거울기법, 미래투사, 독백, 면접 등
T집단	모호성 혹은 사회적 공백 상태 활용, 새로운 행동의 실험, 피드백 주고받기, 지금-여기 중심의 활동 등
인간중심	집단 촉진자의 태도를 강조, 최소한의 기법들을 활용, 능동적 경청, 감정의 반영, 명료화, 지지 등
게슈탈트	빈 의자 기법, 대화놀이, 한 바퀴 돌기, 환상접근, 역전 절차, 연습기법, 행동 과장하기, 가정 유지하기, 현재에서 자기 또는 중요한 타인과의 대화, 꿈작업 등 다양한 기법을 개발하여 활용
인지상담	소크라테스식 문답법, 비합리적 신념의 논박, 숙제, 자신의 가정 수집, 활동기록, 대안적 해석, 새로운 대처기술 습득, 언어양식이나 사고방식 바꾸기, 역할놀이, 심상화, 그릇된 신념의 직면 등 다양한 인지적·정서적·행동적 기법의 활용
교류분석	교류분석, 게임분석, 각본분석, 초기 명령, 생활 위치, 역할놀이 등
현실치료	계약, 행동에 대한 구체적 계획, 역할연기, 직면, 모델링 등 다양한 기법 활용

2. 집단상담 과정

집단상담은 내용과 과정의 두 가지 측면을 가지고 있다. 집단이 다른 상담적 개입과 차별성을 가지는 중요한 점은 과정적인 측면에 대한 활용도 및 의미 부여가 높다는 것이다. 집단상담자는 집단의 역동적 과정에 대한 통찰력을 가져야 할 뿐만 아니라 그것을 생산적으로 활용할 수 있는 능력을 갖추어야 한다.

집단과정에 초점을 둔다는 것은 집단이 지금 어떤 방식으로 의사소통하고 있는지, 누가 얼마나 많이 그리고 누구를 향해 말하고 있는지, 집단의 상호작용에서 일어나는 중요한 특성에 대해서 관심을 가지는 것이다. 집단의 역동 및 상호작용 그리고 발달단계, 집단에서 발생하는 치료적 요인 등에 대한 이해를 통해 집단원들을 조력하는 것이라고 할 수 있다.

1) 집단 역동 및 상호작용 작업

(1) 집단 역동

모든 집단은 의식하든 그렇지 못하든 복합적인 힘이 작용하게 마련이다. 다시 말해서, 두 사람 혹은 그 이상의 사람이 함께 모여 활동할 때는 필연적으로 여러 가지 형태의 집단 역동이 생성된다. 이와 같은 현상은 상담집단에서도 마찬가지다. 집단 역동이란 원래 하나의 공통 장면 또는 환경 내에서 일어나는 복합적이고 상호작용적인 힘들을 지칭한다. Jacobs, Havill과 Masson(1994)은 집단 역동을 집단원들과 집단상담자 사이에 일어나는 상호작용과 에너지의 교환에 관한 것이라고 했다. 한 집단이 어떤 성격을 띠고 어떤 방향으로 변화 · 발달해 가느냐 하는 것은 그 집단의 내부에서 일어나거나 외부로부터 작용하는 여러 가지 힘에 의하여 결정된다. 이와 같이 집단의 성격과 방향에 영향을 미치는 복합적인 힘을 집단 역동이라고 일컫는다(이형득, 2002).

집단 역동에는 세 가지 유형이 있다(Earley, 2000). 첫째는 심리내적인 역동이다. 개인상담에서 상담자들이 보통 탐색하게 되는 심리적 역동으로 동기, 감정, 방어, 어린 시절의 기원 등이 포함된다. 둘째는 대인 간 역동이다. 집단 안의 두 사람 혹은 그 이상의 사람들 사이의 관계에서 일어나는 역동으로 정서적 반응, 친밀감, 주장, 경계 등이 포함된다. 셋째는 전체로서의 집단 역동이다. 하나의 단위로서의 집단 역동을 말하며, 발달단계, 집단규범, 집단 역할, 대표적 리더십 유형, 희생양 만들기, 집단 수준의 저항 등이 포함된다.

각 수준의 역동은 중요한 가치를 가지고 있다. 집단원 사이의 대인 간 상호작용은 집단 상황에서 가장 치유적인 지렛대를 제공한다고 믿어진다. 대인 간 수준은 상담의 활력이 되는 반응과 전이를 자극하고 또한 실험과 치유 반응이 나올 수 있도록 해준다. 전체로서의 집단 역동은 다른 수준의 역동이 일어나도록 맥락을 제공한다. 집단상담자는 집단의 전반적인 운영에서 생기는 문제들을 예방하거나 해결하기 위해서 전체로서의 집단 수준을 잘 살펴보아야 한다. 집단 역동이 부드럽게 이어지면 집단상담자는 다른 두 수준에 초점을 두기가 자유로워지며, 치유적인 경험이 일어날 수 있는 더 많은 기회를 제공해 준다.

(2) 상호작용 작업

집단에서 역동을 활용하는 것 중에 중요한 것은 상호작용 작업을 활성화시키는 것이다. 이를 위해 집단상담자는 초기에 집단의 작업은 집단원들 간의 관계와 대인 간 상호작용에 초점이 맞추어질 것임을 확실히 해 둘 필요가 있다. 집단상담자는 상호작용 작업이 집단의 주요 초점이라는 규범을 확립하기 위한 다양한 방법들을 사용하여야 한다.

상호작용 규범의 확립을 위해서는 집단이 시작될 때 상호작용 작업을 분명하게 안내할 필요가 있다. 또한 집단원들에게 상호작용 작업이 무엇을 의미하는지 정확하고 충분히 인식시킬 필요가 있다. 집단원들에게 집단은 '상호작용' 적일 것이라고 미리 설명하고, 그것이 무엇을 의미하는지 논의하면서 상호작용 작업과 집단 밖 이슈를 분명히 구분하는 것이 필요하다. 상호작용 작업은 '집단에 있는 누군가에게 서로를 향한 자신의 감정에 대해 혹은 관계에 대해 이야기하거나, 집단에서 느끼는 것, 그 순간에 느끼는 것, 생각하는 것을 내놓는 것'이다. 집단 밖 이슈는 '집단 밖에서 있었던 최근의 일이나 자신의 과거에 있었던 문제를 내놓거나 자신의 심리적 문제에 대해 전반적으로 토론하거나 다른 주제를 토론하는 것'을 의미한다.

집단상담에서 상호작용 작업을 시작하기 위해 집단원들에게 제시할 수 있는 몇 가지 구체적인 방법을 소개하면 다음과 같다. 첫째, 그 순간에 경험하고 있는 것을 말하라. 둘째, 집단의 누군가에 대한 혹은 집단상담자에 대한 문제—그 사람에 대한 감정이나 반응—를 꺼내라. 셋째, 그 사람을 더 잘 알게 되고 좀 더 가깝게 느낄 수 있도록 집단원 중 누군가에게 또는 집단상담자에게 다가가라. 넷째, 전체로서의 집단과 관련된 주제를 꺼내라. 다섯째, 다른 집단원이나 집단 전체에게 피드백을 요청하라.

상호작용 규범을 보다 명료하게 하기 위해 집단원들이 다른 집단원들과 관계를 맺을 수 있도록 하는 방법은 다음과 같다. 첫째, 촉진적 방법은 내담자가 질문을 하고 해석하고 조언을 주고 제안함으로써 집단상담자가 하듯이 개인적인 연루됨 없이 다른 집단원을 도우려고 하는 것이다. 둘째, 공감과 동일시는 다른 사람과 공명(resonating)하면서 그 사람과 함께하는 것으로 여러 가지 방법이 있다. 공감과 동일시, 보살피기, 연약함 드러내기, 그리고 집단의 응집력과 상호작용을 촉진하는 데 중요한 역할을 한다. 셋째, 지각의 전달은 다른 사람에 대한 견해나 자신의 이해를 말로 표현하는 것이다. 예를 들어, 어떤 집단원에게 "당신은 집단으로부터 떨어져 있는 것으로 보여요."라고 반응하는 것이다. 지각의 전달은 촉진적 반응과 감정 반응의 두 가지 요소를 모두 담고 있다. 지각의 전달은 피드백으로 유용할 수 있으나 지각을 전하는 사람이 그것을 감정을 피하는 수단으로 사용하지 않도록 해야 한다. 넷째, 감정 반응은 다른 사람에 대한 정서적 반응을 표현하는 것이다. 감정 반응은 보살피기, 인정 또는 지지와 같은 긍정적인 반응일 수 있다. 감정 반응은 곧바로 상호작용 작업으로 이어질 수 있다.

집단 안에서 상호작용 작업을 강화시키기 위해서 집단원들에게 그것을 격려할 수 있다. 이에 도움이 되는 몇 가지 제안들로는 상호작용을 분명히 요청하기, 개인적 자문시간에 상호작용을 준비시키기, 마음속 장애물을 탐색하도록 격려하기, 정서적 반응을 지적하기 등이 있다.

2) 집단상담의 치료적 요인

(1) 치료적 요인이란

집단상담에서 상담목표가 집단원의 문제를 해결하는 것이든, 특정한 행동의 변화나 개인의 성장을 촉진하는 것이든 간에 집단원에게 긍정적으로 작용하는 요인이 존재한다. 집단원들은 집단상담의 역동적 과정에서 집단상담자와 집단원, 집단원들 간의 상호작용에 의한 인지적, 정서적, 행동적 변화를 통해 성장하고 변화한다. 이러한 집단원의 변화와 성장에 영향을 주는 요인은 집단상담자나 연구자에게 지속적인 관심을 받아왔다.

상담자와 내담자 간의 일대일 관계가 중심이 되는 개인상담과는 달리, 집단상담에서는 집단에 참여하고 있는 집단원들의 상호작용이 주된 관심의 대상이 되어 왔다. 즉, 집단연구자들과 집단상담자들의 관심은 집단에서 일어나는 집단원-집단상담자, 집단원-집단원, 집단원-집단 상호작용 과정을 통해 집단원이 어떤 도움을 받느냐 하는 것이다. 집단에서 집단원의 치료적 변화 경험은 다양하고 복잡한 상호작용적 특징에 의해 일어나는데, 이러한 특징을 치료적 요인(therapeutic factor)이라고 한다(Yalom, 1985).

치료적 요인이란 집단원의 성장과 변화의 조건에 관계되는 제 요인 중의 하나다. 즉, 치료적 요인은 집단원의 조건 개선에 기여하는 요소로서 집단상담자, 집단원, 다른 집단원, 집단활동의 상호작용을 통하여 집단원의 개선과 변화 및 성장을 촉진하는 기제라고 할 수 있다.

집단상담 및 치료 분야에서 치료적 요인을 밝히고자 하는 관심이 증대되면서, 연구자들은 치료적 요인의 분류체계를 개발하고자 시도하였다(Berzon et al., 1963; Bloch & Crouch, 1985; Corsini & Rosenberg, 1955; Kivlighan, 1996; Yalom, 1975, 1995). 집단상담에서 치료적 요인에 대한 이해는 집단상담자가 집단과정에서 성과를 위해 무엇을 촉진해야 하는지에 대한 지표를 제시하고, 변화과정에서 어떤 역할을 하는지에 대한 설명을 제공한다고 할 수 있다. 대표적인 학자들이 제시한 치료적 요인을 유사한 개념끼리 묶어서 정리하면 〈표 3-4〉와 같다.

(2) Yalom의 치료적 요인

치료적 요인에 있어 많은 연구 업적을 남기고 영향력을 끼쳤던 대표적인 학자 Yalom(1995)이 제시한 치료적 요인들을 간략히 정리해 보면 다음과 같다.

• 이타주의: 다른 사람을 돕는 것은 개인의 자존감을 높여 주며, 어려운 난관에서 스스로 극복할 수 있는 힘을 길러 준다. 다른 사람에게 도움이 된다는 경험 자체

표 3-4 대표적 학자들의 치료적 요인

연구자	Corsini & Rosenberg (1955)	Berzon (1963)	Yalom (1975)	Yalom (1995)	Bloch (1979)	Corey (2000)	Kivlighan (1997)
개수	15개	9개	12개	11개	10개	11개	4개
치료적 요인	상호작용 (interaction)	다른 사람에 의해 표현된 감정에 대한 반응	대인관계학습-투입 (interpersonal-input)	대인관계 학습	대인관계를 통한 학습	피드백	타인-자기 집중 (others versus self)
		다른 사람의 피드백에 의해 자기를 아는 것					
		자기를 명료하고 주장적으로 표현하는 것					
	관찰자 치료 (spectator therapy)	다른 사람에게서 정직, 용기, 개방, 정서의 표현을 목격하는 것	대인관계학습-산출 (interpersonal-output)				
	감정과 사고의 표출 (ventilation)	정서의 표출	정화 (catharsis)	정화	카타르시스	감정 정화	감정적 자각-통찰 (emotional awareness-insight)
	수용 (acceptance)	집단에서 친밀감과 온화함을 느끼는 것			수용	관심과 이해	관계-분위기 (relationship-climate)
			응집력 (cohesiveness)	집단 응집력		응집력	
	이타주의 (altruism)	다른 사람을 돕기 위한 긍정적 관심, 수용, 공감	이타주의 (altruism)	이타주의	이타주의		
	보편성 (universalization)	다른 사람과의 유사성 인식	보편성 (universality)	보편성	보편성	보편성	
	주지화 (intellectualization)	자신의 정서적 역동에 대한 자각이 증대됨	자기 이해 (self-understand)		자기 이해	인지적 재구조화	
			희망의 고취 (instillation)	희망의 주입	희망의 고취	희망	
			지도 (guidance)	정보교환	지도		
			동일시 (identification)	모방행동	대리학습		
			가족 재구조화 (family reenactment)	일차적 가족집단의 교정적 발달반복			
			실존요인 (existential factors)	실존적 요인들			
	전이 (transference)					실험을 해보는 자유	
	현실 검증 (reality testing)					변화하겠다는 결단	문제 정의 및 변화 (problem definition-change)
	기타 요인: 승화, 자발성, 지도자 권위, 이완, 경쟁, 강화 등			사회화 기술 발달	자기 노출	자기 개방	
						직면, 유머, 힘	

출처: 권경인(2001).

는 의기소침한 집단원들에게 현실생활에서 쉽지 않은 경험이고, 이는 자신의 존재감과 활력을 더해 줄 수 있다.

- **집단 응집력**: 응집력이란 함께 있다는 느낌에 대한 적절한 수준으로서 여러 다른 치료적 요인을 촉진시키기 위한 전제조건이며, 다른 사람들에게 받아들여진다는 느낌이다. 집단에 대한 매력과 같은 정서적 요소와 생산적인 상담 작업으로 인한 작업적 요소를 가지고 있다.

- **보편성**: 자신의 문제가 혼자만의 고통이나 어려움이 아니며 다른 사람들도 비슷한 환경이나 문제를 가지고 있다는 것을 깨닫는 것이다. 이는 자기에 대한 불필요한 방어를 풀게 해 주며, 수치심이나 무가치한 느낌을 줄여 준다. 또한 자존심을 증가시켜 주며 스스로를 수용하도록 도와준다.

- **대인관계학습**: 다른 집단원들로부터 피드백을 받는 대인관계-투입과 다른 사람과 관계하는 데 좀 더 적절한 방법을 시도하는 대인관계-산출 요인을 합쳐서 대인관계학습 요인이라고 명명하였다. 집단원들이 방어 없이 행동할 수 있도록 집단이 운영된다면 가장 생생하게 자신의 문제를 집단에 내보이게 되고, 집단상담자는 이 미시사회에서 보이는 부적응적인 대인관계 행동을 알아내어 치료적으로 활용할 수 있다.

- **모방행동**: 집단상담에서 집단원들은 흔히 집단상담자 또는 자신과 유사한 문제를 가진 다른 집단원에 대한 작업을 관찰함으로써 도움을 얻는다. 설사 모방행동이 지속되지 않는다 해도 새로운 행동을 실험함으로써 현재의 자기 모습이 바람직하지 않음을 알아차릴 수 있게 되는 것이 자기발견을 향해 나가는 과정이다.

- **정보교환**: 집단상담자나 다른 집단원들이 제공하는 충고, 제안, 직접적인 지도 등이 포함되며 집단상담자가 제시하는 정신건강에 관한 교수적 강의도 포함된다. 문제해결 중심의 집단에서는 특정한 이슈에 대한 정보를 제공받는 것 자체가 도움이 될 수 있다. 그러나 상호작용 집단에서는 정보교환이 덜 중요하게 취급된다.

- **정화**: 정화는 집단과정에서 중요한 필수요소다. 정서의 개방적 표현은 집단과정에 절대적으로 필요하고, 정서표현이 없다면 집단은 메마른 학술적 연습으로 전락할 수 있다. 그러나 정화는 집단의 한 부분일 뿐 그것만으로는 충분하지 않으며, 인지적 학습과 같은 다른 요인에 의해 보완되어야 한다.

- **일차 가족집단의 교정적 발달 반복**: 내담자들은 가족 내에서 만족스럽지 못한 경험

을 한 이력을 가지고 집단상담을 받으러 온다. 그들은 초년기 가족 경험에 따라 집단 내에서 집단원과 상담자에게 예전에 부모형제와 상호작용했던 것처럼 행동한다. 중요한 점은 집단에서는 초년기 가족 갈등이 다시 살아나지만 교정적으로 일어난다는 점이다. 집단에서 자신의 경직되고 완고한 역할에 끊임없이 도전함으로써 새로운 행동을 시험해 보고 먼 과거 이후 풀리지 않았던 문제를 해결해 가는 것이다.

- 사회화 기술 발달: 내담자들은 자신의 부적응적 사회행동에 관한 정보를 얻을 수 있다. 자신도 모르는 사이에 사회적 관계에 손상을 주었던 여러 가지 사회적 습성들에 대해 알게 될 수 있다. 특히 친밀한 인간관계가 부족한 집단원들에게는 인간관계에 대한 피드백을 접할 수 있는 좋은 기회가 될 수 있다.
- 희망의 주입: 희망을 심어 주고 그것을 유지하는 일은 모든 정신치료에서 중요하다. 이것은 내담자가 계속해서 치료를 받음으로써 다른 치료적 요인들이 효과를 낼 수 있도록 한다. 또한 상담방법에 신뢰를 갖는 일 자체가 상담에 효과적일 수 있다. 집단상담자들은 집단의 효용성에 대한 내담자의 믿음과 확신을 증가시킴으로써 희망 심어 주기라는 이 요인을 부각시킨다.
- 실존적 요인들: 집단상담을 통해 집단원들은 자신들이 타인들로부터 받을 수 있는 지도와 도움에 한계가 있다는 점, 자신들의 삶을 영위하는 데 있어 궁극적인 책임들은 자신들만의 것이라는 점, 그리고 아무리 절친한 사이라 할지라도 타인과는 함께할 수 없는 어떤 부분이 있다는 점을 깨닫게 된다.

3) 집단의 발달단계

일반적으로 집단은 유연하거나 예측할 수 있는 방식으로만 발달하지 않는다. 실제 집단상담에서는 집단의 발달단계들 간에 중복되는 부분이 많을 뿐 아니라 이미 높은 수준의 단계까지 발달한 집단이 그 이후 더 이상 발달하지 않거나 이전의 단계로 회귀하는 현상도 나타날 수 있다. 또한 집단에서 갈등 해소와 같은 특정한 목적이 성취되었다고 해서 새로운 갈등이 더 이상 발생하지 않는 것도 아니다. 집단상담은 밀물과 썰물이 반복되듯이 진행되기 때문에 집단원이나 집단상담자가 집단의 방향에 영향을 주는 요인들에 대해 지속적으로 관심을 가지고 주시하고 있어야 한다.

집단상담자가 집단의 발달과정에 대한 전형적인 패턴을 안다면 집단을 전체적으로 조망할 수 있는 능력을 가지게 될 것이다. 그렇게 된다면 집단 내에서 발생할 수 있는 문제들을 예측하고 그에 대해 적절한 시기에 효과적으로 개입할 수 있게 될 것이다. 또한 집단원들로 하여금 그들의 자원을 활용하여 각 단계에서 그들이 접하는 과제들을 성공적으로 수행하도록 도울 수 있다(Corey & Corey, 2007).

집단상담에서 집단의 발달과정은 두 사람 혹은 그 이상의 사람들이 상호 간에 영향을 미치면서 공통목표를 향하여 움직여 나가고 있는 변화 혹은 발달의 현상을 말한다. 이러한 집단의 발달과정이 연속선상에 있기 때문에 독립적인 단계로 구분하는 것은 무리이지만(이형득, 2002), 학자들은 집단을 이해하고 효과적으로 발달시키기 위해서 통상적으로 몇 개의 단계로 구분하여 그 특징을 살펴보고 있다. 대표적인 학자들이 구분한 집단의 발달단계는 〈표 3-5〉와 같다.

이 표에 나타난 바와 같이 집단의 단계는 대체로 4~6개의 단계로 이루어진다. 많은 학자들은 집단 발달과정에 집단의 시작단계와 과도기단계, 작업단계, 종결단계가 나타난다는 것에 동의하고 있다. 4개의 단계보다 더 많은 단계를 제시한 연구들을 살

표 3-5   집단상담의 발달단계

학자	Corey & Corey (2007)	MacKenzie (1983)	Earley (2000)	Landau (1991)	Yalom (1985)	이형득 (1979)	이형득 (2002)	정원식, 박성수, 김창대 (1999)	이장호, 윤관현, 최송미 (2006)
집단 발달 단계	집단의 구성단계	-	도입단계	오리엔테이션 단계	집단 시작 단계 · 오리엔테이션 단계	-	-	집단준비 단계	-
	초기단계	관여단계	포함단계	-	집단 시작 단계 · -	시작단계	도입단계	초기단계	참여단계
	과도기 단계	차별화 단계	갈등단계	불만족단계	집단 시작 단계 · 갈등단계	갈등단계	준비단계	과도적 단계	과도적 단계
	작업단계	개인화 단계	작업단계	해결단계	응집력 발달단계	응집성 발달단계	작업단계	작업단계	작업단계
	-	친밀단계	친밀단계	생산적 단계	집단 형성 이후 단계 · 하위집단 형성단계 / 자기개방 단계	생산적 단계	-	-	-
	종결단계	성숙단계	종결단계	종결단계	- · 종결단계	종결단계	종결단계	종결단계	종결단계
	-	-	-	-	-	-	추수단계	-	-

펴보면, 우선 시작단계를 집단 구성, 사전 준비, 오리엔테이션 등으로 세분화하여 두 개의 단계로 설정하고 있다(정원식, 박성수, 김창대, 1999; Corey & Corey, 1999; Landau, 1991). 또한 생산성 단계, 친밀단계 등을 작업단계에서 분리시켜서 더 높은 수준의 작업단계로 제시한 경우도 있다(Landau, 1991; MacKenzie, 1983). 한편, 종결 단계에 덧붙여 추수단계를 나눈 경우도 있다(정원식 외, 1999). 여기에서는 가장 세분화된 단계로서 집단의 과정을 6단계로 나눈 것을 구체적으로 살펴본다.

(1) 집단준비 단계

집단준비 단계는 집단을 본격적으로 시작하기 전에 준비하는 단계다. 이 단계에서 집단상담자는 집단원들에게 집단의 목적과 운영방식 등을 알려 주고, 구성원들은 이 집단을 통해 어떤 경험과 도움을 받을 것인지 미리 생각해야 한다. 집단상담자는 또한 집단의 목적, 구성 및 형식 그리고 필요한 정보에 대해 가능한 한 문서로 작성하여 구성원들에게 미리 알려 주고, 집단 구성원을 선별해야 한다. 또한 공동리더(co-leader)가 있을 때에는 그와 협조관계를 맺고, 집단 구성원들끼리 미리 알고 있으며 집단의 규범을 소개할 수 있는 사전집단을 준비한다.

(2) 초기단계

초기단계는 일종의 오리엔테이션과 탐색이 이루어지는 단계다. 집단원들 간에는 '집단에 속할 것인가 혹은 빠질 것인가?'와 '집단이 얼마나 안전하고 신뢰할 만한가?'의 두 가지 주제가 주로 부각된다. 이 시기에는 침묵이 많고 집단원들이 서로 간에 어색하게 느끼며 혼란스러워한다. 집단상담자는 집단 참여자로서의 모델을 제시하고, 구성원으로 하여금 집단의 목표와 개인의 목표를 정하도록 도와주며, 집단원들이 집단상담자에게 지나치게 의존하지 않도록 집단상담자 자신의 한계에 대해서도 분명히 선을 그어야 한다. 초기단계에는 이렇게 집단의 안정성에 대한 탐색과 전체적인 구조화가 함께 이루어진다.

(3) 과도적 단계

과도적 단계는 저항이 다루어지는 단계다. 주로 집단원의 불안감이나 방어적 태도가 두드러지며, 집단 내에서 힘과 통제력을 놓고 갈등이 일어난다. 또한 과도적 단계에서는 집단 카운슬러의 역할과 능력에 도전하는 행동이나 말이 표현되며, 이러한 불안감, 힘의 갈등, 지도자에 대한 도전 등이 어우러져 집단원들의 저항이 다양한 형태로 표출되기도 한다.

이 단계에서 집단상담자는 집단원들이 자신의 불안감을 표현하게 하고 갈등 자체를 건강한 것으로 인식하는 긍정적이고 개방적인 태도를 가지게 함으로써 그들의 힘으로 갈등을 건설적으로 해결할 수 있도록 돕는다. 이를 위해 집단상담자는 집단원들이 집단상담자에게 보이는 도전과 저항에 대해 솔직하고도 개방적인 태도로 접근하는 모범을 보여야 한다.

(4) 작업단계

작업단계는 집단에 대한 응집력이 생기고 생산적인 활동이 이루어지는 단계다. 작업단계는 과도적 단계의 갈등과 저항을 효과적으로 처리한 집단에서 이루어진다. 작업단계는 명확한 구분을 가지고 나눌 수 있는 것이 아니며, 때에 따라서는 집단의 단계 곳곳에서 나타나기도 한다. 집단이 과도적 단계에 들어갔다고 해서 모든 집단원이 반드시 최적의 기능을 발휘하는 것은 아니다. 갈등과 저항 그리고 불신감이 제대로 표현되고 집단원들이 집단의 진전을 방해하는 문제점을 직면하여 고치겠다는 각오를 가질 때 작업단계에 돌입할 수 있다(Corey & Corey, 2000).

집단 발달과정에서 작업단계는 핵심적인 단계로서 응집성이 강하게 일어나고 친밀감이 형성된다. 또한 문제 해결과 행동 변화 등 생산적인 작업이 이루어지는 단계라고 볼 수 있다.

작업단계의 주된 특징은 신뢰와 응집력이 높고, 집단 내 의사소통이 개방적이며 집단원이 경험한 것을 정확히 표현한다. 집단원들 모두가 지도력을 가지고 있으며, 그런 점에서 그들은 직접적으로 자유롭게 상호작용한다. 또한 용기를 내어 다른 사람에게 알리려고 한다. 집단원들은 토의하고 더 잘 이해하고 싶은 개인적 문제들을 집단에 내어놓는다. 집단원들 간의 갈등이 무엇인지 잘 알고 있으며 그것을 직접적이고 효과적으로 다룬다. 그리고 피드백을 자유롭게 주고받으며 충분히 숙고한다. 직면은 다른 사람들을 평가하는 것이 아닌 차원에서 이루어져야 한다. 집단원들은 집단 밖에서 행동의 변화를 가져오려고 노력한다. 그들은 변화하려는 자신의 시도가 지지받는다고 느끼며 과감히 새로운 행동을 시도하려 한다. 그들은 자신들이 변하려고만 하면 얼마든지 변화할 수 있다는 점에서 희망을 갖는다. 이 단계에서 집단상담자는 집단의 응집력을 강화하고, 직면과 공감 같은 적절한 반응에 대해 모범을 보이며, 집단 전체와 개인이 보이는 패턴에도 관심을 가지고 자신이 관찰한 것을 개방한다. 또한 집단상담자는 집단에서 치료적 요인에 항상 주목하고 그것을 최대한 활용해야 한다.

(5) 종결단계

종결단계는 지금까지 했던 작업을 다지고 마무리하는 단계다. 이 단계에서는 주로 종결과 헤어짐에 대한 감정을 다루고, 지금까지 집단이 집단원 각자에게 주었던 영향을 평가하며, 서로에 대한 피드백과 해결되지 않은 주제를 마무리하고, 앞으로 개인의 성장을 위해 어떻게 살 것인가를 전망하는 활동이 전개된다.

종결단계의 특징은 다양한 감정이 공존한다는 점이다. 집단원들은 슬픔에 빠지기도 하고 혼란과 기쁨을 느끼기도 한다. 이 시기에는 해야 할 일이 많은데다 그것이 어렵기까지 하다. 그중에는 상담이 끝나는 것을 심리적 경험으로 이해하기, 경험 요약하기, 이별을 받아들이기, 새로운 시작에 대한 궁극적 책임을 경험하기 등이 포함된다.

(6) 추수단계

추수단계는 지금까지 이뤄 온 집단의 효과를 재검토하고 집단에 어떤 부정적인 영향은 없었는지, 집단이 일상생활에 어떤 긍정적 영향을 끼치고 있는지, 집단의 효과가 지속되고 있는지 등을 돌아보는 단계다. 이것은 정규집단이 끝나고 일정 기간이 지난 후에 개인적으로든 집단적으로든 여건이 허락되면 가질 수 있는 회기로, 집단상담자는 집단원과 집단에 대해 평가하고 의뢰가 필요한 경우에는 의뢰에 필요한 정보를 제공하기도 한다. 추수집단을 갖는 것은 집단상담의 효과를 지속시키는 데 효과적이다.

3. 구조화 프로그램

1) 집단상담에서 구조화 프로그램의 개념

프로그램의 사전적인 의미는 진행계획, 순서, 진행 목록 등을 의미한다. 그러나 의미 없는 활동이 나열되어 있는 것이 아니며, 프로그램에는 궁극적으로 계획된 일련의 활동과 순서를 통해 달성하고자 하는 목표가 있다. 프로그램에는 공통적으로 ① 목적이나 목표, ② 일련의 활동, ③ 활동의 구성원리가 존재한다. 집단상담 영역에서 프로그램을 개발한다는 것은 집단상담을 필요로 하는 사람들의 요구에 맞게 적절한 원리에 따라 목적이나 목표를 구체적으로 가진 일련의 활동을 조직적이고 체계적으로 구성하는 것이다.

집단상담 영역에서 가장 보편적인 프로그램 중에 하나인 구조화 프로그램이란 특별한 목적을 위하여 어떤 구체적인 지시에 따라 집단에서 수행하는 일련의 활동들을 의미한다(Jacobs et al., 1994; Yalom, 1995). 프로그램의 공통된 구성원리에 따라 집단상담에서의 구조화 프로그램을 정의하면 다음과 같다. 첫째, 목적에 있어 대상이 되는 집단의 심리적, 교육적 문제를 해결 또는 예방하는 목적을 가지고 있다. 둘째, 이런 목적을 해결하기 위한 일련의 구조화된 구체적 활동들로 구성되어 있다. 셋째, 정서적 상태나 태도와 관련된 변화를 그 목표로 하는 경우가 많기에 프로그램의 활동을 구성할 때 심리적 흐름을 염두에 두고 세심하게 구성해야 한다는 원리를 강조하는 일련의 집단상담 활동들이다.

집단상담에서 구조화된 활동이 가장 먼저 기술된 것은 1950년대 T집단에서다. T집단에서 집단 역동의 원칙을 보여 주기 위하여 고안된 것이 집단상담 활동이었다. 또한 활동은 집단을 촉진시키는 보조물로 고안되었다. T집단은 정해진 기간 동안 집단원들이 초기의 경직되고 관습적이며 사교적이고 의례적인 행동을 넘어 집단의 진행속도를 낼 수 있는 방법을 찾았던 것이다. 그들의 목적은 집단원들이 가능한 한 많이 집단의 발달단계를 경험하도록 하는 것이었다. 더 나아가 1960년대와 1970년대의 형태주의 치료가 구조화 활동에 더 많은 자원을 제공해 주었다(Yalom, 1995). 이후로 수많은 사람들이 집단에서 구조화 활동을 제시해 왔고, 이에 관한 다수의 문헌들이 등장했으며 다양한 활동이 여러 가지 주제와 이론적 배경을 가지고 개발되었다(Morganette, 1990; Sonstegard, 1998; Thompson, 1999; Tomasulo, 1998). 집단의 목적에 따라 구조화 활동을 개발하고 일련의 활동들을 적절한 전개원리에 따라 배치한 다양한 구조화 프로그램들이 지속적으로 개발·활용되고 있다.

집단상담에서 구조화 프로그램의 사용에 대한 이론적 관점은 다양하고 전문가들 사이에도 상당히 다른 견해들이 있어 왔다. 많은 상담자들과 연구자들은 적절한 구조화 프로그램의 사용에 대해 긍정적인 입장을 가지고 집단상담자, 집단원 그리고 집단과정에 따라 구조화 프로그램이 유용하게 사용될 수 있다고 보았다(Corey, Corey, Callanan, & Russell, 1988; Yalom, 1995). 이에 반대되는 의견을 가진 대표적인 학자인 Rogers(1998)는 비구조화된 집단상담자의 역할을 강조하였고 구조화를 최소화하는 것이 바람직하다고 보았다.

2) 구조화 프로그램의 역할과 목적

많은 상담자와 연구자가 구조화 프로그램이 유용하다고 평가하며, 집단상담을 더욱 의미 있고 흥미진진하게 만드는 역할을 한다고 보고 있다. 구조화 프로그램은 집단원들에게 효과적인 집단상담의 방식으로 도움을 주며, 초심 집단상담자들에게 집단의 필요 및 기술 수준, 나이 수준 그리고 집단원들의 요구에 적용하기 위해 중요하다.

구조화 프로그램은 다양한 형태의 집단상담, 즉 과제실행집단, 심리교육집단, 상담집단, 치료집단 등에서 교육적 목적에서부터 치료적 목적에 이르기까지 폭넓은 주제와 방식으로 활용되고 있다. 또한 아동기, 청소년기, 성인기, 노년기 등 여러 발달단계의 이슈들에 대한 구조화 프로그램들이 현장에서 개발되고 실시되고 있다.

구조화 프로그램이 집단상담 영역에서 활성화되어 있다는 것은 집단상담 관련 연구들에서도 확인할 수 있다. 김계현(2001)은 집단상담성과 연구를 검토하는 보고서에서 약 251편의 석·박사학위 논문을 제시하고 있다. 그 연구논문들은 집단상담 프로그램의 개발과 효과 검증 및 집단상담의 성과를 밝혀내는 것이었다. 대부분은 구조화된 집단상담 프로그램들을 사용하고 있다. 집단상담 프로그램이 다루는 문제 영역이 대인관계 향상, 불안 감소, 성교육, 심성계발, 자기표현 증진, 자아개념 및 가치관, 잠재력 개발, 적응, 진로 및 학습, 참만남 집단 등이었다. 또한 프로그램의 내용

| 표 3-6 | 구조화 프로그램을 사용하는 대상과 목적 |

대상	목적
• 중 · 고등학생 • 비행청소년 • 교회 중 · 고등부 학생 • 대학생 • 초심자 집단 • 집단 경험이 부족하고 자발성이 부족한 대상 • 대인불안이 있는 사람들 • 동료상담자 훈련 • 학생상담교사 훈련 • 상담지도자 훈련 • 상담자원봉사자 교육 • 사회교육 및 평생교육 원생 • 성장집단/교육집단/부모교육	• 자기 성장 • 대인관계 향상 • 비행 예방 • 대인불안 해소 • 관계기술 학습 • 자기 이해와 표출의 촉진 • 자기인식 능력의 증가 • 신뢰감 형성 • 자발성 촉진 • 응집력 향상 • 도입단계 집단 활성화 • 활발한 대인 상호작용 촉진

을 구성하는 원리로는 다양한 상담이론, 즉 게슈탈트, 교류분석, 심리극, 인간중심, 인지행동, 현실치료, 해결중심, REBT 등이 사용되었다.

권경인(2001)은 집단상담 전문가들을 대상으로 집단상담에서 구조화된 활동을 사용하는 목적과 대상을 조사하였다. 집단상담에서 구조화 프로그램을 실시하는 대상과 목적에 대해 전문가들의 응답을 정리하면 〈표 3-6〉과 같다.

어떤 대상에게 주로 구조화 프로그램을 사용하는가에 대한 질문에 집단상담 전문가들은 연령적으로는 청소년이나 대학생 집단, 집단 특성상으로는 훈련이나 교육 집단, 그리고 집단 경험적 측면에서는 초심자 집단에 구조화 프로그램을 많이 사용하는 것으로 나타났다.

한편, 구조화 프로그램을 사용하는 주요 목적은 자기 성장 및 대인관계 향상, 관계기술의 학습, 신뢰감, 자발성, 응집력 등의 향상이었다. 또한 도입단계 및 집단원 간의 상호작용 촉진 등의 목적과 자기 이해와 표출의 능력 및 자기인식 능력의 증가를 위해서 사용한다고 했다. 즉, 집단의 초기에 신뢰감 형성 및 응집성 향상을 위한 목적과 더불어 집단원 개인의 자기 이해 및 성장을 촉진하는 목적으로 사용된다. 또한 개인뿐만 아니라 집단원 간의 상호작용을 위해 다양하고 구조화된 집단상담 프로그램이 개발되어 사용되고 있음을 알 수 있다.

Corey와 Corey(2007)는 집단상담에서 구조화 프로그램 및 기법의 사용이 중요하며 효율적인 사용에 있어 다음의 지침들을 제시하였다. 첫째, 구조화 프로그램들은 치료목적이 있어야 하며 어떤 이론적 틀에 그 근거를 두어야 한다. 둘째, 집단원의 더 나은 자기 탐구를 고무하기 위해 활동이나 기법을 이용한다. 셋째, 과도하게 감정을 자극하기 위해서가 아니고 내담자가 꺼낸 감정문제를 치료적으로 다루기 위해서 구조화 활동을 사용한다. 넷째, 집단상담자의 불쾌감이나 무능력을 감추기 위해서 구조화된 활동이나 프로그램을 사용해서는 안 된다. 다섯째, 섬세하고 시기적절하게 구조화 활동을 사용한다. 여섯째, 집단원의 배경을 고려하여 구조화 활동을 사용한다. 일곱째, 효과가 없다고 드러나면 구조화 활동은 포기한다. 여덟째, 특정 구조화 기법에 대한 참여 여부의 선택권을 집단원들에게 주며, 참여를 명령하는 것이 아니라 정중하게 부탁한다.

구조화 프로그램은 집단상담 영역에서 폭넓게 활용되고 있고, 집단원이나 집단상담자 모두에게 효율적이고 유익한 측면이 확인되고 있다. 집단상담자는 이러한 도구로서 구조화 프로그램을 잘 활용할 필요가 있다. 이를 위해 현장의 요구를 잘 담고 있으며 프로그램 개발의 과학적 절차를 밟아 나가 효과적인 상담적 성과를 도출해 낼 수 있는 프로그램을 개발하고자 노력해야 할 것이다.

3) 구조화 프로그램 개발모형

집단상담 영역에서 많은 구조화 프로그램이 사용되고 있지만, 활동에 대한 충분한 요구조사와 이론적 근거를 토대로 과학적인 평가 절차를 거친 프로그램 개발은 많지 않은 것이 현실이다. 현장에서 사용되는 많은 구조화 프로그램은 임상적인 판단, 즉 실제로 활동을 해 보니까 좋더라는 식의 근거로 수집된 구조화 활동들의 묶음 형태로 제시되는 경우가 적지 않다. 연구자나 집단상담자들은 보다 체계적이고 엄격한 프로그램 개발과정을 거쳐 구조화 프로그램의 치료적 촉진요인, 개발의 이론적 근거, 유의사항 등을 제시할 수 있어야 한다. 이를 위해 상담 현장에 맞는 구조화 프로그램 개발 절차를 탐색하여 엄격하고 과학적 절차에 따른 프로그램 개발이 이루어질 필요가 있다. 이는 집단상담 영역의 발전을 위해 중요한 과제 중의 하나다.

지금까지 여러 학자들에 의해 제시된 다양한 프로그램 개발모형 중에 구조화 집단

프로그램의 개발					
프로그램 개발단계	단계 1	단계 2	단계 3		단계 4
	목표수립	프로그램 구성	예비연구/장기적 효과 제고 노력		프로그램 실시와 개선
	⬇	⬇	⬇		⬇
프로그램 개발의 하위단계	기획	목적 및 내용에 대한 이론적 검토	예비 실행/ 수정	모형 재검토	프로그램 실시
	⬇	⬇	⬇	⬇	⬇
	요구조사	활동의 수집	다양한 평가*	기존 연구 분석 메타분석 매개변인 수정	다양한 평가*
	⬇	⬇		⬇	⬇
	수정계획안 수립	지각된 효율성 평가		수정된 모형 확인분석	매개변인의 계속적 수정
	⬇	⬇			⬇
	프로그램 목표의 정립	(활동, 내용, 전략의) 선정	⬇		(활동, 내용, 전략의) 수정
		⬇		⬇	
		요소연구 (경험적 확인)			
		⬇			
		프로그램의 구성	(활동, 내용, 전략, 모형의) 수정		
프로그램 개발단계별 가능한 평가 내용					
	단계 1	단계 2	단계 3		단계 4
	요구사정	지각된 효율성 평가	비용, 효율성 평가		목표달성도 평가
		요소의 효과 평가	목표달성도 평가		반응 및 만족도 평가
			반응 및 만족도 평가		성취도 평가
			성취도 평가		다양한 형성 및 과정 평가
			다양한 형성 및 과정 평가		효과평가
			효과평가		

[그림 3-1] 프로그램 개발모형

*다양한 평가란 비용, 효율성 평가, 목표달성도 평가, 반응 및 만족도 평가, 성취도 평가, 다양한 형성 및 과정 평가 등을 모두 포함한다.
출처: 김창대(2002).

상담 프로그램의 개발모형으로 김창대(2002)의 프로그램 개발모형을 살펴보고자 한다. 이 모형은 국내외에서 출간된 주요 프로그램 개발 관련 모형에서 언급된 프로그램 개발의 하위 절차를 포괄적으로 아우르고 있으며, 실제 개발과정을 잘 정리하여 제시하고 있는 것으로 평가되고 있다. 이 모형은 목표수립 단계, 프로그램 구성단계, 예비연구 단계, 프로그램 실시와 개선 단계의 순으로 요약할 수 있다. 전체 과정은 [그림 3-1]에 제시되어 있으며, 그 내용을 요약 정리하면 다음과 같다.

① 목표수립 단계: 프로그램을 기획하고, 잠재 대상자들의 요구를 조사하며, 그 결과에 따라 원래 염두에 두었던 계획안 및 프로그램 목표를 수정 · 재정립한다. 요구조사란 '프로그램을 개발하기 전에 잠재 대상자들에게 특정 프로그램이 필요한 정도를 평가하는 절차' 다. 이 과정은 프로그램의 소비자가 될 사람들에게 보다 적합하고 그들의 직접적인 요구를 반영한 프로그램을 제작하기 위한 절차다.

② 프로그램 구성단계: 프로그램의 목적 및 내용에 대해 이론적으로 검토하고, 프로그램에 포함될 활동을 수집 · 정리하며, 각 활동의 효과, 수용성, 흥미 등의 측면에서 잠정적으로 평가하고, 그 평가 결과에 따라 활동, 내용, 전략을 선정한다. 그러나 이 시점에서 프로그램 활동은 경험적인 검증 절차 없이 활동에 대한 인상이나 느낌, 지각 등에 의해 선정되었으므로 각 요소활동에 대해 경험적으로 확인하는 작업이 필요할 것이다. 이런 절차를 다 마치게 되면 프로그램이 일차적으로 구성된다.

③ 예비연구 단계: 일차적으로 구성된 프로그램을 소수의 대상에게 실시하고, 다양한 측면(예: 비용 및 효용성, 목표달성도, 반응 및 만족도, 성취도, 효과 등)에서 평가를 하여 필요한 경우 프로그램의 활동, 내용, 전략 등을 수정할 때 필요한 자료를 수집한다. 한편, 이때에는 프로그램에 내포된 매개변인들의 적합성 등에 대해서도 기존 연구나 메타분석 또는 모형의 분석을 통해 프로그램 내 변인들 간의 관계에 대한 모형을 수정하는 작업도 동시에 이루어져야 한다.

④ 프로그램 실시와 개선 단계: 예비연구를 통해 수정 · 완성된 프로그램을 실시한다. 이 단계에서는 프로그램이 완성되었으나 프로그램에 대해 계속적인 수정 작업이 이루어진다. 이미 완성된 프로그램이라 하더라도 프로그램에 대한 크고 작

은 평가는 계속되며 평가 결과를 토대로 프로그램이 계속적으로 수정된다.

이 모형의 특성을 몇 가지 살펴보면 다음과 같다(김창대, 이상희, 신을진, 김형수, 최한나, 2010).

① **프로그램 개발과 평가의 분리:** 기존의 프로그램 개발모형에서는 평가가 마치 개발과정의 마지막 단계에 필요한 것으로 기술되어 있다. 그러나 실제로는 각종 평가가 개발과정 중간 중간에 포함된다. 왜냐하면 프로그램 개발과정에서 형성평가나 과정평가, 지각된 효율성 평가 같은 단계가 필요하기 때문이다. 따라서 논리적으로 그럴듯해 보이는 개발절차 모형보다는 좀 더 실제에 가까운 과정, 특히 프로그램 개발 절차 곳곳에서 하게 되는 평가 형태를 보여 주고자 했다. 그러나 그렇게 한 결과 실제에는 가깝지만 다소 복잡한 형태로 제시되는 제한점이 있다.

② **단계 3 '예비연구/장기적 효과 제고 노력'의 구별:** 김창대(2002)의 모형은 단계 3 '예비연구/장기적 효과 제고 노력'을 따로 구별했다. 이것을 구별하여 강조한 이유는 프로그램 개발 절차가 좀 더 과학적이 되기 위해서는 프로그램안이 개발된 후 그 프로그램이 원래의 목적에 맞는 효과가 있는지 미리 확인하는 예비연구를 하고 그 결과에 따라 원래의 프로그램을 수정할 필요가 있다는 점을 강조하기 위해서다.

③ **프로그램 개발과정의 순환적 · 재귀적(recursive) 특성 강조:** 김창대(2002)의 모형을 보면 프로그램 실시 후 피드백 정보가 제공되어 프로그램을 개선하려는 노력을 지속해야 한다는 점이 강조되고 있다. 예컨대, 위에서 언급했듯이 단계 3을 별도의 단계로 구별하고 있을 뿐 아니라 단계 4 '프로그램 실시와 개선'에서도 개선이라는 요소를 포함시켜 지속적인 피드백이 필요함을 명시하였다.

구조화 프로그램은 집단상담의 실제나 연구에 있어 중요한 위치에 있다. 보다 효과적인 프로그램 개발을 위해 집단상담자와 집단상담 연구자들은 구조화 프로그램 개발 절차에서 정교성과 성과 확인의 방법론적 향상을 위해 적극적인 관심을 기울일 필요가 있다.

✡ 참고문헌 ✡

권경인(2001). 집단상담활동의 유형화 연구-치료적 요인을 중심으로-. 서울대학교 대학원 석사 학위논문.
권경인(2008). 집단 발달 및 이론별 촉진요인으로 구별한 집단상담 활동. 서울: 교육과학사.
권경인, 김창대(2008). 대가에게 배우는 집단상담. 서울: 학지사.
김계현(2001). 상담심리학 연구 II. 서울: 학지사.
김창대(2002). 청소년집단상담의 운영(제5장, pp. 75-108). 청소년 집단상담 프로그램 개발과 평가. 서울: 한국청소년상담원.
김창대, 이상희, 신을진, 김형수, 최한나(2011). 상담 및 심리교육 프로그램 개발과 평가. 서울: 학지사.
박성수, 김창대, 이숙영(2000). 상담심리학. 서울: 한국방송대학출판부.
윤관현, 이장호, 최송미(2006). 집단상담 원리와 실제. 서울: 법문사.
이형득 외(2002). 집단상담. 서울: 중앙적성출판사.
정원식, 박성우, 김창대(1999). 카운슬링의 원리. 서울: 교육과학사.

Association for Specialists in Group Work (ASGW) (2000). Professional standards for the training of group workers. *Group worker, 29*(3), 1-10.
Berzon, B., Pious, C. & Farson, R. (1963). The therapeutic event in group psychotherapy: A study of subjective reports by group member. *Journal of Individual psychology, 19*, 204-212.
Berzon, B., Pious, C., & Farson, R. (1979). The Therapeutic Event in Group Psychotherapy: A Study of Subjective Reports by Group Members. *Journal of Individual Psychology, 19*, 204-212.
Bloch, S., & Crouch, E. (1985). *Therapeutic Factors in group psychotherapy.* Oxford: Oxford University Press.
Bloch, S., Reibstein, J., Crouch, E., Holroyd, P., & Themen, J. (1979). A method for the therapeutic factors in group psychotherapy. *British Journal of Psychiatry, 134*, 257-263.
Coery, G., Corey, M. S., Callanan, P. S., & Russell, J. M. (1988). *Group techniques.* Pacific Grove, CA: Brooks/Cole.
Coery, M. S., & Corey, G. (2007). *Groups: Process and practice* (7th ed.). San Francisco, CA: Brooks/Cole.
Corsini, R., & Rosenberg, B. (1955). Mechanisms of Group Psychotherapy: Process and Dynamics. *Journal of Abnormal And Social Psychology, 51*, 406-411.
Earley, J. (2000). *Interactive group therapy: Integrating interpersonal, action-oriented, psychodynamic approaches.* Taylor & Francis Group.

Fuhriman, A., & Burlingame, G. M. (1994). Group psychotherapy: Research and practice. In A. Fuhriman & G. M. Burlingame (Eds.), *Handbook of group psychotherapy: An empirical and clinical synthesis* (pp. 3-40). New York: John Wiley & Sons.

Jacobs, E. E., Harvill, R. L., & Masson, R. L. (1994). *Group counseling strategies and skills* (2nd ed.). New York: Basic books.

Kim, D. M., Wampold, B. E., & Bolt, D. M. (2006). Therapist effects in psychotherapy: A random effects modeling of NIMH TDCRP data. *Psychotherapy Research, 16*(2), 161-172.

Kivlighan, D. M. Jr., Multon, K. D., & Brossart D. F. (1996). Helpful impacts in group counseling of multidimensional rating system. *Journal of Counseling Psychology, 43,* 347-355.

Landau, J. M. (1991). *Patient perceptions of therapeutic factors in outpatient psychotherapy groups.* Doctoral Dissertation, University of Toronto.

MacKenzie, K. R. (1983). The clinical application of a group climate measure. In R. R. Dies & K. R. MacKenzie (Eds.), *Advances in group psychotherapy: Integrating research and practice* (pp. 159-170). Madison, CT: International Universities Press.

McKay, M., & Paley, K. (Eds.) (1992). *Focal group psychotherapy.* Oakland, CA: New Harbinger.

McRoberts, C., Burlingame, G. M., & Hoag, M. J. (1998). Comparative efficacy of individual and group psychotherapy: A meta-analytic perspective. *Group Dynamics, 2*(2), 101-117.

Morganette, R. S. (1990). *Skill for living: Group counseling activities for young adolescents.* Champaign, IL: Research Press.

Rogers, C. (1998). *Carl Rogers on encounter groups.* New York: Harper & Row.

Salvendy, J. T. (1993). Selection and preparation of patients and organization of the group. In H. I. Kaplan & Sadock (Eds.), *Comprehensive group psychotherapy* (pp. 72-83). Philadelphia: Williams & Wilkins.

Sonstegard, M. A. (1998). The theory and practice of Adlerian group counseling and psychotherapy. *Journal of Individual Psychology, 52,* 217-250.

Thompson, R. A. (1999). *Counseling Technique: Improving relationships with others, ourselves, our families and our environment.* Taylor & Fransic.

Tomasulo, D. J. (1998). *Action methods in group psychotherapy: Practical aspects.* Bristol, Pa, Usa: Accelerated Development, Inc.

Tschuschke, V. (1999). Gruppentherapie versus Einzeltherapie-gleich wirksam? [Group versus individual psychotherapy-equally effective?] *Gruppen-*

psychotherapie und Gruppendynamik, 35, 257-274.

Sussman, S. (Ed.) (2001). *Handbook of program development for health behavior research and practice.* Thousand Oaks, CA: Sage.

Wampold, B. E. (2007). *Evidence based practice.* 서울경기인천상담학회 초청 워크숍 자료.

Wampold, B. E., & Brown, G. S. (2006). Estimating variability in outcomes attribute to therapists: A naturalistic study of outcomes in managed care. *Journal of Consulting and Clinical Psychology, 73*(5), 914-923.

Yalom, I. D. (1975). *The theory and practice of group psychotherapy* (1st ed.). New York: Basic Books.

Yalom, I. D. (1985). *The Theory and Practice of Group Psychotherapy* (3rd ed.). New York: Basic Books.

Yalom, I. D. (1995). *The Theory and Practice of Group Psychotherapy* (4th ed.). New York: Basic Books.

제4장
심리검사

심리검사를 받아 보는 것은 누구나 한 번쯤은 경험해 본 매우 흔한 일 중 하나다. 스스로 원하여 심리검사를 받아 보는 경우도 있고, 다른 사람이 시켜서 어쩔 수 없이 심리검사를 받게 되는 경우도 있다. 때로는 심리검사를 받았는데 그 사실을 모르고 지나가는 경우도 있다. 이러한 현상은 다양한 분야에서 여러 목적으로 심리검사가 사용되고 있기 때문인데, 이 장에서는 상담이라는 장면에서 활용되는 심리검사에 대해 알아볼 것이다.

심리검사는 눈에 보이지 않는 개인의 특성(특히 능력)을 추정하는 노력의 결과로 등장했다. 검사(test)라는 용어를 최초로 사용한 학자는 James Cattell이지만, 우리나라에서 '과거시험'을 통해 인재를 선발하던 것을 심리검사의 한 기원으로 보기도 한다. 이런 관점에서 보면 학교에서 학업성취도를 파악하기 위해 실시하는 모든 시험은 심리검사에 포함되는데, 대부분의 사람은 학교에서 시험을 보면서 심리검사를 받는다고 생각하지 않는다. 우리나라에서는 구분을 하지 않으나, 미국의 경우 학교에서 학생들의 수행을 평가하는 방법을 교육검사(educational test)라고 명명하고, 일반적인 지능, 적성, 성격, 태도, 정서 등의 특성을 평가하는 방법을 심리검사(psychological test)라고 명명하여 구분하고 있다. 상담에서 사용하는 심리검사라고 하면 대부분 후자에 해당하는 검사들이다.

심리검사는 사용하는 목적도 다양하고 그 종류도 많아서 심리검사를 상담에서 직접 활용하기 위해서는 전문적인 훈련이 필요하다. 심리검사 전반에 관한 지식도 필요하고, 개별 심리검사의 실시와 활용에 대한 지식과 활용능력도 필요하다. 이러한 내용을 모두 다루는 것은 이 장의 범위를 벗어나는 것이므로 이 장에서는 상담에서의 심리검사 활용에 관한 기본적인 내용만을 다룰 것이다.

1. 심리검사의 의미와 기능

심리검사는 눈에 보이지 않는 인간의 내면적 특성(예: 지적 능력, 성격, 태도, 가치관, 직업적 흥미 등)을 파악하는 다양한 방법들 가운데 하나로 비교적 짧은 시간에 특성을 파악한다는 장점이 있다. 이를 위해 심리검사에서는 어떤 특성을 대표하는 행동 표본을 통해 그 특성을 추정한다. 이러한 특성의 추정은 왜 필요하고 또 어디에 사용되는가? 전문가들은 심리검사의 일반적인 기능을 이해, 선발, 분류, 정치, 진단, 평가, 검증으로 분류한다(Cronbach, 1990).

그러나 상담에서 심리검사의 기능은 상담의 이론적 접근에 따라 달라진다. 예를 들면, 상담에 대한 문제 해결 접근에서는 심리검사의 기능과 목적을 문제 해결의 각 단계에 따라 제안하고 있다(Hood & Johnson, 1997). 즉, 문제 해결의 단계인 문제의 인식과 수용, 문제의 정의와 구체화, 해결책의 발견, 의사결정, 효과 검증 등의 단계에서 모두 심리검사를 활용할 수 있고, 각 단계의 과제에 따라 사용되는 심리검사의 기능과 활용목적이 달라진다(김계현, 황매향, 선혜연, 김영빈, 2004).

상담에 대한 다양한 이론적 · 실제적 모형에 따라 심리검사의 기능을 다르게 보기 때문에 각 상담모형에서 심리검사가 어떤 기능을 하는지에 대한 내용은 각 상담이론에서 학습할 내용이다. 여기에서는 상담의 일반적 과정에서 심리검사가 어떤 기능을 하는지 알아볼 것이다. 대부분의 상담모형에서는 관계 형성-문제 파악-목표 설정-개입-종결이라는 일반적 상담과정을 따른다. 이런 상담의 각 과정에서 심리검사가 어떤 목적으로 사용되는지를 살펴보면 다음과 같다.

1) 관계 형성

상담자와 내담자의 촉진적 관계 형성은 상담의 첫 단계임과 동시에 상담의 모든 과정에 걸쳐 영향을 미친다. 따라서 상담자는 내담자와의 첫 만남에서부터 촉진적 관계 형성을 위해 노력하고 이를 위해 심리검사를 활용할 수 있다. 먼저 심리검사를 통해 내담자의 상담에 대한 준비도를 확인할 수 있다. 상담을 신청하는 내담자들은 상담에 대해 나름대로의 생각, 감정, 태도 등을 가지고 있다. 상담 진행에 도움이 되는 생각과 감정, 태도를 가진 내담자는 상담을 통해 필요한 도움을 비교적 쉽고 빨리 받을 수 있을 것이다. 이와 같이 상담을 통해 도움을 받을 수 있는 내담자의 준비 정도를 내담자의 '상담 준비도(readiness for counseling)'라고 한다(Heilbrun & Sullivan, 1962). Hood와 Johnson(1997)은 내담자가 현재 자신의 문제에 대해 어떤 변화과정의 단계에 있는지 확인함으로써 그 내담자의 상담 준비도를 파악할 수 있다고 제안하고 있다. Prochaska, DiClemente와 Norcross(1992)는 중독행동을 가진 내담자들의 변화과정을 5단계로 정리한 것을 토대로, 내담자의 상담에 대한 준비도를 문제인식 이전(precontemplation)단계, 문제인식(contemplation)단계, 준비(preparation)단계, 실행(action)단계, 유지(maintenance)단계의 5단계로 파악할 수 있다고 제안하였다. 이러한 내담자의 상담 준비도를 파악함으로써 상담자는 내담자의 준비도에 따라 문제를 인식할 때까지 기다려 주거나 문제 해결을 촉진하게 되어 내담자가 더 잘 이해받는다고 느끼게 해 주고 신뢰 있는 관계 형성의 바탕이 될 수 있다.

또는 내담자의 성격에 대해 파악함으로써 내담자와의 관계형성 과정을 예상할 수도 있다. 예를 들면, 접수면접 후 실시한 성격검사에서 외향성이 높게 나타난 내담자라면 상담에서 자신의 호소문제를 스스로 잘 얘기하겠지만 자신에 대한 깊이 있는 탐색은 어려워할 것이라는 것을 예상할 수 있다. 반대로 외향성 점수가 낮게 나타난 내담자라면 상담에 와서 자신의 얘기를 하기 힘들어하기 때문에 상담자는 적절한 탐색질문을 잘 해 주고 자기 개방에 대해 너무 다그치지 말아야 한다는 점을 유념하게 될 것이다.

2) 문제 파악

상담에서 심리검사가 가장 많이 사용되는 단계는 문제파악 단계일 것이다. 일반적으로 심리검사의 목적은 내담자의 문제를 객관적으로 파악하는 데 있다고 생각하는 경우도 많다. 그러나 상담 초기 내담자의 문제를 파악하는 방법은 심리검사 이외에도 여러 가지가 있다는 점을 유념해야 한다.

첫째, 내담자의 문제를 파악하는 단계에서 가장 먼저 해야 할 일은 위기에 대한 확인일 것이다. 위기상담으로 의뢰된 경우와 그렇지 않은 경우 모두 시급하게 다루어야 할 문제가 있는지를 확인하는 것이 중요하다. 위기는 의뢰인의 의견을 참고하거나 면담을 통해 파악할 수도 있지만 심리검사를 사용하기도 한다. 자살척도와 같이 개별 위기에 대한 심리검사도 있고, 대학생활적응도검사의 위기 하위척도와 같이 어느 심리검사의 한 부분으로 포함되어 있기도 하다. 위기에 대한 가장 포괄적인 검사는 위기스크리닝척도, 위기분류사정척도, 위험요인/보호요인 척도 등이 대표적이다. 청소년용 위기스크리닝척도(한국청소년상담원, 2006)의 경우 개인요인, 가족요인, 또래 및 학교 요인, 지역사회 요인에 대해 21문항을 5점 척도로 평정하여 위기 수준을 판단하는 검사로, 문제행동의 심각성 정도를 측정함으로써 위기상담을 위한 판별적 도구로 사용된다.

둘째, 상담기관을 운영하는 목적이나 형태에 따라 차이가 있지만, 일반적으로 접수면접에서 정신과적 문제의 여부와 심각성을 초기에 확인하고 상담으로 도움을 줄 수 있는 내담자인지 혹은 정신과로 의뢰해야 할 내담자인지에 대한 판단을 내리는 경우가 많다. 임상심리 전문가에 의한 심리평가의 전 단계라고 할 수 있고, 전반적인 임상평가 단계에 해당한다. 이를 위해 가장 많이 사용되는 심리검사에는 성인의 경우 MMPI나 MMPI-2, 청소년의 경우 MMPI-A나 Y-SCL, 아동의 경우 K-CBCL 등이 있다.

셋째, 문제파악 단계에서 사용하는 심리검사로 내담자의 호소문제의 영역을 파악하기 위해 사용하는 체크리스트가 있다. 내담자의 문제에 대한 빠르고 종합적이며 체계적인 평가를 하기 위해 호소문제 체크리스트 또는 선별척도가 주로 접수면접에서 사용된다. 일반적으로 내담자에게 지난 몇 주 동안 있었던 모든 문제나 증상을 목록에 표시하게 한다. 미국에서는 College Adjustment Scale(Baker & Siryk, 1984), Psychological Distress Inventory(Lustman, Sowa, & O'Hara, 1984), Porteus Problem Checklist(Porteus, 1985), Personal Problems Checklists—Adults(Shinka, 1984), Personal Problems Checklists—Adults(Schinka, 1985), Psychological

Screening Inventory(Lanyon, 1978) 등을 사용하고 있다. 우리나라에서는 대학상담실에서 사용하고 있는 대학생활적응도검사(김은하, 황매향, 2005; 서수균, 김계현, 2002; 이지영, 김계현, 2002)가 대표적이다. 최근 소개된 초등학교 문제행동 체크리스트(김혜숙, 황매향, 2009)는 학교에서 보이는 아동의 문제행동에 대해 교사가 평정하는 것으로 상담 초기의 문제 영역 확인에 활용될 수 있다.

넷째, 상담에서 심리검사를 사용하는 주목적은 내담자의 문제를 이해하기 위함일 것이다. 많은 상담자가 현재 내담자는 어떤 문제를 얼마나 심각하게 겪고 있고, 이러한 문제를 일으킨 원인은 무엇인지를 알아보기 위해 심리검사를 사용한다. 필요한 경우 심리검사 결과를 내담자 문제에 대한 진단 근거로 삼기도 한다. 상담 실제에서 사용되고 있는 거의 대부분의 심리검사는 이런 목적에 부합된다고 할 수 있고 또 실제로 그렇게 활용되고 있다. 그 구체적인 내용에 대해서는 이 장의 끝부분 '영역별 심리검사의 활용'을 참조하기 바란다.

3) 목표 설정

앞 단계에서 파악한 내담자의 문제는 상담목표 설정의 중요한 기초가 된다. 따라서 문제 파악을 위해 사용된 심리검사의 결과가 목표 설정 단계에도 적용된다. 뿐만 아니라 목표의 내용과 수준을 구체화하기 위해 심리검사가 사용되기도 한다. 예를 들면, 학업상담에서 학업성취도 향상이라는 목표를 설정할 경우 어느 정도의 학업성취도 향상을 목표로 잡는 것이 적합한지 결정하기 위해 지능검사나 기초학습기능검사를 실시할 수 있다. 또는 한국판 결혼만족도검사(권정혜, 채규만, 1999)의 경우 11개 영역에서의 세부적인 결혼 불만족도를 평가하여 상담에서 중점을 두어야 할 영역을 제시해 주기 때문에 그에 근거하여 부부상담의 목표를 정할 수 있다.

4) 개입

심리검사는 내담자와 함께 문제를 해결해 나가고 목표를 성취해 나가는 개입과정에서 활용되기도 한다. 자신에 대해 좀 더 명확한 이해를 하는 것으로 목표를 정했다면 심리검사는 자신을 이해하는 한 가지 방법으로 제안될 수 있을 것이다. 또는 진로

상담에서 자신의 적성이나 흥미에 맞는 진로를 찾고자 할 때 내담자의 적성이나 흥미를 심리검사를 통해 알아보는 과정은 중요한 개입과정이 된다.

5) 종결

상담의 종결 여부를 결정하거나 상담에서 이룬 성과와 남은 과제를 확인하기 위해 심리검사를 활용한다. 문제파악 단계나 목표설정 단계에서 사용된 심리검사를 한 번 더 실시하여 상담을 통해 변화된 것이 무엇이고 얼마나 변화되었는지를 확인한다. 또는 상담 성과를 평가하기 위한 별도의 심리검사를 사용하기도 한다. 전용오(2000)가 개발한 상담성과 평가지는 그 대표적 예다.

2. 심리검사의 분류

심리검사는 검사의 내용, 실시방법, 절차, 목적, 대상 등 여러 기준으로 분류될 수 있다. 김계현 등(2004)은 상담에 사용되는 다양한 심리검사를 심리검사 실시 절차에 근거하여 여섯 가지 유형으로 분류하고 있는데, 그 내용을 살펴보면 다음과 같다.

1) 표준화 검사

표준화 검사란 정해진 절차에 따라 실시되고 채점되는 검사를 말하고, 그 반대되는 개념은 비표준화 검사다. 표준화 심리검사는 검사의 조건이 모든 내담자에게 동일해야 하고 모든 채점이 객관적이어야 한다. 표준화 검사의 채점은 보통 대표집으로부터 얻은 규준 자료에 의해 해석되고, 대부분의 표준화 검사는 신뢰도와 타당도의 개념으로 그 특성이 보고된다. 지능검사, 성취검사, 적성검사, 성격검사, 흥미검사, 가치검사, 환경검사 등 많은 검사가 표준화 검사에 속한다.

2) 평정척도

평정척도란 평정자의 관찰에 기초하여 다양한 성격 혹은 행동을 평가하는 방법이다. 표준화 검사와는 달리 평정척도는 객관적인 자료보다는 주관적인 자료로부터 얻어지는 경우가 많다. 자기평정, 타인평정, 환경평정 등이 있는데, 평정척도를 사용하여 면접 자료를 요약할 수 있다.

평정척도는 주관성 때문에 많은 약점을 지닌다. 평정척도와 관련된 세 가지 오류로는 ① 후광효과(halo effect), ② 중심화 경향의 오류, ③ 관용의 오류가 있다. 후광효과의 경우 평정자는 내담자의 한 가지 측면을 다른 측면으로 일반화하는 경향을 보인다. 예컨대, 어떤 사람이 친절하다면 그 사람은 지능, 창의성, 리더십, 동기와 같은 친절과는 무관한 영역에서도 높게 평정될 가능성이 있다. 중심화 경향은 모든 사람을 '평균' 혹은 평정척도의 중간에 가깝게 평정하려는 경향성을 말한다. 관용의 오류는 사람의 성격을 실제보다 더 호의적으로 평가하는 경향성을 말한다.

평정척도의 한 예로 의미분화적 기법이 있다. 의미분화적 기법은 평정자가 양극(경쟁적 대 비경쟁적)의 7단계로 분화된 의미를 평정하도록 하는 것으로, 상담에서 사용되는 대표적인 척도로는 상담회기 분석 질문지(SEQ; 이상희, 김계현, 1993)가 있다.

3) 투사기법

투사기법에서는 내담자에게 애매모호한 자극을 주고 그에 반응하도록 한다. 자극(예: 잉크 반점, 모호한 그림, 불완전한 문장)의 모호성 때문에 사람들은 자극에 단순히 반응하기보다는 자극을 해석하는 과정에서 자기 자신을 드러내게 된다. 내담자가 자신의 성격을 자극에 '투사'하는 원리를 활용하는 심리검사다. 자극에 대한 내담자의 반응을 채점할 수 있는 객관적 채점체계가 마련되어 있는 경우도 있지만, 경우에 따라서는 주관적으로 채점하고 해석하기도 한다. 상담에서 가장 많이 사용되는 투사기법은 로르샤흐 잉크반점검사, 주제통각검사, 문장완성검사, 그림검사 등이다.

4) 행동관찰

행동관찰에서 '행동'이란 관찰되고 측정될 수 있는 행동을 말한다. 그리고 '관찰'은 미리 계획되고 최근 사건에 기초한다. 행동은 종종 자연 상태에서 발생하는데 내담자, 배우자 혹은 부모와 같은 관찰자 모두가 모니터링하게 된다. 관찰자는 구체적인 행동의 빈도를 기록하는데, 예컨대 섭식장애의 경우 하루에 몇 칼로리를 먹었는지, 지각하는 학생의 경우 일주일에 몇 번을 지각했는지 등을 기록한다. 반응기간과 행동 정도(관찰자에 의해 평정된) 역시 기록된다.

행동관찰은 내담자의 호소문제(문제행동)와 직접적으로 관련된다는 장점이 있다. 상담의 목표를 관찰할 수 있는 행동으로 설정하고, 행동관찰을 통해 상담 효과를 평가하기도 한다. 또한 행동관찰 자체가 하나의 개입방법이 되기도 한다. 그러나 이런 방법은 넓은 의미에서 심리검사의 한 방법에 속하긴 하지만 특정한 심리검사로 개발되어 있는 것은 아니다.

5) 생애사적 자료

생애사적 자료는 내담자에 의해 보고되거나 역사적 기록에 반영되어 있는 개인의 성취나 경험을 말한다. 예컨대, 이력서 혹은 대학지원서는 종종 광대한 전기적 정보를 제공한다. 생애사적 자료는 관찰이 사전에 계획되지 않는다는 점에서 행동관찰과는 다르다. 또한 정보가 종종 판단보다는 사실의 문제라는 면에서 평정척도와도 다르다. 생애사적 자료는 학교성적, 학업성취, 진급, 취미, 과제 수행 경험 등의 축적된 학교기록 혹은 직장의 인사기록 등에서 얻어진 정보를 포함한다. 평가에서 생애사적 자료의 가치는 '미래 수행을 가장 잘 예언하는 것은 과거의 수행이다!' 와 같은 심리학적 경구로 표현될 수 있다.

대체로 대학에서의 성적을 가장 잘 예언할 수 있는 단독 변인은 그 사람의 고등학교 성적이다. 과거 특정 직업에서 잘 기능한 사람은 아마 미래의 관련 활동에서도 잘 해낼 것이다. 생애사적 자료는 종종 내담자와의 접수면접 중 혹은 상담신청서를 통해 수집된다. 이러한 정보는 질적인 방식으로 주로 사용되지만 수량화하여 평가목적으로 사용될 수도 있다(Owens, 1983). 생애사적 자료는 경제적이고 효율적이다. 리더십 경험이나 창의적 성취처럼 다른 방법으로 측정하기 어려운 영역에 대한 정보를 제공한다. 그러나 개인의 경험이 특이하다면 해석하기 어려울 수도 있고, 개인이 보편적인 경험을 하지 못하였다면 그 개인에 대한 자료의 해석을 달리해야 한다. '학업 또는 경력 포트폴리오'가 생애사적 자료의 대표적인 예다.

6) 생리학적 측정

생리학적 측정은 내담자 행동을 모니터링하고 이해하는 데 매우 중요한데(Sturgis & Gramling, 1988), 체온, 근육수축, 혈압 등 자율신경계와 관련된 신체적 기능이나 신체적 언어를 측정하는 것을 의미한다. 최근에는 바이오피드백 기구와 같은 도구를 이용하여 보다 쉽게 측정할 수 있게 되었다.

3. 상담에서 심리검사의 사용

상담자들 중에는 심리검사를 자주 활용하는 사람도 있지만 심리검사에 대한 부정적 견해를 가진 사람도 있다. 심리검사에 대한 대부분의 비난은 수량화에 대한 것이다. 심리검사의 결과가 숫자로 표현되기 때문에 인간을 숫자로 단순화하기도 하고 숫자를 제외한 다른 검사 결과는 모두 무시하는 폐단이 발생하기도 한다.

그러나 심리검사를 내담자를 조력할 수 있는 하나의 정보 제공매체로서 받아들일 필요가 있다. 심리검사 자체가 내담자의 문제를 해결해 주는 것은 아니다. 심리검사는 철저하게 제작되어야 하고 책임감 있게 사용되어야 한다. 심리검사는 그것을 시행하고 활용하는 상담자들이 그 사용에 익숙해 있을 때 비로소 상담에 특별한 도움을 줄 수 있다.

따라서 상담자들은 상담에 사용되는 여러 종류의 검사가 갖고 있는 장점과 한계를 모두 알고 있어야 하고, 측정된 행동에서 발견할 수 있는 심리학적 설명과 검사의 심리측정학적 특성에 대하여 이해해야 한다(Anastasi, 1992). 그리고 상담자들은 서로 다른 배경을 가지고 있는 내담자에게 어떤 검사를 적용하고 어떻게 실시·해석할 것인지에 대해 배워야 한다. 상담자들은 내담자가 자기 이해와 자기 결정을 하는 데 도움을 주기 위해서 상담과 검사를 종합할 수 있는 능력을 갖추어야 한다. 그리고 새롭게 제작·출판되는 검사에 관한 정보를 재빨리 입수하여 적용할 줄도 알아야 한다.

1) 심리검사의 선정

심리검사는 내담자에게 불안을 야기할 수 있다는 점을 유념해야 한다. 능력검사나 성취검사에서는 특히 실패를 두려워하고, 흥미검사나 성격검사에서도 개인의 성격적 약점이나 단점이 드러날까 봐 두려워할 수 있다. 따라서 이러한 불안을 낮추기 위해 검사의 목적이 상담자가 내담자를 평가하려는 것이 아니라 내담자 스스로 자신을 더 잘 이해할 수 있도록 돕는 것에 있다는 것을 분명히 밝혀야 한다. 그리고 가능하다면 상담과정에서 어떤 검사를 사용할 것인지에 대해 내담자와 의논한다(Duckworth, 1990; Healy, 1990). 자신이 받을 심리검사의 목적과 특성을 알면, 내담자는 심리검사에 대한 불안을 낮추고 보다 솔직하게 최선을 다해 반응할 것이다. 또한 내담자가 검사 선택과정에 참여하게 되면 검사 결과와 해석을 받아들이는 과정에서도 방어적 태도를 거의 보이지 않게 되고, 검사 결과를 보다 객관적으로 인식할 수 있다.

그러나 내담자가 특정 심리검사를 결정하는 대로 따르는 것은 바람직하지 않다. 심리검사 실시에 대한 최종 결정은 심리검사에 대한 지식을 가진 상담자가 담당할 부분이다. 또한 내담자가 검사를 받아 보고 싶다고 말하는 내용을 표현하는 그대로 이해하면 곤란하다. 성격검사를 받아 보고 싶다고 말할 경우 내담자의 요구대로 바로 성격검사를 실시할 것이 아니라 그것을 요구하는 의미를 탐색해야 한다. 다만 개별 심리검사의 일반적인 특성에 대해 소개하면서 어떤 심리검사를 실시할 것인가를 결정하는 과정에 내담자를 참여시키라는 것이다. 상담자는 내담자에게 적합한 검사를 선택하기 위해 누가 검사하는가, 무엇을 검사하는가, 어디에서 검사하는가, 언제 검사하는가, 왜 검사하는가, 어떻게 검사하는가의 여섯 가지 질문을 생각해 보아야 한다(보다 상세한 내용은 김계현 등[2004]을 참조하라.).

2) 심리검사의 실시와 채점

심리검사의 실시에서는 각 심리검사의 실시방법을 정확하게 따르는 것이 중요하다. 대부분의 검사 실시 지침서는 그 검사의 실시에 대해 자세한 지침을 제공하고 있으니 그것을 따라야 한다. 특히 표준화 심리검사에서는 표준화된 지시와 표준화된 조건에서 특정한 방법으로 행동이 표집되어야 한다. 또한 검사 실시자는 검사 실시 지침과 검사 실시의 여러 면에 익숙해야 한다. 때로 경험이 많은 검사 실시자의 경우 기계적으로 검사를 실시하기만 하고 검사 실시자 역할의 중요성에 대해 충분히 실감하지 못하는 경우가 있어 주의를 요한다. 이렇게 검사 절차를 표준화하지 않을 경우 한 사람의 점수를 다른 집단에 있는 사람들의 점수와 비교할 수 없다.

상담자는 내담자가 검사에 관심을 가지고 협조할 수 있도록 해야 한다. 상담자는 내담자의 심리검사 결과가 유용하게 사용될 것이고 성과가 없는 일에 노력을 기울이는 과오를 미리 방지해 주는 것이 검사라는 것을 내담자에게 확신시켜야 한다. 자발적으로 상담실을 찾은 내담자들은 대부분의 검사에 협조적이지만, 강제로 검사를 하게 된 경우나 검사로 얻을 수 있는 정보가 중요하지 않다고 생각하는 경우 내담자들은 하고 싶지 않은 검사를 받게 되고 상담자와의 관계 형성도 어려워진다. 능력이나 적성을 재는 검사에서는 내담자가 지시를 잘 따라서 자신이 할 수 있는 것을 최대한 발휘하게 해 주어야 한다. 반면, 흥미검사와 성격검사에서는 내담자가 솔직하게 응답해야 타당한 결과를 얻을 수 있다는 점도 검사 실시에서 상담자가 유념해야 한다.

검사 실시자는 검사 실시과정에 숙련되어서 내담자가 검사 실시자의 능력을 의심하지 않도록 해야 한다. 검사에 대한 자신감을 따뜻하고 친근한 방식으로 드러내는 것이 필요하다. 검사를 하는 장소는 의자, 조명, 통풍, 온도 등도 검사 실시에 적합해야 하는데, 소음이 없이 조용해야 하고 방해받지 않는 곳이어야 한다. 시간 제한이 있는 경우는 시간을 정확하게 지켜야 하고 부정행위를 하지 못하게 해야 한다. 사소한 것이라도 검사 결과에 영향을 미칠 수 있는 요인들을 알아차리고 최소화해야 한다. 아울러 검사를 실시할 때 발생하는 어떤 문제도 숨기지 말고 검사 결과를 해석할 때 반드시 알려 주어야 한다.

채점은 손으로 할 수도 있고 컴퓨터를 활용할 수도 있다. 손으로 채점할 경우 대부분 답안지의 정답과 오답을 구분해 주는 채점판이 있다. 어떤 경우에는 내담자가 '자가채점'을 할 수 있도록 답안지 뒤편에 채점을 할 수 있는 답안지가 붙어 있다. MBTI 는 자가채점 형식의 대표적인 검사다. 여러 가지 검사를 손으로 동시에 채점할 경우 시간도 많이 걸리고 채점 오류가 발생할 가능성도 크다. 그리고 가능하다면 손으로 채점한 것은 정확하게 채점되었는지 다른 사람이 한 번 더 확인하는 것이 좋다. 최근 에는 컴퓨터 채점이 많아져서 거의 대부분의 검사 결과를 컴퓨터로 채점할 수 있도 록 되어 있다. 컴퓨터를 이용하면 단순한 채점만이 아니라 채점 원리나 알고리즘을 컴퓨터에 내장하여 검사 해석문까지 제공받을 수 있다.

3) 심리검사의 윤리적 사용

심리검사는 오용되거나 남용되기 쉽기 때문에 그 활용에 있어 주의를 요한다. 심 리검사의 올바른 사용에 대해 오래전부터 상담 및 심리 관련 전문가집단은 각각 심 리검사 사용 및 개발에 관한 규범을 정하고 있다. 미국에서는 1954년에 처음으로 미 국심리학회가 미국교육학회와 미국교육측정심의회와 함께 교육 및 심리 검사강령 (Standards for Educational and Psychological Testing)을 만들었고 이후 계속 개정하 고 있다(AERA, APA, & NCMA, 1985). 이 지침은 검사 제작과 평가에 관한 강령, 검사 사용에 관한 전문인 강령, 특수한 적용 사례에 관한 강령, 검사 실시 절차에 관한 강 령 등으로 구성되어 있다.

특히 상담자들은 심리검사의 활용과 관련된 부분의 지침을 잘 지켜야 하는데, 제 대로 자격을 갖춘 상태에서 심리검사를 실시해야 한다는 점, 내담자의 동의를 구해 야 한다는 점, 비밀을 보장해 주어야 한다는 점, 올바른 해석을 제공해야 한다는 점 등이 가장 강조되고 있다. 한국의 상담전문가들이 가장 많이 활동하고 있는 학회는 한국상담심리학회와 한국상담학회다. 이 두 학회는 각각 상담전문가 윤리강령과 한 국상담학회의 윤리강령을 규정하고 있고 그 하위 내용으로 다음과 같은 심리검사와 관련된 지침을 권장하고 있다. 이 내용을 숙지하고 준수하여 심리검사를 윤리적으로 사용하는 전문가가 되어야 할 것이다.

상담전문가 윤리강령(한국상담심리학회)

7. 심리검사

가. 기본 사항

(1) 교육 및 심리 평가의 주된 목적은 객관적이면서 해석이 용이한 평가도구를 제공하는 데 있다.

(2) 상담심리사는 교육 및 심리 평가방법을 활용하여 내담자의 복리와 이익을 추구하여야 한다.

(3) 상담심리사는 평가 결과와 해석을 오용해서는 안 되고, 다른 사람들이 평가도구를 개발하고 출판 또는 사용함에 있어서 정보를 오용하지 않도록 적절한 조치를 한다.

(4) 상담심리사는 검사 결과에 따른 상담심리사들의 해석 및 권유의 근거에 대한 내담자들의 알 권리를 존중한다.

(5) 상담심리사는 규정된 전문적 관계 안에서만 평가, 진단, 서비스 혹은 개입을 한다.

(6) 상담심리사의 평가, 추천, 보고 그리고 심리적 진단이나 평가 진술은 적절한 증거 제공이 가능한 정보와 기술에 바탕을 둔다.

나. 검사를 사용하고 해석하는 능력

(1) 상담심리사는 자신의 능력의 한계를 알고, 훈련받은 검사와 평가만을 수행해야 한다. 또한 상담심리사는 지도감독자로부터 적합한 심리검사 도구를 제대로 이용하는지의 여부를 평가받아야 한다.

(2) 컴퓨터를 이용한 검사를 활용하는 상담심리사는 원 평가도구에 대해 훈련받아야 한다.

(3) 수기로 하든지, 컴퓨터를 사용하든지, 상담심리사는 평가도구의 채점, 해석과 사용, 응용에 대한 책임이 있다.

(4) 상담심리사는 타당도와 신뢰도, 검사에 대한 연구 및 검사지의 개발과 사용에 관한 지침 등 교육·심리적 측정에 대해 철저하게 이해하고 있어야 한다.

(5) 상담심리사는 평가 도구나 방법에 대해 언급할 때 정확한 정보를 제공하고 오해가 없도록 해야 한다. 지능 지수나 점수 등이 근거 없는 의미를 내포하지 않도록 특별한 노력을 기울여야 한다.

(6) 상담심리사는 심리평가를 무자격자에게 맡겨서는 안 된다.

다. 사전 동의

(1) 평가 전에 내담자의 동의를 미리 얻지 않았다면, 상담심리사는 그 평가의 특성과 목적 그리고 결과의 구체적인 사용에 대해 내담자가 이해할 수 있는 말로 설명해야 한다. 채점이나 해석이 상담심리사나 보조원에 의해서 되든, 아니면 컴퓨터나 기타 외부 서비스 기관에 의해서 이루어지든, 상담심리사는 내담자에게 적절한 설명을 하도록 조치를 취해야 한다.

(2) 내담자의 복지, 이해능력 그리고 사전 동의에 따라 검사 결과의 수령인을 결정짓는다. 상담심리사는 어떤 개인 혹은 집단 검사 결과를 제공할 때 정확하고 적절한 해석을 함께 제공하여야 한다.

라. 유능한 전문가에게 정보 공개하기

(1) 상담심리사는 검사 결과나 해석을 포함한 평가 결과를 오용해서는 안 되며, 다른 사람들의 오용을 막기 위한 적절한 조치를 취한다.

(2) 상담심리사는 특별한 경우를 제외하고는 내담자나 내담자가 위임한 법적 대리인의 동의가 있을 경우에만 그 내담자의 신분이 드러날 만한 자료(예를 들면, 계약서, 상담이나 인터뷰 기록 혹은 설문지)를 공개한다. 그와 같은 자료는 그 자료를 해석할 만한 능력이 있다고 상담심리사가 인정하는 전문가에게만 공개되어야 한다.

마. 검사의 선택

(1) 상담심리사는 심리검사를 선택할 때 타당도, 신뢰도, 검사의 적절성, 제한점 등을 신중히 고려한다.

(2) 상담심리사는 다문화 집단을 위한 검사를 선택할 때 사회화된 행동과 인지양식을 고려하지 않은 부적절한 검사를 피할 수 있도록 주의한다.

바. 검사 시행의 조건

(1) 상담심리사는 표준화된 조건과 동일한 조건에서 검사를 시행한다. 검사가 표준화된 조건에서 시행되지 않거나 검사시간에 비정상적인 행동이 발생할 경우 그러한 내용을 기록해야 하고, 그 검사 결과는 무효 처리하거나 타당성을 의심할 수 있다.

(2) 상담심리사는 컴퓨터나 다른 전자식 방법을 사용하였을 때 시행 프로그램이 내담자에게 정확한 결과를 적절히 제공하도록 보장할 책임이 있다.

(3) 인사, 생활지도, 상담활동에 주로 활용되는 검사 결과가 유의미하기 위해서는 검사 내용에 대한 선수 지도나 내용을 언급하면 안 된다. 그러므로 검사지를 안전하게 보호하는 것도 상담심리사의 책임이다.

사. 검사 점수화와 해석, 진단

(1) 상담심리사는 검사 시행과 해석에 있어서 나이, 인종, 문화, 장애, 민족, 성, 종교, 성적 기호 그리고 사회경제적 지위의 영향을 고려하고, 다른 관련 요인들과 통합·비교하여 검사 결과를 해석한다.

(2) 상담심리사는 기술적 자료가 불충분한 평가도구의 경우 그 결과를 해석할 때 신중해야 한다. 그러한 도구를 사용하는 특정한 목적을 내담자에게 명백히 알려 주어야 한다.

(3) 정신장애를 진단하기 위해서 상담심리사는 특별한 관심을 가져야 한다. 내담자에 대한 치료 장소, 치료 유형 또는 후속 조치를 결정하기 위한 개인 면담 및 평가 방법을 주의 깊게 선택하고 사용한다.

(4) 상담심리사는 내담자의 문제를 정의할 때 내담자가 속한 문화의 영향을 받는다는 것을 인지한다. 내담자의 정신장애를 진단할 때 사회경제적 및 문화적 경험을 고려해야 한다.

아. 검사의 안전성

(1) 상담심리사는 공인된 검사 또는 일부를 발행자의 허가 없이 사용, 재발행, 수정하지 않는다.

(2) 상담심리사는 시대에 뒤진 자료나 검사 결과를 사용하지 않는다. 다른 사람이 쓸모없는 측정이나 검사 자료를 사용하지 않도록 상담심리사는 도와준다.

한국상담학회 윤리강령

7. 심리검사

(1) 상담자는 내담자의 환경(사회적, 문화적, 상황적 특성 등)과 개별적 특성을 고려한 후, 내담자를 조력하기 위한 목적에 적합한 심리검사를 선택해야 한다.

(2) 심리검사를 실시할 때에는 자격이 있는 사람이 표준화된 절차에 따라 실시해야 하며, 그 과정을 경시해서는 안 된다.

(3) 상담자는 내담자에게 심리검사 결과를 수치만을 알리거나 제3자에게 알리는 등 검사 결과가 잘못 통지되지 않도록 해야 한다.

4. 심리측정학적 개념

심리검사를 제대로 활용하기 위해서는 양질의 심리검사를 선택하여 사용하는 것이 중요하다. 어떤 심리검사가 믿을 만한 심리검사인지 확인하기 위해서는 몇 가지 심리측정학적 개념을 알고 있어야 하는데, 먼저 심리검사를 통해 측정하려고 하는 것을 얼마나 정확하고 일관성 있게 측정할 것인지를 예측할 수 있는 근거를 이해하기 위해서는 심리검사의 타당도와 신뢰도의 개념과 그 수치화 과정에 대해 알아야 한다. 더불어 심리검사 결과 제시되는 여러 가지 수치의 의미에 대해 이해하기 위해 다양한 점수의 의미도 알아야 한다.

1) 심리검사의 신뢰도

신뢰도(reliability)는 검사 측정치가 얼마나 일관적인지를 의미하며, 또한 우연이나 다른 외부적 요인이 결과에 영향을 미치지 않는 정도를 의미한다. 어떤 자로 같은 물건의 길이를 재는데 잴 때마다 같은 길이로 표시되어야 그 자는 신뢰할 만할 것이다. 마찬가지로 어떤 심리검사로 같은 개인의 특성을 측정할 때 검사를 실시할 때마다 같은 결과가 나오는 검사가 신뢰할 만한 검사일 것이다.

그러나 신뢰도는 인간 행동의 자연적인 다양성 및 심리측정의 기술적 측면의 영향을 받는다. 일정한 시간 간격을 두고 심리검사를 실시할 경우, 기질이나 변인에 대한 측정치는 어느 정도 변화할 수 있다. 능력에 대한 측정치는 심리 특성보다 다양성이 적으리라고 예상되지만, 능력 측정치 역시 성장이나 발달의 결과로서 변화가 생긴다. 우울 정도, 불안 정도, 스트레스 정도 등 정서적 변인은 시기와 상황에 따라 상당히 변화될 수 있다. 또한 검사 소개나 시간 제한, 검사환경 등이 두 시점에서 달라진다면 역시 측정치는 달라질 것이다.

신뢰도의 정도는 일반적으로 신뢰도 계수로 표현되며, 흔히 .80~.95 사이다. 능력측정검사는 .90 이상의 높은 신뢰도 계수를 기대하지만, 성격측정이나 흥미측정, 태도측정에 있어서 검사-재검사 신뢰도 계수는 대개 .70 정도까지 허용된다.

신뢰도 계수를 산출하는 방법에는 여러 가지가 있다. 검사-재검사 신뢰도, 동형검사 신뢰도, 반분신뢰도, 문항내적 합치도가 대표적이다. 검사-재검사 신뢰도(test-retest reliability)는 시간 경과에 따른 일관성을 보여 주는 것으로, 동일한 사람이 검사를 두 번 실시해서 얻어진 점수 간의 상관계수로 나타낸다. 동형검사 신뢰도(parallel-form reliability)는 하나의 검사에 대한 두 개의 도구나 방식(동형검사)을 같은 집단의 사람들에게 두 번 실시하여 얻은 점수 간의 일관성을 비교하여 계산한다. 반분신뢰도 (split-half reliability)는 한 번의 실시로부터 신뢰도를 얻을 수 있기 때문에 많이 쓰이는 방법인데, 한 심리검사를 두 부분으로 나누어 각 개인의 점수 결과를 비교함으로써 계산한다. 문항내적 합치도(내적 일관성 신뢰도, internal consistency reliability)는 한 검사를 구성하는 문항 각각에 대한 반응 일치도를 나타내는 것으로, 신뢰도 계수는 검사의 모든 문항 간의 내적 상관 평균으로부터 얻어진다. 검사도구의 반응 유형에 따라 2개의 반응 질문(예: 진위형, OX형)에는 Kúder-Richardson 포뮬러 20(Kúder-Richardson Formula 20)을 쓰고, 2개 이상의 반응 질문에는 Cronbach α(Cronbach's alpha) 신뢰도 계수를 사용한다.

2) 심리검사의 타당도

심리검사의 타당도(validity)란 심리검사가 측정하고자 하는 바를 제대로 측정하는가를 의미한다. 기억력을 측정하려는 검사가 한 사물에서 유추할 수 있는 단어를 얼마나 많이 말할 수 있는가와 같은 문제로 구성되어 있다면 타당도가 떨어진다고 할 수 있다. 왜냐하면 이런 문제는 기억력보다는 창의력이 우수한 사람들이 더 높은 점수를 받을 수 있기 때문이다. 따라서 상담자는 심리검사가 실제 재고자 하는 것을 재고 있는 문항으로 구성되어 있는지 그 내용을 검토하고 그 증거를 확인할 필요가 있다.

이러한 타당도에는 여러 종류가 있는데, 일반적으로 내용관련 타당도, 준거관련 타당도, 구인관련 타당도로 분류된다(Anastasi, 1988). 내용타당도(content validity)는 검사의 각 문항을 주의 깊게 검토하여 그 문항이 검사에서 측정하고자 하는 것을 재는지의 여부를 결정하는 것이다.

준거관련 타당도(criterion-related validity)란 검사가 타당하다고 할 수 있는 어떤 준거에 근거하여 타당성을 판단하는 것으로 공인타당도와 예언타당도가 대표적이다. 공인타당도(concurrent validity)는 검사점수와 준거변인의 점수 간의 상관계수로 계산하고, 예언타당도(predictive validity)는 그 검사가 예측한 것이 얼마나 실제와 일치하는가와 관련된다. 예를 들면, 대학수학능력시험(이하 수능)은 학생이 대학에서 수학할 수 있는 능력이 있는지를 예언하기 위해 만들어진 검사이므로, 고등학생 때 받은 수능점수가 예언타당도를 갖추었는지의 여부는 대학에서 그 학생들의 학점을 기준으로 결정할 수 있을 것이다.

구인타당도(construct validity)는 그 검사가 어떤 이론적 구성개념이나 특성을 측정하는 정도를 나타내는 타당도다. 예를 들어, 창의력을 측정할 때, 창의력이 민감성, 이해성, 도전성, 개방성, 자발성, 자신감으로 구성되어 있다고 한다면, 이와 같은 심리적 요인을 구인이라고 하고 그 검사도구가 이 구인들을 측정하고 있는지를 밝히는 것이 구인타당도를 검증하는 것이다(성태제, 2004). 어떤 심리검사의 구인타당도를 알아보기 위해서는 발달적 변화, 다른 검사와의 상관관계, 요인분석, 내적 합치도, 수렴타당도(convergent validity)와 변별타당도(discriminant validity) 등을 알아본다.

3) 심리검사 점수

심리검사에서 얻은 점수는 다른 개인들이 얻은 점수와의 비교(규준참조), 해당 심리검사가 제시한 절대점수와의 비교(준거참조), 동일한 개인에게서 얻어진 다른 점수들과의 비교(개인참조)의 세 가지 측면에서 해석될 수 있다. '규준참조(norm-referenced)' 점수는 표준화된 심리검사의 점수를 해석할 때 가장 많이 사용된다. 예를 들면, 웩슬러 개인지능검사에서 지능지수 115라고 나타내는 점수가 대표적이다. '준거참조(criterion-referenced)' 점수란 절대적인 기준이 존재하는 것이다. 예를 들면, 기초학력성취도평가에서 60점을 받아야 한다는 것은 다른 학생들의 점수와 비교해서가 아니라 기초학력성취도평가에서 60점이라는 점수를 기준으로 기초학력 부진자 여부가 결정된다는 것이다. 규준참조와 준거참조가 모두 외적인 참조체계를 사용한다면, '개인참조(self-referenced)'는 내적인 참조체계를 사용한다. 개인참조의 예를 들면, 웩슬러 개인지능검사의 결과를 가지고 '철수는 언어성 IQ보다 동작성 IQ가 높다.'고 개인 내 편차를 해석하는 것이다.

이러한 비교를 하기 위해서는 심리검사 결과 제시되는 점수가 어떤 의미를 갖는지 알아야 한다. 예를 들어, 성격검사에서 외향성 점수가 60점이라는 결과가 나왔다면 이를 어떻게 해석할 것인가? 심리검사 점수의 의미를 알기 위해서는 다음의 다양한 점수의 의미에 대해 알아야 한다.

(1) 규준

규준(norm)이란 원점수의 상대적 위치를 설명하기 위하여 쓰이는 일종의 자(scale)로서 규준집단으로부터 얻어진다. 표준화 검사는 모두 규준을 갖는다. 원점수는 규준집단에서의 상대적 위치를 보여 주는 교정점수로 변환되어 그 심리검사에서 보인 개인 수행의 상대적 측정치를 제공해 준다. 예를 들면, 웩슬러 개인지능검사를 받을 경우 아동이 수행한 결과 얻어진 원점수는 연령별 '규준' 에 비추어 표준점수로 산출되어 아동의 지능이 또래들의 지능과 비교해 어떤 위치에 있는가에 대한 정보가 제공된다. 이를 위해 심리검사를 개발하는 과정에서 성별, 연령별 집단에 실시한 결과를 토대로 규준이 마련된다.

(2) 백분위점수

백분위점수(percentile rank, percentile score)는 비교집단의 크기와 상관없이 일정한 정보를 제공해 주기 때문에 자주 사용된다. 백분위점수는 어떤 점수를 높은 점수부터 낮은 점수로 나열할 때 그 점수보다 낮은 점수를 받은 사람들의 비율로 나타낸다. 예를 들어, 백분위점수가 65라면 비교집단에서 65%의 사람이 그 점수보다 더 아래에 있다는 의미다. 따라서 점수가 높을수록 백분위점수도 높다. 경우에 따라 백분위서열(percentile rank), 백분위수(percentile)라는 용어도 사용되는데 모두 백분위점수를 일컫는 말이다.

(3) 표준점수

백분위점수가 실제 분포 모습을 그대로 반영하지 못하기 때문에 검사 결과를 작성하는 방법으로 흔히 표준점수(standard scores)를 사용한다. 표준점수는 표준편차 및 평균에 기초한다. 표준점수는 원점수와 평균 사이의 거리라고 정의할 수 있는데 정상분포를 이해해야 표준점수의 의미를 이해할 수 있다.

정상분포에서 표준편차 값은 평균을 기준으로 상위 세 부분과 하위 세 부분, 즉 6개

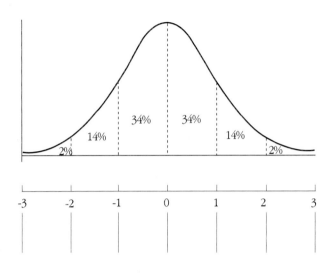

[그림 4-1] 정상분포곡선

의 부분으로 구분하며, 3표준편차 바깥의 사례는 거의 없다. [그림 4-1]에서 보는 바와 같이 정상분포에서는 평균과 상위 1표준편차 사이에 약 34%의 사례가 존재하고, 마찬가지로 평균과 하위 1표준편차 사이에도 약 34%의 사례가 존재한다. 따라서 -1표준편차부터 +1표준편차 사이에는 약 68%의 사례가 있게 된다. 그리고 평균으로부터 2표준편차까지는 양방향으로 각각 14%의 사례가 더 추가되고, 3표준편차까지는 양방향으로 각각 2%의 사례가 추가된다.

따라서 평균-2표준편차의 점수를 받은 사람은 백분위점수 2에 해당되며, 평균-1표준편차의 점수를 받은 사람은 백분위점수 16에 해당된다. 또 중앙값 또는 평균값의 점수를 받은 사람은 백분위점수 50에 해당하게 된다. 마찬가지로 평균+1표준편차에 있는 사람은 백분위점수 84, 평균+2표준편차에 있는 사람은 백분위점수 98에 해당됨을 알 수 있을 것이다.

가장 기본적인 표준점수는 Z점수다. Z점수는 평균을 0, 표준편차를 1로 정한 표준점수를 말한다. 예를 들어, -1이라는 Z점수는 원점수가 참조집단의 평균으로부터 하위 1표준편차만큼 떨어져 있다는 의미다. 마찬가지로 Z점수 0은 원점수가 정확하게 평균값에 위치한다는 의미이고, 평균+2표준편차에 위치한 원점수에 대해서는 Z점수가 +2라고 표현한다. Z점수가 소수점과 음의 값으로 나타날 수 있기 때문에 계산과 해석이 다소 어려울 수 있어서 Z점수를 변환한 다른 표준점수가 고안되었다.

가장 흔히 쓰이는 표준점수는 T점수로, 평균 50, 표준편차 10으로 임의로 정한 것이다. T점수는 거의 모든 점수에 걸쳐 있으며, 대부분의 원점수가 평균 ±3표준편차 사이에 있기 때문에 T점수는 20~80 사이에 대부분 분포한다. MMPI의 정상 사례 수준을 30(하한)~70(상한)으로 잡고 있는 이유 역시 T점수를 사용하는 MMPI에서 약 95%의 사람들이 30~70 사이의 점수를 받으므로 나머지 5%, 즉 하위 2.5%와 상위 2.5%의 극단점수를 받은 사람들(30점 이하와 70점 이상)에 대해 진단명을 내리는 것이다.

Z점수나 T점수가 아니더라도 심리검사를 개발할 때 평균과 표준편차를 따로 정하여 표준점수를 산출하기도 한다. 가장 대표적인 예가 웩슬러 개인지능검사인데, 이 검사에서는 평균 100, 표준편차 15를 사용한다.

5. 영역별 심리검사의 활용

앞서 언급한 바와 같이 상담자가 심리검사를 사용하기 위해서는 개별 심리검사의 실시, 채점, 해석 등에 대한 전문적인 지식과 기능을 습득해야 한다. 여기에서는 상담자들이 주로 활용하는 심리검사의 종류에 대해 간략하게 소개할 것이다. 더 상세한 내용은 각 심리검사를 사용하기 위한 별도의 교육을 받으면서 알아보기 바란다. 심리검사의 종류가 다양하기 때문에 유사한 것끼리 분류하여 소개하는 것이 일반적인데, 여기에서는 상담의 적용 영역별로 대인관계 관련 검사, 학업 관련 검사, 진로 관련 검사, 정신건강 관련 검사로 나눠 보았다.

1) 대인관계 관련 검사

대인관계와 관련된 문제를 다룰 때 주로 사용하는 심리검사는 대부분 성격검사다. 성격검사는 자기보고식 성격검사와 투사적 성격검사로 분류된다. 각 성격검사는 서로 다른 성격심리 이론에 근간을 두고 있다. 따라서 성격검사를 잘 활용하기 위해서는 해당하는 성격검사가 어떤 이론에 근거하고 있는지에 대해 알아야 하고, 반대로 어떤 이론에 입각한 상담을 해 나간다면 그 이론에 기초한 성격검사를 선택해야 할 것이다. 〈표 4-1〉은 우리나라에서 현재 사용되고 있는 대표적인 성격검사에 대한 주요 내용을 간략하게 정리한 것이다.

성격검사만이 아니라 결혼만족도검사와 같이 특정한 대인관계에 초점을 둔 심리검사도 대인관계 관련 심리검사들이다. 각 대인관계의 대상에 따라 부부 및 가족 관계 검사, 또래 및 타인 관계 검사, 이성관계 검사 등이 있다.

2) 학업 관련 검사

학업성취도에 영향을 미치는 여러 가지 요인은 학습자의 내적 특성과 학습자를 둘러싼 환경으로 나눌 수 있다. 학습자의 내적 특성을 파악하기 위해 심리검사를 사용하는 경우가 많다. 학습자의 내적 특성 가운데 대표적 요인은 학습자의 지적 능력, 학습동기, 성격적 특성, 학습전략이다(황매향, 2008). 이 중 성격적 특성은 〈표 4-1〉에 제시한 성격검사들을 활용하여 파악할 수 있다. 학습자의 지적 능력을 파악하기 위해 가장 많이 사용되는 심리검사는 개인지능검사이고, 학습동기를 파악하기 위한 다양한 학습동기 검사들이 있다. 학습전략도 인지적 학습전략, 학습유형, 관리전략 등 다양한 학습전략검사들을 통해 파악할 수 있다. 〈표 4-2〉는 지능검사를 비롯하여 학습문제를 다룰 때 활용할 수 있는 심리검사의 내용을 간략하게 정리한 것이다.

3) 진로 관련 검사

우리나라 청소년들이 가장 많이 고민하는 문제가 진로문제인 만큼 청소년상담 중 진로상담이 차지하는 비중도 크다. 그리고 진로상담은 전통적으로 다양한 심리검사를 활용하는 것으로 알려져 있다. 진로와 관련하여 내담자의 발달 정도를 진단하는 진로성숙도 검사, 진로 결정 정도를 확인하는 진로미결정 검사, 진로와 관련된 개인의 흥미, 적성, 가치관 등을 알아보는 직업흥미 검사, 적성검사, 직업가치관 검사 등 다양한 검사들이 있다. 또한 공공기관에서 검사를 개발하여 온라인을 통해 무료로 제공하는 검사가 많다는 점도 진로 관련 검사의 특징이다. 이러한 많은 검사가 진로상담에서만 활용되는 것이 아니라 진로교육이나 진로지도를 목적으로 사용되는 경우가 더 많다고 할 수 있다. 〈표 4-3〉은 진로 관련 검사들 중 진로상담에서 많이 사용되는 검사들을 중심으로 정리한 것이다.

표 4-1 성격검사

구분	검사명	대상	내용	참고사항
자기보고식 성격검사	성격유형검사 (MBTI)	중학교 3학년~성인	• 양극단 영역을 제공하는 8개 척도(4쌍) 외향(E)-내향(I) 직관(N)-감각(S) 사고(T)-감정(F) 판단(J)-인식(P) • 개인의 성격유형을 4개 문자로 제시	Jung의 이론에 기초; 한국심리검사연구소
	아동용 성격유형검사 (MMTIC)	초등학교 3학년~중학생	16개 유형으로 제시	
	KPI 성격검사	중·고등학생, 대학생 및 성인용	• 주도성, 사교성, 자신감, 책임감, 자기통제성, 호감성, 동조성, 성취욕구, 유연성, 여향성 척도로 구성	CPI를 모델로 개발; 한국행동과학연구소
	다요인 인성검사 II	중학교 1학년~성인	• 온정성, 자아강도, 지배성, 정열성, 도덕성, 대담성, 예민성, 공상성, 실리성, 자책성, 진보성, 자기결정성, 자기통제성, 불안성의 14개 성격척도	Cattell의 성격특성이론에 근거한 16PF의 한국판; 한국가이던스
	NEO 인성검사 (NEO-PI)	성인	• 심리적 민감성, 외향성, 개방성, 수용성, 성실성의 5개 차원은 각각 8개 문항으로 구성된 6개 하위척도를 포함	Big 5 성격이론에 기초한 NEO-PI-R의 한국판; PSI 컨설팅 (아동용/청소년용/성인용 내 NEO성격검사가 한국가이던스에서도 출판되고 있음)
	한국형 에니어그램 성격유형검사 (KEPTI)	유아용, 초등학생용, 중·고등학생용, 대학·성인용	• 아홉 가지의 성격유형(개혁가, 조력가, 성취자, 예술가, 사색가, 충성가, 낙천가, 지도자, 중재자)	'에니어(ennear, 9)' + '그라모스(grammos, 도형·선·점)'의 합성어; 한국에니어그램교육연구소
	자아개념검사	유아용, 초등학생용, 중·고등학생용, 대학·성인용	• 학문적 자아개념: 언어, 수학, 일반교과, 문제 해결 • 비학문적 자아개념: 일반자아, 신체자아(신체능력, 신체외모), 친구관계(이성, 동성), 부모관계 등	연령이 높아질수록 자아개념의 하위척도가 세분화되고 문항 수도 많아짐; 하지만

	검사명	대상	특징	비고
투사적 성격검사	로르샤흐 잉크반점검사	중학교 1학년~성인	• 잉크반점이 찍힌 10장의 카드로 구성 • 엑스너(Exner) 체계체계가 가장 보편적으로 사용	한국가이던스
	주제통각검사(TAT)	청소년~성인	• 하나 이상의 등장인물이 있으며 한 장은 완전히 백지(도판 16)로 구성되어 있다. 30장의 카드 중 피검자의 성별과 연령에 따라 20장의 카드를 선택하여 실시 • 피검자의 감흥, 경험, 욕구 등이 이야기 반응에 투사된다고 가정	Murray의 욕구이론에 기초; 한국가이던스
	아동용 회화통각검사(CAT)	3~10세 아동	• 유아기와 아동기에 주로 나타나는 여러 가지 심리적 문제들이 쉽사리 투사될 수 있는 동물 주인공 그림으로 구성(9개 표준판과 9개 보충판) • 대인관계, 사회적 상호작용, 동일시 양식 등과 같은 아동이 보다 구체적인 문제들을 반영하는 반응 수집 • 반응내용에서 공포, 공격성, 애정의 원천이나 그 대상, 반응기제에 관한 단서를 찾음	TAT를 아동용으로 개발한 것임; 한국가이던스
	문장완성검사(SCT)	아동용, 성인용	• 30~50개의 문장의 일부를 완성하는 검사 • 다른 투사검사들에 비해 의식된 수준의 심리적 현상들이 반영되는 경향	기관, 대상, 문제 영역에 따라 여러 가지 종류가 있음. 상담자가 직접 개발하여 사용하기도 함.
	집-나무-사람 검사(HTP)		• 16절지 4매에 연필로 집, 나무, 인물(남자, 여자)을 차례로 그리게 하는 과제 그림검사 • 내담자가 그림을 그린 후에 표현한 의미와 문제를 알기 위해 추가 질문을 함 수 있음 • 전체적 평가, 형식적(구조적) 분석, 내용분석의 접근법이 있음	

표 4-2 학업 관련 검사

구분	검사명	대상	내용	참고사항
지능검사	성인용 웩슬러 지능검사 (K-WAIS)	16~64세	• 언어성 검사(기본지식, 숫자 외우기, 어휘, 산수, 이해, 공통성)와 동작성 검사(빠진 곳 찾기, 차례 맞추기, 토막 짜기, 모양 맞추기, 바꿔 쓰기)로 구성 • 언어성 IQ, 동작성 IQ, 전체 IQ 제시(평균 100, 표준편차 15)	WAIS-R의 한국판 1992년 규준임; 한국가이던스
	아동용 웩슬러 지능검사 (K-WISC-III)	6~16세	• 언어성 검사(상식, 공통성, 산수, 어휘, 이해, 숫자)와 동작성 검사(빠진 곳 찾기, 기호쓰기, 차례 맞추기, 토막 짜기, 모양 맞추기, 동형 찾기, 미로)로 구성 • 언어성 IQ, 동작성 IQ, 전체 IQ 제시(평균 100, 표준편차 15)	WISC-III의 한국판 2001년 규준임; 도서출판 특수교육
	유아용 웩슬러 지능검사 (K-WPPSI)	3~7세	• 언어성 검사(상식, 이해, 산수, 어휘, 공통성, 문장)와 동작성 검사(모양 맞추기, 도형, 토막 짜기, 미로, 빠진 곳 찾기, 동물 찾기)로 구성	WPPSI-R의 한국판 1996년 규준임; 도서출판 특수교육
	카우프만 아동용 지능검사 (K-ABC)	2세 6개월~ 12세 5개월	• 16개의 하위검사로 이루어졌고, 아동이 인접발달 수준에 근거하여 연령별로 7~13개의 하위검사 실시 • 인지처리과정이론에 근거 • 문제 또는 과제의 해결이 순차 처리적이나 동시 처리적이냐에 따라 분리하여 측정 • 동시처리척도, 순차처리척도, 인지처리과정척도, 습득도척도, 비언어성척도로 구성	미국판 K-ABC의 한국판 1997년 규준임; 학지사
학습동기 검사	학습흥미검사	초등학교 4~6학년	• 학습유형별 흥미: 사고지향적, 탐구지향적, 감성지향적, 창의지향적, 사회지향적 흥미 • 교과별 흥미: 언어, 수학, 사회, 과학, 체육, 음악, 미술, 실과 흥미	한국가이던스
	학습동기검사 (AMT)	초등학교~ 대학교	• 학업적 자기효능감: 자신감, 자기조절 효능감, 과제수준 선호 • 학업적 실패내성: 감정, 행동, 과제난이도 선호	학지사

		대상	내용	비고
학습전략검사	U&I 학습유형검사	초등학교 4학년~대학생	• 학습행동유형검사, 학습기술검사, 학습성격유형검사의 3개 하위검사로 구성 -행동유형: 반항형, 완벽주의형, 고군분투형, 잡념형, 만족형, 외골수형 -성격유형: 행동형, 규범형, 탐구형, 이상형과 그 조합으로 14개 유형 -학습기술: 학습태도, 학습동기, 시간관리, 불안조절, 주의집중, 정보처리, 중심주제, 학업보조, 자기점검, 시험전략	행동형, 규범형, 탐구형, 이상형이 네 가지 성격유형에 기초; 연우심리연구소
	알자(ALSA) 청소년 학습전략검사	초등학교 5학년~고등학생	• 학습동기, 자아효능감, 인지·초인지 전략, 자원관리전략으로 구성	'알자(ALSA)와 함께하는 공부방법 바로 알기'와 연계; 학지사
	학습기술진단검사 (LST)	초등학생용, 중학생용, 고등학생용	• 자기관리, 수업참여, 과제해결, 읽기, 쓰기, 시험치기, 정보처리로 구성	'학습기술개선 프로그램'과 연계; 학지사
	MLST 학습전략검사	초등학생용, 중·고등학생용	• 학습과정과 관련된 습관적, 행동적, 전략적 효율성 측정 -성격적 차원: 효능감, 자신감, 실천력 -정서적 차원: 우울, 짜증, 불안 -동기적 차원: 학습동기, 경쟁동기, 회피동기 -행동적 차원: 시간관리, 공부환경, 수업태도, 노트필기, 집중전략, 책읽기, 기억전략, 시험준비	한국가이던스

표 4-3 진로 관련 검사

구분	검사명	대상	내용	참고사항
진로성숙도 검사	청소년 진로발달검사	중학생~고등학생	• 1부 진로성숙도: 진로에 대한 태도와 성향, 진로와 관련된 지식의 정도, 진로행동의 정도 • 2부 진로미결정: 성격요인, 정보요인, 갈등요인	워크넷에서 무료 온라인 검사 제공
	홀랜드 진로발달검사	초등학교 4학년~중학교 1학년	• 1부 진로성숙도: 진로지향성, 직업의 이해, 진로선택의 합리성, 직업적 성편견, 자기 이해, 자긍심, 자율성 • 2부 진로발달유형(RIASEC)	한국가이던스
	진로성숙도검사(한국형)	중학교 2학년~고등학교 3학년	• 태도: 독립성, 일에 대한 태도, 계획성 • 능력: 자기이해, 정보활용 및 진로결정 능력, 직업에 대한 지식 • 행동: 진로탐색 및 준비행동	커리어넷에서 무료 온라인 검사 제공
	진로성숙도검사	초등학교 6학년~고등학교 3학년	• 태도: 결정성, 참여도, 독립성, 성향, 타협성 • 능력: 자기평가, 직업정보, 목표선정, 계획, 문제 해결	Crites의 진로발달모델에 기초; 한국교육개발원에서 개발하여 연구용으로 제공
진로미결정 검사	CTI 진로사고검사	고등학생~성인	• 인지적 정보처리이론(cognitive information processing: CIP)과 인지치료(cognitive therapy)를 이론적 근거로 진로에서의 부정적 인지 측정 • 의사결정 혼란, 수행불안, 외적 갈등으로 구성	CTI의 한국판; 한국가이던스
	진로결정수준검사	고등학생~대학생	• 2문항이 확신척도와 16문항의 미결정척도로 구성	미국에서는 표준화되어 있으나 우리나라에서는 문항만 변안하여 타당화
	진로정체감검사	중학생 이상	• 진로상황검사(My Vocational Situation)의 하위척도(18문항) • 진로상담이 시급한 학생을 선별하는 데 유용	우리나라에서는 문항만 변안하여 사용

구분	검사명	대상	측정내용	비고
적성검사	GATB 적성검사	중학생~고등학생	• 11개 하위검사로 7개 능력 측정 • 일반능력, 언어능력, 수리능력, 사무능력, 공간능력, 지각능력, 공응능력 측정	미국 GATB의 한국판; 중앙적성연구소
	직업적성검사	중학교2학년~고등학교3학년	• 신체·운동능력, 공간, 시각능력, 음악능력, 창의력, 언어능력, 수리·논리력, 자기성찰능력, 대인관계능력, 자연친화력 등 10개 능력 측정	커리어넷에서 무료 온라인 검사 제공
	청소년용 적성검사(중학생용)	중학생	• 10개 하위검사로 9개 적성요인 측정 • 언어능력, 수리능력, 공간능력, 지각속도, 과학능력, 색채능력, 사고유연성, 협응능력, 학업동기	워크넷에서 무료 온라인 검사 제공
	청소년용 적성검사(고등학생용)	고등학생	• 15개 하위검사로 10개 적성요인 측정 • 언어능력, 수리능력, 추리능력, 공간능력, 지각속도, 과학원리, 집중능력, 색채능력, 사고유연성, 협응능력	워크넷에서 무료 온라인 검사 제공
	성인용 직업적성검사	성인	• 16개 하위검사로 11개 적성요인 측정 • 언어력, 수리력, 추리력, 공간지각력, 사물지각력, 상황판단력, 기계능력, 집중력, 색채지각력, 사고유창력, 협응능력	워크넷에서 무료 온라인 검사 제공
흥미검사	홀랜드검사 진로탐색검사 적성탐색검사 진로탐색검사 SDS 자기탐색검사	중 1~고 2, 고 3~성인, 고등학생, 성인	• 6개의 직업적 성격유형(실제형[R], 탐구형[I], 예술형[A], 사회형[S], 기업형[E], 관습형[C])을 측정	Holland의 직업적 성격유형 이론에 기초; 한국가이던스
	스트롱검사 진로탐색검사 직업흥미검사	중·고등학생, 고등학생	• 일반직업분류(GOT): RIASEC • 기본흥미척도(BIS): 25개 세부척도가 GOT하에 배치 • 개인특성척도(PSS): 업무유형, 학습유형, 리더십 유형, 모험심 유형	진로탐색검사는 진로성숙도와 흥미유형(GOT)으로 구성; 한국심리검사연구소
	직업선호도 검사	18세 이상 성인	• 6개 흥미유형(RIASEC) 제시 • 활동, 유능성, 직업, 선호분야, 일반·성향의 5개 하위영역 평가를 통해	워크넷에서 무료 온라인 검사 제공
	직업카드분류	아동용, 청소년용, 성인용	• 직업명과 직업정보가 포함된 카드를 활용한 질적 평가 절차 • RIASEC 흥미유형을 찾을 수 있고, 그 외에도 여러 가지 목적으로 활용	공공기관 및 민간기관에서 다양하게 출시되고 있음
가치관 검사	직업가치관검사	15~50세	• 13개 하위요인 프로파일에 적합한 직업군 제시: 성취, 봉사, 개별활동, 직업안정, 변화지향, 몸과 마음의 여유, 영향력 발휘, 지식추구, 애국, 자율성, 금전적 보상, 인정, 실내활동	워크넷에서 무료 온라인 검사 제공
	직업가치관검사	중학생 이상	• 11개 직업가치목록 제시: 능력 발휘, 다양성, 보수, 안정성, 사회적 인정, 지도력 발휘, 더불어 일함, 사회봉사, 발전성, 창의성, 자율성	커리어넷에서 무료 온라인 검사 제공

4) 정신건강 관련 검사

상담자들은 정신장애(특히 우울이나 불안)의 증상을 보이는 내담자를 만날 수 있다. 내담자가 정신장애의 치료를 목적으로 상담실을 방문한 것이 아니더라도, 상담자들은 정신장애의 징후를 인식할 수 있어야 하고 내담자의 상태에 대한 예비평가를 제공할 수 있어야 한다(김계현 등, 2004). 물론 정신장애에 대한 정확한 진단을 내리기 위한 보다 포괄적이고 심층적인 심리검사는 상담자가 실시하기보다는 임상심리 전문가에게 의뢰하는 것이 일반적이다. 정신장애에 대한 예비평가를 위해 우리나라 상담실에서 가장 많이 사용되고 있는 심리검사는 MMPI, MMPI-2, MMPI-A, K-CBCL 등이다.

MMPI, MMPI-2, MMPI-A는 모두 미네소타 다면적 인성검사(Minnesota Multiphastic Personality Inventory)다. MMPI-2는 MMPI의 개정판이고, MMPI-A는 청소년용 MMPI이다. 우리나라에서는 1963년에 처음으로 MMPI가 출판된 이후 1989년에 새롭게 만든 규준으로 지금까지 사용되고 있다. 중학생 이후 규준이 마련되어 있고 한국가이던스에서 출판하고 있다. 1989년 미국에서 개정된 MMPI-2는 최근 우리나라에서도 표준화되어 사용되고 있다. 그리고 1992년 미국에서 개발된 14~18세 청소년 대상 MMPI-A도 MMPI-2와 같은 시기에 표준화되어 마음사랑에서 출판하고 있다. MMPI는 총 4개의 타당도척도와 10개의 임상척도로 이루어져 있는데 그 내용은 〈표 4-4〉와 같다.

K-CBCL은 Achenbach(1991)가 아동기와 청소년기에 흔히 관찰되는 문제행동을 정리하여 제작한 CBCL(Child Behavior Checklist)을 우리나라에서 초등학생을 대상으로 표준화한 것이다. 아동기와 청소년기에 중요하게 평가해야 할 사회적 능력과 문제행동의 증후를 포괄하고 있다는 면에서 유용하다. 4~17세 아동을 대상으로 하며 부모, 또는 부모가 없는 경우 함께 거주하는 양육자가 평가하는 검사다. 사회능력척도와 문제행동증후군척도로 구성되어 있고 그 내용은 〈표 4-5〉와 같다.

표 4-4 MMPI의 척도구성

종류	척도명	기호	약자
타당도척도	알 수 없다		?
	부인 척도		L
	F 척도		F
	K 척도		K
임상척도	건강염려증(Hypochondriasis)	1	Hs
	우울증(Depression)	2	D
	히스테리(Hysteria)	3	Hy
	반사회성(Psychopathic Deviate)	4	Pd
	남성특성-여성특성(Masculinity-Femininity)	5	Mf
	편집증(Paranoia)	6	Pa
	강박증(Psychasthenia)	7	Pt
	정신분열증(Schizophrenia)	8	Sc
	경조증(Hypomania)	9	Ma
	내향성(Social introversion)	0	Si

표 4-5 CBCL의 척도구성

종류	K-CBCL(문항 수)	미국판 CBCL(1991년판)
사회능력척도	사회성 학업수행 총사회능력	Social School Total Social Competence
문제행동증후군척도	위축(9) 신체증상(9) 불안/우울(14) 사회적 미성숙(8) 사고의 문제(7) 주의집중문제(11) 비행(13) 공격성(20) 내재화 문제(31) 외현화 문제(33) 총문제행동(117) 성문제(6) 정서불안정(10)	Withdrawal Somatic Complaints Anxious, Depresses Social Problems Thought Problems Attention Problems Deliquent Behavior Aggressive Behavior Internalizing Problems Externalzing Problems Total Behavior Problems Sex Problems Emotional Problem

✿ 참고문헌 ✿

권정혜, 채규만(1999). 한국판 결혼만족도 검사의 표준과 및 타당화 연구. 한국심리학회지: 임상, 18(1), 123-139.

김계현, 황매향, 선혜연, 김영빈(2004). 상담과 심리검사. 서울: 학지사.

김은하, 황매향(2005). 대학생활적응도테스트의 타당도 연구. 학생생활연구, 9, 29-56. 한국기술교육대학교 학생생활연구소.

김혜숙, 황매향(2009). 초등학생 문제행동 체크리스트 개발 연구. 초등교육연구, 22(2), 123-138.

서수균, 김계현(2002). 대학생활적응도테스트 타당화 연구. 학생연구, 36, 1-12. 서울대학교 대학생활문화원.

성태제(2004). 문항제작 및 분석의 이론과 실제(개정판). 서울: 학지사.

이상희, 김계현(1993). 상담회기 평가 질문지(Session Evaluation Questionnaire)의 타당화 연구. 한국심리학회지: 상담 및 심리치료, 15(1), 30-47.

이지영, 김계현(2002). 대학생활적응도 온라인 검사의 표준화 연구. 학생연구, 36, 13-23. 서울대학교 대학생활문화원.

전용오(2000). 대학상담에서 상담자-내담자 동맹관계와 상담성과 간의 연계적 관계. 서울대학교 대학원 박사학위논문.

한국청소년상담원(2006). 한국 지역사회청소년 통합지원체계(CYS-NET) 지원현황. 서울: 한국청소년상담원.

황매향(2008). 학업상담. 서울: 학지사.

Achenbach, T. M. (1991). *Manual for the Child Behavior Checklist/4-18 and 1991 Profile*. Burlington, VT: University of Vermont, Department of Psychiatry.

American Educational Research Association (AERA), American Psychological Association (APA), & National Council on Measurement in Education (NCME) (1985). *Standard for educational and psychological testing*. Washington, DC: American Psychological Association.

Anastasi, A. (1988). *Psychological testing* (6th ed.). New York: Macmillan.

Anastasi, A. (1992). What counselors should know about the use and interpretation of psychological tests. *Journal of Counseling and Development, 70*, 610-615.

Baker, R. W., & Siryk, B. (1984). Measuring adjustment to college. *Journal of Counseling Psychology, 31*, 179-189.

Barrios, B. A. (1988). On the changing nature of behavioral assessment. In A. S. Bellack & M. Hersen (Eds.), *Behavioral assessment: A practical handbook* (pp. 3-41). New York: Pergamon.

Block, J. (1961). *The Q-Sort method in personality assessment and psychiatric research*.

Palo Alto, CA: Consulting Psychologists.

Cronbach, L. J. (1990). *Essentials of psychological testing* (5th ed.). New York: Harper & Row.

Duckworth, J. (1990). The counseling approach to the use of testing. *The Counseling Psychologist, 13*, 198-204.

Finn, S. E., & Tonsager, M. E. (1992). Therapeutic effects of providing MMPI-2 test feedback to college students awaiting therapy. *Psychological Assessment, 4*, 278-287.

Healy, C. C. (1990). Reforming career appraisals to meet the needs of clients in the 1990s. *The Counseling Psychologist, 13*, 214-226.

Heilbrun, A. B., & Sullivan, D. J. (1962). The prediction of counseling readiness. *Personal Guide Journal, 41*, 112-117.

Holland, J. L. (1985). *Making vocational choices: A theory of vocational personalities and work environments* (2nd ed.). Englewood Cliffs, NJ: Prentice-Hall.

Hood, A. B., & Johnson, R. W. (1997). *Assessment in counseling: A guide to the use of psychological assessment procedures* (2nd ed.). Alexandria, VA: American Counseling Association.

Lanyon, R. I. (1978). *Manual for Psychological Screening Inventory.* Port Huron, MI: Research Psychologists.

Lustman, P. J., Sowa, C. J., & O'Hara, D. J. (1984). Factors influencing college student health: Development of the Psychological Distress Inventory. *Journal of Counseling Psychology, 31*, 28-35.

Owens, W. A. (1983). Background data. In M. D. Dunnette (Ed.), *Handbook of industrial and organizational psychology* (pp. 609-644). New York: Wiley.

Porteus, M. A. (1985). *Porteus Problem Checklist.* Windsor, England: NFER-Nelson.

Prochaska, J. O., DiClemente, C. C., & Norcross, J. C. (1992). In search of how people change: Applications to addictive behaviors. *American Psychologist, 47*, 1102-1114.

Randahl, G. J., Hansen, J. C., & Haverkamp, B. E. (1993). Instrumental behaviors following test administration and interpretation: Exploration validity of the Strong Interest Inventory. *Journal of Counseling & Development, 71*, 435-439.

Schinka, J. A. (1984). *Personal Problem Checklist-Adult.* Odessa, FL: Psychological Assessment Resources.

Schinka, J. A. (1985). *Personal Problem Checklist-Adolescent.* Odessa, FL: Psychological Assessment Resources.

Sturgis, E. T., & Gramling, S. (1988). Psychophysiological assessment. In A. S. Bellak & M. Hersen (Eds.), *Behavioral assessment: A practical handbook* (pp. 213-251). New York: Pergamon.

제2부

상담의 이론과 적용

제5장
정신역동적 접근과 상담

    정신역동적 접근은 상담 및 심리치료 이론의 토대를 이룬다. Freud가 주도했던 이 접근은 정신건강이나 병리의 문제를 미신적이거나 철학적인 관점에서 벗어나 과학적인 관점으로 탐구하고 그 해결책을 모색하려고 했던 최초의 시도다. Freud는 인간을 지나치게 생물학적인 관점으로 이해하려고 했다는 비판도 받지만 그의 의도가 인간의 정신적 · 심리적 현상을 과학적으로 이해하려는 것이었음을 감안한다면 그가 취했던 생물학적 관점도 다소 수용할 수 있다. Freud의 정신분석은 Alfred Adler의 개인심리학, Carl G. Jung의 분석심리학, Melaine Klein과 W. R. D. Fairbairn을 필두로 하는 대상관계이론, Heinz Kohut의 자기심리학 등으로 변화 · 발전되었는데, 이러한 일련의 이론을 포괄하여 정신역동적 접근(psychodynamic approach)이라고 한다.

1. 정신역동적 접근과 상담

1) 개요

정신역동적 접근은 다양한 하위이론으로 이루어져 있다. 그러나 형태가 다르더라도 그 이론들이 결정론적 관점과 무의식 개념을 수용하는 한 정신역동적 접근의 울타리 안에 속한다. 결정론이란 내담자의 현재 성격이나 문제 증상의 뿌리는 어렸을 때, 특히 6세 이전의 경험에 있다고 보는 관점이다. 그리고 무의식 개념을 수용한다는 것은 개인이 유아기에 했던 경험은 그의 의식 밖에서 처리되며, 그 경험은 의식 외적인 과정을 거쳐 현재의 성격이나 문제 증상에 영향을 끼칠 수 있다는 명제를 받아들인다는 의미다.

정신역동적 접근에 속하는 많은 이론이 결정론적 관점과 무의식 개념을 받아들인다는 점에서 공통적이지만, 인간의 내면세계에서 작용하고 있는 핵심 욕구의 실체와 그것이 문제를 촉발하는 기제 그리고 문제를 해결하는 과정에 대한 관점은 서로 다르다. Freud의 정신분석이론은 인간의 핵심 욕구를 성욕과 공격성으로 간주하며, 이러한 욕구와 사회적 기준 간의 갈등을 경험하면서 겪는 불안과 그것을 처리하는 무의식적 노력이 비효율적일 때 심리사회적 문제가 발생한다고 믿는다. 따라서 정신분석에서 분석가는 내담자로 하여금 자신이 겪는 불안과 그 발생과정을 통찰하게 하고 불안의 해결방법 역시 의식 수준에서 찾도록 돕는다.

Adler의 개인심리학은 인간의 핵심 욕구를 완전함을 위한 몸부림(struggle for perfection) 또는 힘으로 향한 의지(will to power)라고 보았다(Adler, 1964). Adler에 의하면 어린아이는 육체적으로나 정신적으로 아직 '완성되지 않은' 존재이며 환경의 보호와 도움에 의존할 수밖에 없기 때문에 생득적으로 자신의 존재가 무력하고 연약하다는 느낌을 가진다. 그러나 인간에게는 무력감을 극복하고자 하는 욕구와 힘이 있기 때문에 상담자는 내담자가 그러한 생득적 무력감과 열등감을 극복할 수 있도록 격려하고 힘을 북돋아 주어야 한다는 것이다.

대상관계이론에서는 관계 형성의 욕구가 인간 행동의 근원이 되는 욕구이며 다른 더 근본적 욕구로 환원될 수 없다고 본다. 이 이론에 의하면 내담자의 주요 문제는 인간관계상의 문제다. 대부분의 문제행동은 인간관계에서 '거절 또는 버림받음에 대한 두려움(fear of rejection or abandonment)' '융합되어 독립성을 상실할지도 모른다는 두려움(fear of engulfment)'에 의해 무의식적으로 촉발된다고 설명한다. 따라서 대상관계이론을 채택하는 상담자는 관계상에서 거절과 버림받음, 원치 않는 융합을 예상하고 있는 내담자에게 그의 예상과는 다른 관계 경험을 제공함으로써 이러한 무의식적 두려움이나 과도한 반응을 줄이고 안정된 관계를 형성하도록 돕는다.

　대상관계이론에 뿌리를 두고 있지만, 현재는 독자적인 영역을 구축한 코헛의 자기심리학에 의하면 인간에게는 건강한 자기애의 욕구(narcissistic need)가 있으며 인간은 그것을 포기할 수 없다. 자기애가 지나치게 만족되어 좌절 경험이 전혀 없거나, 반대로 보살핌을 잘 받지 못해 자기애를 충분히 경험할 수 없었던 사람은 자기애에 대한 허기(hunger)를 느끼며, 이로 인해 과장된 자기상을 형성하고 결과적으로 실패나 수치스러운 상황을 받아들이지 못하여 여러 가지 부자연스러운 행동을 한다. 이러한 내담자를 위해 상담자는 내담자가 가진 자기애의 욕구를 다소 충족시키다가 점진적으로 좌절시키는 동시에 그 좌절감을 공감함으로써 내담자의 자기애가 위협받는 상황에 대해 심리적 탄력성을 가지도록 돕는다.

　이처럼 정신역동적 접근은 결정론과 무의식을 인정한다는 점에서는 공통적이지만 하위이론들은 저마다의 색깔을 드러내고 있으며, 그렇게 함으로써 시대와 상황에 맞게 점점 진화하고 있다. 최근에는 이 접근의 주요 개념인 무의식이나 방어기제 등을 뇌과학의 관점에서 설명하려는 시도들도 이루어지고 있다.

2) 대표적 이론가의 생애

(1) Sigmund Freud

　Sigmund Freud(1856~1939)는 현재는 체코슬로바키아 영토인 모라비아의 프라이베르크에서 3남 5녀의 맏아들로 태어났다. Freud는 우수한 성적으로 고등학교를 졸업하고 1873년 비엔나 대학교 의과대학에 입학하여 해부학과 생리학을 전공했다. 그러다가 경제적인 이유로 정신의학으로 방향을 선회했다. 프

Sigmund Freud

랑스에서 유학하며 Jean Martin Charcot로부터 큰 영향을 받았던 그는 1887년부터 최면 암시요법을 적용하기 시작했으며, 동료이자 친구였던 Josef Breuer로부터 들었던 임상 경험을 토대로 그와 함께 히스테리에 관한 저서를 집필했다. 이후 그는 독자적으로 환자의 방어와 어린 시절 성적 외상의 중요성을 강조하면서 최면 암시요법 대신 성적 외상에 접근할 수 있는 자유연상법을 사용하기 시작했다(Vanier, 1999).

이때부터 Freud는 자신의 어린 시절과 꿈을 분석하고 내면에서 일어나는 변화들을 관찰했는데, 이를 토대로 1900년 『꿈의 해석(*Die Traumdeutung*)』을 출판했다. 1896년에는 '정신분석'이라는 용어를 처음 사용했고, 1897년에는 '오이디푸스 콤플렉스(Oedipus complex)'를 발견했다. 자신의 어린 시절 분석을 통해 그는 유아기 유혹이론에 오류가 많음을 발견하고(Mitchell & Black, 1996), 1905년 추동이론(drive theory)을 발전시킨다. 그는 1908년 찰즈부르크에서 제1회 국제정신분석학회를 열었으며, 1920년대 이르러 죽음 본능을 추가한 이중본능이론을 도입했다. 그는 자신의 학파를 만들었지만, 그의 통제적 성향으로 인해 자신과 다소 견해를 달리했던 Adler, Jung, Otto Rank, Ferenczi, Fromm 같은 뛰어난 분석가들과 소원해지기도 했다. 그러나 인간에 대한 그의 관점은 1939년 목과 턱의 암으로 사망하기 전이나 후에도 상담 및 심리치료뿐 아니라 사회·문화적으로도 큰 영향을 끼쳤다.

Alfred Adler

(2) Alfred Adler

Alfred Adler(1870~1937)는 현재 비엔나 근교인 펜지히에서 6남매 중 둘째 아들(세 번째 자녀)로 태어났다. 그는 원래 유태인이었지만 비엔나 문화를 적극적으로 받아들이고 34세에는 기독교로 개종하는 등 외부 환경에 대해 능동적으로 적응했다. 하지만 그의 어린 시절은 그리 행복하지 않았다. 그는 성공적이었던 형의 그늘에 가려 있었으며, 구루병은 그를 괴롭혔다. 세 살 때에는 동생이 자기 침대 옆에서 폐렴으로 죽어가는 것을 목격했고, 다섯 살 때에는 자신도 심한 폐렴으로 죽을 고비를 넘겼다. 그는 학교 성적이 나빴지만 아버지의 꾸준한 격려로 학습능력을 회복해 결국 우등생이 되었는데, 특히 한때 낙제했던 수학에서 매우 우수한 성적을 받았다.

어려서부터 의학에 깊은 관심을 가졌던 그는 비엔나 대학에서 안과학을 전공했지만, 25세 되던 1895년에는 정신의학으로 전공을 바꾸어 졸업했다. 그는 심리치료를 하면서 정신적·신체적 측면에서 높은 성취를 보이는 사람들 중에는 어릴 때의 열등한 부분을 보상한 결과 그러한 성취를 하는 경우가 많음을 발견했다. 그는 정신의학뿐 아니라 철학, 정치학, 사회학에도 관심을 가져, 사회적 존재로서의 인간에 대한 그의 관점을 발전시켰다. 1902년 그는 Freud의 초청을 받아 비엔나 정신분석학회 회원이 되었다. 그는 Freud로부터 정신분석을 받지 않았음에도 학회의 핵심 구성원이 되었으며 1910년에는 회장으로 취임했다. 그러나 그는 Freud의 관점에 불만을 느끼면서 그 학회를 탈퇴했다. 이후 그는 자신의 독자적인 모임인 자유정신분석학회(Society for Free Psychoanalytic Research)를 설립했고, 1년 후 개인심리학회(Society for Individual Psychology)로 개명했다. 1926년 미국에서 했던 첫 순회강연 이후, 컬럼비아 대학교를 비롯한 여러 대학에서 강의를 하면서 미국에 정착했다. 그는 1937년 5월 28일 스코틀랜드 에버딘에서 순회강연 중 심장마비로 67세 나이에 사망했다.

(3) Melanie Klein

Melanie Klein(1882~1960)은 오스트리아 비엔나에서 4남매 중 막내로 태어났다. 1910년 부다페스트에서 그녀는 처음으로 Freud의 『꿈의 해석』을 접했으며, 이후로는 일생을 정신분석 속에서 살았다. 그녀는 Firenze에게 분석을 받았고 그의 권유를 받아 소아정신분석을 시작했다. 1920년에 만난 Karl Abraham을 제외하고는 Klein의 소아정신분석이나 아이디어는 많은 주목을 받지 못했다. Klein의 작업에 깊은 인상을 받은 영국의 정신분석가 Earnest Jones는 1926년 Klein을 영국으로 초청하였다. 이후 Klein은 영국 정

Melanie Klein

신분석학회의 회원이 되었으며 그녀의 아이디어는 영국 대상관계이론의 초석을 이루었다. 이후 1960년 사망할 때까지 그녀는 런던에서 살았다.

(4) Heinz Kohut

Heinz Kohut

Heinz Kohut(1913~1981)은 비엔나에서 독자로 태어났다. 그는 Freud처럼 비엔나에서 대부분의 교육을 받았는데, 특히 비엔나 대학교에서의 의학수업에서 역동적 인간에 대한 Freud의 통찰에 깊은 영향을 받았다. 1940년 그는 미국 시카고 대학교에서 신경의학과 정신분석학을 전공하고 시카고 정신분석연구소(Chicago Institute for Psychoanalysis)에서 정신분석가로 훈련을 받은 후, 평생을 그곳에서 상담과 교육을 수행했다. 상담자와 교육자로 활동했던 Kohut은 초기에는 미스터 정신분석(Mr. Psychoanalysis)이라는 별명을 얻을 만큼 Freud의 충실한 제자로 남아 51세에 미국 정신분석학회의 회장직과 국제정신분석학회의 부회장직을 맡았다. 그러나 1968년 Freud의 패러다임과 결별한 후 자신의 자기심리학 개척과 임상훈련에 몰두한다. 1981년 캘리포니아 버클리에서 있었던 자기심리학회에서 「공감에 대한 연구」란 마지막 논문을 발표하고 사흘 후인 10월 8일 사망했다.

2. Freud의 정신분석이론

우리는 사람이 의식하는 영역은 빙산의 일각에 불과하며 그 밑에는 거대한 욕망을 포함한 무의식 영역이 있다는 관점에 매우 익숙하다. 상담 및 심리치료 이론가는 물론 일반인들까지도 그들이 Freud의 관점을 수용하든 변형하거나 반발하든 모두 정신분석이론의 영향을 받고 있다. 그러나 정신분석은 많은 사람에게 영향을 끼친 만큼 오해와 편견에도 시달리고 있다. 예컨대, 정신분석이론이 토대를 두는 결정론을 운명론과 혼동한다거나 정신분석은 환자가 긴 소파에 누워야 가능한 것처럼 생각하는 것 등이 그러하다.

정신분석이론은 많은 변화를 겪었다. 주요 개념인 오이디푸스 콤플렉스의 존재나 인간의 근본 욕구를 성욕과 공격성으로 보는 관점 등은 도전을 받아 근본적인 변화를 겪었다. 요즘은 Freud가 제시하고 실행했던 정신분석의 극히 적은 일부분만이 그대로 유지되고 있다. 현대 정신분석이론은 상담자와 내담자의 협력적 관계에 바탕을 두고 있으며 경험의 주관성에 대한 이해가 깊어짐에 따라 좀 더 의미 있는 통찰들로 확장되고 변화되고 있다.

1) 인간관

Freud에 의하면 인간의 행동은 비합리적이면서 무의식적이고 생물학적인 동기인 추동(drive)에 의해 좌우된다. 이것을 리비도(libido)라고 하는데, 이는 궁극적으로 개인과 종족의 생존을 추구하는 힘이다. 초기 이론에서 리비도는 주로 쾌락을 추구하고 고통을 피하려는 욕구로 성욕(eros)을 의미한다. 여기에서 성욕이란 유아 초기부터 여러 신체 부위에 확산된 감각을 포함하며, 섹스를 위한 에너지 이상의 의미를 포괄한다. 한편, Freud는 1920년대에 자신의 이론을 수정하면서 죽음 본능(thanatos)을 또 하나의 본능으로 받아들인다. 이때부터 공격성은 리비도의 원천으로서 성욕과 동일한 위치를 차지하는데, 인간 행동은 성욕과 공격성이라는 두 가지 추동에 영향을 받아 결정되는 것으로 보았다.

정신분석적 상담에서 추구하는 건강한 인간이란 본능, 즉 리비도가 개인과 종족의 생존 추구라는 본연의 기능을 효과적으로 수행하게 함과 동시에 그 본능이 초래할 수 있는 파괴적인 영향을 최소한으로만 받으며 살 수 있는 사람을 의미한다. 초기 형태의 정신분석이론에서는 인간이 정신적으로 건강하려면 성욕에 대한 무의식적 억압을 제거하고 그것을 자연스럽게 경험하고 표현하는 것이 필요하다고 보았다. 그러나 성적 본능의 기능이 생존에 도움이 되는 쾌자극과 위협이 되는 불쾌자극을 변별하고 쾌자극을 주는 환경을 추구하여 개체의 생존 확률을 높이는 것으로 간주되면서, 정신적 건강이란 억압이 없는 상태가 아니라 원시적 성욕이나 공격성에 압도되지 않으면서도 만족을 얻도록 억압을 잘 조절하는 상태로 재개념화되었다. 즉, 건강하고 바람직한 인간이란 원시적인 본능에 무의식적으로 휘둘려 선택과 결정 과정이 없이 반응적으로 행동하기보다 그 본능들이 미치는 영향을 인식하고 이를 바탕으로 자기 행동을 의식적으로 선택할 수 있는 선택권을 가진 인간을 의미한다. 결국 그런 사람은 인간을 사랑하고 일하는 능력을 가진 사람이 된다.

반면, 사람은 자신의 원시적 본능의 파괴적 힘을 올바로 다루지 못할 때 정신적으로 건강하지 못하게 된다. 원시적 본능의 파괴적 힘을 잘 다루지 못하는 경우에는 다음과 같은 것들이 있다. 첫째, 현실적 제약을 무시할 정도로 본능적 욕구를 통제하지 못하는 경우다. 이때 개인은 매우 충동적이 된다. 둘째, 본능적 욕구 자체를 부정하여 그것이 없는 것처럼 억압하는 경우다. 개인은 자신의 본능적 욕구가 드러날 것 같은 상황이 되면 불안해지면서 그러한 불안을 피하거나 그로부터 자신을 보호하려는 기제(방어기제)를 작동시킨다. 그런데 이 기제가 현실 적응에 도움이 되지 않거나 지나치게 경직되어 있을 때 그 사람은 심리사회적 문제를 경험한다. 따라서 심리사회적으로 건강하려면 성욕이나 공격성 같은 본능적 욕구를 과도하게 따르거나 완전히 부정할 것이 아니라 자신에게 본능적 욕구가 있다는 사실을 인정하면서 적절한 수준에서 충족할 수 있어야 한다.

2) 주요 개념

(1) 성격구조

Freud의 초기 관점에 의하면 인간의 정신세계는 의식(conscious), 전의식(pre-conscious), 무의식(unconscious)으로 구분된다. 의식이란 개인이 주의를 기울이는 순간 곧 알아차릴 수 있는 정신세계 영역이다. 우리가 자각하고 있는 의식은 빙산의 일각에 불과하다. 전의식은 기억의 저장고에 있는 내용으로, 쉽게 회상되지는 않지만 지속적으로 주의를 기울여 노력하면 의식할 수 있는 정신세계 영역이다. 무의식이란 수면 아래의 빙산처럼 정신세계의 대부분을 차지하는 영역으로, 의식이나 전의식에 포함되지 않으며 특별한 노력을 통해서만 부분적으로나마 의식으로 떠올릴 수 있는 영역이다.

Freud의 후기 관점에서는 인간의 성격이 원초아(id), 초자아(superego), 자아(ego)로 구성되어 있다고 본다. 원초아란 인간이 가지고 태어나는 신체적 힘과 욕구의 도가니다. 이는 인간이라는 유기체가 생존하기 위해 필요한 생물학적 체계로서 긴장을 줄이고 고통을 피하는 한편, 쾌락을 추구하는 원리, 즉 쾌락원리(pleasure principle)를 따른다. 따라서 원초아는 만족을 지연시킬 줄 몰라 불쾌한 긴장감을 즉시 해결하려 하고, 외부 현실과 타협하지 않고 주관적 현실과 내부의 욕구에만 충실한다. 원초아는 대부분 무의식 영역에 속해 있어 잘 의식되지 않는다.

반면, 초자아는 개인의 도덕적 가치관을 대표하며, 이상적이고 비현실적이어서 완벽을 추구한다. 유아는 3~5세에 오이디푸스 콤플렉스 시기를 거치면서 그들이 동일시하는 부모의 가치관 및 사회의 가치관을 내면화하는데, 이러한 가치관이 개인의 초자아를 형성하여 양심을 발동시킨다. 초자아 역시 원초아처럼 현실을 무시하는 측면이 많고 주로 무의식 영역에서 작동한다.

자아는 외부의 현실세계와 접촉하는 부분으로서 원초아와 초자아 사이에서 두 기능을 조절하고 타협하며 중재한다. 쾌락원리를 따르는 원초아와는 달리, 자아는 현실원리(reality principle)를 따르기 때문에 개인이 원하는 것을 추구하는 동시에 목표를 달성하기 위해 만족을 지연시키고 합리적인 계획을 세우는 기능을 수행한다. 유의할 점은 현대 정신분석이론에서는 자아를 욕구와 현실 사이에서 작동하는 기능(function)이라는 제한적인 의미로 사용하여 자기(self)와 구별하지만 Freud는 자아의 의미를 그처럼 분명히 구별하지 않았다는 것이다.

(2) 성격발달

정신분석이론에 의하면 개인이 위와 같은 행동 및 성격 특성을 발달시킬 것인지 여부는 그가 어려서 했던 경험과 그 경험의 처리방식에 의해 좌우된다. 특히 생후 5년간의 경험은 각 개인에게 매우 중요한데, 그 시기에 개인이 경험했던 갈등과 그 해결과정은 그에게 전형적인 경험(paradigmic experience)이 되기 때문이다. 전형적인 경험을 통해 습득한 자신 및 세계에 대한 태도는 성인이 되어서까지 무의식 속에서 유지되고 반복적 행동으로 발현된다. 대부분의 사람이 특정 발달단계에서 경험하는 갈등의 형태를 밝히고 그 갈등을 처리하는 방식에 따라 성인기 행동 및 성격 특성이 어떻게 달라지는지 정리한 것이 Freud의 성격발달이론이다.

Freud 외에도 Erikson 같은 정신분석가는 정신분석이론의 관점에서 독자적인 성격발달이론을 발전시켰다. Erikson의 성격발달이론은 Freud의 이론과 유사하지만 두 가지 점에서 다르다. 첫째, Freud는 인간의 발달을 심리성적(psychosexual) 측면에 초점을 맞추어 성적 에너지 또는 리비도의 갈등과 해결을 통해 심리적 균형을 성취하는 과정을 기준으로 발달단계를 설정한 반면, Erikson은 심리성적인 발달에 심리사회적(psychosocial)인 측면을 가미하여 발달단계를 설정했다. 즉, Freud는 생리적·기질적 속성을 지닌 리비도라는 에너지는 성장과정에서 신체의 특정 부분에 축적되어 해결을 요구하는 갈등 상태를 만들어 내는데, 리비도가 축적되고 갈등을 경험하는 부위에 따라 구강기, 항문기, 남근기, 잠재기, 성기기의 다섯 개의 심리성적인 단계로 구분했다. 반면, Erikson은 개인과 타인 및 환경과의 관계에서 겪는 갈등과 그 갈등을 성공적 해결하는 경험이 인간의 성격 형성에 중요한 역할을 한다고 했다. 즉, 발달과정에서 겪는 중요한 갈등은 하나의 위기며, 그것을 적절히 해결하는 것이 개인이 성취해야 할 중요한 발달과업(developmental tasks)이다. 인간은 위기를 잘 넘기고 과업을 성취했을 때 다음 단계로 성장하지만, 잘 성취하지 못했을 때에는 그 단계에 머물거나 퇴행하는 경향이 있다는 것이다. 둘째, Freud는 청소년기까지의 발달에 대해서만 설명하고 그 이후는 청소년기까지의 발달단계의 연속이라고 보는 반면, Erikson은 그 이후의 발달에 대해서도 언급했다. Corey(2001)는 단계를 구분하는 시기나 강조점이 다른 두 학자의 발달이론을 〈표 5-1〉과 같이 통합하여 제시했다.

이들의 성격발달이론은 내담자의 정서 변화를 중심으로 하는 상담에 많은 시사점을 준다. 특히 Freud와 Erikson의 발달단계이론을 통합적으로 이해함으로써 상담자는 내담자를 다음과 같은 방식으로 도울 수 있다.

첫째, 상담자는 내담자의 발달과정의 각 단계에서 이루어야 할 중요한 과업(예: 자아정체감, 친밀성, 생산성 등)과 주로 갈등하는 주제(예: '나는 누구인가?' '어떤 목적과 의미를 가지고 살아야 하는가?' '이 고독감은 어디에서 오는 것인가?' '나는 어떻게 살아왔는가?' 등)가 무엇인지 앎으로써 내담자의 발달단계와 현재 호소하는 문제 간의 관련성을 이해하고, 내담자가 겪는 어려움을 좀 더 큰 맥락에서 이해하며 상담의 초점을 맞출 수 있다.

둘째, 내담자의 갈등과 호소문제의 원천을 발달의 맥락에서 파악하고 내담자의 문제에 영향을 주는 주요 요인에 대해 가설을 설정할 수 있다. 예를 들면, 자신과 타인, 더 나아가 세상에 대해 기본적으로 불신감을 가지고 있는 내담자의 경우 그의 초기 성장 배경과 부모의 양육 태도에 문제가 없었는지 탐색할 수 있으며, 강박적이거나 의존적인 경우 부모가 실수에 엄격하고 부정적인 감정 표현을 인정하지 않은 것은 아닌지 탐색할 수 있다.

셋째, 상담자는 중요한 갈등의 지점에서 내담자가 내린 의식적·무의식적 결정을 탐색하고 그 위기 상황에서 채택한 해결방식을 탐색하고 이해함으로써 현재의 행동

표 5-1 프로이트의 심리성적 발달이론과 에릭슨의 심리사회적 발달이론

시기	프로이트	에릭슨
0~1세	**구강기(oral stage)** 입과 입술로 엄마의 젖을 빨면서 영양분을 섭취하고 쾌감을 느낀다. 유아는 기본적인 영양분을 충분히 섭취하지 않으면 나중에 지나친 소유욕이 생길 수 있다. 구강에 대한 고착은 이 시기에 입을 통한 만족 감을 충분히 얻지 못했을 때 발생하는데, 나중에 타 인에 대한 불신, 타인의 사랑에 대한 거절, 친밀한 관계 형성의 어려움, 관계 형성에 대한 두려움을 갖게 된다.	**유아기(infancy): 기본적 신뢰감 대 불신감** 주변의 주요 타자들이 유아의 기본적인 신체적 · 정 서적 요구를 만족시킨다면 그 유아는 이 세상과 타인에 대해 일종의 신뢰감을 형성한다. 이러한 신뢰감은 장래 성인이 되어서까지 계속 유지될 수 있다. 이와 같은 기본적 요구가 충족되지 않을 때, 유아는 세상과 타인에 대한 불신을 가지게 되고 편안하고 신뢰를 바탕으로 한 대인관계를 형성하기가 어렵다.
1~3세	**항문기(anal stage)** 배변훈련과 관련된 시기로서, 부모가 대소변 훈련을 할 때 보이는 감정이나 태도는 유아의 성격 형성에 중요한 영향을 미친다. 이 시기에 중요한 발달과업으로는 자신이 실수해도 괜찮다는 것을 경험함으로써 자신을 수용하고 독립성을 경험하는 것, 부모의 효과 적 가르침을 통한 분노나 공격성과 같은 부정적인 감정에 대한 수용과 올바른 표현방식의 습득 등이 포함된다. 부모가 배변훈련을 지나치게 엄격하게 시키거나 유아의 부정적 감정에 대해 수용하지 못하면 유아는 실수에 대해 두려워하고 실수하는 자신이나 부정적 감정을 가지고 있는 자신에 대해 수용하기 어려워 의존적이거나 강박적인 성격을 가지게 된다.	**초기 아동기(early childhood): 자율성 대 수치 및 의심** 자율성을 형성하는 시기다. 아동은 자신에 대해 자율적이라는 감각과 자기에 대한 회의 간에 기본적인 갈등을 경험한다. 이를테면 아동은 세상을 탐색하고 실험하며 실수하면서 자신의 한계가 어디까지인지에 대해 확인하려고 한다. 만약 부모가 이러한 실험과 탐색을 허용하지 않고 모두 대신하거나 실수를 허용하지 않고 지나치게 반응하게 될 경우, 아동은 자신의 존재와 능력에 대해 의심하고 자율적인 태도를 가지지 못하게 된다.
3~6세	**남근기(phallic stage)** 아동은 반대 성의 부모에 대해 자신이 가지고 있는 무의식적인 근친상간적 소망 때문에 갈등을 경험하게 된다. 이러한 소망은 특성상 자신의 존재를 위협할 수 있기 때문에 표현되지 않고 억압된다. 남자 아이의 경우 엄마에 대해 느끼는 이러한 갈등을 오이디푸스 콤플렉스(Oedipus complex)라고 하는 반면, 여자 아이의 경우는 엘렉트라 콤플렉스(Electra complex)라고 한다. 이때 아동은 반대 성의 부모에게 접근하고 싶은 소망과 같은 성의 부모로부터의 처벌에 대한 두려움으로 인하여 동일한 성의 부모를 숭배 또는 모방하는 동일시 현상을 갖게 된다. 이와 같은 동일시를 통해 아동은 자신의 성역할을 습득하고 부모의 가치관을 내면화하게 된다.	**학령전기(preschool age): 주도성 대 죄책감** 이 단계의 중요한 과업은 능력감과 주도적 태도를 형성하는 것이다. 만약 아동에게 개인적으로 의미 있는 활동을 선택할 수 있는 자유가 주어진다면 자신에 대해 긍정적인 시각을 가지고 자신의 생각에 따라 활동하게 될 것이다. 그러나 그들에게 스스로 결정할 수 있는 기회가 주어지지 않는다면 스스로 원해서 하는 주도적 활동에 대해 일종의 죄책감을 느끼게 된다. 그렇게 되면 그들은 적극적인 입장을 잘 취하지 않으려고 하며 다른 사람으로 하여금 그들을 위해 선택하게 한다.

6~12세	잠재기(latency stage) 이전 시기에 비해 비교적 특별한 관심의 대상이나 성욕의 표현이 잘 보이지 않는 '조용한' 시기다. 성적인 관심은 학교, 친구, 스포츠 등에 대한 관심으로 대치된다. 이 시기에는 아동이 사회되고 외부세계에 관심을 많이 가지게 된다.	학령기(school age): 근면성 대 열등감 아동은 세상에 대한 이해를 확장하고 적절한 성역할을 습득하며 학교에서의 성취를 위해 필요한 기본적인 기술을 배울 필요가 있다. 기본적인 과제는 개인적인 목표를 세우고 그것을 위해 노력하는 근면성을 성취하는 것이다. 이들을 성취하지 못했을 때, 아동은 열등감과 부적절감을 느끼게 된다.
12~18세	성기기(genital stage) 남근기에서의 갈등의 주제가 다시 부각되는 시기다. 이 단계는 성욕이 이성으로 향하지만, 사회적인 제한 때문에 그 성적인 에너지를 사회적으로 수용되는 다양한 활동들, 이를테면 이성 및 동성 친구관계를 형성한다든지, 예술이나 스포츠 활동, 또는 장래를 위해 준비하는 과정에 쏟음으로써 그 에너지를 관리할 수 있다.	청소년기(adolescence): 자아정체감 대 역할혼미 아동에서 성인기로 넘어가는 과도기로서, 자신이 가지고 있는 한계를 확인하고 부모로부터의 의존적 관계를 끊고 독립하며 새로운 자아정체감을 형성하는 시기다. 이 시기의 청소년들은 자아정체감, 인생의 목표, 인생의 의미 등에 대해 중요한 갈등을 경험하게 된다. 이 과업에서 실패하는 경우 자신의 역할에 대해 혼란스럽게 된다.
18~35세	성기기의 계속	성인 초기(young adulthood): 친밀성 대 고립 이 단계에서의 발달과업은 타인과 친밀한 관계를 형성하는 것이다. 이러한 과업을 성공적으로 이루지 못하면 소외와 고립감을 느끼게 된다.
35~60세	성기기의 계속	성인기(middle adulthood): 생산성 대 침체 인간에게는 자신과 가족을 넘어서서 다음 세대를 양육하고 도와야 하는 과업이 있다. 개인은 이러한 과업을 성취하고 생산적인 결과를 이루어 내려고 많은 노력을 하며, 만약 자신이 꿈꾸던 것과 현실적인 성취 간의 괴리가 있을 때에는 그에 대해 현실적으로 적응해야 한다. 그러나 이 단계에서 자신이 다음 세대를 위해 어떤 생산적인 일을 하지 못한다고 느끼거나 꿈과 현실 간의 괴리에 적응하지 못할 때는 심리적으로 침체하게 된다.
60세 이상	성기기의 계속	성인 후기(later life): 발달의 완성 대 절망 개인이 자신이 살아온 삶을 돌아볼 때 별 후회가 없고 개인적으로 가치 있는 삶을 살았다고 느끼면 자아의 통합과 완성을 이룰 수 있다. 그러나 그러한 느낌을 가지지 못해 자아의 통합과 완성을 이루지 못하면 절망하고 더 이상 희망을 느끼지 못하며 죄책감과 분노, 자신에 대한 거절 등을 경험한다.

출처: Corey (2001).

을 이해하는 틀을 발견할 수 있다. 예를 들면, 내담자가 의식적·무의식적으로 이 세상과 타인을 신뢰하기로 결정했는지 또는 불신하기로 결정했는지, 그리고 그와 같은 결정이 현재의 생활에는 어떤 영향을 주는지에 대해 알 수 있다. 또한 이 세상을 불신하는 방향으로 결정했을 때는 이 세상을 나름대로 살아가는 방식으로는 어떤 것을 선택했는지 등을 탐색하고, 그러한 방식과 현재의 문제의 관련성에 대해서도 이해할 수 있다.

(3) 방어기제

인간이 경험하는 불안의 기원은 다양하다. 정신분석이론에서 언급하는 불안만 해도 삶과 죽음에 대한 실존적 불안, 부정적 감정을 가지고 있다는 사실에 대한 불안, 감정을 표현하면 안 될 것 같은 불안, 타인의 공격 위협에 대한 불안, 거세공포, 거절에 대한 불안, 각 발달단계의 갈등 상황에서 경험하는 불안 등 다양하다. 그런데 인간은 불안을 경험할 때 여러 가지 심리적 기제를 동원하여 자아를 보호하려고 하는데, 이러한 심리적 기제를 방어기제(defense mechanism)라고 한다. 일반적으로 방어기제는 부정적인 의미를 내포하는데, 그 이유는 이 개념이 심리적 문제가 있는 내담자에 대한 관찰에서부터 발전되었기 때문이다. 그러나 엄밀히 말하면 방어기제는 반드시 부적응적인 것은 아니며, 오히려 인간의 생존과 발달을 위해 필요하다. 다만 더 이상 적합하지 않은 현재 상황에도 과거 특정 시점에서 불안을 극복하거나 피하기 위해 형성했던 방어기제를 경직되고 부적응적으로 사용할 때 문제가 되며 개선의 대상이 된다.

방어기제는 Freud의 딸인 Anna Freud에 의해 체계화되었으며, 그 이후 많은 정신분석 이론가들에 의해 첨삭되었다. 최근에는 방어기제를 문제 해결을 위한 대응 전략(coping styles)과 관련지으려는 움직임들도 있으며, 실제로 정신병리를 진단하는 편람인 DSM-IV에서는 방어기제와 대응전략을 유사한 것으로 취급하고, 방어기제의 적응성을 기준으로 각 기제들을 구분하기도 했다(APA, 1994). Freud, 안나 Freud 그리고 미국정신의학회가 제시한 방어기제 중 대표적인 것을 소개하면 다음과 같다.

- 이타주의(altruism): 자신보다 타인의 욕구를 채움으로써 감정적 갈등이나 내외적인 스트레스를 처리한다. 때때로 반동형성의 특징을 띠는 자기희생과는 달리 개

인은 대리적으로 만족하거나 타인의 반응에 의해 만족한다.

• 유머(humor): 갈등이나 스트레스 요인의 유쾌한 측면이나 역설적인 측면을 강조함으로써 감정적 갈등이나 내외적인 스트레스를 처리한다.

• 승화(sublimation): 잠재적으로 비적응적인 감정이나 충동을 사회적으로 용납될 수 있는 행동으로 변형시켜 표현함으로써 감정적 갈등이나 내외적인 스트레스를 처리한다(예: 분노의 충동을 운동으로 표현). 많은 예술작품은 승화를 통해 자신의 내적 감정과 갈등을 표현한 것이라고도 볼 수 있다.

• 억제(suppression): 괴롭히는 문제나 욕구, 감정 또는 경험들에 대한 생각을 의식적으로 피함으로써 감정적 갈등이나 내외적인 스트레스를 처리한다.

• 전치(displacement): 한 대상에 대한 느낌이나 반응을 다른 대상(일반적으로는 덜 위협적인 대상)에게로 전이함으로써 감정적 갈등이나 내외적인 스트레스를 처리한다. 이것은 직장에서 상사에게 꾸중을 듣고는 집에 와서 아이들에게 하는 화풀이에서 나타난다.

• 주지화(intellectualization): 불편한 감정을 조절하거나 최소화하기 위해 과도하게 추상적으로 사고하거나 일반화함으로써 감정적 갈등이나 내외적인 스트레스를 처리한다.

• 반동형성(reaction formation): 용납할 수 없는 생각이나 감정 등을 정반대의 행동이나 생각, 감정으로 대치함으로써 감정적 갈등이나 내외적인 스트레스를 처리한다(이는 주로 억압과 동시에 일어난다.). 미워하는 사람에게 자신의 증오가 표현될까 두려워 억지로 더 잘해 준다거나 지나친 친절을 통해 자신의 내면세계에 있는 잔인성을 감추는 것 등이다. '미운 아이 떡 하나 더 준다.' 는 속담은 반동형성의 기제를 잘 표현하고 있다.

• 억압(repression): 괴롭히는 욕구나 생각 또는 경험을 의식 밖으로 몰아냄으로써 감정적 갈등이나 내외적인 스트레스를 처리한다. 감정요소들은 의식 수준에 있지만 그와 연관된 생각과 분리된 상태다. 이 기제는 Freud가 제시한 방어기제 중에서 가장 중요한 것으로 다른 방어기제의 기초가 된다. 억제는 의식적인 과정인 반면, 억압은 무의식적인 과정이다.

• 취소(undoing): 용납될 수 없는 생각, 감정 또는 행동을 무효화하거나 상징적으로 수정하려는 말 또는 행동에 의해 감정적 갈등이나 스트레스를 처리한다. 자녀를

충분히 돌보지 못하던 부모가 많은 선물 공세를 함으로써 자신의 죄의식을 씻으려는 행동이나 성적 학대로 더럽혀졌다고 생각하는 사람이 어떤 의식적 행위나 강박적 행동에 몰두함으로써 죄의식이나 더럽혀진 느낌을 씻으려고 하는 행동에서 관찰할 수 있다.

- 평가절하(devaluation): 부정적인 것들을 자신이나 타인의 탓으로 지나치게 돌림으로써 감정적 갈등이나 내외적인 스트레스를 처리한다. 실제 현실적인 판단을 내리기보다 '그것은 모두 나 때문이다.'라고 쉽게 인정함으로써 타인과의 갈등과 불안을 피하려는 경우다.

- 이상화(idealization): 과장된 긍정적인 점들을 타인에게 돌림으로써 감정적 갈등이나 내외적인 스트레스를 처리한다. 생전에 갈등이 많아 아버지를 미워하던 아들이 아버지가 죽은 후 갑자기 아버지를 이상화하는 경우에 관찰된다.

- 부정(denial): 타인에게도 분명하게 보이는 외부 현실 및 주관적인 경험의 고통스러운 면을 인식하기를 거부함으로써 감정적 갈등이나 내외적인 스트레스를 처리한다. 이것은 마치 '한쪽 눈을 감아 버리는 것' 같은 기제로, 전쟁이나 다른 고통스러운 사건이 있을 때 마치 그런 일이 없는 것처럼 눈을 감아 버리는 것을 의미한다.

- 투사(projection): 개인이 자신의 용납할 수 없는 감정이나 충동, 사고 등을 부당하게 타인의 탓으로 돌림으로써 감정적 갈등이나 내외적인 스트레스를 처리한다. 이것은 어떤 남자가 여자에게 매력과 성적인 충동을 느꼈음에도 여자가 자신을 유혹했다고 주장하는 경우에 관찰할 수 있다.

- 합리화(rationalization): 자신을 위로하거나 자위하려고 설명하는 과정에서 올바르지 못하게 설명하여 자신의 생각이나 행동 또는 감정의 진실한 동기를 숨김으로써 감정적 갈등이나 내외적인 스트레스를 처리한다. 이것은 학력이 높은 사람이 자주 사용한다.

- 행동화(acting out): 개인은 반성하거나 느끼기보다는 행동으로 대응함으로써 감정적 갈등이나 내외적인 스트레스를 처리한다. 이것은 정신치료에서 전이나 소망의 행동화라는 개념보다 더 넓은 개념을 포함하며, 전이관계 내부와 외부에서 생기는 행동들을 모두 포함한다. 방어적 행동화는 '나쁜 행동'과 동의어가 아니다. 왜냐하면 여기에서의 행동화는 행동이 감정적 갈등과 관계 있을 때를 의미

하기 때문이다.

방어기제에 대한 이해는 정신분석적 상담이나 인간의 정서적 변화를 꾀하는 상담에서 내담자로 하여금 자신의 불안 및 우울 경험을 직면하고 새롭게 처리하는 대안적이며 적응적인 방식을 채택하게 하는 기점이 된다. 그 결과, 상담자는 내담자가 가진 방어기제의 부적응적 측면이 발견될 경우 그것의 변화를 통해 내담자의 부정적 정서를 변화시킬 수 있다.

3) 상담과정

(1) 상담목표

정신분석이론의 관점에서 상담의 목표는 한마디로 내담자의 무의식 영역의 갈등을 의식 영역으로 떠올려 내담자로 하여금 통찰하게 하는 것이다. 무의식적 영역의 갈등이란 원초아의 충동적 에너지와 그것을 억압하려는 힘 사이의 갈등으로서, 오이디푸스 콤플렉스를 비롯하여 성적인 소망이나 공격성과 관련된 갈등과 긴장 등을 포함한다. 이와 같은 무의식적 갈등이 충분히 해소되지 못하고 있을 경우 개인은 불안과 긴장감을 느끼고, 불필요한 방어기제를 형성하며, 심할 경우에는 부적응 현상을 보이기도 한다. 정신분석적 상담은 내담자의 무의식 영역의 갈등을 의식 영역으로 떠올려 통찰하고 내부의 역동을 언어로 진술하게 하여, 그동안 막연한 긴장과 불안만 경험하고 그로부터 자아를 방어하느라 불필요한 방어기제를 만들거나 심리적 에너지를 소진하던 상태에서 더 이상 자신을 방어하지 않고 심리적 에너지를 건설적으로 사용할 수 있는 상태로 옮겨 가게 하는 것이다. 그 결과로 내담자는 자신의 행동과 생활에 대해 보다 많은 통제력과 조절력을 가지게 된다.

(2) 상담관계

정신분석적 접근에서 상담자와 내담자의 관계는 다음과 같은 몇 가지 특성으로 요약된다. 첫째는 중립성이다. 상담자가 내담자의 무의식적 갈등과 역동을 의식의 영역으로 떠올리고 그 의미를 통찰하게 하기 위해서 상담자는 내담자의 진술을 중립적으로 이해하고 그 내용을 내담자에게 반영하거나 숨겨진 의미를 전해 줄 수 있어야 한다. 상담자는 자신의 무의식적 역동에 휘둘려 내담자의 진술을 곡해할 수도 있는데, 이러한 왜곡을 방지하기 위해 스스로 분석하거나 다른 정신분석가로부터 정신분석을 받기도 한다.

둘째는 힘의 불균형이다. 전통적인 정신분석에서 분석가는 내담자의 무의식적 세계를 분석할 권위와 지식을 가지고 있는 반면, 내담자는 자신의 내면세계나 분석과정에 대한 지식이 부족한 비전문적인 사람이다. 따라서 분석가는 내담자에게 영향을 끼치지만 내담자로부터 영향을 받지는 않는다. 분석가가 내담자로부터 영향을 받아 나타나는 현상을 역전이라고 하는데, 전통적 정신분석에서 역전이는 금기사항이다. 이러한 관점은 이후 상담이론이 다양화되면서 변화를 겪는데, 현대 정신분석이론에서는 역전이를 금기사항이라기보다 분석가가 활용해야 할 것이라고 본다.

셋째는 내담자의 수동성이다. 내담자는 자신의 마음속에 떠오르는 이야기를 하고 분석가는 그것을 정신분석이라는 이론적 틀로 분석한다. 따라서 내담자는 자신에 대해 잘 알지 못하던 것을 분석을 통해 더 알고 통찰하게 된다. 이런 관점은 내담자는 자신에 대한 전문가이고, 스스로 성장하는 힘을 가진 사람이며, 상담자는 내담자의 잠재력과 결정할 수 있는 힘이 잘 발휘되도록 촉진하는 사람이라고 보는 인간중심이론과는 사뭇 다르다.

넷째는 치료적 거리다. 정신분석에서 상담자는 내담자의 욕구를 직접 충족시켜서는 안 된다. 이를 위해 상담자는 심리적으로 적절한 거리를 둔다. 상담자는 내담자가 자신의 무의식적 욕구와 역동에 대해 통찰하도록 도와줄 뿐이지 직접 그 욕구를 만족시키는 대상이 되지 않는다. 하지만 현대 정신분석이론에서는 내담자의 욕구를 전혀 만족시키지 않고 치료적 거리를 유지한다는 것이 실제로 어려울 뿐 아니라 현실적이지도 않다고 하여 전통적인 정신분석이론과는 다소 다른 입장을 취한다. 현대 정신분석이론에서는 상담자가 내담자의 욕구를 충족시킬 수는 없지만, 내담자가 상담자로부터 욕구가 충족되지 않아 겪는 좌절감에 대해서는 공감적으로 이해할 필요가 있다고 본다.

(3) 상담기법

① 해석

내담자의 무의식적인 갈등을 의식화하는 데는 기본적으로 해석(interpretation)을 사용한다. 해석이란 다양한 방법으로 정의될 수 있고, 근래에는 반드시 정신분석적 상담에서만 이루어지는 것이 아니다. 그러나 기본적으로 해석은 내담자에게 새로운 참조체제를 제공하는 과정으로서 내담자의 꿈과 자유연상, 상담과정에서의 전이 및 저항, 상담에서 내담자가 상담자와 관계를 형성하는 방식 등에 나타나는 내담자의 행동의 의미를 지적하고 설명하며 가르치기도 하는 과정이다(Corey, 2001).

해석을 할 때에는 몇 가지 원칙이 필요하다. 첫째, 해석은 내용에 대한 해석보다는 전이나 저항에 대한 해석이 더 중요하다. 즉, 내담자의 과거 경험, 꿈, 일상생활 경험에 숨겨져 있는 사실적 의미보다 상담자와의 관계에서 드러나는 내담자 행동에 대한 해석이 더 중요하다. 둘째, 해석은 해석하려는 내용이 내담자의 의식 수준에 가까이 있을 때, 즉 내담자가 아직 스스로 깨닫지는 못하고 있지만 감당할 수 있고 자신의 일부로 수용할 수 있다고 판단될 때 이루어져야 한다. 그렇게 해야 내담자가 상담자의 해석을 수용할 개연성이 높다. 예컨대, 아버지에 대해 극도의 화를 내는 내담자에게 '오랜 기간 동안 아버지와의 나쁜 관계 때문에 네 속에 쌓였던 분노가 터지고 있다.' 고 해석하기보다 '아버지가 최소한 네 편에서 네 이야기를 들어주기 바랐는데 그러한 바람이 좌절되어 화가 나는 것 같다.' 고 해석하는 것이 내담자가 수용하기에 용이하다. 셋째, 해석은 표면적인 것에서 시작해서 점점 깊은 내용으로 들어가는 것이 좋다(Fine, 1982).

② 자유연상

자유연상이란 상담자가 내담자로 하여금 자신의 마음에 떠오르는 것들을 그것이 아무리 고통스럽고 사소하며 우스꽝스럽거나 비논리적이라고 하더라도 있는 그대로 이야기하도록 하는 것을 의미한다. 내담자는 자신의 마음에 떠오르는 것에 대해 전혀 거르지 않고 상담자에게 이야기하고, 상담자는 그것을 통해 내담자 속에 억압된 자료를 수집하고 그것들을 해석하여 의미를 찾아 내담자의 통찰을 돕는다.

③ 꿈분석

꿈분석은 자유연상과 마찬가지로 내담자의 무의식 세계에 접근할 수 있는 또 하나의 방법이다. 잠잘 때에는 내담자의 방어기제가 약화되어 억압된 욕망과 갈등이 의식 표면에 떠오르는데, 상담자는 꿈의 이러한 특성을 활용하여 내담자의 꿈을 분석하고 해석하여 내담자의 문제와 갈등에 대해 통찰을 얻게 한다. 내담자는 상담과정에서 꿈의 내용을 말하고, 그것을 토대로 자유연상을 하며, 그와 관련된 감정들도 이야기한다. 상담이 진행되고 해석이 이루어지면서 내담자와 상담자는 꿈의 의미를 이해하게 되며 내담자의 문제에 대해 통찰을 얻게 된다.

④ 저항의 분석 및 해석

정신분석이론에서 핵심적인 개념 중 하나인 저항이란 상담의 진행을 방해하고 내담자로 하여금 무의식적인 자료를 생산하는 데 방해가 되는 모든 것을 의미한다. 또한 저항이란 현재 상태를 유지하고 변화를 방해하는 모든 의식적·무의식적인 생각, 태도, 감정, 행동을 의미한다. 저항이란 내담자에게 위협이 되는 그 어떤 것을 의식상에 떠오르지 않게 하는 것이기 때문에 상담자는 내담자의 저항을 분석하고 해석함으로써 내담자가 무의식적으로 숨기고자 하는 것, 피하고자 하는 것, 불안해하거나 두려워하는 대상 등에 대한 정보를 얻고 그러한 저항과 무의식적인 갈등의 의미를 파악하여 내담자로 하여금 통찰을 얻게 한다.

⑤ 전이의 분석 및 해석

전이란 내담자가 상담 상황에서 하게 되는 일종의 왜곡으로, 과거의 중요한 타자에게 느꼈던 감정을 현재의 상담자에게서 경험하는 것을 의미한다. 내담자는 상담 중에 이전에 자신이 가지고 있다가 억압했던 감정, 신념, 소망 등을 표현하게 되는데, 상담자는 이러한 전이에 대해 분석하고 해석함으로써 내담자의 무의식적 갈등과 문제의 의미를 통찰하도록 돕는다. 적절한 해석과 훈습(working through)을 통해 내담자는 이전의 감정과 갈등에 대해 새로이 이해하고, 지금까지 인간관계나 문제를 다루는 과정에서 사용하던 행동 패턴을 변화시킨다.

4) 정신분석적 접근의 공헌과 비판

정신분석적 접근은 상담과 심리치료 영역에 그 누구보다 큰 공헌을 이루었다. 첫째, 정신분석적 접근은 인간은 자신이 인지하지 못하고 수용할 수 없는 갈등, 즉 무의식적 갈등에 의하여 사고나 행동이 동기화된다는 사실을 밝혔다. 둘째, Freud는 담대하고 통찰력 있는 탐구를 통해 최초의 체계적인 성격이론과 최초의 효과적인 심리치료의 기술을 개발했다. 셋째, 성격발달에 있어서 유아기의 중요성을 강조한 정신분석이론은 자녀양육에 대한 각성과 연구를 자극하였다. 넷째, Freud는 심리치료에 있어서 면접 활용의 한 모형을 개발하였다. 그리고 신경증 치료과정에 있어서 불안의 기능을 처음으로 확인하였고, 해석, 저항 그리고 전이현상의 중요성을 강조하였다. 다섯째, Freud는 상담자의 탈도덕적(nonethical) 태도의 중요성을 처음으로 강조하였다.

반면, 정신분석적 접근은 다음과 같은 몇 가지 이유로 비판을 받는다. 첫째, Freud 이론은 폐쇄적이기 때문에 이론이 이론을 설명하는 순환론적 특성이 있다. 둘째, 임상집단에서 끌어낸 이론이어서 일반화가 어렵다. 셋째, 오이디푸스 콤플렉스나 엘렉트라 콤플렉스 이론 등은 지나치게 남성 중심적인 사고에 기반을 두고 있다. 넷째, 유아기에서부터 성적인 동기와 파괴적인 소원에 의하여 행동이 동기화된다고 보고 유아기의 경험들과 억압된 무의식의 내용을 중요시함으로써 인간을 결정론적이고 비합리적인 존재로 보고 인간의 자율성과 책임성 그리고 합리성을 무시하고 있다. 그러나 이러한 단점에도 정신분석이론은 한 세기 동안 유지되었으며, 앞으로도 새로운 변화와 도약의 과정을 거쳐 현대 심리학에 크나큰 공헌을 할 것이라는 점은 부정할 수 없다.

3. Adler의 개인심리학

Adler는 Freud의 제자로 알려져 있지만 다음과 같은 점에서 Freud와 많은 차이가 있다. 우선 그는 인간이 사회적 존재임을 강조한다. Adler에게 사회적 관심 또는 공동체 느낌은 인간 존재의 기본이다. 둘째, 그는 개인이 독특하고 통합적인 개체로서

부분으로 나눌 수 없고 전체라고 본다. 따라서 인간을 이해하기 위해서는 환원적 접근(reductionism)보다 전체적 접근(holism)이 유용하다. 셋째, 그는 인간이 과거보다 미래의 목표를 중심으로 심리적ㆍ신체적 행동을 구성한다고 본다. 모든 행동은 그것들이 추구하는 목표를 정점으로 하여 그 의미를 이해할 수 있는데, 그 목표는 힘, 수월성, 완전성의 추구, 즉 열등감을 극복하는 방향으로 지향된다. 넷째, 인간은 자신의 행동, 사고, 감정을 선택하며, 그 선택에 대해 책임지는 창조적인 존재다. 즉, 사람들이 외적 자극 자체는 통제할 수 없지만 그에 대한 반응은 통제할 수 있으며, 물리적 환경 조건은 동일해도 개인은 창조성을 발휘하여 자신의 존재방식에 맞도록 자신의 경험을 지각하고 형태를 부여한다. 이와 같은 관점은 생리학적 욕구 충족을 강조하고, 성격구조의 분석에 무게를 두며, 과거 경험을 중시하고 무의식적 과정을 강조했던 Freud의 관점과는 사뭇 다르다. 이러한 점에서 Adler는 Freud의 제자라기보다 자신의 독자적 영역을 구축한 사람으로 이해하는 편이 더 적합하다.

1) 인간관

인간의 신체적ㆍ심리적 행동은 힘, 수월성, 완전성의 추구, 다시 말하면 (다른 사람과 비교해서 경험하는 것이 아닌 절대적으로 불완전하고 약하기 때문에 경험하는) 열등감을 극복하는 방향으로 지향된다. 사람이 '완전성을 추구한다.'는 것은 슈퍼맨이나 신이 되려는 의미가 아니라 '자기 자신을 위한 궁극적 목표'를 완성하려는 의미다. 그런데 인간은 사회적 존재이기 때문에 진정한 힘은 사회적 관계에서 확인된다. 이런 점에서 사회적 관심(social interest, Gemeinschaftsgefühl) 또는 공동체 느낌(community feeling)은 인간 존재의 기본이다. 사회적 관심이란 모든 인간들이 서로 밀접하게 관련되어 있음을 자각하는 것이며, 공공선을 위해 협력하고자 하는 의지를 의미한다. 그는 다윈의 영향을 받아 사회적 관심이나 공동체 느낌은 생존에 도움이 되는 가치를 가지고 있으며(Fall, Holden, & Marquis, 2010) 인간의 중요한 욕구로 작용한다고 보았다.

또한 인간은 개체의 내부에서 이러한 목표와 모순이 없는 생활양식을 형성하려는 무모순성(일관성)의 욕구가 있다. 대체로 어렸을 때 형성하게 되는 이 목표는 인간의 심리와 신체운동의 방향을 좌우하고 타고난 힘과 후천적으로 얻게 된 힘을 모두 모아 한 방향으로 쏠는데, 그렇게 함으로써 스스로 모순이 없는(self-consistent) 삶의 계획을 구성한다. 개인의 신체적·심리적 행위들은 하나의 목표를 향하고 있으면서 그 속에서 일정한 패턴을 형성하는데, 이것이 표현된 것을 성격이라고 한다. 이처럼 Adler는 인간의 기본 욕구를 수월성의 추구, 사회적 관심(공동체 느낌), 그리고 체계 내에서 일관성(무모순성)을 유지하려는 욕구 등으로 보고 있다. 이 세 가지는 서로 분리되는 것이 아니라 밀접하게 관련되어 개인의 심리적 역동과 행동에 영향을 미친다.

Adler의 이론은 인간의 발달에 대한 아이디어들은 있으나 발달과 학습에 대한 하나의 통일되고 체계적인 이론을 가지지 못했다는 평가를 받는다(Mosak & Maniacci, 1998). Adler의 관점을 따르는 상담자들도 자녀의 양육방식에 대해 언급은 하고 있지만 어떤 행동이 발달적으로 적절한 행동인지 평가할 수 있는 구체적 모형을 제시하지 않았다. 이것은 Adler가 Freud의 발달단계 모형을 지나치게 기계적이라고 생각하여 그런 모형을 만들기 싫어했기 때문일 수도 있다. Adler 이론의 이러한 특징을 감안하면서 그가 건강한 인간의 발달에 관해 제시한 명제들을 살펴보면, 그는 정신적인 건강을 최대로 촉진하기 위해 부모나 상담자는 자녀나 내담자를 격려(encourage)하는 것이 가장 중요하다고 했다. 아동은 다른 사람과 협력할 뿐 아니라 삶의 과제를 직면하는 용기와 자신도 전체의 일부분이라는 공동체감을 가지고 자신의 열등감을 다루어 감으로써 자신이 중요하다는 감각을 지각하고 발달시킬 필요가 있다. 또한 개인은 그들이 공동체 느낌을 가지고 삶의 과제를 직면하며 실수로부터 배우고 열등감을 자신의 미래를 위한 변화의 촉매로 삼을 줄 알아야 하는데(Fall, Holden, & Marquis, 2004), 이때 필요한 것이 격려다.

Adler의 관점에서 보면 심리사회적 문제의 핵심에는 용기의 상실이 자리 잡고 있다. Adler는 내담자들이 정신적으로 병들었다기보다는 용기를 잃었다고 보았다. 또한 부적응이란 불필요한 목표를 추구하는 것, 즉 사회적 관심이 줄어든 상태에서 수월성을 추구하는 것이다. 이런 경우에는 삶의 과제로부터 탈출하기 위해 증상을 만들거나 다른 사람을 희생시켜 가면서 수월성을 추구한다. 아동이 자랄 때 지나치게 응석을 받아주거나 반대로 방치하거나 또는 두 가지의 조합을 일관성 없이 제공하면, 아동은 이 세상을 올바로 이해하지 못하며 용기를 잃고 불안을 유발하는 확신과 경직된 삶의 방식을 발달시킨다. 더욱이 아동은 성장하면서 경직되고 잘못된 신념들로 가득 찬 사적 논리를 사용하여 삶의 과제에 대처할 개연성이 크다. 이러한 신념 때문에 성인기에 삶의 현장에서 당면하는 요구에 부응하기가 어렵고 용기를 잃게 되며, Adler가 열등성 콤플렉스라고 명명한 부적응적 피드백 회로를 발전시킨다. 그러나 사실 Adler는 인간의 정상적 발달과정을 분명히 밝히지 않았기 때문에 문제가 발생하는 구체적인 과정에 대해서도 많이 언급하지 않았다. 이러한 현상은 Adler가 현상기술을 위한 이론보다는 사용을 위한 이론을 염두에 두고 있었기 때문인 것 같다.

2) 주요 개념

(1) 열등감과 힘의 추구

Adler는 1912년 그의 책 『신경증적 성격(*Über den nervösen charkter*)』에서 니체의 개념인 '힘을 향한 의지'를 소개했다. 여기서 '힘'이란 다른 사람을 지배하는 힘이 아니라 수월성을 추구하는 내적인 힘을 의미한다. 이는 니체가 사용했던 '극복'에 더 가깝다. 니체에 의하면 삶 자체는 항상 그 자체를 극복해야 한다. '힘을 향한 의지'는 힘의 추구(striving to power), 수월성의 추구(striving for superiority), 완성과 완벽의 추구, 주관적으로 지각된 성공의 추구 등과 같은 용어와 함께 사용된다. 사람들은 힘의 소유보다 그것의 증가, 즉 무력감의 극복을 즐긴다. 따라서 힘을 향한 의지는 '초월적이고 완벽한 자기를 향한 노력'이다.

Adler는 열등에 세 가지 형태가 있다고 했다. 기본적 열등(basic inferiority)은 측정할 수 있는 객관적 사실을 의미하는 것으로, 작은 키나 눈이 보이지 않는 것과 같은 신체적 미성숙이나 불구 같은 것이다. 이것은 Adler의 신체기관 열등성과 보상 개념의 기초가 된다. 열등감(inferiority feelings)은 자기에 대한 주관적 평가다. 열등성을 느낀다는 것은 인간 조건의 일부이며 순간의 선택에 좌우된다. 열등성 콤플렉스(inferiority complex)는 자신이 열등하다는 확신 위에서 행동으로 열등성을 보여 주는 것이다. 열등감은 정상적 반응일 수 있지만 자기가 열등한 것처럼 믿고 행동하는 것은 문제가 된다. 열등성 콤플렉스는 자긍심을 보호하면서 삶의 과제를 회피하고 그것을 성취하는 책임을 피하기 위해 만들어 낸 증상 등을 포함한다(Fall, Holden, & Marquis, 2010).

(2) 공동체감/사회적 관심

Adler 이론에서 가장 중요한 개념 중 하나인 공동체감(Gemeinschaftsgefühl)은 각 사람의 삶은 세상의 일부분이며 다른 모든 사람과 함께 가치 있는 존재라는 느낌을 의미한다. 이 개념은 직역하면 공동체감(community feeling)에 더 가까우나 이 개념이 미국으로 들어오면서 사회적 관심(social interest)으로 번역되었다(Ansbacher & Ansbacher, 1964).

Ansbacher(1992)는 공동체감과 관련하여 몇 가지 유사한 용어를 사용했음을 지적하고 각 용어들의 의미를 살펴봄으로써 의미를 구체화했다. 첫 번째 용어는 공동체감(community feeling, Gemeinschaftsgefühl)이다. Adler는 공동체감이나 사회적 관심을 설명해야 하는 부분에서 80% 이상을 공동체감이라는 용어를 사용했다. 이 용어는 한 사람이 삶의 일부분이며 이 세상의 다른 모든 사람과 함께 가치 있는 존재라는 느낌, 자신 밖의 다른 사람, 동물, 대상을 공감할 수 있는 능력, 역사와 시간의 흐름 속에서 자신의 장소를 가지고 있다는 느낌, 지속적인 기여를 할 수 있는 능력 등을 의미한다.

두 번째 용어는 사회적 관심(social interest, Soziales interesse)이다(Adler, 1964). 이 용어는 이 세계의 일부분이라는 수동적인 느낌보다는 더 적극적인 행위를 의미한다. 공동체감과 비교해 볼 때, 사회적 관심은 공동체감의 일부이며 한 사람이 좀 더 유용한 삶을 살려고 노력할 때 따르는 태도를 의미한다. 이는 특정한 방향으로 스스로를 동기화하고 활성하며 인도하는 행위를 의미한다(Ansbacher, 1992). 따라서 공동체감에 비해 다소 적극적인 의미를 가진다.

세 번째 용어는 접촉감(contact feeling, Kontaktgefühl)이다. 이 용어는 공동체 생활을 위한 핵심적인 필수사항을 언급하기 위해 사용한 것으로서 협동을 향한 노력(striving for cooperation, Streben nach Kooperation)의 전제조건이 된다. Adler는 협동을 향한 노력이 접촉감에서부터 파생되며 다른 사람과 접촉하고 있다는 느낌은 협동을 하기 위한 전제 조건이라고 했다.

(3) 생활양식

생활양식이란 '삶에 대한 개인의 기본적 지향성, 즉 그 사람의 존재 전체를 꿰뚫어 흐르는 일련의 반복적인 주제의 패턴'을 말한다. Adler에 의하면 생활양식은 대략 4~5세 사이에 형성되며, 일단 형성되면 그 이후의 경험을 동화하고 활용하는 하나의 지침이 된다(Hall & Linzey, 1978).

Mosak(1971)은 사람들이 가지고 있는 전형적인 생활양식의 예를 다음과 같이 제시했다.

- 탈취자: 다른 사람들을 탈취하고 조종하는 사람
- 추진자: 지나치게 야심이 크고 성실하며 헌신적인 사람(추진자)
- 삶의 통제자: 삶이 자신을 통제하기보다 자신이 삶을 통제하기 위해 자발성이 감정을 조절하는 사람
- 우월 추구자: 우월하다고 느낄 필요가 있는 사람. 그래서 우월하다는 것을 느끼기 위해 때때로 최고가 아니면 최악을 선택하는 사람
- 인정 추구자: 모든 사람을 기쁘게 하고 자긍심과 자기 가치감을 유지하기 위해 다른 사람의 인정과 평가에 의존하는 사람
- 높은 기준 추구자: 기준을 높게 가짐으로써 자신이 높이 올라간다고 생각하며, 다른 사람에 비해 자신이 도덕적으로 우월하다고 느끼는 사람
- 변화 반대자: 삶의 모든 기대와 요구에 반대하고 그들이 무엇을 위해 사는지는 잘 모르면서 무엇에 반대해야 하는지는 잘 아는 사람
- 희생자: 파괴를 지향하고 다른 사람으로부터 동정과 안타까움을 일으키는 사람
- 순교자: 희생자처럼 고통을 감수할 뿐 아니라 어떤 것을 위해 죽기도 하는 사람. '부정의 수집자'라고도 지칭되는데, 조용하게 견디거나 그들의 고통이 겉으로 보이는 사람
- 아기: 자신의 매력과 귀여움으로 다른 사람으로부터 이익을 취하는 사람
- 부적절한 자: 아무것도 제대로 할 수 없을 것처럼 행동하는 사람. 따라서 다른 사람의 도움이 항상 필요한 사람
- 합리화 또는 주지화하는 자: 감정과 자발성을 피하고 그들의 지적인 능력이 평가되는 상황에서만 편안함을 느끼는 사람
- 자극 추구자: 일상적이고 반복적인 것을 경멸하고 흥밋거리를 만들거나 자극하는 사람

(4) 기본적 오류

기본적 오류(basic mistake)란 사람의 성장을 방해하는 잘못되거나 비합리적인 시각을 의미한다. 생활양식은 어떻게 보면 자신, 타인, 삶에 대한 개인적인 믿음이나 심지어 신화를 기초로 하고 있다고 할 수 있다. 각 사람은 자신이 가지고 있는 신화가 사실인 것처럼 생활한다. 왜냐하면 그러한 신화가 그들 자신에게만큼은 사실이기 때문이다. 그런데 사람들이 믿고 있는 것 중에는 '진실' 또는 최소한 '부분적인 진실'도 있지만, 또 진실과는 거리가 멀지만 진실과 혼동하는 신화도 있다. 이 중에서 진실과 거리가 먼 잘못된 지각을 기본적 오류라고 한다. Mosak(1995)은 기본적 오류의 주요 유형을 다음과 같이 기술했다.

- 과잉일반화(overgeneralization): 사람들이 과거의 한 가지 경험으로 미래의 경험을 오염시키는 것이다. 예를 들면, "당신은 여성을 신뢰할 수 없다. 그들은 당신의 돈만 보고 당신을 원하기 때문이다." 또는 "이 세상은 위험한 곳이다. 위험을 감수하기에는 결코 안전하지 않다." 등이다. 이러한 메시지가 이전 경험에 현재에도 지나치게 일반화되어 있을 때 과잉일반화라고 한다.
- 잘못된 또는 불가능한 목표(false or impossible goals of security): 사람이 안전을 확보하기 위해 어떤 사람이 '~하기만 하면'이라는 생각 속에서 사는 것을 의미한다. 예를 들면, "내가 완벽해진다면 나는 정말 행복할 것이다." 또는 "내가 자녀들을 잘 통제할 수만 있다면 나는 좋은 부모가 될 수 있을 것이다." 등이다.
- 자신의 가치 최소화 또는 부정(minimization or denial of one's worth): 자신이 열등한 것처럼 행동하는 것이다. 예를 들면, "나는 부회장일 뿐입니다. 나는 어떤 중요한 결정도 내리지 않습니다. 나는 다른 사람처럼 명석하지도 않습니다." 등이다. 이런 말들은 책임을 회피하기 위한 시도다.
- 잘못된 가치(faulty values): 사회적 관심이 줄거나 사라지는 것을 의미한다. 예를 들면, "그들이 나를 이기기 전에 내가 그들을 이겨야 한다." "남자는 가정에서 모든 결정을 내려야 한다. 거기에는 어떤 의논도 있을 수 없다." 등이다. 이러한 신념을 가지고 있는 사람은 사회적 관심을 가지기 어려우며 다른 사람들로부터 소외된다. 그 결과 더 큰 열등감과 실망을 겪게 된다.

(5) 초기기억

초기기억(first infant memory, early memory, early recollection, first memory)이란 대체로 8세 이전의 기억으로 각 사람에게 자주 떠오르는 기억을 의미한다. Adler는 기억에 우연은 없다고 생각했다. 어떤 사람의 기억은 그의 과거 삶의 모습을 알려 주기도 하지만 오히려 그의 현재 삶 속에 내재된 철학을 요약해 준다는 점에서 중요하다. 사람은 수많은 경험 중에서 우리가 현재 우리와 타인 그리고 환경을 보는 방식을 강화하는 사건을 기억한다. 따라서 내담자의 초기기억은 그의 생활양식을 드러낼 수 있는 유용한 도구다. 여러 연구는 자기, 타인, 세계에 대한 관점과 그 기억의 주제도 변화한다는 점을 보여 준다. 다음의 예는 Adler 자신이 가지고 있던 초기기억과 간략한 분석 중 하나다.

나는 5세쯤 폐렴에 걸렸을 때 죽음이라는 것을 현실로 받아들였는데, 어린아이였던 내가 그런 현실에 대해 압도되는 것도 아니었고 오히려 꽤 현명하고 건강한 방식으로 받아들였다. 의사는 나의 아버지에게 내가 살 가망이 없다고 했기 때문에 더 이상 나에게 집착할 필요가 없을 것이라고 말했다. 갑자기 두려운 공포감이 나를 엄습했고, 며칠 후에 내가 다 나았을 때 나는 의사가 되기로 마음을 먹었다. 그래서 죽음이라는 것을 더 잘 막을 수 있는 방어자이면서 나의 의사보다 더 잘 싸울 수 있는 무기가 되어야겠다고 생각했다……. 의사의 치료를 잘못 받아 고생하는 사람이 있는데, 나는 그들을 위한 진짜 의사가 되어야겠다고 생각했다.

Adler는 이러한 기억들과 자신의 직업 선택이 밀접하게 관련되어 있다고 했다.

(6) 보호기제

보호기제(safeguarding mechanism)란 Freud의 자아방어기제에 대응하는 개념이지만, Freud의 방어기제가 개인내적인 것인 반면, Adler의 보호기제는 일차적으로 대인관계적인 것이라는 점에서 큰 차이가 있다. 즉, Freud는 자아가 원초아와 초자아로부터 자아를 방어하기 위해 기제를 도입한다고 보는 반면, Adler는 신체적, 사회적 또는 자긍심에 대한 위협으로부터 자신을 방어하기 위해 보호기제를 사용한다고 했다(Mosak & Maniacci, 1998). 중요한 보호기제로는 거리 두기, 주저함, 둘러가기, 통로 좁히기 등이 있다. 거리 두기란 지각된 위협과 도전으로부터 물러서는 것을 의미한다. 이 기제를 사용하는 사람은 코앞의 문제로부터 거리를 두고 책임을 지지 않는 동시에 우월감을 가진다. 예를 들면, 학과 내에서 갈등이 있을 때마다 그 갈등으로부터 거리를 두는 교수와 같은 경우다.

. 주저함이란 어떤 과제를 수행하려고 하지만 그 과제를 수행할 수 없는 이유를 곧 발견하는 것을 의미한다. 이 기제를 사용하는 사람들에게 증상은 삶의 과제를 회피하기 위한 이유다. 예컨대, 그들은 "내가 아프지만 않았다면 좋은 아버지가 될 수 있을 것이다."라고 말한다.

둘러가기란 다른 문제에 집중함으로써 실패하는 자기를 보호하는 것을 의미한다. 이 기제를 사용하는 사람들은 사소한 일을 하느라 정작 커다란 문제를 다루지 못한다. 예컨대, 일요일에 집안일을 함께하기로 동의한 남편이 정작 천장에 선풍기를 달 줄 모를 때, 교회를 다녀오면서 점심을 먹고 공원에 들르느라 선풍기를 달지 못한 경우다.

통로 좁히기란 성취하기 쉬운 과제만 함으로써 실패를 피하는 것을 의미한다. 예컨대, 경영학 석사학위를 가진 청년이 사업가로 성공할 수 없을 것 같아 서점에서 점원을 하는 경우다. 이런 전략을 통해 최종적으로 받을 비판을 피할 수 있다(Fall et al., 2004).

(7) 가족구성/출생순위

가족은 사회의 축소판이다. 따라서 Adler는 아동의 출생순위는 그가 사회와 관계를 형성하는 방식이나 생활양식의 형성과정에 영향을 미칠 것이라고 생각했다. 그는 가족 내 자신의 중요성에 대한 지각이 자기와 타인에 대한 신념을 구성하는 청사진이 될 것이라고 믿었다. 따라서 가족 안에서 차지했던 자신의 위치를 탐색하면 내담자의 현재 기능 상태나 생활양식을 이해할 수 있을 것이라고 생각했다(Fall, Holden, & Marquis, 2010). Adler를 따르는 상담자들은 가족의 상황 및 맥락과 내담자의 주관적 경험을 더 중요시한다. Adler는 출생순위 자체보다 그에 대한 인식이 더 중요하다고 본다. 이는 실제 출생순위와 성격 간의 관련성에 더 많은 관심을 둔 Toman과 차이를 보인다.

3) 상담과정

(1) 상담목표

Adler의 관점에서 변화란 내담자의 인지적 측면, 특히 내담자의 생활양식의 기초를 구성하는 사적 논리 속에 내재한 기본적 오류를 발견하여 그의 기본적 신념을 좀 더 상식적인 형태로 바꾸며, 사회적 관심의 요소가 포함된 수정된 신념 위에서 행동하도록 하는 것을 의미한다(Fall, Holden, & Marquis, 2010). 다른 식으로 말하면, Adler의 관점을 따르는 상담자는 내담자의 변화를 위해 다음과 같은 목표를 세운다(Mosak, 1995).

① 사회적 관심의 촉진
② 열등감의 감소, 실망과 낙담의 극복, 자신이 가진 자원의 확인
③ 삶의 방식, 즉 지각과 목표의 변화
④ 잘못된 동기의 변화
⑤ 모든 사람의 평등성 자각
⑥ 사회에 보다 많이 기여하는 태도

(2) 상담관계

Adler는 목표를 달성하기 위해 상담자가 해야 할 가장 중요한 개입은 격려(encouragement)라고 보았다. 그는 또한 상담이나 심리치료만이 사람을 변화시키는 최적의 방법이라고 생각하지 않았고, 교육이나 심지어 대중강연도 사람들을 변화시킬 수 있는 효과적인 방법이 될 수 있다고 생각했다. 그에 따르면 상담자가 내담자에게 사회적 관심과 행동의 목표에 대해 가르치는 교육자의 역할을 할 수 있지만, 동시에 내담자의 결정과 선택에 대해 모든 통제력과 책임을 가지지 않음으로써 상담자의 역할을 견지해야 한다. 용기를 잃은 내담자는 자신의 결정이나 상황에 대해 상담자가 책임을 지게 하려고 상담자보다 열등한 위치에 서려고 할 것이다. 그러나 이때 상담자는 내담자가 상담자만큼이나 열심히 작업을 해야 하고 결정은 내담자 자신이 하도록 해야 한다.

Adler의 상담은 크게 ① 관계 형성, ② 생활양식 탐색 및 이해, ③ 통찰, ④ 방향 재

조정의 네 단계로 구분된다(Dreikurs, 1967). 여기서 '단계'란 직선적인 의미의 단계 (stage)가 아니라 순서가 바뀌거나 반복될 수 있다는 의미의 '단계 또는 국면(phase)' 을 의미한다. 왜냐하면 상담은 직선적인 과정이 아니기 때문이다.

관계형성 단계에서 상담자는 내담자와 협조적이고 동등한 관계를 형성한다. 상담 자는 내담자를 격려하고 지지하면서 동시에 내담자가 상담에 적극적으로 참여하도 록 격려한다. 격려와 지지는 하지만 목표 설정, 중요한 주제의 선정, 제안된 사항과 계획의 검토 등은 내담자가 스스로 하도록 도와주어야 한다. 이 단계는 다른 단계의 기초가 된다.

생활양식 탐색 및 이해 단계는 내담자의 생활양식을 평가·이해하는 부분과 그가 선택한 양식이 삶의 과제 수행능력에 미치는 영향을 이해하는 부분으로 구분된다. 내담자의 생활양식을 평가·이해하기 위해 가족구성/출생순위의 평가, 초기기억의 분석, 꿈의 분석, 그 질문(The Question), 기본적 오류의 확인, 요약 등의 기법을 사용 할 수 있다.

통찰단계는 내담자가 생활양식, 사적 논리, 그 속에 숨겨진 기본적 오류 등에 대한 이해를 바탕으로 자신의 행동에 숨겨져 있는 목표를 발견하는 단계다. 이 단계에서 는 내담자가 자신의 생활양식 속에서 기본적 오류를 이해하고 이러한 오류가 내담자 자신의 부적응적 사고, 감정, 행동 등에 어떻게 드러나는지 통찰할 필요가 있다.

방향 재조정 단계는 내담자가 통찰을 한 후 자신의 긍정적 목표를 달성할 수 있는 새롭고 좀 더 효율적인 행동을 하게 하는 단계다. Adler는 통찰이 좋기는 하지만 통 찰 후 아무것도 하지 않는다면 무의미하다고 믿었다. 내담자가 목표를 명확하게 이 해하면, 상담자는 그 목표를 효율적으로 이룰 수 있는 전략을 내담자가 선택하도록 직면하고 격려한다. 방향 재조정을 위해 상담자는 조언하기, 과제 주기, 심상법, 직 면, 역설적 개입, 반암시(anti-suggestion), 격려 등 다양한 기법을 사용할 수 있다.

(3) 상담기법

Adler의 이론에서는 다양한 창의적인 상담기법을 발견할 수 있기 때문에 관계 형 성을 위한 기법, 생활양식 탐색 및 이해를 위한 기법, 통찰을 위한 기법, 방향 재조정 을 위한 기법의 네 부류로 나누어 볼 수 있다. 이 중에서 관계 형성을 위한 기법은 다 른 상담이론과 많은 공통점이 있지만, 그 밖의 기법들은 Adler의 이론에서 제시하는 핵심적인 개념과 밀접하게 관련되어 있다. 특히 생활양식 탐색 및 이해를 위한 기법 이나 통찰을 위한 기법 그리고 방향 재조정을 위한 기법 중 일부는 그러한 특성이 강 하다.

① 관계 형성을 위한 기법

- **지지와 격려**: 관계 형성은 첫 회기부터 시작된다. 상담자는 내담자가 상담에 적극 적으로 참여할 것을 강조하는 동시에 내담자를 지지하고 격려한다. 상담관계에 서 상담자가 내담자에 대해 사회적 관심을 가진 태도로 임하는 것과 Rogers가 제시한 핵심적 조건들(예: 공감, 무조건적 존중, 진실성) 간에는 공통점이 많다. 관 계 형성을 위해 상담자는 내담자에게 경청하고 격려함으로써 내담자가 자신을 신뢰하고 희망을 가지도록 할 필요가 있다.

② 생활양식 탐색 및 이해를 위한 기법

생활양식 탐색은 Adler 방식의 상담에서 상담자가 내담자에 대해 이해해야 하는 가장 핵심적인 부분이다. 내담자의 생활양식에는 내담자가 추구하는 목표, 내담자 행동의 패턴, 내담자의 사적 논리와 그에 숨어 있는 기본적 오류, 내담자가 선택한 비효율적인 보호기제 등에 대한 정보가 포함되어 있다. 내담자의 생활양식을 파악한 다는 것은 곧 이러한 다양한 측면을 파악한다는 의미며, 이러한 측면을 상담자뿐 아 니라 내담자도 이해하면 내담자의 변화가 촉진된다. 내담자의 생활양식을 파악하는 기법에는 가족구성/출생순위의 평가, 초기기억의 분석, 꿈의 분석, 그 질문, 기본적 오류의 확인 등이 있다.

- **출생순위/형제관계의 평가**: 출생순위를 평가할 때는 두 가지 점을 기억해야 한다. 하나는 순위뿐 아니라 형제자매들이 그 가족 내에서 심리학적 · 사회학적으로 점유하고 있는 위치(constellation)와 그들 간의 관계를 평가해야 한다는 점이다. 예컨대, 형제자매들을 비교할 때 누가 더 공격적인지, 순응적인지, 사교적인지 등에 대한 정보가 중요하다. 다른 하나는 생물학적 출생순위보다는 형제들 사이 에서 경험하는 심리적인 위치가 상황에 대한 내담자의 지각과 해석을 좌우하며, 상담자는 그것을 통해 내담자의 생활양식에 대한 잠정적인 가설을 도출할 수 있

다는 점이다.

- **초기기억의 분석:** 초기기억의 분석은 출생순위 및 가족관계의 평가와 더불어 내담
  자의 생활양식을 평가할 수 있는 가장 중요한 방법이다. 이 방법은 내담자의 과
  거경험을 탐색해 들어간다는 점에서 Freud와 유사해 보이지만, 그 경험의 탐색
  을 통해 내담자가 그동안 지향해 왔거나 현재 지향하고 있는 목표, 보호기제, 기
  본적 오류 등을 이해하려고 한다는 점에서 Freud와 전혀 다르다.

  상담에서 내담자에게 초기기억을 요청하는 방법은 상담자의 스타일에 따라
  달라질 수 있지만, 대략 "당신의 가장 어렸을 때의 기억을 이야기해 주시기 바랍
  니다. 여섯 살 이전의 기억으로 일회적이며 구체적인 기억부터 시작하지요."라
  는 말로 시작할 수 있다. 초기기억을 탐색할 때 기억해야 할 점은 다음과 같다.

  첫째, 6세 이전의 기억부터 시작하는 것이 중요하다. Adler는 생활양식이 이
  때쯤 형성된다고 생각했다. 상담자에 따라서는 8세 이전의 기억이면 된다는 사
  람도 있으나, 여기에서 중요한 점은 가능한 한 초기 아동기 기억부터 시작한다
  는 점이다. 둘째, '일회적이고 구체적인' 기억을 요청한다. 즉, "우리 어머니는
  내가 한 일에 대해 자주 혼을 냈어요."와 같은 일반적인 보고보다는 특정 시간에
  사진과 같이 회상할 수 있는 구체적인 기억(recollection)이 좋다. "네 살 때쯤이
  었을 거예요. 어느 날 어머니는 제가 과자를 먹으려고 선반에 올라가는 것을 보
  시고는 저를 심하게 때렸어요."와 같은 것이 그 예다. 셋째, 구체적인 기억 중에
  서도 특히 내담자가 그 기억을 둘러싼 감정에 접근할 수 있는 기억이어야 한다.
  예컨대, "네 살 때쯤이었을 거예요. 어느 날 어머니는 제가 과자를 먹으려고 선
  반에 올라가는 것을 보시고는 저를 심하게 때렸어요. 저는 어머니가 갑자기 왜
  그러는지 몰라 혼란스러웠고 좀 억울했어요."와 같은 것이 효과적이다. 내담자
  가 말하는 초기기억을 그가 말한 방식 그대로 옮겨 적되, 내용뿐 아니라 감정에
  도 초점을 맞추어야 한다. 넷째, 하나의 초기기억으로 내담자의 패턴과 생활양
  식을 파악하기는 어렵다. 하지만 6~10개 정도의 초기기억이면 내담자를 이해
  하기에 충분하다(Fall, Holden, & Marquis, 2010).

- **꿈의 분석:** Freud와 비교해 볼 때, Adler는 꿈에 대해 몇 가지 측면에서 독특한 관
  점을 가지고 있었다(Adler, 1931). 첫째, 꿈의 의미에 대한 그 어떤 설명도 상식
  을 거슬러서는 안 된다. 둘째, 꿈은 특정한 생활양식의 산물인 동시에 이 생활양

식을 형성하고 강화한다. 셋째, 꿈은 그 사람이 미래를 향해 가진 목표를 고려하여 이해되어야 한다. 넷째, 꿈을 꾸는 목적을 이해하려면 그 꿈이 일으키는 느낌에서부터 그 실마리를 찾아야 한다.

- 그 질문: 이 기법은 내담자가 가진 증상의 목적을 밝히기 위해 고안된 것이다. '그 질문(The question)'을 통해 상담자는 자신의 증상으로 피하고 있는 것이 무엇인지 평가할 수 있다. 다음의 사례는 이 과정을 보여 준다.

> 내담자: 모르겠어요. 저는 항상 기분이 처져 있어요. 먹을 수도 없고 잠잘 수도 없어요. 저는 밤에 세 시간밖에 자지 못해요. 그래서 너무 지쳐요. 제가 할 수 있는 일이라고는 '난 뭔가 잘못되었다. 너는 뭔가 고장났다.'는 생각뿐이에요. 정말 미치겠어요.
>
> 상담자: 만약 당신이 그렇게 처져 있지 않고 항상 불안하지 않다면, 그리고 당신이 잠잘 수 있다면 무엇이 달라지겠습니까?
>
> 내담자: 글쎄요. 기분이 훨씬 좋아질 것 같아요.
>
> 상담자: 저도 당신이 그럴 거라고 생각해요. 만약 당신의 기분이 좋아진다면 당신의 삶에서 무엇이 달라질까요? 당신의 기분이 좋아진다면 당신이 지금은 할 수 없는 일 중에서 무엇을 할 수 있을 것 같은가요?
>
> 내담자: 아마 제가 일하러 갈 수 있을 거예요. 제가 기분이 나빠지면 아프다고 전화하거든요.

이 정보를 통해 상담자와 내담자는 자신의 우울을 가지고 자신의 삶의 과제 중에서 어떤 과제를 피하고 있는지에 대한 실마리를 얻을 수 있다. 목적이 밝혀진 후에는 탐색을 하고 방향을 다시 정할 수 있다(Fall, Holden, & Marquis, 2010).

③ 통찰을 위한 기법

- 빈 의자 기법: 이 기법에서는 의자 두 개를 놓고 내담자를 한쪽 의자에 앉힌 후에 왜 두 가지 선택 중에서 한 가지가 더 좋은지 이야기하게 한다. 그다음 내담자는 다른 쪽으로 옮겨 왜 다른 쪽이 더 좋은지 이야기한다. 내담자는 자신이 '이제는 충분히 됐다.'는 느낌이 들 때까지 두 개의 의자를 오가면서 이유를 이야기한다. 빈 의자 기법은 내담자의 숨겨진 의도를 파악할 수 있는 매우 간단하면서도 효과

적인 기법이다.

- 타인의 관점 취하기: Adler에 의하면 정신병리의 중요한 특징 중 하나는 자기중심성이다. 내담자는 공동체감과 사회적 관심을 보이지 못함으로써 나 아니면 그들이라는 이분법을 사용하며 결국 문제를 일으킨다. 상담에서 중요한 시점에 내담자는 다른 사람의 관점을 이해할 필요가 있다(Mosak & Maniacci, 1998).

④ 방향 재조정을 위한 기법

- '～인 것처럼' 행동하기: 모든 사람은 자신이 속한 세상에 대해 인지적 지도를 가지고 있으며, 이 지도는 삶을 어떻게 영위할지에 대한 지침을 제공한다. 이러한 모든 지도는 구성된 것으로 실제의 지형과 아주 똑같지 않을 수 있다는 점에서 허구다. 그런데 사람들은 그 지도가 실제 '있는 것처럼' 행동하며 그에 따라 산다. 상담자는 이 역동을 활용하여 마치 내담자들이 두려워하는 어떤 일이 발생하지 않을 것처럼 행동하도록 격려하고 용기를 북돋울 수 있다.

- 버튼 누르기: 이 기법은 내담자들에게 자신의 감정은 스스로 선택할 수 있다는 것을 알려 주는 것이다. 버튼 누르기 기법의 첫째 단계에서 상담자는 내담자의 눈을 감게 하고 그들이 성공하거나 사랑받거나 행복했던 때를 기억해 보고, 내담자가 그러한 이미지를 떠올리게 되었을 때 그 표시로 손가락을 올리라고 한다. 둘째 단계에서는 상담자가 내담자에게 그 이미지를 지워 버린 후 그들이 상처받고 슬프며 불행했던 기억을 떠올리고 그러한 새로운 이미지를 분명하고 구체적으로 떠올리게 되었을 때 손가락을 올리라고 한다. 셋째 단계에서는 그들이 행복하고 성공적이며 사랑받던 때를 다시 떠올리라고 한다. 그리고 넷째 단계에서 상담자는 뭔가 발견한 것이 없는지 질문하여 특정한 심상이 특정 감정을 유발할 수 있음을 알려 준다. 그 후 상담자는 내담자에게 집에 가져갈 수 있는 버튼을 주고 그들이 만들어 냈던 심상을 통제해 보라고 할 수 있다. 다음 상담 회기에 와서는 내담자가 어떤 버튼을 자주 눌렀는지, 그리고 왜 그랬는지에 대해 논의한다. 이 기법은 우울증을 고치지는 못하나 적어도 우울 증상을 잠시 중지시키고 또 그들이 어떻게 우울 증상이나 나쁜 감정을 유지시키는지에 대해서 가르칠 수 있다.

- 수프에 침 뱉기: 내담자는 상담자가 그들의 증상을 인정하고 촉진하려고 하면 그

들의 증상을 지속시킬 수는 있지만 이전처럼 그렇게 증상을 즐길 수는 없을 것이다. 즉, 수프의 맛이 달라지듯이 그들이 가진 증상의 '맛'이 달라질 것이다. 실수를 범하면 스스로 비난하는 성향이 강한 여성 내담자가 있다고 하자. 치료사는 그녀에게 "아주 높은 기준을 가지고 있는 사람만이 자신에 대해 비난의 성향이 강하지요. 따라서 당신은 자신에 대해 아주 높은 기대를 가지고 있는 것 같아요."라고 말할 수 있다. 이 기법은 자신의 증상에 대해 새로운 관점으로 이해하게 돕는다.

4) 개인심리학적 접근의 공헌과 비판

Adler의 개인심리학적 접근은 Freud의 기계적인 모형에 비해 사회적으로 지향된 인지상담의 형태를 가진다. 이 접근은 정신건강을 좀 더 큰 선에 기여하는 정도, 즉 사회적 관심이라고 규정하므로 Freud의 이론에 비해 사회적이며 낙관적이다. 이 이론은 가족과 아동의 교육과 지도에도 지속적으로 영향을 주었을 뿐 아니라 거의 모든 후속 이론에 영향을 주었다. Watts(2000)는 이론이 구성주의나 인지상담이론, 체계이론, 단기상담이론, 해결중심 상담이론, 이야기치료 이론 등에 끼친 영향을 논의했으며, Mosak & Maniacci(1998)는 이 이론이 가족상담이론, 실존주의 이론, 대상관계이론 등과 공유하고 있는 유사점에 대해 논의했다.

한편, 이 접근은 그 개념이 다소 모호하다는 평가를 받는다. 예컨대, 수월성의 추구, 열등성, 허구적 목표, 생활양식, 사회적 관심 등은 조작적으로 정의하기가 어렵다. 따라서 이러한 개념들은 지속적인 연구를 통해 좀 더 명료하게 정리할 필요가 있다. 또한 이 접근은 인간성장의 중요성에 대해 언급하고 있으나 발달이나 학습에 대한 이론이 없다는 평가를 받는다. 이는 Adler 자신이 기계적으로 보이는 모형을 만드는 것에 대해 거부감을 가졌기 때문인데, 이 점이 한계로 지적되기도 한다.

4. 대상관계이론

대상관계이론의 뿌리는 정신분석이론에 있다. 그러나 대상관계이론은 전통적 정신분석이론에서 핵심적인 욕구로 간주한 생물학적 욕구(예: 성욕, 공격성) 대신 관계 추구의 욕구를 인간의 핵심 욕구로 보는 일련의 정신분석가들이 모여 발전시켰다. 그들 중에는 Klein, Fairbairn, Winnicott, M. Mahler, J. Bowlby 등이 포함된다. 그들은 각자 나름대로 독특하고 중요한 개념을 제안하고 강조점을 달리하며 자신의 이론을 발전시켰고, 그것이 대상관계이론의 줄기를 이루었다(김창대, 2002). 따라서 여기에서는 어느 한두 사람의 이론보다는 여러 상담가의 이론을 종합하여 소개하고자 한다.

1) 인간관

대상관계이론은 대상과의 관계 형성을 인간의 핵심 욕구로 본다. 이 관점은 "리비도는 대상을 추구하지 쾌락을 추구하지 않는다."(Fairbairn, 1946)라고 밝혔던 Fairbairn의 말에 요약되어 있다. 이는 인간의 기본 욕구가 성욕과 공격성이고 리비도는 쾌락을 추구한다고 한 Freud의 관점과 대비된다. Freud에게 대상은 성욕이나 공격성 욕구를 충족시키기 위한 수단인 반면, 대상관계이론에서는 대상관계 형성 자체가 행동의 일차적 목적이다. 관계 형성의 욕구는 '의미 있는 대상'과 '좋은 관계'를 맺으려는 욕구를 의미하는데, 여기서 대상관계란 사람뿐 아니라 개인이 의미를 부여한 가치, 행동, 사물 등과의 관계도 포함한다.

'좋은 관계'를 추구하는 욕구가 있다는 것은 그 이면에 '좋은 관계'가 상실되거나 왜곡되는 것에 대한 두려움이 있음을 반증한다. 인간은 타인으로부터 버림받거나, 타인에게 함입되어 개별화에 실패하거나, 온전한 자기를 경험하지 못할 때 각각 거절 및 버림받음에 대한 두려움(fear of rejection, fear of abandonment), 함입에 대한 두려움(fear of engulfment), 그리고 공허에 대한 두려움(fear of emptiness)을 경험한다. 이런 두려움 때문에 인간은 관계를 미리 거부하거나 혹은 관계에 매달리거나, 진정한 자기보다 과장된 자기(grandiosed self)를 형성하여 타인에게 보여 주려고 애쓴다.

대상관계이론에서 건강한 사람이란 인간에 대해 통합적인 관점과 태도를 형성한 사람을 의미한다. 그들은 우선 관계를 형성할 때 '그 사람이 비록 불만족스러울 때에도 계속 애착관계를 형성할 수 있다.'(Horner, 1984) 즉, 자신이나 타인을 좋고 나쁨으로 평가하지 않고 이 두 가지를 동시에 가지고 있음을 수용한다. 둘째, 타인이 부정적 행동을 할 때라도 관계를 급격하게 끊거나 분노하지 않고 그 자리에 머물러 그 사람과의 관계를 지속할 수 있다. 이는 그 반대의 경우도 성립하는데, 자신이 긍정적 이거나 부정적인 행동을 할 때라도 타인이 자신과의 관계를 급격하게 단절하거나 자 신을 버리지 않을 것이라는 믿음을 가진다. 셋째, 타인이 자신과 다르더라도 그 차이 를 '나쁘다' 하지 않고 나름대로 가치가 있는 '차이' 로 이해할 수 있다. Mahler는 이 를 개별화(individualization)라고 했는데, 이는 자신의 경계(boundary)가 적절한 정도 로 분명하다는 것이다. 경계가 분명한 사람은 자신의 모습을 충분히 수용하고 있기 때문에 다른 사람이 자신에 대해 어떻게 평가하든지 지나치게 당황하거나 압도되지 않는다. 반면, 타인이 어떤 모습을 가지고 있든지 그것을 잘못된 것으로 평가하거나 비난하지 않고 객관적으로 이해한다. 지금까지 살펴본 것처럼, 건강한 사람이란 자 기-타자와의 관계는 물론 자신과의 관계에서 개별성과 독립성을 바탕으로 통합을 이룩한 사람이다.

대상관계이론은 내담자의 심리사회적 문제의 근원이 분열(splitting)현상에 있다고 본다. 분열이란 앞에서 기술한 통합의 반대가 되는 상태로 자기나 타인을 전체 (whole)보다 '좋음' 과 '나쁨' 으로 나누어 경험하는 것을 의미한다. 원래 분열은 일 종의 방어기제로 관계에서 경험하는 불안으로부터 자신의 심리적 안녕을 확보하기 위한 노력이다. 이를테면 어려서 중요한 타자로부터 불안정한 관계 경험을 한 사람, 예컨대 주요 타자로부터 인정받거나 좋은 관계를 유지하려면 자신의 '좋은' 모습만 보여 주어야 하고 그렇지 못할 때는 극도로 위협적인 대우를 받은 경험이 많은 사람 은 타인과의 관계에서 '좋은' 모습 또는 '나쁜' 모습이 무엇인지에 대해 극도로 예 민하다.

2) 주요 개념

(1) 대상

대상(object)이란 주체에 상대되는 개념으로 '주체가 관계를 형성하는 어떤 것' (Clair, 1996)으로서 주체와 어떤 정서적 색조가 가미된 관계를 형성한다. 바꿔 말하 면, 정서적 경험을 할 수 없는 어떤 것은 대상으로 기능하지 못한다. 대상은 일반적 으로 사람이나, 드물게는 사물이나 일 등도 대상의 기능을 하기도 한다.

(2) 대상관계

대상관계란 주체인 개인이 특정한 양식으로 대상과 맺는 관계다. 초기 정신분석이론에서는 사물을 포함하여 욕구를 충족시키는 모든 것이 대상 개념에 포함되었지만, Fairbairn 이후 관계를 형성하는 것이 인간에게 가장 중요한 본능적 욕구로 간주되면서 대상은 특정한 사람을 지칭하는 경우가 많아졌다. 그런데 여기에서 유의할 점은 대상관계가 일차적으로 심리내적 구조를 의미하지, 반드시 외부 대상과 맺는 대인관계를 의미하는 것은 아니라는 점이다.

(3) 부분 대상과 전체 대상

부분 대상이란 한 사람이 가진 주요 대상의 일부를 의미하며, 전체 대상이란 주요 대상의 전부를 의미한다. 개인의 심리적 세계에 남아 있는 이미지나 표상은 반드시 그가 관계를 형성하고 있던 주요 타자의 전체(전체 대상)에 대한 것만은 아니며 그 대상의 특정한 부분(부분 대상)에 대한 표상이 될 수도 있다. 즉, 어떤 대상은 좋은 점과 나쁜 점이 모두 있음에도 어느 한 부분(부분 대상)만으로 지각될 수도 있고, 좋은 점과 나쁜 점을 모두 가지고 있는 대상(전체 대상)으로 지각될 수도 있다.

(4) 외부 대상과 내부 대상

외부 대상이란 성장 초기나 현재에 주체의 주변에 현실적으로 존재하는 중요한 타자들을 의미한다. 내부 대상이란 개인이 성장 초기에 자신을 돌본 중요한 사람과의 경험으로부터 형성된 심리적인 구조의 한 부분으로서 초기관계의 흔적이 남아서 자신의 성격의 일부분으로 남아 있는 것을 의미한다(Scharff & Scharff, 1992). 외부 대상과 내부 대상은 몇 가지 점에서 밀접한 관련을 가진다. 내부 대상은 외부 대상과의 경험의 결과 남은 흔적으로 형성되며, 동시에 현재의 외부 대상을 선택하는 과정이나 외부 대상과의 관계에 대한 의미를 부여하는 데 영향을 미친다. 그러나 내부 대상은 현재의 외부 대상에 의해 수정되기도 하는 상호적 관계에 있다.

(5) 중간 대상과 중간현상

중간 대상이란 내부 대상이나 주관적 대상이 아니면서도 단순히 외부에 실재하는 대상도 아닌 대상을 말한다. 즉, 외부 대상과 내부 대상의 중간 영역에 위치하면서 유아와 애착관계를 형성하는 대상이다. 곰 인형이나 담요, 이불자락 같은 것은 유아가 습관적이면서도 강하게 애착관계를 형성하고 있는데, 곰 인형이나 담요는 실제로 곰 인형이나 담요로 인식되면서도 그것에 부여된 애착관계로 인해 유아가 독특한 의미를 부여하고 강한 정서를 느낀다.

Winnicott은 중간 대상과 관련하여 다음과 같은 점을 유의할 필요가 있다고 했다. 첫째, 부모는 아동이 선택한 중간 대상에 대한 권리를 인정하고 아동이 대상에 대해 가지고 있는 여러 가지 가정에 동의할 필요가 있다. 둘째, 아동은 중간 대상에 대해 강한 애착관계를 형성하여 애정으로 돌보지만, 때에 따라서는 심하게 상하게 하는 경우도 있다. 셋째, 중간 대상은 아동이 바꾸지 않는 한 다른 것으로 바꾸지 않는 것이 좋다. 넷째, 중간 대상은 유아의 본능적인 사랑이나 미움, 나아가서는 강한 공격성을 견딜 수 있어야 한다. 다섯째, 중간 대상은 아동에게 따뜻하고 부드러운 감촉을 주며 그 자체로 생명이나 현실성을 가지고 있는 것처럼 보인다. 여섯째, 부모의 시각이 아닌 아동의 시각에서 선택되고 다루어져야 한다. 그렇다고 그 대상이 아동의 내면에서 생기는 환상이 아님을 기억해야 한다. 일곱째, 애착 대상에 대한 정서적 집중은 사라지게 되는데 서서히 사라지도록 해야 한다. 한편, 중간현상은 중간 대상을 포함하여 유사한 현상에 대해 지칭하는 일반적인 개념이며, 중간 공간이란 중간현상이 일어나는 영역을 의미한다.

(6) 표상

표상(representation)이란 외부세계에 대해 주체가 가지고 있는 정신적 이미지로서 (Boesky, 1983; Sandler & Rosenblatt, 1962), 주체가 이 세계를 이해하거나 자신을 표현할 때 사용하는 인지적 · 정서적 · 행동적 요소를 모두 포함한 틀이다. 표상은 대상관계가 내면화된 것으로서 일차적으로 그 개인이 유아기나 성장 초기에 자신의 일차적 욕구를 만족시키기 위해 의존하던 사람과 맺은 관계의 잔재(residue)나 흔적이 남음으로써 발달한다. 따라서 표상은 개인의 행동의 의미와 동기를 이해할 수 있는 실마리를 제공한다(Clair, 1996). 개체는 대체로 외부에 실재하는 세계와 상호작용하지만, 개체가 외부 대상을 특정한 방식으로 받아들여 그에 대한 의미와 이미지를 형성한 후에는 실재보다는 이미지와 관계를 형성하고 반응한다(Rangell, 1985).

(7) 내면화

내면화(internalization)란 대상관계를 경험한 후 외부 대상과의 관계가 주체의 심리적 세계에 들어와 자리를 잡고 구조를 형성하는 것을 의미한다. 구조란 심리적 조직체를 비유적으로 설명한 개념이다. Freud는 원초아, 자아, 초자아로 구분했지만, 대상관계이론에서는 개체가 일상생활에서 주요 타자와 반복적으로 경험하는 상호작용이나 환경의 특성을 내면적인 규범이나 특성으로 변환시키는 내면화의 결과로 형성된 것을 구조라고 보았다.

(8) 대상관계의 발달

Mahler와 동료들은 『유아의 심리적 탄생(*The Psychological Birth of the Human Infant*)』(1975)을 발표하였다. 인간은 자폐-공생-부화-연습-재접근-대상항상성의 단계를 거쳐 건강한 인간으로 성장하고 변화한다고 보았다. 이를 정리하면 다음과 같다(Hamilton, 2007).

표 5-2 Mahler(1975)의 심리적 탄생의 과정

단계	개월 수	발달과정	
1	0~2	자폐기	
2	2~6	공생기	
3	6~10	분화/개인화	부화
	10~16		연습
	16~24		재접근
4	26~36＋	대상항상성	

Mahler가 제시하는 자기발달 4단계를 살펴보면 다음과 같다. 1단계인 자폐기에서 유아는 여러 면에서 엄마와 자기를 구별하지 못하며, 통합된 자기를 지각하지 못하고, 가슴, 얼굴, 손 입 등을 부분으로 인식한다. 이때 대상은 유아와 관련성이 없다. 대상에 대한 심리적 조직화나 자기감이 극도로 부족한 성인은 매우 원시적인 유아단계에 고착되어 있다고 본다.

2단계인 공생기의 유아는 자기와 대상에 대한 인식이 싹트면서 어머니와 고도의 정서적 유대를 기대한다. 이는 자기와 대상이 혼합되고 혼동되는 상태를 의미하는

데, 유아는 어머니와 강력한 애착관계와 정서적 유대를 나누면서 어머니의 존재로 자신의 소망이 성취되고 충족된다고 인식한다. 대부분의 부모도 유아와의 밀착과 친밀감을 반기는데, 이 과정에서 유아는 전능감을 경험한다.

3단계인 분화/개인화의 아동은 중요한 타인으로부터의 분리를 경험하지만 확신감과 안정감을 위해서 되돌아온다. 독립과 의존을 왔다 갔다 하면서 양가감정을 느낀다. 타인은 아동의 자아개념 발달을 기뻐해 주는 거울의 역할을 한다. 여기서 건강한 자존감을 제공받는다. 분화/개인화 단계는 다시 부화단계, 연습단계, 재접근단계로 세분된다.

4단계인 자기항상성과 대상항상성의 시기에는 다른 사람들을 완전히 분리된 존재로 본다. 개성을 잃지 않고 타인과 관계를 맺으며 확고한 자기감 등을 가지게 된다. 이때의 자아는 자신의 전능감을 점차 떨쳐 버리게 되어 상처받고 자존심이 위축되기 쉽다. 따라서 어머니의 정서적인 도움이 아이에게 매우 중요하다. 그 이유는 어머니의 도움이 아이의 자율적인 자아의 기능을 최고가 되도록 도와줄 수 있기 때문이다. 아이는 좋은 어머니와 아동의 관계를 내재화하게 되고 그것을 통하여 비현실적인 전능성을 줄일 수 있게 된다. 어머니는 아이의 개별화를 위해 자신의 도움을 잘 조절해야 한다.

3) 상담과정

(1) 상담목표

대상관계이론에서 상담은 자신과 타인을 통합적으로 인식하는 능력과 태도의 습득 및 건강한 개별화를 궁극적 목표로 한다. 즉, 상담자는 내담자 자신이 좋은 부분과 나쁜 부분을 동시에 가진 가치 있는 인격체로 인식할 수 있도록 돕는다. 이를 통해 내담자가 자신은 자신의 좋은 점과 나쁜 점에 무관하게 타인에 의해 이해되고 수용될 수 있을 뿐 아니라 타인과 좋은 관계를 맺고 유지할 수 있다는 것을 체험적으로 이해하도록 돕는다.

또한 상담자는 내담자가 자신과 타인은 공통점도 있지만 차이점도 있는 독립적인 개체임을 이해하도록 돕는다. 이를 통해 내담자는 타인의 다른 점을 '좋은' 또는 '나쁜' 점으로 인식하지 않고 각각을 모두 인간적으로 수용될 수 있는 '차이'나 '개별성'으로 이해하게 된다. 그 결과 타인의 특성이나 사고가 자신과 같지 않다고 해서 비난하거나 같아지려는 불필요한 노력을 하지 않고, 서로가 서로를 인정하는 관계를 형성하게 된다.

(2) 상담관계

대상관계이론에서는 대상과의 개별화되고 통합적인 성숙한 관계를 형성하는 것을 목표로 삼는데, 상담자와의 관계는 내담자에게 매우 중요한 경험으로 작용한다. 따라서 다른 어떤 이론에서보다 상담자의 역할이 중요하다. 상담자는 내담자와 신뢰할 수 있고 좋은 관계를 형성하여 공감적으로 이해하고 내담자의 다양한 반응을 버텨 주어야 한다. 공감적 이해란 내담자가 세계를 보는 방식과 그에 따른 감정을 내담자의 입장에서 이해하는 것이다. 한편, 버텨 주기는 내담자가 지금 체험하고 있거나 혹은 뭔가 막연하게 느끼기는 하지만 감히 직면할 수 없는 끝없이 깊고 깊은 불안과 두려움을 상담자가 알고 있다는 것을 전해 주고, 내담자에게 큰 힘으로 의지가 되어 주며 따뜻하게 배려하는 것을 의미한다. 마지막으로 상담자는 내담자의 잘못된 관계 형성을 해석해 주게 된다. 내담자의 이해를 돕기 위해 조심스럽게 과거와 현재를 연결하며 내담자 상황에 대한 해석을 제공할 수 있다. 이때 중요한 것은 그것이 해석을 위한 해석이 아니라 내담자가 자신의 대상관계를 이해하고 통찰하도록 해야 한다는 점이다. 이처럼 대상관계이론에서 상담자는 상담자인 동시에 그 자체로 하나의 대상이고 관계가 된다. 따라서 자신이 곧 기법이 되고 대상이 되고 관계가 되어 내담자를 바라보는 것이 매우 중요하게 요구된다.

(3) 상담기법

대상관계이론에서는 미성숙한 유아를 건강하게 성장시키기 위해 엄마가 제공해 주어야 할 관계나 행동의 원리를 상담에서 상담자가 심리적으로 미성숙한 내담자를 성숙시키는 과정에 적용할 수 있다고 본다. 따라서 많은 기법이 엄마의 태도나 행위와 관련된 은유로 표현된다.

대상관계이론의 상담에서 가장 중요한 특징 중 하나는 관계와 기법이 구분되지 않는다는 점이다. 나아가 그 두 가지가 구분되지 '않아야 한다'는 점이다. 이는 관계가 없는 기법이나 기법이 없는 관계는 무의미하다는 뜻이다. 또한 기법이 관계적인 의

미 없이 적용되거나, 관계가 상담을 위해 활용되지 못하고 그저 친밀한 관계만 제공
되어서는 안 된다는 것을 강조하는 것이다.

상담자가 중립적이어야 한다는 기존의 입장과는 달리, 대상관계이론에서는 상담
자가 상담에 의미 있는 존재로 치료적 효과를 가질 수 있다는 입장을 취한다. 그 이
유는 대상관계이론에서 내담자의 변화란 적응적인 형태의 대상관계 형성을 의미하
고, 그러한 대상관계는 상담자와의 실제 관계를 통해 습득되기 때문이다. 상담자는
내담자와의 관계에서 내담자의 분열된 관계방식을 직면하고 새로운 대상관계를 경
험시킴으로써 내담자의 대상관계를 수정한다. 상담자는 내담자가 거절에 대한 두려
움을 공감하고, 거절을 예상한 시점에서 수용 경험을 제공한다. 내담자는 상담자로
부터 예상된 거절을 피하기 위해 상담자의 비위를 맞추거나 강하게 비난함으로써 조
종하려고 할 때 이를 직면하는 동시에 그러한 행위의 진정한 의미를 해석하고 버텨
준다. 이 모든 것은 기계적인 기법이라고 하기보다 내담자를 존중하고 깊이 이해하
는 태도에서 나오는 '관계로서의 기법' 또는 '기법 같은 관계'라고 할 수 있다
(Hamilton, 2007). 다음에서 언급할 많은 기법이 상담자의 역할인 동시에 중요한 기
법이 된다.

- 괜찮은 엄마: 충분히 좋은 엄마(good enough mother)란 Winnicott의 개념으로, 지
  나치게 완벽한 엄마(perfect mother)도 아니고 적절히 좌절도 제공하면서 반응하
  기보다는 존재하는 엄마의 역할을 하는 것을 의미한다. 이러한 엄마는 아이에게
  무관심하지도 않고 아이의 세계를 침범하거나 지나치게 통제하지도 않는다. 상
  담자는 내담자에게 너무 완벽한 엄마처럼 모든 것을 이해하려고 하지 않지만,
  상담자가 할 수 있는 만큼 내담자를 정확하게 이해하고 반영해 주며, 동시에 위
  협적이지는 않지만 내담자의 행동이 상담자에게 어떤 영향을 미치는지 거울처
  럼 보여 주면서 내담자로 하여금 자신이 하는 행동의 의미를 이해하도록 돕는
  대상, 즉 괜찮은 엄마의 기능을 할 필요가 있다.
- 버티는 환경: 버티는 환경(holding environment)이란 유아가 필요로 하는 촉진적
  환경을 만들어 주는 모성적 돌봄을 의미한다. 내담자는 이러한 환경 속에서 자
  신의 현상학적 세계에 충분히 접촉하여 경험하고, 상담자는 그 경험의 질이 어
  떠하든(예: 기쁨, 슬픔, 극단적 분노, 심한 우울 등) 내담자가 그러한 경험을 할 때

그것을 받아주고 그에 충분히 접촉하도록 버텨 주는 것을 의미한다.

- 적절한 좌절의 경험: 대상관계이론에서 적절한 좌절 경험은 두 가지 측면에서 유아나 내담자의 성장을 위한 필수조건이다. 우선 대상관계이론에 의하면 성장은 타인과 겪은 통합적 대상관계 경험이 내면화될 때 이루어진다. 그런데 적절한 좌절이 없다면 성장은 일어나지 않는다. 좌절 없이 성장이 일어나지 않는 이유는 대상관계가 좌절 없이 항상 제공된다면 유아나 내담자는 그 대상관계가 항상 제공되기 때문에 굳이 그 관계를 내면화하여 자기 것으로 만들 필요가 없기 때문이다. 적절한 좌절 경험이 필요한 다른 이유는 유아가 적절한 좌절 없이 성장한다면 자기애가 지나치게 발달하며, 나중에 성인이 되어 급격한 좌절을 경험할 때 그 좌절을 견디기 어려워 부정하거나 좌절로 인한 고통을 견디기 어려워 과대자기를 형성하기 때문이다.

- 안전기지의 제공과 정서적 재충전: Mahler의 개념으로 분리-개별화 단계의 2단계인 연습단계에서 아동은 분리와 개별화를 향한 선천적인 경향성이 나타나지만 어느 정도 개별화한 후에는 다시 불안함과 두려움을 달래기 위해 엄마에게 되돌아오는 것을 반복하는데, 이때 엄마는 아동에게 안전기지(secure base)로서의 역할을 제공하게 된다. 안전기지에서 유아는 정서적 재충전(emotional refueling)을 함으로써 다시 새로운 세상으로 나아가려는 정서적 에너지를 얻을 수 있다. 이처럼 상담자도 내담자에게 안전기지를 제공하고 정서적 재충전을 함으로써 좌절을 완화하고 좀 더 넓은 세계로 나아갈 수 있도록 돕는다.

- 담아내는 것과 담기는 것: 영국의 대상관계 이론가인 Wilfred Bion은 치료와 육아에서 담아내는 것(the container)과 담기는 것(the contained)이라는 개념을 개발했다. 그의 관점에서 보면 유아는 극단적이고 조절되지 않은 감정에 의해 압도되고 그들의 얼굴 표정과 울음 그리고 옹알거림을 통해 이런 감정을 전달한다. 주의 깊은 부모는 경청과 관찰을 통해 유아가 전하는 이런 감정을 받아들이고 조절하며 변화시킨 후 그것에 의미를 부여하여 유아에게 되돌려 준다. 유아는 결국 이러한 과정을 내면화하여 자신의 감정을 담아내는 방법을 배운다. 상담자는 이와 유사한 태도로 내담자를 대할 필요가 있다.

- 좋은 대상과 나쁜 대상 나란히 놓기: 이것은 내담자가 자기세계와 대상세계를 전적으로 좋은 대상관계나 나쁜 대상관계로 분열시킬 때 상담자가 이 둘을 나란히

놓음으로써 대상관계를 통합시키려는 시도를 의미한다. 예컨대, 외로움을 알아주는 좋은 상담자와 좀 전까지 자신을 이해하지 못했던 나쁜 상담자가 같은 사람임을 깨우치는 방법이다. 대상관계의 통합은 지금-여기 상담자와의 관계에서 이루어져야 한다.

4) 대상관계이론적 접근의 공헌과 비판

대상관계이론은 정신분석이론에 뿌리를 두고 있지만 인간의 관계 형성 욕구에 초점을 맞추는 새로운 영역을 열었다. 이 이론은 다음과 같은 점에서 상담 영역에 중요한 기여를 했다. 첫째, 인간으로부터 이전의 성욕이나 공격성과 같은 다소 음울한 욕구가 아닌 관계 형성이라는 사회적 욕구를 발굴했다. 그럼으로써 상담자나 내담자들이 자신을 이해하는 과정에서 좀 더 수월하게 받아들일 수 있는 해석을 구성할 수 있다. 둘째, 분명 무의식과 결정론을 받아들인다는 점에서 정신분석 계열의 이론이지만 표상, 내부 대상 등의 개념을 도입함으로써 인지행동적 접근과 연결할 수 있는 최소한의 연결점을 마련해 두어 이론 간의 교류에 도움을 주었다. 셋째, 정신분석이론은 오이디푸스 시기(3세경) 이후의 경험에 대해서만 분석할 수 있는 것으로 가정하지만, 대상관계이론은 전 오이디푸스 시기의 모자관계에서 발생할 수 있는 상호작용에 대한 모형을 제시함으로써 좀 더 깊은 내면적 과정을 이해할 수 있는 기반을 제공했다. 넷째, 상담자-내담자 관계 자체가 치료적이라는 중요한 명제를 제공함으로써 기존의 정신분석이론이나 이후의 이론과는 매우 다른 관점을 제시했다는 점에서 큰 기여를 했다.

그러나 대상관계이론은 다음과 같은 한계도 가지고 있다. 첫째, 다른 상담이론처럼 소위 이론의 선두주자(예: 정신분석이론의 Freud, 인간중심이론의 Rogers 등)를 상정하지 않고 여러 상담자나 이론가들의 관점을 묶어 이론을 구성하였기에 하나의 사고 체계 속에서 이론을 이해하기가 어렵고, 때때로 용어나 명제들이 다소 혼란스러운 면이 있다. 이 점이 새롭게 이론을 공부하고자 하는 상담학도들에게는 큰 도전이 되고 있다. 둘째, 다른 몇몇 상담이론들도 마찬가지이지만 이 이론에서 제시하는 핵심적 개념들(예: 자기, 충분히 좋은 엄마, 버텨 주기, 담아내기 등)을 구체적으로 확인하거나 조작화하기(operationalize) 어려워 과학적 연구가 어렵다. 그럼에도 이 이론은 임상이나 연구에서 영역을 확보하고 있으며 인지행동적 접근이나 최근의 인지과학, 뇌과학과의 연계 가능성을 모색하면서 새로운 발전을 모색하고 있다.

✡ 참고문헌 ✡

김창대(2002). 대상관계이론의 주요 개념 및 실제. 상담과 심리치료에서 대상관계이론의 적용 (workshop). 한국심리학회 추계심포지엄 및 연차학술발표대회. 영남대학교 국제관 (2002. 10. 18.~19.)

Adler, A. (1931). Compulsion neurosis. *International of Journal of Individual Psychology, 9,* 1-16.

Adler, A. (1964a). *Social Interest: A Challenge to Mankind.* NY: Capricorn.

Adler, A. (1964b). *The Problem of neurosis.* New York: Harper & Row.

American Psychiatric Association (1994). *Diagnostic and Statistical Manual of Mental Disorders* (4th ed.). Washington, MD: American Psychiatric Association.

Ansbacher, H. L. (1992). Alfred Adler's concepts of community feeling and social interest and the relevance of community feeling for old age. *The Individual Psychology, 48*(4), 402-412.

Ansbacher, H. L., & Ansbacher, R. R. (Eds.) (1964). *Superiority and social interest.* New York: Norton.

Boesky, D. (1983). Representations in self and object theory. *Psychoanalytic Quarterly, 52,* 564-583.

Clair, M. (1996). *Object relations and self psychology: An introduction.* Pacific Grove, CA: Brooks/Cole Publishing Co.

Corey, G. (2001). *Theory and Practice of Counseling and Psychotherapy* (6th ed.). Pacific Grove, CA: Brooks/Cole.

Dreikurs (1967). *Psychodynamics, psychotherapy, and counseling.* Chicago: Alfred Adler Institute.

Egan, G. (1994). *The skilled helper* (5th ed.). Monterey, CA: Brooks/Cole.

Fairbairn, R. (1952). *Psychoanalytic studies in personality.* London: Routledge.

Fairbairn, R. (1946). Object-relationships and dynamic structure. *Psychoanalytic studies in personality* (pp. 137-151). London: Routledge.

Fall, K. A., Holden, J. M., & Marquis, A. (2010). *Theoretical models of counseling and psychotherapy.* London: Routledge.

Fine, R. (1982). *Healing of the mind*. New York: Free Press.

Hall, C. S., & Linzey, G. (1978). *Theories of personality*. New York: Wiley & Sons.

Hamilton, N. G. (2007). 대상관계 이론과 실제: 자기와 타재[*Self and others: Object relations theory in practice*] (김진숙, 김창대, 이지연 역). 서울: 학지사. (원전은 1990년에 출판)

Horner, A. J. (1984). *Object relations and the developing ego in therapy* (2nd ed.). New York: Jason Aronson.

Mitchell, S. A., & Black, M. J. (2002). 프로이트 이후[*Freud and Beyond*] (이재훈, 이해리 역). 서울: 한국심리치료연구소. (원전은 1996년에 출판).

Mosak, H. H. (1971). Life style. In A. G. Nikelly (Ed.), *Techniques for behavior change* (pp. 77-84). Springfield, IL: Chas. C. Thoma.

Mosak, H. H. (1995). Adlerian psychotherapy. In R. J. Corsini & D. Wedding (Eds.), *Current psychotherapies* (5th ed., pp. 51-94). Itasca, IL: F. E. Peacock.

Mosak, H. H., & Maniacci, M. P. (1998). *Tactics in counseling and psychotherapy*. Itasca, IL: F. E. Peacock.

Rangell, L. (1985). The object in psychoanalytic theory. *Journal of Psychoanalytic Association, 33* (2), 301-334.

Sandler, J., & Rosenblatt, B. (1962). The concept of the representational world. *Psychoanalytic Study of the Child, 17,* 128-145.

Scharff, J. S., & Scharff, D. E. (1992). *Scharff notes: A primer of object relations therapy*. Northvale, NJ: Jason Aronson, Inc.

Vanier, A. (1999). 정신분석의 기본원리[*Elements d'Introdouction a la psychonalyse*] (김연권 역). 서울: 솔. (원전은 1999년에 출판).

제6장
행동수정과 행동치료

행동수정과 행동치료이론은 '관찰 가능한 행동' 을 중심으로 상담과 심리학 이론을 자연과학과 같이 엄밀한 과학으로 발전시켜야 한다는 신념에 근거한 이론이다. 행동주의 학자들은 기존의 이론인 정신분석이론과 같이 모호한 현상에 대한 연구를 지양하고 객관적으로 관찰 가능하고 측정할 수 있는 행동만을 연구하였다. 비교적 단순한 동물을 대상으로 하여 환경의 변화에 따른 행동, 즉 자극과 반응의 관계를 과학적으로 밝히고 이 원리나 법칙을 인간의 행동에도 적용하고자 하였다. 이에 따라 인간의 행동을 주변 환경과의 상호작용 속에서 학습되는 것으로 간주하고, 고전적 조건형성, 조작적 조건형성, 사회인지이론과 같은 이론을 바탕으로 강화, 소거, 변별과 일반화, 조성과 같은 행동수정의 원리를 발견하였다. 이와 같은 이론과 원리에 기반을 둔 구체적인 행동치료법으로는 체계적 둔감화, 이완훈련, 토큰경제, 행동계약, 홍수법, 모델링 등이 있다.

1. 행동주의 역사와 기본 개념

러시아의 생리학자 Ivan Pavlov의 고전적 조건형성 실험의 결과에 감명을 받은 John Watson은 전통적 심리치료의 불확실성과 비효율성에 정면으로 도전하여, 공포증과 같은 정서 반응이 환경자극에 의하여 학습될 수 있다는 것을 실험으로 입증하였다. 이후 Burrhus Frederic Skinner의 조작적 조건형성이론은 행동수정과 행동치료의 기틀을 마련하였으며, Albert Bandura는 고전적·조작적 조건형성뿐만 아니라 인간과 환경 간 상호작용의 영향에 주목하며 학습에서의 인지과정을 포함한 사회인지이론을 제안하였다. 이 절에서는 이 세 가지 주요 행동주의 이론과 기본 개념에 대해서 설명하고자 한다.

1) 고전적 조건형성

Ivan Pavlov

고전적 조건형성(classical conditioning) 이론은 러시아의 생리학자인 Ivan Pavlov(1848~1936)에 의해 발전되었다. 1904년에 노벨상을 받은 Pavlov는 소화(digestion)에 관한 연구의 대가였으며, 일련의 실험을 통해 개가 어떤 과정을 거쳐 침을 흘리게 되는지 관찰하였다. 그는 [그림 6-1]과 같이 개가 침을 흘리는 과정에서 발생하는 일정한 법칙을 관찰하였다. 그의 실험 결과는 인간의 학습과정을 설명하는 데 중요한 전환을 가져왔다. 인간의 학습은 개의 학습보다는 훨씬 복잡한 양상과 특성을 보이기는 하지만, 개를 대상으로 한 실험과 같이 학습자인 인간 역시 환경에 민감하게 반응할 수 있다는 단서를 제공하였기 때문이다. 즉, 인간을 대상으로도 환경을 적절히 조작만 한다면 원하는 학습을 성취할 수 있다는 것을 보여 준 연구 결과였다.

고전적 조건형성을 보다 정확히 이해하기 위해서는 우선 고전적 조건형성의 구성요소인 자극과 반응의 종류를 살펴볼 필요가 있다. Pavlov에 따르면 자극은 중립자

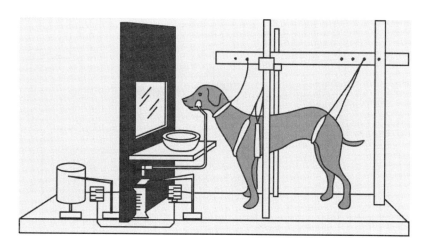

[그림 6-1] Pavlov의 개 실험 모형

극과 무조건자극 그리고 조건자극으로 분류된다. 반응은 무조건반응과 조건반응으로 구분된다. 실험과정은 [그림 6-2]와 같다. 일단 Pavlov는 배고픈 개에게 고깃가루를 주면서 동시에 종소리를 들려주었다. 즉, 종소리와 고깃가루를 같이 제시하는 실험을 한 것이다. 이 실험에서 종소리는 중립자극이 되고 고깃가루는 무조건자극이 된다. 여기서 **중립자극**(neutral stimulus: NS)이란 개에게 물리적 반응을 일으키지 못하는 자극을 뜻한다. 즉, 종소리만으로는 개가 침을 흘리지 않기 때문에 종소리는 이 실험에서 중립자극이 되는 것이다. 그에 반해 고깃가루를 주면 개는 고기에 반응하여 자연적으로 침을 흘리게 되므로 고기는 **무조건자극**(unconditioned stimulus: UCS)이 된다. 여기에서 고깃가루에 반응하여 자연적으로 흘리게 되는 침은 무조건반응(unconditioned response: UCR)이다. Pavlov는 개에게 무조건자극인 고깃가루를 줄 때마다 중립자극인 종소리를 함께 들려주었다. 이와 같이 고깃가루를 줄 때마다 종소리를 함께 들려주는 실험을 반복한 결과로 개에게 고깃가루 없이 종소리만 들려주어도 침을 흘리게 된다는 사실을 발견하게 되었다. 이제 종소리는 더 이상 중립자극이 아니다. 종소리는 개에게 침을 흘리게 하는 힘을 갖게 된 것이다. 개는 무조건자극 없이 종소리만으로 침을 흘리도록 조건화되었다. 이때의 종소리는 중립자극이 아닌 **조건자극**(conditioned stimulus: CS)으로 작용하며, 이렇게 고깃가루 없이 종소리만으로 침을 흘리게 되는 것을 조건반응(conditioned response: CR)이라고 한다. 고깃가루(UCS)와 침(UCR) 사이에는 무조건적인 관계성이 존재하는 반면, 종소리(CS)와

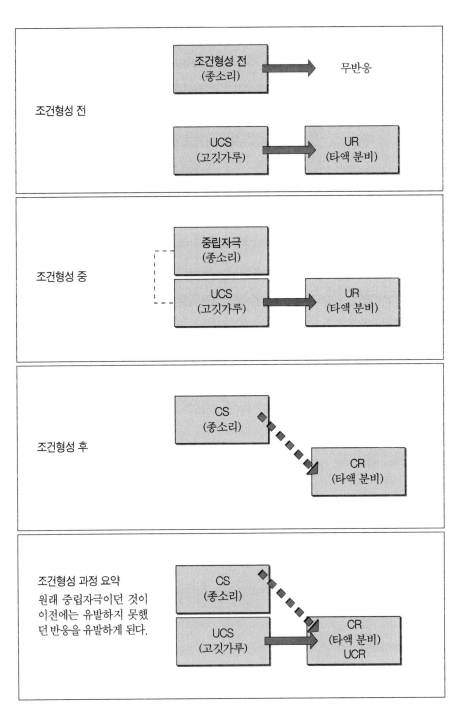

[그림 6-2] 고전적 조건형성 과정

침(CR) 사이에는 조건화가 형성된다.

이와 같이 어떠한 환경과 조건을 형성함으로써 계획했던 반응을 유도해 내는 것이 고전적 조건형성이다. 많은 학습심리학자는 학습자가 환경자극과 정서적·인지적 반응 사이의 관계를 학습하는 방식을 설명하는 데 고전적 조건형성의 원리를 사용한다. 예를 들어, 특정한 향수 냄새가 옛 애인을 생각나게 한다든지, 시험이라는 단어만을 듣고도 속이 메스꺼워진다든지, 혹은 그림으로만 보아 왔던 뱀을 실제로 보고 놀라서 움찔한다든지 하는 현상들은 향수 냄새, 시험, 뱀 그림 등과 같은 중립자극이 조건화되어 반응을 일으키는 좋은 예가 될 수 있다. 따라서 고전적 조건형성에서는 사람과 사물에 대한 정서적·인지적 반응이 고전적 조건형성 과정을 통해 학습된다고 주장한다. 실제로 조건반사로서 고전적 조건형성으로 설명할 수 있는 현상은 정서적이고 심리적인 상황에 다양하게 적용될 수 있다(Brewer, 1974).

사실상 고전적 조건형성이 모든 학습 상황에서 항상 진행되고 있음을 상기해야 한다. 처음에는 학습을 일어나게 하는 행위자(예: 교사)의 행동과 활동이 중립자극으로 작용하지만, 시간이 지나면서 그 행위자의 행동과 활동은 조건자극이 될 수 있으며, 그러한 자극은 다양한 반응과 연합될 수 있다. 그러므로 학습 상황에서는 항상 고전적 조건형성을 인식하고, 가르치는 교수활동과 배우는 학습활동 사이에 궁극적인 연관성을 발전시키는 일에 노력해야 한다. 고전적 조건형성은 간단한 메커니즘을 가지고 있어 비교적 간단한 방법으로 학습 상황에 적용할 수 있다는 장점이 있다. 예를 들어, 수줌음이 많은 학생이 있다고 생각해 보자. 교과교사는 의도적으로 그 학생이 정답을 알 수 있는 문제를 수업시간에 질문할 수 있다. 수줌음이 많은 학생은 여러 차례 정답을 말하게 되고 점차적으로 자신감을 얻게 된다. 이러한 자신감은 어쩌면 그 학생이 더 이상 수줌어하지 않도록 하는 데 도움을 줄 수 있을 것이다.

2) 조작적 조건형성

고전적 조건형성은 학생의 다양한 심리·생리적 현상을 설명하는 강력한 도구임에 틀림없다. 그러나 학습자들은 고전적 조건형성에서의 설명과 같이 어떠한 환경에서 단순히 자극에만 반응하는 것이 아니다. 오히려 학습자들은 의식적으로 행동하는 면이 더욱 강하다. Burrhus Frederic Skinner(1904~1990)에 의해 최초로 제안된 조

Burrhus Frederic Skinner

작적 조건형성(operant conditioning)은 오늘날 행동주의 심리학의 기반을 마련하였으며, 행동주의 원칙들을 학습 상황에 적용하는 데 중요한 공헌을 하였다(Myers, 1970). 물론 Skinner는 인간의 행동이 어느 정도는 고전적 조건형성에 의해서 설명될 수 있다는 것에 동의한다. 그러나 자전거 타기와 같은 비교적 간단한 것에서부터 언어, 쓰기, 읽기, 나아가 친구 사귀기 등과 같은 복잡한 행동이나 습관 등은 조작적 조건형성에 의해 학습된다고 주장하였다. Skinner의 조작적 조건형성과 Pavlov의 고전적 조건형성의 가장 큰 차이점은 고전적 조건형성이 행동을 유발하기 위해 자극에 관심을 두는 반면, 조작적 조건형성은 자극보다는 유발된 행동의 결과에 관심을 둔다는 것이다. 일례로 Pavlov의 실험에서 고기와 함께 종소리를 들려주는 이유는 개에게 종소리만으로 침을 흘리도록 하기 위한 것이며, 이는 행동을 유발하기 위하여 자극을 조절하는 것이다. 그러나 조작적 조건형성에서는 행동으로 인한 결과, 즉 어떤 행동을 보인 이후에 나타나는 산물에 관심을 둔다. 수업시간에 특별히 대답을 잘한 학생에게 교사가 주는 사탕이 바로 그러한 예다.

Skinner(1948, 1971)는 대부분의 인간 행동은 그 행동의 결과를 점검하면 설명될 수 있다고 생각하였다. 신중하게 통제된 행동을 유발함으로써 개인이나 사회 전체를 바람직한 방향의 행동으로 이끌 수 있다고 믿었다. 이와 같은 그의 믿음은 '스키너 상자(Skinner box)'라는 실험을 통해 더욱더 확고해졌다. 스키너 상자에는 지렛대와 먹이접시, 빨간색 불과 녹색 불이 있고 바닥에는 전기 배선망이 설치되어 있다. Skinner는 지렛대를 누르면 먹이접시에 먹이가 떨어지도록 고안되어 있는 이 상자 안에 [그림 6-3]과 같이 쥐를 넣었다. 처음에는 쥐가 이리저리 돌아다니기 시작했다. 오른쪽으로 돌다가 왼쪽으로 돌기도 하고 벽에 부딪히기도 하는 쥐의 행동은 스스로 선택한 조작적 행동들이다. 그러다 쥐는 우연히 지렛대를 누르게 되고, 전기 충격이 없어지면서 먹이가 먹이접시에 떨어지는 것을 깨닫게 된다. 쥐는 지렛대를 누르는 것과 먹이가 떨어지는 것 사이의 관련성을 학습하게 되어 계속해서 지렛대를 누르게 된다. 이제 조작적 행동이 조작적 조건 형성된 것이다. Skinner는 쥐가 지렛대를 누

[그림 6-3] 스키너 상자의 쥐

르는 행동과 이러한 행동의 빈도를 증가시키도록 고안된 먹이의 관계를 강화물과 강화라는 용어로 설명하고 있다. 강화물(reinforcer)이란 행동 후에 발생하는 어떤 것으로서 그 행동의 빈도를 증가시키는 원인이다. 일차적 강화물은 생리학적 · 생물학적으로 즐거운 자극이고, 이차적 강화물은 일차적 강화물과 연합되어 즐겁게 되는 것이다. 먹이와 같은 음식은 일차적 강화물의 예이고, 사회화나 주의집중은 이차적 강화물의 예다. 강화(reinforcement)란 강화물을 사용하여 행동의 빈도를 증가시키는 과정으로 조작적 조건형성에서 가장 중요한 개념이다(Mazur, 1990).

3) 사회인지이론

학습이 형성되고 유지되는 과정을 설명하는 데 지금까지 살펴본 고전적 · 조작적 조건형성의 원리가 매우 유효한 것은 사실이다. 그러나 현 시대의 많은 행동심리학자들은 인간의 모든 학습과정을 자극-반응의 원리와 강화의 원리를 중심으로 하는 조건형성의 논리로 설명하는 데 한계가 있다고 생각한다. 특히 인간이 무언가를 학습하는 것에서 사회적 상황의 영향에 대해 주목하게 되면서 이러한 주장은 보다 설득력을 갖게 되었다. 예를 들어, 아주 복잡한 과정이 내재된 어떠한 행동이 과제분석이나 조성의 과정 없이 그 행동을 수행하는 사람을 단 한 번 관찰하는 것만으로 학습

Albert Bandura

되는 현상의 경우, 자극-반응의 원리와 강화의 원리인 고전적·조작적 조건형성으로 설명이 되지 않는다. 또한 자신은 아무런 강화를 받지 못했지만 친구가 강화를 받는 것을 지켜본 학생이 친구의 행동을 따라 하는 현상 등은 자신의 행동과 그 결과만이 조건형성 과정으로 학습된다고 설명하기에 무리가 따른다.

Albert Bandura(1925~; 1977a, 1986)는 인간에게서 학습이 발생하는 데에서 조건형성의 중요성뿐만 아니라 인간과 사회 상황 및 환경 간 상호작용의 영향에 주목하며 학습에서 인지과정의 중요성에 대한 시각을 보다 확장시키는 데 공헌하였다. Bandura는 기존의 행동주의 학습이론인 고전적·조작적 조건형성이론의 한계를 지적하기 위해 겉으로 나타난 행동 자체만이 학습되었음을 의미하는 것은 아니라고 주장한다. 일례로 어떤 학생이 분수를 곱하는 문제를 틀렸다고 해서 그 학생이 반드시 곱셈의 과정을 모른다고 이야기할 수는 없다. 그 학생이 문제를 틀린 것은 주변의 시끄러운 상황 때문에 정신이 없어서 집중하지 못했기 때문일 수도 있고, 그 학생이 곱셈이라는 단어를 알지 못했기 때문일 수도 있다. 스케이트를 배우는 사람이 곧게 다리를 펴지 못한다고 해서 그 사람이 아직 스케이트의 기본을 학습하지 못했다고 확신할 수는 없다. 그 사람은 이미 곧게 다리를 펴는 방법을 학습했지만 신체의 신경조직 이상 때문에 곧게 다리를 펴는 행동에 어려움을 겪고 있을 수도 있다. 이처럼 무언가를 인지하고 지식을 가지고 있다는 것은 무언가를 행위하고 나타내는 것 이상일 수 있다.

요약하자면, Bandura는 학습과 관련하여 학습은 강화작용 없이 단순히 모델을 관찰하는 것만으로도 형성될 수 있다고 주장하였다. 그는 이러한 관찰을 통한 학습의 과정을 모델링(modeling)이라는 용어로 명명하였다. 모델링 과정을 통해서 알 수 있는 것은 행위로 나타나지 않는다고 해서 학습이 일어나지 않았다고 단정할 수는 없다는 사실이다. 이러한 믿음을 바탕으로 Bandura는 점차 학습에서의 자기 지각, 기대, 믿음 등과 같은 인지적 속성에 초점을 맞추어 왔다. 최근 Bandura의 이론을 사회인지이론(social cognitive theory)이라고 부르는 이유는 그가 이러한 인지적 속성을 강조하기 때문이다. Bandura의 학습이론은 사회학습이론(social learning theory)이라 부르기도 하는데, 이는 그의 학습이론이 사회 상황과 환경의 역할을 강조하기 때문이다(Hill, 2002).

사회인지이론에서는 학습을 실행학습(enactive learning)과 대리학습(vicarious learning)으로 나누어 볼 수 있다고 하였다. 첫 번째 학습 형태인 실행학습은 무엇인가를 실제로 실행하고 그 결과에 대한 경험에 의해 학습이 형성되는 것을 의미한다. Bandura가 이야기하는 실행학습은 조작적 조건형성과 일맥상통하는 점도 있지만 다른 점도 있다. 조작적 조건형성에서는 행동 결과는 그 자체로 후속 행동의 빈도를 결정하는 정보를 제공할 뿐이라고 설명한다. 그러나 Bandura에 따르면 인간은 자신의 행동 결과에서 얻은 정보를 바탕으로 기대와 동기 혹은 믿음체계를 발달시키며, 행동의 빈도를 결정하는 것은 결과 자체가 아니라 결과에 대한 개인의 해석이다. 행동의 결과에 대해 만족을 느끼면서도 그 행동을 지속하지 않을 수 있는 것이 인간만이 가진 특성이라는 설명이다.

사회인지이론에서 제시하는 두 번째 학습 형태는 무시행학습이라고 불리는 대리학습이다. 타인의 행동을 관찰하는 것만으로도 학습이 일어날 수 있다는 사실은 모든 학습은 인지작용에 대한 고려 없이 충분히 설명될 수 있다는 극단적 행동주의자들의 주장에 의문을 제기한다. 교사는 교실 상황에서 자신이 인지하고 있든 그렇지 않든 대리학습의 원리를 빈번히 사용한다. 수학경시대회를 열어 성적이 우수한 학생에게 우수상을 주거나 1년간 지각을 하지 않고 개근한 학생에게 개근상을 주는 것 등은 단지 그 학생에게 강화를 주는 것만이 아니다. 우수하고 근면한 학생이 칭찬과 상을 받는 것을 봄으로써 다른 학생들 역시 그러한 행동에 대한 강화를 받기에 교사는 대리학습의 원리를 사용하여 모든 학생의 행동을 강화하고 있는 것이다.

Bandura의 이론이 각광을 받는 이유 중 하나는 인간의 독특성에 대한 인식 때문이다. Bandura는 인간을 역동적이고 정보 처리적이고 문제 해결적이고 무엇보다 사회적인 유기체로 보았다. 학습자가 직접 경험으로 학습하건 대리 경험으로 학습하건 모든 학습과정에는 상호작용하는 타인들이 존재한다. 개인의 수행 기준과 도덕적 판단 기준들을 포함하는 인지가 발달되는 것은 관찰과 타인들과의 상호작용에 기반을 두고 있다. 게다가 Bandura의 연구는 전형적으로 실생활 상황과 문제에 기반을 두고 있다. 그의 연구 주제는 개인과 개인 간의 인간적인 상호작용이지, 무의미 철자 목록을 학습하는 인간 혹은 미로를 달리거나 스키너 상자에서 지렛대를 누르는 쥐가 아니다. Bandura(1977b)는 인간의 상징화 능력을 강조하였다. 인간은 사건들을 표상할 수 있으며, 의식적 경험을 분석하고, 타인들과 소통하고, 계획하고, 창조하고, 상상하고, 예견적인 행동을 할 수 있는 존재라고 하였다.

사회인지이론에 대한 최근 글에서, Bandura(2002a, 2002b)는 인간 작용력(human agency), 즉 미래 사건들에 영향을 주는 인간 내면 행동의 의식적 계획과 의도적 실행을 강조한다. Bandura(2001)에 따르면, "인간은 외부의 사건에 의해 구성된 많은 것들을 단지 구경만 하는 존재가 아니다. 인간은 단순히 수동적으로 경험을 하는 존재라기보다 경험의 주체다. 감각 시스템, 운동 시스템 그리고 뇌 시스템은 인간이 자신들의 삶에 의미와 만족을 주는 과제와 목표를 성취하기 위해 사용하는 도구들이다."(p. 4)라고 하였다. 이와 같은 맥락에서 Bandura는 인간의 '주체적 조망'을 강조하였다. 주체적 조망이란 인간이 주체적으로 미리 계획하고 인지하는 것을 의미한다. 인간은 미리 계획하면서 학습을 하는데, 이때 학습은 인지 도식들에 의해 결정된다. 그 도식들은 인지적으로 표상된 목표에 대한 초점, 일어날 수 있는 긍정적이거나 부정적인 사건들 모두에 대한 예상 그리고 예상된 결과를 향한 진전을 유지하는 자기 수정적인 행동을 포함한다. Bandura가 이야기한 인간 작용력의 핵심 특징들은 다음과 같다.

우선 인간 작용력에는 의도성(intentionality)이 있다. Bandura(2001)는 의도성을 수행하려는 미래 행위과정에 대한 표상이라고 정의하였다. 다시 말해, 의도성은 특정 목적을 위해 행위과정을 계획하는 행위다. 예를 들어, 스케이트를 타는 법을 배우고자 한다면 강습을 통해 타는 방법을 배우고, 매일 연습하는 시간을 확보하며, 관련 정보를 수집하는 것에 대한 헌신적인 계획을 세운다. 그러나 이러한 계획 자체가 개인이 실제적으로 흥미 있는 것을 학습할 것을 보장하지는 않는다. 때론 예상된 것과 다른 결과가 발생할 수 있다.

인간 작용력의 두 번째 특징은 예지력(forethought)이다. Bandura(2001)는 예지력을 의도의 결과에 대한 예상이라고 정의하였다. 예지력은 긍정적 결과를 가져오게 하는 행동을 실행하게 하고 부정적인 결과로부터 멀어지게 한다. 즉, 행동의 동기적 기능을 수행한다. 만약 한 아동이 스케이트 선수가 되고자 계획한다면 스케이트 클럽에 합류하고, 스케이트장에서 스케이트를 잘 타는 친구들을 사귀며, 스케이트 토너먼트에서 게임을 하는 것 등을 상상할 것이다. 바이올리스트 지망생은 연주회에서 공연하거나 혹은 일상생활에서 친척과 지인들을 위해 연주하는 것을 예상할 수 있다. Bandura(2001)는 현재 실질적 결과가 없기 때문에 학습자는 예지력을 통해 '목표에 대한 인지적 표상'을 만들어 낸다고 하였다. 이와 같은 인지적 표상은 학습자가 지각하는 자기효능감, 신념, 도덕적 기준들에 의해 조절된다.

인간 작용력의 세 번째 핵심 특징은 자기 반작용(self-reactiveness)이다. 이는 사고와 활동을 연결시킨다. Bandura(2001)는 사람들에 대해 "스스로에게 자기만족, 자부심, 자기 가치감을 느끼게 하는 일을 하고, 자기 불만족, 자기 평가절하, 자기비난을 유발하는 방식으로 행동하는 것을 참는다."(p. 8)고 기술한다. 결국 사회인지이론은 효능감, 신념, 가치 요인의 중요성을 이야기하고 있다. 예지력은 행동을 계획할 때 구조를 만드는 기능을 담당하는 반면, 자기 반작용은 행동의 실제적 실행을 가져오게 하는 기능을 담당한다.

마지막 인간 작용력의 특징은 자기반성(self-reflectiveness)이다. 이는 계획과 행동의 방향, 결과, 의미에 대해 반성(reflect)하는 상위인지(meta-cognition) 능력이다. Bandura는 이에 대해서 "효능성 신념은 인간 작용력의 기반이다."라고 말하며, 지각된 자기효능감이 우리가 선택하는 활동, 그 활동들을 추구하는 강도 그리고 좌절하거나 실패했을 때 지속시키는 자발성을 결정하는 중요한 결정요인이라고 이야기하고 있다. 결과적으로 우리의 의도적 학습은 낮은 지각적 자기효능감에 의해 제한되고 높은 지각된 자기효능감에 의해 확장된다.

2. 행동수정의 원리

이 절에서는 인간 행동을 이해하고 변화시키기 위해 사용되는 학습심리학의 근간이 되는 행동수정의 원리에 대해서 살펴보고자 한다. 특정 행동을 유발시켜 그 행동의 빈도를 증가시키는 강화, 빈번하게 발생하는 특정 행동을 감소시키는 소거, 자극의 차이를 인식하고 다르게 반응하게 하는 변별, 한 상황 아래에서 학습된 행동들을 다른 상황으로 전이하는 반응을 하게 하는 일반화, 최종 목표에 맞춰 각각의 단계들마다 강화를 함으로써 원하는 최종 행동과 목표를 달성하게끔 하는 조성에 대해서 살펴볼 것이다.

1) 강화의 원리

강화물(reinforcer)은 행동을 유발하는 혹은 행동의 빈도를 증가시키는 결과라고 정의할 수 있다. 강화물의 효과는 결과로써 증명되어야만 한다. 개인의 행동을 유발하게 하는 것을 증명하기 전까지는 어떤 특정한 결과를 강화물이라고 생각할 수 없다. 예를 들어, 아이에게는 초콜릿이 강화물이라고 일반적으로 생각할 수도 있지만 밥을 많이 먹고 난 후에는 초콜릿이 별로 만족스럽지 않을 수도 있고, 어떤 아이는 초콜릿을 원래 좋아하지 않을 수도 있다. 예를 들어, "나는 내 아이에게 공부를 잘하게 하기 위해서 시험을 잘 볼 때마다 용돈을 올려주는 강화물을 사용하여 강화를 하였지만 효과가 없었어요."라고 말하는 학부모가 있다고 하자. 이 경우 아이의 용돈을 올리는 것이 그 아이의 공부하는 행위를 유발하지 못한다면 학부모는 강화물이라는 용어를 잘못 사용하고 있는 것이다. 특정 보상이 모든 조건에서 모든 사람에게 강화물로 기능하지는 않는다.

(1) 일차 및 이차 강화물

강화물은 크게 일차 강화물과 이차 강화물의 두 가지 범주로 구분할 수 있다. 일차 강화물(primary reinforcers)은 행동을 유지시키고 증가시키는 보상으로, 기본적인 인간의 본능을 충족시킨다. 일차 강화물의 예로는 음식, 물, 안전, 따뜻함, 성욕 등을 들 수 있다. 이에 반해 이차 강화물(secondary reinforcers)은 일차 강화물 또는 아주 확고해진 이차 강화물과 연합함으로써 그 가치를 얻은 강화물들이다. 예를 들어, 어린 아이에게는 돈으로 일차 또는 이차 강화물들과 같은 것들을 살 수 있다는 것을 알게 될 때까지 돈이 아무런 의미가 없다. 성적도 주변 사람들이 좋은 성적에 신경을 쓰고 가치를 두지 않는다면 학생들에게는 별 가치가 없다. 타인의 칭찬이 인정, 존중, 힘 그리고 다른 강화물과 연합되어 있기 때문에 가치가 있는 것이다. 돈과 성적은 그 자체로는 가치가 없지만 일차 강화물이나 아주 확고해진 이차 강화물과 연합되어 있기 때문에 이차 강화물의 예가 된다. 이차 강화물에는 세 가지 기본 영역인 사회적, 활동적, 상징적 강화물들이 있다. 사회적 강화물은 칭찬, 미소, 포옹, 관심과 같은 것을 의미한다. 이차 강화물의 다른 영역인 활동적 강화물은 장난감, 게임, 재미있는 놀이 등을 의미한다. 마지막으로 상징적(또는 토큰) 강화물은 다른 강화물과 교환할 수 있는 돈, 성적, 점수 등을 포함한다.

(2) 정적 및 부적 강화물

일차 및 이차 강화물로 구분하는 방식 외에 강화물은 정적 및 부적 강화물로도 구분될 수 있다. 학교 장면에서 빈번히 사용되는 강화물들은 학생들에게 주어지는 **정적 강화물**(positive reinforcers)인데, 이는 그 강화물을 받기 위해 특정 행동을 빈번히 발생하도록 만드는 것이다. 정적 강화물에는 칭찬, 성적 그리고 별표와 같은 것들이 포함될 수 있다. 그러나 행동을 하게 하는 또 다른 방법은 행동의 결과가 불만족스러운 상황을 피할 수 있게 하거나 불만족스러운 어떤 것들을 일어나지 않게 하는 것이다. 예를 들어, 아이들이 숙제를 마치면 청소를 하는 것을 감해 줄 수 있는데, 이 경우 청소를 하는 것을 싫어한다면 청소를 감해 주는 것이 강화물이 될 수 있다. 불만족스러운 상황을 회피할 수 있는 강화물은 **부적 강화물**(negative reinforcers)이라고 부른다. 부적 강화물이라는 용어는 종종 벌과 혼동되는 개념이다. 예를 들어, '매일 지각하는 학생을 쉬는 시간 동안 교실에 있게 함으로써 지각하는 행동에 대해서 부정적으로 강화했다.' 는 것은 벌을 의미하는 것이지 부적 강화물을 의미하는 것이 아니다 (Cipani, 1995). 용어상의 이 같은 오류를 피할 수 있는 한 방법은 강화물(정적이든 부적이든 간에)은 행동을 일으키게 하는 것이지만 벌은 행동을 약화시키는 것임을 기억하는 것이다.

(3) 내적 및 외적 강화물

일반적으로 인간의 행동이 지속되도록 하는 가장 좋은 강화물은 행동을 하는 데에 내재되어 있는 즐거움이다. 예를 들어, 대부분의 사람은 어떤 보상 없이도 상당기간 동안 할 수 있는 취미를 가지고 있다. 사람들은 다른 이유 없이 취미행위를 하는 즐거움만으로 행위를 지속적으로 반복한다. 예를 들어, 사람들은 책을 읽고, 노래 부르고, 게임을 하고, 등산을 하고, 수영을 하는 것을 좋아한다. 이렇듯 행위 자체에 녹아들어 있는 즐거움의 강화물들을 **내적 강화물**(intrinsic reinforcers)이라 부른다. 사람들이 주어진 활동에 빠져들도록 내적으로 동기화되었다고 말할 수 있다. 내적 강화물은 사람들이 강화물 없이는 하지 않을 행동들을 동기화하기 위해 주어지는 칭찬이나 보상과 같은 **외적 강화물**(extrinsic reinforcers)과 상반되는 것이다. 외적 강화물로만 아동들이 원하지 않는 행동을 하도록 억지로 강화하게 되면 내적 동기를 손상시킬 수 있다는 증거가 있다(Deci, Koestner, & Ryan, 1999; Sethi, Drake, Dialdin, & Lepper, 1995). 외적 강화물의 나쁜 효과는 아동에게 어떤 수행의 기준도 없이 행위에 대한 보상을 주거나, 아이가 보상 없이 스스로 해야 하는 활동에 대해서도 지나치게 보상할 때와 같은 상황에서 일어난다(Cameron & Pierce, 1994, 1996; Eisenberger, Pierce, & Cameron, 1999). 언어적 칭찬과 피드백의 다른 형태들은 내적인 흥미를 감소시키지 않고 증가시킨다고 알려진 외적 강화물이다. 그러므로 아이들이 스스로 해야 하는 활동들에 대해 그들에게 외적 강화물을 지나치게 주는 것은 지양되어야 한다. 그러나 대부분의 학생이 스스로 하지 않을 학교 과제들에 대해서 사용하는 외적 강화물이 내적인 동기를 손상시킬 것이라는 확실한 근거는 없으며, 특히 그것이 사회적인 것이고 학생들에게 능력과 독립심의 성장을 인지시키기 위한 것이라면 더욱 그러하다.

(4) 프리맥 원리

행동수정의 또 다른 중요한 원리인 프리맥 원리(Premack principle)는 욕구가 낮은 활동을 욕구가 더 높은 활동에 연결시켜 욕구가 낮은(낮은 강도의) 활동들을 하게 하는 것이다.

즉, 즐거운 활동들이 덜 즐거운 활동들을 하도록 강화하기 위해 사용되는 법칙이다. 옛날부터 내려오는 말인 "야채를 먹으면 놀아도 된다."라는 말은 가끔 '할머니의 법칙'이라고도 불린다. 이 외에도 "공부를 끝내면 밖에 나가 놀아도 된다." 또는 "공부를 다하고 나면 너희들에게 재미있는 이야기를 해 줄게."라고 말하는 것들이 프리맥의 원리를 사용한 행동수정 방법이다. 교사들은 덜 즐거운 활동을 즐거운 활동으로 대체하는 것으로, 그리고 덜 즐거운 활동을 성공적으로 끝마쳤느냐에 따라 즐거운 활동을 하도록 하는 것으로 프리맥 원리를 활용할 수 있다. 예를 들어, 초등학교에서 대부분의 학생이 즐거워하는 체육시간을 어려운 과목을 마친 후에 하게 함으로써 아이들이 어려운 과목에서 시간을 낭비하면 그들이 더 원하는 체육시간이 줄어들 수 있다는 것을 알게끔 하는 것도 좋은 생각일 수 있다. 다시 말하자면, 원하는 일을 허용하는 조건으로 덜 원하는 어떤 일을 하게 만드는 것이다.

2) 소거의 원리

앞서 배운 강화의 원리는 특정 행동을 유발하고 그 빈도를 증가시킨다. 그러나 강화물들이 없어진다면 어떤 일이 생길까? 결국 강화물에 의해 유발된 행동은 감소될 것이며, 마침내는 더 이상 발생하지 않을 것이다. 이러한 일련의 과정을 학습된 행동의 소거(extinction)라고 부른다. 소거과정이 순조로운 경우는 거의 없다. 강화물이 전혀 없는 경우에도 보통은 잠시 동안 행동의 비율이 오히려 증가한다. 일례로 당신이 자주 다니는 지름길 사이에 문이 있는데 어느 날 그 문이 잠겨서 열리지 않는다고 가정하자. 당신은 잠시 동안 더 세게 문을 밀어 보거나, 문을 흔들거나, 손잡이를 양쪽으로 돌려보거나, 문을 발로 차 볼 것이다. 당신은 좌절감을 느끼고 화가 날 것이다. 그러나 잠시 후에 문이 잠겼다는 것을 알고 돌아가게 될 것이다. 문이 계속 잠겨 있다면(당신은 모르지만) 그다음 며칠 동안 몇 번을 다시 시도해 볼 것이다. 그런 다음 한 달에 한 번 정도 시도할 것이고, 결국에는 아무리 가깝다고 해도 그 지름길로 가는 것을 포기할 것이다.

잠긴 문에 대한 이런 일련의 행동이 고전적인 소거 행태를 보여 주고 있다. 강화물이 처음 사라졌을 때 행동은 강화된다. 그런 다음 그 행동이 없어질 때까지 빠르게 약해진다. 그러나 한참 지나고 나서 행동이 다시 돌아올 수도 있다. 예를 들어, 일 년이 지난 후에 당신은 문이 아직도 잠겨 있는가를 알아보기 위해 다시 시도할 수도 있고, 그대로 잠겨 있다면 한참 동안 해 보지는 않겠지만 아마도 영원히 안 해 보는 것은 아닐 것이다. 소거 초기에 행동의 수준이 일시적으로 증가하는 특징적인 소거 저항(extinction burst)은 교실관리에서 중요한 결과다. 예를 들어, 교사가 질문을 했을 때 손을 들고 대답하려고 하기보다 바로 답을 소리치는 아동의 부적절한 행동을 없애기 위해 그 아동이 손을 조용히 들 때까지 그를 무시하기로 결심했다고 생각해 보자. 먼저 아동을 무시하는 것이 그의 소리 지르는 행동을 증가시키기 쉬운데, 이것은 고전적인 소거 저항이다. 그러면 당신은 무시하기가 효과가 없다고 잘못 결론을 내릴 수도 있는데, 실제로는 부적절한 소리 지르기를 계속 무시한다면 결국 소거과정으로 접어들 것이다(Schloss & Smith, 1998). 이 과정에서 당신이 굴복하기로 결정하고 아이가 서너 번 소리를 지른 다음에 지명하게 된다면 아동에게 아주 나쁜 메시지를 가르치게 될 가능성이 높다. 소리를 계속 지르면 결국은 지명을 받게 된다는 것을 아동이 학습한 것이 될 수 있다. 이것은 아마도 아동들이 '처음에 성공하지 못한다면 계속해서 시도하고 또 하라.'는 것을 배움으로써 당신이 없애려고 했던 바로 그 행동이 오히려 증가되는 결과를 가져오게 될 것이다(O'Leary, 1995).

소거의 과정에서 어떤 단서를 통해 전에는 강화를 받았던 행동들이 더 이상 강화되지 않을 것이라는 것을 학습자가 파악하게 되면 전에 학습된 행동의 소거는 빠르게 진행된다. 일례로 문이 잠긴 경우에 "이 문은 계속해서 잠겨 있을 것입니다. 다른 출입구를 사용하시오."라는 글이 쓰여 있으면 당신이 문을 열어 보려고 시도하는 횟수는 크게 줄어들 것이고, 나아가 지름길을 이용하는 횟수 역시 현격히 줄어들게 될 것이다. 위의 두 번째 예에서도 교사가 학급에서 "나는 더 이상 어느 누구도 조용히 손을 들지 않는다면 지명하지 않을 겁니다."라고 말하고 학생이 관심을 끌려고 하는 다른 모든 시도를 무시한다면 학생의 소리 지르는 행위 역시 훨씬 빠르게 소거될 것이다.

3) 변별의 원리

엄마에게 용돈을 올려달라고 요청하기에 가장 좋은 때는 언제인가? 집안이 넉넉하거나, 엄마가 기분 좋아 보이거나, 당신이 어떤 것을 특별히 잘했을 때일까? 아니면 집안 형편이 좋지 않거나, 엄마가 화가 나 있거나, 당신이 큰 실수를 했을 때일까? 당신은 분명히 전자의 상황에서 엄마에게 용돈을 훨씬 더 많이 받을 수 있을 것이다. 당신은 타인에게 어떤 것을 요청하기에 좋은 때와 나쁜 때를 변별하는 것을 배웠기 때문에 이것을 알고 있다. 변별(discrimination)은 자극의 차이를 인식하고 다르게 반응하는 것을 의미한다. 우리는 언제 행동에 대한 강화를 쉽게 받을 수 있는지 알기 위하여 주어진 단서, 신호, 혹은 정보를 사용한다. 집안의 형편, 엄마의 기분 그리고 당신의 최근 성적 등은 용돈을 올려달라는 당신의 요청이 성공할 수 있는 가능성에 관해 변별할 수 있게 해 준다.

변별을 학습하는 학생들은 그들의 반응이 맞는지 안 맞는지에 관해 피드백을 받아야만 한다. 변별학습에 관한 연구들에 따르면 일반적으로 학생들은 그들의 반응이 맞지 않는 것뿐만 아니라 맞는 것도 알 필요가 있다. 학습은 크게 보아 더욱더 복잡한 변별력을 습득하는 것이다. 예를 들어, 모든 글자, 숫자, 단어 그리고 수학적 기호들은 변별력 있는 자극들이다. 어린아이는 'ㄱ'과 'ㄴ'을 변별하는 것을 배운다. 조금 더 큰 아이는 '효과적인'과 '효율적인'의 차이점을 배운다. 교사는 학생들이 수업을 지루해하는지 또는 재미있어 하는지를 가리키는 얼굴 표정과 언어적인 단서를 변별하는 것을 배운다. 변별자극의 개념을 교실 수업과 관리에 적용하는 것은 쉽다. 교사들은 학생들에게 어떤 행동들이 강화를 받을 것이라는 것을 말해야만 한다. 이론적으로 교사는 학생이 가치 있는 어떤 것을 할 때까지 기다렸다가 그것을 강화할 수 있지만 이는 믿을 수 없을 만큼 비효과적이다. 오히려 교사들은 실제로 "강화를 받으려면 이것(칭찬, 성적, 별표)을 해야만 한다."라고 알려 주어야 한다. 그럼으로써 교사들은 학생들이 잘못된 행동을 하는 데 시간과 노력을 낭비하지 않도록 할 수 있다. 학생들은 변별능력을 사용하여 그들이 하고 있는 일에 보상이 있을 것이라는 것을 알면 더 열심히 수행하게 된다.

4) 일반화의 원리

아동이 이미 피겨스케이트를 타는 것을 배웠다면 스피드스케이트를 타는 것을 더 빠르게 학습할 수 있을까? 아동이 10에서 5를 빼는 것을 배웠다면 5에서 10을 빼는 것도 쉽게 할 수 있을까? 아동이 한자를 배웠다면 일본어의 간지를 더 쉽게 배울 수 있을까? 이러한 것을 우리는 일반화(generalization) 과정이라고 칭한다. 일반화란 한 상황에서 주어진 조건에 의해 학습된 행동들을 다른 상황으로 전이하는 것을 의미한다. 다시 말해, 일반화는 한 상황이나 과업에서의 행동, 기술 또는 개념들을 다른 것에도 응용하는 것으로, 모든 상황에서 쉽게 발생하진 않는다. 일반적으로 한 상황에서 주어진 조건에 맞춰 성공적으로 행동이 개선되었다고 하여 다른 상황에서도 똑같은 조건이 주어진다면 행동이 자동적으로 개선된다고 보장할 수 없다. 오히려 학습자는 상황들을 변별하는 것을 학습할 수 있다. 아동들의 경우 집에서나 유치원에서 어떤 행동이 칭찬을 받을 수 있고 어떤 행동이 벌을 받을 수 있다는 것을 금방 학습한다. 그러나 그들의 행동은 집과 유치원에 있는 다른 규칙과 기대들에 따라 변별을 하며 각 상황마다 아주 다르게 반응할 것이다. 그러므로 일반화가 발생하게 하려면 철저한 계획이 수반되어야 한다. 유치원에서 배운 행위들을 집에서도 전이하기 위해 일반화를 위한 계획을 세워야 한다. 일단 일반화는 비슷한 상황 또는 비슷한 개념에서 일어나기 더 쉽기 때문에 집에서도 유치원에서의 상황과 가장 비슷한 조건을 만들어야 할 것이다. 예를 들어, 아이가 유치원에서는 선생님에게 인사를 잘한다면 부모 역시 선생님의 행동을 따라 해서 일반화가 훨씬 잘 일어나도록 조력해야 한다. 그러나 때로는 매우 비슷하게 보이는 상황이라 할지라도 일반화가 잘 일어나지 않을 때가 있다. 예를 들어, 많은 학생이 통계적 공식과 지식을 완전히 숙달한 것을 보여 주지만 그 지식을 자신들의 논문 작성 때 적용하는 것은 어려워한다. 그러므로 단순히 어떤 상황에서 주어진 조건에 의해 행동이 학습되었다 하더라도, 다른 상황에서 비슷한 조건이 주어진다고 해서 그 행동을 적용할 수 있다고 일반화해서는 안 된다.

5) 조성

아동이 숙제를 하는 동안 숙제를 끝냈을 때 과목별로 반복해서 칭찬을 하는 것이 좋을까, 아니면 모든 과목의 숙제를 마쳤을 때 한 번만 칭찬을 하는 것이 좋을까? 아동이 구구단을 전부 외울 때까지 강화하는 것을 보류해야만 할까? 이에 대해서 행동수정 및 행동치료 학자들은 아동이 2단을 습득하면 바로 강화를 주고 그다음 단을 익혔을 때도 계속해서 강화를 하여, 결국 9단까지 외울 때까지 강화를 계획에 맞춰 지속적으로 주어야 한다고 주장한다. 바이올린을 가르칠 때도 완벽하게 한 악보를 연주할 때까지 강화를 보류하기보다는 중간 중간 칭찬과 관심 등의 강화를 주어야 한다. 이렇듯 계획했던 최종 행동을 이끄는 단계, 단계별 강화를 줌으로써 목표를 향해 갈 수 있도록 하는 것을 조성(shaping)이라고 부른다. 다시 말해, 행동주의 학습이론에서 말하는 조성이란 강화를 통해 학습자가 원하는 목표행동에 접근해 가게 하여 새로운 기술 또는 행동을 가르치는 것을 말한다(Walker & Shea, 1999). 예를 들어, 아동에게 자전거 타는 법을 가르칠 때는 단지 이렇게 하는 것이라고 자전거 타는 모습을 보여 주고, 아동이 자전거를 잘 탈 때까지 가만히 있다가 잘 타게 되면 강화를 주는 것이 아니다. 아이가 자전거에 올라탔을 때 강화를 주고, 뒤에서 잡아 주면서 첫 번째 페달을 돌렸을 때 강화를 주고, 그다음엔 뒤에서 잡아 주지 않았을 때도 10초간 혼자 자전거를 타면 강화를 주는 등 아이들이 결국 장시간 자전거를 혼자서 잘 탈 때까지 순서대로 강화를 주는 것이다. 이러한 방법으로 우리는 목표행동으로 이끄는 여러 단계마다 강화함으로써 아동의 행동들을 조성한다.

조성은 학습장면에서 빈번하게 이용된다. 예를 들어, 학위논문을 완성하는 경우 주제 선택, 데이터 수집, 데이터 분석, 데이터 해석, 논문 작성 등 논문이라는 한 과제에 많은 부분의 과제가 존재한다. 더불어 무엇을 연구해야 할지를 결정할 수 있는 능력이 있어야 하고, 연구 대상 선별방법, 분석방법, 논문 작성방법 등을 습득해야 한다. 논문을 작성할 때도 서론, 본론, 결론, 논의의 순서대로 기술할 줄 알아야 한다. 만약 이 모든 과정을 한 번에 알려 준 후 학생들에게 논문을 작성하라고 하고 그에 대한 최종 피드백만을 준다면 모든 학생은 논문을 완성하지 못하고 아마도 이 과정에서 별로 배우지도 못할 것이다. 그러나 지도교수가 이 과정들을 단계적으로 하나씩 가르치면서 피드백을 준다면 학생들은 점차적으로 최종 목표기술을 습득할 수 있을 것이다. 결국 학생들은 그들의 현재 능력 범위 안에 있는 행동들에 대해 강화를 받아야만 할 뿐 아니라 새로운 기술을 위해 능력을 늘리도록 해야 한다는 것이다.

3. 행동치료의 방법

행동치료는 내담자의 현재 행동을 변화시키는 데 초점을 둔다. 이에 맞춰 내담자에게 역기능적 행동을 변화시키고 기능적으로 행동하는 방법을 적극적이고 직접적으로 가르친다. 한 예로 내담자가 어떤 대상에 대해 불안과 공포를 가지고 있다면 체계적 둔감화와 이완훈련과 같은 방법을 적용하여 행동의 변화를 모색할 수 있다. 또한 내담자가 부적절한 행동을 하는 경우에는 자극통제 방법을 학습하도록 유도할 수 있다. 결과적으로 적응행동에는 강화를 사용하고 부적응 행동에는 혐오조건 형성을 사용하여 행동의 변화를 유발한다(Craighead & Nemeroff, 2004). 이 절에서는 다양한 행동치료의 방법들을 살펴보고자 한다.

1) 체계적 둔감화

체계적 둔감화(systematic desensitization)는 Joseph Wolpe에 의해 발전된 역조건 형성의 원리에 근거를 두고 있다. 이 기법은 역기능적 불안을 감소시키기 위한 것이다. 최종 목적에 도달하기 위해 그 목표와 비슷하지만 덜 혐오스러운 접근 가능한 것에서부터 조금씩 접근하여 종국에는 목표물에 대해 둔감하게 하는 기법이다. 예를 들어, 치과에 가는 것을 무서워해서 어쩔 줄 모르는 아동이 있다고 하자. 이런 경우 몇 개의 단계를 정해서 처음엔 치과 근처의 장난감 가게에 가서 놀게 한다. 그 후 아이가 놀 수 있는 공간이 있는 치과에 간다. 그다음엔 치과에 갈 때마다 사탕과 같은 강화물을 준다. 대개 이러한 많은 단계를 거치게 되면 아동은 더 이상 치과를 무서워하지 않을 것이다. 이렇듯 체계적 둔감화는 아동이 자기도 모르는 사이에 체계적인 방법으로 자신이 무서워하는 것에 반복적으로 노출되어서 역기능적 불안을 감소시키는 것이다.

대다수의 행동주의 학자들은 체계적 둔감화를 순전히 행동주의적 전략으로 분류한다. 그러나 Wolpe와 Moritz Lazarus는 사고와 행동을 연결하기 위한 풍부한 자원으로서 내담자의 정신적 과정을 언급한다. 치료과정에서 감정적인 심상의 혼합 출현으로 체계적 둔감화에 인지적 영역도 관여한다는 것이 좀 더 확실해졌다. 비록 체계적 둔감화가 본래 고전적 조건형성의 학습원리에 기초를 두고 있지만 행위자의 인지과정 역시 간과할 수 없는 요소라는 것이다. 현재 체계적 둔감화는 많은 문제(공포증, 비이성적 두려움, 불안)를 치료하기 위해 행동치료자들이 선택하는 주요한 기법이 되었다.

체계적 둔감화 치료방법은 주로 ① 긴장이완훈련, ② 불안요인의 위계설정, ③ 역조건 형성의 세 가지 기본적인 단계들로 구성된다. 첫 번째 단계인 긴장이완훈련 단계에서는 내담자의 근육 긴장을 푸는 이완훈련을 집중적으로 실시한다. 그런 후에 내담자가 갖고 있는 두려움과 공포증에 관한 구체적인 정보를 수집하여 불안을 생성하는 상황들을 위계적인 구조로 표현하게 한다. 이때 내담자가 불안 위계 목록을 직접 작성하게 한다. 마지막으로 불안 반응을 이완 반응으로 대치시키는 역조건 형성을 하게 한다. 즉, 불안 생성 상태들의 감정적인 심상을 통해서 불안요소를 내담자의 이완된 상태와 점진적으로 짝짓게 만드는 것이다.

2) 이완훈련

미국의 생리심리학자인 Edmund Jacobson(1938)이 주창한 이완훈련(relaxation training)은 사람들에게 일상생활에서 받는 스트레스에 대처하는 법을 가르치는 것으로 점점 보편화되었다. 심리적 긴장과 신체적 긴장이 상관이 있다는 가설에 기초한 이완훈련은 주요 신체 부위의 근육을 의도적으로 그리고 점진적으로 수축시켰다가 서서히 풀어 주는 동작을 반복하는 과정에서 여러 가지 다른 원인으로 야기된 심리적 긴장을 자유자재로 통제할 수 있는 기술을 터득하게 하는 것이다. 이완훈련은 일반적으로는 스트레스와 불안에 관련된 문제 해결에 효과가 있다고 보고되고 있다. 이 외에도 이완훈련이 도움이 되는 증세로는 고혈압, 기타 심장질환, 편두통, 천식, 불면증 등이 있다. 이완 절차는 자주 다른 행동기법과 결합·사용되어 상상적 둔감화 과정과 체계적 둔감화, 주장훈련, 자기관리 프로그램, 최면, 명상, 신체의 자발적인 훈련 통제, 자기 암시를 통한 상상적 기능 등으로 구성된다.

이완훈련의 단계는 다음과 같다. 먼저 내담자에게 긴장감과 이완감의 차이를 설명하며 이완훈련에 대한 간략한 강의를 한다. 그 후 조용하고 포근한 환경에서 깊고 규칙적인 호흡과 함께 근육을 이완시킨다. 근육 이완과 함께 내담자에게 정신적으로 즐거운 상상을 하도록 유도한다. 이완훈련에서는 내담자에게 적극적으로 긴장을 느끼고 경험하게 하며, 내담자의 근육이 점점 긴장되고 이완되어 가는 과정에 주의를 집중시키고, 이런 긴장과 이완을 충분히 경험하도록 하는 것이 도움이 된다. 이렇듯 긴장감과 이완감 간의 차이점을 충분히 경험하게 하는 것이 중요하다. 이완훈련은 모든 중요 근육을 이완시키기 위해 사용될 수도 있고, 단지 특정 부위의 근육만을 이완시키기 위해 사용될 수도 있다. 이완훈련의 장점은 반복적 훈련을 통해 특정 부위가 긴장되었음을 미리 간파한다는 점이다. 이완훈련은 특정 근육 하나가 긴장되어 있음을 모르고 있다가 나중에 이 긴장 상태가 확대되어 발생하는 심한 두통, 견비통, 요통을 일어나기 전에 예방할 수 있게 해 준다.

3) 토큰경제

사탕 및 칭찬과 같은 조건강화물은 일시적인 반면, 돈과 같은 조건강화물은 지속적이다. 그래서 사탕과 같은 강화물과 교환될 때까지 계속해서 축적이 가능하다. 후자와 같은 강화물을 토큰이라고 부르고, 이와 같은 토큰으로 원하는 조건강화물들을 살 수 있게 하는 프로그램을 **토큰경제**(token economy)라고 부른다. 예를 들어, 내담자가 바람직한 행동을 했을 때 토큰을 나누어 주어 나중에 음료수, 사탕, 입장권 등 내담자가 원하는 물건이나 권리와 바꿀 수 있도록 한 것이다. 치료기관에서 상담자들이 아동 내담자들에게 바람직한 행동을 할 때 스티커를 주는 방법은 토큰경제를 적용한 것이다. 이 방법은 아동이나 정신지체 환자의 행동수정에 유용하다. 토큰 강화물을 사용하는 것에는 두 가지 장점이 있다. 첫째, 바람직한 행동이 일어나자마자 곧바로 제시될 수 있고, 나중에 지원 강화물로 교환될 수 있다. 둘째, 토큰은 여러 사람들을 대상으로 하는 처치 프로그램에서 일관성 있게 작용하고 효과적으로 사용할 수 있는 강화물이다. 토큰경제는 주로 발달장애아를 위한 학급이나 장애가 있는 문제아를 위한 치료기관에서 문제행동을 관리하는 방식 등으로 사용되어 왔다. 그러나 토큰경제의 원리는 치료기관뿐만 아니라 지역사회에서 쓰레기 함부로 버리는 것 줄이기, 재활용 늘리기, 에너지 절약하기 등의 공공업무에도 확대·적용될 수 있다. 토큰경제는 행동수정 기법을 비교적 커다란 규모에 체계적으로 적용하는 것이다. 따라서 의도와는 달리 오용될 가능성이 있으므로 주의해야 한다. 상담자와 같이 좀 더 힘을 지닌 집단이 내담자와 같이 힘이 약한 집단의 행동을 임의대로 통제하기 위하여 강화물과 벌과 같은 행동수정의 원리를 사용할 수 있다. 그러므로 토큰경제가 내담자의 안녕을 위하여 사용된다는 것을 입증하기 위해 윤리적인 지침을 갖는 것이 중요하다. 내담자가 용인한다면 이러한 체계를 공공의 심사를 받기 위해 개방하는 것이 오용을 피하는 방법이 될 수 있다.

4) 행동계약

행동계약(contingency contracting)은 조작적 조건형성이론의 창시자인 Skinner의 생각을 보다 확대한 것이다. 행동계약은 사람이 특정 방식으로 행위를 하면 자신이 원하는 것을 가질 수 있도록 배열한 것을 의미한다. 이 상담기법은 인지적 측면도 포함한다. 둘 이상의 개인이나 집단 간에 어떤 구체적 활동에 관한 쌍방의 의무를 규정하는 서면 또는 언어적 동의를 하여, 내담자 자신이 배우거나 수정한 어떤 행동을 약속하고 그것을 지켰을 때와 어겼을 때 받을 보상과 벌칙을 내담자 스스로 혹은 내담자와 상담자 간에 계약하는 방식으로 이루어진다. 예를 들면, '네가 무엇을 하면 나는 너에게 무엇을 하겠다.'는 식의 약속이다. "네가 담배를 끊으면 용돈을 올려주겠어." "네가 아침에 일찍 기상한다면 엄마는 너에게 용돈을 올려줄 거야."와 같은 약속이다. 행동계약이란 지금까지 강화를 받지 못한 특정 행위에 대해 강화하겠다는 협약을 맺는다는 사실에서 유래된 말이다. 이러한 행동계약은 내담자에게 강한 동기를 형성한다. 이 방법은 상담자와 내담자 양자 간에 목표행동과 보상방법 등이 사전에 약속된 것이므로 일반적인 강화방법과 다르고, 특별하게는 양자 간의 합의에 의해서 약속이 명문화된다는 점에서 의미가 있다. 따라서 행동계약에서는 목표행동, 제공되는 강화물, 행동측정이나 평가방법 등을 상세하게 문서로 작성하고, 양자 간에 합의가 이루어지면 각각 서명날인을 하고 필요할 경우 한 부씩 복사해서 가질 수 있게 한다.

(1) 행동계약의 절차

① 내담자가 편안하게 느낄 수 있는 분위기를 조성한다.

② 행동계약이 무엇인지 간략하게 설명한다. 상담자와 내담자 양자 간에 목표행동과 보상방법을 사전에 약속하고 동의하는 것이라고 설명한다.

③ 구체적으로 내담자가 해야 할 행동을 선정한다.

④ 단계별로 내담자가 달성한 행동에 대해 어떤 방식으로 보상해 줄 것인지를 상호 합의한다.

⑤ 상담자와 내담자가 상호 합의한 내용을 구체적으로 계약서에 작성한다.

⑥ 계약서에 상담자와 내담자가 직접 서명 날인한다.

⑦ 계약서를 두 장으로 만들어서 상담자와 내담자가 각각 한 장씩 보관한다.

⑧ 행동계약이 이루어진 것을 축하하고 잘 해 보자고 격려한다.

(2) 행동계약의 기본 규칙

① 계약한 조건들은 즉시 이행되어야 한다.

② 처음의 계약은 달성 가능한 목표 수준에서 이루어져야 한다.

③ 단계별로 작은 보상을 자주 주는 방식으로 계약한다.

④ 행동이 발생한 직후에 바로 보상을 해야 한다.

⑤ 계약 조건은 상담자와 내담자가 모두가 합의된 내용으로 이루어져야 한다.

⑥ 계약서의 내용은 이해하기 쉬운 용어로 작성되어야 한다.

⑦ 긍정적인 방향으로 계약이 이루어져야 한다.

⑧ 행동계약은 계약서의 절차에 맞춰 그대로 이행되어야 한다.

5) 홍수법

상담자가 내담자를 강력하고도 지속적으로 문제 상황에 노출시키는 방법이 홍수법 (flooding)이다. 즉, 상담에 참여한 내담자는 관련된 문제에 마치 퍼붓는 홍수를 맞는 것과 같은 경험을 한꺼번에 받게 된다. 예를 들어, 강아지와 함께 노는 것을 두려워하는 아동이 있다고 하자. 치료자가 그 아동을 강아지와 함께 있을 수밖에 없는 방에 데려간 후 몇 시간씩 함께 놀면 아동의 강아지에 대한 공포는 소실되고, 아동은 오히려 강아지와 노는 것을 재미로 여기게 된다. 그리고 그 후에는 강아지에 대한 공포가 완전히 소거된다. 이것이 바로 홍수법에 의한 불안치료의 기본 원리다. Stampfl과 Levis(1967)에 의해 최초로 제안된 홍수법은 특히 공포증에 효과가 있는 것으로 검증되었다. 홍수법은 체계적 둔감화와는 대비되는 불안치료법이다. 체계적 둔감화가 점진적으로 자극에 노출시켜 불안을 줄이는 방법인 데 반해, 홍수법은 방대한 자극을 바로 한꺼번에 노출시켜 불안을 다루는 방법이다. Wolpe(1973)는 자동차를 무서워하는 한 여성에게 홍수법을 사용하는 실험을 수행했다. 그는 이 여성을 차에 가둬서 한 시간가량 드라이브를 시켰다. 그녀는 처음엔 무서워서 히스테리 증상을 보였지만 결과적으로 차분해졌고, 그 상황이 안전하다는 것을 깨닫게 되었다. 홍수법이 모든 내담자에게 적합한 치료법은 아니기 때문에 치료자는 치료과정에서 불안 수준에 대해서 참을 수 있는지 내담자와 논의해야 한다.

6) 모델링

상담기법으로서 모델링(modeling)은 내담자가 다른 사람의 바람직한 행동을 관찰해서 학습한 것을 수행하게 하는 것이다. 사실상 모델링의 원리는 일상생활에서 흔히 사용되지만 모델링이 행동수정 기법이라고 생각하는 사람은 거의 없다. 예를 들어, 많은 경우에 부모는 아동에게 어른 앞에서 공손하게 행동하고 말하기 등의 행동을 가르치는 데 있어 체계적이진 않지만 모델링의 원리를 사용한다. 예를 들어, 부모가 아이에게 볶음밥을 만드는 방법을 가르칠 때, 부모는 볶음밥 만드는 것을 시범으로 보여 주면서 "이렇게 하는 거야."라고 말한다. 모델링은 어린 아동뿐 아니라 모든 연령대의 사람들의 행동에 영향을 미친다. 모델링 기법에서 주요한 두 가지 측면은 다음과 같다. 우선 내담자가 모델링을 통해 모델이 행동을 수행하는 방법을 배우는 것이다. 두 번째로 내담자가 행동을 학습한 결과로서 모델에게 무엇이 발생하는가를 아는 것이다. 모델은 모방의 촉발자로서 모방자에게 행동을 촉발하는 기능을 한다. 상담자는 모델링 행동을 강화함으로써 그러한 행동을 수행하도록 동기부여를 할 수 있다. 모델링의 결과로서 그러한 행동을 수행하는 데 있어 발생하는 불안을 감소시키는 기능을 한다. 마지막으로 부적절한 행동을 계속하여 얻는 결과를 관찰함으로써 그 행동을 하지 않도록 모방자를 낙담시키는 기능을 한다. Bandura가 제안했던 모방의 세 가지 주요한 효과는 다음과 같다. 첫째, 새로운 반응이나 기술의 획득과 수행을 가져온다. 둘째, 공포 반응의 제거에 효과적이다. 셋째, 반응을 촉진하는 데 효과가 있다.

행동치료에서는 목표로 했던 행동이 나타나게 되면 강화를 주는 것이 보통이지만 그것만으로는 불충분하다. 목표행동을 보다 효과적으로 유발해 유지시키기 위해서는 모델링의 원리가 병행될 필요가 있다. 행동치료에서 모델링의 주요한 기능은 가르치기, 촉발하기, 동기부여하기, 불안 감소시키기, 낙담시키기다(Spiegler & Guevremont, 2003). 그 내용을 살펴보면, 모델링의 가르치기 기능은 행동시연(behavioral rehearsal)과 역할시연(role rehearsal)을 통해 일어난다. 역할시연이란 내담자가 실제 생활에서 특정 행동을 적절히 해낼 가능성을 증가시키려고 연습 장면에서 그것을 실행하는 것이다. 즉, 상담자가 어떤 주어진 상황에서 내담자와 함께 역할을 연습하는 것이다. 또한 상담자가 내담자를 위한 행동에 참여하여 먼저 보여 주는 참여적 모델링, 관찰될수 없으나 머릿속에서 상상해서 어떤 행동을 하도록 하는 내현적 모델링, 그리고 실물이 아닌 비디오나 필름을 통해 적절한 행동을 모방하게 하는 상징적 모델링의 기법들을 상담장면에서 사용할 수 있다.

4. 행동치료의 공헌과 비판

기존의 추상적인 상담 접근에 반해 행동치료는 구체적인 것에 초점을 맞추고 상담

기법의 적용에서 체계적인 방식을 취함으로써 상담 분야에 공헌을 하였다. 행동치료는 문제에 대해 두루뭉술하게 논의하거나 내담자의 내부 통찰을 얻는 대신 관찰이 가능한 내담자의 행동에 초점을 둔다. 따라서 상담자는 내담자가 자신의 행동을 변화시키려고 행동계획을 구성하는 것을 돕기 위해 다양한 행동 전략을 사용한다. 이러한 관찰 가능한 내담자의 행동에 초점을 둔 문제 중심적인 관점은 향후 상담 접근과 기법들을 과학적 방향으로 이끌었다.

상담기법들을 다양하게 개발해 낸 점 역시 행동치료의 주요 공헌들 중의 하나다. 행동치료에서는 상담자와 내담자의 합의에 따라 문제행동에 맞는 체계적 둔감화, 행동계약, 이완훈련 등의 구체적인 상담기술을 체계적으로 적용한다. 단지 문제에 대해 이야기하거나 통찰을 얻도록 하는 기존의 상담이론과는 달리, 행동주의적 접근에서는 내담자의 행동을 강조하기에 이 접근에 익숙한 상담자는 내담자의 행동을 변화시키는 데 도움이 될 만한 다양한 행동적 기법 또는 전략을 습득한다. 그래서 이 접근에 익숙한 상담자는 강화나 소거 등의 학습원리를 다양하게 적용하여 내담자 개개인이 당면한 문제에 맞는 상담 과정이나 기술을 적용한다.

행동치료의 또 다른 공헌은 증거가 확보(evidence-based)된 상담 절차를 확보했다는 점이다. 증거가 확보되었다는 것은 상담 효과가 증명된 상담 기법과 절차를 의미하며 상담 효과가 있는 방향으로 상담과정을 표준화시켰다는 것이다. 내담자 내면의 심리과정과 기제보다는 외현적 행동에 초점을 맞춘 행동치료의 경우 상담 효과를 측정하는 것이 상대적으로 쉽다. 따라서 이러한 증거가 확보된 표준화된 상담과정을 개발하는 것이 가능하다. 때론 상담자 스스로가 상담의 결과를 평가하여 상담이 제대로 진행되지 않는 것으로 나타나면 자신이 처음 분석한 것과 처치를 재검토하는 것도 가능하다.

윤리적 책임도 행동적 접근의 또 다른 장점이다. 행동치료는 누구의 행동이 바뀌어야 한다거나 무슨 행동이 변해야 한다는 것을 명령하지 않기에 윤리적으로 중립적이다. 그리고 환경 내에 존재하는 여러 가지 제약을 어떻게 제거할 수 있으며, 효율적인 행동의 학습을 위한 환경적 조건을 어떻게 조성할 수 있는가 하는 점을 밝혔다.

이상과 같이 행동치료는 상담 분야에 많은 공헌을 했다. 그럼에도 행동치료에 대한 비판 역시 만만치 않다. 행동치료의 가장 큰 한계는 상담과정에서 내담자의 당면 문제에만 초점을 맞춰 상담과정에서 내담자의 감정과 정서의 역할을 강조하지 않는다는 점이다. 이런 연유로 행동주의 상담자들은 내담자의 이야기를 경청하기보다 내담자의 행동을 분석하는 데 초점을 두고, 문제 해결이나 상황의 처치만을 지나치게 강조한다는 느낌을 갖게 한다. 그러나 내담자의 문제 해결에만 지나치게 신경을 쓰다 보면 내담자의 말은 충분히 듣지 못하게 된다.

이 외에도 행동주의 상담자가 자주 저지르는 실수 중 하나는 현재 문제에만 초점을 맞추기 때문에 문제행동과 관련된 사소한 것을 중요하게 취급한다는 것이다. 행동치료에서는 내담자가 가지고 있는 현재의 문제가 어떻게 생기게 되었는지에 대하여 중요하게 생각하지 않으므로 현재의 부적응 행동에 대한 원인은 무시된다. 이런 연유로 내담자의 문제에 대한 통찰이나 심오한 이해도 불가능하다. 그래서 내담자가 가진 어떤 문제가 행동주의적 접근에 의해 일시적으로 사라진다고 해도, 이 접근은 문제를 근원적으로 해결할 수 없으므로 그 행동이 곧 다른 형태로 나타날 수 있다. 일례로 자동차에 대한 공포를 지닌 내담자는 체계적 둔감화 기법을 통해 자동차에 대한 공포에서 벗어날 수 있으나, 내면의 근원적인 문제가 해결되지 않았기에 자동차 대신 다른 대상에 대한 공포를 느낄 수 있다. 이런 연유에서 행동수정 기법은 좁은 범위의 행동에만 적용 가능하다는 비판을 받는다.

행동치료에서는 인간의 고차원적 인지기능과 창조성, 자율성을 무시한다. 행동치료이론 자체가 일상생활에 기반을 둔 것이 아닌 실험실에서 동물을 대상으로 한 연구에서 나왔기 때문에 실험실 밖의 일상생활에서나 동물이 아닌 인간에게는 적절하지 않을 수 있다. 이런 연유에서 행동수정은 실제로 효과가 없는 일시적 변화일 수 있다. 나아가 이 상담이론은 행위와는 달리 관찰될 수 없는 내담자의 의사결정 과정에서 개입되는 마음 등에 대해 간과하고 있고 인간을 동물과 같이 취급한다는 점에서 비판을 받고 있다. 그 밖에 행동치료의 비판점으로는 상담에서 중요하게 여기는 상담자와 내담자의 관계를 경시하고 기법을 지나치게 강조한다는 점, 구체적인 문제행동을 수정하는 데에 효과적일지는 모르나 자기실현 측면에서는 부적합하다는 점을 들 수 있다.

✿ 참고문헌 ✿

노안영(2005). 상담심리학의 이론과 실제. 서울: 학지사.

임규혁, 임웅(2007). 교육심리학(2판). 서울: 학지사.

천성문, 박명숙, 박순득, 박원모, 이영순, 전은주, 정봉희(2009). 상담심리학의 이론과 실제(2판). 서울: 학지사.

Bandura, A. (1977a). *Social learning theory.* Englewood Cliffs, NJ: Prentice Hall.

Bandura, A. (1977b). Self efficacy toward a unifying theory of behavioral change. *Psychological Review, 84,* 191-215.

Bandura, A. (1986). *Social foundations of thought and action: A social cognitive theory.* Englewood Cliffs, NJ: Prentice-Hall.

Bandura, A. (2001). Social cognitive theory: An agentic perspective. *Annual Review of Psychology, 52,* 1-26.

Bandura, A. (2002a). Growing primacy of human agency in adaptation and change in the electronic era. *European Psychology, 7,* 2-16.

Bandura, A. (2002b). Social cognitive theory in cultural context. Applied Psychology: An International Review. *Special Issue on Psychology in the Far East, Singapore, 51,* 269-290.

Brewer, W. F. (1974). There is no convincing evidence for classical or operant conditioning processes in adult humans. In W. B. Weiner & D. S. Palermo (Eds.), *Cognition and the symbolic processes* (pp. 1-42). Hillsdale, NJ: Erlbaum.

Cameron, J., & Pierce, W. D. (1994). Reinforcement, reward, and intrinsic motivation: A meta-analysis. *Review of Educational Research, 64,* 363-423.

Cameron, J., & Pierce, W. D. (1996). The debate about rewards and intrinsic motivation: Protests and accusations do not alter the results. *Review of Educational Research, 66*(1), 39-51.

Cipani, E. C. (1995). Be aware of negative reinforcement. *Teaching Exceptional Children, 27*(4), 36-40.

Craighead, W. G., & Nemeroff, C. B. (2004). *Concise corsini encyclopedia of psychology and behavioral science.* Hoboken, NJ: Wiley.

Deci, E. L., Koestner, R., & Ryan, R. M. (1999). A meta-analytic review of experiments examining the effects of extrinsic rewards on intrinsic motivation. *Psychological Bulletin, 125,* 627-668.

Eggen, P. D., & Kauchak, D. (1992). *Educational psychology: Classroom connections.*

New York: Macmillan Publishing Company.

Eisenberger, R., Pierce, W. D., & Cameron, J. (1999). Effects of rewards on intrinsic motivation—Negative, neutral, and positive: Comment on Deci, Koestner, and Ryan. *Psychological Bulletin, 125,* 677-691.

Hill, W. F. (2002). *Learning: A survey of psychological interpretations* (7th ed.). Boston: Allyn & Bacon.

Jacobson, E. (1938). *Progressive relaxation.* Chicago: University of Chicago Press.

Mazur, J. (1990). *Learning and behavior* (2nd ed.). Englewood Cliffs, NJ: Prentice-Hall.

Myers, C. (1970). Journal citations and scientific eminence in contemporary psychology. *American Psychologist, 25,* 1041-1048.

O'Leary, S. G. (1995). Parental discipline mistakes. *Current Directions in Psychological Science, 4*(1), 11-13.

Olson, M. H., & Hergenhahn, B. R. (2009). 학습심리학[*An introduction to the theories of learning*] (김효창, 이지연 공역). 서울: 학지사. (원전은 2008년).

Premack, D. (1965). Reinforcement theory. In D. Levine (Ed.), *Nebraska symposium on motivation.* Lincoln: University of Nebraska Press.

Schloss, P. J., & Smith, M. A. (1998). *Applied behavior analysis in the classroom* (2nd ed.). Boston: Allyn & Bacon.

Sethi, S., Drake, M., Dialdin, D. A., & Lepper, M. R. (1995, April). *Developmental patterns of intrinsic and extrinsic motivation: A new look.* Paper presented at the annual meeting of the American Educational Research Association, San Francisco.

Skinner, B. F. (1948). *Walden two.* New York: Macmillan.

Skinner, B. F. (1971). *Beyond freedom and dignity.* New York: Knopf.

Slavin, R. E. (2004). 교육심리학: 이론과 실제[*Educational psychology*] (강갑원, 김정희, 김종백, 박희순, 이경화, 장인실 공역). 서울: 시그마프레스. (원전은 2003년).

Spiegler, M. D., & Guevremont, D. C. (2003). *Contemporary behavior therapy* (4th ed.). Belmont, CA: Wadsworth.

Stampfl, T. G., & Levis, D. J. (1967). Essentials of implosive therapy: A learning theory based psychodynamic behavioral therapy. *Journal of Abnomal Psychology, 72,* 496-503.

Walker, J. E., & Shea, T. M. (1999). *Behavior management: A practical approach for educators* (7th ed.). Upper Saddle River, NJ: Merrill.

Wolpe, J. (1973). *The practice of behavioral therapy.* Oxford, UK: Pergamon Press.

제7장
인본주의 관점

　이 장에서는 심리학의 제3세력으로 분류되는 인본주의 관점에 기초를 둔 상담이론을 살펴보고자 한다. 인본주의 관점은 정신분석의 생물학적 인간관과 행동주의의 기계적 인간관에 반대하여 개인의 주관적인 경험과 의미 있는 삶을 추구하고자 하는 인간의 의지를 강조하였다. 심리학에서 인간에 대한 철학적 관점의 변화를 역사적으로 살펴볼 때, 인본주의적 관점은 1964년에 공식적으로 출범하였다. 인본주의 관점에 속하는 주요 상담이론은 실존주의 철학에 기반을 둔 실존주의 상담이론, Rogers의 인간중심 상담이론, Perls의 게슈탈트 상담이론 등이 있다. 인본주의 관점에 속한 상담이론들은 공통적으로 인간을 총체적으로 보며 개인의 주관적인 경험을 존중하고, 개인의 자유, 선택, 가치, 책임, 자율성, 목적, 의미와 같은 개념을 강조한다. 뿐만 아니라 인본주의 관점의 상담에서 상담관계는 단순히 상담의 성과를 촉진시키는 맥락적 요인 이상의 의미를 지닌다. 인본주의 접근에서 상담관계는 다른 어떤 개입이나 기법보다 중요하며 상담관계 자체가 상담의 성과를 가져오는 가장 중요한 핵심 요인으로 이해된다.

　이 장에서 다루게 될 실존주의 상담이론, 인간중심 상담이론 그리고 게슈탈트 상담이론은 공통적으로 인본주의 관점에서 출발하지만 인간 이해에 대한 핵심적인 강조점에서 차이가 있으며, 이러한 인간에 대한 관점의 차이는 상담관계와 상담기법 등 상담과정에서 차별적 강조점을 갖는다.

실존주의 상담이론은 특정 이론가에 의해서 주창된 상담이론이라기보다는 여러 실존주의 철학자들에 의해 제시된 실존주의 철학을 상담에 적용하고자 한 시도로서 이해하는 것이 더 타당하다. 따라서 실존주의 상담이론의 별도의 학파나 구체적인 기법으로 정제된 이론적 모델보다는 인간에 대한, 인간의 변화에 대한 상담자의 근본적인 철학을 강조한다. 실존주의 상담이론은 존재의 의미, 자유와 책임, 사랑과 소외, 삶과 죽음 등 인간의 삶에서 가장 기본적인 실존적 명제들을 중심으로 내담자의 경험을 이해하고자 하였다.

Rogers의 인간중심 상담이론은 인간은 본질적으로 선하며 성장을 위한 잠재력을 지니고 있다고 본다. 인간이라면 누구나 성장하고자 하는 경향성을 가지고 있다는 것이 Rogers의 기본적인 인간관이다. 그의 인간중심 상담이론은 인간이 진솔성, 무조건적인 긍정적 수용, 공감적 이해를 경험할 때 타고난 성장 경향성이 발휘된다는 점을 강조하고 이를 상담에 적용하였다.

Perls의 게슈탈트 상담이론은 인간이 자신의 사고, 감정, 행동을 통해 내적으로나 외적으로 야기되는 사건과 접촉하며 살아가며, 이러한 접촉에서 경험되는 현상을 있는 그대로 자각하고 수용하여 살아가는 것을 선택해야 함을 강조하였다. 게슈탈트 상담이론은 개인의 경험의 접촉과 수용에 대한 책임을 강조한다는 점에서 경험적이며 동시에 실존적이기도 하다. 게슈탈트 상담이론은 개인이 실존적 존재로서 자신의 경험을 접촉하고 수용하는 과정을 촉진하기 위한 다양한 상담기법을 제안하였다.

이 장에서는 인간관, 주요 개념, 상담과정에서 나타나는 상담관계, 상담기법 등을 중심으로 인본주의 관점의 대표적 상담이론인 실존주의 상담이론, 인간중심 상담이론 그리고 게슈탈트 상담이론을 살펴본다.

1. 실존주의 상담이론

실존주의 상담이론은 한 특정 이론가에 의해 발전된 이론적 접근이 아니다. 실존주의 상담이론은 Søren Aabye Kierkegaard, Martin Heidegger, Karl Theodor

Jaspers, Friedrich Wilhelm Nietzsche, Jean Paul Sartre, Albert Camus 등의 철학
사상가들에 의해 주창된 실존 철학에서 시작된 실존과 연관된 주제들(예를 들어, 존
재, 선택, 자유, 죽음, 소외 등)에 대한 관심으로부터 시작되었다. 특히 산업 및 과학 혁
명의 가속화, 급격한 도시화의 경제적 혼란, 강대국들에 의한 지배 등의 사회현상은
사람들로 하여금 전통적 가치와 삶의 참의미에 대한 새로운 의미를 제기하게 하였
다. 실존주의 철학은 인간이 본래 자기에 대한 각성과 함께 스스로 책임을 지고 결단
하며 행동해야 할 필요성에 대한 인식으로부터 시작되었다. 뿐만 아니라 이러한 실
존주의 철학에 영향을 받은 상담자들은 그 당시까지 인간에 대한 이해의 주를 이루
었던 인간을 내적 충동의 산물로 보거나 외적 환경의 산물로 보았던 정신분석이론과
행동주의 이론은 인간 본래의 의미를 찾는 데 한계가 있음을 깨닫고 내담자의 실존
또는 있는 그대로의 경험을 중시하고 그것의 의미와 가치를 실현시키는 데 관심을
갖게 되었다. 이러한 실존철학의 핵심 주제들을 상담 및 심리치료에 적용하고자 했
던 Victor Frankl(1905~1997), Rollo May(1909~1994), Irvin Yalom(1931~) 등의
이론가의 시도로 실존주의 상담이론이 시작되었다.

　　Yalom(2007)은 실존주의 상담이론을 보다 명료하게 설명하기 위해서 실존주의 상
담을 개인의 실존에 깊이 뿌리 내리고 있는 실존적 관심에 초점을 두고 있는 역동적
상담접근이라고 정의했다. 역동적 접근은 Freud가 인간의 정신기능을 설명하기 위
해 사용한 개념이다. 즉, 인간의 사고와 감정과 행동은 인간 내부 갈등에서 발생하는
힘의 결과라는 것을 의미한다. 그리고 Freud는 이러한 힘이 의식 수준에서 존재하는
것이 아니라 무의식 수준에 존재한다고 보았다. 실존주의 상담이론은 이러한 역동적

Victor Frankl

Rollo May

Irvin Yalom

관점을 사용하지만 이러한 내적인 의식과 무의식의 갈등 내용이 무엇인가에 대해서 정신분석이론과는 차이가 있다.

실존주의 접근은 인간이 주어진 실존에 직면함으로써 생기는 갈등을 인간의 심리 내적 역동의 핵심으로 보았다. 여기서 실존에 직면함으로써 생기는 갈등의 주요 내용이 바로 실존주의 철학의 주요 주제에서 출발한다. 따라서 실존주의 상담이론은 과학적인 실증적 증명에 관심을 갖기보다는 깊고 직관적인 인간에 대한 철학적 이해에 기초한다. 많은 상담자나 상담을 공부하는 학도들에게 실존주의 상담이론은 다른 상담이론에 비해서 어렵다거나 막연하다거나, 혹은 혼란스러움을 가져다주기도 한다. 하지만 한 개인의 실존적 관심인 존재의 의미, 자유와 책임, 사랑과 소외, 삶과 죽음의 주제들은 인간의 일생에서 가장 기본적인 명제들을 다루고 있기 때문에 실존주의적인 접근은 삶에 있어 보다 근본적인 시각을 제시해 주기 때문에 내담자 그리고 더 나아가 한 인간으로서의 상담자 자신에 대한 깊은 이해를 제공해 준다.

이 절에서는 실존주의 상담이론의 기초를 이루고 있는 인간관을 기초로 실존적 관심, 즉 죽음, 자유와 책임, 소외, 무의미의 주요 개념을 살펴보고, 이러한 주제들이 상담목표와 상담관계 그리고 상담과정에 어떻게 적용될 수 있는지를 살펴보자.

1) 인간관

실존주의 상담이론은 현상학과 실존주의 철학에 기반을 두는 인본주의적 관점에 기초한다. 인간은 Freud가 제시한 것처럼 단순히 무의식에 기초한 욕구에 의해 좌우되지도 않으며, 동시에 환경에 의한 보상과 강화의 원리에 의한 학습의 결과로도 설명되지 않는다. 인간은 정신분석적 접근과 행동주의적 접근으로는 설명할 수 없는 인간 특유의 존재방식을 가지며, 이러한 존재방식이 바로 실존이다. 실존주의 상담이론의 근간이 되는 실존주의 철학은 바로 이러한 인간의 존재방식을 규명하고자 한 노력이라고 볼 수 있다. 그렇다면 실존주의 철학자들과 그들의 철학적 사고를 상담에 적용한 이론가들이 강조한 인간 본성에 대한 실존적 가정에 대해 살펴보자.

첫째, 인간은 자기에 대한 인식을 하는 존재다. May(1981)는 Descartes의 "나는 생각한다. 그러므로 나는 존재한다." 라는 말을 "나는 존재한다. 그러므로 나는 생각하고, 느끼고, 행동한다(I am, therefore I think, I feel, and I do)." 라고 바꾸어 표현하였다. 즉, 인간은 다른 동물과 달리 스스로의 존재에 대해 인식하며, 이러한 지속적인 인식 과정은 인간을 주체적이며, 스스로에 대해 책임을 지는 존재임을 강조한다. Heidegger는 『존재와 시간(*Being and Time*)』에서 인간의 존재방식을 망각상태이거나, 존재에 주의를 기울이는 상태로 구분하여 설명하였다. '존재론적 양식'이란 '실존'을 의미하는 그리스어인 '*ontos*'에서 파생되었으며, 이는 계속해서 존재에 주의를 기울이는 것을 의미한다. 이 상태는 인간이 존재의 연약성에 대해 인식하는 것뿐만 아니라 자신의 존재에 대한 책임도 인식하는 것을 말하며, 이러한 상태에서만이 인간은 자신을 변화시킬 수 있는 힘을 가지게 된다.

둘째, 인간은 선택의 자유를 가지며 자신의 선택에 대한 책임을 지는 존재다. 인간 실존의 가정 중 하나는 인간이 이 세상에 우연히 던져진 존재라는 점이다. 그러나 인간은 비록 자신의 선택에 의해 태어나지 않았다 하더라도 자신이 태어난 상황에서 어떻게 삶을 살아갈지는 스스로 선택하는 존재다. 어떤 경우에 우리는 자신의 과거 환경을 탓하고 자신이 가진 선택의 자유를 포기하고 스스로에 대한 책임에서 벗어나고자 하기도 한다. 그러나 실존주의적 관점에서 볼 때 이러한 선택의 회피는 결국 자신의 실존을 부인하는 셈이다.

셋째, 인간은 스스로 자신의 삶에 의미를 추구하는 존재다. Frankl(1988)은 그의 저서에서 '삶의 물음에 '예.'라고 대답하라.'라고 촉구한다. 그는 나치 강제 수용소에서 수감하는 고통을 겪으면서도 그러한 극단적인 상황이 인간이 스스로 의미를 추구하고 존재하는 것을 파멸시키지 못한다는 점을 강조하면서 인간이 삶에서 의미를 찾고자 하는 주요 동기를 가진 존재, 즉 '의미에의 의지(willing to meaning)'를 가진 존재라는 점을 강조하였다.

넷째, 인간은 죽음의 불가피성을 자각하고 진정한 삶을 살아가는 존재다. 인간의 생명은 유한하다. 우리는 언젠가는 죽을 것이며 그 죽음이 언제 찾아올지는 아무도 예측할 수 없다. 하지만 이러한 실존적 가정을 깨닫는 것은 역설적으로 우리가 진정으로 삶을 살아가도록 하는 조건이다. 인간을 인간답게 하는 특성 중 하나는 바로 죽음의 불가피성을 받아들이는 것이다(Corey, 2010). 인간은 죽음의 불가피성을 자각할 때야 비로소 삶의 유한성 때문에 보다 진지하게 지금-여기의 삶을 살아가게 된다.

다섯째, 인간은 자신의 정체성을 창조하고 그와 동시에 다른 사람과 의미 있는 관계를 맺는 존재다. Kierkegaard에게 있어서 인간이 실존한다는 것은 신 앞에 단독자임을 뜻한다. 실존주의자들은 우리가 어떤 사람에게도 의존할 수 없다는 단독의 경험을 할 때야 비로소 결핍이 아닌 충만에 바탕을 둔 진정한 타인과의 관계를 형성할 수 있다고 본다. 인간은 혼자라는 사실을 받아들이면서 스스로 자신의 존재 경험을 바탕으로 정체감을 형성하며, 자신의 정체감 형성을 바탕으로 타인과 견고한 관계를 가지게 된다.

2) 주요 개념

가장 분명하고 이해하기 쉬운 실존적 관심은 죽음이다. 우리는 지금은 존재하지만 언젠가는 존재하지 않을 것이다(Yalom, 2007). Spinoza의 표현에 따르면, 모든 것은 인간의 존재에서 존속하려고 노력한다. 핵심적인 존재론적 갈등은 피할 수 없는 죽음에 대한 자각과 동시에 계속 살고자 하는 소망 사이에 일어나는 갈등으로 이해될 수 있다. 실존주의적 관점에서 볼 때, 인간은 죽음으로부터 도망칠 수 없으며, 그 때문에 인간은 죽음에 대한 근원적인 공포를 가질 수밖에 없다. 따라서 인간은 자신이 죽을 수밖에 없는 존재라는 사실, 즉 죽음의 불가피성을 받아들이는 것이 가장 인간을 인간답게 하는 특성이다(Corey, 2010). 실존주의 상담이론에서 죽음에 대한 명확한 자각은 오히려 인간의 삶을 풍부하게 하고, 인간은 존재론적 갈등을 통해 실존의 의미를 찾을 수 있다고 본다.

(1) 자유와 책임

Heidegger(1962)는 인간을 '던져진 존재(Being thrown into the world)'라고 보았다. 즉, 인간은 자신의 의지와 상관없이 세상에 태어났다. 그렇다면 인간은 자신의 의지와는 상관없이 이 세상에 태어났기 때문에 그저 삶에 안주하며 피동적으로 살아간다는 의미일까? 인간은 비록 자신의 의지와 상관없이 던져졌지만 그 이후의 삶에 대해서는 스스로의 선택의 자유가 있으며, 그러한 선택에 대해서 책임을 져야 한다. May(1981)는 자유란, 그 특성이 특별히 규정되어 있지 않기 때문에 서로 다른 방향으로 나타날 수 있다고 보았다. 즉, 인간은 스스로 자신의 삶을 풍부하게 만들고, 발전 가능성을 최대한 발휘하며 살아갈 수도 있고, 또는 삶에서 철수하거나 외부와 단절하고, 자신의 성장을 외부에 맡긴 채 살아갈 수도 있다.

(2) 실존적 소외

실존적 소외는 우리가 인간관계에서 느끼는 소외나 자기 자신의 내적 소외(자기 자신의 특정부분으로부터의 고립)가 아니라 보다 근본적인 소외를 말한다. 즉, 실존적 소외는 다른 어떤 종류의 소외도 초월한 피조물과 세상으로부터의 소외다(Yalom, 2007). 우리는 서로 아무리 가깝다 하더라도 궁극적으로는 혼자일 수밖에 없다. 인간은 각자의 실존에 혼자 존재하며 혼자 떠나야 한다. 따라서 인간이 절대적으로 혼자라는 사실에 대한 알아차림, 누군가로부터 보호받고 함께 있고자 하는 소망 사이에서 발생하는 긴장에서 실존적 갈등이 발생하게 된다. Yalom(2007)은 우리가 홀로임을 견뎌낼 수 없으면 타인과의 진정한 만남을 기대하기 어렵다고 본다. 즉, 인간은 타인과 진정한 관계를 형성하기 이전에 자기 자신과의 온전한 관계 형성, 즉 실존적 소외를 자각하고 수용할 수 있어야 한다.

(3) 무의미

인간은 인생이 어떤 의미를 가지는가, 우리는 왜 사는가, 어떻게 살아야 하는가에 대해 끊임없이 해답을 찾으려 한다. 하지만 인간은 던져진 존재이며, 개인에게 미리 예정된 삶은 없다. 인간은 각자 인생에서 자신의 의미를 만들고, 스스로 만든 의미에 따라 삶을 만들어 가야 한다. 이러한 실존적인 갈등은 의미 없이 우주에 던져진 채 의미를 찾는 피조물의 딜레마에서 발생한다(Yalom, 2007).

(4) 실존적 불안

실존주의적 관점에서 불안은 반드시 부정적인 것만은 아니다. 실존적 불안은 정상적 불안이며, 오히려 성장을 자극하는 건설적 불안이다. May(1981)는 자유와 불안은 동전의 양면이라고 설명한다. 결국 이러한 실존적 불안은 인간이 삶에서 필연적으로 겪게 되는 것이지만 신경증적인 불안과 달리 인간이 절망에 빠지지 않고 기꺼이 자신의 삶을 더욱 의미 있게 살아가게 하는 원동력이 되는 것으로 이해될 수 있다. Tillich(1952)는 신경증적인 불안을 극복하고 실존적 불안을 지니게 하는 구체적인 대응방식으로 '존재의 용기'를 제안했다. 존재의 용기는 우리가 실존적 불안으로 인해 야기되는 두려움을 극복하고 자기를 긍정하며 비존재의 세계를 존재의 세계로 이끌어 낸다.

3) 상담과정

(1) 상담목표

실존주의 상담의 핵심목표는 내담자가 자신의 실존을 자각하고 삶의 의미와 가치를 갖도록 하는 것이다. May(1981)는 상담 및 심리치료의 목적이 내담자를 치료하는 것이 아니라 그들이 무엇을 하고 있는지 알도록 도와주어서 내담자가 가진 잠재적 생명력을 키우는 과정이라고 보았다. 이러한 May의 정의에서 자신에 대한 자각은 실존에 대한 자각을 포함하며, 이러한 자각을 통해 내담자는 자신의 존재의 의미를 찾게 되는 것이다. 따라서 실존주의 상담의 궁극적인 목표는 내담자가 이러한 존재의 의미를 찾는 과정에서 자유롭게 선택하고 이에 대한 책임을 지며, 나아가 자신이 삶의 가치와 의미의 창조자가 되는 것이다.

이러한 궁극적인 목표를 달성하기 위해 상담에서 추구하는 구체적인 목표들은 다음과 같다. 첫째, 내담자가 자신의 내면세계를 있는 그대로 자각하도록 한다. 이 과정에서 내담자는 피할 수 없는 실존적 본질과 맞닥뜨림으로써 실존적 불안을 자각하게 된다. 둘째, 내담자는 상담에서 피할 수 없는 실존을 수용함과 동시에 자신에게 주어진 스스로의 선택과 책임의 중요함을 깨닫게 된다. 실존주의 상담은 인간이 자유로부터 도피할 수 없으며 그 자유는 책임과 관련되어 있다는 전제에 근거하고 있다. 많은 내담자가 삶에서 자신을 희생자라고 느낀다. 하지만 상담자는 궁극적으로 내담자로 하여금 그러한 상태를 만들어 내는 데 자신이 어떤 역할을 하고 있는지를 깨닫게 하고 자유와 책임을 인식하고 스스로 삶의 주인임을 인식하도록 도와야 한다. 셋째, 내담자는 죽음의 불가피성, 삶의 무의미성, 혼자임의 실존적 존재로서의 궁극적 관심을 이해하고 수용하게 된다. 이러한 실존적 자각과 수용 과정에서 나타나는 실존적 불안의 경험을 통해 내담자는 한 번밖에 없는 자신의 삶을 더욱 의미 있게 살아가게 된다.

(2) 상담에서 내담자의 경험

실존주의 상담과정에서 내담자는 자신의 세계에서 무엇을 경험하는지에 대해 보다 진지하게 돌아보는 경험을 하게 된다. 이러한 경험에는 그동안 자각하지 못했던, 혹은 외면하거나 회피했던 정서, 행동, 사고를 들여다보는 것을 포함한다. 상담에서 내담자들은 자신의 과거에 초점을 두는 것이 아니라 자신의 현재 생활에서 일어나는 경험에 집중한다. 또한 내담자들은 상담자와의 진솔한 관계 속에서 자신이 그동안 어떻게 '현재(지금)'를 선택하게 되었는지에 대해 책임을 깨닫게 된다. 상담자는 상담과정에서 내담자가 스스로 자신의 선택의 자유와 책임을 인식하고, 더 나아가 스스로의 삶의 의미를 창조하고 살아가도록 돕는 역할을 하게 된다.

내담자들은 실존적 존재로서의 자신, 즉 삶과 죽음, 성공과 실패, 자유와 책임, 확실성과 불확실성과 같은 실존을 자각하게 되면서 오히려 평안함보다는 불안을 경험하게 될 수도 있다. 그러나 이러한 불안은 없애거나 제거해야 할 것이 아니라 오히려 직면하고, 행동을 하고, 스스로 결정하는 용기를 갖게 된다.

(3) 상담관계

실존주의 상담자들은 내담자와의 관계를 매우 중요하게 여긴다. 상담관계는 그 자체로 치료적이며 궁극적인 변화를 일으키는 원동력이 된다. 따라서 상담관계에서 무엇보다 중요한 것은 인간 대 인간으로서 진솔한(authentic) 관계를 맺는 것이다. Yalom(2005)는 내담자와의 치료적 관계에 대해 다음과 같이 설명한다.

> "나는 항상 내담자와 치료적 접촉에 들어가는 일을 매우 중요하게 여긴다. 일단 누군가와 치료를 시작하면 나는 끝까지 그 사람을 지지하는 데 최선을 다한다. 내담자가 나아지도록 모든 시간과 에너지를 투입한다. 그리고 무엇보다도, 내담자와 친밀하고 진솔한 관계를 맺으려고 애쓴다."

실존주의 상담에서 상담자는 내담자의 고유한 경험을 존중하고 그의 경험에 함께하기 위한 최대한의 노력을 한다. 상담의 중심은 내담자에게로 향해 있으며 상담관계 속에서 내담자는 스스로가 자유롭게 선택하고 있는 자신을 그대로 느끼면서 자신의 내면의 세계, 즉 실존의 경험으로 들어간다.

실존주의 상담에서 상담자와 내담자의 관계는 '여행 동반자'로 묘사된다. 즉, 상담자도 내담자도 삶이라는 여행의 동반자이며, 특히 상담은 그들의 삶의 한 부분이다. 이 여행을 통해서 내담자는 상담자와 함께 자신이 경험하고 인식하는 세상을 보다 깊이 있게 탐색한다. 그리고 이러한 경험은 단지 내담자에게만 한정되는 것이 아니다. 상담은 두 사람 모두에게 의미 있는 자기 발견의 여행이다(Vontress, 1986). Bugental(1987)은 상담자의 존재 자체가 상담관계에서 매우 중요한 역할을 한다는 점을 강조하면서 많은 상담자가 이 점을 간과하고 있다고 지적했다. 그는 상담자를 '무관심한 관찰자·기술자가 아니라 내담자에게 완전하게 살아있는 인간적인 친구'라고 묘사한다(p. 49).

상담관계의 핵심은 내담자를 존중하는 상담자의 태도에 달려 있다. 상담자는 내담자가 스스로 자신의 문제를 자각하고 스스로 책임을 가지고 자신의 삶에서 대안적인 존재 양식을 발견할 수 있다고 믿는다. 이러한 상담자의 태도는 상담관계를 통해 내담자 스스로 자신에 대한 믿음을 갖게 되고 자유를 인정하며, 삶의 어려움을 직면하게 하는 용기를 갖게 하는 역할을 하게 된다.

(4) 상담기법

실존주의 상담은 상담기법을 활용하는 이론적 접근이라기보다는 상담자가 가지고 있는 인간의 실존적 본질에 대한 이해와 이를 바탕으로 한 상담자의 인간으로서의 태도를 더욱 강조한다. 실존적 접근을 활용하는 상담자는 다양한 상담이론에서 제시한 기법들을 자유롭게 사용할 수 있다. 그러나 이러한 기법의 사용은 반드시 실존적 관점에서의 상담목표와 상담자 자신과 통합되어야 한다.

Van Deurzen-Smith(1990)는 실존적 접근에서 상담자 자신의 태도의 중요성을 지적하면서 상담자 자신이 충분한 깊이와 개방성에 도달해 있어야 함을 강조하였다. 특히 상담자는 상담과정에서 내담자뿐만 아니라 상담자 스스로도 삶의 변화를 허용하고 기꺼이 변화의 과정에 함께할 수 있어야 한다. 이러한 상담자의 태도는 내담자에게 모델링이 되며 내담자는 상담자의 실존적 태도를 통해 삶에 대한 존재방식을 배우게 된다.

또한 실존주의 접근 상담에서 상담자는 내담자와 인간 대 인간으로서의 진솔한 관계를 형성하는 데 초점을 두기 때문에 상담자 자신에 대한 자기개방 사용에 있어서도 다른 이론적 접근을 취하는 상담자보다 유연하다. 상담자 자신을 상담에 사용하는 것이 상담의 핵심이며(Baldwin, 1987), 이것은 Buber가 말한 나/너의 만남에서 이루어진다. Yalom(2006)은 상담자의 자기개방이 내담자의 자기개방을 촉진시키며 내담자들이 다가가기 어려운 실존적 주제들에 좀 더 다가갈 수 있는 계기를 마련해 준다는 점에서 상담자 자기개방에 대한 치료적 유용성을 강조하였다.

　실존주의 상담에서 상담자와 내담자 간에 진솔하고 신뢰로운 관계가 형성되고 나면 상담자는 내담자가 자신의 가장 깊은 내면의 경험들을 탐색할 수 있도록 돕는다. 이러한 자기 탐색의 경험에서 상담자가 내담자로 하여금 자신의 존재방식에 대한 타당성을 확인하고, 현재 문제의 원인이 외부에 있는 것이 아니라 전적으로 자신의 선택에 달려 있음을 깨닫게 하여 스스로 변화에 대한 책임을 갖도록 하는 데 초점을 맞추게 된다.

　내담자가 일상에서 겪게 되는 문제들은 실존적 불안과 관련되어 있다. Yalom(2007)은 많은 내담자가 그들의 삶에서 피할 수 없는 네 가지 궁극적 관심사, 즉 죽음, 자유, 소외, 무의미성을 직면하게 될 때 실존적 불안이나 실존적 공허감을 경험하며, 이러한 실존적 주제들을 회피하는 삶의 존재방식을 선택할 때 문제가 발생한다고 보았다. 따라서 상담자는 내담자가 자신의 실존적 제한을 자각하고 자신의 선택의 자유와 이에 대한 책임을 가질 수 있도록 하기 위해 내담자에게 제한된 실존과 이를 피하고자 했던 삶의 존재방식들을 직면시키는 기법을 활용할 수 있다.

4) 요약

- 실존주의 상담이론은 인간의 숨겨진 본질보다는 인간의 존재방식을 철학적으로 규명하고자 했던 실존철학자들의 사상에 바탕을 두고 있다.
- 실존주의적 접근에서 인간은 진정한 자신의 모습을 찾기 위해 쉼 없이 고투하는 실존적 존재다. 인간은 스스로 자기 인식을 할 수 있으며, 이러한 자기 인식 능력이 있기 때문에 우리는 스스로 살아가는 방식을 선택하고, 선택에 대한 책임을 질 수 있다.
- 실존주의 상담자는 인간이 실존에서 직면하게 되는 궁극적인 관심사인 죽음, 자유와 책임, 소외, 무의미성의 주제들에 관심을 갖고 이러한 궁극적인 관심사를 직면함으로써 발생하는 실존적 불안을 상담과정에서 다룬다.
- 실존주의 상담에서 상담자와 내담자와의 관계는 여행 동반자로 이해되며, 이러한 상담관계의 핵심은 인간 대 인간으로 만나는 진솔함에 있다.
- 실존주의 상담은 기법의 활용보다 상담자 자신의 태도가 더욱 중요하며, 상담자

자신을 활용하는 것이 더욱 강조된다.

2. 인간중심 상담이론

Carl Rogers

인간중심 상담이론은 인간의 잠재력과 가능성에 대한 신뢰를 바탕으로 Carl Rogers(1909~1987)에 의해 창시되었다. 1960~1970년대에 걸쳐 심리상담/치료자들 간에는 정신분석과 행동주의 접근의 대안적인 접근으로 '제3세력'에 대한 관심이 증가하였다. 이러한 움직임 속에서 인간중심 접근은 인본주의 심리학에 뿌리를 두고 실존주의 철학의 영향을 받아 Rogers에 의해 발달하였다.

Rogers는 그의 임상 경험과 연구를 통해 인간중심 이론을 지속적으로 발전시켰다. 초기 그의 이론은 내담자에 대해 진단하며 지시적이었던 전통적 정신분석적 접근방법에 반대하여 비지시적 상담 접근으로 불렸으나, Rogers는 그 후 '비지시적'이라는 방법적 측면보다는 내담자가 가지고 있는 성장의 요인을 강조하면서 '내담자 중심 상담'으로 이름을 바꾸었다. 즉, Rogers는 내담자를 변화하도록 이끄는 것은 상담자의 이론이나 치료적 기법이 아니라 내담자가 가지고 있는 자기실현 경향성이며, 이를 발현시키도록 돕는 것으로서 상담관계가 중요한 치료적 요인이라고 보았다. 그 후 Rogers는 인생의 후반부에 그의 이론을 확장하여 인간에 대한 확보한 신념을 강조하며 그의 상담 접근을 '인간중심(person-centered)' 상담이론으로 수정하였다. Rogers는 내담자와 상담자의 관계에서 '인간 대 인간'의 평등한 관계를 강조하고 그의 이론을 교육, 산업, 집단, 긴장이완, 세계평화를 위한 노력 등 광범위한 영역에 적용하였다.

1) 인간관

인간중심 상담이론의 인간관은 인간이 스스로 성장하고자 하는 실현화 경향성을 가진 존재라는 점을 강조한다. 인간은 정신분석에서 말하는 무의식적 동기나 행동주의에서 말하는 환경적 요인 등 통제할 수 없는 어떤 힘에 의해 조종당하는 존재가 아니라 스스로 성장하는 방향으로 나아가려는 경향성을 타고 났다. 뿐만 아니라 인간은 스스로의 실현 경향성을 실현하기 위해 자기를 조절하고 스스로 인생의 목표와 행동 방향을 결정하는 능력을 가진 긍정적인 존재다. 따라서 각 개인은 주체적으로 자기실현을 위해 삶을 주도하며 살아간다.

한 인간의 성장은 자신이 수용받고 소중히 여김을 받을 때, 자기 자신을 돌보는 태도를 더욱더 발달시키게 됨으로써 촉진된다. 특히 이러한 경험을 Rogers는 개인의 성장을 위한 필요충분조건으로 보았으며, 구체적으로는 ① 일치성(진실성), ② 무조건적인 긍정적 관심, ③ 정확한 공감적 이해로 설명하였다.

Rogers가 말하는 인간의 성장은 자기 자신에 대한 이해를 통해 더 진실되고 온전한 사람이 되는 것을 의미하는데, 인간은 끊임없이 충만하고 진솔한 삶으로의 변화를 향해 도전한다고 본다(Rogers, 1987). Freud가 인간은 성적 욕구를 만족시키고자 하며 '만족할 줄 모르는 존재'라고 보았다면, Rogers는 인간이 자기 이해와 이를 통한 자기실현의 욕구를 전 생애를 통해 끊임없이 추구한다고 보았다. 그는 인간은 신뢰할 수 있고 자원을 만드는 존재이며, 자기 이해와 자기 지시적 능력을 갖고 있고, 건설적인 변화를 일으킬 수 있으며, 효율적이고 생산적인 삶을 영위할 수 있는 능력을 가지고 있다고 확신하였다(Cain, 1987).

Rogers는 성격발달 그 자체에 많은 주의를 기울이지 않았으나, 유아기나 아동기 초기에 중요한 역할을 하는 타인(부모)이 아동을 어떻게 평가하느냐에 따라 긍정적 혹은 부정적 자아상의 발달을 촉진하는 경향이 있음을 강조하였다. Rogers가 제시한 성격발달에 대한 이해를 위해 다음의 세 가지 개념을 살펴보자.

(1) 유기체적 가치화 과정

인간은 자신의 경험에 대해 가치를 부여하게 된다. 어떤 경험이 자기와 유기체를 유지시키거나 고양시키는 것으로 지각되면 그 경험을 긍정적으로 평가하여 더욱 추구하지만, 반대로 해가 되는 것으로 인식되는 경험은 부정적으로 평가해서 피하게 된다. 이것을 유기체적 가치화라고 하는데, '유기체적 가치화 과정'이라는 말은 가치가 고정되거나 경직되지 않고 과정 내에서 새롭게 가치를 부여받는다는 것을 의미한다(Corsini & Wedding, 2005).

(2) 긍정적 존중에 대한 욕구

모든 인간은 중요한 사람으로부터 따뜻함, 존중, 사랑과 수용 등 인정받고 싶은 기본적인 욕구를 가지고 태어난다. 이러한 욕구는 대상으로부터 분화되고 자신과 외부 세계를 구분할 수 있게 되면서부터 발달하며 지속적이다. 인간의 긍정적 존중에 대한 욕구는 중요한 타인에 의해 충족되기도 하고 좌절되기도 한다. 아동은 중요한 타인으로부터 긍정적 존중을 얻기 위해 자신의 유기체적 평가를 포기하면서까지 그들의 기대와 평가에 맞추어 그 기준과 규범들을 따라 행동하게 된다.

(3) 조건적 가치화

부모를 비롯한 대부분의 성인은 아이들에게 조건적인 긍정적 관심을 준다. 타인에게 긍정적 관심을 얻고 싶어 하는 아이들은 현재의 자기 모습이나 자기가 원하는 미래를 위해 노력하기보다 타인의 기대에 따라 행동함으로써 칭찬을 받고 인정을 받게되는데, 이러한 상황을 가치의 조건이라고 한다. 이렇게 다른 사람들의 생각과 가치를 마치 자신의 것으로 내면화하면 진정한 자기와의 접촉은 단절되고 자기소외를 경험하며, 건전한 성장과 발달에 방해를 받게 된다.

2) 주요 개념

(1) 유기체와 자기

유기체란 각 개인의 신체, 정서, 지성을 모두 포함하는 전체로서의 한 개인(the total individual)을 말한다. 유기체는 어느 한 부분의 변화가 그 유기체의 다른 부분에 영향을 미치는 아주 잘 조직된 체계다. 인간은 경험에 대해 유기체적으로 반응한다. 즉, 어떤 자극이 있을 때 그 자극에 대하여 우리의 전 존재가 반응을 한다. 이러한 의미에서 Rogers는 인간을 총체적(holistic) 입장에서 이해하고자 했다. Rogers가 "경험은 나에게 최고의 권위다."라고 말한 것처럼, 그는 한 개인을 이해할 때 전체로서의 개인, 유기체의 경험을 중시였으며, 이러한 경험의 전체가 '현상학적 장'을 구성한다고 보았다. 한 개인의 현상학적 장은 그의 주관적 세계이며 그가 행동하는 방식은 객관적 세계가 아닌 그의 현상학적 장에 달려 있다. 따라서 인간중심 상담이론에서 한 개인의 현상학적 장에서의 그의 내적 경험을 이해하는 것은 매우 중요하다.

자기(self)는 Rogers의 이론에서 매우 핵심적인 개념이다. 그의 이론에서 자기란 전체적인 현상적 장으로부터 분화된 부분으로 개인 자신의 존재의 각성 또는 기능화의 각성을 의미한다. 이와 같은 자기 발달을 통해 개인은 자기에게 속한 것 또는 자기 일부와 자신이 지각하는 다른 모든 대상들 사이를 구별하게 된다. 따라서 주로 자기는 '나'에 대한 심상과 관련된 부분으로 이해되기 쉽다. 이러한 자기는 현상학적 장의 한 부분이므로 끊임없이 변화하는 과정으로 이해된다. 즉, 자기는 유기체의 경험에 따라 끊임없이 형성된다. 그런데 이러한 자기의 형성과정은 조직적이고 일관된 패턴으로 지각되면서, 자기개념으로 유지된다. 인간은 특히 다른 사람과의 상호작용 경험을 통해 자기개념을 형성하게 된다. 이때 한 개인이 형성하게 되는 자기개념은 '현실적 자기(the real self)'와 '이상적 자기(the ideal self)'로 구분된다. 현실적 자기란 현재 자신의 모습에 대한 인식인 반면, 이상적 자기는 자신이 어떤 존재가 되어야 하는지, 또는 어떤 존재가 되기를 원하는지에 대한 인식을 말한다. 이상적 자기는 자신의 진정한 모습을 토대로 하여 현실적으로 규정되기도 하지만 많은 경우 주변의 중요한 타자들이 자신에게 거는 기대나 사회적 기대에 의해 형성되기도 한다. 특히 Rogers는 이 두 가지 자기개념을 설명하면서 현재의 경험이 자기개념과 일치할 경우 적응적이고 건강한 성격을 갖는 반면, 불일치할 경우 개인은 불안을 경험하고 부적응적이며 병리적인 성격을 갖게 된다고 보았다.

(2) 자기실현 경향성

모든 유기체는 자기 자신을 보존하고 더 나은 방향으로 형성되고자 하는 실현화 경향을 갖는다. 이러한 실현화 경향성은 모든 인간이 타고난 것으로 개인이 가진 모든 생리적 및 심리적인 욕구와 관련된다. 따라서 실현화 경향성은 사람이나 동물뿐만 아니라 모든 살아 있는 것에서 볼 수 있으며 유기체를 유지시키고 향상시킨다.

Rogers(1977)는 특히 인간은 성장과 자기 증진을 위하여 끊임없이 나아가고자 하며, 생활 속에서 직면하게 되는 고통이나 성장 방해요인을 극복할 수 있는 자기실현 경향성(self-actualizing tendency)을 가지고 있다고 보았다. 인간의 자기실현 경향성은 자신의 능력을 향상시키고 자기를 실현시키려는 모든 행동의 동기가 된다. 자기실현의 과정은 자신을 창조하는 과정이기 때문에 그것을 통하여 모든 인간은 삶의 의미를 찾고 주관적인 자유를 실천해 감으로써 점진적으로 완성되어 간다.

(3) 충분히 기능하는 사람

충분히 기능한다는 것은 현재 진행되는 자신의 자기를 완전히 지각하고, 자신의 능력을 발휘하여 자신의 경험을 풍부히 하는 방향으로 나아가는 것이다. 인간은 유기체로서 자기실현 경향성을 가지기 때문에 계속적으로 변화하고 성장하는 과정에 있다. Rogers(1959)는 충분히 기능하는 인간이 되는 목표는 개인에 의해 획득될 수 없고 건강한 대인관계에서의 경험으로부터 성취될 수 있다고 믿었다.

Rogers는 충분히 기능하는 사람으로서의 몇 가지 특징을 다음과 같이 제안하였다.

- 경험에의 개방성(openness to experience): 경험에 완전히 개방적이라는 것은 자기 자신의 본성, 즉 자신의 내면에서 일어나고 있는 것을 그대로 경험한다는 것이다. 이러한 사람은 긍정적이거나 부정적인 감정을 민감하게 인식하고 이를 억압하지 않으며 이를 자유롭게 표현하거나 받아들일 수 있으며 타인과의 관계에서도 자신을 완전히 개방할 수 있다.
- 실존적 삶(existential living): 실존적 삶을 산다는 것은 존재하는 순간에 충분히 삶을 영위하며 삶의 순간순간을 충실히 살아가는 것이다. Rogers는 인생의 매 순간은 기존의 모든 것과 구별되는 새로운 것으로 지각된다고 본다. 실존적 삶을 사는 개인의 또 다른 특징은 자기의 본질을 스스로 형성해 나간다는 것을 알기 때문에 자신의 경험을 중요하게 여기고 자발성을 갖는다는 점이다.
- 자신의 유기체에 대한 신뢰(a trust in one's own organism): 유기체적 신뢰를 갖는 사람은 자신이 해야 할 것과 하지 말아야 할 것을 판단하는 의사결정을 해야 하는 상황에서 다른 사람들의 판단이나 견해에 의존하지 않고 자신의 유기체적 경험을 판단의 기준으로 삼는다.
- 자유의식(a sense of freedom): Rogers는 인간의 행위와 선택은 과거 경험, 생물학적 신체구조, 사회적 압력 등의 영향을 받는다는 것을 인정한다. 그러나 충분히 기능하는 사람은 자신의 삶에서 선택하고 살아가고 책임지는 것이 자신에게 있다고 믿으며, 그가 원하는 것은 어떤 것이나 실제적으로 행할 수 있다고 느끼므

로 자신의 삶에 대한 지배감을 갖고 자신의 미래를 결정한다.

- 창조성(creativity): 충분히 기능하는 사람은 자신의 삶과 관련된 모든 영역에서 독창적인 창작물을 만들어 내고 창의적 삶을 사는 경향이 있다. 그들은 자신이 속한 문화에 구속되거나 수동적으로 동조하는 것이 아니라 자신의 욕구를 만족시키고 삶의 희열을 경험한다.

3) 상담과정

(1) 상담목표

인간중심 상담이론은 모든 인간이 자기실현 경향성을 타고난다고 본다. 따라서 상담에서 가장 중요한 목표는 내담자의 자기실현 경향성을 막고 있는 장애물을 제거하여 타고난 실현 경향성을 되찾도록 하는 데 있다. 이를 위해 상담자는 상호 신뢰적인 분위기를 조성하여 내담자가 거리낌없이 자기를 공개하여 자신의 내면세계를 이해할 수 있도록 돕는다. 또한 상담에서 내담자가 자신의 환경에 대한 왜곡된 지각을 수정하고 현실적 경험과 자기개념 간의 조화를 이루며 유기체적 경험 간의 불일치를 제거하게 된다. 이러한 과정을 통해 내담자는 자기에 대한 위협과 방어하려는 방어기제를 해체함으로써 충분히 기능하는 사람이 되어 자신의 능력과 개성을 최대한으로 발휘하는 자기실현을 촉진하게 된다.

(2) 상담에서 내담자의 경험

많은 내담자가 이상적 자기와 현실적 자기 경험의 불일치로 혼란을 경험하고 상담실에 오게 된다. 상담 초기에 내담자는 융통성이 결여되어 있고, 자신의 감정을 제대로 인식하지 못한다. 또한 타인과의 관계에서의 친밀감을 두려워하고 동시에 자신에 대한 믿음도 없어서 상담과정에서 상담자에게 의존적 태도를 보이기 쉽다. 그러나 상담이 진행됨에 따라 내담자는 자신의 감정을 깊고 넓게 탐색할 수 있게 된다. 특히 내담자는 불안, 죄책감, 수치스러움, 분노 등 과거에 외면했던 자신의 부정적 감정들을 경험하게 되고 이를 수용하고 표현할 수 있게 된다. 이러한 과정을 통해 내담자는 자신의 내면세계에 대한 이해가 깊어져 내담자는 방어적인 태도를 버리고 왜곡된 경험의 구속에서 벗어나게 된다. 이는 자기를 재조직하는 경험이며 이러한 과정은 본연의 자기 자신이 되어 가는 과정이기도 한다. 마지막으로 내담자 스스로가 본연의 자기 자신이 되어 갈 때 내담자는 자기 자신에 대한 신뢰감이 커지고 자신의 경험에 비추어 자유로운 판단과 결정을 내리게 된다. 따라서 상담 종결 시기가 되면 내담자가 가지고 있었던 상담자에 대한 의존적 태도는 사라지게 된다.

(3) 상담관계

인간중심 상담이론은 기법보다는 태도를 강조하며 무엇보다 상담관계의 중요성을 강조한다. Rogers는 상담자가 상담관계에서 가져야 하는 태도로 '일치성(진실성)' '무조건적인 긍정적 관심' '정확한 공감적 이해'를 제시하였으며, 이러한 세 가지 태도가 상담에서 긍정적이고 효과적인 변화를 가져오는 필요충분조건이라고 보았다. 따라서 인간중심 상담이론은 특정 상담기법을 따로 언급하지 않았으며, 이러한 세 가지 상담자의 태도를 내담자가 잘 지각할 수 있도록 하는 것이 바로 핵심 기법이 된다.

- 일치성(congruence): 내담자와의 관계에서 치료자 자신이 직업적인 모습이나 개인적인 가면을 벗고 진정한 자기 자신이 될수록 내담자는 건설적인 모습으로 변하고 성장한다. 이 말은 치료자가 '~인 체' 하지 않고 상담자가 자신의 긍정적·부정적 감정이나 태도를 투명하고 개방적이며 진솔하게 나타내는 자세다. 상담자는 자신의 감정을 지각하고 기꺼이 그것을 받아들이며, 이러한 감정이나 태도를 그의 언동에서 적절히 표현할 수 있어야 한다. 이를 통해서 치료자가 마음속에서 경험한 것, 인식된 것 그리고 내담자에게 표현된 것이 모두 잘 들어맞고 일치하게 된다.

  상담자의 진솔한 태도는 다음과 같은 기능을 갖는다. 첫째, 내담자로 하여금 상담자와 상담과정을 더 쉽게 신뢰할 수 있게 해 준다. 둘째, 내담자도 상담자처럼 자신의 약점을 굳이 숨기지 않게 되어 자신을 수용할 수 있는 가능성이 그만큼 커지게 된다. 셋째, 상담자의 진실성 반응을 경험하면서 자신도 진실성 있는 사람이 되려고 노력하는 효과를 보게 된다. 즉, 상담자가 내담자의 건강한 모델이 된다.
- 무조건적인 긍정적 관심(unconditional regard): 무조건적인 긍정적 관심은 내담자에 대해 외현적으로나 내현적으로 판단적인 행동을 하지 않는다는 것을 의미한다.

상담자가 조사 · 해석 · 승인 · 비승인하는 태도를 보이지 않고 전적으로 내담자를 신뢰하고 수용하는 것으로, 이를 통해 내담자는 자유롭게 자신의 감정을 경험하고 표현할 수 있게 된다. 수용의 전제는 내담자의 자기 이해와 자기실현 경향성에 대한 신뢰다. 무조건적인 긍정적 존중이 상담관계에서 특별히 의미를 갖는 이유는 이론적으로 볼 때, 부정적이고 자기 패배적인 순환과정을 파괴하기 때문이다(Mearns & Rhorne, 1988).

상담자가 무조건적인 긍정적 존중으로 내담자의 방어적 행동에 상관없이 그의 인간으로서의 내재적 가치를 일관되게 수용하면, 내담자의 자기 패배적 순환과정은 파괴된다. 내담자는 더 이상 자기 방어의 필요성을 느끼지 않고, 이전에는 두려워 접근하지 못했던 자신의 내면세계를 탐색할 수 있게 된다.

자기 패배적 순환과정

나는 점점 방어적으로 행동한다.

아무도 나를 좋아하지 않는다. ← 이 때문에 다른 사람들이 나를 멀리 한다.

[그림 7-1] 자기 패배적 순환과정

- 정확한 공감적 이해(accurate empathy): 공감에 대해서는 많은 정의가 내려졌고, Rogers 역시 공감에 대해 여러 정의를 내린 바 있다. Rogers가 후반기에 내놓은 정의는 '공감적 이해란 상대방이 지각하고 있는 세계로 들어가서 완전히 거기에 익숙해지고, 그가 경험하고 있는 감정, 변화의 흐름에 순간순간 민감하게 되는 것'이다. 또한 상담자가 내담자의 입장이 되어 '마치 ~처럼' 내담자를 깊고 정확하게 이해하며, 상담자가 내담자의 입장이 되어 내담자를 깊게 주관적으로 이해하면서도 결코 자기 본연의 자세를 잃지 않고 객관성을 유지하는 것이다. 이때 상담자의 공감적 이해가 내담자에게 언어적 · 비언어적 방법으로 전달되어야 한다. 정확한 공감적 이해를 위해서는 내담자의 정서적 내용과 거기에 포함된 의미를 알 수 있는 내담자의 내적 참조 틀(internal frame of reference)을 정확히 이해하는 것이 필요하다. 공감은 하나의 언어적 반응이 아니라 함께하는

(being with) 과정(process)이다.

상담관계에서 공감은 다음과 같은 기능을 한다. 첫째, 내담자는 자각의 가장 자리에 있는 함축된 감정과 의미들을 알 수 있어, 보다 깊이 있게 자기 탐색을 할 수 있게 되고, 자신의 신념과 세계관을 명료화하게 된다. 둘째, 잘 이해받고 있다는 것은 내담자의 자기 존중감을 증진시킨다. 셋째, 경우에 따라 내담자의 소외감이 해소된다. 넷째, 내담자는 자신의 과거 경험을 새로운 방식으로 보게 되고, 자기지각과 세계관을 수정할 수 있게 된다.

4) 요약

- 인간중심 상담이론은 인간의 선천적인 자기실현 욕구를 가정하는 철학에 기초한다. Rogers의 인간 본성에 대한 견해는 현상학적이다. 즉, 인간은 자신의 현실지각에 따라 자기 자신을 구성한다. 그리고 인간은 자신이 지각하는 현실세계에서 자기를 실현시키려고 한다.
- 인간중심 이론은 상담에서 일치성, 무조건적인 긍정적 존중, 정확한 공감적 이해를 필요충분조건으로 설명했으며, 이 조건들은 인간을 전진하게 하고, 잠재력을 실현하게 하는 성장-촉진적 분위기를 만든다고 보았다.
- 인간중심 이론은 내담자가 자신의 삶에서 불행을 초래하는 요인을 이해할 능력이 있다는 가정에 뿌리를 두고 내담자에게는 자기 방향 설정이나 건설적인 개인의 변화를 일으킬 능력이 있다고 본다.
- 인간중심 접근은 내담자와 상담자/치료자의 인간적 관계를 기법, 지식, 이론보다 더 중요하다고 보며, 내담자는 이 관계를 통해서 자신의 성장 잠재력을 계발하고 자신이 선택한 인간의 모습에 더 가까워질 수 있다.

3. 게슈탈트 상담이론

게슈탈트 상담이론은 독일 출생의 정신과 의사 Fritz Perls(1892~1970)에 의해 창시되었다. Perls는 초기에는 Freud의 정신분석 훈련을 받았으나 과거를 지나치게 강조하는 정신분석에 한계를 느끼고 개인의 현상학적 경험의 자각을 통합시키는 것을 강조하고자 하였다. Perls는 1950년 '알아차림(awareness)'에 관한 이론을 정립하고 처음으로 '게슈탈트 치료(Gestalt therapy)'란 용어를 사용하였다.

Fritz Perls

게슈탈트란 형태, 모양, 유형, 전체를 의미하는 독일어인 게슈탈텐(gestalten)의 명사형으로 게슈탈텐이란 '구성하다, 형성하다, 창조하다, 조직하다'라는 뜻을 가진다. 즉, 게슈탈트의 의미는 단순히 특정 형태나 모양을 뜻하는 것이 아니라 그것의 지각적 전체 또는 패턴화된 전체를 의미한다. 게슈탈트 심리학에서는 인간이 어떤 특정 대상을 지각할 때, 사물의 부분과 부분을 따로 떼어 내서 지각하는 것이 아니라 하나의 의미 있는 전체로 지각한다고 본다.

게슈탈트 상담에서 게슈탈트는 프로이트의 리비도(libido)처럼 환경과 분리되어 그 자체로 존재하는 생화학적 기제가 아니라 환경과의 관계 속에서 형성되며 해소되는 개체의 행동동기로 이해된다. 즉, 모든 개체는 모든 유기체 활동에 게슈탈트를 형성함으로써 해결하게 된다. 그러나 간혹 개체가 자연스러운 유기체 활동을 인위적으로 차단하고 방해할 때 문제가 발생할 수 있다. 따라서 게슈탈트 상담은 인간이 자신이 접촉하여 경험하는 현상을 있는 그대로 매 순간 자각하여 수용하며 살아가는 것을 강조하였다.

게슈탈트 이론은 인간을 이해하는 데 있어서 다음의 기본적인 가정에 기초하고 있다. 첫째, 게슈탈트 이론은 총체주의(holism)에 기초한다. 인간의 본성은 모든 경험들의 응집된 총체이며, 이 전체는 부분들의 합과는 본질적으로 다르다. 이러한 가정은 인간의 행동을 자극-반응의 원리로 설명하고자 했던 행동주의의 입장과는 대립된다. 게슈탈트 상담은 총체적 인간에 관심을 가지고 있기 때문에 사람의 한 가지 측면을 그리 강조하지 않는다. 게슈탈트 치료는 내담자의 생각과 감정, 행동, 신체, 꿈등에 관심을 가지며, 이러한 부분을 맞추어 가는 방법, 개인이 환경과 접촉하는 방법등과 같은 통합을 강조한다. 둘째, 게슈탈트 상담이론은 인간을 전체 장(field)의 관점에서 통합적으로 이해하려고 시도한다. 이러한 시도는 Lewin의 장이론(Field theory)에 기초를 두고 있는데, 이와 관련해서는 다음에서 보다 구체적으로 살펴보고자 한

다. 마지막으로 게슈탈트 이론은 실존적이다. 게슈탈트 치료는 인간이 있는 그대로
의 경험을 자각하고 수용하는 것을 선택할 것을 강조한다. 이는 인간이 실존적 주체
로서 자신의 경험을 왜곡하고 부인함으로써 책임을 회피하는 것을 벗어나 자신을 신
뢰하고 책임지며 살아갈 것을 강조한다.

1) 인간관

게슈탈트 이론은 총체주의, 장이론, 현상학(phenomenology), 실존주의
(existentialism) 철학에 기초한다. 게슈탈트 이론은 정신분석을 포함한 요소주의 심리
학에 반대하여 전체 장의 관점에서 인간을 통합적으로 이해하고자 하였으며, 인간은
개인이 삶을 살아가면서 스스로 자신의 길을 찾아내고 삶에 대한 책임을 질 수 있는
존재라는 점을 강조한다. 건강한 삶이란 분명하고 강한 게슈탈트를 형성할 수 있는
능력이며, 건강한 유기체는 자신에게 가장 필요한 것이 무엇인지 스스로 자각하고
해결해 나갈 수 있는 능력이 있다(김정규, 1996).

인간은 기본적으로 평형상태를 지속적으로 유지하려는 동기가 내재해 있기 때문
에(Polster & Polster, 1973) 게슈탈트를 형성하고 이를 해소할 수 있다. 평형상태를 유
지하려는 동기는 생득적이며 유기체적 동기다. 즉, 유기체는 균형과 불균형 상태를
자연스럽게 조절하는 자기 조절 리듬을 가지고 있으며, 인간은 내면의 욕구로 인해
평형상태가 깨어질 때 욕구 만족이나 제거를 통해 평형상태를 회복하려고 한다. 이
러한 인간의 자기 조절 동기는 인간이 성장하게 하는 원동력이 된다.

또한 게슈탈트 이론은 실존주의 철학에 기초하고 있다. 실존적 관점에서 볼 때, 첫
째, 인간은 책임을 질 수 있고 통합된 인간으로 생활할 수 있는 충분한 능력을 갖고 있
다. 둘째, 자신과 주변에서 일어나는 것들을 충분히 알아차릴 경우 통합된 인간으로
생활할 수 있다. 셋째, 인간은 전체적이고 현재 중심적이며, 선택의 자유에 의하여 잠
재력을 각성할 수 있는 존재다. 따라서 게슈탈트 상담자는 내담자가 스스로 책임지려
하지 않는 것에 직면시켜서 스스로의 책임에서 벗어나지 않도록 하는 역할을 한다.
이러한 상담자의 역할은 내담자가 환경적 지지에서 자기 지지로 이동하게 하는 것과
인정하지 않았던 자신의 일부를 받아들여 재통합하도록 하는 것이다. 이러한 과정에
서 상담자는 앞으로 다루게 될 게슈탈트 치료의 다양한 기법을 활용하게 된다.

Passons(1975)는 게슈탈트 이론에서 인간을 이해하는 관점을 다음과 같이 정리하였다.

첫째, 인간은 신체, 정서, 사고, 감각, 지각 등의 부분들로 이루어진 통합된 복합체이며, 이러한 각각의 부분들 중 어느 하나도 전체로서의 인간이라는 맥락을 벗어나 이해될 수 없다.

둘째, 인간은 환경의 한 부분이므로, 한 인간을 이해할 때 그가 속한 환경을 떠나서는 이해될 수 없다.

셋째, 인간은 내·외적 자극에 대해 반응하는 방식을 스스로 선택할 수 있으므로 환경 속에서 행위자이지 반응자는 아니다.

넷째, 인간은 모든 감각, 사고, 정서, 지각을 충분히 인식할 수 있는 잠재력을 가지고 있다.

다섯째, 인간은 인식능력을 통해서 선택할 수 있기 때문에 스스로 선택하고 책임질 수 있다.

여섯째, 인간은 자신의 삶을 효과적으로 살아갈 수 있는 능력이 있다.

일곱째, 인간은 현재에서만 자기 자신을 경험할 수 있다. 과거와 미래는 현재로서의 경험으로서만 의미가 있다.

여덟째, 인간은 근본적으로 선하지도 악하지도 않은 존재다.

2) 주요 개념

(1) 전경과 배경

게슈탈트 이론에서는 개체가 게슈탈트를 형성하여 지각하는 것을 전경과 배경의 개념으로 설명한다. 즉, 개체의 주변에는 많은 자극이 존재하지만 개체는 자신의 관심에 근거하여 한 가지에 집중하는데, 이때 개체가 에너지를 집중하는 지각의 중심부분이 전경이며, 관심을 두지 않는 나머지 자극이 배경이다. 따라서 게슈탈트의 형성과 해소는 전경과 배경의 순환과정으로 설명된다. 장이론에 기초한 전경과 배경의 순환과정을 살펴보자.

첫째, 개체는 장을 전경과 배경으로 구조하여 지각한다. 즉, 관심을 끄는 부분은 전경이 되고, 나머지는 배경으로 지각된다. 예를 들어, 애인을 만나고 있는 한 남성에게 여자친구는 전경이 되고, 길 가는 다른 사람들은 배경으로 물러난다.

둘째, 개체는 장을 능동적으로 조직하여 의미 있는 전체로 지각하는 경향이 있다. 즉, 각각의 경험들은 그 개인에게 일관되고 의미 있는 전체로 지각된다. 마지막으로 개체는 자신의 현재 욕구에 기초하여 게슈탈트를 형성하여 지각한다. 예를 들어, 백지에 그려진 동그라미를 보고 배가 고픈 아이는 그것을 빵으로 지각하는 데 반해, 놀고 싶은 아이는 동그라미를 공으로 지각한다. 건강한 개체는 매 순간 자신에게 중요한 게슈탈트를 선명하고 강하게 형성하여 전경으로 떠올릴 수 있는 데 반해, 그렇지 못한 개체는 전경을 배경으로부터 명확히 구분하지 못한다. 즉, 특정한 욕구나 감정을 다른 것과 구분하여 강하게 게슈탈트로 형성하지 못한다.

개체를 전경으로 떠올렸던 게슈탈트를 해소하고 나면 전경에서 사라져 다시 배경으로 물러난다. 그러면 다시 새로운 게슈탈트가 형성되어 전경으로 떠오르고, 해소되고 나면 다시 배경으로 물러나는 과정을 되풀이한다. 이러한 순환과정을 '게슈탈트의 형성과 해소' 혹은 '전경과 배경의 교체'라고 부른다. 이러한 상-형성 과정은 '유기체의 자기 조절'의 원리와 얽혀 있으며, 유기체의 자기 조절은 균형상태가 욕구나 감각, 흥미 등으로 인해 깨어나는 과정이다. 유기체는 자신의 자원과 환경자원을 동원하여 최선을 다해 자신을 조절한다.

셋째, 개체는 미해결된 상황을 완결 지으려는 경향을 갖고 있다. 예를 들어, 개체는 대화 도중에 방해를 받아 대화가 중단된 경우, 그것을 다시 완결 지으려 한다.

마지막으로, 개체의 행동은 개체가 처한 상황의 전체 맥락을 통해서 이해된다. 즉, 개체의 특정 행동은 그가 처한 상황적 맥락에 대한 고려 없이 이해될 수 없다.

(2) 알아차림과 접촉

게슈탈트 이론은 유기체의 알아차림을 통한 접촉을 중요시한다. 앞서 언급했듯이 건강한 개체는 매 순간 자기에게 중요한 게슈탈트를 형성하여 전경으로 떠올릴 수 있지만, 그렇지 못한 개체는 전경을 배경으로부터 명확하게 구분하지 못한다. 다시 말해, 특정한 욕구나 감정을 다른 것보다 강하게 지각하지 못하기 때문에 자신이 진정으로 원하는 것을 제대로 깨닫지 못하게 된다.

알아차림(awareness)이란 이렇게 한 개체가 자신의 유기체적 욕구나 감정을 알아차리고 게슈탈트를 형성하여 전경으로 떠올리는 행위를 말하며, 접촉(contact)이란 전경으로 떠오른 게슈탈트를 해소하기 위해 환경과 상호작용 하는 행위, 즉 에너지를 동원하여 실제로 환경과 만나는 행위를 일컫는다. 이렇게 볼 때, 한 개체는 자신이 경험하는 현상학적 장에서 알아차림과 접촉, 즉 게슈탈트가 형성되고 해소되는 반복적인 과정을 갖게 되며, 이는 알아차림-접촉 주기로 이해될 수 있다.

우리의 유기체적인 삶은 지속적으로 게슈탈트가 형성되고 해소되는 반복순환과정으로 전경과 배경의 교체에서 알아차림과 접촉이 매우 중요하다. 왜냐하면 개체는 알아차림과 접촉을 통해 전경과 배경을 교체하기 때문이다. 이때 알아차림은 게슈탈트 형성에 접촉은 게슈탈트 해소에 관계한다. 게슈탈트가 형성되어 전경으로 떠올라도 이를 환경과의 접촉을 통하여 완결 짓지 못하면 배경으로 사라지지 않는다. 따라서 알아차림과 접촉은 서로 보완적으로 작용하여 '게슈탈트 형성-해소'의 순환과정을 도와주어 유기체 성장에 이바지한다.

Zinker(1977)는 '알아차림-접촉 주기'를 [그림 7-2]와 같이 여섯 단계로 나누어 설명하였다.

이 그림에서 제시한 단계를 살펴보면, ① 먼저 배경에서, ② 유기체의 욕구나 감정이 신체감각의 형태로 나타나고, ③ 이를 알아차려 게슈탈트로 형성하여 전경으로 떠올리며, ④ 이를 해소하기 위하여 에너지를 동원하여, ⑤ 행동으로 옮기고, ⑥ 마침내 환경과의 접촉을 통해 게슈탈트를 해소한다. 그러면 그 게슈탈트는 배경으로 물러나 사라지고 개체는 휴식을 취한다. 이러한 단계 중에서 어느 한 단계든 차단되면 유기체는 건강하게 게슈탈트를 완결 지을 수 없으며, 완결되지 않은 게슈탈트는

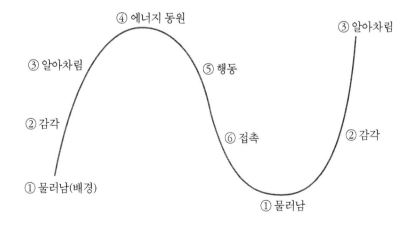

[그림 7-2] 알아차림-접촉 주기

미해결과제로 남게 된다.

(3) 지금-여기

게슈탈트 이론에서는 현재만이 유일한 시제다. Perls는 현재는 유일한 현실로서 인간에게 '지금-여기'를 제외하고는 아무것도 존재하지 않는다고 믿는다. 현재만이 존재하며 과거에서 방황하는 것은 현재의 생산적인 삶의 특질에서 벗어나는 것이다. 과거는 이미 지나가 버렸으며, 미래는 아직 오지 않았다. 따라서 과거의 일을 되돌아보는 것과 미래를 결정하고 계획하는 데 모든 에너지를 소비하는 것은 오히려 지금-여기에 집중하고 현재를 활용하는 힘을 감소시킨다. Perls(1969)는 인간이 때로 현재의 삶에서 책임감을 피하는 것을 정당화하기 위해 과거에 매달리는 경향이 있다고 하였다. 이러한 개인은 현재에 집중해야 할 에너지를 과거에 머무르게 함으로써 자신의 존재방식에 대해 타인을 탓하거나 보다 건설적인 방향으로 움직일 스스로의 능력을 외면해 버린다.

게슈탈트 이론은 완전히 현재에 살아야 하지만 과거와 미래를 완전히 버리지 말고 가능하면 그것들이 현재에 살아 있는 것처럼 현재화하도록 요구한다. 따라서 만약 개인의 과거가 현재 행동에 중요한 의미를 가진다고 여겨진다면, 게슈탈트 치료자는 과거의 사건을 다루는 것이 아니라 그 과거를 현재로 가지고 와서 마치 그 사건이 지금-여기에서 일어나고 있는 것처럼 다루어야 한다.

(4) 미해결과제

개체가 전경과 배경을 교차한다는 것은 떠오른 자신의 욕구와 감정을 해소함을 의미한다. 이러한 과정을 통해 개체는 또 다른 전경, 즉 자신의 욕구와 감정을 인식하고 이를 해소할 준비를 하게 된다. 그러나 개체가 자신의 유기체적 감정이나 욕구를 깨닫지 못해서 게슈탈트를 형성하지 못했거나, 게슈탈트를 형성하기는 했지만 형성된 게슈탈트의 해소를 방해받았을 때 떠오른 전경은 배경으로 사라지지 못한다.

개체는 균형을 유지하려는 동기, 즉 미완성의 게슈탈트를 자각하면 이를 완결 지으려는 경향을 가지고 있으므로 해소되지 못한 게슈탈트는 계속해서 전경으로 떠오르게 된다. 이러한 완결되지 않는, 혹은 해소되지 않은 게슈탈트가 미해결 게슈탈트 혹은 미해결과제다. 이러한 미해결된 과제는 게슈탈트의 완결을 위해 계속 전경으로 떠오르므로 전경과 배경의 자연스러운 교체를 방해한다. 뿐만 아니라 미해결된 과제가 많아진다는 것은 개체가 자신의 유기체 욕구를 효과적으로 해소하는 데 실패하였다는 것을 의미하며, 이러한 지속적인 실패는 심리적 · 신체적 장애를 야기하게 된다. Polster와 Polster(1973)는 이러한 미해결된 과제가 있을 때 개인은 그것에 마음을 빼앗기게 되고, 미해결된 과제는 여러 가지 부적응적인 양상으로 삶에서 지속된다고 보았다. 따라서 게슈탈트 상담과정은 '지금-여기'에서의 알아차림을 통해 미해결된 과제를 해결하는 데 초점을 두게 된다.

(5) 접촉경계 혼란

Perls는 유기체의 자각 혹은 알아차림을 방해하는 접촉이 결여될 때 자연스러운 게슈탈트 형성과 해소과정이 방해받는다고 보았다. 그리고 이러한 병리현상을 '접촉경계 혼란'의 개념으로 설명하였다. 게슈탈트 이론에서 저항이란 개체가 현재를 온전하게 경험하는 것, 즉 접촉하는 것을 방해하는 방어기제다. Polster와 Polster(1973)는 게슈탈트 상담에서 다루게 되는 5가지 주요 저항, 즉 내사, 투사, 융합, 반전, 편향을 설명하고, 이러한 저항으로 인해 접촉경계 혼란이 일어나게 된다고 보았다. 접촉경계 혼란의 주요 기제들에 대해 살펴보자.

- 내사: 내사(introjection)는 타인의 신념과 기준을 비판 없이 자신의 것으로 수용하는 것을 뜻한다. 개체가 환경과의 관계방식에서 타인과 관계함에 있어 자신의 경험으로 소화시키지 못하게 되면 그들의 주장이나 행동가치관을 무비판적으로 받아들이게 된다. 내사는 우리 자신이 원하고 필요로 하는 것을 명확하게 하는 데 에너지를 투자하지 않고 환경이 제공하는 것을 수동적으로 받아들이는 데만 에너지를 사용하게 된다. 뿐만 아니라 이렇게 내사된 기준들은 자신에게 통합되지 못하기 때문에 문제를 일으킨다.
- 투사: 투사(projection)는 내사와 반대되는 기제다. 투사는 자신의 생각이나 욕구, 감정을 타인의 것으로 돌려서 접촉을 피하는 것이다. 이러한 현상은 개체가 자신의 욕구나 감정을 자기 것으로 자각하고 접촉하는 것을 두려워한 나머지 그것에 대한 책임 소재를 타인에게 돌림으로써 나타난다. 자신이 타인에게 애정이나 적개심을 가지고 있으면서 오히려 타인이 자기에게 애정이나 적개심을 가지고

있는 것으로 지각하는 모습이 투사다. 투사는 미움, 질투, 분노는 물론 부드러움, 자신감, 창조성 등 다양한 욕구와 감정, 가치관 측면에서 일어난다. 개체는 투사를 통해 자신의 가치관이나 환경에서 용납되지 않는 욕구를 타인의 것으로 간주함으로써 부담감에서 벗어난다. 우리는 싫든 좋든 각자의 삶은 자신의 작품이라는 사실을 받아들여야만 병적 투사의 갈등에서 벗어나 실존적 삶을 살 수 있다.

- 융합: 융합(confluence)이란 밀접한 관계의 두 사람이 서로 간에 차이가 없다고 느끼도록 합의함으로써 발생하는 접촉경계 혼란이다. 이 경우 내면적으로 서로 독립적으로 행동하지 못하고 의존관계에 있는 경우가 많다. 융합은 자아와 타인, 혹은 환경 간의 차이를 인식하지 못하는 것과 관련되어 있다. 융합은 내적인 경험과 외적인 현실 간에 분명한 경계를 없앤다. 대인관계에서의 융합이란 갈등이 없는 것, 혹은 모든 사람이 동일한 느낌과 사고를 경험한다고 믿는 것이다. 인정받고 호감을 얻는 것에 대해 강한 욕구를 가지고 있는 사람들은 바로 이러한 접촉 양식을 보인다. 접촉 양식으로 융합을 사용하고 있는 사람들에게 갈등은 대단히 불안한 것이 될 수 있다.

- 반전: 반전(retroflection)은 개체가 다른 사람이나 환경에 대하여 하고 싶은 행동을 자기 자신에게 하는 것, 혹은 타인이 자기에게 해 주기를 바라는 행동을 스스로가 하는 것이다. 이러한 과정은 처음에는 의식적으로 행해지지만 나중에는 차츰 습관화가 되어 마침내 무의식적으로 된다. 개체는 타인과의 접촉을 통해 얻게 되는 생생함을 상실하고 늘 혼자 내적 대화를 하거나 타인과의 접촉을 피한다. 성장과정에서 환경에 의해 자신의 욕구를 스스로 억제하기를 반복한 경우, 아동은 원하는 행동을 스스로 해결하는 데 익숙해지게 된다. 어떤 이는 환경이 허락하지 않는 행동을 스스로에게도 허락하지 않고 감시하며, 유기체의 욕구를 전적으로 억압하기도 한다. 이런 이들에게는 먼저 자신과 친밀해지는 것부터 가르쳐야 한다. 무의미한 행동을 반복하여 해소되지 않는 욕구를 반전하는 강박증상, 타인을 향한 비난을 반전한 열등의식, 자기 관찰, 죄책감, 정신신체질환 등이 반전과 깊은 관련이 있다. 대부분의 반전은 분노와 관계가 깊은데, 우울증 환자는 표현할 수 없는 분노를 자신에게 반전한 결과라 할 수 있다.

- 편향: 편향(deflection)은 환경과의 접촉을 통한 결과에 대한 두려움 때문에 접촉

을 피하거나 감각적 기제를 통해 감각을 둔화시키는 것으로서 알아차림을 흐리게 하는 것을 말한다. 예를 들어, 복잡한 가정문제를 마치 남의 일을 이야기하듯 하거나, 너무 추상적으로 말해서 무엇을 말하려는 것인지 이해하지 못하게 하는 경우 등이 이에 속한다. 편향은 불안과 같은 부정적인 심리상태를 피하려는 적응기제라 할 수 있다. 흥분을 행동으로 옮기지 못하면 불안이 생길 것이므로 미리 흥분을 둔화시키는 책략을 선택하는 것이다. 하지만 이러한 책략이 비록 처음에는 효과적인 대응전략이었을지 모르지만 지속적으로 사용될 때 더 이상 현실에 근거하지 않은 부적응적인 행동이 된다.

3) 상담과정

(1) 상담목표

게슈탈트 상담에서 중요한 목표는 알아차림과 접촉의 증가다. Perls에 의하면 상담의 목표는 '내담자가 타인을 의지하도록 하는 것이 아니라 많은 것을 할 수 있다는 것, 자기가 할 수 있다고 생각하는 것보다 훨씬 더 많은 것을 할 수 있다는 것을 처음 순간부터 발견하는 것이다.' 즉, 내담자는 알아차림의 증가로 자신의 감정을 보다 잘 자각하고 자신의 행동의 결과를 수용함과 동시에 이에 대해 책임을 지는 것을 배우게 된다.

따라서 게슈탈트 치료의 목표는 내담자가 현재 무엇을 하고 있는지와 어떻게 그것을 하건 간에 자각하게 하는 것이며, 동시에 자신을 수용하고 존중하는 것을 배우게 하는 것이다. 알아차림은 그 자체로서 치료적이다. 이렇게 게슈탈트 치료의 근본적인 목적은 알아차림을 습득하는 것이다. 알아차림을 가지고 있는 내담자는 자신의 존재에서 부정되었던 부분을 직면하고 수용할 수 있게 되며, 주관적 경험과 실재를 만나게 되면서 통일된 전체로서 존재하게 된다.

(2) 상담에서 내담자의 경험

게슈탈트 상담의 경험에서 내담자들은 자신의 고통과 성장을 회피하려는 것에서 벗어나 있는 그대로의 자기 경험에 접촉하고 통합하여 균형을 이루는 것을 배운다. 내담자는 무엇을 원하고 얼마만큼 원하는가를 그들 스스로 결정한다.

내담자가 수용해야 할 첫 번째 책임은 치료에서 내담자 자신이 무엇을 원하는가를 결정하는 것이다. Perls는 내담자가 스스로 얼마만큼 변화하기를 원하는지 확인할 것을 강조하였다. 이 단계에서 내담자는 상담자와의 진솔한 접촉에 기초한 관계 경험 속에서 현재 무엇이 어떻게 진행되고 있는지에 대한 알아차림을 갖게 된다. 만약 내담자가 자신이 원하는 변화를 위해 직면할 용기가 있다면 방어체제를 지속시키기보다 생산적으로 치료를 사용할 기회를 갖게 될 것이다. 게슈탈트 치료는 내담자가 자신의 생각, 감정, 행동에 대해 더욱 많은 책임을 져야 한다는 가정에 기초한다. 치료자는 내담자가 지금 여러 가지 방법으로 자신의 책임을 회피하고 있다는 것을 깨닫게 하여 치료를 계속할 것인지, 치료에서 무엇을 배우기를 원하는지, 그리고 치료시간을 어떻게 이용하기를 원하는지에 대해 결정하도록 요구한다.

치료과정을 통해 내담자는 자신과 치료자의 관계 그리고 자신이 치료자나 자기 주변 사람들과 관계하고 있는 방식에서의 유사성을 자각하게 된다. 따라서 게슈탈트 치료에서 내담자들은 그들 자신의 해석과 의미를 만드는 능동적인 참여자이며, 자각을 증진시키고, 그들의 개인적 학습을 어떻게 활용하거나 활용하지 않을 것인가를 결정하는 주체가 된다.

(3) 상담관계

게슈탈트 상담에서는 상담자와 내담자 간의 인간 대 인간의 관계를 강조한다. 상담자는 내담자를 지금 있는 그대로 수용함과 동시에 상담자 자신의 반응과 관찰내용을 솔직하게 표현할 수 있어야 한다. 이러한 상담자의 태도는 내담자가 상담과정에서 그들의 공포심, 파멸적 기대, 차단, 저항, 방해물들을 탐색할 수 있는 분위기를 제공한다. 상담자의 경험, 인식, 지각은 상담과정의 배경이 되면, 내담자의 인식은 전경이 된다. 상담자는 상담관계에서 자신을 개방하고 내담자와의 지금-여기 만남에 대한 자신의 지각과 경험을 내담자에게 적극적으로 공유할 수 있어야 한다. 따라서 게슈탈트 상담이론에서 상담자가 사용하는 기법보다 더 중요한 것이 상담자 자신이다(Polster & Polser, 1973).

Jacobs(1989)는 게슈탈트 상담관계의 핵심을 진실하면서 애정 있는 만남을 강조하는 나/너 만남으로 설명한다. 이러한 관계를 강조하는 게슈탈트 상담자는 내담자가 더 깊이 있게 자신을 인식하도록 도울 수 있으며, 상담관계는 다른 사람과의 접촉을 할 수 있게 해 주는 현재 중심적이며 비판단적인 관계다.

(4) 상담기법

게슈탈트 상담은 내담자가 알아차림을 향상시키고 접촉할 수 있도록 다양한 기법들이 사용된다. 게슈탈트 상담에서 사용하는 이러한 기법은 '실험'이라는 용어로 표현되기도 한다. 즉, 게슈탈트 상담자는 내담자가 자기 자신의 알아차림을 향상시키고 자신의 경험, 그리고 환경과의 접촉을 증가시키도록 상담장면에서 다양한 실험을 해 보도록 촉진하는 것이다. 그러나 단순히 이러한 기법들을 배우는 것보다는 이러한 기법들이 의도하는 바를 정확하게 이해하고 상담자들이 창조적으로 기법들을 활용하는 것이 무엇보다 중요하다. 게슈탈트 상담에서 주로 사용하는 기법들을 살펴보자.

- 욕구와 감정 자각: 개체가 자신의 욕구와 감정을 자각함으로써 게슈탈트 형성을 원활히 할 수 있고 또한 환경과의 생생한 접촉이 가능해지기 때문에, 상담자는 내담자의 욕구와 감정을 자각하도록 주의를 환기시킨다. 특히 지금-여기에서 일어나는 욕구와 감정을 자각하는 것이 중요하다. 예를 들어, "지금 어떤 느낌인가요?" "잠시 생각을 멈추고 현재의 느낌에 집중해 보세요" "당신이 지금 원하는 것은 무엇인가요?" 등과 같은 질문을 한다.
- 신체자각: 우리의 정신작용과 신체작용은 서로 불가분의 관계에 있다. 따라서 내담자로 하여금 자신의 신체감각에 대해 자각하도록 함으로써 자신의 감정이나 욕구, 혹은 무의식적인 생각을 알아차리게 해 줄 수 있다. 신체자각을 촉진시키기 위해서 상담자는 "당신의 호흡을 느껴 보세요." "당신의 신체감각을 느껴 보세요." "당신의 주먹이 지금 무엇을 말하려고 합니까?" 등과 같은 질문을 한다.
- 환경자각: 내담자로 하여금 주위 사물과 환경에 대해 자각하도록 함으로써 환경과의 접촉을 증진시킬 수 있다. 내담자들은 흔히 미해결과제로 인해 자기 자신에게 몰입해 있기 때문에 주위 환경에서 일어나는 사건이나 상황을 알아차리지 못하는 경우가 있다. 이러한 환경자각 연습은 공상과 현실에 대한 분별 지각력을 높여 준다.
- 언어자각: 내담자가 사용하는 언어에서 스스로의 책임을 회피하는 것이 발견될 경우, 상담자는 내담자에게 자신의 감정과 동기에 대해 책임을 지는 형식의 문

장으로 바꾸어 말하게 함으로써 내담자의 책임 의식을 높여 준다. 예를 들어, '우리'를 '나'로 바꾸어 말하도록 하거나, '~해야 한다'라는 표현을 '~하고 싶다' 등의 주관적 표현으로 바꾸도록 한다.

- 과장하기: 내담자가 자신의 경험과 감정에서 지각하지만 그 깊이가 약하거나 무엇을 느끼는지 분명하게 자각하지 못할 때 상담자는 내담자의 행동이나 언어를 과장되게 표현하도록 함으로써 내담자의 감정자각을 돕는다. 이때 상담자는 내담자가 과장된 행동이나 언어표현을 할 때의 느낌을 물어서 현재 느끼는 감정을 명확하게 자각하도록 한다.

- 빈 의자 기법: 게슈탈트 상담기법 중에서 많은 상담자가 사용하는 빈 의자 기법은 현재 상담장면에 함께하지는 않지만 그 사람과 직접 대화를 나누는 형식을 취하는 것이다. 이 기법은 내담자가 중요한 감정을 일으키는 대상과 보다 직접적인 상호작용 경험을 통해 대상에게 느끼는 감정을 보다 명료화할 수 있도록 돕는다. 뿐만 아니라 내담자는 역할을 바꾸어 보면서 상대방의 입장과 감정을 이해할 수도 있다. 빈 의자에는 자기 자신의 억압된 부분 혹은 자각하기 어려웠던 자신의 보다 깊은 내면을 앉게 할 수도 있다. 이 경우 내담자는 자신의 일부와 직접 대화를 나눔으로써 자신의 내면세계를 더욱 깊이 탐색할 수 있다.

- 꿈 작업: Perls(1973)는 꿈이 개인의 실존적 측면들을 보여 주며, 개인은 꿈에 자신의 감정을 투사한다고 보았다. 즉, 내담자의 꿈을 탐색하는 작업은 그동안 억압하거나 회피해 왔던 자신의 욕구와 감정을 다시 접촉하고 통합하는 것이다. 게슈탈트 상담에서 꿈 작업은 꿈의 상징과 의미를 단순히 해석해 주는 것이 아니라, 꿈을 상담에서 다시 생생하게 재연해 보면서 내담자가 자기 내면의 경험과 접촉하도록 돕는 것이다.

4) 요약

- 게슈탈트 상담은 총체주의, 현상학, 장이론, 그리고 실존주의에 기초하였으며, Perls에 의해 창시된 이론이다.
- 게슈탈트 상담은 지금-여기에 대한 자각에 초점을 둔다. 주요 초점은 현재 개인의 효과적인 기능을 방해하는 과거 미해결과제의 역할과 행동이 무엇인가 하는

것과 그것이 어떻게 작용하고 있는가를 밝히는 데 있다.

• 게슈탈트 상담의 주요 과제는 개인이 책임을 수용하는 것, 당면한 순간을 경험하며 사는 것, 경험과 회피와 미해결과제를 추측함으로써 이야기하는 것이 아닌 직접적으로 경험하는 것, 곤경을 다루는 것 등을 포함한다.

• 게슈탈트 상담에서 상담자는 내담자가 자신의 감정을 보다 충분히 경험하도록 도우며 스스로 알아차리도록 돕는다. 상담자는 해석하는 것을 피하는 대신 내담자가 어떻게 경험하는가에 초점을 둔다. 이를 위해 상담자는 다양한 기법들을 상담과정에서 활용한다.

• 게슈탈트 상담에서 내담자는 자신의 미해결과제를 확인하고 자신의 알아차림과 접촉 능력을 향상시켜서 스스로의 성장과정에 재진입한다.

✿ 참고문헌 ✿

김정규(1996). 게슈탈트 심리치료. 서울: 학지사.

Baldwin, D. C. Jr. (1987). Some philosophical and psychological contributions to the use of self in therapy. In M. Baldwin & V. Satir (Eds.), *The use of self in therapy* (pp. 27–24). New York: Haworth Press.

Buber, M. (1988). 나와너[*I and thou*] (표재명 역). 서울: 문예출판사. (원전은 1979).

Bugental, J. F. T. (1987). *The art of psychotherapist*. New York: Norton.

Cain, D. J. (1987). Carl R. Rogers: The man, his vision, his impact. *Person-centered Review, 2*(3), 283–288.

Corsini, R. J. & Wedding, D. (Ed.) (2005). *Current psychotherapies* (7th ed.). Belmont, CA: Brooks/Cole.

Jacobs, L. (1989). Dialogue in Gestalt theory and therapy. *The Gestalt Journal, 12*(1), 25–67.

May, R. (1981). *Freedom and destiny*. New York: W. W. Norton & Company.

Passons, W. R. (1975). *Gestalt approaches in counseling*. New York: Holt, Rinehart & Winston.

Perls, F. S. (1969). *Gestalt therapy verbatim*. Lafayette: Real People Press.

Perls, F. S. (1973). *The gestalt approach and eye witness to therapy*. Science and Behavior Books.

Polster, E., & Polster, M. (1973). *Gestalt therapy integrated: Contours of theory and practice.* New York: Brunner/Mazel.

Rogers, C. (1959). A theory of therapy: Personality and interpersonal relationships as developed in the client centered framework. In S. Koch (Ed.), *Psychology: A study of a science: Formulation of the person and the social context* (Vol. 3). New York: Mc Graw-Hill.

Rogers, C. (1977). *Carl Rogers on personal power.* New York: Delacorte Press.

Rogers, C. (1987). Carl Rogers's column: On reading 85. *Person-Centered Review,* 2(2), 150-152.

Tillich, P. (1952). *The courage to be.* New Haven, CT: Yale University Press.

Van Deurzen-Smith, E. (1990). *Existential therapy.* London: Society for Existential Analysis Publications.

Vontress, C. E. (1986). Existential anxiety: Implications for counseling. *Journal of Mental Health Counseling, 8*, 100-109.

Yalom, I. D. (2005). 나는 사람의 처형자가 되기 싫다[*Love's executioner: Other tales of psychotherapy*] (최윤미 역). 서울: 시그마프레스. (원전은 1989년).

Yalom, I. D. (2006). 치료의 선물[*The gift of therapy*] (최웅용, 천성문, 김창대, 최한나 공역). 서울: 시그마프레스. (원전은 2002).

Yalom, I. D. (2007). 실존주의 심리치료[*Existential psychotherapy*] (임경수 역). 서울: 학지사. (원전은 1980).

Zinker, J. (1977). *Creative process in gestalt therapy.* New York: Vintage Books.

제8장
인지행동치료

인지행동치료(cognitive behavioral therapy: CBT)는 비슷한 입장을 취하는 여러 심리치료 접근들을 하나의 범주로 묶어 부르는 매우 광범위하고 포괄적인 용어다. '인지' 또는 '인지행동'으로 명명된 심리치료 접근들이 20개 이상이 되지만(Dattilio & Padesky, 1990), 대표적인 접근으로는 Albert Ellis의 합리적 정서행동치료(rational emotive behavior therapy: REBT), Aaron T. Beck의 인지치료(cognitive therapy: CT), Donald Meichenbaum의 인지행동치료(CBT), Marsha M. Linehan의 변증법적 행동치료(dialectical behavior therapy: DBT) 등이 있다. 이들은 공통적으로 우리의 사고가 행동(감정 포함)을 야기한다고 가정한다. 또한 내담자의 역기능적인 생각이 심리적 고통을 발생시키기 때문에 상담과정은 내담자의 사고를 바꾸는 데 초점을 둔다.

한편, 학계에서는 인지행동치료를 행동치료가 확장된 형태라기보다는 인지적인 측면과 행동적인 원리를 결합한 단기적인 상담 접근으로 이해하는 것 같다(Dattilio, 2000). 그렇다면 인지적인 측면과 행동적인 원리가 어떻게 한 치료 접근에서 결합될 수 있는가? Meichenbaum(1977)은 학습이론의 틀 안에서는 내담자의 사고 또한 수정될 수 있는 외현적 행동으로 간주될 수 있다고 주장하였다. 이러한 주장은 관찰할 수 없는 내재적 현상을 부인해 왔던 전통적인 행동주의 입장에서는 받아들일 수 없는 것이지만, 인지적인 측면들을 포함시키려는 최근의 행동주의적 동향을 고려한다면 충분히 납득할 수 있는 주장이다.

인지행동치료로 분류될 수 있는 접근들이 매우 다양하기 때문에 모든 접근을 상세하게 소개하는 것은 개론서인 이 책의 범위를 벗어나는 일이다. 따라서 이 장에서는 인지행동치료들이 공통적으로 지니고 있는 특징들을 주제별로 다루되, 가장 대표적인 접근인 합리적 정서행동치료(REBT)와 인지치료(CT)를 중심으로 구체적인 내용을 소개하고자 한다. 우선 간략히 인지행동치료의 역사를 개관한 후 인지행동치료의 원리 및 특성들을 설명하고, 마지막으로 인지행동치료에서 사용되는 대표적인 기법들을 소개할 것이다.

1. 인지행동치료의 태동 및 발전

인지행동치료가 태동하고 발전하는 데 영향을 끼친 사건이나 인물들은 매우 많지만, 크게 20세기 초반 진행된 행동치료의 발전, 1950년대 REBT의 등장, 1960년대 인지치료의 발전, 그리고 이후 진행된 행동치료와 인지적 접근의 결합으로 요약해 볼 수 있다.

우선 행동치료는 1924년 Mary Cover Jones가 아이들의 공포(phobia)를 탈학습시키기 위한 작업에서 처음 시도되었다고 볼 수 있다. 또한 1937년 Abraham Low는 정신병원에서 퇴원한 환자들을 위해 인지적 훈련기법을 개발한 바 있다. 그리고 1950~1970년대에 걸쳐 미국, 영국, 남아프리카에서는 많은 연구자가 Ivan Pavlov, John B. Watson, Clark L. Hull 등의 행동주의자들이 이룬 연구 결과를 행동치료에 광범위하게 적용하였다. 이 기간 영국에서는 Joseph Wolpe가 동물실험에서 얻은 연구 결과를 체계적 둔감법(오늘날의 공포감소 기법)에 적용하였고, 심리학자인 Hans Eysenck는 Karl Popper의 저술에 영향을 받아 "증상을 없애면 신경증 또한 없어진다."라고 주장하면서 정신분석을 비판하고 행동치료를 대안으로 제시하였다. 미국에서는 B. F. Skinner의 급진적 행동주의(radical behaviorism)를 임상 장면에 적용하였다. 한편, 이 기간에 진행된 행동치료들은 주로 정신병적 행동 및 자폐 등 심각하고 만성적인 장애들에 집중되었다.

초기 행동치료는 신경증적 장애들을 치료하는 데에는 성공적이었지만 우울증 치료에는 그다지 성공적이지 못했고, 소위 '인지혁명'으로 불리는 당시의 시대적 흐름으로 인해 인기를 잃어 가고 있었다. 이때까지 행동주의자들은 사고와 같은 '유심론적(mentalistic)' 개념들을 거부했지만, 서서히 Ellis와 Beck 등의 인지적인 측면을 강조하는 접근들이 행동주의자들 사이에서 인기를 얻고 있었다. Ellis와 Beck의 이론이 행동치료와 결합될 수 있었던 주된 이유는 비록 행동치료와는 이론적으로 다르지만 '지금-여기'에 초점을 두고 있을 뿐 아니라 그 목적이 주로 겉으로 드러나는 구체적인 증상을 개선하는 데 있었기 때문일 것이다.

1950년대 초반 합리적 치료(rational therapy)로 불렸던 Ellis의 접근은 최초의 인지행동치료라고 볼 수 있다. 정신분석훈련을 받았던 Ellis는 정신분석을 통해 내담자가 호소하는 문제의 원인을 이해할 수 있었지만 구체적인 문제해결 방법은 찾지 못했다고 자각하여 자신의 상담이론을 발전시켰다. 그의 접근은 철학적으로는 고대 희랍의 스토아 철학자들(예: 에픽테투스와 마커스 아우렐리우스)의 영향을 받았는데, 에픽테투스는 "어떤 일 때문에 사람들이 고통받는 것이 아니라 그 일에 대한 관점 때문에 고통받는다."라고 기술한 바 있다(Ellis, 2001a: 16). 또한 인지적인 측면을 강조한 개인심리학의 창시자인 Alfred Adler와 John Dollard, Joseph Wolpe, George Kelly 등 행동주의자들로부터 영향을 받았다. Ellis는 성격에 대한 A-B-C 모델을 개발하고 대중화시켰는데, 나중에는 이를 A-B-C-D-E-F 모델로 확장하였다. 1990년대 들어서 그는 자신의 이론을 합리적 정서행동치료로 명칭을 변경하였고, 인간의 심리적인 문제를 해결함에 있어서 인지, 정서, 행동기법들을 동시에 활용할 것을 강조하였다.

1960년대 들어서는 정신과 의사인 Beck이 Ellis의 접근에서 영감을 받아 인지치료를 개발하고 발전시켰다. Beck 또한 정신분석 수련생으로 출발했지만 우울증에 대한 정신분석의 효과가 모호하고 검증하기 어렵다고 판단하여 정서장애에 대한 검증가능한 이론을 제안하였다. 특히 그는 체계적이고 양적인 연구의 중요성을 강조하여 서로 다른 종류의 심리치료가 우울증에 실제로 어떤 효과가 있고, 항우울제를 사용한 치료와 비교했을 때 인지치료가 어떤 효과가 있는지를 검증하였다. 1960년대 Ellis의 제자였던 Maxie C. Maultsby Jr.는 합리적 행동치료(rational behavior therapy)를 주창하였는데, 내담자의 합리적 자기상담 기술(rational self-counseling skills) 및 상담에서의 과제 부여 등을 강조하였다.

1950년대부터 1970년대까지 Arnold A. Lazarus는 최초의 광역(broad-spectrum) 인지행동치료를 개발하였다. 그는 치료의 효과를 극대화하고 지속시키기 위해서는 구체적인 문제나 증상에 초점을 두고 진행하는 인지행동적 기법을 초월해야 한다고 주장하였는데, 인지행동치료의 범위를 확장하여 신체감각, 시각적 이미지, 대인관계 그리고 생물학적인 요인들을 치료에 포함시켰다.

1980년대와 1990년대 들어서는 인지적 기법과 행동적 기법들이 더 빠른 속도로 결합되었다. 이러한 결합이 성공할 수 있었던 이유는 인지행동적 기법을 공황장애에 적용했던 David M. Clark과 David H. Barlow의 공헌이 있었기 때문이다.

지난 수세기 동안 인지행동치료가 다양한 문제들(우울증, 불안장애, 성격장애, 섭식 장애, 약물남용, 외상후 스트레스 장애, 정신병)에 효과적이라는 연구 결과들이 축적되어 왔다. 어느 심리치료 모델보다도 인지행동치료의 효과에 대한 과학적인 연구들이 많이 진행되어 왔는데, 이는 증거기반치료(evidence-based therapy)를 강조하는 최근 의료계의 동향과도 부합된다고 볼 수 있다. 이러한 점이 현재 인지행동치료가 그 어느 심리치료 접근보다 상담자들 사이에서 선호되는 이유일 것이다. 최근 들어 인지 행동치료를 매뉴얼화하려는 시도가 진행되었고, 독서치료(bibliotherapy) 등 내담자 가 스스로 문제를 해결할 수 있도록 기법들이 개발되어 왔다. 한편, 인지행동치료의 태동 및 발전 과정에서도 볼 수 있듯이, 인지행동 치료자들 가운데에는 좀 더 인지적 인 기법(예: 인지재구조화, cognitive restructuring)을 사용하는 상담자, 좀 더 행동주의 적인 기법(예: 현장 노출치료, in vivo exposure therapy)을 사용하는 상담자, 또는 이 두 가지를 결합한 기법(예: 상상노출치료, imaginal exposure therapy)을 사용하는 상담 자들이 있다.

2. 인지행동치료의 원리 및 특징

인지행동치료들의 원리와 특징을 살펴보면 다음과 같다.

1) 인지행동치료는 인지적 모델에 기초하고 있다

인지행동치료에서는 사고가 감정과 행동을 유발한다고 가정한다. 즉, 대부분의 경우 우리의 감정과 행동은 외부적인 요인 때문이 아니라 우리 내면에 있는 생각 때문에 발생한다는 것이다. 인지행동치료의 모태가 된 REBT에서는 이것을 A-B-C 이론으로 설명하고 있다.

(1) A-B-C 이론

> A(activating event, 외부 사건) ← B(belief, 신념) → C(consequences, 정서, 행동)

이 이론에서는 A가 C를 야기하는 것이 아니라 A에 대해 B가 개입하고 결국 C를 야기한다고 가정한다. 보통 우리는 주변에서 발생하는 사건이나 다른 사람들 때문에 우리의 감정과 행동이 영향을 받는다고 생각한다. 상담소를 찾는 대부분의 내담자들 역시 자신이 경험하고 있는 부정적인 감정이나 역기능적인 행동들은 주변 타인이나 사건 때문에 발생한 것이라고 믿고 있다. 반면, 자신의 생각 때문에 자신이 힘들다는 것을 인정하기 어려워한다. 이는 대개 자신의 반응에 대해 스스로 책임지도록 사회화되지 않았기 때문인데, 이는 우리가 사용하는 말에도 잘 나타나 있다(예: "그 사람이 나를 화나게 했어." "그 일 때문에 괴로워." "그 사람이 날 이렇게 행동하도록 만들었어.").

하지만 A-B-C 이론에 따르면 어떤 일이 일어났을 때 그 일을 특정한 방식으로 인식(사고)하게 되는데, 이러한 생각이 결국 정서와 행동을 불러일으킨다. 즉, 사건을 어떻게 받아들이느냐에 따라 우리의 감정과 행동은 달라질 수 있다. 만일 어떤 사람의 B가 극단적이고 비현실적이고 절대적이라면, 그 결과인 C는 파괴적일 가능성이 높다. 반면, B가 유연하고 건설적이라면 C는 건설적이고 기능적일 것이다. 이처럼 대부분의 사람이 생각하는 것과는 달리, REBT에서는 내담자가 경험하는 부정적인 감정과 행동의 주요 책임이 내담자 자신, 즉 내담자의 사고방식에 있다는 것을 강조한다. 그런데 이처럼 내담자의 반응 또는 문제의 주요 책임이 내담자에게 있음을 강조하는 것은 역설적으로는 스트레스 상황에서 좀 더 현실적이고 유연한 반응을 선택할 수 있는 힘이 내담자에게 있음을 의미하기도 한다.

(2) 우울증의 인지 3인조

또 다른 인지행동치료인 인지치료(CT)에서도 절대적이고 부정확한 사고 때문에 우울해진다고 가정한다. 인지치료에서는 우울증을 야기하는 '인지 3인조(cognitive triad)'가 있다고 가정하는데, 그것은 ① 자신에 대한 부정적 견해, ② 경험을 부정적으로 해석하려는 성향, ③ 미래에 대한 암울한 비전과 예측이다(Beck, 1987). 첫째, 우울한 사람들은 실수나 실패의 이유가 자신의 부적절함에 있다고 생각하는데, 자신에게는 행복해지기 위한 자질이 부족하다고 생각한다. 특히 우울 성향이 강한 사람들은 달성하기 어려운 완벽한 목표를 세우고, 그 목표를 달성하지 못하면 개인적인 자질이 부족하고 적절하게 행동하지 않았기 때문이라고 생각한다. 둘째, 우울한 사람들은 부정적인 결과와 일치되는 사실만을 선택적으로 지각하고 받아들이는 성향이 강하다. 이러한 사람들은 비록 어떤 일에 성공했다고 하더라도 부정적인 자아상과 일치되지 않기 때문에 그것을 받아들이지 않고, 상실 또는 실패한 일에만 관심을 쏟고 절대 복구될 수 없다고 생각하여 슬픔과 실망, 무관심 등의 감정을 느낀다. 셋째, 우울한 사람들은 현재의 어려움이 계속될 것이라 예측하고 오직 실패할 것이라 예상한다. 비록 어떤 일에 성공했다고 하더라도 미래에는 실패할 것이라고 예상한다.

(3) 인지적 모델의 유용성

우리의 사고가 감정을 포함한 행동을 유발하고, 내담자가 호소하는 심리적인 문제들의 이면에는 비합리적이고 역기능적인 사고가 존재한다는 주장은 과연 타당하고 유용한가? 이러한 주장의 타당성은 인지행동치료의 효과를 검증한 수많은 경험적 연구들을 통해 입증되어 왔다. 따라서 여기에서는 이러한 주장의 타당성을 논하는 대신, 이런 접근을 취하는 것이 어떻게 이로운지를 설명하고자 한다.

우리를 기분 나쁘게 하고 우울하게 만드는 이유들은 수없이 많다. 예를 들어, 주변에서 불행한 일이 발생했을 때(예: 천재지변으로 인한 사상, 사랑하는 사람의 죽음) 우리는 부정적인 감정들을 경험하게 된다. 또한 주변에서 잔인하고 사람들을 괴롭히고 사려 깊지 않게 행동하는 사람들을 보면 불안해지고 짜증이 난다. 개인적인 결함을 지니고 있는 경우(예: 유전자 또는 호르몬 분비의 이상, 신체질환)에도 우울, 절망 등의 감정을 경험할 가능성이 커진다. 그러나 이러한 일들로 인해 기분이 나빠지고 우울해진다고 생각하는 것은 우리를 피해자 또는 희생자로 만든다. 우리가 통제할 수 없는 것으로 인해 우리의 기분이 좌우되는 것을 의미하기 때문이다. 즉, 우리는 자연재해, 타인의 죽음, 이별, 어린 시절의 상처, 우리가 지닌 유전자 또는 개인적 결함 그리고 우리를 대하는 다른 사람들의 태도를 통제할 수 없으며, 대부분 그것에 대해 우리가 할 수 있는 일은 거의 없다. 그러나 우리가 사고하는 방식이나 기본적 가치 또는 신념은 부단한 노력을 통해 바꿀 수 있다. 즉, 자연재해, 이별, 죽음과 같은 외부적인 불행이나 유전적 결함과 같은 태생적인 문제를 변화시키는 것보다는 그러한 것들에 대한 우리의 해석과 사고방식을 바꾸는 것이 상대적으로 수월하다. 비록 상황이 바뀌지 않더라도 우리의 사고를 바꿈으로써 그로 인해 발생하는 감정과 행동을 변화시킬 수 있는 것이다. 인지적 모델이 유용한 것은 바로 이 때문이다.

2) 인지행동치료는 귀납적인 접근을 취한다

사람들은 상황, 사건 그리고 주변사람들 때문에 힘들다고 생각한다. 하지만 사실은 우리가 기대했던 대로 일이 진행되지 않고, 예상하지 못했던 일이 발생하거나 또는 주변사람들이 우리가 원하는 대로 행동하지 않기 때문에 힘든 경우가 대부분이다. 즉, 외부 사건이 우리의 생각과 일치하지 않을 때 부정적인 감정에 휩싸이게 된다. 한편, 오랜 기간 학습을 통해 형성된 생각을 바탕으로 외부 사건을 해석하는 연역적 접근은 어찌 보면 자연스러운 현상이다. 문제는 생각과 일치되지 않는 일들이 현실에서 많이 일어난다는 데 있다. 더욱이 우리의 기대와 바람이 지나쳐서 어떤 일이 반드시 이루어져야 한다고 생각한다면, 현실에서 발생하는 일들이 우리의 생각과 일치하지 않을 경우 부정적이고 역기능적인 감정에 휩싸일 가능성은 매우 높아진다. 반면, 우리의 생각을 하나의 가설로서 받아들일 경우, 즉 우리의 생각이 얼마든지 틀릴 수 있는 가설이라는 것을 받아들일 수 있다면, 매우 다른 감정과 행동이 발생하게 된다. 이 경우 우리가 해야 할 일은 실제 상황(사실)과 우리의 생각을 대조하고 필요할 경우 불일치한 부분에 대해 우리의 사고를 수정하도록 노력하는 일이 될 것이다. 따라서 인지행동치료의 기본 입장은 내담자의 생각을 당연시하고 그것을 토대로 상황을 판단하는 연역적 접근이 아니라, 내담자의 생각을 실제 상황과 비교·검토하여 불필요한 감정이나 역기능적인 행동을 줄이는 귀납적 접근이라고 볼 수 있다.

(1) 합리적 사고

인지행동치료에서는 합리적으로 생각하는 것을 강조한다. 그렇다면 합리적인 사고란 무엇인가? 우선 Ellis는 절대적인 당위성(musts and shoulds)을 거부함으로써 절대적 진리를 인정하지 않았다. 따라서 '합리적인 사고'라고 이야기할 때 마치 어떤 객관적인 기준에 근거한 절대적이고 보편적인 합리적 사고가 존재하는 것으로 이해해서는 안 된다. 이런 식의 사고는 또 다른 형태의 당위론적 사고에 불과할 뿐이다. 따라서 합리적인 사고는 상황적이고 상대적인 개념으로서 현실에 바탕을 둔 효율적인 사고라고 정의하는 것이 타당할 것이다. 실제로 REBT에서도 합리적인 사고는 건강하고 생산적이고 적응적이며 현실에 부합하는 생각이고, 선호·바람·기대 등의 형식을 취한다고 하였다(Corey, 2005). 따라서 합리적인 것은 자신의 목표와 의도한 것을 달성하는 데 도움이 되는 반면, 비합리적인 것은 목표와 의도한 바를 달성하는 데 방해가 된다고 가정한다(Dryden, 1989). 또한 합리적인 것은 개인이 속한 집단이 유지되면서 집단의 목표를 달성하는 데 이로운 것이기도 하다. 따라서 자신에게 이로울 뿐 아니라 자신과 관계를 맺는 타인과 주변 공동체에게도 이로운 것이 합리적인 것이라 할 수 있다. 이는 사회적 관심을 강조한 Adler의 주장과도 맥이 닿아 있다고 할 수 있다.

절대적 진리와 보편적 합리성을 부인하는 대신, 인지행동치료에서는 상황에서의 객관적 실체를 인정한다. 즉, 객관적으로 존재하는 사실 또는 실체가 있다는 것이다. 이때 객관적 실체에 대한 사람들의 생각은 실체와 일치할 수도 있고 일치하지 않을 수도 있다. 따라서 사람들의 현실 지각에는 오류가 개입될 소지가 많고 주관적이며 불안정할 수밖에 없다. 사람들이 자신의 현실 지각에 대해 강한 확신을 갖고 행동할 수는 있겠지만, 그러한 사고가 객관적 실체와 부합하는지는 별개의 문제다. 우리는 종종 현실에서 일어나고 있는 것과 다른 것을 기대하거나 요구하는 때가 있다. 이럴 경우 우리의 생각은 사실에 기초하지 않게 되고, 이로 인해 부정적인 감정과 역기능적인 행동이 발생하게 된다.

(2) 비합리적 사고

앞서 언급했던 것처럼, 현실이 자신의 생각이나 기준에 부합해야 한다고 생각하면, 개인은 실제로 상황이 그렇게 전개되지 않을 경우 역기능적인 감정에 노출될 수밖에 없다. REBT에서는 개인이 설정한 특정한 기준에 현실이 부합해야 한다고 생각하는 것을 핵심적인 신념이라고 칭하였는데, 이러한 사고들은 공통적으로 '당연히 ~해야 한다'는 내용을 포함하고 있다. REBT에서는 이러한 핵심적인 신념과 그로 인해 파생되는 다양한 비합리적 신념으로 인해 정서적인 문제와 역기능적인 행동들이 야기된다고 가정하고, 그런 생각들을 찾아내서 보다 현실적이고 합리적인 사고로 대체하는 것을 주목적으로 한다(Ellis, 2001a; Ellis & MacLaren, 2005).

Ellis에 따르면 다음과 같은 세 가지 핵심적인 믿음이 심리적인 문제를 일으킨다.

① 나는 늘 모든 일을 잘해야 하고 주요 타인들로부터 사랑과 인정을 받아야 한다. 그렇지 않다면 끔찍한 일이고, 내가 나쁘고 무능하며 무가치하다는 것을 의미하며, 나는 늘 실패할 것이고 고통받아 마땅하다는 것을 의미한다.

② 나와 관계를 맺는 사람들은 늘 모든 상황에서 나를 사려 깊고 공정하며 친절히 대해 줘야만 한다. 그렇지 않다면 그 사람들이 형편없고 나쁘고 무가치하다는 것을 의미하고, 미래에도 날 나쁘게 대할 것이기 때문에 벌을 받아 마땅하다.

③ 내가 생활하고 있는 환경이나 조건은 언제나 나에게 호의적이고 안전하고 어려운 일이 없어야 하고 즐거워야 한다. 그렇지 않다면 끔찍한 일이고, 나는 견딜 수 없을 것이며 살 가치가 없을 것이다.

첫 번째 핵심적인 믿음을 견지할 경우 이러한 믿음과 일치하지 않은 일을 경험하면 불안, 우울, 절망, 무가치함과 같은 감정에 빠질 수 있다. 두 번째 핵심적인 믿음은 타인에 대한 분노, 복수심 등의 감정을 유발할 가능성이 높으며, 세 번째 믿음은 좌절, 조급함, 자기연민, 분노, 우울, 회피, 지연과 같은 감정과 행동을 유발할 것이다.

또한 이러한 핵심적인 믿음들은 극단적인 파생물인 비합리적 사고들을 동반한다. 예를 들어, 좌절스러운 상황을 견뎌낼 수 없다고 생각하고, 타인의 흠이나 결점에 초점을 두고 비하하며, 상황을 실제보다 더 나쁘고 끔찍하게 여기게 된다. 특히 과잉일반화를 통해 부정적이고 바람직하지 않은 사건이나 특성 또는 행동은 과장해서 받아들이는 반면, 긍정적인 사건이나 특성 또는 행동은 무시하는 성향을 불러일으킨다. 또한 핵심적인 신념들은 비현실적이고, 임의적이며, 왜곡된 추론을 불러일으키는 경향이 있다.

그렇다면 비합리적 사고를 파생시키는 핵심적인 신념들은 어떻게 발생하는가? REBT에서는 어린 시절 주요 타인으로부터 학습한 핵심적인 신념과 비합리적 사고가 그 토대를 제공한다고 가정한다. 그러나 한편으로는 사람들이 과거에 학습한 비합리적 신념들을 확대 재생산하고 새로운 독단(dogma)과 미신(superstition)을 만들어 낸다고 주장한다(Ellis & MacLaren, 2005). 즉, 현재 우리가 비합리적인 신념을 지니고 있는 주된 이유는 어린 시절의 학습 때문이기보다는 이후로도 계속해서 비합리적 신념들을 확대 재생산했기 때문인 것이다. 따라서 REBT에서는 비합리적인 신념으로 인해 파생되는 정서적 고통과 행동장애의 주된 책임이 그러한 신념들을 지속적으로 유지하고 만들어 낸 내담자 자신에게 있다고 가정한다.

(3) 인지왜곡

인지치료에서는 심리적인 문제를 발생시키고 지속시키는 인지과정을 인지왜곡(cognitive distortion)이라고 부른다. 말 그대로 인지왜곡은 사고가 왜곡되어 있다는 것인데, 현실을 직시하기보다는 자신의 생각에 맞춰 현실을 왜곡해서 바라보는 것을 의미한다. 많은 인지왜곡이 논리적인 오류를 포함하고 있기 때문에 인지오류(errors in thinking)라고도 한다. 왜곡된 사고는 수없이 많은 경험을 통해 개인의 한 부분으로 자리 잡기 때문에 별다른 노력 없이도 자발적이고 자동적으로 떠오르는 경향이 있다. 인지치료에서는 왜곡되고 부정적인 생각을 인식하고 제거함으로써 기분을 향상시키고 우울 및 만성 불안장애 등을 극복할 수 있다고 가정한다. 왜곡된 사고를 제거하는 과정은 '인지재구조화(cognitive restructuring)'라고 한다. 주요 인지왜곡의 종류는 다음과 같다(Beck & Weishaar, 2000; Corey, 2005).

① 이분법적 사고, 흑백논리(all-or-nothing thinking)

'늘' '모든' '절대로' 등의 용어를 사용해서 사고하는 것을 의미하며, 자신이 생각하는 것 이외에는 대안이 없다고 가정하는 것도 이분법적 사고에 해당된다. 이러한 사고가 왜곡 또는 오류인 이유는 인간의 행동이나 상황은 절대적인 경우가 매우 드물기 때문이다. 이런 식으로 생각할수록 실수나 완벽하지 못한 모습을 발견했을 때 완전한 실패(자)라고 생각하며 부적절하고 가치가 없다고 생각한다.

② 과잉일반화(overgeneralization)

증거가 충분하지 않은 상태에서 한 번 일어난 일(특히 부정적인 일)이 앞으로도 계속 모든 상황에서 일어날 것이라고 임의적으로 결론짓는 것을 의미한다.

③ 정신적 여과(mental filtering)

인물이나 사건의 부정적인 측면에만 초점을 맞추고 긍정적인 측면은 무시하는 것을 의미한다.

④ 긍정 격하(disqualifying the positive)

충분히 긍정적인 경험을 임의로 격하시키는 것을 의미한다.

⑤ 비약적인 결론(jumping to conclusions)

증거가 부족하거나 없는 상태에서 결론(대부분 부정적인 결론)을 이끌어 내는 것을 의미한다. 두 가지 하위 유형이 있는데, 자신에게 타인의 의도나 생각을 읽을 수 있는 특별한 능력이 있다고 믿는 독심술(mind reading)과 상황이 앞으로 어떻게 전개될 것인지에 대해 과장해서 생각하는 점치기(fortunetelling)가 있다.

⑥ 확대(magnification)/축소(minimization)

어떤 상황이나 기억의 측면들을 확대하거나 축소하는 것을 의미하는데, 모두 객관적인 현실과 부합되지 않는다. 일반적으로 우울한 사람들은 타인의 장점은 과장하고 단점은 축소시켜서 보지만, 자신의 장점은 축소하고 단점은 과장해서 보는 경향이 있다. 한편, 앞으로 일어날 일에 대해 최악의 상황만을 가정하거나 일상생활에서 일어나는 부정적인 일들을 마치 큰 재앙이 닥친 것으로 생각하는 파국화(catastrophizing)도 확대의 한 유형이라고 볼 수 있다.

⑦ 정서적 추론(emotional reasoning)

객관적인 증거가 아니라 직관 또는 개인적인 느낌을 토대로 결론을 내리거나 주장하는 것을 의미한다. 예를 들어, 우울한 사람들은 자신을 포함한 모든 일을 부정적으로 느끼는데, 이러한 느낌을 토대로 자신과 주변 상황이 부정적이라고 결론짓는 경향이 강하다. 정서적 추론이 인지왜곡인 이유는 결론에 대한 객관적인 근거가 부족하다는 것뿐만 아니라 인지치료의 기본적인 가정과 배치되기 때문이다. 즉, 다른 인지행동치료에서처럼 인지치료에서도 생각이 감정을 유발시키는 것이라고 가정한다. 이러한 관점에서 보면 부정적인 느낌을 토대로 자신과 타인 또는 상황을 판단하는 것은 오류일 수밖에 없다. 즉, 생각에 오류가 있어서 부정적으로 느끼는 것이며, 느낌을 근거로 자신과 세상이 부정적이라고 판단하는 것은 근본적으로 오류인 것이다.

⑧ 당위론적 진술(should statements)

자신이 처해 있는 상황을 현실적으로 고려하기보다는 '~해야만 해.'라고 생각하거나 혹은 상황이 어떻든 자신의 규칙이 늘 적용되어야 한다고 생각하는 것을 의미한다. Ellis는 이런 식의 사고를 '강요적 당위(musturbation)'라고 칭하였다.

⑨ 이름 부여하기(labeling)/잘못된 이름 부여하기(mislabeling)

과잉일반화의 극단적인 형태로 행동이나 사건에 이름을 부여해서 묘사하는 것을 의미한다. 특히 잘못된 이름을 부여하는 것은 어떤 사건이나 사람을 매우 과장되고 감정을 실은 용어로 묘사하는 것을 의미한다. 예를 들어, 주식투자로 돈을 잃은 사람이 "많은 손해를 봤어."라고 말하지 않고 "난 실패자야."라고 말할 경우 자신에게 잘못된 이름을 부여하고 있는 것이다.

⑩ 개인화(personalization)

통제할 수 없는 사건에 대해 개인적인 책임이 있다고 생각하는 것을 의미한다. 이러한 패턴이 자신에게 향하면 죄책감을 불러일으키고, 타인에게로 향하면 비난의 형태를 띠게 된다.

(4) 역기능적 사고와 정서(장애)

사고를 강조하는 인지행동치료의 관점은 정서 또는 정서장애에 대한 견해에도 잘 나타나 있다. 인지행동치료에서는 감정 자체를 부인하지는 않는다. 오히려 감정을 충분히 느끼고 표현할 것을 강조한다. 그러나 건강한 감정과 건강하지 않은 감정을 구분한다. 슬픔, 후회, 좌절, 괴로움 등의 감정은 우리가 일상생활에서 종종 경험하는 감정들인데, 타당한 이유로 이러한 감정들을 느낀다면 개인적인 적응뿐 아니라 대인관계에도 이로움을 줄 수 있다. 실제로 사람들은 태어나면서부터 이러한 감정들을 경험해 왔기 때문에 그것을 조절하고 관리할 수 있는 능력 또한 갖추고 있다. 그러나 공포, 우울, 분노, 무망감, 자기연민과 같은 감정들은 자신의 심리적 건강뿐만 아니라 주변 사람들에게도 피해를 입힐 수 있는 파괴적인 감정들이다. 문제는 개인 혼자만의 힘으로는 이러한 감정들을 조절하고 관리하기가 매우 어렵고, 한 번 빠지면 헤어 나오기 어렵다는 데 있다.

그렇다면 우리 자신을 파괴하고 주변사람들에게도 피해를 입히는 건강하지 않은 감정들은 왜 발생하는 것일까? REBT에서는 비합리적인 생각이 담고 있는 절대성 때문이라고 가정한다. 사람들은 자신의 욕구, 기대, 선호를 절대적인 요구 또는 명령으로 격상시켜 반드시 이루어져야 할 것으로 생각하는 경향이 있다. 특히 타인으로부터 인정받고 사랑받는 것은 반드시 이루어져야 할 절대적인 요구로 간주하는 경향이 있는데, 관계가 가까울수록 그리고 관계를 중시하는 문화일수록 이러한 성향은 더욱 더 강하게 나타난다. 문제는 원하는 것이 이루어지지 않을 경우 자신, 타인 또는 상황을 비난하게 되고, 이러한 비난은 혼자서는 조절하고 관리하기가 어려운 파괴적인 감정들을 발생시킨다는 것이다(비합리적 신념 → 비난 → 역기능적 감정)(Corey, 2005).

> 인정, 사랑, 성공, 편안함을 추구하는 것은 매우 현실적이고 자연스러운 것이다. 문제는 자신의 방식대로 늘 원하는 만큼 반드시 충족되어야 한다고 생각하는 데 있다. 우리가 무엇을 원하더라도 늘 그것이 반드시 이루어지지는 않는 것이 현실이다. 그럼에도 불구하고 우리가 원하는 것이 반드시 충족되어야 하고 늘 원하는 만큼 이루어져야 한다고 생각한다면, 그것이 달성되지 않았을 경우 건강한 실망감보다는 건강하지 못한 절망, 우울, 분노 등 파괴적인 감정을 경험하게 된다.

역기능적 감정에 대처하기 위해서는 감정 자체보다는 그것을 유발하는 비난과 그 이면에 있는 비합리적이고 절대적인 신념을 찾아야 한다. 따라서 REBT에서는 내담자로 하여금 감정을 표현하고 방출하게 하거나 미해결된 과거의 감정을 현재로 가져와서 재경험하게 하는 것은 그다지 생산적이지 못하다고 주장한다. 왜냐하면 인간의 감정은 단순히 그것을 증폭시키고 표현한다고 해서 사라지는 것이 아니기 때문이다. 대신 감정 이면에 비합리적 사고가 존재하는지를 확인하고, 비현실적이고 미성숙하며 절대적인 사고들을 현실적이고 성숙하며 합리적이고 경험에 기초한 사고로 바꿀 것을 강조한다. 이 과정에서 내담자는 절대적인 요구와 명령을 기대와 선호 또는 바람으로 바꾸게 되고, 자신을 비난하던 것에서 벗어나 있는 그대로 수용하고 인정하는 것을 배우게 된다.

그런데 한 가지 문제는 비합리적인 신념과 비난으로 인해 역기능적인 감정들이 발생함에도 종종 그러한 감정들이 사실처럼 타당하게 느껴질 때가 있다는 것이다. 즉, 왜곡된 생각이 만들어 내는 파괴적인 감정들이 자신을 둘러싼 현실을 정확하게 반영하고 있고, 따라서 타당하다고 여기는 것이다. 이렇듯 왜곡된 사고가 만들어 내는 감정이 사실처럼 타당하게 느껴지면 결국엔 그러한 감정을 유발한 왜곡된 사고를 강화하게 된다. 다시 말해, 왜곡된 사고와 역기능적 감정이 서로를 강화시키는 악순환이 반복되는 것이다. 왜곡된 사고가 그에 상응하는 감정들을 만들어 내고 그 느낌이 다시 사고를 강화하는 과정은 우리가 의식할 수 없을 만큼 순식간에 일어난다. 그래서 그러한 과정을 의식적으로 이해하기 전까지는 왜곡된 사고가 만들어 내는 감정이 사실이라고 믿게 된다. 이러한 현상에 대해 인지치료에서는 왜곡된 사고가 만들어 내는 역기능적인 감정들은 사실(fact)이 아니라고 주장한다. 즉, 그러한 감정들은 부정확하고 왜곡된 사고로 인해 유발되었기 때문에 그로 인해 발생한 감정들 또한 사실이 아니라는 것이다. 그렇다면 이러한 악순환의 고리를 벗어날 수 있는 방법은 무엇인가? REBT와 인지치료 모두 동일한 해법을 제시하고 있다. 즉, 생각이 감정을 유발시킨다는 것을 이해하고, 불쾌하고 역기능적인 감정을 느꼈을 때 감정 이면에 있는 역기능적인 사고를 확인하여 보다 합리적이고 현실적인 사고로 대체하는 것이다.

3) 인지행동치료는 교육적인 모델에 기초하고 있다

인지행동치료에서는 사람들의 정서와 행동이 오랜 기간 반복된 학습(교육)의 결과라고 가정한다. 이 말은 상담과정에서 내담자가 새로운 사고방식과 그에 따른 정서와 행동을 학습할 수 있음을 의미한다. 즉, 내담자는 상담과정을 통해 역기능적인 행동(사고 포함)을 탈학습하고, 보다 적응적이고 바람직한 생각과 행동을 배우게 된다. 따라서 상담은 학습의 장이며, 상담자는 학습을 위한 조력자로서 그리고 내담자는 적극적인 학습자로서 상담에 임하게 된다. 한편, 상담자는 내담자가 상담 회기 중에 학습한 것을 실제 생활에서 연습하고 이행할 수 있도록 읽기 등 다양한 과제를 부여한다. 정해진 회기 내에 상담목표를 달성하고 상담의 효과가 상담 종료 후에도 지속되기 위해서는 내담자가 상담 회기뿐만 아니라 일상 장면에서도 자신의 문제를 탐색하고 해결하기 위한 노력을 기울여야 한다.

그렇다면 내담자가 무엇을 배우는지 구체적으로 살펴보자. 우선 내담자가 경험하고 있는 문제 이면에 비합리적이고 절대적인 생각이 자리하고 있다는 것을 깨달아야 한다. 이런 의미에서 인지행동치료에서도 통찰을 강조한다고 볼 수 있다. 그러나 인지행동치료에서 강조하는 통찰은 전통적인 정신분석에서 강조하는 통찰과는 그 목적과 내용이 다르다. 우선 인지행동치료에서는 통찰을 통해 근본적인 성격 변화가 가능하다는 정신분석적 입장에 반대한다. 정신분석적 통찰은 단지 내담자가 문제를 지니고 있고, 그 문제에 선행하는 외부 요인이 있다는 것을 알려 줄 뿐이다. 더욱이 인지행동치료에서는 외부 사건들 때문에 내담자의 문제가 발생하는 것이 아니라고 가정하기 때문에 정신분석적인 통찰이 오히려 잘못된 정보를 제공할 수 있다고 주장한다.

REBT에서는 세 가지 수준의 '인지적 통찰'을 강조한다(Ellis & MacLaren, 2005). 첫 번째 수준의 통찰은 내담자가 호소하는 문제의 주된 원인이 내담자의 비합리적인 신념에 있다는 사실을 깨닫는 것이다. 비록 외부 사건들로 인해 내담자가 정서적으로 힘들어할 수도 있지만, 정서적 고통의 보다 직접적인 원인은 외부 사건을 해석하고 귀인하는 내담자의 절대적이고 비합리적인 사고방식에 있다는 것을 깨달아야 한다. 두 번째 수준의 통찰은 내담자가 계속해서 그러한 비합리적인 신념들을 확대 재생산하고 있다는 점을 깨닫는 것이다. 비록 과거에 비합리적인 신념을 학습했지만 언제, 왜 그리고 어떤 경로를 통해 학습했느냐는 중요하지 않다. 중요한 것은 내담자가 현재 그러한 생각들을 타당하게 여기고 있고, 더 나아가 새로운 비합리적 사고들을 생산하고 있기 때문에 정서적으로 힘들어한다는 것을 깨닫는 것이다. 세 번째 수준의 통찰은 문제 해결을 위해서는 적극적이고 지속적으로 비합리적인 신념에 도전하고 그것을 합리적이고 현실적인 사고로 대체해야 한다는 사실을 깨닫는 것이다. REBT에서는 첫 번째와 두 번째 통찰에 이르렀다고 해서 내담자의 정서적 고통이 해결되는 것은 아니라고 가정한다. 이 두 가지 통찰에 이르면 자신이 힘들어하는 이유가 비합리적인 신념 때문이라는 것을 알게 되는데, 그 이유를 알게 되어 기분이 나아질 수는 있다. 사람들은 원인을 알게 되면 그 자체로서 유용하고 또 치유가 되었다는 느낌을 갖기 때문이다. 그러나 실제로 문제가 개선되고 그 상태가 유지되기 위해서는 지속적으로 자신의 핵심적인 신념들을 찾아야 하고, 적극적이고 체계적으로 반박해야 하며, 좀 더 유연하고 기능적인 생각으로 대체해야 한다. 이렇듯 내담자의 적극적인 노력이 수반되지 않는다면 내담자의 호소문제가 개선될 가능성은 희박하다는 통찰이 내담자에게 필요한 것이다.

내담자가 인지적 통찰을 획득하는 과정에서 상담자는 비합리적이고 자기 파괴적인 생각들을 확인하고 발견하는 법을 내담자에게 가르치고, 비합리적인 신념의 타당성 및 유용성에 대해 질문을 던지고 논박하는 역할을 수행한다. 이 과정에서 상담자는 내담자에게 과제를 내주고, 내담자의 활동을 기록하게 하며, 대안적인 사고들을 만들어 내도록 격려하는 등 다양한 행동기법들을 사용한다. 이를 통해 내담자는 역기능적인 사고들이 자신에게 어떤 영향을 미치는지에 대한 통찰을 얻게 되고, 자신의 생각을 지지 또는 반대하는 증거들을 검토함으로써 비합리적인 사고들을 현실적으로 검증하는 방법을 배우게 된다.

인지적 통찰의 세 가지 수준

① 내 문제의 주요 원인은 비합리적인 신념 때문이다.
② 내가 비합리적인 신념들을 확대 재생산하고 있고, 그로 인해 힘들어하고 있는 것이다.
③ 내 문제를 개선하기 위해서는 비합리적인 신념들을 반박하고 합리적인 신념들로 대체해야 한다.

4) 인지행동치료는 소크라테스식 방법을 사용한다

인지행동치료의 또 다른 특징은 상담자가 질문을 많이 한다는 것이다. 물론 다른 상담 접근에서도 상담자는 내담자의 문제를 명료화하고 문제를 심층적으로 이해하기 위해 다양한 질문을 한다. 그러나 인지행동치료에서 상담자가 제기하는 질문들은 그 목적과 내용이 다르다. 상담자는 내담자의 생각이 무엇에 근거를 두고 있는지, 그것이 얼마나 현실적이고 논리적인지 그리고 그러한 생각이 내담자 자신의 감정과 행동, 특히 내담자가 호소하는 문제에 어떤 영향을 미치는지를 지속적으로 질문한다. 이것은 마치 소크라테스가 '너 자신을 알라.'고 했던 것처럼 내담자의 호소문제의 원인이 다름 아닌 내담자의 생각에 있음을 깨닫게 하기 위해 상담자가 질문을 통해 산파 역할을 하는 것으로 이해할 수 있다.

REBT에서는 논박(disputing)을 통해 이러한 목적을 달성하려고 한다. 논박은 내담자의 신념체계가 얼마나 유용한지 내담자 스스로 평가하도록 돕는 매우 지시적인 기법이다. Ellis(1994, 1996)는 A-B-C 이론을 확장하여 A-B-C-D-E-F 이론을 제안하였는데, 이는 비합리적인 신념(B)을 논박하고(D) 현실적이고 유용한 사고를 학습함으로써(E) 보다 건강한 정서(F)를 경험할 수 있다는 것을 의미한다.

A(activating event) ← B(belief) → C(emotional and behavioral consequence)

↑

D(disputing) → E(effective philosophy) → F(new feeling)

논박은 자칫 비난, 비판 또는 훈계로 오해받는데, 우리의 생각을 누군가가 비합리적이라고 지적하고 바꾸라고 요구하는 것 자체가 자신에 대한 비난처럼 느껴질 수 있기 때문이다. 사람들은 비록 자신의 생각이 비합리적이고 비논리적이며 유용하지 않고 비현실적이라 하더라도 그것에 대해 의문을 제기하는 경우는 거의 없다. 더욱이 사람들은 오랫동안 자신의 생각을 강화하면서 살아왔고, 어떤 측면에서는 그러한 생각이 이로움을 가져왔을 수 있다. 따라서 내담자는 자신의 생각이 비합리적이고 현재의 고통을 유발하고 있기 때문에 수정할 것을 요구받을 때 강하게 저항할 수 있다.

이렇듯 깊숙이 내재한 비합리적인 신념체계를 흔들고 내담자의 강한 저항에 대처하려면 상담자의 지시적이고 적극적인 논박은 어찌 보면 자연스러운 방법일 수 있다.

Ellis는 내담자가 스트레스를 많이 경험하지 않는 상황에서 논박을 사용하라고 제안하였다. 스트레스를 많이 경험하는 상황에서는 이전의 비합리적인 사고 패턴으로 돌아갈 가능성이 높은데, 이때 논박을 하게 되면 그만큼 저항도 심하고 논박의 효과가 감소될 수 있다는 것이다. 따라서 상담자는 가급적 내담자가 스트레스를 많이 받지 않는 시기에 비합리적인 신념을 논박하고 이를 실생활에서 연습하게 함으로써, 내담자가 실제 스트레스 상황에 처했을 때 유용하게 사용할 수 있도록 준비시켜야 한다.

Ellis와 MacLaren(2005)은 논박을 기능적, 경험적, 논리적, 철학적 논박의 네 가지로 분류하였다. 그 목적 및 방법을 간략히 기술하면 다음과 같다.

(1) 기능적 논박

기능적 논박(functional disputes)의 목적은 내담자의 생각과 그에 수반되는 감정 및 행동이 실제로 내담자에게 도움이 되는지 의문을 갖게 하는 것이다. 즉, 상담자는 기능적 논박을 통해 내담자의 사고(정서, 행동)가 내담자가 바라는 것을 성취하는 데 오히려 방해가 되고 있다는 것을 깨닫게 한다. 따라서 상담자는 "그렇게 생각하는 것(행동하는 것, 이런 감정을 품는 것)이 당신에게 어떤 영향을 주고 있습니까?" "그렇게 화를 내지 않고서도 바라는 결과를 얻을 수 있는 방법은 없을까요?"와 같이 질문한다. 물론 기능적 논박을 몇 번 사용한다고 해서 내담자의 생각이 하루아침에 바뀌는 것은 아니다. 앞서 기술한 것처럼 내담자의 사고방식은 오랜 세월 반복적으로 강화되어 왔고, 그러한 사고방식이 가져다주는 긍정적인 결과 또한 존재하기 때문이다. 따라서 상담자는 내담자의 비합리적 신념이 부정적인 결과를 야기하고 있음을 이해하도록 도와줘야 할 뿐 아니라, 그러한 생각을 보다 융통성 있고 현실적인 것으로 바꾸었을 때 어떤 이로움이 있는지를 이해시키는 작업도 병행할 필요가 있다.

(2) 경험적 논박

경험적 논박(empirical disputes)은 내담자의 생각이 얼마나 현실과 일치하는지를 확인하고 평가하도록 돕는 데 그 목적이 있다. 상담자는 "그런 생각을 뒷받침할 만한 증거가 있습니까?" "그 말이 옳다는 증거가 어디에 있나요?"와 같이 질문하여 경험적 논박을 한다. 예를 들어, 사귀고 있는 애인과 이별할지도 모른다고 불안해하는 내담자가 있다고 가정하자. 최근 이 내담자는 이별에 대한 불안 때문에 사귀는 사람에게 계속해서 사랑을 확인하려 하고, 애인의 다른 인간관계에 지나치게 간섭해서 오히려 관계가 악화되는 결과를 가져왔다. 상담자는 몇 회기의 상담을 통해 내담자의 심연에 '이별=무가치함'이라는 등식이 자리하고 있음을 알게 되었다. 오랫동안 내담자는 관계에서 자신의 가치를 확인하려는 습관을 형성해 왔기 때문에 현재에도 사랑하는 사람과 이별하는 것은 곧 자신이 무가치한 것을 의미한다고 생각한다. 따라서 이별을 예상하는 것만으로도, 그리고 이별의 징후로 여겨지는 것을 감지하는 것만으로도 고통스러운 감정과 건강하지 못한 행동들이 유발되는 것이다. 이때 상담자는 연인과의 이별이 어떻게 내담자의 무가치함과 연결되는지에 초점을 두고 질문할 수 있다. 당연히 이별로 한 사람의 존재 가치가 사라진다는 증거는 어디에도 없다. 상담자는 경험적 논박을 통해 내담자가 전혀 근거 없는 생각을 고수해 왔다는 것을 이해시킬 수 있다. 이별과 관련된 내담자의 두려움과 불안 그리고 과거에 경험했던 이별의 아픔을 공감하고 지지해 주는 것도 필요하지만, 더 중요한 것은 내담자의 비합리적인 신념이 경험적으로 근거가 희박하고 오히려 부적응적인 감정과 행동을 야기하고 있음을 깨닫게 하여 보다 현실에 기초한 사고로 대체하는 것이다.

(3) 논리적 논박

논리적 논박(logical disputes)은 사고의 논리성에 의문을 제기한다. 반드시 이루어져야 한다고 생각하는 일이 뜻대로 되지 않을 경우 논리적인 사고를 하기란 매우 어려운 일이다. 예를 들어, 원하는 회사에 입사하지 못해 스스로를 실패자로 간주하고 또 앞으로도 계속해서 원하는 것을 성취하지 못할 것이라 생각하는 내담자가 있다고 가정하자. 이때 상담자는 한 가지 일(즉, 원하는 회사에 입사하는 것)에 실패했다고 해서 어떻게 실패자라고 단정할 수 있는지, 그리고 아직 발생하지 않은 미래의 일을 부정적으로 예측하는 논리가 무엇인지를 내담자에게 질문함으로써 논리적 논박을 사용할 수 있다.

(4) 철학적 논박

철학적 논박(philosophical disputes)은 '삶의 만족'이라는 주제를 다룬다. 내담자는 당면한 문제에 몰입한 나머지 삶의 다른 영역에 있는 긍정적인 측면, 자원 또는 가능성을 간과하는 경우가 많다. 즉, 당면한 문제가 해결되지 않을 경우 자신의 삶 전체가 위협을 받고 결국 불행해질 것이라고 생각하는 경향이 있다. 이때 상담자는 철학적 논박을 통해 현재 내담자가 힘들어하고 있는 문제 때문에 삶의 다른 영역 또는 삶 전체를 왜곡해서 바라볼 수 있다는 점을 인식시키고, 삶 전체에 대한 포괄적인 현실 검증을 요구할 수 있다. 예를 들어, 입사 실패로 인해 자신을 실패자라 여기고 현재와 미래의 삶 전체가 불행할 것이라고 가정하는 내담자의 경우, 상담자는 취업을 제외한 나머지 삶의 영역에서는 내담자가 만족하는 것이 무엇인지, 만족할 가능성이 있는 영역은 없는지를 확인하도록 도울 수 있다("이 부분에서 당분간 원하는 대로 되지 않더라도 다른 부분에서 만족을 느끼고 행복할 수 있지 않을까요?").

5) 인지행동치료는 스토아철학에 바탕을 두고 있다

앞서 기술한 것처럼, 인지행동치료의 시초라 할 수 있는 REBT는 고대 희랍의 스토아 철학자들로부터 영향을 받았다. 특히 Ellis는 에픽테투스의 영향을 많이 받았는데, 에픽테투스는 "모든 일이 운명에 따라 결정되고 우리가 통제할 수 없지만 그 일을 평온하고 침착하게 받아들일 수는 있다."라고 주장하였다. REBT 등 대부분의 인지행동치료에서는 바람직하지 않은 상황에서 평온을 유지하는 것이 이롭다고 주장한다. 바람직하지 않은 문제가 발생했을 때 우리는 두 가지 문제, 즉 바람직하지 않은 문제 자체와 그 문제에 직면했을 때 경험하는 우리 내부의 동요에 부딪히게 된다. 문제에 직면해서 놀라움 또는 당황스러움을 경험하는 것은 자연스러운 일이지만, 이러한 내부의 동요가 조절할 수 없을 만큼 크거나 불안, 두려움, 우울 등 건강하지 않은 감정으로 발전할 경우는 문제가 될 수 있다. 이럴 경우 우리 내부에 동요를 일으킨 문제 자체를 직시하지 못하게 되고, 오히려 건강하지 못한 감정으로 인해 힘들어하게 된다. 따라서 바람직하지 않은 문제가 발생했을 때 보다 이로운 접근은 우리 내부의 동요를 최소화하고 마음의 평온을 유지하는 것이다. 이는 동요나 당황스러움 또는 그 이상의 부정적인 감정을 경험하지 않는 대신 마음의 평정이라는 좀 더 나은 기분을 경험한다는 이로움이 있으며, 아울러 원래의 문제를 해결하는 데 우리의 지식, 자원, 에너지를 활용할 수 있도록 도와준다.

> 원하지 않는 일이 발생했을 때 지나치게 동요하거나 부정적인 감정에 휩싸이는 것은 문제 해결을 위해 도움이 되지 않는다. 인지행동치료에서는 바람직하지 않은 일이 발생했을 때 ① 마음의 평정을 유지하고, ② 문제가 무엇인지 직시하며, ③ 자신이 지닌 지식 등 자원을 활용해서 문제에 대처할 것을 강조한다.

가령 사람들이 당신을 비난한다고 가정하자. 특히 가까운 사람들로부터 근거 없는 비난을 들을 경우 화를 내고 슬퍼하는 경우가 많은데, 인지행동치료의 관점에서 보면 이러한 반응들은 불필요한 것이다. 그렇다면 어떻게 이런 상황에서 평온을 유지할 수 있을까? 우선 사람들의 비난이 부정확하고 전혀 근거가 없는 것이라면 동요할 이유가 없다. 잘못은 부정확하고 근거 없이 비난을 하는 사람들에게 있기 때문이다. 사람들이 완벽하지 않다는 것을 수용할 수 있다면 그들의 이러한 잘못 또한 충분히 이해할 수 있다. 한편, 다른 사람의 비난이 정확하고 명백한 근거가 있다고 하더라도 당황하거나 정서적으로 동요할 이유가 없다. 우리 자신 또한 완벽한 존재가 아니기 때문에 잘못을 할 수 있고 그로 인해 비난받을 수 있기 때문이다. 중요한 것은 잘못을 인정하고 그것을 바로잡기 위해 구체적인 조치를 취하는 것이다.

비슷한 맥락에서 인지행동치료에서는 대부분의 경우 화를 내는 것이 이롭지 않다고 주장한다. 우선 화는 우리를 꼼짝 못하게 하고 적대감에 휩싸이게 해서 당면한 문제를 해결하기 위한 창의적인 해결책을 찾는 것을 방해한다. 또한 관계에서 화를 내면 잠시나마 자신이 원하는 방식대로 상황을 전개시킬 수는 있겠지만 결국 상대방의 분노와 보복을 야기해서 관계가 극단으로 치닫게 된다. 대신 인지행동치료에서는 외부 사건이 우리를 화나게 하는 것이 아니라 그 일에 대한 우리의 생각이 화를 유발한다고 가정한다. 스토아 철학자들 또한 판단의 오류 때문에 화와 같은 파괴적인 감정들을 경험하는 것이라고 주장하였다. 이렇듯 화에 대한 책임을 사고로 귀인하는 것은 우리에게 이로움을 가져다준다. 왜냐하면 우리의 생각에 따라 기분을 통제할 수 있고, 결국 우리가 우리의 기분 또는 감정을 자유롭게 선택할 수 있기 때문이다.

상황에 대한 잘못된 판단 때문에 파괴적인 감정들이 발생한다. 이는 결국 우리가 상황을 어떻게 인식하고 해석하느냐에 따라 발생하는 감정이 달라지고, 우리의 생각에 따라 우리가 경험하는 감정들을 선택할 수 있음을 의미한다.

6) 인지행동치료는 상담자와 내담자의 협력을 강조한다

인지행동치료 내에서도 상담관계의 역할 및 내용에 대해 서로 다른 입장들이 존재한다. 예를 들어, Ellis가 상담자의 인간적 자질보다는 교육자로서의 역할을 강조했다면, Beck은 진솔함, 정확한 공감, 비판단적 수용 등 상담자의 개인적인 특성을 중시하였다. 하지만 상담관계 자체가 치료적 요인이라고 주장하는 인간중심 치료나 대인관계치료와는 달리 인지행동치료에서는 상담관계에 초점을 두지 않는다. 즉, 상담자와 내담자의 신뢰성 있는 관계가 상담과정에서 중요하고 필요하다는 점은 인정하지만, 상담관계가 효과적인 상담을 위한 충분조건은 아니라고 가정한다. 왜냐하면 인지행동치료에서는 문제의 원인이 역기능적인 사고에 있고, 상담이 효과적이기 위해서는 그러한 사고를 기능적이고 합리적인 사고로 대체해야 한다고 가정하기 때문이다.

한편, 인지행동 치료자들은 적극적이고 의도적으로 내담자와 상호작용을 하고 내담자를 상담과정에 적극적으로 개입시킨다. 인지행동치료는 단기간에 진행되고 대부분 16회기 이내에 상담이 종료된다. 보통 매 회기 구체적인 안건이 있어서 기법과 개념들을 학습하고, 특히 내담자의 목표에 초점을 맞춘다. 이때 상담자는 내담자의 목표가 무엇이라고 지시하거나 가르치지 않는다. 대신 내담자와 함께 목표를 세우고, 목표 달성을 위해 노력하는 내담자를 격려하고, 필요할 경우 목표 달성을 위한 구체적인 방법들을 가르친다. 이렇듯 단기간에 상담의 목표를 정하고 그것을 달성하기 위한 구체적인 방법들을 고안하고 실천하기 위해서는 내담자의 적극적인 참여와 협력이 절대적으로 필요하다. 인지행동치료에서는 이러한 과정을 협력적 경험주의(collaborative empiricism)라고 칭하였는데, 내담자의 이해와 인식 그리고 노력이 수반될 때 내담자의 사고와 행동이 변화되고 유지될 수 있다고 가정한다(Corey, 2005).

Ellis 또한 내담자의 협력을 강조하였다. 문제의 원인이 비합리적이고 절대적이며 부정확한 생각에 있다는 점을 인정하고, 비합리적인 신념들을 찾아내고 반박해서 합리적인 생각들로 대체하며, 학습한 내용을 일상생활에서 실천하기 위해서는 내담자의 적극적인 참여와 협력이 수반되어야 한다. 내담자의 적극적인 협력이 없다면 상담자의 지시적인 접근은 오히려 내담자가 지닌 문제해결 능력과 자기실현 경향성을 발휘하지 못하도록 방해할 수 있다(Ellis & MacLaren, 2005). 즉, 상담자가 상담의 목표와 목표 달성을 위한 방법들을 제공하고 내담자는 그것을 수동적으로 수용하는 위치에 서게 된다면, 내담자는 피교육자 수준에 머물러 자신의 문제해결 능력을 계발할 기회를 놓치게 될 것이다. 이렇듯 내담자가 이전과는 다른 방식으로 사고하는 법을 배우고 실제 행동으로 옮기기 위해서는 내담자의 문제해결 능력을 존중하고 그것이 자발적으로 발휘될 수 있도록 협력적인 상호작용이 일어나야 한다.

Ellis는 상담자의 인간적인 따스함이나 공감적 이해에 최고의 가치를 두지 않았다. 오히려 상담자의 따스함과 공감이 지나칠 경우 내담자가 상담자에게 의존할 가능성이 높아 치료적이지 않다고 주장하였다(Ellis, 2001b). 대신 Ellis는 상담자가 내담자를 온전히 수용(full acceptance)할 것을 강조했는데, 이는 인간중심 치료에서 강조하는 '무조건적인 긍정적 존중'과 상응하는 개념이라고 볼 수 있다. Ellis와 MacLaren(2005)은 그의 저서에서 "상담자는 모든 내담자에게 무조건적 수용과 무조건적인 긍정적 존중을 실천하고, 내담자 스스로도 자신을 그렇게 대할 수 있도록 도와야 한다."라고 주장하였다. 그렇다면 내담자를 온전히 수용한다는 것은 무엇을 의미하는 것일까? 이는 내담자를 가치 있는 존재로 수용하는 것을 의미한다(Ellis, 2001b). 내담자 또한 완벽하지 않은 인간이기 때문에 비합리적이고 절대적인 사고를 하는 것은 어쩌면 당연한 일이다. 문제는 그러한 역기능적 사고로 인해 내담자가 자기비난을 한다는 것이다. 즉, 비난의 대상이 구체적인 실수나 결함이 아니라 내담자 자신이 지니고 있는 가치 전체라는 것이 문제다. 이때 비록 내담자의 사고, 감정, 행동이 효과적이지 못하고 역기능적이라 하더라도 상담자가 내담자를 가치 있는 인간으로서 온전히 수용하게 되면, 내담자 또한 자신의 가치를 비하하는 성향에서 벗어나 자신이 지닌 인간으로서의 가치를 온전히 받아들일 수 있게 될 것이다. 이때 상담자는 필요할 경우 자신의 신념과 가치를 드러내기도 하는데, 이는 상담자가 완벽하고 흠이 없는 사람이라고 믿는 내담자의 비현실적인 생각에 반박하기 위해서다.

3. 인지행동치료 기법

인지행동치료에서는 질문을 통한 논박뿐만 아니라 문제에 따라 매우 다양한 기법들을 사용하는데, 대표적인 기법들을 소개하면 다음과 같다.

- **멈추고 살피기**: 이 기법은 역기능적인 사고를 찾는 데 어려움을 호소하는 내담자에게 유용하다. 일반적으로 역기능적 사고는 우리 내부에서 일어나고 의식에서 금방 사라지기 때문에 의도적으로 주의를 기울이지 않으면 감지하기가 어렵다. 따라서 생각이 떠오를 때마다 의식적으로 주의를 기울이고 사고의 내용을 살펴야 한다. 예를 들어, 생각이 떠오를 때마다 그 내용을 종이에 기록하고, 냉장고, 책상, 컴퓨터 모니터 등 눈에 쉽게 띄는 곳에 붙인다. 하루 동안의 기록을 모아 살펴봄으로써 자신이 주로 어떤 종류의 역기능적인 사고를 하고 있는지를 파악할 수 있다. 또한 역기능적 사고에 대해 상담자와 논의할 수 있다.
- **확대 적용하기**: 내담자로 하여금 주변사람들이 지니고 있는 역기능적인 사고를 찾아내서 수정하도록 도와주는 경험을 해 보도록 격려하는 것이다. 타인의 역기능적인 생각들을 들여다보는 것은 자신의 사고를 탐색하는 것보다 훨씬 덜 위협적이고 수월할 수 있다. 이는 장기나 바둑에서 훈수를 두는 것을 생각하면 쉽게 이해될 것이다. 이러한 경험은 내담자 자신의 역기능적 신념을 찾아서 논박하는 것으로 일반화될 수 있다.
- **상담 회기 청취하기**: 보통 상담 회기는 내담자의 동의하에 녹음되는데, 내담자가 자신의 상담 회기를 청취하기 위함이다. 이 경우 내담자는 회기 중에 표현된 자신의 역기능적 사고의 종류와 내용을 보다 객관적인 시각에서 인식하고 비판할 수 있게 된다.
- **손실-이익 따져 보기**: 역기능적인 생각이 가져오는 이득과 손실을 목록으로 작성해서 대조해 보는 것이다. 그 목적은 내담자로 하여금 변화해야 하는 이유를 구체적으로 보여 줌으로써 변화의 동기를 고취시키는 데 있다. 내담자가 이 목록을 늘 간직하고 다니면서 정기적으로 검토하는 것이 중요하다.
- **언어 바꾸기**: 스스로를 무기력하게 만드는 당위론적이고 절대적인 사고를 '선

호'와 '바람'의 언어로 변경하는 것이다. 예를 들어, '~이 일어나면 끝장이야.' 를 '~이 일어나면 불편하겠지.'로 바꿀 수 있다.

- 역할 바꿔 논박하기: 상담자와 내담자가 서로 역할을 바꿔 상담자는 내담자가, 내담자는 상담자가 되어 상대방의 역할을 하는 것이다. 이때 내담자의 역할을 하는 상담자는 내담자가 지닌 역기능적인 생각들을 고집하고, 내담자는 논박을 사용해서 그런 생각을 포기하도록 설득한다.

- 기분전환하기: 사고, 감정 또는 고통으로부터 잠시 휴식을 취하는 것이다. 이 기법은 사람들이 한 번에 한 가지 이상의 것을 생각하기 어렵다는 점에 착안한 것이라고 볼 수 있다. 중요한 것은 기분전환 기법(distraction technique)을 장기간 사용해서는 안 되며, 고통스럽고 힘든 기간을 견뎌낼 수 있을 만큼 단기적으로 사용해야 한다는 것이다. 이 기법은 섭식장애, 중독, 우울, 불안, 고통 등 다양한 문제에 적용되고 있는데, 구체적으로 다음과 같은 방법들이 있다.

〈기분전환 기법의 예〉
- 운동, 청소, 컴퓨터 게임, 산책, 그림 그리기 등 특정 활동에 몰입하기
- 누군가를 위해 봉사 또는 선행 베풀기
- 비슷한 처지에 있거나 자신보다 더 불행한 사람들과 비교하기
- 현재 경험하는 고통스러운 감정과 정반대되는 감정을 불러일으킬 수 있는 영화, 드라마, 음악, 소설 접하기
- 고통스러운 측면들을 생각하지 않거나, 자신과 고통 사이에 상상의 벽을 쌓거나, 물리적으로 고통스러운 상황에서 멀어지는 등 고통스러운 상황과 거리두기
- 열까지 세거나 그림에서 색깔을 세는 등 다른 생각에 몰두하기
- 고무공을 꽉 쥐거나, 시끄러운 음악을 듣거나, 손에 얼음을 쥐고 있는 등 다른 강렬한 감각을 느껴 보기

- 수치심 공격하기: 타인으로부터 사랑받고 인정받는 것을 지나치게 중시하면 사랑과 인정을 받지 못하거나 비난과 질타의 대상이 되었을 때 그것을 끔찍하고 재앙과 같은 일이라고 여기게 된다. 수치심 공격하기는 다른 사람들이 내담자를 인정하지 않을 때조차 자신을 수치스럽지 않게 느끼도록 훈련시키는 기법이다.

예를 들어, 내담자가 평소 타인의 시선을 두려워해서 할 수 없었던 일을 일상생활에서 해 보도록 과제를 내줄 수 있다. 이때 사회적인 관습을 벗어나는 일을 해 보라고 요구하기도 한다. 예를 들어, 자신이 내려야 할 정류장을 막 출발한 버스 운전사에게 세워 달라고 큰 소리로 말하거나, 강의 도중 강의와 상관없는 질문을 하거나, 만원 지하철에서 큰 소리로 자신을 소개하는 것 등이 포함된다. 내담자는 이러한 과제들을 수행함으로써 우려했던 것만큼 다른 사람들이 자신의 행동에 관심이 없다는 것을 발견하게 된다. 결국 내담자는 수치심을 유발한 것이 타인의 시선이나 비난이 아닌 자신의 생각이었음을 깨닫게 된다.

- 지켜보기 또는 마음챙기기: 전통적인 불교 수행에서 유래된 이것은 인지행동치료뿐 아니라 다른 치료 접근에서도 사용하는 개념이다. 지켜보기 또는 마음챙기기(mindfulness)는 신체 기능, 감정, 의식의 내용 또는 의식 자체를 침착하게 인식하는 것을 의미하는데, 게슈탈트 치료에서의 알아차림에 해당된다고 볼 수 있다. 이를 가르치기 위해 다양한 명상기법들이 활용되고 있다. 인지행동치료 중 하나인 변증법적 행동치료(dialectical behavior therapy: DBT)에서는 판단하지 않고 현재 순간에 주의를 기울이며, 자신의 감정과 감각을 온전히 경험할 것을 강조한다. 이를 통해 내담자는 자신의 습관에 도전하고, 불편한 상황에 직면할 때 경험하는 강렬한 감정들을 수용하고 견뎌내는 것을 배우게 된다. 또한 우울증에 적용하면 부정적인 감정(우울)을 계속 간직하고 있는 것이 효과적이지 않고 정신을 파괴하는 것임을 깨닫게 된다.

- 위험 감수하기: 평소 내담자가 위협적으로 느끼는 일을 하게 하거나 그러한 상황에 처하게 하는 것을 말한다. 예를 들어, 실패에 대한 두려움 때문에 다른 사람 앞에서 발표하는 것을 불안해하고 결국 발표하지 못하는 내담자가 있다면 상담 회기 중이나 일상생활에서 조금씩 발표하도록 요청한다. 이 과정에서 상담자는 "난 실패할 거야. 바보처럼 보일 거야. 누구도 날 좋아하지 않을 거야."와 같은 내담자의 부정적인 자기 진술을 "가끔은 내가 바보처럼 보일지 몰라도 그렇다고 내가 바보가 되는 것은 아냐. 난 할 수 있어. 내가 할 수 있는 최선을 다할 거야."와 같이 보다 긍정적인 자기 진술로 바꾸도록 요청한다. 부정적인 결과를 예상하면 그 예상과 부합되는 행동을 하기 때문에 결국에는 처음 예측했던 것과 유사하거나 일치되는 결과를 얻게 된다. 이것을 자기 충족적 예언(self-fulfilling prophecy)이라고 하는데, 보다 긍정적인 결과를 얻기 위해서는 부정적이고 극단적인 예언을 보다 긍정적이고 현실적인 자기 진술로 대체시켜야 한다.

✿ 참고문헌 ✿

Beck, A. T. (1987). Cognitive therapy. In J. K. Zeig (Ed.), *The evolution of psychotherapy* (pp. 149-178). New York: Brunner/Mazel.

Beck, A. T., & Weishaar, M. E. (2000). In R. J. Corsini & D. Wedding (Eds.), *Current psychotherapies* (6th ed., pp. 241-272). Itasca, IL: F. E. Peacock.

Corey, G. (2005). *Theory and practice of counseling & psychotherapy* (7th ed.). Belmont, CA: Brooks/Cole.

Dattilio., F. M. (2000). Cognitive-behavioral strategies. In J. Carlson & L. Sperry (Eds.), *Brief therapy with individuals and couples* (pp. 33-70). Phoenix, Az: Zeig, Tucker & Theisen.

Dryden, W. (1989). Albert Ellis: An efficient and passionate life. *Journal of Counseling and Development, 67*(10), 539-546.

Ellis, A. (1994). *Reason and emotion in psychotherapy revised.* New York: Kensington.

Ellis, A. (1996). *Better, deeper, and more enduring brief therapy: The rational emotive behavior therapy approach.* New York: Brunner/Mazel.

Ellis A. (2001a). *Feeling better, getting better, and staying better.* Atascadero, CA: Impact.

Ellis, A. (2001b). *Overcoming destructive beliefs, feelings, and behaviors.* Amherst, NY: Prometheus Books.

Ellis, A., & MacLaren, C. (2005). *Rational emotive behavior therapy: A therapist's guide* (2nd ed.). New York: Basic Books.

Michenbaum, D. (1977). *Cognitive behavior modification: An integrative approach.* New York: Plenum.

제9장
단기상담

상담 회기와 상담 성과를 보고하는 연구보고서에 의하면 특별히 상담을 단기화하려는 노력 없이도 상담 현장에서 이루어지는 대부분의 상담이 10~20회기 사이의 단기 사례다. 그리고 특별한 의도를 가지고 상담 혹은 심리치료를 단기로 진행한 경우 내담자들의 보고에 따르면, 상담 성과에서 장기치료와 차이가 없다고 한다. 현대 사회에서 내담자들은 시간이 없으므로 가능하다면 비슷한 효과를 단기에 가져올 수 있는 방법을 개발할 필요가 있다. 이러한 필요성에 따라 이 장에서는 최근 상담 현장이나 학교 현장에서 주목받고 있는 단기상담이 나타나게 된 배경 및 특징을 살펴보고, 단기상담이 중·장기상담과 비교해 갖고 있는 여러 가지 특징과 고려사항을 알아본다. 이어서 여러 단기상담의 유형 중 강점중심의 접근이라는 공통점을 지니는 해결중심 단기상담과 강점중심 상담, 단회상담의 목표, 상담기법, 상담 실제 등을 검토한 후 상담 사례를 중심으로 실제 상담이 진행되는 과정과 기법의 적용을 제시한다.

1. 단기상담의 발생 배경 및 특징

단기상담은 장기상담과는 달리 20회기 이내(학자에 따라서는 더 짧은 회기 수를 제시하기도 한다)에 종결되는 상담이다. 중 · 장기상담을 정설로 여기는 상담 분야에서 단기상담이 비교적 빠른 시기에 일종의 트렌드로 자리 잡게 된 배경과 그 특징들을 간단하게 살펴본다.

1) 단기상담의 발생 배경 및 역사

단기상담은 여러 가지 용어로 불리는 것만큼이나 다양한 역사적 배경하에서 발달되어 왔다. 그중 하나의 전통은 가족치료다. 고전적인 가족치료의 경계를 넘어서는 새로운 학파들이 대두되기 시작한 것은 1970, 1980년대의 일이라 할 수 있다. 사회구성주의적이고 해석학적인 전통이 가족치료에 유입되고, 전략적이고 체계론적인 시각으로 가족의 문제를 이해하면서 가족치료의 새로운 패러다임이 대두되기 시작하였다. 여러 지역에서 다양한 상담기법이 시도되었으며, 적용 결과를 이해하려는 노력이 이어졌다.

이러한 노력의 공통분모는 크게 세 가지 신념으로 묶일 수 있다(Nichols & Schwarts, 2001). 첫째, 치료는 단기에 이루어질 수 있다. 둘째, 대부분의 사람은 병리적이지 않다. 셋째, 변화는 갑작스럽고도 빠르게 나타날 수 있다. 이러한 관점 전환의 선두주자로 볼 수 있는 이는 Milton Erikson이다. 그는 내담자의 증상이나 문제를 변화시키기 위한 개입을 통해 습관적인 행동과 사고 유형의 변화를 유도하였다. 일종의 최면치료 또는 역설치료라 불리는 이 방법은 변화에 저항하는 내담자의 행동방식을 활용하거나 무시함으로써 단기간에 내담자의 극적인 변화를 유도하게 되어 커다란 반향을 불러일으키게 되었다. 이후 전략적 가족치료, 인공두뇌학의 원리를 활용한 MRI 단기치료 모델, 밀란(Milan) 그룹의 체계 모델, 해결중심 단기상담치료 등의 새로운 이론 모델들이 형성되면서 단기상담이 급속하게 확장되기 시작하였다.

이렇게 단기상담이 발생하고 널리 퍼지게 된 배경에는 여러 요인이 복합적으로 작용하였다. 여기에서는 그 배경을 내담자의 입장, 상담자의 입장, 환경적 측면, 경제적인 측면, 단기에 적합한 상담이론의 발전이라는 다섯 가지 측면에서 살펴보겠다.

첫째, 상담을 받으러 오는 내담자들은 상담실에 오면서 장기간 상담이 진행될 것으로 생각하지 않는다. 물론 초기에 상담에 대한 구조화 또는 오리엔테이션을 통해 내담자가 갖고 있는 생각들을 교정하는 작업이 필요하기는 하지만, 대체적으로 내담자들은 막연하기는 해도 몇 회의 상담을 통해서 자신이 안고 있는 문제가 해결될 거라는 생각을 하고 상담실을 찾는다. 이러한 내담자들이 다수이기 때문에 상담은 실제적으로 단기로 끝나는 경우가 많아지게 되었고, 이로 인해 단기상담이 점차 자리를 잡게 되었다.

둘째, 상담자의 입장에서는 내담자들이 상담에 와야만 상담을 진행할 수 있다. 지속적으로 내담자들이 상담에 올 것이라는 상담자들의 기대와는 달리 내담자들이 상담에 오는 횟수는 6~8회 이내에 불과하다(김계현, 1997). 따라서 장기를 기대하고 상담의 목표를 세우고 진행하기보다는 아예 내담자가 몇 회 오지 않을 것을 예상하고, 그에 적합한 상담목표를 수립하여 제한된 시간 안에 최대의 상담 효과를 거두는 편이 내담자를 위해서나 상담자의 효능감을 위해서나 좋다.

셋째, 환경/상황적 측면에서 단기상담은 상담에 시간을 많이 할애할 수 없는 현대사회의 특성에 대한 상담계의 응답이라 할 수 있다. 예를 들면, 대학상담의 경우에는 학기제(15~16주)라는 시간 제한을 고려해야 한다. 한 학기 이후에 또다시 상담을 진행하더라도 일단 학기 중에 상담이 끝나야 한다. 관리의료체제의 확대로 인해 의료보험에서 보장받을 수 있는 상담의 회기 수가 10회 정도로 한정된다는 사실도 고려해야만 한다.

넷째, 경제적인 측면에서는 단기상담이라고 해도 장기상담에 비해 상담의 효과가 줄어들지는 않는다(Howard, Kopta, Krause, & Orlinsky, 1986). 오히려 단기를 염두에 둠으로써 상담의 효과가 촉진되는 측면이 있으며, 상담자의 능동성과 내담자의 동기가 높아지는 등의 긍정적인 영향도 나타난다. 단기에 상담 효과를 얻을 수 있다면 경제적인 측면에서 상당한 장점을 갖게 된다.

다섯째, 단기상담에 활용될 수 있는 여러 가지 상담이론들—예를 들면, 해결중심 상담, 전략적 치료, 강점중심 상담 등—이 대두되면서 단기상담이 활성화될 수 있는 전기가 마련되었다. 전통적인 상담이론에서 갈라져 나온 최근의 상담이론이나 가족 치료의 여러 이론은 내담자의 문제를 바라보는 시각을 바꿈으로써 상당 부분 문제가 해결되거나 감소될 수 있다는 관점을 견지한다. 즉, 문제를 지속시킨 틀을 건드림으로써 문제 전체가 해결될 수 있으며, 이는 상담 회기의 축소로 이어진다.

2) 단기상담의 특징

단기상담은 장기상담과 차별화되는 여러 가지 특징을 갖고 있다. 단기상담이라는 용어에서 알 수 있듯이, 가장 중요한 특징은 상담의 시작과 끝을 가능한 한 분명하게 설정하고 상담을 시작한다는 점이다. 이러한 시간의 제한성과 더불어 단기상담이 갖고 있는 여러 가지 특징을 간단하게 검토하면 다음과 같다.

- 상담시간의 제한성: 상담의 첫 회부터 내담자와 합의하여 다룰 수 있는 문제 영역과 상담시간을 정하고 상담을 시작한다. 이 합의 과정을 통해서 내담자와 상담자는 상담의 종결을 염두에 두면서 상담을 진행하게 되며, 제한된 시간 안에 최대한의 효과를 거두기 위해 최선의 노력을 다하는 결과를 얻게 된다. 또한 내담자로 하여금 그 시간 안에 변화가 가능하다는 희망을 고취시키는 부가적인 효과도 거둘 수 있다.
- 상담목표의 구체화: 시간제한은 상담목표의 구체화와 연결된다. 무한정 상담시간이 주어지지 않기 때문에 정해진 상담시간 안에 다룰 수 있도록 목표는 가능한 한 구체적인 형태로 진술되어야 하며, 달성 가능한 작은 목표를 선호한다.
- 상담 대상 내담자 및 문제 영역의 명료화: 단기에 다룰 수 있는 상담문제와 장기적으로 다루어야 할 상담문제는 다를 수밖에 없다. 만성적인 성격문제나 대인관계 문제를 갖고 있는 내담자는 단기상담의 대상이 될 수 없다. 비교적 건강하게 대인관계를 형성해 온 경우, 증상이 경미한 경우, 상담 동기가 높은 경우 등, 상담자는 자신이 단기에 다룰 수 있는 내담자 및 문제 영역을 명료화한다.
- 현재 중심의 상담 개입: 제한된 시간 내에 문제를 다루어야 하기 때문에 단기상담에서는 내담자의 과거사 및 과거 사건을 다루는 데 많은 시간을 배분하지 않는다. 오히려 내담자가 지금 현재 느끼고 있는 여러 가지 감정과 현재 하고 있는 행동들을 통해 이후의 행동 방향을 설정하는 데 상담의 초점을 맞추고자 노력한다.
- 상담자의 적극적이고 능동적인 역할 강조: 단기상담에서는 상담자가 적극적으로 해

석하고, 내담자를 지지하며, 내담자와 실천계획을 수립하고, 과제를 수행해 갈 수 있도록 격려하는 능동적인 역할을 상당히 강조한다. 문제를 제한된 시간 내에 다루기 위해서는 상담자의 역량이 많이 발휘되어야 하기 때문에 상담자의 권위를 적극 활용하고자 노력한다.

- 상담자와 내담자의 협력적 관계 구축: 모든 상담에 있어서 상담 성과에 가장 중요하게 영향을 미치는 요인은 내담자와의 협력관계다. 특히나 단기상담은 내담자의 적극적인 협조 또는 상담자와 내담자의 긍정적이고 협력적인 관계 형성이 중요하다. 단기상담의 효과를 높이기 위해서는 상담자와 내담자 상호 간에 동맹자로서의 유대감을 강화해야 하며, 이를 형성하고 유지하기 위해 많은 노력을 기울이게 된다.

- 해결중심 전략의 구상: 단기상담은 문제의 원인이나 문제가 진행된 역사를 파악하고 분석하는 데 많은 노력을 기울이지 않는다. 다시 말해, 문제중심 상담은 문제를 해결하는 데 크게 도움이 되지 않는다고 본다. 오히려 더 중요한 것은 어떻게 해결할 것인가, 어떻게 대처할 것인가의 문제다. 문제는 해결중심 대화를 통해서 그리고 실제 행동화를 통해서 다루어질 수 있으며, 이로써 해결의 단초들이 마련된다는 것이 단기상담의 특징이라 할 수 있다.

3) 단기상담의 기본 원리와 기본 가정

단기상담이 한 방향으로 발전해 온 것은 아니다. 따라서 여러 단기상담 유형들이 공통적으로 상정하고 있는 기본 원리와 가정이 무엇인지를 규정하기는 쉽지 않다. 여기에서는 가장 이해하기 쉬운 단기상담 이론이라 할 수 있는 해결중심 상담이 토대로 하는 기본적인 원리와 가정을 정리함으로써 단기상담이 어떤 철학적 토대 위에서 형성되고 전개되어 왔는지를 유추해 보고자 한다.

해결중심 상담은 세 가지 기본 원리를 토대로 기본 가정들을 전개하고 있다. de Shazer(1985)가 제시한 기본 원리는 다음과 같다. 첫째, 어떤 것이 제대로 기능하고 있다면 그것을 고치지 마라. 둘째, 일단 효과가 나타나면 그것을 좀 더 지속하라. 셋째, 효과가 없다면 다시는 하지 말고 다른 방법을 사용하라.

이 세 가지 원리를 간단히 말하면 'GO, STOP, CHANGE의 원칙'이라 할 수 있다.

만약 내담자가 실행하고 있는 여러 활동 중에서 문제해결에 도움이 되는 것이 있다면 그대로 진행하여야 한다. 내담자는 문제를 해결하려고 노력하는 과정에서 자신이 그동안 잘 해 왔던 방식이 무엇이었고, 효과가 없었던 방식은 무엇이었는지를 구분하지 못한 채 무작정 여러 방법을 시도하는 경우가 많다. 상담에서는 내담자와의 의사소통을 통해서 무엇이 잘 먹히고 있는지와 그렇지 않은지를 관찰하여야 한다. 잘 되고 있는 방법이라면 굳이 변경할 필요가 없기 때문에 관찰을 통해서 내담자가 잘 하고 있거나 긍정적인 결과를 가져오는 행동은 그대로 지속하여야 한다(GO). 내담자 문제가 해결되지 않은 것은 방법의 문제가 아니라 그 방법을 지속적으로 하지 않았기 때문인 경우도 많다. 하지만 내담자가 갖고 있는 여러 행동 레퍼토리 중 부정적인 결과를 가져오는 행동이 있다면 지속하지 말고 중단해야 한다(STOP). 그리고 새로운 방법을 시도해 보거나 다른 방식으로 바꾸어야 한다(CHANGE). 이는 일종의 순환적인 고리로 연결된다고 할 수 있다. 다시 말해, 잘 되는 것이 있으면 지속하고(GO), 안 되면 중단하고(STOP) 변화를 도모한다(CHANGE). 그리고 새로운 방식이 잘 되면 지속하는 패턴을 유지(GO)하고, 안 되면 중단하고(STOP) 바꾸어서(Change) 잘 되는 것을 찾으면 된다.

이상에서 제시한 단기상담의 원리를 시행하는 과정에서 고려해야 할 몇 가지 기본 가정을 정리하면 다음과 같다(de Shazer, 1984; Walter & Peller, 1996).

- 병리적인 면 대신에 건강하고 긍정적인 면, 과거보다는 현재와 미래에 초점을 맞추어야 변화가 촉진된다.
- 모든 문제에는 해결책으로 바뀔 수 있는 예외 상황이 분명히 있으며, 이는 상담자와 내담자에 의해 설정될 수 있다.
- 문제는 병리를 의미하는 것은 아니며, 상황을 진술하는 한 방법일 뿐이다.
- 문제가 발생한 이유를 분석한다고 해서 문제가 해결되지는 않는다.
- 변화는 항상 일어나며 그것을 막을 수는 없다.
- 작은 변화가 큰 변화를 야기할 수 있다.
- 문제를 해결할 동기는 내담자가 자신을 유능하고 강점이 있는 존재로 경험할 때 유발된다.
- 항상 긍정적인 용어로 목표를 세울 수 있다.

- 사람들은 더 나은 방향으로 변화하기를 원한다.
- 사람들은 매우 영향을 받기 쉽고 의존적이다.
- 사람들은 자기 문제를 해결할 자원을 가지고 있다.
- 내담자가 전에 성공하지 못했던 일을 하도록 결코 요구할 수 없다.
- 내담자와 치료자는 협동적이어야 하며, 내담자는 그 문제에 있어 전문가다.

요약하자면, 단기상담에서는 내담자가 가진 장점을 중심으로 상담 전략을 구상할 것을 제안하며, 아주 작은 변화라도 그것은 이후 변화의 토대가 된다는 점을 강조한다. 또한 문제를 바라보는 틀을 바꿈으로써 해결책이 도출될 수 있다는 사실을 보여주려 한다. 실제적으로 문제를 사각(死角), 즉 죽이는 각도에서 보게 되면 해결책이 있음에도 보이지 않게 된다. 오히려 문제를 생각(生角), 즉 살리는 각도에서 보게 되면 이미 해결책이 있었음을 알게 된다. 그리고 그 해결책의 주인이 자기 자신임을 내담자가 깨닫게 되면 변화는 이미 시작된 것이나 다름없다.

2. 단기상담의 유형

단기상담은 문제, 치료 등 병리적ㆍ의학적 관점으로 문제의 해결과 회복에 초점을 둔 단기치료와 내담자의 강점과 긍정적 자원을 강조하는 강점중심 상담으로 크게 구분할 수 있다. 단기치료는 치료 시간을 제한적으로 하며 정해진 시간을 최대한 효과적으로 활용하면서 치료의 효율과 효과의 극대화를 이루고자 한다. 그리고 상담자의 적극적 참여와 활동을 중시하며 과거 경험보다는 현재 상황의 해결에 중점을 둔다는 특징을 갖는다. 단기치료는 또한 장기치료적 관점에 비해 내담자를 자신의 문제를 해결할 능력이 있는 비교적 건강한 개인으로 인식하여 단기간 효과적인 치료를 한다면 회복 가능하다고 보며, 내담자의 참여를 중시하고 상담자의 적극적 개입이 필요하다고 본다.

단기치료 접근에는 크게 ① 평소 사용하던 대처방법으로는 문제를 해결할 수 없을 정도의 사건 혹은 상황에 급박하게 당면한 내담자에게 즉각적인 도움을 제공해서 위기에 대처하고 극복하도록 돕는 단기적 상담 접근인 '위기 개입', ② 상담의 횟수를 비교적 정확하게 제한하고 상담 첫 회기에 상담기간, 상담에서 다룰 문제, 구체적 목표 등을 내담자와 협의하고 결정하며 지금-여기의 구체적 문제를 주로 다루는 '계획적 단기치료', ③ 내담자 스스로 표방하는 욕구에 중점을 두고 일정 시간 내에 다루어야 할 과업을 설정하고 수행함으로써 그 문제의 해결을 시도하는 단기적이고 조직적 모델인 '과제중심 모형'(이장호, 1991)이 포함될 수 있다.

강점중심 단기상담은 내담자에 대한 긍정적이고 통합적인 인간관에 기반하여 내담자 스스로 자신의 강점과 자원을 찾고 인식하며 그것을 발달·증진시켜 나가도록 촉진하는 데 상담자의 역할을 두는 긍정심리학적 접근에 기반한다는 특징이 있다. 강점중심 접근으로는 해결중심 단기상담, 강점중심 혹은 강점기반 상담, 단회상담 등이 있다. 여기에서는 치료적 접근을 제외하고 단기상담적 접근에 집중하여 해결중심 단기상담, 강점중심 혹은 강점기반 상담, 단회상담에 대해 살펴본다.

1) 해결중심 단기상담

(1) 해결중심 단기상담의 배경

해결중심 단기상담은 de Shazer Steve, Insoo Kim Berg 그리고 밀워키에 있는 단기 가족치료 연구소(Brief Family Therapy Center)의 상담자들에 의해 발전된 이론이다. 이 이론은 MRI 접근을 토대로 발전된 이론이지만 문제가 아닌 해결에 초점을 둔다는 점에서 차이가 있다. 즉, 내담자의 역사와 병리를 강조하지 않고, 간결한 것을 중시하는 전략적 이론의 전통은 유지하지만, 효과적이지 않았던 해결책을 발견하는 것이 아니라 그동안 효과를 보였던 해결책을 찾게 하는 데 중점을 둔다는 데서 큰 차이가 있다. 해결중심 단기상담에서는 내담자들이 문제에 고착되어 있으며 문제에 대한 다른 해결책이 가능하다는 사실을 간과하거나 아예 시도조차 하지 않기 때문에 문제에서 벗어날 수 없음을 지적한다. 아울러 상담자들도 문제에 대해 탐색하는 질문을 계속던지기 때문에 내담자의 이러한 경향성을 지속시킨다는 사실을 지적한다.

기존의 문제중심 상담에 비해 해결중심 단기상담은 문제의 원인을 파악하는 데 오랜 시간을 투자하지 않는다. 다시 말해, 과거에 초점을 두기보다는 현재와 미래에 초점을 둔다. 오히려 내담자가 살아오면서 잘 해 왔던 일, 내담자가 가진 자원이나 강점을 부각시킴으로써 문제 상황에 대처할 수 있는 내담자의 능력에 초점을 맞추는 상담을 진행한다. 이에 더하여 해결중심 상담에서는 병리적인 측면에 초점을 맞추기보다는 긍정적인 특징에 초점을 맞춤으로써 내담자가 가진 자원을 활성화시키고자 한다. 이러한 특징으로 인하여 해결중심 상담은 다른 상담에 비해 내담자의 적극적인 협력을 이끌어 냄으로써 상담기간이 줄어드는 효과를 가져올 수 있다.

(2) 내담자 유형 분류

해결중심 상담에서는 내담자와 상담자가 맺는 관계의 유형을 다음의 세 가지로 구분하고, 각 유형에 따라 상담목표 및 상담기법을 달리함으로써 그 효과가 배가 될 수 있다고 본다(Berg & Miller, 1992; de Shazer, 1984).

- **방문형**: 자발적인 의지 없이 상담을 하게 된 경우이기에 내담자 자신이 문제를 자기 것으로 수용하지 못할 가능성이 높다. 따라서 변화하려는 동기가 낮을 수밖에 없다. 이런 방문형 내담자의 경우에는 다음번에 다시 상담을 받을 수 있다는 열린 자세를 보여 줄 필요가 있으며, 상담에 대한 호감도를 높이는 것을 주된 상담목표로 삼아야 한다. 우선 상담을 거부할 수 있었음에도 상담실을 방문하고 상담을 받는 행동 자체를 칭찬한 후 상담을 맛보게 해 줄 필요가 있다.
- **불평형**: 불평형 내담자의 경우에는 문제를 인식하고 있기는 하지만 그 원인을 타인 또는 자기 자신으로 돌리기만 할 뿐 문제에 대한 책임의식 또는 대처행동을 실행하려는 의지가 낮은 상태다. 따라서 타인을 문제의 원인으로 보는 내담자의 경우에는 우선 자신이 문제를 만드는 면이 있음을 인식시킬 필요가 있다. 자기 탓을 하는 내담자의 경우에는 그 점을 알고 있다는 사실을 칭찬한 후에 문제해결에는 내담자 자신의 행동적인 변화가 필요하다는 사실을 인식시킬 필요가 있다.
- **고객형**: 문제를 명확하게 인식하고 있거나 문제를 스스로 해결하려는 의지를 가진 내담자들이 이 유형에 속한다. 고객형 내담자들에게는 실제 문제를 해결하는 데 필요한 구체적인 과제를 부여하고 그것을 달성할 수 있도록 지원함으로써 문제해결에 이르도록 도와줄 필요가 있다.

(3) 상담의 기법

해결중심 상담에서는 내담자가 이미 갖고 있는 긍정적인 자원을 적극 활용하여 문제를 해결하고자 한다. 따라서 문제를 바라보는 내담자의 시각을 변화시키기 위해 여러 가지 다양한 질문기법을 활용한다. 내담자는 이런 질문들에 답하는 과정에서 자신이 미처 깨닫지 못한 자신의 강점과 장점들을 확인하게 된다. 그리고 자신의 능력에 대한 확신을 통해 상담자와의 협력관계를 구성하고 그동안 자신을 괴롭혔던 문제를 해결할 수 있게 된다. 해결중심 상담에서 활용하는 다섯 가지의 질문기법들을 간단히 살펴보면 다음과 같다(Walter & Peller, 1996).

- 상담 전 변화에 대해 질문하라. 문제가 있으면 사람들은 여러 가지 노력을 계속하게 되며 상담도 신청하게 된다. 상담의 신청부터 첫 회 상담까지 많은 변화가 있었다는 사실을 얘기해 줌으로써 상담의 결과에 대한 희망을 갖도록 유도할 필요가 있다. 내담자에게 어떤 변화가 있었는지 질문함으로써 내담자에게 일어난 여러 차이들에 주목하고, 이를 변화로 받아들일 수 있게 된다. 변화는 이미 시작되고 있었음을 내담자가 감지하게 된다.
- 예외적인 상황을 찾기 위한 질문을 던져라. 문제가 지속된 상황이 아닌 문제의 영향을 받지 않았던 상태 또는 문제가 없었던 상황이 있었는지 질문함으로써 내담자가 이미 갖고 있던 예외 상황을 부각시킬 수 있다. 또한 이러한 예외가 어떻게 발생할 수 있었는지를 확인하는 과정에서 내담자는 기존의 성공 경험을 어떻게 확대 · 강화해 나갈 수 있는지 그 전략을 구성해 나갈 수 있다.
- 기적이 일어난 상태를 그려 볼 수 있도록 질문을 던져라. 문제에만 집착하고 있는 내담자에게 '만약 기적이 일어난다면 어떻게 확인할 수 있을 것인가?'를 생각하게 함으로써 해결 상태가 보다 구체화될 수 있다. 명료한 해결 상황을 그려 봄으로써 내담자는 변화에 대한 희망을 품게 되고, 목표가 달성될 가능성이 높아지게 된다.
- 점진적인 변화를 확인할 수 있도록 척도화해 볼 것을 요청하라. 내담자에게 변화의 정도 또는 진전의 정도를 구체적인 수치로 변환해 볼 것을 요구함으로써 보다 명확하게 변화의 정도를 파악하게 한다. 척도질문을 통해 문제의 심각도를 평가할 수 있으며 목표의 성취 정도를 확인할 수 있다.
- 그동안의 대처방법을 물어보라. 내담자가 그동안의 어려움을 어떻게 대처해 왔는지 물어봄으로써 격려할 거리들이 많아지게 된다. 그렇게 어려운 상황 속에서

의기소침하지 않고 대응해 왔다는 사실을 부각시키고, 좌절하지 않는 내담자의 힘을 인정해 준다. 이 과정에서 내담자는 자신을 대견하게 바라볼 수 있게 된다.

(4) 상담의 목표

해결중심 단기상담에서는 상담목표를 상당히 강조한다. 내담자와의 합의를 통해 목표를 적절하게 수립함으로써 상담의 효과가 높아질 수 있기 때문이다. 이때 목표는 가능한 한 구체적이고 달성 가능한 형태로 설정되어야 한다. 해결중심 단기상담의 관점에서 목표를 세울 때 고려해야 할 사항은 다음과 같다.

- 상담자가 보았을 때 중요한 것이 아니라 내담자에게 중요한 것이 목표가 되어야 한다. 해결중심 상담에서는 내담자가 자신의 문제에 있어서는 전문가라는 관점을 취한다. 따라서 상담자가 원하는 목표나 상담자가 생각하기에 필요한 목표가 아니라 내담자가 원하는 목표를 합의해 가는 과정을 중요시한다. 이 과정에서 내담자와 협력관계를 형성하는 것이 문제 해결의 열쇠라고 본다.
- 내담자가 성취할 수 있는 작은 목표를 정한다. 해결중심 상담에서는 작은 것을 목표로 설정함으로써 내담자의 성공 확률을 높이고자 하며, 이러한 성공 경험을 통해 문제 해결에 대한 희망을 고취하고자 한다. 또한 그 희망이 변화하고자 하는 내담자의 동기를 강화한다고 믿는다.
- 구체적이고 행동적인 목표를 정한다. 내담자가 제시하는 추상적이고 개념적인 목표는 가시적으로 달성 정도를 확인하기 어려울 뿐만 아니라 관찰되기 힘들기 때문에 실제 생활에서 확인이 가능하고 구체적인 행동들을 목표로 선정하여야 한다.
- 부정적인 것보다 긍정적인 것, 없는 것보다 있는 것에 관심을 둔다. 내담자를 바라보는 시각을 다르게 함으로써 문제를 보다 효율적으로 해결할 수 있다.
- 목표를 시작점으로 하여 현실적이고 성취 가능한 것을 목표로 삼아야 한다. 지금 이 시점에서 내담자가 구체적으로 무엇을 할 수 있을지를 확인한 후 바로 시작할 수 있는 작고 긍정적인 행동을 목표로 세워야만 한다.
- 목표를 달성하는 것은 쉬운 일이 아니며 어려운 작업이라는 점을 내담자가 인식하도록 도와야 한다. 아무리 작은 목표라 하더라도 내담자 입장에서는 기존의

행동과 다른 행동을 통해 변화를 도모하는 것이므로 이것이 힘든 작업이라는 것을 인식하고, 이를 적극 격려해야 한다.

(5) 상담의 과정

해결중심 단기상담의 진행과정은 크게 다섯 단계로 구분할 수 있다(Miller, Hubble, & Duncan, 1996).

① 내담자와의 상담관계를 평가하는 단계: 이 단계의 경우 앞서 제시한 세 가지 유형의 상담관계를 초기 상담에서 평가하는 것이 이후 상담을 진행하는 데 있어서 중요한 토대가 된다.

② 목표를 정하는 단계: 내담자와의 합의를 토대로 상담목표를 정해야 한다. 내담자에게 중요한 것을 초점으로 상담목표를 정해야만 내담자의 책임감이 높아지며, 내담자가 갖고 있는 문제행동을 없애는 방향의 목표보다는 새로운 행동을 시작하는 방향으로의 목표, 즉 빼기가 아닌 더하기의 행동목표를 정하는 것이 유용하다.

③ 해결 지향적인 접근방법을 모색하는 단계: 이 단계에서는 앞서 제시한 다섯 가지 유용한 질문들을 적절하게 구사할 필요가 있다. 이러한 질문과 응답 과정을 통해서 내담자는 자신이 이미 변화의 트랙 위에 있음을 깨닫게 되고, 문제해결을 위해 노력하게 된다.

④ 상담자-내담자 관계 유형에 따라 적절한 과제를 제시하는 단계: 간단하게 정리한다면 방문형에게는 다시 와 줄 것을, 불평형에게는 생각해 보거나 관찰해 볼 것을, 그리고 고객형에게는 해 보거나 다르게 시도해 볼 것을 주문하는 단계라 할 수 있다.

⑤ 목표달성 정도를 상담 중에 점검하는 단계: 이 단계에서는 과연 '무엇이 나아졌나?' '어떠한 차이가 있나?' '무엇이 변화하였나?'와 같은 질문을 통해 내담자들이 그동안 해 왔던 작업을 구체화하고, 이를 내담자의 삶 속에 정착시킬 수 있다.

2) 강점중심 상담

(1) 강점중심 상담의 배경

상담은 내담자로 하여금 더 나은 삶을 살아가도록 자신을 성장시키거나 실현시키도록 돕고 촉진하는 역할을 한다. 이런 점에서 모든 상담은 내담자의 강점이나 자원에 초점을 맞출 필요가 있다. 이에 따라 기존의 여러 상담이론들, 즉 인간중심 상담, 실존주의 상담, 게슈탈트 상담, 한국적 상담, Milton Erikson의 상담 등은 인간의 긍정적인 측면, 전체적이고 총체적인 측면에 초점을 두어 왔다.

단기상담은 상담을 보다 효율적으로 하기 위해 내담자의 강점과 자원에 주목한다는 공통점을 갖지만 이 중에서도 특히 강점중심 상담은 최근 제안되고 급속도로 부상하고 있는 긍정심리학에 주목하여 긍정심리학적 시각과 원리를 상담과정에 통합하고 적용하려는 노력의 일환으로 나타났다. 강점중심 상담은 운동이라는 이름이 붙여질 정도로 급속도로 상담 및 일반 사회에 널리 전파된 긍정심리학의 취지와 정신, 가정에 전적으로 동의한다. 즉, 긍정심리학은 그동안의 상담이 인간의 문제나 병리적인 취약점에 주목하고 그것을 고치거나 감소시키는 데 초점을 맞춘 병리적 혹은 의학적 모델에 기반하고 있었던 점을 반성하고 지적하면서, 인간의 강점과 자원, 능력 등 긍정적인 측면에 초점을 맞추어 이러한 긍정적인 측면이 내담자를 스스로 도울 때 변화가 더욱 빠르고 지속적일 수 있음에 주목한다.

상담자들은 긍정심리학의 가정과 원리를 상담 실무에 적용하려는 시도를 하기 시작했다. Joseph과 Linley(2004)의 '긍정상담(positive counseling)', Smith(2006)의 '강점기반 상담(strength-based counseling)', Wong(2006)의 '강점중심 상담(strength-centered counseling)'이 대표적이다. '긍정상담'이 긍정심리학의 함의를 상담에 가져온 보다 단순한 방식의 적용이라면 강점기반 상담과 강점중심 상담모형은 긍정심리학이 주목하는 중요한 영역으로서 인간의 강점 혹은 자원에 주목하여 상담과정에서 내담자의 성격적 강점과 내담자가 가진 자원을 끌어내고 변화에 활용하려는 보다 발전된 형태의 적용이라 할 수 있다.

(2) 강점중심 상담의 원리와 전제

강점중심 상담은 내담자를 각각 독특한 존재로서 수용하고 존중하여 내담자가 자신의 역량을 실현해 나가도록 돕고자 한다(김미옥, 1999). 문제보다는 강점중심으로 보기 때문에 내담자를 변화 가능한 잠재력을 가진 존재로 인식하여 내담자의 강점을 찾아서 활용할 수 있도록 돕는다. 강점중심 상담의 기본 가정을 정리하면 다음과 같다(Wong, 2006).

- 인간에게 있는 긍정적 자원에 초점을 맞추는 것은 문제의 해결, 병리적 부분의 감소라고 하는 병리학적 측면과 인간의 성격적 강점을 개발하고 실현하고자 하는 긍정심리학의 측면을 연결시킨다. 강점중심 상담에서 인간의 병리적 부분에 대해 문제의 명칭을 진단하는 것은 내담자의 어려움에 대해 논의하는 다양한 방식 중 하나일 뿐이다.
- 강점중심 상담에서는 인간의 성격적 강점을 성격적 특질로서뿐 아니라 상황적 맥락을 고려해서 이해한다. 한 사람에게 어떤 특성은 성격적 특질로서 지배적으로 나타나기도 하지만 상황에 따라 더 강하게 나타나기도 하고 약하게 나타나기도 하므로 상황적 맥락 속에서 고려한다.
- 상담자와 내담자는 내담자의 주관적 경험에 새로운 의미를 함께 창출해 나가는 작업을 한다. 내담자가 그 자신의 삶에 부여하는 의미는 문제에도 함께 작용하므로 이에 대해 부정적으로 의미를 부여하기 쉬우나, 상담자는 내담자와 함께 상담을 통해 문제의 이런 성격에 대해 새로운 긍정적인 의미를 찾고 새로운 은유를 발견해 그것에 새로운 긍정적인 이름을 부여해 나간다. 상담자는 내담자로 하여금 자신에게 있는 강점이나 자신에게 있기를 바라는 특성이 무엇인지 찾아서 창조적으로 이름을 붙이도록 하고, 이를 통해 내담자 자신의 경험을 긍정적으로 재구성하게 한다. 또한 상담자는 새로운 의미를 찾도록 하기 위해 '여러 목소리(polyvocality)' 기법을 활용하기도 한다. '여러 목소리'는 내담자에게 유의미한 타자일 수 있는 사람들이 자신의 이러한 성격 특성에 대해 어떻게 볼지를 그들의 관점에서 생각해 보게 하여 그 관점을 수용하도록 하는 기법이다.
- 강점중심 상담자는 내담자가 자신의 성격적 강점에 부여하는 의미의 구성에 시스템, 문화, 정치적 힘이 어떻게 영향을 주는지 면밀히 주의를 기울여야 한다.
- 강점중심 상담자는 상담관계가 형성되고 이를 통해 가능해지는 상호 구성과정이 바로 상담 성과를 가져온다는 점에서, 또한 상담과정 동안 상담자의 가치관

이 영향을 준다는 점에서 상담자와 내담자가 서로 떼려야 뗄 수 없는 관계로 연결되어 있음을 인식해야 한다. 상담 동안 상담자의 가치를 유보하여 내담자에게 영향을 주지 않도록 하는 것이 가능하지 않으므로, 상담자는 자신의 가치관을 스스로 잘 인식하고 적절한 때에 내담자의 강점의 개념화와 상담과정에 영향을 줄 수 있는 가치들에 대해 내담자와 함께 충분히 이야기를 나누어야 한다.

(3) 강점중심 상담의 과정

Smith(2006)의 강점기반 상담의 과정은 다음과 같이 정리될 수 있다.

단계	내 용
1	상담관계(라포, 작업동맹)의 형성
2	내담자의 강점 및 자원 발견
3	내담자 제시문제에 대한 긍정심리학적인 평가
4	변화의 과정에 대한 격려, 희망의 고취
5	실제적 문제해결에 대한 관점 설정
6	내담자의 강점과 자신감 계발
7	내담자 주도적으로 변화 증진
8	바람직한 변화의 발생
9	내담자의 정서유연성(탄력성) 계발
10	상담과정의 평가 및 종결

이를 위해서 상담자는, 우선 내담자를 긍정적인 관점으로 신뢰 · 존중해야 한다. 강점중심으로 상담하기 위해서 상담자는 내담자에게 강점이 존재함과 강점이 변화를 가져올 수 있음을 믿어야 하고, 내담자가 제시한 문제에 대해 상담에 오기 전 어떻게 대처해 왔는지를 파악하고 이해해야 하며, 현재 어려움 속에 있지만 내담자로서는 최선을 다해 견디고 대처해 왔음을 인정하고 존중해야 한다.

둘째, 내담자 주도적인 상담이 되도록 상담의 전 과정을 관리 · 운영해야 한다. 즉, 내담자 스스로 자신의 강점과 자원을 발견하고 그것을 인식할 수 있도록 격려하고 안내해야 한다. 내담자가 받아들일 준비가 부족한 상태에서 내담자의 강점이나 자원을 제시하고 받아들일 것을 종용하지 않도록 유의해야 한다.

셋째, 상담 협력관계 구축과 지속 · 발전에 유의해야 한다. 내담자가 바라는 바람직한 변화는 일시에 단면적으로 오는 것이 아니라 많은 시행착오와 어려움 속에서 서서히 올 수 있으며, 내담자의 삶에 있어서 다른 부분들과 통합적으로 올 수 있다. 상담자는 이러한 변화의 원리와 과정을 이해하고 그 과정을 내담자가 의연히 견디고 헤쳐 나갈 수 있도록 상담 초기부터 후기까지 튼튼한 협력관계를 구축하고 발전시켜야 한다.

마지막으로 내담자와 내담자의 문제를 전체적 · 총체적으로 보고 통합적으로 자신을 실현하도록 촉진해야 한다. 강점중심 상담이 내담자의 강점과 자원을 찾고 계발하도록 돕는 것에 초점이 있긴 하지만 내담자에게 함께 존재하는 약점이나 장벽들을 무시하는 것은 아니다. 상담을 통해 간과되거나 무시되어 온 강점과 자원을 찾고 그에 주목하고 더 부각시키도록 촉진하고, 그것을 내담자의 전체성 속에 다시 통합하고 재조정하도록 해서 내담자가 좀 더 긍정적이고 강한 자기를 찾고 실현하도록 돕는 것이다. 내담자가 가져온 문제나 해결 역시 내담자 전체 삶 속의 한 부분으로 기능하며, 전체 삶 속에서 특정한 한 부분이 다르게 자리 잡고 그전과 다르게 기능하게 될 때 그로 인해 삶 전체가 함께 유기적 · 총체적으로 변화하는 것임을 내담자가 이해하도록 상담과정을 통해 도울 필요가 있다.

한편, Wong(2006)의 강점중심 상담의 과정은 명백화(explicitizing), 상상(envisioning), 임파워링(empowering), 진화(evolving) 단계로 구분될 수 있다. 첫째, 명백화 단계는 내담자에게 있는 성격적 강점을 분명히 확인하는 과정이다. 이 단계에서 상담자는 내담자의 강점을 잠정적으로 지적하거나 내담자로 하여금 자신의 강점을 확인하도록 한다. 예컨대, 내담자가 "나는 그 일이 정말 하기 싫었는데도 계속했어요. 그 일은 정말 싫었어요."라고 말할 때, 상담자는 "그 일을 정말 무척이나 싫어했나 봐요. 동시에 당신은 그 일에서 엄청난 참을성을 발휘했네요."라고 이야기해 줄 수 있다. 혹은 "그렇게도 싫은 일을 참아가면서 계속한 당신의 그런 장점에 무엇이라고 이름을 붙여 주면 좋을까요?"라고 '이름 붙이기'를 할 수도 있다. '여러 목소리' 기법을 사용해 "당신의 친한 친구(혹은 남편, 부모님)라면 당신의 그런 모습에 대해 어떤 장점이 있다고 이야기할까요?"라고 묻거나, 친한 친구를 직접 상담 장면에 초대해서 그런 모습에 관련된 내담자의 장점을 이야기하도록 요청할 수 있다.

둘째, 상상 단계는 상담목표 설정 단계라고도 할 수 있는데, 명백화 단계에서 확인한 장점을 실생활에서 활용하는 방법과 개발하기를 바라는 성격 특성을 상상하는 과정을 말한다. 이 과정에서 상담자는 "그 목표의 달성에 도움이 되는 성격 특성은 어떤 것이 있을까요?"라고 묻거나 '내가 ~한 사람이라면 그 목표를 더 잘 이룰 수 있을 것 같다.'의 문장을 완성하도록 하는 방법 등을 통해 내담자가 제시하는 목표를 성격적 장점으로 연결시키고 그것을 세부적으로 묘사하도록 한다.

셋째, 임파워링 단계는 내담자가 자신이 바라는 성격 특성을 개발하는 과정에서 자신감이 생기는 과정을 말한다. 임파워링이란 내담자의 능력을 증가시키고 선택에 대한 인식을 증가시키고 선택할 수 있는 기회와 자신감을 증가시키고 자신의 선택을 행동에 옮기도록 하는 것이다(Rapp, Pettus, & Goscha, 2006). 자신의 능력을 인식하거나 개발하거나 실현할 수 있는 힘을 얻는 과정이 임파워링이라고 할 수 있다. 이 단계에서 내담자는 특정한 성격 특성을 생활 속에서 활용할 충분한 기회를 가질 때 자신감이 증대된다. 예를 들면, 감사하는 태도를 갖고 싶은 내담자에게 하루 다섯 가지씩 감사하는 행동을 매일 일지에 기록하게 해서 감사하는 행동이 습관이 되도록 하는 방법이 있을 수 있다. 내담자가 자신이 언제, 어디서, 누구에게, 어떻게 감사하는 행동을 하는지를 정확히 포착할 수 있을 때 임파워링이 극대화되므로 상담자는 성공적으로 실천한 경우를 세밀히 관찰하고 살피도록 하게 한다. 또한 "당신은 1층에서 출발해서 지금 감사의 빌딩의 몇 층까지 올라와 있나요?"와 같은 은유로써 내담자의 진전을 스스로 확인하도록 하는 것도 도움이 된다. 이러한 비유는 "무엇이 당신을 3층으로 올라가도록 도움을 주었나요?"와 같은 질문으로 개선과 진전의 요인을 파악하도록 하는 데도 도움이 될 수 있다.

넷째, 진화 단계에서 진화라는 표현은 성격적 강점이 상담의 종결에서 멈추지 않고 지속적으로 성장함을 의미하는 것이다. 이 단계에서 상담자는 내담자로 하여금 상담 기간 동안의 성과와 진전을 돌아보도록 하고, 특히 성격적 강점에 초점을 맞추어 회고하도록 한다. 또한 이 단계에서 상담자는 내담자와 함께 앞으로 내담자가 더 성장해야 할 영역을 확인하고 더 힘써 도전하고 맞서야 할 부분도 확인한다. 이 경우 다음과 같은 질문이 도움이 된다. "앞으로 당신이 계속해서 감사하는 행동을 해 나간다면 1년이 지났을 때 당신의 삶은 어떤 모습으로 바뀔 것 같은가요?" "불평하고 회의적인 태도가 다시 올라올 때 당신은 어떤 강점에 의지해서 그것을 막을 수 있을까요?"

3) 단회상담

(1) 단회상담의 배경

단회상담의 발생 배경은 단기상담과 그 맥을 같이하고 있다. 캘리포니아 팰러앨토의 단기상담센터에서 개발한 단기상담 모델에서 제시한 4단계의 모델을 단일 회기에 연속적으로 밟아 나가는 시험적 시도를 통해 단회상담의 가능성을 확인하였다(Littrell et al., 1992). 연구자들은 행동 지향적인 상담 전략을 고등학생을 대상으로 학교 장면에 적용하였다. 연구자들은 단회상담의 시도가 성공적이었던 요인으로 ① 학교 상황에 맞도록 적절히 변경했으며 비교적 배우기가 쉬웠다는 점, ② 학생이 당면한 문제의 해결에 강조점을 두었다는 점, ③ 학생이 자발적으로 문제를 해결하는 데 초점을 두었다는 점 등을 발견했다. 국내에서도 단회상담의 필요성에 주목하여 단회상담의 원리와 모형을 제시한 바 있다(김계현, 1992; 문창희, 2008; 박경애, 2000).

(2) 단회상담의 원리

문창희(2008)는 Bloom(1992), 김계현(1992), 박경애(2000)가 제시한 단회상담의 원리를 비교하여 제시하였다. 여기에서는 그가 제시한 것에서 단기상담의 원리와 부합하지 않는 기준을 제외하는 등으로 단회상담의 원리를 정리하여 표로 제시한다(〈표 9-1〉 참조).

세 연구자는 모두, 핵심 문제를 신속하게 파악할 것, 내담자의 강점을 부각시키고 내담자와 함께 인정할 것, 단회상담이 가능한 사례인지 신속히 판단할 것, 그리고 시간관리와 사례 운영에서 상담자의 높은 전문성을 필요로 하면서도 내담자가 주도적이고 적극적으로 움직이도록 하는 내담자 중심적인 상담이 필요하다는 것을 단회상담의 원리로 강조했다. 이 외에 지금-여기에 초점을 두고 단일한 상담목표를 수립하고 이를 초점으로 유지해 나가면서 동시에 적극적 경청과 공감 등으로 상담관계 형성을 신속하게 할 것이 두 사람 이상이 강조한 단회상담의 원리였다.

| 표 9-1 | 단회상담의 원리 비교 |

단회상담의 원리	Bloom	김계현	박경애
핵심 문제의 신속한 파악	○	○	○
강점 부각 및 인정	○	○	○
단회상담 여부의 신속한 판단	○	○	○
내담자 중심적 태도	○	○	○
상담자 전문성	○	○	○
지금-여기에 초점	○	○	
단일한 상담목표 설정 및 초점 유지	○	○	
빠른 관계 형성		○	○
적극적 경청과 공감		○	○
문제해결에 필요한 자원 탐색	○		
상호 동의한 상담목표 설정		○	
지시와 조언의 활용		○	

(3) 단회상담의 과정

Fisch, Weakland와 Segal(1982)은 다음의 네 단계로 단회상담의 과정을 제시했다. 첫째, '내담자의 문제 규명' 단계에서는 내담자가 현재 가지고 있는 문제를 내담자의 표현으로 말하게 하고 이를 분명하게 확인한다. 둘째, '문제 해결을 위한 기존 시도 탐색' 단계에서는 내담자가 문제를 해결하기 위해 이미 시도해 본 모든 방법과 노력을 탐색하고 실패 요인을 확인하여 새로운 상담목표와 해결책에 참고한다. 셋째, '구체적이고 제한된 상담목표 설정' 단계에서는 단회로 해결할 수 있는 정도의 구체적이고 작은 목표를 설정한다. 넷째, '목표 달성과 행동 변화를 위한 과제 제시' 단계에서는 단회상담이 종결된 다음에 내담자가 생활 속에서 목표 달성을 위해 새로이 해 볼 것을 과제로 제시한다. Fisch 등이 제시한 단회상담 과정은 상담 중재가 단회상담의 시간적 제한으로 인해 과제로 대치된다는 점이 한계로 지적될 수 있다.

한편, Talmon(1990)은 상담 중재가 포함된 4단계의 단회상담 과정을 제시했다. 그의 단회상담 과정은 ① 상담관계 확립과 문제 규명, ② 문제 해결 시도 노력의 탐색, ③ 측정 가능한 행동목표 수립, ④ 학생 강점 지지 및 상담 중재 실행으로 요약할 수 있다. Talmon의 모형은 단회상담을 포함한 단기상담의 새로운 패러다임이라 할 수 있다. 내담자의 강점을 확인하고 지지하는 것이 포함된 상담 중재가 상담의 과정 안에 분명히 포함되어 있다는 점에서 Fisch의 모형에 비해 진일보한 점이 있다고 보인다. 그러나 Talmon의 모형은 단회상담에서 내담자의 강점과 자원을 확인하고 그것을 문제와 문제 해결 모두에 연결된 것으로 이해하고 문제의 발생과 유지에 기여한 강점과 자원을 문제 해결로 돌려서 내담자 스스로 문제를 해결하는 방향으로 나아가도록 보다 적극적으로 활용하는 측면에서는 다소 미흡해 보인다.

따라서 단회상담의 시간적 제한 속에서 내담자의 강점과 자원을 상담의 전 과정에서 적극적으로 활용한다는 측면에서 다음과 같은 모형을 제안할 수 있다. 첫째, '상담관계 확립' 단계에서는 내담자가 제시하는 내용을 환언·요약하고 그에 담긴 내담자의 감정과 생각, 의도와 노력 등을 반영함으로써 가능한 한 단시간에 상담 협력관계를 구축한다. 예를 들어, 다른 사람의 시선과 평가에 민감하여 생활이 불편함을 호소하는 내담자의 이야기를 듣고 내담자가 호소한 내용을 요약하여 들려주고 그 안에 담긴 내담자의 불편감과 답답함 등의 감정, 성숙한 사람이라면 다른 사람의 시선이나 평가에 휘둘리지 않고 편안해야 한다는 생각, 다른 사람의 평가나 인정에 연연하지 않고 자신을 중심에 놓고 든든하게 그리고 편안하게 생활하고 싶은 소망, 이를 위해 그동안 해 온 구체적 노력 등을 반영해 준다. 이 단계의 작업은 짧게는 5분, 길어도 10분이면 할 수 있는 것이다.

둘째, '문제 규명 및 강점·자원 확인' 단계에서는 내담자가 표현하는 문제를 요약하고 확인하는 과정에서 문제의 발생과 유지, 지속에 작용하는 내담자의 강점과 자원을 발견하고 이를 내담자와 함께 확인·인식한다. 위 예에서 내담자가 표현하는 바람과 호소에 담긴 내담자의 강점, 즉 다른 사람의 생각이나 감정에 민감하고 섬세함, 다른 사람의 평가에 민감해지는 순간을 스스로 알아차리고 그러지 말아야겠다고 중심을 잡고 싶어 하는 명철함과 분명함 등을 확인하고 전달할 수 있을 것이다.

셋째, '목표 설정 및 메시지 창출' 단계에서는 내담자와 함께 실천 가능한 목표를 설정하고 그것을 달성하기 위해 내담자가 가져야 할 메시지를 내담자와 함께 창출한다. 내담자와의 대화를 통해 내담자가 자신의 강점이 자신의 문제를 지속시키는 데 영향을 주면서 동시에 문제를 해결하는 데에도 긴밀한 영향을 줄 수 있음을 깨닫는다면 내담자가 인식한 것을 메시지로 전달할 수 있을 것이다. 내담자가 스스로 이러한 통찰에 도달하지 못할 경우 가설의 형태로 이 메시지를 전할 수 있다.

넷째, '요약 및 과제 제시' 단계에서는 상담의 과정을 가능하면 내담자가 요약하게 하고 이를 격려하면서 메시지를 실천하는 것을 과제로 제시한다. 위 예에서 상담자는 내담자에게 자신의 강점을 활용해 중심을 잡아야 할 순간을 정확히 알아차리고, 조금이라도 중심을 잡고 더 편안해지도록 자신을 관리해 보도록 하고, 이 과정을 잘 관찰할 것을 과제로 제시할 수 있다. 이 과정을 통해 내담자는 자신의 강점을 사용해서 이미 조금씩 문제의 개선이 이루어져 왔음을 통찰하게 되어 추후의 상담이 필요 없음을 스스로 인식하게 되기도 한다. 또한 상담의 성과 발생과 유지를 확인하기 위한 추수상담을 약속할 수도 있다.

3. 단기상담의 적용

단기상담의 적용은 상담 준비, 상담 진행, 추수상담으로 나누어 살펴본다. 상담 준비에서는 상담의 단기화를 위해 충분한 정보 수집과 상담 전의 과제 부여가 필요하다. 상담 진행에서는 신속한 상담관계 형성, 바람과 소망의 탐색과 상담목표 수립, 자발적 변화 측면의 발견, 문제의 긍정적 재구성, 작은 변화의 시도, 메시지 및 과제 부여 등이 포함된다. 그리고 추수상담에서는 과제 수행 확인과 진전 확인, 새로운 과제 부여 등이 포함된다.

1) 단기상담의 과정

(1) 상담 준비

상담을 단기화하기 위해서는 상담의 모든 과정을 효율적으로 압축하고 단축하는 일이 필요하다. 이를 위해서는 상담이 시작되기 전부터 상담이 단기적으로 효율적으로 진행되도록 하기 위해 필요한 핵심 정보를 수집하는 일이 필요하다. 상담신청서를 잘 활용하면 상담시간이 절약될 수 있다. 상담신청서를 통해 상담 경험, 내담자가 생각하는 문제와 바라는 변화의 모습, 내담자가 생각하는 자신의 강점과 자원 및 약점과 취약성 등을 조사해 두면 상담에 들어가서 이를 따로 탐색하지 않아도 된다. 한편, 상담대기실에서 내담자의 모습과 행동을 관찰하면서도 유용한 정보를 수집할 수 있다. 상담대기실에서 상담신청서를 어떤 모습으로 작성하는지, 어떤 질문을 하는지, 어떤 행동 패턴을 보이는지 등을 알아볼 수 있다.

또한 상담신청 시 상담 전에 과제를 부여하고 그것을 토대로 상담을 시작한다면 상담이 시작되기 전부터 상담을 통해 이루고자 하는 변화가 시작되도록 할 수 있다. 이를 위해서 Milton Erikson의 상담이나 해결중심 상담에서는 상담이 성공적으로 이루어진다면 내담자의 삶에서 무엇이 어떻게 달라질 것 같은지를 생각해 오게 하거나, 상담이 시작되기 전 어떤 변화가 일어났으며 어떤 예외적인 성공 상황이 있는지를 관찰해 오게 하기도 한다.

(2) 상담 진행

단기상담에서는 첫 회기가 매우 중요하다. 상담이 성공적이라면 첫 회기에서 문제가 해결되거나 해결의 확실한 전망을 내담자가 갖게 되어 더 이상의 추가 상담 회기가 불필요해지기도 한다. 따라서 상담의 첫 회기는 단회상담의 모형에 따라 진행하는 것이 바람직하다.

상담이 성공적으로 이루어지기 위해서는 우선 신속한 상담관계 형성이 무엇보다도 중요하다. 신속한 상담관계 형성을 위해서는 상담자와 내담자의 인간적 만남이 가장 선행되어야 한다. 인간적 만남이라는 느낌을 내담자가 갖도록 하기 위해서는 내담자의 욕구, 바람과 소망에 보조를 맞추고 공감적인 이해와 지지를 자주 전달하며, 경우에 따라 상담자의 자기 개방도 신뢰감과 친밀감을 전달할 수 있다. 대화를 통해 내담자가 부정적인 표현을 할 때 공감적으로 이해하고 지지를 전달하되, 부정적인 내담자의 생각을 확정하기보다 긍정적인 가능성을 열어 두는 방식으로 반응하는 것이 좋다. 내담자가 "우리 부부는 결코 잘 지내기가 어려워요."라고 말할 때 상담자가 "두 분이 더 잘 지낼 방안을 찾고 싶으시군요."라고 반영하는 것이 그 예가 될 수 있겠다. 또한 상담의 단기화를 위해서는 상담 초기부터 문제의 원인보다는 변화에 관심을 가져야 한다.

둘째, 문제 규명 및 강점 · 자원 확인 단계에서는 내담자가 왜 지금 상담을 받으러 왔는지를 탐색하는 것으로 시작하는 것이 좋다. 또한 문제를 해결하기 위해 내담자가 지금까지 해 온 노력을 구체적으로 탐색하고, 이와 함께 지금까지 일어난 아주 작은 변화라도 있는지를 탐색하는 것도 필요하다. 이 과정에서 내담자가 자기 문제의 전문가라는 인식을 갖도록 관심과 호기심으로 탐색하는 것이 바람직하다. 이러한 태도와 탐색은 문제의 규명과 이를 통한 내담자의 강점과 자원을 확인하는 일을 동시에 더 신속하게 할 수 있도록 해 준다.

셋째, 목표 설정 및 메시지 창출 단계에서 단기상담자는 목표 설정을 할 때 내담자가 바라는 것을 구체적으로 묘사하게 하고 이러한 변화가 내담자의 삶을 어떻게 개선할 것이라고 상상하는지 구체적이고 생생하게 그려 보게 한다. 이를 통해 변화해야 할 상황들이 작고 구체적으로 설정되어 목표가 달성 가능하고 달성 여부를 확인할 수 있는 것으로 구성될 수 있으며, 이러한 과정에서 변화를 이루고 싶은 내담자의 동기 또한 강해질 수 있다. 상담이 성공적으로 진행된다면 내담자가 바라는 것, 내담자가 해 온 노력, 내담자가 문제에 대응하는 전략에서 내담자의 강점과 자원을 확인할 수 있고, 그것이 문제를 지속시키는 방향으로 작용해 온 것처럼 문제를 해결하고 변화하는 방향으로도 작용할 수 있음을 상담자가 발견할 수 있게 된다. 따라서 상담자는 내담자와 함께 내담자가 바라는 변화를 이루거나 가속화하는 방향으로 내담자의 강점과 자원을 활용할 수 있음을 메시지로 찾고 구성해야 한다.

넷째, 요약 및 과제 제시 단계에서 요약은 상담자가 할 수도 있지만 가능하면 내담자가 하도록 하는 것이 상담을 통해 내담자가 무엇을 체험하고 학습했는지를 확인할 수 있다는 점에서 더 바람직하다. 과제는 창출한 메시지에 기반하여 상담자가 내담자가 해 온 기존의 노력을 더 정교하게 재구성하여 부여하거나 기존의 노력에 좀 더 새로운 것을 추가하여 부여할 수 있다. 하지만 내담자가 스스로 과제를 창출하도록 하는 것이 과제 성공 가능성을 더 높이며, 성공했을 경우 내담자에게 임파워링을 할 수 있다는 점에서 더 바람직하다. 과제가 제시될 때 '이 일은 쉽지 않지만 노력하면 성공할 수 있을 것'이라는 메시지를 함께 부여하여 내담자가 과제에 대한 주인의식과 도전의식을 갖도록 하는 것이 필요하다. 과제는 내담자에게 흥미롭고 난이도가 적절하며 내담자의 기존 행동 레퍼토리에 포함되어 있는 것을 사용해야 한다.

첫 회기 이후에 이어지는 회기는 상담 회기 사이에 일어난 변화를 확인하고 지지하며, 과제 수행 여부를 확인하고 진전 정도에 따라 과제의 난이도나 유형을 재구성하여 다시 부여하는 것이 중심이 된다. 후속 회기에서도 단회상담의 모형이 동일하게 적용될 수 있다. 그렇지만 첫 회기 이후의 후속 회기는 첫 회기에 비해 탐색하는 시간이 별로 들지 않으므로 소요시간이 비교적 짧아진다는 차이가 있을 수 있다.

(3) 추수상담

종결 이후 추수상담에서는 종결 이후 과제를 적절히 수행하고 있는지 확인하고 종결 이후에 상담에서 바라는 변화와 관련하여 어느 정도로 어떤 진전이 있었는지 확인하는 데 초점을 둔다. 필요하다면 변화를 공고히 하기 위해 새로운 과제를 부여할 수도 있다. 진전이 없거나 퇴보했다고 보고할 경우 단회상담의 모형에 따라 상담이 다시 진행되는데, 이때 더 심한 퇴보를 방지할 수 있었던 내담자의 강점과 자원을 확인하는 데 초점을 두는 것이 바람직하다. 이를 위해 적용 가능한 상세한 기법에 대해서는 해결중심 상담 부분을 참조하기 바란다.

2) 단기상담 적용 사례

30대 중반 직장 여성인 은주(가명) 씨는 상담신청 시 자신이 자꾸 위축되고 자신감이 없어지는 문제를 호소했다. 내담자는 남편과 두 아이와 함께 가정에서는 문제없이 생활하고 있다. 직장에서 자신에 비해 성격적으로 문제가 많아 직장 동료들의 눈길이 곱지 않았던 한 동료가 자신의 앞 자리에서 '은주 씨는 정말 사람들을 잘 대하고 말도 참 예쁘게 잘 한다, 배우고 싶다.' 면서 자신을 보고 배웠고, 그 결과 그 동료는 조금씩 성격이 개선되고 1년여 시간이 흐른 지금에 와서는 다른 동료에게서 '저 사람 참 많이 변했다, 참 좋아졌다.' 는 말을 듣고 있다 한다. 그런데 그럴수록 자신은 그 동료의 개선에 진심으로 박수를 보내기 어려워지고 상대적으로 자신은 퇴보하고 더 나빠진 것 같아 우울하고 위축되며, 이런 마음이 다른 사람에게는 어떻게 비춰질까 하고 동료들의 시선을 의식하게 된다고 했다. 상담자는 내담자의 호소 내용을 요약하고 확인받은 다음, "나를 본받아 그 사람은 성격 개선이 확실히 되었는데 그 과정에서 자신은 더 나빠졌다는 생각이 들면 정말 우울하고 기분이 나쁘겠네요. 나보다 한참 뒤에 있던 사람이 나를 추월했다고 생각하면 약 오르고 화가 나기도 하겠지요."라고 그녀의 부정적인 감정을 공감해 주었다. 아울러 그런 부정적 감정 아래에 있는 심층 감정인 '더 성장하고 성숙하고 싶은 인격적 성장에 대한 욕구' 도 공감해 주었다. 그리고는 "나보다 못한 사람이 나를 본받아 나보다 앞서 버리면 사람으로서 당연히 약 오르고 기분 나쁠 수 있는데, 이런 마음이 혹시 다른 사람에게 흉하게 드러날까 봐 다른 사람의 시선까지 걱정해야 한다면 마음이 정말 불편하고 부대끼겠네요."라고 공감했다. 이에 내담자는 그런 자신의 마음이 비정상적이고 건강하지 못한 것 같아 자신이 사악한 것은 아닌가 걱정했다고 이야기했으며 상담자의 정상화 (normalizing) 반응에 안도를 표했다. 상담자는 자신의 경우를 예로 들어 추월당한 마음, 자신을 본받아 나아졌지만 그것에 대해 고마워하지 않고 찬사만 받는 모습에 대해 화나고 억울하거나 약 오르는 마음이 자연스러운 것임을 다시 확인해 주었다. 그리고 나서 "동료의 개선된 모습에 진심으로 박수를 보내고 싶어 하는 은주 씨의 따뜻함, 사람에 대한 선의, 바람직한 것이 무엇인지 알고 있는 분명한 중심을 보여 줍니다."라고 문제 속에서 내담자의 강점과 자원을 확인해 주었다.

상담자는 내담자가 자신을 추월한 상대에 대한 불편한 감정과 이러한 마음에 대해 스스로 비정상적인 것으로 여기고 다른 사람 눈에 그런 자신의 모습이 어떻게 비춰질까 걱정하는 마음 가운데 어떤 것이 가장 심각하다고 생각되고 해결하고 싶은지를 탐색했다. 그리고 내담자와 함께 그것이 다른 사람의 시선을 지나치게 의식하는 문제임을 확인했다. 이 과정에서 내담자는 어린 시절 부모의 사랑을 받는 늦둥이 동생이 친척들이나 학교에서 받는 칭찬과 인정에 대해 심하게 질투했고, 밖에서 동생이 칭찬을 받을 때마다 동생으로 인한 열등감이, 그리고 동생의 거짓까지 섞인 고자질로 인해 부모에게 받은 핍박이 영향을 주었다고 밝히며 눈물을 흘렸다. 상담자는 이러한 상처가 지금까지 영향을 주는 것에 대해 내담자가 가진 괴로운 마음을 공감해 주었고, 다른 사람에게 칭찬받고 인정받으면 더욱 위축되고 힘들어지는 마음을 극복하기 위해 지금까지 어떤 노력을 해 왔는지를 탐색했다. 내담자는 "관련된 책들을 읽고 내가 이러면 안 되지라고 스스로를 다잡아 봤는데 큰 효과는 없었어요."라고 보고했다. 이에 상담자는 자신의 문제가 무엇인지 정확히 규명하고 자존감이라든가 주인의식을 갖고 사는 주체성, 내면 아이 등 관련된 영역의 책을 정확히 찾고 읽은 명료함과 노력, 성실성과 의지 그리고 예전에는 자신이 의식하지 못한 채 바로 과거의 상처 가운데로 돌아가는 자동적인 패턴이 있었을 텐데, 이제는 그런 상황이 왔을 때 자신이 그와 같은 패턴으로 들어가려고 한다는 것을 알아차리고 그에 제동을 걸려고 노력한 명철함과 의지를 칭찬해 주었다. 그리고 이러한 점들이 앞으로 문제를 해결하는 데 큰 자원과 원동력이 될 것이라고 전망했다. 내담자는 이를 수용하고 "사실 생각해 보니 처음보다는 많이 좋아진 것이 분명해요."라고 스스로 확인했다.

상담자는 내담자에게 자신이 사람들의 시선이나 평가에서 더 자유로워지면 삶이 어떻게 될 것 같은지 탐색해 볼 것을 요청했다. 내담자는 좀 더 편안하게 자신이 성숙되고 통합될 수 있을 것이고, 사람들에게도 편안한 모습으로 비춰질 것이며, 그 과정에서 동생과의 관계도 많이 개선될 수 있을 것이라고 했다. 상담자는 내담자가 다른 사람의 시선이나 평가를 의식하는 만큼 민감하고 섬세하며, 다른 사람에게 좋은 모습으로 비춰지고 싶고 가까운 사람들과 좋은 관계로 지내고 싶어 하며, 이를 위해서는 자신이 희생하고 양보할 수 있는 사람으로서 넉넉하고 사려 깊은 따뜻함과 배려심을 가졌다고 했다. 이와 함께 무엇이 옳고 그른지, 자신에게 필요한 것이 무엇인지를 알고 찾는 지혜를 가지고 있고, 자신에게 필요한 것을 취하고 노력하는 의지와 힘 또한 지니고 있다고 했다. 따라서 이러한 장점들이 문제를 스스로 해결해 나가는 데 근본적인 힘으로 작용하게 될 것이라는 메시지를 전했다. 내담자는 이를 전적으로 수용했다.

요약 및 과제 제시 단계에서 상담자는 내담자에게 이번 상담에서 무엇을 했고 무엇을 얻어 가는지 이야기하도록 요청했다. 그리고 내담자에게 사람들의 시선이 주로 칭찬받는 상황에서 더 많이 느껴지니 그러한 상황에서 자기 중심을 잡고 편안하고 자연스러울 수 있는지 면밀히 관찰해 오도록 과제를 제시했다. 또 무엇이 도움이 될 것 같은지 물어 내담자 스스로 과제를 만들어 보도록 했다. 내담자는 스스로를 칭찬하는 것이 아직도 불편하고 스스로 칭찬했을 때의 사람들의 반응이 더 불편하니 스스로를 칭찬하는 행동을 자주 해 보겠다고 했다. 상담자는 그것이 좋은 과제라고 확인해 주고, "쉽지는 않겠지만 은주 씨가 가진 강점을 잘 발휘하면 분명히 더 편안하고 자연스러워짐을 느낄 수 있을 거예요."라며 격려했다. 단회상담으로 정리될 수도 있는 사례이지만 상담자는 내담자에게 추수상담을 할 것인지, 혼자서 더 해 볼 것인지 의사를 물었고, 내담자는 3주쯤 혼자 노력해 보고 그 결과를 가지고 추수상담을 할 것을 제안했다.

추수상담에서 내담자는 자신이 스스로 칭찬을 하고서 주변의 반응에 대해 의연하게 농담으로 받을 수 있었던 점과 그 과정에서 자신이 의연하면서도 따뜻하게 행동할 수 있다는 자신감을 가진 점 등을 놀라워하며 스스로 진전을 가져온 것과 이로 인해 더 든든하고 편안해진 모습을 보고하였다. 그리고 자신이 실행을 통해 스스로 임파워링되었음을 보여 주었다. 상담자는 진전을 가져온 내담자의 강점과 자원을 한 번 더 명료화하고, 더 나아가기 위해 필요한 일들을 내담자와 협의했다. 후속 회기에서 내담자는 훨씬 더 주도적으로 상담에 임했고, 동생과 그 문제에 대해 이야기를 나눠 보는 일, 다른 취업지원을 위해 자기소개서에 자신의 강점을 좀 더 편안하게 작성해 보는 일 등 이후의 일들에 대해 스스로 구상하고 설계했다. 상담자는 이 과정에서 내담자의 강점과 자원을 지속적으로 확인해 주었고, 내담자가 세운 계획들을 칭찬하거나 좀 더 정교화하는 방식으로 내담자를 지지했다.

✿ 참고문헌 ✿

김계현(1992). 단회상담의 원리와 기술 I. 학생연구, 27. 서울대학교 학생생활연구소.

김계현(1997). 적용영역별 접근상담심리학(개정 증보판). 서울: 학지사.

김미옥(1999). 초등학교 학생들의 학교생활 실태와 학교사회사업적 접근 초등학교 학생들의 학교생활 실태와 학교사회사업적 접근. 대구대학교 대학원 석사학위논문.

문창희(2008). 현실요법을 적용한 단회학생상담모형 개발. 한국교원대학교 교육대학원 석사학위논문.

박경애(2000). 단회상담과 그 사례. 서울: 한국청소년상담원.

이장호(1991). 단기상담의 주요 이론과 접근방법. 한양대학교 학생생활연구소 제4회 학술세미나.

Berg, I., & Miller, S. (1992). *Working with the Problem Drinker: A Solution-Focused Approach*. New York: Norton.

Bloom, B. L. (1992). *Planned short-term psychotherapy: A clinical handbook*. Boston: Allyn & Bacon.

de Shazer, S. (1984). The death of resistance. *Family Process, 23*, 11-21.

de Shazer, S. (1985). *Keys to Solutions in Brief Therapy*. New York: Norton.

Fisch, R., Weakland, J. H., & Segal, L. (1982). *The tactics of change: Doing therapy briefly*. San Francisco: Jossey-Bass.

Howard, K. I., Kopta, S. M., Krause, M. S., & Orlinsky, D. E. (1986). The dose-effect relationship in psychotherapy. *American Psychologist, 41*, 160.

Joseph, S., & Linley, P. A. (2004). Positive therapy: A positive psychological theory of therapeutic practice. In P. A. Linley & S. Joseph (Eds.), *Positive psychology in practice* (pp. 354-368). Hoboken, NJ: Wiley.

Littrell, J. M., Malia, J. A., Nochols, R., Olson, J., Nesselhuf, D., & Crandell, P. (1992). Brief Counseling: Helping counselors adopt an innovative counseling approach. *The School Counselor, 39*(3), 171-175.

Miller, S., Hubble, M., & Duncan, B. (1996). *Handbook of Solution-Focussed Brief Therapy*. San Francisco: Jossey-Bass.

Nichols, M. P., & Schwartz, R. C. (2001). *The Family Therapy*. Boston: Allyn & Bacon.

Rapp, C. A., Pettus, C. A., & Goscha, R. J. (2006). Principles of strengths-based policy. *Journal of Policy Practice, 5*(4), 3-18.

Smith, E. J. (2006). The strength-based counseling model. *The Counseling Psychologist, 34,* 13-79.

Talmon, M. (1990). *Single session therapy: Maximizing the effect of the first* (and often only) therapeutic encounter. San Francisco: Jossey-Bass.

Walter, J., & Peller, J. (1996). Rethinking our assumptions: Assuming a new in a post modern world. In S. Miller, M. Hubble, & B. Duncan, (Eds.), *Handbook of Solution-Focused Brief Therapy*. San Francisco: Jossey-Bass.

Wong, Y. J. (2006). Strength-centered therapy: A social constructionist, virtues-based psychotherapy. *Psychotherapy: Theory, Research, Practice, Training, 43*(2), 133-146.

제10장
가족상담

　가족상담은 인간관계에서 일어나는 여러 가지 심리적 현상들을 대상으로 하는 상담의 한 분야다. 가족관계는 사회·심리적이다. 우선 가족은 사회적 상호작용을 한다. 가족은 두 명 이상의 사람이 모여서 하나의 공동체를 형성한다. 공동체로서 가족은 가장 작은 단위로서의 사회다. 사회를 형성하게 되면 언제나 각자의 역할이 존재하고 그 역할에 맞는 행동을 하기를 기대한다. 가족에는 부인, 남편, 아들, 딸, 할아버지, 할머니 등과 같은 역할이 존재하며, 이러한 역할들에 알맞은 사회적 기대들이 있다. 가장으로서의 남편, 주부로서의 부인, 학생으로서의 자녀들은 모두 사회적으로 형성된 기대들이다.

　또한 가족은 심리적 상호작용을 한다. 가족관계는 정서적이고 애정적인 연합을 통해서 이루어진다. 한 남자와 한 여자가 사랑을 통해서 관계를 형성하고 이를 통해서 가족이 만들어진다. 아이는 부모와의 정서적 상호작용을 통해서 성장·발달한다. 부부관계의 친밀감과 부모-자녀 관계의 애착은 모두 가족의 정서적 상호작용을 나타내는 현상이다. 가족상담은 사회적 역할에 대한 기대와 애정에 대한 욕구라는 두 가지 축을 중심으로 일어난다. 기대와 애정이 제대로 충족되면 가족관계는 기능적이 되고 충족되지 않으면 역기능적이 된다. 이 장에서는 가족상담의 기본 개념이 무엇인지를 역사적, 철학적, 이론적으로 다룬 후, 여러 가지 가족상담 이론들을 개괄적으로 소개한다. 이어서 가족상담의 영역을 다룬 다음, 가족상담의 과정에 필요한 요소들을 진술한다.

1. 가족상담의 개념

1) 역사적 개념

가족상담은 하나의 상담 전문 영역으로 자리 잡기까지 다양한 역사적 과정을 거쳤다. 가족상담의 뿌리는 1900년대 초 사회사업가, 성개혁 운동가, 가족생활교육 운동가들에 의해서 서구사회에서 시작되었다. 사회사업가들은 가족의 실제 사례를 활용해서 사회사업가들을 임상적으로 훈련시켰다. 성개혁 운동가들은 성과 결혼을 연계하여 부부를 대상으로 임상활동을 하였다. 그들은 성에 관한 여러 가지 정보를 제공하고 이를 통해서 부부관계를 개선하는 노력을 하였다. 가족생활교육 운동가들은 부모교육을 중심으로 가족생활을 개선하는 노력을 하였다. 그들은 또한 결혼상담에도 관심을 기울이고 대학에서 강의를 개설하기도 하였다. 이들 사회사업가, 성개혁 운동가, 가족생활교육 운동가는 가족을 대상으로 하는 상담의 가능성을 열어 주었다.

결혼상담에 관한 연구와 활동, 소집단 활동, 아동지도운동, 가족치료운동 등을 통해서 가족상담이라는 전문 영역은 태동하였다. 결혼상담 용어의 탄생과 결혼상담의 과정에 대한 연구는 가족상담의 전문성 확립에 직접적으로 기여하였다(Broderick & Schrader, 1991; Nichols & Schwartz, 2006). 결혼상담에 대한 교재의 발간, 성상담의 결혼상담 영역에의 흡수, 전문 자격법의 통과, 전문학회의 설립 등으로 인해서 결혼상담은 가족상담의 중요한 축을 형성하게 되었다. 소집단 활동가들은 집단 전체를 하나의 단위로 보고 임상활동을 하였다(Nichols & Schwartz, 2006). 그들은 상담의 단위가 개인일 수도 있고 집단일 수도 있는 가능성을 열어 주었다. 나중에 가족활동에 종사하는 사람들은 이러한 소집단 활동에 영향을 받아서 가족을 하나의 상담단위로 보고 임상활동을 하게 되었다. 아동지도 운동가들은 아동의 문제가 아동만의 문제가 아니라 가족의 문제임을 부각시켰다. 그들은 가족이 가지고 오는 문제를 한 사람의 문제가 아닌 가족 전체의 구조와 역할의 문제로 볼 수 있도록 하였다. 가족치료운동은 1950년대에 가족상담이 하나의 전문 영역으로 자리 잡을 수 있도록 이론적 근거를 제공하였다. Gregory Bateson의 연구팀에 의한 이중구속(double bind)에 대한 의사소통 연구, Lyman Wynne의 가짜 친밀성(pseudomutuality)에 대한 연구, Theodore Lidz의 부부균열(marital schism)에 대한 연구, Murray Bowen의 분화(differentiation)에 대한 연구 등이 가족치료운동의 근거를 마련하였다. 이들 연구는 가족의 구조가 정신분열증과 관련이 있음을 밝혀내었다.

2) 철학적 개념

가족상담의 영역과 관련이 있는 철학적 개념들은 논리실증주의, 사회구성주의, 비판적 현실주의다(김용태, 2009). 논리실증주의(logical positivism)는 실증주의(positivism), 논리적 경험주의(logical empiricism), 과학적 경험주의(scientific empiricism)라고 불리기도 한다(이돈희, 1981; Elwell, 2001). 논리실증주의는 과학적 기술에 의한 지식만을 실재라고 주장하는 철학이다. 과학적 실재라는 현실은 경험적으로 증명할 수 있는 지식을 말한다. 예를 들면, 폭풍은 신이나 거대한 초자연적 존재로 인해서 발생된 현상이 아니라 두 기단의 충돌로 인해서 발생된 현상이다. 논리실증주의 철학이란 경험적으로 그리고 과학적으로 검증 가능한 현상만이 최고의 지식이라고 생각하는 믿음을 말한다. 사회구성주의(social constructivism)는 인지적 조작에 의한 지식만을 실재라고 주장하는 철학이다(김용태, 2000, 2009). 인간이 실재한다고 믿는 현상들은 모두 인지적 조작에 의한 산물이다. 인지적 조작은 사회적으로 이루어진다. 이런 의미에서 사회 구성적이다. 비판적 현실주의(critical realism)는 논리실증주의의 실체론과 사회구성주의의 관념론 모두를 비판하면서 발생된 철학이다. 관념과 실체는 서로 관계없이 존재하기도 하고 서로 상호작용을 하면서 존재하기도 한다(Pilgrim, 2000). 폭풍, 산, 물, 자전거 타는 사람 등과 같은 실체들은 인간의 믿음과 관계없이 존재한다. 또한 편견, 아집, 고집 등과 같은 인간의 관념은 실체와 관계없이 존재한다. '폭풍은 신의 진노'라는 표현은 폭풍이라는 실체와 신의 진노라는 관념의 상호작용의 산물이다. 비판적 현실주의는 인간의 현실을 비판적으로 보면서 실체와 관념 그리고 이들의 상호작용을 구분하려는 철학적 노력이다.

논리실증주의 상담이론들은 선형적 인과관계, 합산의 원칙, 개인 심리 등과 같은 특징을 가지고 있다(김용태, 2000). 선형적 인과관계의 특징은 주체와 객체라는 이분법적 구조를 가지고 있다. 상담자는 주체이고 내담자는 객체다. 주체는 자율적이고 능동적인 반면, 객체는 수동적이고 타율적이다. 합산의 원칙은 전체가 부분으로 환원되거나 부분이 전체로 환원된다는 믿음이다. 개인 심리란 개인의 내면세계에서 일어난 현상들을 말한다. Freud에 의해서 시작된 상담은 논리실증주의 철학에 근거하고 있다. 개인의 마음을 대상으로 하면서 상담자인 전문가 중심적이다. 마음속에 있는 여러 가지 요소들이 상담의 대상이다. 따라서 논리실증주의 상담의 성격은 내면 모델(intrapsychic model)이다.

사회구성주의 상담이론들은 순환적 인과관계, 비합산의 원칙, 관계심리 현상의 특징을 가지고 있다(김용태, 2001). 순환적 인과관계의 특징은 주체와 객체 사이의 순환성이다. 주체가 객체에게 준 피드백은 다시 주체에게 돌아온다. 순환적 인과관계는 인과성의 시작과 끝보다는 피드백의 흐름을 더 중요하게 본다. 비합산의 원칙은 전체는 부분의 합과 다르다는 것이다. 따라서 전체나 부분은 서로 환원되지 않는다. 하나와 하나는 합쳐져 둘이 될 수도 있지만 하나가 되기도 하고 둘 이상이 되기도 한다. 관계심리란 관계에서 일어나는 심리적 현상을 의미한다. 가족상담은 관계의 상호작용에서 발생하는 순환성을 대상으로 한다. 따라서 사회구성주의 상담의 성격은 대인관계 모델(interpersonal model)이다.

가족상담은 사회구성주의 철학을 근거로 하고 있다. 인간은 사회 구성적 존재로서 가족관계, 사회적 관계, 문화적 관계 의해서 조성된다. 가족상담의 이론들은 사회구성주의 상담이론들이며 사이버네틱스 이론이라고도 불린다. 사이버네틱스(cybernetics)란 체계의 피드백 현상을 일컫는 용어다. 한 체계가 외부로 정보를 내보내면 그 정보는 다시 그 체계에 피드백으로 작용한다. 이러한 순환과정을 통해서 그 체계는 자신을 스스로 유지하는 통제를 하게 된다. 그리고 체계는 자율적으로 정보를 내보내고 받아들이는 과정을 통해서 자체적으로 스스로를 유지하는 기능을 갖는다(Benner & Hill, 1999). 사이버네틱스에는 일차 사이버네틱스와 이차 사이버네틱스가 있다(Becvar & Becvar, 1997). 일차 사이버네틱스는 가족만의 상호작용을 말한다. 이차 사이버네틱스는 가족 간 상호작용, 상담자와 가족 간 상호작용을 포함하는 개념을 말한다. 즉, 이차 사이버네틱스는 일차 사이버네틱스와 가족과 상담자의 상호작용을 더해서 보는 개념이다.

　가족상담은 초기 가족상담과 후기 가족상담으로 구분된다(김용태, 2009). 초기 가족상담은 일차 사이버네틱스, 후기 가족상담은 이차 사이버네틱스라고 불린다. 일차 사이버네틱스인 초기 가족상담은 전문적 입장에서 객관적으로 문제를 진단한다는 점에서 논리실증주의 상담이다. 논리실증주의 상담은 주체와 객체를 구분하고 전문가 중심으로 이루어진다. 초기 가족상담은 내담자의 관계를 대상으로 한다는 점에서는 사회구성주의 상담이지만, 내담자의 가족과 가족상담자가 구분된다는 점에서는 논리실증주의 상담이다. 이차 사이버네틱스인 후기 가족상담은 가족관계를 상담 대상으로 하고 가족과 상담자의 상호작용을 통하여 상담을 진행한다는 점에서 온전한 사회구성주의 상담이다. 초기 가족상담이 전문가 중심의 상담을 진행한다면, 후기 가족상담은 가족과 상담자가 공동으로 문제를 진단하고 해결하는 협력적 상담을 진행한다. 초기 가족상담의 이론들로는 대화이론(communication theory), 전략이론(strategic theory), 구조이론(structural theory), 대상관계이론(object relations theory), 맥락이론(contextual theory), Bowen 이론(Bowen theory), 경험이론(experiential theory) 등이 있다. 후기 가족상담의 이론들로는 이야기이론(narrative theory), 해결중심이론(solution focused theory) 등이 있다.

　비판적 현실주의 상담은 개인상담과 가족상담의 통합적 활동을 말한다. 통합적 활동이란 개인상담과 가족상담을 하나로 보려는 노력이다. 개인상담의 이론과 가족상담의 이론을 하나로 결합해서 다른 이론을 만들어 내는 경우다. 예를 들면, 비판적 현실주의 상담이론가들은 실존주의 개인상담 이론과 해결중심 가족상담 이론을 합쳐서 단기해결중심 실존치료(brief solution focused existential therapy: BSFET)라는 이론을 만들어 낸다(Fernando, 2007). 다른 방법의 통합적 노력도 있는데, 개인상담과 가족상담의 공통점을 찾아내어서 통합을 꾀하려는 것이다. 예를 들면, Byng-Hall이라는 비판적 현실주의 상담이론가는 정신분석과 가족치료의 공통점을 찾아서 무의식적 가족의 신화라는 개념을 사용한다. 여기서 무의식은 정신분석의 개념이고 신화는 가족상담의 개념이다(Larner, 2000).

3) 이론적 개념

가족상담은 체계와 관련된 여러 가지 개념들로 이루어진 영역이다. 체계(system)란 요소와 요소들의 상호작용의 합으로 이루어진 개념이다. 요소는 체계 속에 들어 있는 구성원들 또는 구성인자들을 의미한다. 상호작용은 요소들이 관계하는 방식을 말한다. 예를 들면, 가족이라는 체계는 가족 구성원과 그들 간 상호작용에 의해서 이루어진다. 가족 구성원이 네 명이면 가족의 상호작용은 남편과 부인, 아버지와 아들, 아버지와 딸, 어머니와 아들, 어머니와 딸, 아들과 딸의 관계로 총 여섯 가지다. 가족 구성원 네 명과 그들 간 상호작용을 합한 전체가 곧 가족이다. 가족은 전체 체계이고 부부관계, 부모-자녀관계, 형제자매관계 등은 모두 하위 체계다. 전체 체계는 하위 체계들을 포함하고 있으며 하위 체계들은 전체 체계의 요소로 작용한다. 핵가족 체계는 남편과 부인으로 이루어진 부부체계, 자녀와 아버지와 어머니의 상호작용으로 이루어진 부모체계, 아들과 딸로 이루어진 형제자매 체계를 포함한다. 전체 체계와 하위 체계 사이에는 위계질서가 있다. 가족이라는 전체 체계는 부부, 부모, 형제자매 체계보다 더 중요하다. 부부체계는 부모체계나 형제자매체계보다 더 중요하다. 중요하다는 의미는 영향력의 정도를 의미하는 것으로 남편과 부인의 상호작용은 자녀들 간 상호작용보다 가족에 미치는 영향력이 더 크다. 핵가족의 하위 체계 사이의 위계질서는 부부체계, 부모체계, 형제자매체계 순이다.

경계선(boundary)은 체계의 안과 밖, 전체 체계와 하위 체계를 구분하는 선이다. 체계는 경계선에 의해서 환경과 체계 자체로 나눠진다. 환경과 체계는 경계선을 통해서 상호작용을 한다. 경계선은 세포의 삼투압 원리에 의해서 작동하는 세포막과 같이 정보를 환경으로 내보내고 받아들이는 역할을 한다. 경계선은 체계들 간의 관계를 유지, 조정, 변화시키는 역할을 한다. 남편과 부인은 자신들만 정보를 공유함으로써 부부체계를 유지한다. 일부 정보를 자녀와 공유함으로써 자녀와의 관계를 조정한다. 정보의 흐름을 자유화함으로써 관계를 변화시키기도 한다. 경계선은 모양, 기능성, 투과성, 병리성 등에 따라서 여러 가지로 분류될 수 있다(Miermont & Jenkins, 1995). 경계선은 눈에 보일 수도 있고 보이지 않을 수도 있다. 체계가 가진 규칙에 따라서 정보의 흐름을 조절하면 기능적 경계선이다. 그렇게 하지 못하면 역기능적 경계선이다. 기능적 경계선은 필요한 정보는 받아들이고 불필요한 정보는 받아들이지 않는 반투과성을 가지고 있다. 불필요한 정보를 모두 받아들이거나 필요한 정보를 받아들이지 못하면 그 경계선은 병리적이 된다. 환경과 활발하게 상호작용하는 체계를 열린 체계라 하고 상호작용하지 않는 체계는 닫힌 체계라 부른다.

구조(structure)는 전체 체계 속의 하위 체계들이나 요소들의 정렬 상태를 의미한다. 체계나 요소들의 구조적 형태는 조직체(organization)라고 한다. 즉, 체계 안의 요소들이 일정 기간 상호작용을 통해서 만들어진 형태를 말한다. 가부장적 가족은 남성 중심의 상호작용을 가진 가족을 말한다. 남성은 적극성을 띠어야 하고 여성은 소극성을 띠어야 한다는 상호작용의 형태는 가부장적 가족조직이다. 한국 사회에서 전통적으로 여성차별, 어른중심, 남성중심, 권위적 관계 등은 모두 가부장적 가족조직체와 관련이 있다.

네겐트로피(negentropy)는 엔트로피(entropy)와 반대되는 개념이다. 엔트로피는 열역학이론에서 나오는 개념으로서 시간에 따라 점차 에너지가 소멸되는 현상이다 (Nichols & Everett, 1986). 에너지가 소멸됨에 따라서 물질은 이전의 상태를 유지할 수 없기 때문에 소멸되고 만다. 엔트로피는 주로 닫힌 체계에서 일어나며 물질계 현상이다. 반면, 네겐트로피는 시간이 지나도 에너지의 양이 일정하게 유지되는 현상이다. 체계는 환경과의 상호작용을 통해서 자신에게 필요한 에너지를 공급받는다. 이러한 현상은 주로 열린 체계에서 일어나며 살아 있는 생물체가 가지고 있는 현상이다.

피드백(feedback)은 분출된 정보에 반응하는 과정이다. 예를 들면, 학생들의 강의에 대한 반응이 피드백이다. 학생들의 반응으로 교수는 새로운 강의계획을 가지고 강의를 할 수 있다. 이러한 과정은 피드백 망(feedback loop)이라고 한다. 체계는 환경이나 다른 체계들과 피드백 망을 형성해서 체계가 스스로를 통제할 수 있도록 한다. 체계는 환경에 정보를 내보내고 정보에 대한 반응을 유입함으로써 자율적으로 자신을 유지할지 혹은 변화할지를 결정할 수 있다. 피드백에는 긍정 피드백과 부정 피드백이 있다. 긍정 피드백(positive feedback)은 체계로부터 분출된 정보가 피드백을 통해서 정보의 양이 많아지는 현상이다. 예를 들어, 어떤 가족이 10시라는 통행금지 규칙을 가지고 있다고 하자. 아이가 10시 30분에 들어와서 부모가 야단을 쳤다. 이런 피드백으로 다음 날 아이가 11시에 들어온다면 긍정 피드백이 된다. 야단이라는 피드백을 통해서 아이의 이탈행동이 더 커졌기 때문에 긍정 피드백이라고 하는 것이다. 부정 피드백(negative feedback)은 분출된 정보의 양이 줄어드는 경우다. 만일 아이가 야단을 맞고 10시에 집에 들어왔다면 이탈행동이 30분 줄어들었기 때문에 부정 피드백이 된다. 긍정 피드백이나 부정 피드백은 긍정적인가 부정적인가와 같은 바람직함과는 아무런 관련이 없다. 단지 피드백을 통해서 분출에 대한 정보의 양이 줄었는지 혹은 늘었는지를 나타내는 개념이다.

동일 결과성(equifinality)은 다른 수단이나 출발점에도 같은 결과를 얻는 현상이다. 이러한 현상은 순환적 인과관계에 의해서 얻어진다. 선형적 인과관계에서는 X이면 반드시 Y라는 결과를 얻는다. 그러나 순환적 인과관계에서는 A, B, X 모두에서 Y라는 결과를 얻을 수 있다. A, B, X는 모두 출발점이 다르거나 수단이 다른 경우다. 이러한 현상은 체계가 가지고 있는 조직적 특성 때문에 일어난다. 가족조직체는 항상성이라는 체계의 특성으로 인해서 유입된 정보들을 조직 속에서 변형시켜 일정한 결과를 내보낸다. 만일 체계가 역기능적이면 가족 구성원이 아닌 어떤 사람이 그 체계속에 들어가더라도 동일하게 병리적이 되는 경우를 동일 결과성이라고 한다. 항상성(homeostasis)은 조직체가 조직을 일정한 상태로 만드는 현상이다. 조직체는 자체적으로 메타규칙을 갖는다. 메타 규칙(meta rule)이란 조직이 정보를 검색해서 그 정보가 조직의 규칙에 맞는지를 검사하는 것을 말한다. 예를 들면, 민주사회의 조직은 공산당원이나 민주당원 모두를 검색해서 일정하게 민주당원만 배출한다. 민주사회의 메타규칙은 모두 민주당원만을 위한 규칙이기 때문이다. 공산당원을 민주사회 규칙에 의해서 민주당원으로 만들어서 사회로 내보낸다. 국가정보원은 이러한 기능을 담당하는 부서다.

사이버네틱스(cybernetics)는 체계가 가지고 있는 자율통제 현상을 말한다. 체계는 자신을 유지하기 위해서 정보의 유입과 분출을 통제하거나 환경 또는 다른 체계와 의사소통을 한다. 의사소통과 통제에 관한 규칙에는 단순 피드백, 항상성, 변형성, 재방향성 등이 있다. 단순 피드백(simple feedback)은 환경으로부터 유입된 정보가 체계의 활동에 의해서 단순히 많아지거나 적어지는 현상을 말한다. 단순 피드백은 긍정 단순 피드백과 부정 단순 피드백이 있다(피드백 부분 참조). 항상성(homeostasis)은 메타규칙을 통해서 자신의 구조를 일정하게 유지하는 현상이다. 변형성(morphogenesis)은 자신의 구조를 변화시키는 현상이다. 재방향성(reorientation)은 변화된 구조에 맞게 가치관을 형성하는 과정을 말한다. 맞벌이가족에서 자녀가 가출한 경우를 예로 들어 보자. 자녀를 찾으러 다니는 부모의 행동은 단순 피드백 현상이다. 가출을 했음에도 가족의 구조를 종전과 동일하게 유지하는 경우는 항상성이다. 가출한 자녀를 찾기 위해서 부모 중 한 사람이 직장을 그만두는 경우는 변형성이다. 맞벌이가정의 가치관에서 한벌이가정의 가치관으로 변화되는 현상은 재방향성이다.

2. 가족상담 이론

가족상담의 이론들은 내면과 상담관계에 대한 관점에 따라 여러 가지로 나누어진다. 내면세계가 존재하지 않거나 존재하더라도 중요하지 않다고 보는 입장은 체계론적 이론이고, 내면세계가 존재하며 중요하다고 보는 입장은 심리역동적 이론이다. 그리고 상담관계를 통한 성장을 중요시하는 입장은 경험적 이론이고, 상담관계의 협력적 측면을 중요시하는 입장은 구성적 이론이다.

1) 체계론적 관점

체계론적 관점(systemic perspective)은 대화 가족상담, 전략 가족상담, 구조 가족상담으로 나누어진다. 이 이론들은 공통적으로 인간의 내면세계에는 관심을 두지 않으며 상호작용하는 형태에만 관심을 갖는다. 상호작용하는 형태는 모두 사이버네틱스라는 원리에 의해서 움직인다. 앞서 언급했듯이, 사이버네틱스는 조직체가 자율통제 기능으로 자신을 스스로 움직이는 원리를 말한다. 조직체는 살아 있는 유기체와 같이 외부로 정보를 내보내고 정보에 대한 피드백을 받는 순환과정을 통해서 자체적으로 움직인다. 체계론적 관점의 이론들은 이러한 과정을 개념화한 것들이다. 피드백을 주고받는 과정은 여러 각도나 관점에서 이해할 수 있다. 피드백을 주고받는 과정은 조직체가 상호작용하는 방식이다.

(1) 대화 가족상담

대화 가족상담(communication family counseling)은 Gregory Bateson과 그의 연구 팀에 의해서 시작되었고, Paul Watzlawick의 인간 변화에 대한 대화 형태의 연구에

의해서 심화되었다(Hansen & L'Abate, 1982). 대화이론은 대화의 행동적 측면에 관한 철학을 기반으로 한다. 대화에는 구조적 영역, 의미적 영역, 행동적 영역이 있다. 구조적 영역은 '나는 학교에 간다.' 라는 문장의 주어, 동사, 목적어와 같은 부분들을 연구하는 분야다. 의미적 영역은 '나는 학교에 간다.' 는 문장에서 '무엇 하러' 와 같은 부분을 연구하는 분야다. 행동적 영역은 '나는 학교에 간다' 의 스타일, 즉 서술인지, 요청인지, 명령인지와 같은 부분을 연구하는 분야다.

대화 가족상담은 다섯 가지 공리를 가지고 있다. 이 공리들은 자명한 이치들로서 누구나 동의할 수 있는 것들이다. 첫 번째 공리는 인간은 대화를 하지 않을 수 없다는 점이다. 대화는 언어적 대화와 비언어적 대화로 이루어진다. 이 두 대화가 일치되면 상호작용은 기능적이지만 일치되지 않으면 역기능적이 된다. 예를 들어, "(울면서) 괜찮다."라고 하면 역기능적이 된다. 기능적이려면 "(울면서) 괜찮지 않다."라고 해야 한다.

두 번째 공리는 모든 대화에는 내용과 관계의 원리가 있다는 것이다. 예를 들면, "위로해 주세요." 라는 대화는 '위로' 라는 내용과 '주세요' 라는 요청의 관계로 구성된다. 가족 간의 갈등은 내용보다는 주로 관계로 인해서 발생된다.

세 번째 공리는 모든 대화에는 구두점의 원리가 있다는 점이다. 구두점의 원리란 사람들 사이에 일어나는 대화를 일정하게 점을 찍어서 구분하려는 경향을 말한다. 한 예로 늦게 들어오는 남편과 잔소리하는 부인의 경우, 남편은 부인의 잔소리부터 자신이 늦게 들어오는 행동까지 점을 찍는다. 부인은 남편의 늦게 들어오는 행동부터 자신의 잔소리하는 행동까지 점을 찍는다. 남편은 잔소리 때문에 늦게 들어온다고 생각하고, 부인은 늦게 들어오기 때문에 잔소리를 한다고 생각한다. 이 경우 서로 자신의 입장만을 주장하게 되고 부부간의 역기능인 갈등이 발생한다. 서로 자신의 정당성만을 주장하게 되어 대화는 단절되고 오해를 안고 살아가게 된다.

네 번째 공리는 모든 대화는 디지털(digital) 방식과 아날로직(analogic) 방식으로 이루어진다는 것이다. 디지털 방식은 언어를 통한 논리적 측면이고, 아날로직 방식은 비언어를 통한 상징적 측면이다. 디지털 방식과 아날로직 방식이 일치하면 대화는 기능적이 된다. 그러나 이 두 방식이 일치하지 않으면 대화는 역기능적이 된다. 예를 들어, "(울면서) 괜찮다."라고 하면 '괜찮다' 라는 디지털 방식과 '울음' 이라는 아날로직 방식이 일치하지 않아서 듣는 사람이 혼동을 하게 된다.

다섯 번째 공리는 모든 대화에는 대칭성과 상보성이 있는 것이다. 힘이 동등하면

대칭적 관계이고, 힘이 동등하지 않으면 비대칭적 관계다. 힘이 동등한 경우는 경쟁을 통해서 역기능이 일어나고, 힘이 동등하지 않은 경우에는 힘의 남용을 통해서 역기능이 일어난다.

대화 가족상담의 역기능은 메타대화를 통해서 해결된다. 메타대화(metacommuni-cation)는 대화에 대한 대화로서 대화를 객관적으로 보도록 하는 활동이다. 예를 들면, 부인이 "남편이 늦게 들어와서 속상해 죽겠어요."라고 말했다고 하자. 이 부인의 메타대화는 "내가 나를 중심으로 대화를 끊는구나."이다. 부인은 자신이 세 번째 공리를 부정하고 있음을 이해하고 메타대화를 통해서 자신의 역기능적 관계를 개선할 수 있다.

(2) 전략 가족상담

전략 가족상담(strategic family counseling)은 문제의 원인에 관심이 있지 않고 문제를 해결하기 위한 전략을 수립하는 데 관심이 있다. 이 이론에는 Haley와 Madanes, MRI 그룹, Milan 그룹 등이 있다. Jay Haley와 Cloe Madanes는 가족의 구조를 위계질서라는 측면에서 이해했다. 부모의 권위가 존중되며 가족이 자신들의 역할을 제대로 수행하는 가족은 기능적 가족이다. 가족 간에 적절한 경계선이 있어서 서로 영역을 존중하고 협력하는 관계를 기능적 가족이라고 한다. 역기능적 가족에서는 가족 중 한두 사람에게 증상이 발생한다. 증상을 해석하는 방법은 Haley와 Madanes의 경우 다르다. Haley는 약자가 강자를 통제하기 위한 힘을 얻는 과정에서 증상이 발생된다고 보았다. 우울증의 증상을 보이는 부인은 우울증을 통해서 강자인 남편을 통제하고 싶어 한다. 이에 반해 Madanes는 약자가 가족을 보호하고 구원하기 위해서 증상을 만들어 낸다고 보았다. 부모가 갈등이 심한 경우 자녀는 부모의 갈등으로 인한 가족해체를 막기 위해서 우울증을 만들어 낸다. Madanes의 증상은 가족의 보호와 관심과 관련이 있다. 상담 전략으로는 지시방법, 비유, 역설과 같은 것들이 있다.

MRI 그룹(Mental Research Institute Group)은 피드백 망에 의한 대화의 형태라는 측면에서 전략을 제시하였다. MRI 그룹은 Don Jackson에 의해서 시작되었고, 다른 여러 가족상담 전문가들이 참여하였다. 가족의 피드백 망에는 일차 질서변화와 이차 질서변화가 있다. 일차 질서변화(first-order-change)는 가족 구성원이 보이는 증상을 해결하기 위해서 가족 내의 규칙변화보다는 가족 구성원 한 사람의 행동을 변화시키려는 전략이다. 예를 들면, 아이의 행동을 변화시키기 위한 부모의 야단과 잔소리가 일차 질서변화다. 이차 질서변화(second-order-change)는 가족 구성원 한 사람의 증상을 없애기 위해서 가족의 규칙을 변화시키는 전략이다. 예를 들어, 아이가 학교에 지각하는 문제가 있다고 하자. 이 경우 아이의 행동에서 문제의 원인을 발견하지 않고 가족의 규칙에서 문제의 원인을 발견하여 해결하는 경우가 이차 질서변화다. MRI 그룹의 가족상담자들은 이차 질서변화를 해야 할 때 일차 질서변화를 하는 경우 가족 간에 역기능이 발생된다고 믿는다. 가족상담자는 가족 전체의 규칙과 상호작용을 검토하여 문제를 해결한다.

Milan 그룹은 Mara Selvini Palazzoli, Luigi Boscolo, Gianfranco Cecchin, Giuliana Prata 등이 결성하였다. 그들은 가족의 상호작용 속에 들어 있는 심리적 게임을 연구하여 더러운 게임이 있음을 발표하였다. 더러운 게임(dirty game)이란 가족의 권력관계에서 일어나는 상호작용이다. 일례로 아버지가 권력자인 가족의 경우를 생각해 보자. 아이가 아버지에게 불만이 생기면 어머니에게 도움을 요청한다. 그런데 어머니는 아이를 돕게 되면 남편으로부터 해를 당할까 봐 두려운 나머지 아이를 남편에게 고자질한다. 그리하여 아이는 아버지로부터 더욱 학대를 당하게 된다. 이와 같이 '학대-도움요청-고자질-학대심화'로 이어지는 상호작용은 더러운 게임이다. Milan 그룹은 가족의 심리적 게임을 해결하기 위해서 긴 단기치료방법이라는 전략을 사용한다. 긴 단기치료(long brief therapy)에서 단기치료는 네 명의 상담자가 한 번에 두 시간씩 10회를 진행하는 상담을 말한다. 긴 치료는 가족이 호소하는 문제를 한 문제에 10회씩 여러 번 진행하는 상담을 말한다. 한 번의 상담은 두 시간이며 상담 전 회기, 상담 회기, 상담 중 휴식, 상담 마무리, 상담 후 회기로 구성되어 있다. 상담은 두 명의 상담자와 두 명의 관찰자로 나누어 진행하는 방식이다. 두 명의 상담자는 일방경을 통해서 상담을 관찰하고 인터폰을 통해서 다른 두 명의 상담자와 활발하게 상호작용을 하면서 상담을 진행한다. 상담기법으로는 긍정내포(positive connotation), 의례화 처방(ritualized prescription), 불변처방(invariant prescription) 등이 있다.

(3) 구조 가족상담

구조 가족상담(structural family counseling)은 Salvador Minuchin이 주창하였다. 가족은 일정한 구조를 가지고 있다. 핵가족에서 부부체계, 부모-자녀체계, 형제자매 체계가 서로 위계질서를 이루고 있을 때는 구조적으로 안정된 가족이 된다. 전체 체계와 하위 체계들 사이에 적절한 위치, 역할, 경계선을 가지고 있을 때 가족의 구조는 기능적으로 작용한다. 반면, 경계선이 산만해지거나 엄격해지면 가족의 구조에는 문제가 발생된다. 가족 내의 역할 규정, 권력관계가 분명하지 않으면 가족은 산만한 경계선(diffused boundary)을 갖는다. 이 경우 가족은 서로 경계선이 불분명하기 때문에 밀착된 관계(enmeshed relationship)를 갖는다. 가족 내의 역할 규정, 권력관계가 너무 엄격하여 서로 상호작용을 활발하게 하지 못하는 가족은 엄격한 경계선(rigid boundary)을 가지고 있다. 이 경우 가족은 경계선이 너무 엄격하여 상호작용이 제한되므로 격리된 관계(disengaged relationship)를 갖는다.

밀착된 관계를 갖는 가족 구성원들은 마치 밀가루 반죽과 같이 서로 뭉쳐져 있다. 그들은 서로에 대해서 감정적으로 지나치게 민감하거나 걱정을 많이 하기 때문에 서로 독립된 행동을 하기가 어렵다. 이 경우의 가족 구성원들은 서로 염려와 걱정으로 인해서 서로 갈등이 많다. 반면, 격리된 관계를 갖는 가족 구성원들은 서로 모래알과 같이 흩어지기 때문에 서로에 대해서 관심이 없다. 이 경우의 가족 구성원들은 서로 무관심하기 때문에 외롭고 혼자인 것 같은 느낌을 가지고 산다. 이러한 역기능을 해결하기 위해서 기존의 가족구조에 참여하여 가족의 역기능을 이해하고 역기능을 변화시키게 된다. 변화를 위해서 재구조화, 집중, 구성, 강점과 같은 상담기법들이 사용된다.

2) 심리역동적 관점

대상관계 가족상담, 맥락 가족상담, 다세대 가족상담 등은 모두 심리역동적 관점 (psychodynamic perspective)에 해당된다. 이 이론들은 관계 속의 내면이라는 공통점을 가지고 있다. 관계 속의 내면이란 관계를 통해서 발생되는 내면세계를 말한다. 가족 상호작용이 활발해지면 가족 구성원들은 즐거움과 뿌듯함이라는 감정을 느낀다. 상호작용은 관계이고 즐거움과 뿌듯함의 감정은 내면이다. 심리역동적 관점의 가족상담자들은 상호작용 형태를 통해서 발생되는 내면의 느낌과 감정을 대상으로 상담을 진행한다.

(1) 대상관계 가족상담

대상관계 가족상담은 Sigmund Freud, Harry Stack Sullivan, Melanie Klein, Heinz Kohut, Erik Erikson, Heinz Hartmann, Margaret Mahler, Donald Winnicott, Ronald Fairbairn, Harry Guntrip, Otto Kernberg 등에 의해서 만들어졌다.

인간관계는 관계본능(drive for relatedness)에 의해서 이루어진다. 관계본능이란 인간이 관계를 맺으려는 선천적 본능을 말한다. 신생아는 태어나면서부터 부모와 관계를 맺는다. 아이들은 영아기, 유아기, 아동기, 청소년기 등 여러 단계를 통해서 발달한다. 이런 발달단계들은 인간의 내적 충동과 부모와의 상호작용을 통해서 형성된다. 인간의 자아 형성은 이러한 발달단계를 통해서 이루어진다. 자아 형성에 결정적 영향을 미치는 요인은 부모의 돌봄의 질이다. 부모가 '이 정도면 충분한 엄마 노릇'(good enough mothering)을 제공하면 아이들은 건강한 자아를 형성하게 된다. 자아의 형성과정은 부모의 형상을 내면화함으로써 이루어진다. 자아는 부모와 자신에 관한 감정, 느낌, 생각, 기억, 사건 등과 관련된 이미지들을 내면화함으로써 형성된다.

Melanie Klein은 인간이 전능의 환상을 가지고 태어난다고 주장하였다(Slipp, 1991). 유아는 전능의 환상으로 인해서 엄마와 완벽한 관계를 유지하려고 한다. 이 과정이 편집단계다. 유아의 성장으로 인해서 완벽한 관계가 불가능함을 인식하는 과정은 우울단계다. 아이들은 편집단계와 우울단계를 통해서 성장한다. Erik Erikson은 인간이 여덟 단계를 거쳐서 정체성과 관련된 전 생애 발달을 이룬다고 하였다(Erikson, 1963, 1964, 1968). 신뢰 대 불신, 자율 대 창피와 의심, 주도 대 죄의식, 근면 대 열등, 자아정체성 대 역할혼돈, 친밀 대 소외, 관용 대 정체, 자아통합 대 절망이 그 단계들이다. 각각의 단계들을 성공적으로 거치면 덕목이 발생하지만 제대로 거치지 못하면 문제가 발생된다. 예를 들어, 첫 단계인 신뢰 대 불신의 단계에서 신뢰가 형성되면 희망이 발생되지만 불신이 형성되면 성격장애가 발생된다. Margaret Mahler는 인간의 발달이 분리와 개별화를 통해서 이루어진다고 보았다. 분리와 개별화는 분화단계, 연습단계, 화해단계, 대상항상성 단계를 통해서 이루어진다(Mahler,

Pine, & Bergman, 1975). 아이들은 이 단계를 거치면서 심리적으로 한 인간으로 태어난다. 이를 심리적 탄생이라고 한다. Otto Kernberg에 따르면 인간의 발달은 통합의 방향으로 이루어진다. 본능적 상태, 일차 분화, 이차 분화, 삼차 분화 그리고 수정과 보완의 단계를 거쳐서 인간 성격의 좋은 측면(good aspect)과 나쁜 측면(bad aspect)이 하나로 통합되어 나간다. 통합이 이루어지면 안정된 성격을 갖게 된다.

　발달과정에서 통합이 제대로 일어나지 않으면 자아의 구조는 병리적이 된다. 자아의 좋은 측면과 나쁜 측면이 분열되면서 좋은 측면을 받아들이는 내사(introjection)와 나쁜 측면을 밀어내는 투사(projection)가 발생된다. 더 나아가 타인의 좋은 측면을 자기 것인 양 행동하는 내사적 동일시(introjective identification)와 자신의 나쁜 측면을 타인의 것으로 만드는 과정인 투사적 동일시(projective identification)가 있다. 자아가 분열된 상태로 살게 되면 인간은 가짜 자기(pseudo self)를 가지고 산다. 정신분열, 경계선, 자기애 성격장애자들은 이러한 가짜 자기를 가지고 있다.

　대상관계 가족상담은 자아통합을 상담목표로 한다. 이러한 목표를 달성하기 위해서 듣기, 공감하기, 해석하기, 중립 유지하기 등의 상담활동을 하게 된다. 내담자는 듣기를 통해서 자신의 이야기를 자유롭게 표현할 수 있다. 공감하기를 통해서 분열된 무의식의 자료들을 떠올릴 수 있게 된다. 해석하기를 통해서 의미를 의식적으로 이해한다. 그리고 중립 유지하기를 통해서 전이를 통한 문제를 해결할 수 있다.

(2) 맥락 가족상담

　Ivan Boszormenyi-Nagy는 맥락 가족상담을 만들었다. 관계윤리는 맥락 가족상담의 핵심 개념이다. 관계윤리는 관계를 통해서 형성되는 윤리적 맥락을 말한다. 인간은 윤리적 맥락 속에서 태어나며 살아간다. 윤리적 맥락은 일정한 질서가 있다. 부부관계의 윤리적 맥락은 양방적 돌봄인 주고받는 관계다. 부모-자녀 관계의 윤리적 맥락에는 일방적 돌봄인 주는 관계다. 가족의 윤리적 맥락은 곧 실존적 질서로서의 역할을 한다. 인간의 자아는 실존적 질서인 윤리적 맥락 속에서 형성된다. 실존적 질서란 인간의 삶을 가능하게 하는 질서인데, 이를 어기면 역기능적 가족이 되고 지키면 기능적 가족이 된다.

　유산(legacy)은 자녀가 부모로부터 실존적 질서인 윤리적 맥락을 통해서 물려받게 되는 명령을 의미한다(Boszormenyi-Nagy, Grunebaum, & Ulich, 1991). 예를 들면, 부모가 "너는 커서 훌륭한 사람이 될 거야."라고 말했다면 자녀는 부모로부터 훌륭한 사람이라는 심리적 유산을 물려받고 훌륭한 사람이 되려고 할 것이다. 이 유산이 명령이기 때문에 자녀는 반드시 그렇게 되려고 노력한다. 즉, 명령(imperative)은 하지 않으면 안 되는 지시다. 명령에는 부정 명령과 긍정 명령이 있다. 부정 명령은 빚이라는 심리적 유산이고, 긍정 명령은 자산이라는 심리적 유산이다. 원장(ledger)은 심리적 유산과 노력에 의한 신용을 기록하는 장부다. 신용에는 우량 신용과 불량 신용이 있다. 자산과 빚, 우량 신용과 불량 신용을 결합하면 네 종류의 원장이 발생한다. 충성심(loyalty)은 비대칭관계인 부모-자녀 관계에서 발생되는 책임이다. 자녀는 부모를 향한 충성심을 보임으로써 비대칭관계에 대한 책임을 지려고 한다. 즉, 부모로부터 받은 유산을 되갚으려는 노력이 충성심이다.

역기능의 현상들에는 부모화, 분열된 충성심, 보이지 않는 충성심, 회전판 등이 있다. 부모화(parentification)란 어린 자녀가 부모의 기대대로 행동하려는 경향을 말한다. 부모의 폭력이 무서운 아이들은 부모의 욕구나 기대에 맞추어 행동하게 된다. 말하자면 어린 자녀가 부모를 돌보는 부모 역할을 하는 것을 부모화라고 한다. 분열된 충성심(split loyalty)은 부부갈등에서 비롯된다. 부부가 갈등을 하면서 아이에게 충성심을 요구하면 아이가 한 부모의 충성심을 희생하면서 다른 한 부모에게 충성하는 현상이 분열된 충성심이다. 보이지 않는 충성심(invisible loyalty)은 자기도 모르는 사이에 자신이 싫어하는 부모의 행동을 하고 있는 경우를 말한다. 아버지의 폭력이 싫지만 자신도 모르게 아버지와 같이 폭력을 행하는 예가 보이지 않는 충성심 때문이다. 회전판(revolving slate)은 윗세대의 역기능적 행동이 자녀 세대에서 그대로 드러나는 현상을 말한다. 폭력적 행동, 알코올중독, 잔소리 행동 등과 같이 세대에 걸쳐 같은 행동이 되풀이되는 현상을 회전판이라고 한다.

상담은 실존적 질서를 회복하는 활동을 말한다. 부부는 주고받는 관계를 하도록 돕고 부모-자녀 관계에서는 비대칭의 관계를 하도록 돕는다. 실존적 질서를 회복하기 위해서 여러 측면에서 관계가 공정해지도록 한다. 상담기법으로는 자기타당(self validation), 다측면 편파성(multilateral partiality), 해방(exoneration) 등이 있다.

(3) 보웬 가족상담

Murray Bowen은 보웬 가족상담을 만들었다. Bowen은 가족을 감정덩어리로 정의하면서 가족 간에는 감정반사 행동(emotional reactivity behavior)이 많음을 강조했다. 감정반사 행동이란 신경질, 짜증, 화 등의 부정적 감정을 즉각적으로 표현하는 행동을 말한다. 가족이 서로 감정적으로 엉켜 있으면 감정반사 행동이 많다. 따라서 건강해지려면 가족으로부터 분화가 필요하다. 분화(differentiation)란 불안한 상황에서도 목표지향 활동을 하는 심리적 상태를 의미한다. 예를 들면, 시험이나 면접과 같이 불안이 높은 상황에서도 필요한 행동을 제대로 할 수 있으면 분화된 사람, 즉 목표지향 활동을 하는 사람이 된다. 목표지향 활동을 하는 사람은 지적 반응행동(intellectual response behavior)을 하게 된다. 분화 수준은 진짜 자기(real self)와 가짜 자기(pseudo self)의 비율로 나타낸다.

분화수준이 낮은 가족 구성원들은 삼각관계를 형성해서 안정된 자신을 유지하려고 한다. 이 삼각관계를 통해서 가족은 감정적 상태를 서로 전달하는 관계적 형태를 만든다. 이러한 관계적 형태를 핵가족 감정체계(nuclear family emotional system)라고 한다. 예를 들면, 남편이 무서운 부인은 아이를 앞세워 "당신 때문에 애가 죽어!"라고 말하면서 남편을 공격한다. 무서운 남편, 아이 뒤로 숨는 부인, 구원자 아이라는 관계를 통해서 서로 감정반사 행동을 하게 되는데 이를 핵가족 감정체계라고 한다. 핵가족 감정체계는 가족이 서로 투사하도록 만든다. 투사를 통해서 분화의 수준과 기능이 다음 세대에 전달되는 다세대 간 전이과정(multigenerational transmission process)이 발생된다. 분화 수준이 낮은 엄마는 아이의 행동에 대해서 감정적으로 반응하게 되고, 아이도 엄마의 눈치를 살피게 되면서 엄마에 대해 감정반사 행동을 하게 된다. 눈치를 보는 행동은 감정반사 행동이다. 엄마의 낮은 분화 수준에 의해서 아이도 낮은 분화 수준을 갖는데 이를 다세대 전이과정이라고 한다. 자녀들의 분화 수준은 자녀의 위치에 의해서 많은 영향을 받는다. 분화 수준이 아주 낮은 사람들은 관계를 단절하는 경우가 있는데 이를 감정단절(emotional cutoff)이라고 한다. 가족 구성원들이 사회에서 맺고 있는 관계를 통해서도 분화 수준이 달라지는데 이는 사회적 감정과정(social emotional process)이라고 한다.

Bowen 이론에서 상담은 삼각관계를 해체시키고 분화 수준을 높이는 활동이다. 삼각관계의 해체는 상담자와 가족의 치료 삼각관계(therapeutic triangle)를 통해서 이루어진다. 이를 위해서 상담자는 가계도를 그리고 Bowen 이론의 중요한 개념들을 교육한다. 개념적으로 이해가 된 가족에게 질문을 통해서 자신들의 분화 수준을 객관적으로 볼 수 있게 한다. 가족 구성원들의 분화 수준을 높이기 위해서 코칭을 하는데, 가족 코칭(coaching)은 스스로 분화를 할 수 있도록 지도하는 상담방법이다.

3) 경험적 관점

경험적 관점(experiential perspective)의 대표적 이론가들은 Virginia Satir와 Carl Whitaker다. 이들의 특징은 여러 이론가들의 영향으로 인해서 하나의 이론에 얽매이지 않았다는 점이다. Whitaker는 처음에는 정신분석적 내면의 갈등을 중심으로 상담을 하다가 나중에는 대상관계 현상을 중심으로 상담을 하게 되었다(Roberto, 1991). Satir는 정신분석, 체계이론, 대화이론, 교류분석이론, 내담자중심 이론, 세대이론, 게슈탈트 이론 등 다양한 이론들의 영향을 받았다(Hansen & L'Abate, 1982). 이 두 사람은 모두 지금-여기서의 상담 경험, 경험을 통한 성장을 강조하고 있다(김유숙, 2002,; 정문자, 2003; 정문자, 정혜정, 이선혜, 전영주, 2007; Hansen & L'Abate, 1982; Roberto, 1991). 그들은 현상학의 영향으로 인해서 인본주의적 관점을 가지고 있기 때문에 충동과 감정을 억압하면 문제가 발생된다고 보았다(Nichols & Schwartz, 2006). 상담자는 상담관계에서 이루어지는 정서적 경험을 통해서 내담자에게 성장이 일어나도록 돕는 역할을 한다.

(1) 상징적 경험주의 가족상담

Carl Whitaker는 상징적 경험주의 가족상담(symbolic experiential family counseling)을 만들었다. 건강한 가족은 가족 구성원들이 단지 가족의 구조에 매이기보다 서로 협상하고 반응하는 과정을 갖는다. 이러한 과정은 가족 구성원들이 가지고 있는 각자의 상징적 개념들에 의해서 영향을 받는다. 상징적 개념들을 서로 요구하고 이를 협상하는 과정에서 여러 가지 형태의 관계들이 이루어진다. 건강한 가족은 연합의 유연성, 역할의 유연성, 갈등에 대한 대처의 유연성 등을 갖는다. 이러한 유연성이 떨어지면 가족은 엄격한 경계선이나 산만한 경계선을 갖게 되어 병리적 가족이 된다. Whitaker는 상담의 과정에서 내담자 가족과 치열한 전쟁을 한다. 그것은 내담자의 가족을 상담에 참여시키기 위해서 벌이는 구조와의 전쟁(battle for structure)과 상담 과정에서 가족의 변화를 위해서 벌이는 주도권을 위한 전쟁(battle for initiative)이다

(Napier & Whitaker, 1978). 그는 공동상담자와 같이 팀으로 상담을 한다.

(2) 대화적 경험주의 가족상담

Virginia Satir는 대화적 경험주의 가족상담(communicative experiential family counseling)을 만들었다. 언어적 표현과 비언어적 표현의 일치에 관심을 두었다. 이 두 가지가 일치되면 균형자(leveler)가 되고, 일치되지 않으면 자존감이 낮은 사람은 위로자(placater), 비난자(blamer), 계산자(computer), 혼란자(distracter)의 네 가지 유형으로 분류된다. 이 가족상담에서는 이들의 문제를 해결하기 위해서 가족조각을 실시하였다. 가족조각을 통해 낮은 자존감의 유형을 알게 하고 입장을 바꾸어 대화하도록 하였다. 이처럼 서로 대화를 통해서 서로의 입장을 이해하고 경험을 함으로써 균형자가 될 수 있다.

4) 협력적 관점

협력적 관점(collaborative perspective)에는 해결중심 가족상담과 이야기 가족상담이 있다. 이들은 모두 인간의 행동은 사회적으로 구성된 믿음의 산물이라는 사회구성주의 철학을 온전하게 대변하고 있다(김용태, 2009). 협력적 관점의 가족상담자들은 상담자가 내담자 가족과 공동으로 문제를 진단하고 해결하는 상담을 진행한다. 이 관점에서는 가족상담자가 가족의 체계 속에 가족과 더불어 존재하고 가족구조의 한 부분이라고 믿는다.

(1) 해결중심 가족상담

de Shazer Steve와 Insoo Kim Berg는 1970년대에 해결중심 가족상담(solution-focused family counseling)을 만들었다. 그들은 모두 MRI의 접근에 뿌리를 둔 단기상담의 방법을 사용한다. MRI 그룹이 문제에 초점을 맞추었다면, 그들은 해결에 초점을 맞춘다. 가족이 자신들의 문제를 해결할 수 있는 능력과 정말로 변화를 원한다는 믿음을 가지고 있다고 본다(Atwood & Conway, 2004). 해결중심 상담자들은 과거에 초점을 맞추지 않고 현재와 미래에 초점을 맞추는 상담을 진행한다. 가족상담자는 이러한 믿음을 기초로 가족과 같이 달성할 수 있는 상담목표를 설정한다. 상담목표는 구체적이며 작고 성취 가능하며 행동적이다(김유숙, 2002). 기법으로는 기적질문과 예외질문(김유숙, 2002; Nichols & Schwartz, 1991), 척도질문, 대처질문(김유숙, 2002; 이영분, 신영화, 권진숙, 박태영, 최선령, 최현미, 2008; 정문자, 송성자, 이영분, 김유순, 김은영, 2008), 관계성 질문(이영분 외, 2008; 정문자 외, 2008) 등이 있다. 가족상담자는 이러한 기법을 중심으로 내담자의 가족을 진정으로 알기 위한 노력을 한다. 가족상담자는 모든 것을 아는 전문가의 자세를 탈피하고 가족과 같이 서로 알아가는 방식으로 상담을 진행한다.

(2) 이야기 가족상담

Michael White와 David Epston은 1980년대에 이야기 가족상담(narrative family counseling)을 만들었다. 그들은 협력적 관계를 통해서 상담을 진행하고 있으며 가족들이 스스로 자신들의 문제를 해결할 수 있는 충분한 힘을 가지고 있다고 믿는다. 가족상담자와 가족의 협력적 관계를 통해서 발생되는 지식과 언어를 통해서 가족은 자기를 형성하고 변화를 이뤄 나간다(Blanton, 2005). 이야기 가족상담에서는 가족문제의 원인에 초점을 맞추기보다는 문제가 가족에게 미치는 영향에 더 관심을 둔다. 가족은 대체로 상담장면에서 문제에 짓눌려 있는 자신들의 이야기를 하게 된다. 문제에 눌려 있는 가족이 어떻게 하면 문제와 다른 관계를 설정하는 이야기를 만드느냐가 상담의 초점이 된다.

상담의 첫 번째 단계는 문제를 외재화(externalizing)하기다. 가족은 문제를 외재화함으로써 자신들이 문제가 아니며 가족관계 자체나 가족이 문제와 맺는 관계가 문제임을 알게 된다. 외재화를 하기 위해서는 일련의 질문을 하게 된다. 두 번째 단계는 독특한 성과(unique outcome)를 찾아내기다. 가족상담자는 자신들이 현재 표현하고 있는 문제 중심의 이야기와 다른 독특한 성과를 낼 수 있는 이야기를 하도록 돕는다. 세 번째 단계는 이야기를 다시 쓰기다. 가족상담자는 가족이 바라는 이야기를 중심으로 다시 이야기를 구성하도록 한다. 이렇게 함으로써 가족은 새로운 방식으로 자신들의 문제를 바라볼 수 있고 이 문제를 해결할 수 있는 새로운 이야기를 만들어 낼 수 있다.

3. 가족상담의 영역

1) 커플 상담

(1) 결혼예비 상담

배우자 선택의 전 과정이 결혼예비 상담(premarital counseling)의 대상이 된다. 배우자를 선택하는 방식, 배우자 선택에 대한 일반적 지식, 사랑의 형태, 사랑관계의 진행방식, 배우자 선택에 대한 호감도, 성격적 차이, 배우자 선택의 과정, 배우자 선택에 대한 이론 등 여러 가지 주제가 결혼예비 상담의 영역들이다. 현대사회에서 낭만적 사랑의 형태는 배우자 선택의 질을 결정하는 역할을 한다. 진정한 사랑, 희생적 사랑, 우정적 사랑, 열정적 사랑(Balswick & Balswick, 1999)으로 대변되는 사랑의 형태는 가족관계와 연관시켜 이해할 수 있다. 예를 들면, 어린 시절부터 구원자의 경향을 가지고 산 사람들은 희생적 사랑을 할 가능성이 높다. 희생적 사랑은 헌신이 많고 친밀감과 이성애가 적은 사랑의 형태를 말한다. 이런 사랑의 형태는 지나친 헌신으로 결혼을 하고 난 후 나중에 문제가 발생할 수 있다.

(2) 부부상담

부부간의 친밀감 형성, 부부관계의 상호작용 유형, 부부간의 권력적 관계, 부부 대화, 남녀 차이에 대한 이해, 남편과 부인의 위치, 부부갈등의 해결, 부부간의 성격적 차이, 부부의 발달적 측면 등 많은 영역이 부부상담(marriage counseling)의 중요한 내용들이다. 이러한 부부간의 여러 주제들을 이해하기 위한 이론적 틀로는 역할이론(role theory), 교환이론(exchange theory), 상징적 상호작용이론(symbolic interaction theory), 체계이론(system theory), 갈등이론(conflict theory), 현상학 이론(phenomenological theory) 등이 있다(Burr, Hill, Nye, & Reiss, 1979). 부부상담을 통해서는 부부간의 갈등 해결과 부부의 성장을 도울 수 있다.

(3) 성상담

성상담(sex counseling)은 결혼 안에서만의 성관계가 아니라 성과 관련된 전반적인 이해를 바탕으로 한다. 부부간의 친밀감 형성, 청소년에 대한 성교육, 성적 존재로서의 정체성, 성과 인간 등과 같은 다양한 영역들이 성상담의 내용이 된다. 성에 대한 왜곡된 지식, 성지식의 부족, 성과 종교생활, 성과 인간, 성기능장애 등과 같은 여러 영역들은 부부관계의 친밀감과 밀접한 관련이 있다. 성적 존재로서의 정체성 주제 중 하나는 성적 선호도다. 성적 선호도를 이해하는 방식에 따라서 성 정체성에 관한 내용이 성적 정체성과 관련된 상담이 된다.

(4) 이혼 및 재혼 상담

이혼 및 재혼 상담(divorce and remarriage counseling)에는 이혼의 과정, 이혼의 자녀에 대한 영향, 한부모가정의 역동, 재혼의 이유, 재혼의 과정, 혼합가족의 특징 등과 같은 다양한 주제들이 포함된다. 재혼은 이혼만큼이나 복잡한 과정을 갖는다. 재혼의 이유, 재혼의 과정, 재혼 후의 적응 및 부부관계, 재혼 후 의붓자식들과의 관계 등이 상담의 주 영역이 된다.

2) 가족상담

(1) 발달주기 상담

가족은 시간이 지나면서 변화를 하는 역동적 조직체로서 발달단계마다 부모나 아이가 완수해야 할 발달과업과 극복해야 할 위험들이 존재한다(Group for the Advancement of Psychiatry, 1989). 배우자 선택, 신혼부부, 영유아 부부, 아동 부부, 청소년 부부, 청년 부부, 자녀를 결혼시킨 부부, 황혼부부 등과 같이 가족의 발달단계에 따른 필요한 지식, 스트레스, 발달과업 등이 가족발달주기 상담(family life cycle counseling)의 영역이 된다. 각각의 발달단계는 각 사회의 문화적 신념과 상호작용한다. 이러한 상호작용을 통해서 발달이 촉진되기도 하고 지연되기도 한다. 가족발달주기 상담에서는 상담을 통해서 이러한 요인들을 이해하여 가족발달에 활용하도록 돕는다.

(2) 부모교육 상담

부모는 자녀의 발달단계에 맞는 지식과 부모 역할이 필요하다. 부모교육이란 부모로서 필요한 지식을 다시 공급받는 활동을 말한다. 따라서 부모되기에 필요한 지식과 부모로서 성장 등이 부모교육 상담(parental education counseling)의 주제가 된다. 부모로서 필요한 지식은 인간발달에 대한 이해다. 특히 상담적인 면에서 부모는 자녀의 심리적 발달에 대한 이해가 필요하다. 부모교육에서는 영아기, 유아기, 아동기, 청소년기, 청년기 자녀에게 필요한 정서적·인지적 발달이 무엇인지를 이해하는 활동이 중요하다.

(3) 스트레스 상담

가족이 겪는 스트레스의 성격을 이해하고 그것을 줄이는 활동이 가족 스트레스 상담(family stress counseling)이다. 가족이 겪는 스트레스 요인은 가족 내의 폭력, 가족 구성원 중 한두 사람이 오랫동안 가지고 있는 질병, 가족 중 성격장애자, 가족 내의 특수한 문제 등 다양하다. 이런 경우 스트레스를 관리하는 상담이 필요하다. 스트레스의 성격을 이해하기, 스트레스가 가족 구성원의 삶에 미치는 영향과 범위를 이해하기, 스트레스를 조절할 수 있는 방식을 이해하기, 스트레스원이 되는 사람과 관계를 유지하는 방법 등 다양한 영역에서 상담이 필요하다.

(4) 확대가족 상담

핵가족을 중심으로 볼 때 남편과 부인의 원가족과의 관계나 각각의 친·인척과의 관계가 확대가족 상담(extended family counseling)의 내용이다. 확대가족 관계의 존재 여부, 관계를 맺는 형태, 관계가 핵가족에 미치는 영향, 사회적 지지망으로서의 역할 등과 같은 다양한 주제가 이 상담의 영역에 해당된다.

3) 가족상담 관련 쟁점

(1) 다문화가족 상담

문화적 차이, 문화적 신념, 문화에 대한 태도, 문화적 의식이나 습관, 서로 다른 언어로 인한 의사소통의 문제 등이 다문화가족 상담(multi-family counseling)의 주된 주제다. 특히 문화적 차이로 인해서 겪게 되는 심리적 갈등이나 관계에서 한두 사람의 소진이나 탈진과 같은 주제들이 다문화 가족상담에서 주로 다뤄진다. 이 상담에서는

문화에 대한 정보 제공을 통한 오해의 불식, 문화를 이해하려는 태도의 증진, 문화인
으로서 존중하는 삶의 방식 체득 등을 통해서 가족관계의 질적 변화를 추구한다.

(2) 가족상담과 윤리

Doherty와 Boss(1991)는 윤리적 영역으로 개인복지와 가족복지, 정보 제공 후 동
의, 비밀보장 등을 들고 있다. 개인복지와 가족복지 간의 갈등과 침해, 정보 제공 후
동의(informed consent)와 가족의 신뢰, 가족 간의 비밀보장과 부모의 알 권리 등이
가족상담의 윤리적 영역이다. 가족상담의 윤리적 영역은 내담자 가족의 자율성과 복
지의 증진, 상담자로부터의 피해 최소화 등과 관련이 있다.

(3) 가족심리 검사

가족심리 검사(family psychology testings)는 결혼예비용, 부부용, 가족용, 아동용
등으로 구분할 수 있다. 결혼예비용과 부부용으로 같이 사용할 수 있는 검사로는 준
비(prepare)검사와 풍성(enrich)검사가 있다. 이 중에 준비라는 심리검사는 결혼을 앞
둔 사람들에게 어느 영역에서 관계 개선이 필요한지를 알려 준다. 결혼 이후에 부부
관계 향상을 위해서는 풍성이라는 검사를 사용할 수 있다. 부부용 검사로는 부부만
족도검사, 부부적응검사, 부부성격검사, 가치관검사 등이 있다. 부부만족도검사
(Marital Satisfaction Inventory: MSI)에서는 부부관계를 서로 얼마나 만족하는 느낌을
가지고 있는가로 정의하고 이를 여러 항목으로 나누어 지수화한다. 부부적응검사
(Dyadic Adjustment Survey: DAS)는 부부가 서로 여러 영역에서 얼마나 적응할 수 있
는가를 여러 항목으로 표시한 척도다. 부부성격검사(16 Personality Factors: 16PF)는
인간의 성격을 16개 항목으로 나누어서 지수화하였다. 부부는 16개 항목을 비교함으
로써 성격 차이를 이해한다. 부부가 가치관을 비교하기 위해서는 로키치 가치관검사
(Rokeach Value Survey: RVS)를 활용할 수 있다. 이 검사는 궁극적 가치와 도구적 가
치의 두 영역을 각각 18개 항목으로 나누어서 우선순위를 매길 수 있도록 되어 있다.

가족용 검사로는 올슨 순환복합검사(Olson Circumplex Testing)가 있다. 이 검사는
응집력(cohesion)과 적응력(adaptability)을 각각 다른 축으로 놓고 나눠지는 여러 사
분면을 가지고 가족이 얼마나 건강한지를 측정한다. 이 검사는 가족을 열여섯 가지
로 나눈다.

아동용 검사로는 문장완성검사, 사람 그리기 검사, 집-사람-나무 그림검사, 주제통각검사, 아동행동점검표, 웩슬러 지능검사 등이 있다. 문장완성검사(Sentence Completion Test: SCT)는 문장을 완성하는 검사다. '아빠는 _____.' 와 같은 문장을 아동이 생각나는 대로 완성하게 한다. 사람 그리기 검사(People Drawing Test)는 A4 용지에 남자와 여자를 그리게 한 후 이를 살펴보고 또 남자와 여자의 관계에 대해서 말하게 하여 아동의 심리적 세계를 알아볼 수 있다. 집-사람-나무 그림검사(House People Tree Drawing Test)는 A4 용지 한 장에 나무와 사람 그리고 집을 그리도록 하여 아동이 지각한 가족관계를 알 수 있다. 주제통각검사(Thematic Apperception Test: TAT)는 사람들의 행동이 그려진 일련의 카드를 가지고 이야기를 만들게 하는 검사다. 이 검사를 통해서 아동들은 자신들이 어떤 심리적 주제를 가지고 있는지 말하게 된다. 아동행동점검표(Child Behavior Check List: CBCL)에서는 아동의 행동에 관한 여러 항목들을 표에 기록하게 한다. 그리고 이러한 표를 가지고 아동들의 행동에 대해서 면접을 통해 점검하게 한다. 웩슬러 지능검사(Wechsler Intelligence Test)는 아동들의 지능을 검사하는 척도다.

⑷ 가족상담의 훈련과 슈퍼비전

심리역동적, 경험적, 인본주의 경향의 가족상담은 주로 통찰과 성장 지향의 훈련과 슈퍼비전을 하고, 전략, 구조, 행동주의 경향의 가족상담은 주로 문제 해결과 행동 변화에 초점을 맞춘다(Liddle, 1991). 통찰과 성장 지향의 슈퍼비전과 훈련에서는 자발성, 성장, 이해, 자기보고를 중시하고, 문제 해결과 행동 변화의 슈퍼비전과 훈련에서는 계획성, 문제, 변화의 원인, 관찰 등을 중시한다(Liddle, 1991). 슈퍼비전은 보고서 형태, 오디오 형태, 비디오 형태, 실황 형태 등이 있다. 슈퍼비전은 또한 집단방식과 개인방식으로 나누어진다. 집단 슈퍼비전은 현실적으로 가장 많이 활용되면서 주로 상담 사례의 이해와 관리에 초점을 맞춘다. 개인 슈퍼비전은 상담 사례에서 드러난 상담자의 투사, 역전이, 개입방식 등에 초점을 맞춘다.

⑸ 상담자의 개인적 관계와 전문적 관계

가족상담에서 주목해야 할 여러 영역 중 하나는 상담자가 맺고 있는 관계들이다. 상담자의 개인적 관계는 가족관계, 친구관계, 동료관계 등이다. 상담자의 전문적 관계

는 상담자와 내담자의 가족 간 관계다. 상담자들의 관계 형태는 상담자들의 복지, 전
문적 활동, 사회적 위치 등에 영향을 미친다. 상담자의 개인적 관계에서 발생되는 역
할 전이, 이중관계, 관심사의 충돌 등이 가족상담의 영역이다. 그 밖에 상담자의 전문
적 관계의 경향, 특성, 상담자 발달과정에 미치는 영향 등이 가족상담의 영역이 된다.

4. 가족상담의 과정

1) 상담자의 자질

가족상담자에게 요구되는 자질은 여러 가지가 있다. 우선 가족상담자는 과학자로
서의 자질을 요구받는다. 가족상담을 진행할 때 상담자들은 내담자 가족의 상호작용
과 이로 인한 역기능을 탐구하는 사람들이다. 가족상담자는 과학자처럼 질문하고 대
답을 듣고 관찰을 하면서 가족들의 상호작용을 이해하게 된다. 과학자로서 가족상담
자는 체계성과 논리성을 필요로 한다. 이론적 지식을 실제와 연결시키거나 임상 현
장에서 발견한 지식을 이론적으로 연결시키기 위해서 체계성이 필요하다. 체계성은
지식의 발견, 분류, 연결, 적용 등을 위한 능력이다. 발견된 지식을 전체적으로 이해
하기 위해서는 논리성이 필요하다. 가족상담자는 지식과 지식의 연결, 분류된 체계
의 일관성, 연결과 적용을 위한 근거를 발견하기 위해서 논리적 사고를 필요로 한다.

두 번째로 가족상담자는 예술가로서의 자질이 필요하다. 가족상담이 진행되는 임
상적 상황은 매우 복잡한 상호작용이 이루어지는 현장이다. 이러한 임상 장면을 진
행하는 가족상담자는 적절한 때에 적절한 방식으로 개입을 하게 된다. 적절한 때와
방식은 예술성과 관련이 있다. 예술성은 임상적 감각으로 나타난다. 임상적 감각은
반복된 훈련과 지속적 임상 경험으로부터 나온다. 가족상담자는 꾸준히 임상 경험을
하면서 개입해야 할 적절한 시점을 알게 된다. 예술가로서 가족상담자는 유연성과
창의성을 필요로 한다. 복잡하게 진행되는 임상 현장에 개입하기 위해서는 유연한
태도와 자세가 필요하다. 유연성은 역할 전이와 관련이 있다. 역할 전이는 상황에 따
라서 역할을 바꾸는 상담자의 행동을 말한다. 가족상담자는 부모의 역할을 하다가
자녀의 역할로 전이를 함으로써 가족의 상호작용 체계를 바꿀 수 있다. 가족상담자

에게는 하나의 역할을 수행하다가도 새로운 아이디어로 다른 상호작용을 이끌 수 있는 창의성이 필요하다. 특히 가족의 상호작용이 고착되어서 생산적 상호작용이 이루어지지 않는 경우에 창의성을 통해서 새로운 상호작용을 유도해야 한다. 그렇기에 가족상담자는 유연한 태도와 창의적 생각으로 예술가로서 상담을 진행할 수 있어야 한다.

세 번째로 가족상담자는 철학자로서의 자질이 필요하다. 가족상담자는 내담자의 가족이 보여 주는 심리적이고 관계적인 많은 주제를 해석할 수 있는 능력을 가지고 있어야 한다. 가족상담자는 주어진 주제를 해석하는 방법, 방식, 모양, 틀 등에 관해서 해박한 지식을 필요로 한다. 가족상담자는 주어진 상호작용이 어느 영역에 속하는 주제인지, 혹은 그 주제가 함의하는 내용은 무엇인지를 해석할 수 있어야 한다. 이러한 일을 하기 위해서 가족상담자는 개방성과 통찰을 필요로 한다. 가족상담자는 자신의 틀에 얽매이지 말고 내담자의 가족이 제시하는 주제들을 이해할 수 있는 지혜가 필요하다.

네 번째로 가족상담자는 해결사로서의 자질이 필요하다. 해결사들은 문제의 성격을 분명히 하고 그것을 확실하게 해결하는 사람들이다. 실제 임상 장면에서 가족은 자신들의 문제를 보면서도 해결하지 않으려고 하거나 문제를 보지 못하기도 한다. 이 경우 가족상담자는 가족이 문제를 보도록 직면을 하거나 문제를 이해하도록 도울 수 있어야 한다. 문제해결을 위해서 가족상담자는 전문성과 열정이 필요하다. 전문성이란 반복된 훈련을 통한 문제해결 능력이다. 가족상담자의 전문성은 해결 가능한 구체적 목표와 확실한 해결과 관련이 있다. 해결사로서 가족상담자는 과단성과 결단을 요구받는다. 문제를 해결하기 위해서 과감하게 개입을 한다. 문제가 해결될 때까지 노력을 다한다. 전문성은 분명한 목표의식과 꾸준한 노력이다.

가족상담자는 교육자, 조언자, 조정자, 감독자로서의 역할이 요구된다. 교육자(educator)로서 가족상담자는 가족상담의 개념, 상호작용의 방식, 상호작용의 결과 및 효과, 역기능과 가족 문제 등과 같은 주제들을 가족에게 가르친다. 가족상담자는 교육을 통해서 상담에 대한 동기화, 상담을 받을 준비, 치료적 효과 등을 기대할 수 있다. 조언자(consultant)로서 가족상담자는 가족의 기능적 상호작용을 돕는 정보활동을 한다. 조언은 가족 중 일부가 상담에 오지 않은 경우, 정보 부족으로 인한 역기능이 있는 경우, 가족이 정보를 요청하는 경우에 필요하다. 가족 중 일부가 상담에 오지 않은 경우 가족상담자는 조언을 통해서 가족관계를 원격 조정할 수 있다. 서로를 잘 몰라서 오해가 발생되거나 지식의 부족으로 인해서 상호작용이 어려운 경우 가족상담자는 조언을 한다. 가족의 상담목표가 정보 제공을 필요로 하는 경우에도 조언을 한다.

조정자(coordinator)로서 가족상담자는 가족이 기능적 상호작용을 위한 조정활동을 한다. 말을 하지 않는 가족 구성원이 있는 경우, 서로 적대적이어서 대화가 안 되는 경우, 한 사람이 상호작용을 지배하는 경우, 지나치게 위축된 가족 구성원이 있는 경우, 가족 안에 위기가 발생하는 경우 등 다양한 상황에서 조정이 요구된다. 가족상담자는 조정을 통해서 격한 감정의 조절, 상대방에 대한 배려, 이해하려는 노력, 참여에 대한 용기 등과 같은 임상적 효과를 기대할 수 있다. 감독자(coach)로서 가족상담자는 문제해결을 할 수 있는 지지활동을 한다. 가족상담자는 지도를 통해서 꾸준한 상담 참여, 갈등에 대한 인내, 새로운 상호작용의 연습, 변화된 역할에 대한 이해 및 수용, 서로에 대한 격려와 지지 등과 같은 상담 효과를 기대할 수 있다.

2) 상담과정의 요소

(1) 가족사정

가족사정(family assessment)을 위해서 필요한 요소들은 호소문제, 가족구조, 상호작용, 가족의 발달주기, 특별한 문제 등이다. 가족상담자는 호소문제에 대한 사정을 통해서 상담의 방향, 모양, 기간 등을 결정하게 된다. 상담 외적 호소문제는 사회복지의 문제, 의료문제, 법적 문제, 기타 영역의 문제 등이 있고, 상담 내적 호소문제에는 진로, 학습, 개인, 집단 등과 같은 영역의 문제가 있다. 가족상담자는 각각의 영역에 알맞은 전문가에게 가족을 의뢰하거나, 가족상담에 맞도록 호소문제를 구조화해야 한다. 호소문제의 구조화는 추적하기를 통해서 할 수 있다. 추적하기(tracking)는 호소문제가 가족의 구조에 들어오도록 하는 활동을 말한다.

호소문제는 가족의 구조 및 상호작용과 관련이 있다. 가족의 구조에 대한 사정은 물리적 측면과 심리적 측면으로 나누어진다. 물리적 측면의 사정은 가족 구성원의 수, 동거 여부, 확대가족과의 연관성 정도 등과 관련이 있다. 심리적 측면의 사정은 가족의 지배구조, 문제를 정의한 사람, 호소문제와 증상의 역할, 가족의 역할구조 등과 관련이 있다. 가족 상호작용에 대한 사정은 기능성 측면과 역기능성 측면으로 나누어진다. 기능성 측면의 사정은 가족의 자원, 연결망 여부, 변화에 대한 동기, 가족 간의 배려 등과 관련이 있다. 역기능성 측면의 사정은 가족 내에서 물리적 폭력, 정서적 학대, 대화의 유형, 해결사, 구원자, 방관자, 지배자 등과 같은 가족 내에서 심리적 역할 등과 관련이 있다.

가족의 구조와 상호작용은 신화와 규칙과 밀접한 관련이 있다. 신화(myth)는 가족이 전통적으로 받아들이는 신념을 말한다. 전통적 가치관에 의한 신화와 불행한 사건에 의한 신화 등이 있다. 전통적 가치관에 의한 신화는 문화적 신념이나 가족이 믿는 시대적 가치관들로 인해서 만들어진다. 불행한 사건에 의한 신화는 가족의 역사 속에서 일어난 불행한 사건으로 인해서 발생된다. 신화는 가족이 일정한 방향으로 상호작용하도록 만든다. 가족의 규칙은 가족이 믿는 세계관과도 밀접한 관련을 갖는다. 성공 지향의 가족은 가족이 부지런하도록 규칙을 만든다. 정서 지향의 가족은 친밀감과 관련된 가족의 규칙을 만든다. 그리고 독립 지향의 가족은 가족의 자유로운 활동과 관련된 규칙을 만든다.

호소문제는 가족의 발달주기와도 밀접한 관련이 있다. 발달주기상의 위기는 호소문제를 만들어 낸다. 문화적 신념과 발달과업의 충돌로 인한 호소문제는 가족이 역기능적 상호작용을 하도록 만든다. 문화적 신념은 가족의 행동에 대한 일정한 해석의 틀로서 작용한다. 해석의 틀과 가족의 행동이 충돌하면 가족은 호소문제를 만들어 낸다. 청소년의 행동에 대해서 일탈이냐 혹은 변화이냐에 대한 해석은 문화적 신념에 따라 다르다.

호소문제는 알코올중독, 가족폭력, 근친상간, 외도문제, 가족 구성원의 건강문제, 고부간 갈등, 가족 구성원의 성격장애 및 정신장애 등과 관련이 있다. 가족의 특별한 문제들은 가족의 상호작용을 역기능으로 만든다. 그리고 역기능의 상호작용은 다시 자녀의 발달을 왜곡시키거나 지연시키는 역할을 한다.

사정은 면접과 심리검사로 나누어진다. 면접에서는 두 가지 측면이 활용된다. 하나는 질문에 의한 정보수집이고 다른 하나는 관찰에 의한 정보수집이다. 상담자는 가족에게 사정에 필요한 질문들을 제공함으로써 정보를 얻는다. 또한 상담자는 임상적 관찰을 통해서 사정에 필요한 정보를 얻는다. 임상적 관찰이란 상담이 진행되는 동안 상담자에 의해서 이루어지는 관찰활동을 말한다.

가족사정을 하는 데 가장 많이 활용되는 방법은 가계도(genogram)다. 가계도는 가족에 대한 기호를 활용하여 가족의 구조와 관계를 표현하는 도표다. 가계도는 구조가계도와 관계가계도로 구분하여 이해할 수 있다. 구조가계도란 현재 가족의 물리적 구성을 나타낸 도표다. 이 도표에는 가족의 구성, 생존 여부, 자녀의 수, 자녀의 위치, 부부관계의 형태 등 많은 정보들이 들어 있다. 또한 가족의 기본적 정보들을 가족의 기호 옆에 기록하게 된다. 가족의 물리적이고 사회적인 구조를 한눈에 파악할 수 있도록 만든 도표가 구조가계도다. 관계가계도는 가족의 관계 형태를 기호를 통해서 표현한 도표다. 가족의 갈등관계, 소원관계, 융해관계, 단절관계, 친밀관계 등을 기호로 만들어서 구조가계도 위에 그림을 그리듯 표현한다.

가계도 이외에도 심리검사를 활용해서 가족을 사정할 수 있다. 부부간의 관계에 대해서는 부부용 심리검사, 자녀의 호소문제에 대해서는 자녀용 심리검사, 부모교육의 호소문제에 대해서는 부모-자녀용 심리검사를 활용하여 가족사정을 한다.

(2) 가족상담의 과정

호소문제를 받고 합의하기, 참여하기, 사정하기, 목표 설정하기 등이 초기과정의 활동이다. 호소문제를 받고 합의하기 과정은 가족 구성원이 여러 명이기 때문에 발생된다. 경쟁적 호소문제, 양립될 수 없는 호소문제, 호소문제의 우선순위, 호소문제에 대한 양보와 타협 등이 호소문제의 받기와 합의하기에 관련된 활동이다. 참여하기는 기존의 가족구조에 상담자가 참여하는 활동을 말한다. 가족의 말투나 행동을 따라 하기, 목소리 톤을 맞추기, 가족 구성원들이 쓰는 용어를 같이 쓰기, 가족 구성원처럼 말하기 등이 참여하기 활동들이다. 사정하기는 가족을 이해하는 활동이다. 사정하기는 가족구조에 대한 이해, 역기능에 대한 이해, 자원에 대한 이해, 동기가 높은 사람에 대한 이해, 문제를 정의하는 사람에 대한 이해 등과 같은 많은 활동과 관련이 있다. 목표 설정하기는 가족의 상담 방향을 결정하는 활동이다. 상담목표는 사회적 목표와 임상적 목표로 나눌 수 있는데, 사회적 목표란 내담자의 가족과 상담자가 합의한 목표를 말한다. 즉, 내담자의 가족이 호소하는 문제를 해결하기 위한 사회적 성격의 목표다. 임상적 목표란 상담자가 이론적으로 바라보는 목표다. 임상적 목표는 상담자의 이론적 경향에 따라서 많이 달라진다. 임상적 목표는 상담자가 스스로 정한다.

중기과정에서 가족상담자는 역기능 상호작용 드러내기, 새로운 상호작용 만들기, 가족의 체계적 공격 다루기 등과 같은 활동을 한다. 역기능 상호작용을 드러내기 위해서 상담자는 반복적 지적, 일련의 질문들, 역할 시연하도록 만들기, 가족의 불편한 감정이나 어색한 행동 그리고 공격적 행동을 조정하기 등과 같은 활동을 하게 된다. 새로운 상호작용 만들기에서는 역할을 바꾸어서 하기, 새로운 대안을 제시하기, 가족의 의식(ritual)을 만들기, 새로운 대화의 형태를 연습하도록 만들기, 서로 관심을 표명하도록 만들기, 개인의 역사를 보호하기, 서로 적대적 감정을 조절하기 등 많은 활동과 관련이 있다. 가족의 체계적 공격 다루기는 변화에 대한 저항을 말한다. 가족 구조의 변화는 일부 가족에게는 위협적이다. 그들은 서로 힘을 합쳐서 상담자를 공격하거나 변화하려는 가족 구성원을 공격하게 된다. 역기능의 가족구조로 인한 증상을 이해시키기, 상담목표를 확인시키기, 새로운 상호작용의 이점을 이해시키기, 변화에 소극적인 가족 구성원의 어려운 점을 이해하고 격려하기 등과 같은 여러 활동이 체계적 공격 다루기와 관련이 있다.

후기과정에서 가족상담자는 종결 준비하기, 새로운 문제 다루기, 가족의 체계적 공격 다시 다루기, 새로운 희망을 갖도록 하기, 자발적 상호작용을 격려하기, 추수상담과 재상담의 가능성 점검하기 등과 같은 활동을 한다. 종결 준비하기는 상담목표에 대한 평가, 호소문제에 대한 새로운 이해, 역기능의 상호작용 감소, 새로운 상호작용의 연습 등과 관련이 있다. 새로운 문제 다루기는 종결에 대한 불안과 부담감 다루기, 남아 있는 문제 드러내기, 기존 문제의 여파로 인한 새로운 문제 제기 등과 관련이 있다. 새로운 문제 다루기는 호소문제를 다루듯이 처음부터 상담과정을 다시 진행함으로써 해결된다. 이때 상담과정은 시간이 많이 절약된다. 가족은 이미 중기과정을 통해서 배웠기 때문에 이 문제를 어떻게 다루어야 하는지를 안다. 가족의 체계적 공격 다시 다루기는 종결에 대한 부담과 불안으로 인해서 발생된다. 즉, 중기에서와 같은 변화에 대한 저항이 후기에도 다시 일어난다. 이 경우 중기에서와 같은 방식으로 저항을 다룬다. 새로운 희망을 갖도록 하기는 새로운 상호작용, 새로운 가족관계, 가족에 대한 서로의 이상 등을 점검함으로써 이루어진다. 자발적 상호작용 격려하기는 상담자가 없이 가족 스스로 상호작용을 하는 경우를 말한다. 가족 중 누군가가 상호작용을 이끌 수도 있고 이러한 역할을 돌아가면서 할 수도 있다. 그럼으로써 상담자 없이도 가족이 스스로 상호작용할 수 있음을 알게 한다. 추수상담은 종결

후 진행되는 상담으로서 필요에 따라서 2~3주 혹은 한 달에 한 번씩 상담을 한다. 재상담의 가능성 점검하기는 종결 후에 발생하게 될 역기능과 관련이 있다. 가족이 스스로 할 수 없다고 판단되는 경우에는 다시 상담을 받을 수 있음을 상기시킨다.

✡ 참고문헌 ✡

김용태(2000). 가족치료 이론. 서울: 학지사.

김용태(2009). 가족치료의 개념적, 철학적 변화. 상담학연구, 제20권, 제2호, 1201-1216.

김유숙(2002). 가족치료: 이론과 실제(개정판). 서울: 학지사.

이돈희(1981). 교육학용어사전. 서울: 배영사.

이영분, 신영화, 권진숙, 박태영, 최선령, 최현미(2008). 가족치료: 모델과 사례. 서울: 학지사.

정문자, 송성자, 이영분, 김유순, 김은영(2008). 해결중심단기치료. 서울: 학지사.

정문자, 정혜정, 이선혜, 전영주(2007). 가족치료의 이해. 서울: 학지사.

Atwood, J. D., & Conway, B. Y. M. (2004). Therapy with Chinese American families: A social constructionist perspective. *The American Journal of Family Therapy, 32*, 155-172.

Balswick, J. O., & Balswick, J. K. (1999). *The Family: Christian Perspective on the Contemporary Home* (second edition). Grand Rapids: Baker Books.

Becvar, D. S., & Becvar, R. J. (1997). *Family Therapy: Systematic Integration*. Allyn and Bacon Inc. 정혜정, 이형실 편역(1997). 가족치료: 체계론적 통합. 서울: 하우.

Benner, D. G., & Hill, P. C. (1999). *Baker encyclopedia of psychology and counseling* (2nd ed.). Grand Rapids: Baker Books.

Blanton, P. G. (2005). Narrative family therapy and spiritual direction: Do they fit? *Journal of Psychology and Christianity, 24*(1), 68-79.

Boszormenyi-Nagy, I., Grunebaum, J., & Ulich, D. (1991). Contextual Therapy. In A. S. Gurman & D. P. Kniskern (Eds.), *Handbook of Family Therapy: Vol II*. New York: Brunner/Mazel, Publishers.

Broderick, C. B., & Schrader, S. (1991). The history of professional marriage and family therapy. In A. S. Gurman & D. P. Kniskern (Eds.), *Handbook of Family Therapy, Vol. II*. New York: Brunner/Mazel, *Publishers*.

Burr, W. R., Hill, R., Nye, F. I., & Reiss, I. L. (1979). *Contemporary Theories about the Family: General Theories/Theoretical Orientations: Vol II*. New York: The Free

Press.

Doherty, W. J., & Boss, P. G. (1991). Values and ethics in family therapy. In A. S. Gurman & D. P. Kniskern (Eds.), *Handbook of Family Therapy: Vol II*. New York: Brunner/Mazel, Publishers.

Elwell, W. A. (2001). *Evangelical Dictionary of Theology* (second edition). Grand Rapids: Baker Academic.

Erikson, E. (1963). *Childhood and Society*. New York and London: W.W. Norton.

Erikson, E. (1964). *Insight and Responsibility: Lectures on the Ethical Limitations of Psychoanalytic Insight*. New York and London: W.W. Norton Company.

Erikson, E. (1968). *Identity: Youth and Crisis*. New York and London: W.W. Norton.

Fernando, D. M. (2007). Existential theory and solution-focused strategies: Integration and application. *Journal of Mental Health Counseling, 29*(3), 226–241.

Group for the Advancement of Psychiatry. (1989). *Psychiatric Prevention and the Family Life Cycle: Risk Reduction by Frontline Practitioners*. New York: Brunner/Mazel Publishers.

Hansen, J. C., & L' Abate, L. (1982). *Approaches to Family Therapy*. New York: Macmillan Publishing Co., Inc.

Larner, G. (2000). Towards a common ground in psychoanalysis and family therapy: On knowing not to know. *Journal of Family Therapy, 22*, 61–82.

Liddle, H. A. (1991). Training and supervision in family therapy: a comprehensive and critical analysis. In A. S. Gurman & D. P. Kniskern (Eds.), *Handbook of Family Therapy: Vol. II*. New York: Brunner/Mazel, Publishers.

Mahler, M. S., Pine, F., & Bergman, A. (1975). *The Psychological Birth of the Human Infant: Symbiosis and Individuation*. BasicBooks: A Division of Harper Collins Publishers.

Miermont, J., & Jenkins, H. (1995). *The Dictionary of Family Therapy*. Cambridge: Backwell Publishers Inc.

Napier, A. Y., & Whitaker, C. (1978). *The Family Crucible: The Intense Experience of Family Therapy*. New York: Harper Perennial, A Division of Harper Collins Publishers.

Nichols, W. C., & Everett, C. A. (1986). *Systemic Family Therapy: An Integrative Approach*. New York & London: Guilford Press.

Nichols, M. P., & Scwartz, R. C. (2006). *Family Therapy: Concepts and Methods* (7th ed.). New York & London: Allyn and Bacon.

Pilgrim, D. (2000). The real problem for postmodernism. *Journal of Family Therapy, 22*, 6–23.

Roberto, L. G. (1991). Symbolic-experiential family therapy. In A. S. Gurman & D. P. Kniskern (Eds.), *Handbook of Family Therapy: Vol II*. New York: Brunner/Mazel, Publishers.

Slipp, S. (1991). *Object Relations: A Dynamic Bridge Between Individual and Family Treatment*. Northvale and London: Jason Aronson Inc.

제11장
진로발달 이론과 진로상담

　전통적으로 진로상담은 심리상담과 더불어 상담의 양대 산맥으로 불리고 있다. 상담학을 공부하는 사람들은 상담이론을 학습할 때 대체로 심리상담과 관련된 다양한 이론들을 상당히 익숙할 정도로 학습하게 된다. 청소년이나 성인상담에서 '진로' 혹은 '직업' 문제와 관련된 문제를 호소하는 내담자가 무척 많음에도 진로발달 이론을 체계적으로 학습할 기회는 아직 그리 흔하지 않은 편이다.

　진로상담은 체계적이고 검증된 이론에 기초하여 전개되어야 하는데, 여기에 기여할 수 있는 것이 진로발달 이론이다. 대부분의 진로발달 이론들은 '왜 사람들은 특정한 직업을 선택하게 되는가?'에 대한 답을 나름대로 제시하고 있다. 이러한 이론들은 크게 진로발달의 '내용'을 강조하는 이론과 진로발달의 '과정'을 강조하는 이론으로 대별할 수 있다. 그러나 진로발달에 관련된 여러 이론을 분류하는 방식은 학자들에 따라서 매우 다양한 형태로 나타난다. 예컨대, Herr와 Crammer(1996)는 특성-요인이론, 의사결정이론, 사회이론, 심리이론, 발달이론 등으로 구분하는 반면, Gibson과 Mitchell(1990)은 과정이론, 발달이론, 성격이론, 기회이론 등으로 구분한다.

　이 장에서는 여러 분류체계에서 공통적으로 다루어지고 있는 이론들을 중심으로 살펴보되, 진로상담 현장에서 활용 가능성이 높은 이론들을 선별하여 알아보고자 한다. 이러한 관점에 따라 여기에서는 Parsons의 특성-요인이론, Holland의 성격이론, Super의 발달이론, Gottfredson의 제한-타협이론, Krumboltz의 사회학습이론을 차례로 살펴보기로 한다.

1. 특성-요인이론

T. Parsons가 제안한 특성-요인이론은 진로상담과 관련된 초창기의 이론이며, 매우 원론적인 내용을 다루고 있다. 그렇지만 이 이론을 토대로 해서 다른 많은 이론이 생겨나게 되었고, 진로상담 과정에서 활용되고 있는 수많은 검사를 탄생시키는 계기가 되기도 하였다.

1) 특성-요인이론의 개관

(1) 이론의 개요

특성-요인이론은 개인의 특성과 직업 또는 직무를 구성하는 요인에 관심을 두고 있다. 특성-요인이론의 선구자로 지칭되는 Parsons는 개인의 이해, 직업세계의 이해 그리고 이들 정보에 기초한 합리적인 선택의 세 가지 요소로 구성된 직업지도 모형을 제시하였다. 이후 개인차심리학과 검사도구의 발달로 인해 특성-요인이론은 학문적으로나 실제적으로 커다란 성장을 하게 되었으며, 많은 진로상담 프로그램의 기초가 되기도 하였다. 특성-요인이론의 기본적인 가설은 다음과 같이 요약할 수 있다 (Klein & Wiener, 1977).

① 사람들은 신뢰성 있고 타당하게 측정될 수 있는 독특한 특성을 지니고 있다.
② 비록 다양한 특성을 지닌 종사자들이 주어진 직무를 성공적으로 수행하는 경향이 있지만, 직업은 종사자들이 직업적 성공을 위해 필요한 매우 구체적인 특성을 지닐 것을 요구한다.
③ 직업 선택은 직접적인 인지과정이기 때문에 개인의 특성과 직업의 특성을 연결

시키는 것이 가능하다.

④ 개인의 특성과 직업의 요구사항이 서로 밀접하게 관련 맺을수록 직업적 성공
(생산성 증가 또는 직무 만족)의 가능성은 커진다.

(2) 이론의 내용

특성-요인이론은 생의 특정한 시기에 의사결정을 하려고 할 때 도움을 줄 수 있는
이론으로서 개인차심리학과 응용심리학에 근거를 두고 있다. 이 이론은 고도의 개별
적이고 과학적인 방법으로 개인과 직업을 연결시키는 것으로 과학적인 측정방법을
통해 개인의 특성을 식별하여 직업 특성에 연결시키는 것을 핵심으로 하고 있다.

진로지도의 선구자로 불리는 Parsons는 그의 저서 『직업의 선택(*Choosing a
Vocation*)』에서 현명한 직업 선택에 관련되는 세 가지 주요 요인을 다음과 같이 제시
하고 있다.

① 자신에 대한 명확한 이해, 즉 자신의 적성, 능력, 흥미, 포부, 환경 등의 이해
② 다양한 직업에 대한 자격 요건, 장단점, 보수, 취업기회, 장래 전망 등에 관한
지식
③ 위의 두 요인 간의 합리적인 연결, 즉 내담자 자신의 개인적 요인에 관한 자료
와 직업에 관한 자료를 중심으로 진로상담을 통해 내담자가 현명한 선택을 하
도록 도와주는 활동

특성-요인이론에서는 개인의 특성에 대한 객관적 자료와 직업의 특성에 관한 자
료를 중시한다. 즉, 개인의 적성, 지능, 사회경제적 지위, 흥미, 가치관, 성격 등에 관
한 과학적인 자료를 개인에게 제시해 주고 직업의 특성에 관한 자료를 제시해 주어
가장 합리적이고 현명한 선택과 결정을 하도록 조력하는 것을 중시한다.

Miller(1974)에 의하면 특성-요인이론은 다음과 같은 다섯 가지 가정에 기초를 두
고 있다.

① 직업발달은 개인과 직업 특성 간의 관계를 합리적으로 추론하여 의사결정을 도
출해 가는 인지과정이다.

② 직업 선택의 과정에서는 발달보다는 선택 자체가 강조된다.

③ 개인에게는 각기 자기에게 맞는 하나의 적절한 직업이 있다. 한 사람이 여러 가지 직업에 두루 적합하다고 볼 수는 없다.

④ 각 직업에는 그 직업에 맞는 특정한 형태의 사람이 종사하고 있다. 따라서 특정한 직업에서 유능하게 일할 수 있는 사람의 특성에는 어떤 제한이 있다고 볼 수 있다.

⑤ 누구나 자신의 특성에 알맞은 직업을 선택할 수 있다.

이 접근법은 주로 심리검사를 통해 개인의 특성을 평가하는데, 이러한 측정도구에서 얻어진 정보의 예언타당도의 문제가 낮다는 한계를 지니고 있다. 왜냐하면 개인이 가지고 있는 여러 가지 특성 중에서 어느 것을 우선적으로 고려하느냐에 따라 직업 선택은 달라질 수 있기 때문이다.

2) 특성-요인이론과 진로상담

(1) 진단

특성-요인 진로상담의 기본은 변별진단이다. 진로 의사결정에 나타나는 여러 문제를 진단하는 데 도움을 주기 위하여 Williamson(1939)은 다음과 같은 네 가지 범주를 제시하였다.

① 진로 무선택: 공식적인 교육과 훈련을 끝마친 후에 어떤 직업을 갖고 싶으냐고 물었을 때, 내담자는 자신의 선택 의사를 표현할 수 없고 또 자신이 무엇을 원하는지조차 모른다고 대답한다.

② 불확실한 선택: 내담자는 직업을 선택했고, 또 그것을 직업 명칭으로 말할 수도 있지만 자신의 결정에 대하여 의심을 나타낸다.

③ 현명하지 못한 선택: 한편으로는 내담자의 능력과 흥미 간의 불일치, 다른 한편으로는 내담자의 능력과 직업이 요구하는 것들 간의 불일치로 정의되며, 이 범주는 이러한 변인들의 가능한 모든 결합들을 포함한다. 그렇지만 현명하지 못한 선택은 내담자가 충분한 적성(능력)을 가지고 있지 않은 직업을 결정함을 의미

한다.

④ 흥미와 적성 간의 모순: 흥미를 느끼는 직업이 있으나 그 직업을 가질 능력이 부족한 경우, 적성이 있는 직업에는 흥미가 적고 흥미가 있는 직업에는 적성이 낮은 경우 등이 해당된다.

(2) 과정

특성-요인이론에서 진로상담의 과정은 문제 해결의 과학적 방법을 따르고 있다. Williamson(1939)은 이 과정을 다음의 여섯 단계로 기술하고 있다.

① 분석: 여러 자료로부터 태도, 흥미, 가정환경, 지식, 교육적인 능력, 적성들에 대한 자료들을 주관적·객관적 방법으로 수집한다.

② 종합: 내담자의 독특성이나 개별성을 강조하기 위하여 사례연구 기술과 검사 목록에 의하여 자료를 수집하고 요약한다.

③ 진단: 내담자의 문제들과 뚜렷한 특징들을 묘사하고 개인 목록과 학문적·직업적 능력의 목록을 비교하여 문제의 원인들을 탐색한다.

④ 예측: 조정 가능성, 문제들의 가능한 여러 결과를 판단한다. 이에 의하여 내담자가 고려해야 할 문제를 위한 대안적 조치와 중점사항을 예측한다.

⑤ 상담: 미래에 혹은 현재에 바람직한 적응을 하기 위하여 무엇을 해야 하는가에 대해서 내담자와 함께 협동적으로 이야기한다.

⑥ 추수지도: 새로운 문제가 야기되었을 때 위의 단계를 반복한다. 그리고 내담자가 바람직한 행동계획을 실행하도록 계속적으로 돕는다.

(3) 기법

특성-요인 진로상담에서는 합리적이고 인지적인 모형을 활용하고 있다. 면담기법이나 검사의 해석 절차, 직업 정보의 이용 등이 함께 엮어져 내담자의 의사결정 문제에 대한 탐색의 내용을 구성한다.

① 면담기법

Williamson(1939)은 특성-요인 진로상담을 위한 일반적 기법을 다음과 같이 다섯 가지로 분류하여 설명하고 있다.

- **촉진적 관계 형성:** 상담자는 내담자의 신임을 얻기 위하여 전문가로서 인식되기를 기대하며, 내담자로 하여금 상담자를 신뢰하고 문제를 맡기도록 하는 수준에서 관계를 유지하려 한다.
- **자기 이해의 신장:** 상담자는 내담자가 자신의 장점이나 특징들에 대하여 개방된 평가를 하도록 도우며, 그것들이 문제 해결에 어떻게 관련되는지에 대한 통찰력을 갖도록 격려한다. 유능한 상담자는 '내담자로 하여금 자신의 장점을 성공과 만족을 가져오는 방법으로 이용하도록 하는' 사람이다.
- **행동계획의 권고나 설계:** 상담자는 내담자가 이해하는 관점에서 권고(상담)를 하여야 한다. 또 상담자는 내담자가 표현한 학문적 · 직업적 선택이나 또는 감정, 습관, 행동, 태도에 반대되거나 일치하는 증거를 언어로 정리해 준다. 상담은 내담자가 그들의 성격에 알맞은 행동들이 이루어질 수 있다는 생각을 하도록 돕는 데 있어 임기응변의 재치를 요한다는 것을 상담자는 알게 된다. 내담자가 시도해 볼 수 있는 풍부하고 가능한 다음 단계들을 이루어 가는 데 있어 내담자의 개방성과 한계성 사이에 균형(조화)을 이루게 하는 것이 쉬운 일은 아니다.
- **계획의 수행:** 일단 행동계획이 일치했다면 상담자는 진로 선택을 하는 데 있어 직접적인 도움이 되는 여러 가지 제안을 함으로써 내담자가 직업을 잘 선택하도록 돕는다.
- **위임:** 모든 상담자가 모든 내담자를 상담할 수는 없다. 이는 너무도 자명한 사실이다. Williamson(1939)은 "상담자가 내담자에게 하는 가장 적절한 충고는 당신의 문제를 이해하는 데 도움을 얻으려면 다른 상담자를 만나 보라고 말하는 것"이라고 언급한 바 있다.

② 검사의 해석

상담자는 자신의 전문성에 의거해서 검사 결과에 대하여 권위 있는 해석을 하고, 그 해석에서 결론을 이끌어 내고 권유를 하여 내담자의 탐색을 도와야 한다. 좀 더 도식적으로 개괄하자면, 특성-요인 진로상담에서 검사해석 과정은 전형적으로(예외도 있지만) 다음과 같다. 즉, 상담자는 검사 결과를 소개하면서 상담을 시작한다. 검사

결과는 대부분 프로파일로 나타나며, 상담자는 다음과 같은 말로 운을 뗄 수 있다. "당신이 실시한 검사의 결과가 여기 있습니다. 오늘은 이것을 살펴보았으면 합니다." 어떤 상담자는 흥미검사를 먼저 시작하는 것이 좋다고 한다. 그것이 능력검사보다는 내담자에게 위협을 덜 주기 때문이라고 한다. 흥미양식은 지능, 적성 및 학력검사 점수와 관련이 있으며, 그 밑에 깔려 있는 원칙은 어떤 흥미가 능력과 일치하는가를 밝혀 준다. 따라서 진로 선택에 실질적인 기초가 됨을 보여 준다. 성격검사도 실시되었다면 흥미 및 능력 검사의 자료와 통합하여 해석과정에 활용할 수 있다.

③ 직업 정보

직업 정보에 대하여 가장 널리 인용되는 진술은 Brayfield(1950)의 견해인데, 그는 직업 정보와 관련하여 다음과 같은 세 가지 기능을 제시하고 있다.

- 정보제공 기능: 상담자가 내담자에게 직업에 관한 정보를 제공하는 목적은 이미 선택한 바를 확인시켜 주거나, 두 가지 방법이 똑같이 매력적이며 합당할 때 망설임을 해결해 주거나, 다른 면에서 실질적인 선택에 대하여 내담자의 지식을 증가시키기 위한 것이다.
- 재조정 기능: 내담자가 현실에 비추어 부적당한 선택을 점검해 보는 기초를 마련해 준다.
- 동기화 기능: 상담자가 직업 정보를 제공하는 이유는 내담자를 의사결정 과정에 적극적으로 참여시키기 위해서다. 의존적인 내담자가 스스로 한 선택에 대하여 보다 큰 책임감을 가질 때까지 내담자와 접촉하고, 내담자의 현재 활동이 장기적인 진로목표와 무관할 때는 선택에 대한 동기를 지속시켜 준다.

2. 성격이론

현재 진로상담 장면에서 가장 활발하게 적용되고 있는 이론들 중 하나는 바로 성격이론이다. 여기에서는 John L. Holland 성격이론의 기본 가정 및 특징을 살펴보고, 이를 바탕으로 Holland의 성격이론이 진로상담 장면에서 어떻게 활용되고 있는지를 살펴보기로 하겠다.

1) 성격이론의 개관

(1) 주요가정
다음의 네 가지 가정은 성격이론의 핵심적 내용들로서 성격 유형과 환경 모델의 특성을 말하며, 어떻게 유형과 모델이 결정되고, 또 어떻게 성격 유형과 모델이 직업적, 교육적, 사회적 현상들 속에서 상호작용하는지를 보여 준다.

① 우리의 문화에서 대부분의 사람은 여섯 가지 성격 유형, 즉 실제적, 탐구적, 예술적, 사회적, 기업가적, 관습적 유형 중의 하나로 분류될 수 있다.

② 환경에도 여섯 가지 직업환경 유형, 즉 실제적, 탐구적, 예술적, 사회적, 기업가적, 관습적 유형이 있다. 각 환경 유형은 주어진 성격 유형에 의해 결정되며, 환경은 특정한 문제와 기회를 포함한 물리적인 환경에 의해서 특징지어진다.

③ 사람들은 자신의 기술과 능력을 발휘하고 태도와 가치를 표현하며 이런 특징들과 부합되는 문제와 역할을 수행할 수 있는 환경을 찾는다.

④ 행동은 성격과 환경의 상호작용에 의해 결정된다. 따라서 사람과 환경의 성격 패턴을 안다면 그 둘 간의 성과, 즉 직업 선택, 직업 전환, 직업적 성취, 역량, 교육적 혹은 사회적 행동 등에 대해서 예측할 수 있다.

(2) 주요 개념
Holland(1997)는 위에서 제시한 네 가지 주요 가정 외에도 다음의 다섯 가지 이차적 가정을 주요 개념으로 제시하고 있다.

① 일관성(consistency): 성격 유형과 환경모형을 연결 지을 때, 어떤 쌍은 다른 쌍보다 더 가깝게 관련될 수 있는데, 이를 일관성이라 한다. 예컨대, 실제적(R)이면서 탐구적(I)인 성격 유형을 가진 사람은 관습적(C)이면서 예술적(A)인 성격 유형을 가진 사람보다 일관도가 높다. 여기서 일관도란 성격 유형과 환경모형 간의 관련 정도를 의미하는 것으로 정육각형 모형상 두 유형 간의 근접성에 따라

설명된다.

② 변별성(differentiation): 변별성은 사람이나 환경이 얼마나 잘 구별되는지를 의미한다. 예를 들어, 어떤 사람은 특정 직업흥미 유형과 유사하면서 다른 유형과는 유사하지 않을 수 있다. 환경도 마찬가지로 어떤 한 유형에만 지배되는 경우가 있다. 변별도가 높은 사람은 일에서 경쟁력이 높고 만족도도 높을 것이며, 사회적이고 교육적인 행동에서도 적절히 개입할 것이다.

③ 정체성(identity): 개인의 정체성은 분명하고 안정된 인생의 목표, 흥미, 재능을 가짐으로써 얻게 되며, 환경적 정체성은 환경이나 조직이 분명하고 통합된 목표, 일, 보상을 일관되게 제공할 때 생긴다. 즉, 자신에게 갖는 정체성 또는 환경에 대해 갖는 정체성이 얼마나 분명하고 안정되어 있는가를 평가하는 것이다.

④ 일치성(congruence): 일치성은 개인과 직업환경 간의 적합성 정도에 대한 것으로, 사람의 직업적 흥미가 직업환경과 어느 정도 맞는지를 의미한다. 예를 들어, 실제적(R)인 성격 유형을 가진 사람은 실제적(R)인 환경에서 활발하게 활동한다. 즉, 환경은 그 환경에 맞는 흥미 유형을 가진 사람들에게 더 많은 기회와 보상을 주기 때문에 서로 다른 흥미 유형의 사람들은 각기 다른 환경을 필요로 한다.

⑤ 계측성(calculus): 계측성은 흥미 유형과 환경 유형 간의 관계는 육각형 모형에 따라 결정할 수 있다. 육각형 모형에서 흥미 유형 또는 환경 유형 간의 거리는 그들의 이론적 관계와 반비례한다는 것을 시사한다. 계측성을 통해 육각형은 개인 흥미들에 대한 일관성 정도를 나타내 주는 모형으로 활용될 수 있다.

(3) 육각형 모형

[그림 11-1]은 Holland 이론에 있는 구성요인들 사이의 관계를 도표로 나타낸 것이다. 제시된 순서대로 여섯 가지 유형 각각은 육각형의 한 지점을 차지하고 있다. 이 육각형 모형은 각 유형들 간의 심리적인 유사성을 살펴보는 데에도 중요하게 기여할 수 있다.

① 실재적 유형은 기계, 도구, 동물에 관한 체계적인 조작활동을 좋아한다. 이 유형의 사람은 사회적 기술이 부족하다. 실재적인 유형에 속하는 전형적인 직업은 기술자다.

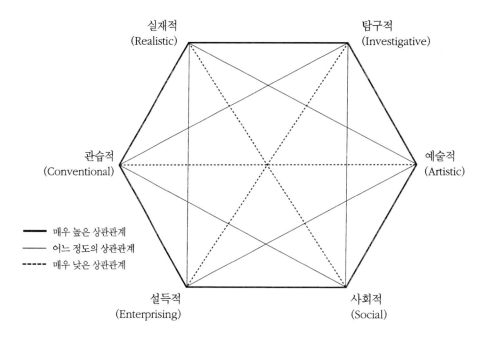

[그림 11-1] 직업적 성격의 관계모형

② 탐구적 유형은 분석적이고 호기심이 많고 조직적이며 정확하다. 그러나 이 유형의 사람은 리더십 기술이 부족한 경우가 많다. 대표적인 직업은 과학자다.

③ 예술적 유형은 표현이 풍부하고 독창적이며 비순응적이다. 이 유형의 사람은 규범적인 기술이 부족하다. 음악가와 미술가가 대표적인 예술적 유형이다.

④ 사회적 유형은 다른 사람과 함께 일하거나 다른 사람을 돕는 것을 즐기지만 도구와 기계를 포함하는 질서정연하고 조직적인 활동은 싫어한다. 이 유형의 사람은 기계적이고 과학적인 능력이 부족하다. 사회복지가, 교육자, 상담가가 대표적인 사회적인 유형이다.

⑤ 설득적 유형은 조직목표나 경제적 목표를 달성하기 위해 타인을 조작하는 활동을 즐긴다. 그러나 상징적이고 체계적인 활동을 싫어하며 과학적 능력이 부족하다. 기업경영인, 정치가가 대표적인 설득적 유형이다.

⑥ 관습적 유형은 체계적으로 자료를 잘 처리하고, 기록을 정리하거나 자료를 재생산하는 것을 좋아한다. 대신 심미적 활동은 피한다. 경리사원, 사서 등이 이에 속하는 유형이다.

2) 성격이론과 진로상담

성격이론은 우리나라에서도 매우 다양한 상담 현장에서 활용되고 있다. 상담 및 진로지도 현장에서의 검사 해석은 물론, 각종 진로집단 프로그램의 개발에서 그 어떤 이론보다 더 많이 활용되고 있다. 특히 시·도 청소년상담지원센터에서는 Holland 이론에 기초한 적성탐색검사 및 진로탐색검사와 노동부 직업흥미검사를 많이 사용하고 있다. 전국고용지원센터에서도 구직자와 청소년의 직업 선택과 진로지도를 위하여 직업선호도검사 및 청소년용 직업흥미검사를 많이 활용하고 있다. 또한 대부분의 대학에 설치된 학생생활연구소와 커리어센터에서도 Holland 이론에 근거한 검사와 각종 집단 프로그램을 실시해 오고 있다. 다음에서는 검사 해석의 측면과 개입 전략의 측면에서 그 활용 가능성을 살펴보기로 한다(이제경, 2007).

(1) 검사 해석 측면에서의 적용

우선 일치성을 해석하는 데 있어서는 일차적으로 개인의 흥미 유형과 직업 유형이 일치하는가에 적용할 수 있지만, 또 다른 하나는 표현된 흥미, 즉 희망 직업들의 성격 특성 유형과 측정된 흥미 간의 일치 여부에 적용할 수 있다. 이는 내담자의 PCT(Personal Career Theory)를 이해하는 데 가장 유용한 정보를 제공한다. 내담자의 희망직업 코드가 자기탐색검사(self directed search: SDS) 종합 코드와 일치한다면 아마도 이 내담자는 안정적이고 체계적인 방식으로 자신의 흥미와 가능성에 대해서 생각하고 있다고 볼 수 있다. Holland(1994)는 내담자의 현재 포부와 SDS 검사 결과 첫 코드가 일치하면 내담자가 자신의 포부를 지속적으로 유지하기 쉽다고 보았다. 하지만 많은 연구자가 직업적 성격 유형을 이해하는 데 있어서 그 나라의 문화적 특성을 이해하는 것이 얼마나 중요하고 필요한지를 언급하고 있다(Osipow & Fitzgerald, 1996). 또한 Holland가 제시한 첫 번째 가정도 사람을 여섯 가지 성격 유형 중 하나로 분류하면서 함께 언급한 것이 바로 '문화적 측면'이다. 이런 점에서 직업적 성격 유형은 사람들이 그들의 문화 속에서 성장해 오면서 익힌 익숙한 방법으로 정해지며, 문화가 다르다면 그 직업적 성격 유형 또한 달리할 수 있음에 유의해야 한다.

Holland 이론은 유럽계 백인 남성의 흥미구조를 반영한 것이며, 우리나라의 중·고등학생이나 대학생, 성인의 경우 연구 결과가 모두 상이하였다는 점에서 그것을 적용하는 데 주의할 필요가 있다. 검사해석 과정에서 일치성, 일관성, 변별성 등의 주요 가정은 여러 연구에서 입증에 실패하는 등 일관된 결과를 보이지 않는다는 점에서 우리나라의 상담 현장에서는 좀 더 주의 깊은 접근이 필요하다.

우리나라의 상담 현장에서도 많은 연구자가 제기한 바와 같이 대각선 유형의 해석에서 주의가 필요한데, 이는 일관도가 낮은 것을 미성숙으로 보거나 혹은 흥미의 미분화로 해석하는 데 있어서 주의가 필요하다는 것이다. 사실 일관성이 낮은 유형은 상담 실제에서 많이 볼 수 있는데, 무조건적으로 부정적 해석을 하기보다는 그러한 흥미 패턴의 발달과정에 대한 이해를 돕는 탐색적 해석을 통해 내담자의 자기 이해를 돕는 것이 도움이 될 수 있다. 특히 일관성에 대한 설명은 우리나라 중·고등학생 대상의 진로상담에서는 적용하기가 어렵다(공윤정, 2005). Holland가 흥미의 발달과정은 개인의 재능이 발달된 결과이며 성격 유형은 18~30세에 가장 잘 드러난다고 언급하였듯이, 청소년들을 대상으로 한 상담 현장에서 단정적으로 검사 결과를 적용하거나 부정적으로만 해석하는 것은 바람직하지 못한 결과를 초래할 수 있다.

(2) 개입 전략 측면에서의 적용

Rayman과 Atanasoff(1999)는 Holland 이론에 기초한 개입이 효과가 있는 이유를 전 세계적으로 가장 폭넓게 사용된 SDS 검사와 관련하여 언급하였다. 즉, Holland 이론에 근거한 SDS는 측정뿐 아니라 치료적 도구로 사용된다는 것이다. 스스로 검사를 실시하고, 채점하며, 스스로 해석하는 과정(Holland & Rayman, 1986)은 치료적 효과를 낳는다. 또한 이러한 과정 특성상 내담자의 검사 결과에 대한 철저한 비밀보장이 이루어진다. 그 밖에도 Holland 유형에 따른 진로 개입의 방식도 결정될 수 있다. 예를 들어, 개인상담, 집단상담, 컴퓨터 보조상담 등 Holland 이론은 특정 유형의 내담자에게 어떤 개입이 적합할지를 선택하는 데 근거가 된다. 아울러 Reardon과 Lenz(1999)는 어떻게 상담자들이 Holland 모델과 방법을 진로사정 장면에서 사용하는지를 보여 준다. 특히 Holland(1997)가 제안했듯이, 대부분의 사람은 자신의 진로나 일에 대해서 각자의 PCT를 가지고 있다. 즉, PCT는 개인이 직업을 정하거나 학업분야를 선택할 때 개인을 안내하는 일종의 믿음, 생각, 가정, 지식이다. 이는 왜 그들이 그 분야에 머무는지를 설명해 주며, 혹은 의사결정을 내리는 데 사용되기도 한다. Holland는 진로선택 문제는 바로 이 PCT의 세 가지로부터 나온다고 보았다. 첫째는 개인적인 특성, 둘째는 직업 관련 지식, 셋째는 의사결정 기술이 취약하거나 혹은 만성적인 취약함(많은 부정적인 진로 관련 생각이나 낮은 직업적 정체성)을 보이는 경우에 진로 조력이 더욱 필요하다고 보았다.

대부분의 상담자는 내담자의 성격 유형을 이해하는 데 있어서 높은 3개의 코드와 직업에만 초점을 맞추는데, SDS를 해석하는 데 있어서 상담자는 내담자의 성격 특성을 고려해야 할 것이다. 특히 내담자의 PCT를 중심으로 그것이 어떻게 진로문제를 해결하는지, 혹은 의사결정 과정에서 도움이 되거나 방해가 되는지를 살펴보아야 한다. 또한 상담 장면에서 내담자의 일관성을 높이는 것이 상담의 목표는 아니다. 오히려 목표는 내담자가 자신의 특성을 자각하도록 돕는 데 있다. 일관성이 낮은 내담자들의 경우 자신의 다양한 성격적 특성을 나타낼 수 있는 직업적 환경을 찾는 것이 어려울 수도 있음을 아는 것이 중요하다. 그리하여 일관성이 낮은 내담자의 경우 취미 활동과 같은 직업 외적인 활동을 통해서 일에서 표현되지 못하는 성격적 특성을 나타낼 기회를 갖게 할 수 있다.

또한 변별성을 높이기 위해서는 상담과정에서의 깊이 있는 대화와 탐색 작업을 통해 내담자가 자신의 흥미, 가치, 경험에 대해 이해하고 여섯 가지 유형의 다양한 가치를 분명히 하도록 하는 것이 필요하다. 모든 유형에 흥미가 없거나 자신의 능력을 낮게 평가하는 경우 의기소침함과 낮은 자존감을 다룰 필요가 있으며, 그간 내담자의 취미, 일 관련 경험, 여가시간 등에 대한 이야기를 통해서 Holland의 성격 유형에 맞추어 내담자를 개념화할 수 있다. 특히 각 유형 간 변별이 잘 안 되는 내담자의 경우는 종종 몇 가지 이유에서 검토가 가능하다. 즉, Holland 환경에 따른 다양한 활동을 경험해 볼 기회가 없었거나, 의사결정에 어려움이 있거나, 너무 다방면에 재능이 뛰어나거나, 우울한 경우 등으로 검토해 볼 수 있다(Niles & Bowlsbey, 2005).

3. 발달이론

Donald Super의 발달이론은 진로이론 중에서 가장 포괄적이고 종합적인 이론이라고 할 수 있다. 그의 이론은 Ginzberg 등 이전의 진로발달 이론에 대한 반론으로 시작되었다. 여기에서는 Super의 발달이론에 대하여 살펴보고, 진로상담 실제에 그것을 어떻게 적용할 것인가에 대하여 논의해 보기로 한다.

1) 발달이론의 개관

Super는 동시대의 진로전문가들의 이론을 반박하며 진로발달 과정의 다양하고 복합적인 현상들을 아우를 수 있는 종합적인 이론을 만들고자 하였다. 이러한 그의 시도는 '전생애 생애공간이론(life-span life-space theory)'이라는 모든 진로이론 중 가장 포괄적인 이론을 만들기에 이르렀다. Super의 이론은 진로발달을 크게 전 생애, 생애역할, 자아개념의 세 가지 개념으로 이론화하였고, C-DAC 모델을 통해 이론과 상담의 현장을 접목하려 하였다.

(1) 기본 가정

Super(1990)의 전생애 생애공간이론은 그가 제안한 다음의 열네 가지 가정을 토대로 한다.

① 개인은 능력, 성격, 필요, 가치, 흥미, 특질, 자아개념이 다르다.
② 사람들은 각기 이러한 특징 때문에 수많은 직업에 자격을 가지게 된다.
③ 각 직업은 능력, 성격 특질 등의 특징적 형태를 요구한다.
④ 직업 선호와 역량, 여건, 자아개념은 시간과 경험에 따라 변화한다.
⑤ 이러한 자아개념 변화의 과정은 성장, 탐색, 확립, 유지, 쇠퇴의 과정 등 일련의 생애단계를 거친다.
⑥ 진로 유형의 특성(즉, 획득한 직업 수준, 시도와 안정된 직업의 순서, 빈도, 기간 등)은 각 부모의 사회경제적 수준, 지적 능력, 교육, 기술, 성격 특성, 진로성숙도, 기회 등에 의해 결정된다.
⑦ 특정 생애진로 단계의 맥락에서 환경과 조직의 요구에 대처하는 데 있어 성공은 개인이 그 요구에 대처할 수 있는 준비도에 달려 있다.
⑧ 진로성숙도는 가설적인 구인이다.
⑨ 생애단계를 통한 발달은 능력과 흥미를 성숙시킴으로써, 그리고 현실 검증과 자아개념의 발달을 도움으로써 지도될 수 있다.

⑩ 진로발달 과정은 직업적 자아개념의 발달과 실행 과정이다.

⑪ 개인과 사회적 요인/자아개념과 현실 간의 통합과 타협의 과정은 역할 수행과 피드백을 통한 학습의 과정이다.

⑫ 직업 만족과 생애 만족은 개인이 능력, 필요, 가치, 흥미, 성격 특질, 자아개념의 적절한 배출구를 발견하는 정도에 달려 있다.

⑬ 직업 만족도는 자아개념을 실행할 수 있는 정도에 비례한다.

⑭ 직업은 대부분의 남녀에게 성격구조의 초점을 제공한다.

이러한 가정은 진로와 관련된 여러 요인을 통합한 것들로서 Super의 이론이 단순한 발달이론 이상임을 나타낸다. 그의 이론에서 다중적인 생애역할의 발달은 진로발달에서 중요하게 다루어지고 있다. 진로이론의 역사적 측면에서 볼 때 Super의 이론은 '직업(vocation)'에서 '진로(career)'로 패러다임의 전환을 이루어 냈다고 평가받는다.

(2) 전 생애 발달이론

Super 이론의 가장 큰 특징은 진로를 전 생애적 측면에서 바라보고 있다는 점이다. 그에 따르면 진로는 심리사회적 발달과 사회적 기대의 맥락, 직업기회 구조의 배경과 관련하여 발달한다. 생애발달의 초기에는 사람들마다 서로 비슷한 형태로 발달하고 진로 자아개념의 발달은 연령의 발달과 관련이 있다.

아동·청소년기에는 진로성숙도가 진로 의사결정 준비도와 관련이 있다. 그러나 성인기에는 사람들마다 진로발달의 패턴이나 속도가 다르고 그것이 연령의 변화와도 관련이 없게 된다. 성인기의 진로는 직업기회의 변동과 생애역할 참여의 진화 형태에 의해 제기되는 도전에 대한 반응에서 발달한다. 따라서 성인은 다양한 진로발달 단계와 진로발달 과업 속에서 재순환하게 된다. 성인기 진로발달은 이형적이기 때문에 성인의 진로 의사결정 준비도에는 진로성숙도라는 개념 대신에 진로적응도라는 개념이 쓰인다. 그는 사람들이 전형적으로 가지게 되는 발달과업을 중심으로 일련의 진로발달 단계와 하위 단계들을 다음과 같이 구분하였다.

① 성장기(0~14세)

이 기간 중에는 가정과 학교에서의 주요 인물과 동일시함으로써 자아개념을 발달시킨다. 이 시기의 초기에는 욕구와 환상이 지배적이나 사회참여와 현실 검증이 증가함에 따라 흥미와 능력을 중요시하게 된다. 성장기는 다시 세 개의 하위 단계로 구분된다.

- 환상기(4~10세): 욕구가 지배적이며 환상적인 역할 수행이 중요시된다.
- 흥미기(11~12세): 개인의 취향이 곧 활동의 목표 및 내용을 결정하는 요인이 된다.
- 능력기(13~14세): 능력을 보다 중요시하며 직업의 요구 조건을 고려하게 된다.

② 탐색기(15~24세)

이 시기에는 학교생활, 여가활동, 시간제 일을 통해서 자아검증, 역할 시행, 직업적 탐색을 행한다. 탐색기는 다시 세 개의 하위 단계로 구분된다.

- 잠정기(15~17세): 욕구, 흥미, 능력, 가치, 직업기회 등을 고려하기 시작하며, 잠정적인 진로를 선택하고 그것을 환상, 토의, 일, 기타 경험을 통해서 시행해 본다.
- 전환기(18~21세): 취업을 하거나 취업에 필요한 훈련 또는 교육을 받으며, 자신의 자아개념을 실천하려고 함에 따라 현실적 요인을 중요시하게 된다.
- 시행기(22~24세): 자신에게 적합해 보이는 직업을 선택해서 최초로 직업을 가지게 된다.

③ 확립기(25~44세)

이 시기에는 자신에게 적합한 분야를 발견하고 거기에서 영구적인 위치를 확보하기 위한 노력을 한다. 확립기는 다시 시행기와 안정기로 나누어진다.

- 시행기(25~30세): 자신이 선택한 일의 분야가 적합치 않을 경우 적합한 일을 발견할 때까지 몇 차례의 변동이 있게 된다.

• 안정기(31~44세): 진로 유형이 분명해짐에 따라 그것을 안정시키고 직업세계에서 안정된 위치를 굳히기 위한 노력을 한다.

④ 유지기(45~65세)

이 시기에는 이미 정해진 직업에 정착하고 그것을 유지하기 위한 노력을 한다. 이 기간 동안에 개인은 보유, 갱신, 혁신의 진로발달 과업에 직면하게 된다. 많은 근로자가 자신이 몸담고 있는 분야에서 자신의 수행 수준을 유지하거나 개선하거나 혹은 변화시키는 직업 분야를 선택하는 등의 선택 상황에 직면하게 된다.

⑤ 쇠퇴기(65세 이후)

유지기 단계의 마지막 즈음에 개인은 신체적 능력이 저하되고 작업활동에 대한 흥미도 감소하게 된다. 그리고 은퇴 준비에 관심을 가지게 된다. 이 시기에는 감속, 은퇴 준비, 은퇴생활이라는 진로발달 과업이 존재한다.

(3) 생애역할이론

Super의 진로이론이 종전의 이론들과 가장 큰 차이점은 진로에서 직업과 직접적으로는 관련이 없지만 간접적으로 연관을 맺고 있는 다양한 삶의 역할에 대한 관심을 가지고 있다는 점이다. Super는 개인이 감당하는 삶의 다양한 역할이 그의 생활양식을 구성하며 그러한 전체적인 역할의 구조가 진로양식을 구성한다고 보았다(Super & Knasel, 1979). 그에 따르면 생애역할들은 상호작용하기 때문에 두 사람이 같은 직업을 가지고 있다고 하더라도 각자가 서로 다른 상황에서 살고 있어서 그 직업이 두 사람에게 서로 다른 의미를 지니게 된다. 또한 여러 가지 역할의 결합과 그에 부여하는 중요성은 개인의 생애구조를 형성한다. Super는 사람들이 전 생애에 걸쳐 아홉 가지의 주요한 역할을 수행한다고 보았다. 대체적인 연대기적 순서에 따르면 이러한 역할은 자녀, 학생, 여가인, 시민, 근로자, 배우자, 주부, 부모, 은퇴자 등이다. 개인의 진로는 전 생애과정 동안 생애역할 전체의 구성요소다. 생애역할은 특정한 극장에서 수행되는데, 이러한 극장은 가정, 학교, 직장, 지역사회의 네 가지 무대를 가진다.

2) 발달이론과 진로상담

Super는 90대에 이르러 자신의 이론을 진로상담과 접목하고자 하였다. 그는 자신의 접근법을 C-DAC(Career Development Assessment and Counseling) 모형이라고 명명하였다. C-DAC 모형의 핵심 내용은 다음과 같다(유현실, 2007).

첫째, 전생애 발달이론에서는 내담자의 진로문제를 종단적으로 탐색한다. 이때 전생애 진로발달 단계에서의 진로 고민과 성인 내담자의 발달과업을 측정하기 위하여 Super 등은 ACCI(Adult Career Concerns Inventory)를 개발하였다. ACCI는 탐색, 확립, 유지, 쇠퇴기의 네 가지 진로단계에서의 발달과업에 관한 계획 혹은 걱정을 측정한다. 각 진로단계들은 각기 세 가지 과업을 포함하는데, 예를 들어 탐색단계는 결정화, 구체화, 실행으로 구성된다. ACCI는 내담자의 진로발달 과업의 문제를 드러내서 내담자가 진로문제에 효과적으로 대처할 수 있도록 돕는 데 매우 유용할 탐색자원을 확인해 준다. CDI는 고등학생과 대학생이 진로 의사결정을 할 수 있는 준비도를 측정한다. 특히 CDI는 진로 설계, 진로 탐색, 직업세계에 대한 정보, 진로 의사결정 원리에 관한 지식 등을 평가한다. 점수는 내담자의 진로 의사결정 준비 정도를 나타낸다.

둘째, C-DAC 모형의 다음 단계는 Super의 생애역할이론에서 도출된 것으로 내담자가 생애역할에 부여한 우선순위를 결정하는 것과 관련이 있다. 이 단계에서는 Super의 접근이 다른 진로상담 모형과 확연히 다르다는 것을 보여 주는데, 내담자가 자신의 일, 놀이, 우정, 가족에서의 기본적 역할을 어떻게 삶으로 구성하는지를 이해하도록 돕기 때문이다. 이러한 이해의 획득은 생애역할에 부여된 중요성을 탐색하는 것을 포함한다. 이는 또한 내담자가 진로상담에서 제시한 문제를 깨닫는다고 해서 개인적 혹은 진로적 문제를 반영한다고 분명하게 유목화할 수 없음을 의미한다. 다시 말해, 진로문제와 비진로 문제가 상당히 중첩될 수 있다는 것이다. 여러 연구들은 이러한 관점을 지지하는데, 진로상담을 원하는 내담자들은 높은 수준의 심리적 스트레스를 경험하고 진로상담 과정에서 비직업적 역할과 관련된 문제들을 논의한다는 것이다. 이때 상담자는 내담자가 생애역할에 부여하는 개인적 의미를 탐색할 수 있도록 조력한다. 또한 Super의 생애진로 무지개(life-career rainbow)를 사용하여 내담자의 생애구조를 구성하는 생애역할을 드러나게 할 수도 있다. 또한 역할 명확성 검사(Salience Inventory: SI)를 사용하여 생애역할 중요도에 관하여 탐색할 수도 있다.

SI는 학생, 직장인, 시민, 주부, 여가인의 다섯 가지 생애역할의 상대적 중요도를 몰입과 가치기대라는 두 가지 정서적 차원과 한 가지 행동적 차원에서 측정한다. 마지막으로 생애역할 활동은 생애 파이(Pie of Life)라는 활동을 통해 탐색된다. 이 활동에서 내담자는 자신이 일상의 다양한 생애활동에서 사용하는 시간을 반영하는 조각으로 원을 분할한다. 그다음에 자신이 생각하는 각 생애 파이 조각 내의 가치를 확인한다. 이러한 가치를 목록화한 후에 상담자와 내담자는 내담자가 각 파이 조각에서 드러난 가치에 대하여 어떻게 느끼는지를 논의한다.

4. 제한-타협이론

L. S. Gottfredson의 제한-타협이론은 크게 두 가지 중요한 내용으로 구성된다. 하나는 발달단계별로 어떤 발달과업들이 수행되느냐의 내용이 담겨 있는 발달단계 이론으로 제한이론에 해당하고, 다른 하나는 진로선택에 관한 내용으로 타협이론에 해당한다.

1) 제한-타협이론의 개관

(1) 발달단계 이론: 진로 대안의 제한

① 진로포부 발달의 단계

앞에서 Super가 전 생애 진로발달을 조망하고 있는 것과 달리, Gottfredson은 청소년기의 발달에 국한하고 있다. 이는 Gottfredson이 전 생애적 발달 자체를 부정하는 것은 아니지만 가장 핵심적인 것들이 발달하는 시기에 초점을 두고 있는 것으로 보인다. Gottfredson은 청소년기까지의 진로발달을 다음과 같이 총 4단계로 나누고 있다(황매향, 2007).

- 힘과 크기 지향성(orientation to size and power, 3~5세): 사고과정이 구체화되며, 어른이 된다는 것의 의미를 알게 된다. 학교에 들어가기 이전 단계인 1단계에서

는 서열의 개념을 획득하는 것이 중요하다. 이 시기에 직업에 대해 갖는 생각은 '나는 작고 어린 아이다. 그런데 어른은 크고, 어른이 되면 일이라는 것을 하게 된다.'는 것으로, 크기나 힘에 대한 개념이 일과 관련된 영역에도 적용된 것이라고 할 수 있다. 자신보다 크고 힘이 센 어른들만이 일이라는 것을 할 수 있다는 생각에서 일을 갖는 것에 대한 선망을 갖게 되는 시기이기도 하다.

- 성역할 지향성(orientation to sex roles, 6~8세): 자아개념이 성(gender)의 발달에 의해서 영향을 받게 된다. 이 단계의 아이들은 '내가 누구인가(self)?'에 대한 개념이 생기면서 자신을 어디엔가 동일시하고 싶어 하는데, 가장 쉬운 것이 이분법적 동일시다. 즉, 그들은 '나는 남자다.' '나는 여자다.'라는 이분법적 정체감을 형성하게 된다. 그러면서 직업세계에 대해서도 '저건 남자가 하는 일인 것 같다. 난 남자니까 나중에 커서 저걸 해 볼 거야.' 또는 '저건 여자가 하는 일인 것 같다. 나 같은 남자에겐 어울리지 않지.' 등의 생각을 하기 시작한다.

- 사회적 가치 지향성(orientation to social valuation, 9~13세): 사회계층에 대한 개념이 생기면서 상황 속의 자아(self-in-situation)를 인식하게 되고, 일의 수준에 대한 이해를 확장시킨다. 이 시기가 되면 이제 아이들은 바깥세상에 대해 좀 더 눈을 뜨게 되는데, 모든 사람이 갖고 싶어 하는 사회적 가치라는 것이 있지만 그것을 모두 가질 수 없기 때문에 어떤 규칙에 의해 나눠 갖는다는 것을 알게 된다. 특히 현대사회는 능력이 그 분배의 핵심적 원리로 작용하고 있다는 것을 알게 되면서, 자신의 상대적 능력에 대해 판단하기 시작하고 사회에서의 상대적 서열과 관련짓는다.

- 내적, 고유한 자아 지향성(orientation to the internal, unique self, 14세 이후): 이 시기가 되면 사춘기를 맞게 되고 이차 성징이 나타나면서 변화되는 자신을 보며 '나는 누구인가?'라는 정체감 혼란시기에 놓이게 된다. 자아정체감을 확립하기 위한 고민과 노력은 여러 영역에서 나타나는데, 진로발달에서는 '나와 잘 맞으면 좋겠다.' '나한테 어울리는 직업은 뭘까?' 등의 고민이 해당된다. 이전 단계에서 능력에 맞는 직업들로 앞으로의 진로 대안을 축소시킨 청소년들은 '그런데 이 정도의 능력에 해당되는 직업이 하나가 아니라 여러 개인데 그중에서 나는 무엇을 하는 것이 좋을까?'라는 고민을 시작하는 것이다. 자신이 어떤 사람인지, 자신이 무엇을 좋아하는지, 주변 사람들의 기대는 어떠한지 등의 고민을 거쳐 자

아정체감을 확립하게 되고, 지금까지 생각했던 성역할과 사회적 지위도 만족시키면서 자아정체감까지 만족시키는 직업을 선택하게 된다.

② 직업 인지지도

이러한 진로발달의 과정을 거치기 위해서는 어떤 직업이 남성적 직업인지 혹은 여성적 직업인지 알아야 하고, 어떤 직업이 지위가 높고 어떤 직업이 낮은지도 알아야 한다. 또한 어떤 직업이 어떤 흥미를 충족시켜 주는지도 알아야 한다. 이와 같은 직업의 성역할, 사회적 지위, 흥미 유형 등에 대해 잘못 알고 있으면 자신이 국한시킨 진로 대안의 범위도 아무 소용없는 것이 되어 버릴 것이다. 따라서 Gottfredson의 진로발달 이론에는 직업의 특성에 대한 인식의 발달도 중요한 내용으로 포함된다(황매향, 2007).

[그림 11-2]와 [그림 11-3]은 Gottfredson이 제안하는 직업 인지지도다. [그림 11-2]에서 알 수 있듯이 가로축은 왼쪽으로 갈수록 남성적인 직업, 오른쪽으로 갈수록 여성적인 직업을 나타내고, 세로축은 위로 올라갈수록 지위가 높은 직업, 아래로 갈수록 지위가 낮은 직업을 나타낸다. 특정한 직업명을 제시하고 얼마나 남성적(또는 여성적) 직업이라고 생각하는지, 사회적 지위는 얼마나 높다고 생각하는지 응답하게

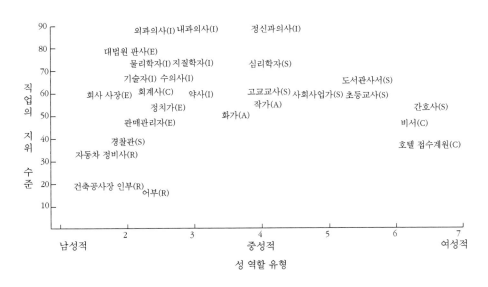

[그림 11-2] 직업 인지지도

출처: Gottfredson (1996).

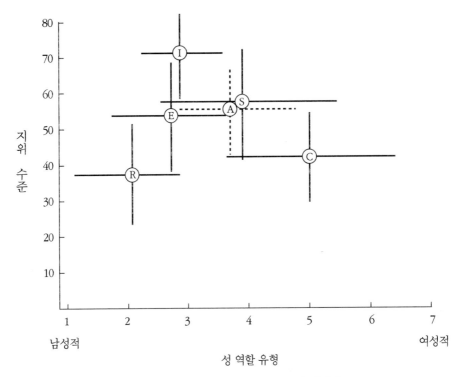

[그림 11-3] Holland 유형에 따른 직업 인지지도

출처: Gottfredson (1996).

하고 그 결과를 수합하여 그래프에 나타낸 것이다. 그리고 그 직업들의 특성이 유사한 것끼리 묶어 보면 [그림 11-3]과 같은데, 이는 Holland의 직업 성격 유형인 RIASEC로 그 위치를 표시해 본 것이다. 이를 자세히 살펴보면 대체로 현실형(R)은 남성적이고 사회형(S)과 관습형(C)은 여성적임을 알 수 있다. 또한 현실형(R)의 직업이나 관습형(C)의 직업은 사회적 지위가 상대적으로 낮다. 이런 것들은 실제 직업세계의 남녀 분포나 지위를 반영하고 있을 뿐만 아니라 그 사회를 구성하고 있는 성인에게도, 또 자라나고 있는 아동이나 청소년들에게도 공유되고 있다.

(2) 진로선택 과정에서의 타협

지금까지 살펴본 발달과정에 대한 내용과 함께, Gottfredson의 진로발달 이론에서는 진로선택 과정에 대한 내용 역시 중요하다. 이것은 제한-타협이론 중 타협 부분에 해당하는 내용이다. 여기에서 타협(compromise)이란 수용 가능한 진로 대안 영역에서 자기가 원하는 흥미 영역의 직업을 선택할 시 그 직업을 선택할 수 있는 현실적 여건이 안 되는 경우 어떤 부분을 포기할 수밖에 없는 과정을 말한다. 자신이 생각하고 있던 진로 대안 안에서 모든 것을 만족시키는 대안을 선택하게 되는 경우보다는 뭔가 자신이 원했던 것은 아니지만 무언가를 포기해야 선택이 가능한 현실적 상황들을 Gottfredson은 자신의 이론에 포함시킨 것이다.

타협이론에서는 먼저 실제 사람들이 타협하는 과정에서 무조건 어떤 측면을 타협하는 것이 아니라 어떤 측면들은 좀 더 쉽게 포기할 수 있는 반면, 어떤 측면은 양보하기 힘들어한다는 점에 주목한다. Gottfredson은 발달단계에서 나타났던 성역할, 사회적 지위, 흥미를 타협의 중요한 측면들로 제시한다. 이 세 가지 중 어느 하나를 포기할 수밖에 없다면 사람들은 자신의 흥미를 가장 쉽게 포기하게 된다. 흥미를 포기해도 여전히 직업을 선택하기 어려울 경우 사회적 지위를 포기하는데, 성역할은 가장 포기하기 어려워하는 부분이기 때문이다. 즉, 사람들은 '흥미 > 사회적 지위 > 성역할'의 순서로 자신에게 적합한 진로대안을 포기해 나간다는 것이다. 그러나 '흥미 > 사회적 지위 > 성역할'의 순서를 확인하기 위해 실시된 많은 경험적 연구들은 일관된 결과를 내놓지 못하였다. 어떤 사람은 좀 더 쉽게 성역할을 포기하는가 하면, 또 어떤 사람은 좀 더 쉽게 사회적 지위를 포기하는 것으로 나타났다. 1990년대 중반에 들어서면서 이런 초기 이론을 보다 정교화하게 되었는데, 타협의 정도에 따라 어떤 측면을 포기하게 되는지도 달라진다고 제안하였다. 초기 이론에서 제안되었던 순서는 타협을 그렇게 심각하게 많이 하지 않아도 될 때 적용되는 것이고, 타협을 많이 해야 되면 그 양상은 달라진다.

다음으로 타협이론에서는 타협에 대한 심리적 적응과정의 중요성을 강조하고 있다. 자신이 바라던 최고의 선택을 하지 못하고 현실적으로 가능한 최선의 선택을 하면서 포기할 수밖에 없었던 것을 받아들이는 과정은 진로선택 이후의 과정을 좌우하게 된다. 특히 타협에 대한 심리적인 적응은 선택한 진로에서의 만족도와 깊이 관련된다.

2) 제한-타협이론과 진로상담

Gottfredson의 제한-타협이론과 그 적용 가능성을 검토한 황매향(2007)은 이 이론이 진로상담에 주는 시사점을 다음과 같이 크게 세 가지로 정리하고 있다.

첫째는 타협의 불가피성에 대한 수용을 조력하는 것이다. 진로선택 과정에서는 무엇인가를 쉽게 포기할 수 있는 것은 아니지만 포기하지 않으면 어떤 결정도 내릴 수 없는 것이 현실이다. Gottfredson은 성역할, 사회적인 지위, 흥미가 중요하다고 했다. 우리나라를 비롯한 동양 문화권에서는 특히 사회적 지위가 중요하다고 한다. Gottfredson은 타협에서 중요한 영역으로 세 가지를 제안했지만, 실제 상담실에서 만나는 내담자들에게는 훨씬 더 많은 타협의 대상들이 존재한다. 그리고 이렇게 여러 영역에 대한 타협이 일어나다 보니 진로선택에서 흥미와 적성도 중요하지만 타협의 우선순위를 결정하는 개인의 가치관도 중요하다. '세상을 어떻게 바라보고 있는가, 내가 어떤 삶을 살고 싶은가?'라는 가치관이 확립되지 않으면 타협의 우선순위를 정하기가 어렵다. 따라서 이러한 가치를 중심으로 우선순위를 정하고 그 중요도를 빨리 확인하는 것이 중요해진다.

둘째는 타협과정을 촉진하는 상담이 중요하다는 것이다. 일단 타협이 불가피하다는 것을 내담자가 받아들이면, 타협을 빨리 촉진하기 위해서는 어떻게 해야 하는가의 문제가 남게 된다. 이때 상담자가 먼저 고려해야 할 점은 진로발달 과정에 대한 선행 연구의 결과들이다. 우리나라 아동 및 청소년들의 직업 포부의 발달과 직업 인지 지도에 관한 연구 결과를 보면 직업세계에 대해 잘 모르고 있다는 점이 가장 크게 부각된다. 따라서 직업세계와 자신을 비교하면서 형성되는 직업적 자아개념의 형성도 늦춰질 수밖에 없다. 직업을 통해 개인은 어떤 것을 추구하게 되는지, 서로 다른 직업들은 어떤 특성을 갖는지, 사람들은 어떤 이유로 그 직업들을 선택하게 되는지, 자신에게 중요한 것이 무엇인지, 자신이 좋아하는 것이 무엇인지 등에 대한 명확한 그림을 그리지 못하는 상황이라고 할 수 있다. 그러므로 상담자는 타협을 위한 단계에 들어가기 전에 타협을 하기 위해 얼마나 준비되어 있는지를 확인하는 단계가 필요하다. 타협을 통한 의사결정 과정에서 적용할 기본적인 틀은 합리적 의사결정 단계를 따르는 것이다. 이러한 전통적인 합리적 의사결정 과정에는 더 선호하는 것을 위해 덜 선호하는 것을 충족시키는 대안을 포기하는 과정이 포함된다. 이 과정을 따라가면서 내담자 스스로 '내가 포기한다, 버린다.'는 것을 계속 인식할 수 있도록 상담자가 직면시켜야 한다.

셋째는 타협에 대한 부적응의 조력이다. 이것은 의사결정에 대한 도움을 받기 위해 찾아온 내담자가 아니라 이미 내린 결정에 대해 불만을 품은 내담자들의 문제를 다루는 것이다. 이런 내담자는 자신이 포기한 것 때문에 항상 자기가 내린 결정이 잘못된 결정이었다고 생각하기 쉽다. 사실은 결정을 잘못한 것이라기보다 자신이 포기한 것들에 적응을 못하는 것뿐이다. 상담자가 타협에 적응하지 못하는 내담자를 조력하기 위해서는 이전 결정을 되짚어 보면서 어떤 것을 왜 포기했는지를 명료화해야 할 것이다. 이전의 결정 상황으로 다시 돌아가서 그 당시 어떤 대안들이 있었고, 각 대안들에는 장점과 어떤 단점들이 있었으며, 그 대안들 중 하나를 선택한 기준은 무엇이었는지 탐색한다. 다음으로 내담자가 자신의 결정을 다시 보면서 어떤 점을 포기했을 때 스스로 예상했던 어려움은 무엇인지, 그것과 지금 겪고 있는 것은 어떤 점에서 같고 어떤 점에서 다른지를 이야기한다. 그리고 지금 실제 겪으니까 어떤지, 즉 지금의 정서, 생각, 행동을 포괄적으로 점검하고 다룬다. 더불어 포기할 때는 어떻게 하면 이겨낼 수 있을 것이라고 생각했는지 그런 자원들을 끄집어낼 수 있도록 도와야 한다. 그렇게 해서 부적응을 돕고 나면 현재 상태의 장점을 부각시켜 준다. 선택을 한 것은 분명 장점이 더 컸기 때문일 것이니, 그 장점을 부각시켜 보다 긍정적인 방향으로 선회시켜 주어야 한다. 자칫 잘못된 결정이라고 해서 다시 다른 대안을 성급하게 선택하는 것은 또다시 타협에 대한 부적응을 반복할 가능성이 있다.

5. 사회학습이론

진로상담에 대한 사회학습이론은 진로상담 과정에서 학습의 측면을 강조한 입장으로 1975년에 처음으로 Krumboltz, Mitchell과 Gelatt(1975)가 제안하였다. 그 후 Mitchell과 Krumboltz(1990, 1996) 등이 초기의 사회학습이론을 발전시켜 오고 있다.

1) 사회학습이론의 개관

(1) 진로결정에 영향 미치는 요인

John, D. Krumboltz는 진로결정에 영향을 주는 요인을 네 가지로 분류하였다 (Mitchell & Krumboltz, 1990). 첫째는 유전적 요인과 특별한 능력(genetic endowments & special abilities)이다. 이는 개인의 진로기회를 제한하는 타고난 특질을 말한다. 즉, 교육적·직업적 선호나 기술에 제한을 줄 수 있는 자질을 말하는 것으로서 인종, 성별, 신체적인 모습과 특징, 지능, 예술적 재능, 근육 기능 등이 포함된다.

둘째는 환경적 조건과 사건(environmental conditions & events)이다. 이는 환경에서의 특정한 사건이 기술개발, 활동, 진로 선호 등에 영향을 미친다는 것이다. 여기에는 취업 가능한 직종의 내용, 교육·훈련이 가능한 분야, 사회정책, 노동법, 천재지변, 천연자원의 공급 및 이용 가능 정도, 기술의 발달, 사회조직의 변화, 가정의 영향, 교육제도, 이웃과 지역사회의 영향 등이 포함된다.

셋째는 학습 경험(learning experiences)이다. 개인이 과거에 학습한 경험은 현재 또는 미래의 교육적·직업적 의사결정에 영향을 미치는데, Krumboltz는 크게 두 가지 유형의 학습 경험을 가정하고 있다. 하나는 도구적 학습 경험(instrumental learning experiences)으로, 주로 어떤 행동이나 인지적인 활동에 대한 정적인 또는 부적인 강화를 받을 때 나타난다. 사람들은 정적인 강화를 받게 되면 그와 관련된 행동을 반복하려는 경향을 보이는데, 이러한 행동을 반복하는 과정에서 관련된 기술을 보다 잘 숙지하게 되고 행동 자체에 내적인 흥미를 갖게 된다. 결국 과거의 학습 경험이 교육적·직업적 행동에 대한 도구로 작용하는 것이다. 다른 하나는 연상적 학습 경험(associate learning experiences)으로, 이전에 경험한 감정적으로 중립인 사건이나 자극을 정서적으로 비중립인 사건이나 자극과 연결시킬 때 일어난다. 예를 들어, 중병에 걸렸던 사람이 병원에서의 치료로 건강을 회복하였다면 병원이라는 감정적으로 중립인 자극이 그에게 정적인 영향을 미쳐 나중에 의사가 되길 희망할 수도 있을 것이다. 이러한 경험은 개인이 체험하는 직접적인 것인데, 이와는 달리 간접적이거나 대리적인 학습 경험도 개인의 교육적·직업적 행동에 영향을 미치게 된다.

넷째는 과제접근 기술(task approach skills)이다. 이는 개인이 환경을 이해하고 그에 대처하며 미래를 예견하는 능력이나 경향으로, 학습 경험, 유전적 요인, 환경적인 조건이나 사건의 상호작용으로 나타난다. 과제접근 기술에는 문제해결 기술, 일하는 습관, 정보수집 능력, 감성적 반응, 인지적 과정 등이 포함된다.

Krumboltz는 이상에서 언급된 진로결정 요인들 중에서 '유전적 요인과 특별한 능력' 및 '환경적 조건과 사건'을 환경적 요인이라 하였고, '학습 경험'과 '과제접근

기술'을 심리적 요인이라고 하였다. 환경적 요인은 개인에게 영향을 미치나 일반적으로 개인이 통제할 수 있는 영역 밖에 있는 것으로 상담을 통해서 변화시키는 것이 불가능하다. 심리적 요인은 개인의 생각, 감정과 행동을 결정하게 된다. 결국 상담자는 내담자가 이러한 요인들의 영향을 이해하고 변화시키도록 도와주어야 할 것이다.

(2) 진로결정 요인의 결과

앞에서 제시된 진로결정 요인들은 상호작용하여 다음과 같은 유형의 결과로 나타난다. 첫 번째 결과는 자기관찰 일반화(self-observation generalization)다. 이는 자기 자신의 직접적 · 간접적 수행이나 자신의 흥미나 가치를 평가하는 외현적 · 내면적 자기 진술을 의미하는데, 선행 학습 경험에 의해 영향을 받을 뿐만 아니라 새로운 학습 경험의 결과에 영향을 미친다. 이러한 자기 일반화(self-generalization)는 개인에 의해 표현되는 흥미의 형태로 보이기도 하나, 사회학습 이론가들은 경험의 결과로 흥미가 생기는 것이지 흥미의 결과로 경험을 하는 것이 아니라고 생각한다(Osipow, 1972). 그러나 흥미는 선행 학습 경험에 대한 개인의 반응을 간결하고 정확하게 요약해 주기 때문에 진로 의사결정에서 매우 중요하다.

두 번째 결과는 세계관 일반화(world-view generalizations)다. 학습 경험의 결과, 사람들은 자기가 살고 있는 환경을 관찰하고 이러한 일반화를 또 다른 환경에서 어떤 일이 일어날 것인가를 예측하는 데 이용할 수 있다. 예컨대, 어떤 사람들은 다양한 직업의 성격에 대해 일반화할 수 있다(예: 봉사직에 종사하는 사람들은 본질적으로 마음이 따뜻해야 하고 인간을 이해하는 능력을 가지고 있어야 한다.). 세계관 일반화는 자기관찰 일반화와 마찬가지로 어느 정도 정확하다고 볼 수 있다. 이러한 정확성은 그들이 행한 경험의 수와 그 경험의 대표성에 따라 좌우된다.

세 번째 결과는 과제접근 기술(task approach skills)이다. 이는 환경에 대처하고, 자신의 관찰을 통한 일반화나 세계관 일반화와 관련지어 환경을 해석하고, 미래 사건에 대해 예견하는 인지적 능력, 수행능력 그리고 감정적인 경향으로 작업 습관, 감정적 반응과 같은 정신체계, 지각과 사고 과정 등을 포함한다. 이러한 과제접근 기술은 진로 의사결정에서 매우 중요한 것으로 간주되는데, 대체적으로 ① 중요한 의사결정 상황의 인식, ② 과제에 대한 현실적인 파악, ③ 자기관찰 일반화와 세계관 일반화에 대한 검토 및 평가, ④ 다양한 대안의 도출, ⑤ 대안에 관한 필요한 정보의 수집, ⑥ 매력적이지 못한 대안의 제거 등의 능력을 포함한다.

네 번째 결과는 행위의 산출(action outcomes)이다. 이는 학습 경험 및 위에서 언급한 세 가지의 결과로부터 나오는데, 의사결정과 관련된 특수한 행위로 구성된다. 예를 들어, 어떤 직무 또는 교육·훈련에 지원하거나 대학에서 전공을 바꾸는 행위 등이 이에 속한다. 이러한 행동이나 의사결정은 일생에 걸쳐 일어난다.

2) 사회학습이론과 진로상담

Krumboltz의 사회학습이론을 진로상담 실제에 적용할 때 고려할 사항들을 강혜영(2008)은 다음과 같이 세 가지 측면에서 논의하고 있다.

(1) 학습을 강조하는 측면

사회학습이론에서의 진로상담 목표는 끊임없는 직업환경 변화 속에서 내담자가 만족스러운 삶을 창조할 수 있는 기술, 흥미, 신념, 가치, 일 습관, 개인적 특성에 대한 학습을 촉진하는 것이다. 여기서는 진로선택 과정에서의 학습을 중요시한다. 이처럼 교육적 측면을 강조하는 사회학습이론은 다음의 몇 가지 점에서 내담자들에게 유용하게 적용될 수 있을 것으로 보인다.

우선 현재 상담 실제에서 개인의 진로를 결정하는 요인으로 많은 관심을 받고 있는 것이 '흥미'다. 진로상담과 교육 장면에서는 개인이 좋아하는 것을 밝혀내고 그에 맞는 진로를 찾을 수 있도록 돕는 매칭 이론(matching theory)에 근거하여 내담자들을 돕고 있다. 그러나 이러한 방법이 갖고 있는 문제점은 개인에 따라 발달된 흥미는 제한적일 수 있다는 데 있다. 따라서 진로상담 과정에서는 이러한 현재의 흥미에 국한하여 개인의 진로를 찾도록 하는 것에서 더 나아가 개인이 아직 발달시키지 못한 흥미의 영역에 대해서도 찾을 수 있도록 해야 할 필요성이 있다. 사회학습이론은 현재 개인의 흥미 영역을 확장할 수 있도록 새로운 경험을 하게끔 돕는 것이 중요함을 강조한다는 점에서 진로상담의 현실적인 대안을 제시해 준다고 하겠다.

또한 지시적인 상담, 보다 구조화된 상담을 선호하는 내담자들에게 적합한 방법일수 있다는 것이다. 사회학습이론에서의 진로상담은 일반적으로 진로사고 검사를 통해 비합리적 생각을 찾아내고, 그러한 생각에 대해 탐색하면서 자신의 진로에 방해되는 점이 무엇인지를 알아보고, 새로운 경험을 할 수 있도록 함께 계획도 세워 보고, 구체적으로 어떻게 노력해야 하는지의 방법에 대해서도 이야기해 주는 방식으로 진행된다. 따라서 상담자의 보다 적극적인 역할을 기대하고, 구조화된 상담이 필요한 경우 유용하게 활용될 수 있을 것이다.

(2) 진로신념검사

진로신념검사는 상담 초기에 내담자의 진로를 방해하는 생각이 무엇인지를 명료화해 줌으로써 진로상담의 목표 설정 및 구체적인 상담 진행을 용이하게 도울 수 있는 도구다. 진로신념검사는 다음과 같은 점에서 유용하게 활용될 수 있을 것이다.

- 진로신념검사 문항에 대한 탐색은 진로와 관련된 개인적 문제도 함께 다룰 수 있도록 하여 심층 진로상담에 유용하게 활용될 수 있을 것이다. 현재 우리나라 고용지원센터에서는 단순히 취업 관련 정보만을 제공하는 데에서 벗어나 진로 선택과 관련된 갈등을 돕고 각 개인에게 적절한 직업을 선택할 수 있도록 돕는 심층 직업상담이 실시되고 있다. 현재 고용지원센터에서 활용하고 있는 검사 중에는 내담자의 인지에 초점을 두어 살펴보는 검사가 포함되어 있지 않은데, 심층상담 초기에 내담자의 진로를 방해하는 생각을 밝혀낸다면 내담자의 문제를 돕는 데 보다 효율적일 것이다.
- 진로신념검사는 내담자의 진로를 방해하는 생각뿐 아니라 진로에 도움이 되는 바람직한 생각도 알아낼 수 있다. 따라서 검사 결과로 이러한 긍정적인 측면을 강화해 줌으로써 내담자에게 심리적인 힘을 줄 수 있을 것이다.
- 내담자와 의미 있는 타인 간에 진로갈등이 있는 경우 그 갈등이 어떤 생각에서 비롯되었는지를 구체적으로 살펴볼 수 있을 것이다. 예를 들어, 부모와 자녀 간 진로갈등이 있는 경우, 각자 진로신념검사를 받아 본 후에 그 결과를 비교해 봄으로써 서로가 가진 생각의 차이를 살펴보고 갈등 해결의 실마리를 찾을 수 있을 것이다.
- 개인상담이 아닌 소그룹 단위, 학급 단위로 진행하는 진로상담에서도 활용할 수 있다. 개인의 사고를 변화시키는 데 유용한 방법 중 하나는 타인의 피드백을 듣는 것이다. 집단 프로그램 진행 시 검사 결과에 대해 서로의 생각을 나누게 함으

로써 자신의 생각에서 잘못된 점에 대해 인식할 수 있는 기회를 제공할 수 있을
것이다.

• 진로사고 검사를 활용한 상담 매뉴얼을 개발하되, 이를 단회상담용, 5회 상담용
  등으로 구분하여 실제 상담에서의 활용 가능성을 높이는 방안도 생각해 볼 수
  있을 것이다.

(3) '계획된 우연' 모델

'계획된 우연' 모델(planned happenstances model)에서는 실제 삶에서 겪게 되는
다양한 예기치 못한 일들을 자신의 진로에 유용하게 활용하도록 가르치는 것이 중요
함을 강조하고 있다. 이러한 입장은 개인의 진로에 영향을 미치는 요인 중 개인이 통
제하기 힘든 '운'이라는 요인이 있음을 인정하고, 개인이 할 수 있는 한 이러한 '운'
도 자신에게 이로운 기회로 만들도록 한다. 이러한 점에서 개인의 진로결정 과정에
서 흥미, 타협, 자기효능감 등에 초점을 두고 합리적 측면을 강조하는 다른 이론들에
비해 상당히 현실적인 진로상담 모델을 제시해 준다고 하겠다.

✿ 참고문헌 ✿

강혜영(2008). 사회학습이론의 이해와 한국진로상담에의 적용. 제7회 진로개발 직업상담 콜로키
    움 자료집, 3-20.

공윤정(2005). 진로장벽: 이론적 고찰 및 상담실제에의 적용. 상담학연구, 6, 861-874.

유현실(2007). 진로발달이론의 이해와 한국진로상담에의 적용. 제3회 진로개발 직업상담 콜로키
    움 자료집, 3-20.

이제경(2007). 성격이론의 이해와 한국진로상담에의 적용. 제2회 진로개발 직업상담 콜로키움 자
    료집, 3-17.

황매향(2007). 제한-타협이론의 이해와 한국진로상담에의 적용. 제4회 진로개발 직업상담 콜로
    키움 자료집, 3-19.

Brayfield, A. H. (1950). Putting occupational information across. In A. H. Brayfield (Ed.),
    Readings in modern methods of counseling. New York: Appleton-Century-Crofts,
    212-220.

Gibson, R. L., & Mitchell, M. H. (1990). *Introduction to counseling and guidance.* New
    York: Macmillan Publishing Co.

Gottfredson, L. S. (1996). Gottfredson's theory of circumscription and compromise. In D. Brown, L. Brooks, & Associates (Eds.), *Career choice and development* (3rd ed., pp. 179–232). San Francisco: Jossey-Bass.

Herr, E. L., & Crammer, S. H. (1996). *Career Guidance Through the Life Span* (5th ed.). New York: Harper Collins College Publishers.

Holland, J. L. (1994). *The Self-Directed Search*. Odessa, FL: Psychological Assessment Resources, Inc.

Holland, J. L. (1997). *Making Vocational Choices. A theory of vocational personalities and work environment* (3rd ed.). Odessa, FL: Psychological Assessment Resources, Inc.

Holland, J. L., & Rayman, J. R. (1986). *The Self-Directed Search*. In W. B. Walsh & S. H. Osipow (Eds.), *Advances in vocational psychology: The assessment of interests* (pp. 55–82). Hillsdale, NJ: Erlbaum.

Klein, K. L., & Weiner, Y. (1977). Interest congruency as a moderator of the relationship between job tenure and job satisfaction and mental health. *Journal of Vocational Behavior, 10*, 91–98.

Krumboltz, J. D., Mitchell, A., & Gelatt, H. G. (1975). Applications of social learning theory of career selection. *Focus on Guidance, 8*, 1–16.

Miller, D. C. (1974). *Industrial sociology*. New York: Harper & Row.

Mitchell, L. K., & Krumboltz, J. D. (1990). Social learning approach to career decision making: Krumboltz's theory. In D. Brown et al. (Eds.), *Career choice and development: Applying contemporary theories to practice* (2nd ed.). San Francisco: Jossey-Bass.

Mitchell, L. K., & Krumboltz, J. D. (1996). Krumboltz's learning theory of career choice and counseling. In D. Brown, L. Brooks, & Associates (Eds.), *Career choice and development* (3rd ed., pp. 230–280). San Francisco: Jossey-Bass.

Niles, S. G., & Bowlsbey, J. H. (2005). *Career Development Interventions in the 21st Century* (2nd ed.). New Jersey: Pearson Merrill Prentice Hall.

Osipow, S. H. (1972). Success and preference: A replication and extension. *Journal of Applied Psychology, 56*, 179–180.

Osipow, S. H., & Fitzgerald, L. F. (1996). *Theories of Career Development* (4th ed.). Boston: Allyn and Bacon.

Rayman, J., & Atanasoff, L. (1999). Holland's theory and career intervention: The power of hexagon. *Journal of Vocational Behavior, 55*, 114–126.

Reardon, R. C., & Lenz, J. G. (1999). Holland's Theory and Career Assessment. *Journal of Vocational Behavior, 55*, 102–113.

Super, D. E. (1990). A life-span, life-space to career development. In D. Brown, L. Brooks, & others (Eds.), *Career choice and development: Applying contemporary theories to practice* (2nd ed., pp. 197-261). San Francisco: Jossey-Bass.

Super, D. E., & Knasel, E. G. (1979). *Development of a model, specifications, and sample items for measuring career adaptability (vocational maturity) in young blue collar workers.* Cambridge, England: National Institute for Careers Education and Counseling, and Ottawa, Canada: Canada Employment and Immigration.

Williamson, E. G. (1939). *How to counsel students.* New York: McGraw-Hill.

제3부

상담학의 주요 쟁점

이 장에서는 우리나라 상담의 각 현장과 제도를 살펴본다. 우선 정부의 상담정책과 제도, 법 등을 살펴본 다음, 민간에서의 상담활동을 살펴볼 것이다. 1950년대 학교에서 교도상담을 시작으로 전개되기 시작한 상담은 현재 정부 각 부처별로 다양한 상담활동이 전개되고 있고, 민간 영역에서도 상담이 활발히 이루어지고 있다. 그러나 이러한 다양하고 활발한 상담활동을 뒷받침하고 지원하는 제도나 법적 체제는 잘 갖추어지지 않아 많은 상담 현장에서 주먹구구식의 비체계적인 상담활동이 전개되고 있으며, 심지어 비전문적이거나 비윤리적인 상담활동이 이루어져도 이를 적절하게 제지하지 못하는 상황이 전개되고 있다. 이 장을 통해서 이러한 우리나라 상담의 현 상황을 알게 되고, 이에 대하여 상담의 전문화와 체계적 발전을 위해 어떤 법적·제도적 장치가 필요할 것인지를 고민할 수 있을 것이다.

1. 정부의 상담정책 I

이 절에서는 아동과 청소년을 주 대상으로 하는 정부의 상담정책을 소개한다. 여기에는 아동상담, 청소년상담, 학교상담, 비행·교정상담, 인터넷중독 상담 등이 포함된다.

1) 아동상담

(1) 아동상담정책

우리나라의 아동상담정책은 주로 사회복지적 접근의 일부로 다루어져 왔으며, 특히 폭력피해 아동의 상담에 초점을 두고 있다. 아동복지시설은 아동양육시설, 아동일시보호시설, 아동보호치료시설, 아동직업훈련시설, 자립지원시설 등으로 구분되며, 지원 대상 보호아동은 시·도지사, 시장·군수·구청장이 보호자의 의뢰 또는 보호필요 아동 발견 시 보호자 및 아동의 제반 사항을 고려하여 결정한다.

표 12-1 아동복지시설 현황

양육시설	직업훈련시설	보호치료시설	자립지원시설	일시보호시설	종합시설*	계
243	3	8	13	13	2	282

* 보호시설을 갖춘 아동상담소에 대하여 종합시설로 분류함.
출처: 보건복지부 홈페이지(http://www.mohw.go.kr).

(2) 아동상담 관련법

아동복지법 제24조는 아동학대예방사업을 활성화하고 지역 간 연계체계를 구축하기 위하여 중앙 아동보호전문기관을 두고, 학대받은 아동의 발견, 보호, 치료에 대한 신속 처리 및 아동학대 예방을 담당하는 지역 아동보호전문기관을 시·도 및 시·군·구에 두도록 하였다. 그리고 제25조에서는 그 구체적인 업무를 규정하였다. 제26조에서는 교원, 의료인, 복지사, 상담원 등이 그 직무상 아동학대를 알게 된 때에는 즉시 아동보호전문기관 또는 수사기관에 신고할 것을 의무화하였다. 동법 시행령 제15조는 아동보호전문기관 상담원의 배치 기준으로 임상심리치료 전문인력 1명 및 상담원 6명 이상을 두도록 명시하였고, 제17조는 아동보호전문기관의 상담원 자격을 사회복지사 1급 이상, 또는 대학에서 심리학과(복지심리학과 포함) 또는 보건복지부령이 정하는 아동복지 또는 사회복지 관련 교과목을 이수하고 졸업한 자로 제시하였다. 더불어 아동보호전문기관의 임상심리치료 전문인력은 임상심리사 자격이 있거나 놀이치료, 미술치료, 음악치료, 심리상담 등 전문적인 치료를 할 수 있는 등의 학대아동의 심리치료를 할 수 있는 사람으로 규정하였다.

2) 청소년상담

(1) 청소년상담제도

우리나라의 청소년상담제도는 1991년 말 청소년기본법의 제정과 1993년 청소년대화의광장(현 한국청소년상담원)의 설립으로부터 시작되었다. 한국청소년상담원의 청소년상담 연구와 청소년상담 프로그램의 개발과 보급, 청소년상담자 연수 등을 통해 청소년상담의 내용과 체제가 만들어졌고, 전국적으로 16개의 시·도청소년종합상담센터와 132개의 시·군·구 청소년상담센터(현 청소년지원센터)가 설치되어 활발한 청소년상담 활동을 전개하여 왔다. 또한 2003년부터 청소년상담사제도를 실시하여 2008년 12월 현재 2,813명의 청소년상담사가 배출되어 각종 청소년상담기관에서 활동하고 있다.

(2) 청소년상담정책

정부는 국가청소년위원회 발족(2005. 4. 27.) 시 '위기청소년 사회안전망 구축'을 정책 비전으로 제시하고, 그 첫걸음으로 '지역사회 청소년통합지원체계' 구축을 추진하였다. '지역사회 청소년통합지원체계(Community Youth Safety-Net: CYS-Net)'는 위기청소년에게 상담, 정서적 지지, 의식주, 학업, 진로취업 등 맞춤형 원스톱 서비스가 가능하도록 청소년상담지원센터의 기능 및 인력을 확대하고, 지역 청소년 관련기관(시설)과 서비스를 통합하는 정책이다. 2009년 12월 현재 132개의 CYS-Net이 설치·운영되고 있다. 향후 연차별로는 2011년 186개소, 2012년 224개소, 2013년 248개소를 설치할 예정이다.

표 12-2 시 · 군 · 구 지역사회 청소년통합지원체계 구축 현황

시 · 도명	시 · 군 · 구 센터 수		2009년 상담지원센터 현황	2010년 설치
	2009년	2010년		
서울	13	18	서대문 · 금천 · 노원 · 수서 · 목동 · 중랑 · 문래 · 성동 · 도봉 · 광진 · 강북 · 마포 · 서초	은평 · 동작 · 관악 · 송파 · 강동
부산	5	5	부산진구 · 영도 · 진구 · 금정 · 북구	
대구	1	1	달서구	
인천	2	6	연수구 · 계양구	동구 · 부평구 · 서구 · 남구
대전	1	1	서구	
울산	2	2	동구 · 북구	
광주	-	-		
경기	31	31	성남 · 안양 · 안산 · 고양 · 화성 · 의정부 · 광주 · 구리 · 오산 · 평택 · 포천 · 남양주 · 부천 · 용인 · 광명 · 군포 · 시흥 · 양평 · 하남 · 가평 · 과천 · 김포 · 동두천 · 수원 · 안성 · 양주 · 여주 · 연천 · 의왕 · 이천 · 파주	
강원	5	9	원주 · 강릉 · 영월 · 속초 · 철원	동해 · 태백 · 홍천 · 정선
충북	3	4	제천 · 청주 · 충주	단양
충남	16	16	천안 · 공주 · 아산 · 보령 · 홍성 · 서산 · 부여 · 예산 · 논산 · 계룡 · 금산 · 연기 · 서천 · 청양 · 태안 · 당진	
전북	14	14	임실 · 정읍 · 군산 · 익산 · 전주 · 남원 · 김제 · 완주 · 진안 · 무주 · 장수 · 순창 · 고창 · 부안	
전남	7	11	목포 · 여수 · 나주 · 해남 · 순천 · 광양 · 장흥	화순 · 영광 · 진도 · 완도
경북	11	11	영주 · 구미 · 영천 · 포항 · 경산 · 문경 · 경주 · 김천 · 울진 · 상주 · 청송	
경남	20	20	창원 · 마산 · 진주 · 김해 · 양산 · 사천 · 거제 · 통영 · 진해 · 밀양 · 거창 · 고성 · 함안 · 창녕 · 합천 · 의령 · 남해 · 하동 · 산청 · 함양	
제주	1	1	서귀포	
총 개소 수	132개소	150개소		

(3) 청소년상담 관련법

청소년기본법 제42조는 한국청소년상담원의 설립을, 제46조는 시·도 청소년상담 및 긴급구조 등의 기관 설치와 시·군·구의 청소년지원 등의 기관 설치를 규정하였다. 그리고 동법 시행령에서 그 구체적인 기능을 규정하였다. 제22조는 청소년상담사의 자격, 제23조는 청소년상담사의 배치, 그리고 제24조는 청소년상담사의 채용을 규정하고 있다.

아동·청소년의 성보호에 관한 법률 제25조는 국가가 성폭력 피해아동 청소년과 보호자의 상담 및 치료를 위해 상담시설로 하여금 상담이나 치료 프로그램을 제공하도록 요청할 수 있게 하였으며, 제31조는 성매매피해상담소, 성폭력피해상담소, 한부모가족복지상담소, 청소년상담 및 긴급구조 등의 기관, 청소년지원 등의 기관 등이 상담 업무를 수행할 수 있도록 규정하였다.

2009년 11월 27일 제정·시행된 '지역사회 청소년통합지원체계 구성 및 운영에 관한 규정(총리훈령)'은 통합지원체계를 연차적으로 확대해 나가고 청소년 보호에 불가결한 기관 간 의무적 협조를 이끌어 내기 위해 만들어졌다. 여기에서는 청소년 보호지원의 실효성을 높이고자 위기 상황에 처한 청소년의 발견 및 보호를 위한 필수적 구성기관인 1차 연계망으로서의 학교 교육청, 경찰관서, 노동관서, 공공의료기관, 보건소(정신보건센터), 청소년쉼터, 청소년지원시설을 필수 연계기관으로 지정하게 하여 긴밀한 협조관계를 형성하도록 하였다. 이 중 학교 및 교육청은 관내 학생을 상담지원센터에 상담 의뢰, 경찰서는 가출청소년 발견 및 긴급구조 시 출동 협조, 공공의료기관 및 보건소는 그들에 대한 진료·치료 지원, 청소년쉼터는 보호지원, 그리고 노동관서는 직업훈련 취업지원을 제공한다. 또한 청소년통합지원체계의 원활한 운영을 위하여 자치단체장 소속하에 13명 내외의 위원으로 청소년통합지원체계 운영협의회를 두고 그 산하에 실행위원회를 두도록 하였다.

(4) 청소년상담사 자격

청소년상담사 자격은 1, 2, 3급으로 구분되어 있다. 응시자격은 1급은 청소년상담 분야 박사학위 취득자 및 이에 준하는 실무경력을 갖춘 자, 2급은 청소년상담 분야 석사학위 취득자 및 이에 준하는 실무경력을 갖춘 자, 3급은 청소년상담 분야 학사학위 취득자 및 이에 준하는 실무경력을 갖춘 자이며, 필기·면접 시험을 합격하고 각

표 12-3   청소년상담사 자격검정의 과목

등급	검정과목	
	구분	과목
1급 청소년상담사 (5과목)	필수	• 상담자 교육 및 사례지도 • 청소년 관련 법과 행정 • 상담연구방법론의 실제
	선택	• 비행상담 · 성상담 · 약물상담 · 위기상담 중 2과목
2급 청소년상담사 (6과목)	필수	• 청소년상담의 이론과 실제 • 상담연구방법론의 기초 • 심리측정 평가의 활용 • 이상심리
	선택	• 진로상담 · 집단상담 · 가족상담 · 학업상담 중 2과목
3급 청소년상담사 (6과목)	필수	• 발달심리 • 집단상담의 기초 • 심리측정 및 평가 • 상담이론 • 학습이론
	선택	• 청소년이해론 · 청소년수련활동론 중 1과목

표 12-4   각급별 청소년상담사 연수과목

등급	연수과목
1급 청소년상담사	1. 청소년상담 슈퍼비전 2. 청소년상담 프로그램 개발 3. 청소년 위기개입 II 4. 청소년문제 세미나 5. 청소년 관련법과 정책
2급 청소년상담사	1. 청소년 상담과정과 기법 2. 청소년 진로 · 학업상담 3. 청소년 위기개입 I 4. 지역사회상담 5. 부모상담
3급 청소년상담사	1. 청소년 개인상담 2. 청소년 집단상담 3. 청소년 발달문제 4. 청소년 상담현장론 5. 청소년 매체상담

급별로 100시간의 연수를 이수하여야 자격을 취득할 수 있다.

3) 학교상담

(1) 학교상담제도

우리나라의 학교상담제도는 1950년대 말 교도교사제도로부터 시작하여 1990년대 초 진로상담교사제도, 1999년 전문상담교사제도로 그 명칭이 바뀌어 왔다. 전문상담교사는 초등전문상담교사, 중등전문상담교사, 특수전문상담교사로 구분하여 전문상담교사 양성과정을 통해 양성하였다. 그러다가 2004년부터 전문상담교사 1, 2급으로 구분하여 1급은 교육대학원 상담관련 석사과정이나 교육대학원에서 운영하는 1급 전문상담교사 양성과정을 이수한 자에게 부여하고, 2급은 2급 전문상담 양성과정을 인가받은 학부의 상담학과 및 상담관련 학과 졸업자에게 부여하기 시작하였다.

각급 학교에 상담실을 설치하고 전문상담교사를 배치하도록 하여 대부분의 학교가 상담실을 설치하고 있지만, 전문상담교사를 별도로 선발하여 상담실을 전담하여 운영하기보다는 전문상담교사 자격을 가지고 있거나 상담에 관심이 있는 일반교사가 상담실 업무를 겸하고 있는 실정이다.

(2) 학교상담정책

정부는 학교상담의 활성화를 위하여 2005년 9월부터 전문상담교사를 채용하여 지역교육청 소속으로 순회교사로 근무하도록 하였다. 그리고 2007년부터는 일부 공립학교에 그들을 배치하기 시작하였다. 2010년 6월 현재 전국적으로 883명의 전문상담교사가 지역교육청과 공·사립 학교에 배치되어 활동하고 있다.

또한 2008년부터 위기학생 지원을 위한 Wee 프로젝트를 실시하고 있다. Wee 프로젝트에서 Wee는 'We(우리)+Education(교육)' 'We(우리)+Emotion(감성)'의 이니셜을 의미한다. 여기에는 대상학생의 맞춤형 프로그램인 'Wee 클래스' 운영, 학교 차원의 지도가 어려운 학생에 대한 맞춤형 서비스를 제공하는 교육청 단위 'Wee 센터' 운영, 진학과 취업 등의 자립지원 통합서비스를 제공하는 기숙형 장기(3~6월) 위탁교육센터('Wee 스쿨') 운영이 포함된다. 정부는 2011년까지 Wee 클래스는 전체 학생 수 500명 이상인 학교(5,775개교)의 약 50%에 설치하며, Wee 센터는 전국

180개소, Wee 스쿨은 2009년 3개, 2010년 5개를 설치 · 운영하고 있다. 2009년 12월 현재 초등학교 291개, 중학교 612개, 고등학교 412개 등 1,317개의 Wee 클래스와 80개소의 Wee 센터가 설립 · 운영 중이다. Wee 센터는 대체적으로 단위교육청에서 직접 운영하고 있으며, 교육청 소속의 전문상담교사와 Wee 센터 소속의 전문상담(교)사, 임상심리사, 사회복지사가 함께 근무하고 있다.

표 12-5 Wee 클래스 설치 현황 (2009년 12월 현재)

지역	초등학교	중학교	고등학교	소계
서울	13	31	13	57
부산	29	71	56	156
대구	17	60	37	114
인천	11	46	33	90
광주	11	26	15	52
대전	10	36	16	62
울산	20	19	12	51
경기	17	102	28	147
강원	20	25	23	68
충북	12	46	41	99
충남	28	30	23	81
전북	18	20	27	65
전남	38	40	26	104
경북	24	24	23	71
경남	22	24	25	71
제주도	3	12	14	29
합계	293	612	412	1,317

표 12-6 Wee 센터 설치 현황   (2009년 12월 현재)

시·도	교육청	설립 연도	시·도	교육청	설립 연도
서울 (6)	동부, 강서	2008년	충북 (8)	청주, 충주	2008년
	남부, 서부, 동작, 성동	2009년		제천, 청원, 옥천, 진천, 괴산, 증평, 음성	2009년
부산 (5)	서부, 해운대	2008년	충남 (7)	천안, 논산	2008년
	남부, 북부, 동래	2009년		아산, 서산, 공주, 부여, 홍성	2009년
대구 (4)	동부, 남부	2008년	전북 (6)	전주, 익산	2008년
	서부, 달성	2009년		군산, 남원, 정읍, 순창,	2009년
인천 (6)	서부, 남부	2008년	전남 (7)	화순, 목포	2008년
	본청, 동부, 북부, 강화	2009년		여수, 순천, 나주, 광양, 무안	2009년
광주 (3)	동부, 서부	2008년			
	서부	2009년			
대전 (3)	본청, 동부	2008년	경북 (4)	포항, 영주	2008년
	서부	2009년		문경, 구미	2009년
울산 (3)	강남, 강북	2008년	경남 (4)	진주, 창원, 통영, 함안	2008년
	교육과학연구원	2009년			2009년
경기 (7)	용인, 고양	2008년	제주 (2)	제주	2008년
	구리, 남양주, 이천, 안산, 평택, 수원	2009년		서귀포	2009년
강원 (5)	원주, 강릉	2008년			
	춘천, 정선, 속초, 양양	2009년			

(3) 학교상담 관련법

초·중등교육법 제19조는 학교에 전문상담교사를 두거나 시·도 교육행정기관에 전문상담순회교사를 두도록 하고 있다. 동법 시행령 제40조에서 하급 교육행정기관마다 2인 이내의 전문상담순회교사를 두도록 하여 학교에 전문상담교사를 의무적으로 배치하는 법적 근거는 아직 마련되어 있지 않다. '전문상담교사' 명칭의 근거는 초·중등교육법 제21조에 교사(1·2급), 준교사, 전문상담교사(1·2급), 사서교사

(1 · 2급), 보건교사(1 · 2급), 영양교사(1 · 2급) 및 실기교사로 나누어진 교사의 종류에 명시되어 있다. 학교폭력예방 및 대책에 관한 법률 제14조는 학교에 대통령령으로 정하는 바에 따라 상담실을 설치하고, 초 · 중등교육법 제19조에 따라 전문상담교사를 두도록 하고 있다.

2010년 8월 현재 이철우 의원이 대표 발의한 학교상담진흥법안(2009. 8. 24.)과 김진표 의원이 대표 발의한 학교상담지원에 대한 법률안(2009. 12. 30.)이 국회에 제출되어 있다. 두 법안의 주요 내용은 각급 학교에 상담실, 교육행정기관에 학생상담지원센터를 설치하여 전문상담교사를 배치하며, 일정 규모 이하의 학교에는 전문상담순회교사가 업무를 담당하도록 규정하고 있다.

(4) 전문상담교사 자격

전문상담교사 자격은 전문상담교사 1 · 2급 양성기관에서 전공과목 및 교직과정을 이수하여 일정 학점을 취득한 자에게 무시험검정에 의해 수여되고 있다. 교원자격검정령(2008. 3. 24.)에 따르면 전공과목 50학점 이상(직무관련 영역 50학점 이상, 기본 이수과목 21학점[7과목] 이상 포함), 교직과목 22학점 이상(교직이론 및 교직소양 18학점 이상[교직소양 4학점 이상 포함]), 교육실습 4학점 이상(교육봉사활동 2학점 이내 포함 가능)을 이수해야 2급 전문상담교사 무시험검정에 합격할 수 있다. 이전의 자격 기준은 1급 전문상담교사 양성과정은 18학점 이상, 2급 전문상담교사 양성과정은 42학점 이상을 이수하는 것이었다.

전문상담교사 양성은 1급과 2급이 별도로 운영되고 있다. 1급 전문상담교사는 교육대학원 전문상담교사 석사과정 연계과정 이수자에게 부여되며, 2급 전문상담교사는 4년제 대학 상담 · 심리학과의 전문상담교사 2급 교직과정 이수자에게 부여된다. 석사학위 연계과정으로 상담 · 심리 관련 전공이 개설된 전국의 교육대학원은 2007년 10월 기준 86개교, 187개 과정이 있고(김희대, 2008), 학부에 전문상담교사 2급 교직과정이 인가된 학과는 42개에 이른다. 42개 학교의 학과를 구분해 보면 국립대학 7개, 사립대학 35개 학과이며, 심리학과 26개, 상담(심리)학과 11개, 청소년학과 3개, 평생교육학과 1개, 교정학과 1개 등으로 구성되어 있다(김인규, 2009).

4) 비행 · 교정상담

(1) 경찰청의 비행상담정책

경찰청은 소년범 조사과정에 범죄심리사가 참여하여 소년범 선도 및 재범 가능성을 판단해 주고 전문적인 선도를 연계하는 '소년범 수사 시 전문가 참여제(다이버전 제도)'를 2003년 2개 경찰서를 시작으로 2004년 5개 경찰서, 2005년 45개 경찰서, 2006~2007년 52개 경찰서에서 시범 운영하였다. 또한 전국 경찰관서에 청소년 상담교실을 설치 · 운영하고, 각급 학교를 방문하여 범죄예방교실을 운영하고, 각종 청소년단체와 협조하여 사랑의 교실을 운영하고 있다(경찰청, 2008).

(2) 법무부의 보호관찰제도

보호관찰제도는 죄를 범한 자로서 재범 방지를 위하여 보호관찰, 사회봉사 · 수강 및 갱생보호 등 체계적인 사회 내 처우가 필요하다고 인정되는 자에 대하여 범죄예방 활동과 지도 · 원호를 함으로써 건전한 사회복귀를 촉진하는 제도다. 이 중 수강명령은 약물중독, 가정폭력, 성폭력 등 유죄가 인정된 습관 중독성 범죄자를 교도소 등에 구금하는 대신 자유로운 생활을 허용하면서 보호관찰소 또는 지정기관에서 일정시간의 강의, 심리치료 등의 교육을 받게 하는 제도다. 또한 성구매 남성을 교육함으로써 수요자 감소를 통한 성매매 문제 해결을 시도하는 존스쿨 교육 프로그램을 운영하고 있다.

수강명령은 1997년 이후 약물치료, 준법운전, 가정폭력 치료, 성폭력 치료 등 협력기관을 세분화 · 전문화하여 2005년 말 기준으로 현재 전국에 총 253개의 지역 전문기관을 수강명령집행 협력기관으로 지정하여 운영하고 있다. 1999년부터는 전문기관별 주요 프로그램 중 핵심 사항을 취합하여 보호관찰소 자체의 프로그램을 개발하고 보호관찰소가 수강명령의 자체 집행기관으로서의 기능을 하고 있다. 존스쿨은 2005년 하반기부터 서울보호관찰소 등 전국 13개 보호관찰소에서 시행하였고, 2006년부터 교육실시 보호관찰소를 총 22개 기관, 공조대상 보호관찰소를 총 15개 기관으로 확대 실시하고 있다.

(3) 법무부의 교정위원제도

법무부는 각종 교도시설의 수용자를 대상으로 법무부장관의 위촉을 받은 교정위원과 각 시설장의 승인을 받은 준교정위원들이 상담, 인성교육, 교화 프로그램 등을 실시할 수 있도록 하였다. 이에 현재 교정위원에 의한 상담활동이 활발하게 실시되고 있다. 교정위원은 교화, 종교, 교육, 의료 등의 분야로 나누어지며 위촉기간은 3년이다.

(4) 비행 · 교정상담 관련법

보호관찰 등에 관한 법률에서는 보호관찰의 대상(3조), 내용(32조), 방법(33조), 종료(47~53조) 등을 규정하고 있다. 형의 집행 및 수용자의 처우에 관한 법률 제130조는 수용자의 교육 · 교화 · 의료, 그 밖에 수용자의 처우를 후원하기 위하여 교정시설에 교정위원을 둘 수 있도록 하였고, 동법 시행령 제151조는 수용자의 개선을 촉구하고 안정된 수용생활을 위하여 교정위원에게 수용자를 교화 · 상담할 수 있게 하였다. 이에 따라 법무부 교정위원 운영지침은 교정위원의 자격, 위촉, 활동 분야, 자치조직 등을 규정하고 있다.

5) 인터넷중독 상담

(1) 인터넷중독 상담정책

우리나라는 2002년부터 인터넷중독에 대해 본격적인 국가정책을 펼쳐오고 있으며, 행정안전부에서 한국정보문화진흥원(현 한국정보화진흥원)을 통해 이 문제에 대응하고 있다. 2008년 현재 전국 7개 지역의 인터넷중독예방상담센터를 운영하고 있고, 전국 각 지역 주민들의 접근성을 향상시키기 위해 상담 협력기관의 수를 82개소까지 확대하였으며, 복지관 및 대학 학생생활연구소 등 성인상담기관을 증가시켜 다각화를 추구하였다(정보통신부, 2009). 한국정보문화진흥원에서는 초 · 중 · 고등학생용과 교사, 학부모용 인터넷중독예방 가이드북 개발과 배포, 인터넷 휴요일제도 시행, 인터넷중독예방특강 표준강의안 개발, 인터넷중독전문상담사 교육을 실시하고 있다.

한편, 행정안전부는 2010년 업무보고에서 과제 1 '엄정한 사회질서 확립' 의 세부

과제로 '안전한 사이버공간 만들기'를 선정하고, 이를 위해 현장방문상담 등 인터넷 중독 예방·치료를 확대(8만 명)하고 놀이·미술을 활용한 '아동용 예방·치료 프로그램'을 개발·보급하여 건전한 정보문화를 조성한다는 계획을 발표하였다.

(2) 인터넷중독 전문상담인력 양성 및 전문성 강화

한국정보문화진흥원은 인터넷중독 해소사업을 추진함에 있어 전문성을 강화하기 위한 노력을 지속해 오고 있다. 2002년부터 2008년까지 총 819명의 인터넷중독 전문상담사를 양성했고, 전문상담사를 양성하기 위해 사업협력을 체결한 기관에서 활동하거나 혹은 공인자격증을 소지하고 있으면서 대학원 3학기 이상을 이수한 자를 우선 선발하여 총 40시간의 교육·훈련을 실시하였다. 한편, 학교 현장에서 교사들의 대응력을 강화하기 위해 2006년부터 2008년까지 340명의 교사를 대상으로 교원 직무과정을 운영하였다. 2008년에는 전문성 강화를 위해 인터넷중독 아카이브를 구축하고 인터넷중독 상담연구회를 발족하였다. 이 아카이브는 국내외 학술지 및 학위논문 330편, 단행본 100권, 디지털 자료 80편 등 국내외에서 인터넷중독 및 상담과 관련하여 구축된 가장 방대한 인터넷중독 전문도서관이다. 한국정보문화진흥원은 인터넷중독 상담연구회를 통해 2009년 신규사업으로 인터넷중독 취약계층에 대한 가정방문 상담사업과 심야 2시까지의 전화 및 인터넷 상담사업을 개발하였다. 향후 이 사업은 각 지역의 협력기관과 함께 그 규모를 확대하며 전문성을 갖추기 위해 더욱 노력하고, 나아가 해외와도 정책 및 콘텐츠를 홍보·교류할 계획이다.

(3) 인터넷중독 상담 관련법

인터넷중독의 예방과 해소에 관한 법률안(의안번호 제2238호, 2008. 11. 24. 발의)이 한선교 국회의원 대표발의로 국회에 제출되어 있는 상태다. 이 법률안은 국가 또는 지방자치단체가 인터넷중독의 예방·해소를 위하여 인터넷중독예방상담센터를 설치·운영하도록 하고, 인터넷 중독자에 대한 진단 및 상담은 의료기관의 정신과 전문의, 인터넷중독 전문상담사, 인터넷중독 문제 해결에 대한 교원연수를 받은 상담교사가 하도록 하고 있다.

2. 정부의 상담정책 Ⅱ

이 절에서는 성인을 대상으로 하는 정부의 상담정책을 소개한다. 여기에는 군상담, 여성상담, 가정상담, 노동상담이 포함된다.

1) 군상담

(1) 군상담정책

국방부는 병영문화 개선의 일환으로 장병 기본권 보장과 복무 여건 개선을 추진하고 있다. 2006년 1월에 인권담당관실을 국방부 본부에 신설하여 기본권정책 및 장병 기본권 증진 업무를 전담토록 하였으며, 2007년 12월에는 각 군본부에도 인권과를 설치하여 예하 부대 장병들의 기본권 보장을 감독하고 기본권 증진계획을 시행토록 하고 있다. 2008년 1월에는 기본권 교육을 강화하는 내용으로 '군 인권교육 규정'을 개정하였다.

(2) 장병 기본권 전문상담관제도

국방부는 군상담을 위하여 장병 기본권 전문상담관제도를 운용하고 있다. 전문상담관은 상담학, 심리학 등에 대한 전문자격을 갖춘 민간전문가로서 병영 내 복무 부적응자들을 대상으로 전문적인 상담을 하고, 지휘관에게는 장병 기본권과 관련된 갈등관리에 대한 조언을 하고 있다. 상담관제도는 2005~2006년의 2년 동안 시험 적용을 거쳤으며, 2008년에는 42명의 상담관을 배치하였다. 배치부대는 육군의 경우 1 · 3군 예하 14개 전방부대와 육군훈련소, 해군의 경우는 작전사와 각 함대 및 해병대의 각 사단과 교육단, 공군의 경우는 작전사 · 군수사 · 교육사 등이다. 2011년 이후에는 총 455명의 상담관을 선발하여 연대급 부대에서도 기본권상담을 받을 수 있도록 할 예정이다.

2010년도 병영생활 전문상담관 선발공고에 제시된 응시자격 요건은 〈표 12-7〉과 같다.

표 12-7	2010년도 병영생활 전문상담관 선발 응시자격 요건

구 분	군 경력자	민간 경력자
학력 · 경력	• 10년 이상 군 경력자 • 2007. 1. 1.~2009. 12. 31. 전역자 또는 전역 예정자	• 상담 및 사회복지 관련학과 학사학위 이상 소지자 • 3년 이상 상담 경력자
자격 요건	[1군 자격증] 1순위 우대 • 청소년상담사 1, 2급 • 정신보건임상심리사 1, 2급 • 임상심리사 1급 • 정신보건사회복지사 1급	• 상담심리사 1, 2급 • 수련감독전문상담사 • 전문상담사 1, 2급 • 임상심리 전문가 등
	[2군 자격증] 2순위 우대 • 임상심리사 2급	• 정신보건사회복지사 2급
	[기타 자격증] • 청소년상담사 3급 • 전문상담교사 1, 2급	• 사회복지사 1, 2, 3급 • 기타 상담관련 자격증 등

* 학력 · 경력 요건 미달자 및 국가공무원법 제33조 해당자 선발 배제.

(3) 군상담 관련법

우리나라의 경우 아직 군상담 관련법은 제정되어 있지 않다. 국방부는 2006년 12월 군인복무 기본법 제정 법률안을 발표하고 2007년 국회에 제출하였으나, 17대 국회 임기만료로 자동 폐기되었다. 이 법률안은 국방부, 각군 본부 및 장관급 장교가 지휘하는 부대에 군인 고충심사위원회를 두고 군인의 고충을 심사 · 처리하며, 군인의 기본적 권리와 관련된 상담 · 교육 등을 위하여 전문상담관을 운영할 수 있도록 하였다.

2) 여성상담

(1) 여성상담정책

우리나라 여성상담정책은 주로 성폭력과 가정폭력 피해자를 대상으로 실시되고 있다. 성폭력상담소는 성폭력특별법이 제정된 1994년 처음 설치되었고, 가정폭력상담소는 가정폭력방지법이 제정된 다음 해인 1998년부터 설치 · 운영되기 시작하였다. 이후에 상담소 설치규정이 허가제에서 신고제로 전환되면서 상담소 수가 급증하여 2008년 12월 말 성폭력상담소 173개소, 가정폭력상담소 277개소, 통합상담소 23개

표 12-8 지역별 여성상담소 현황   (2008년 12월 기준, 단위: 개소, 명)

구분	서울	부산	대구	인천	광주	대전	울산	경기	강원	충북	충남	전북	전남	경북	경남	제주	합계
계	70 (2)	14 (1)	15 (1)	20	27 (1)	12 (1)	15 (1)	92 (2)	15	25 (1)	32 (2)	35 (2)	21 (1)	38	36 (2)	6 (1)	473 (18)
가정폭력	46	7	10	13	14	7	9	58	9	14	20	17	9	23	18	3	277 (0)
성폭력	22 (2)	4 (1)	3 (0)	5	13 (1)	5 (1)	5 (1)	33 (2)	4	10 (1)	12 (2)	18 (2)	11 (1)	9	18 (2)	1 (1)	173 (17)
통합	2	3	2 (1)	2	-	-	1	1	2	1	-	-	1	6	-	2	23 (1)

* ( )는 장애인 상담소 수임.
출처: 여성가족부(2010). 2009 여성권익증진사업 운영지침.

소가 운영되고 있다.

여성상담소 및 보호시설은 다음과 같은 연계체계를 가지고 있다. 여성긴급전화 1366은 1차 상담, 야간상담, 긴급피난처 제공(주·야), 그리고 초기 사례관리를 제공한다. 주간에는 1차 상담을 제공하는데, 1366에서의 1차 상담에서는 내담자가 처한 문제 상황을 파악하기 위한 것으로 내담자에 대한 개괄적인 상담과 피해 상태를 확인한다. 피해자의 문제 영역을 파악한 후에는 피해자에게 도움을 줄 수 있는 관련기관의 정보를 제공한다. 성매매상담소 기관을 제외한 가정폭력상담소, 성폭력상담소는 근무시간 이후의 피해자 상담전화를 1366에서 착신하도록 하고 있다.

상담소는 전화상담, 면접상담, 집단상담, 사이버상담, 법률상담, 피해 상태 확인, 위기 개입 및 사례관리, 여성폭력 예방교육, 가해자 교정을 위한 교정·치료 프로그램 등을 시행한다. 상담은 내담자의 문제 상황을 파악하고, 내담자에 대한 개괄적인 상담과 피해 상태를 확인하며, 심리상담을 제공하는 것을 주 내용으로 한다. 피해자의 문제 영역을 파악한 후에는 위기에 개입하거나 피해자에게 도움을 줄 수 있는 관련기관의 정보를 안내해 준다.

보호시설은 피해자의 신체적·정신적 안정 및 가정복귀를 돕는 것이다. 그 밖에 피해자 일시보호, 수사기관의 조사 및 법원 증인신문에의 동행, 법률구조기관에 필요한 협조와 지원 요청, 자립·자활교육의 실시와 취업 정보의 제공 등을 한다. 보호시설에서는 피해자 치료·회복 프로그램을 운영하고 있는데, 전문가 상담, 심리치료, 집단상담, 심신회복 캠프 등의 프로그램을 통해서 가정폭력 및 성폭력 피해자들의 치유, 정서회복, 자존감 회복을 지원한다.

여성가족부 2010 업무계획에서는 ① 여성새로일하기센터에서 경력단절 여성 재취업을 위한 직업상담부터 취업 후 사후관리까지 원스톱 취업지원 서비스 제공, ② 교육과학기술부와 공동으로 여대생커리어개발센터 지정 · 지원을 확대하고 체계적 취업준비 프로그램 운영, ③ 여대생을 위한 온라인 커리어멘토링 강화, ④ 여성 · 학교폭력피해자 원스톱 지원센터에 임상심리사 및 아동 · 장애인 전문상담원 추가 배치, ⑤ 집결지 성매매피해 여성 대상 상담 · 휴식을 위한 열린터 운영, ⑥ 이주여성긴급지원 1577-1366 지역센터 가족갈등 심층상담 지원 강화, ⑦ 생애주기별 맞춤형 상담에서부터 기초역량 강화, ⑧ 교육 및 의료 · 법률 · 취업 등 지역사회 서비스 연계 지원하는 여성장애인 사회참여확대 통합 프로그램 운영 등의 여성상담 관련 정책을 제시하였다.

(2) 여성상담 관련법

성폭력범죄의 처벌 및 피해자보호 등에 관한 법률 제23조는 성폭력피해상담소를 설치하도록 하였으며, 제24조에서는 성폭력 신고접수, 상담, 보호시설로의 인도, 협조와 지원 요청 등의 상담소 업무를 규정하였다. 동법 시행규칙 제3조는 개별상담실과 전화상담실 등의 상담소 설치 기준과 함께 상담실에 상담원을 2명 이상 배치하도록 하였으며, 상담원이 받아야 할 64시간의 성폭력상담원 교육과목을 규정하였다.

가정폭력방지 및 피해자보호 등에 관한 법률 제4조는 가정폭력 피해자의 신고접수 및 상담을 위하여 긴급전화센터를 설치 · 운영하도록 하였으며, 외국어 서비스를 제공하는 긴급전화센터를 따로 설치 · 운영하도록 하였다. 제5조에서는 가정폭력 관련 상담소를 설치할 수 있도록 하였고, 제6조에서는 신고접수, 상담, 임시보호, 보호시설 인도 등의 상담소 업무를 규정하였다. 제8조는 긴급전화센터, 상담소 및 보호시설 종사자의 자격 기준으로 가정폭력 관련 상담원 교육 · 훈련시설에서 여성가족부령으로 정하는 상담원 교육 · 훈련과정을 마친 자로 하도록 하였고, 긴급전화센터 · 상담소 및 보호시설 종사자의 자질을 향상시키기 위하여 보수교육을 실시할 것을 의무화하였다. 동법 시행규칙 제4조는 상담소의 설치 기준을 보건 · 위생 · 급수 · 안전 · 환경 · 교통편의 등을 충분히 고려하여 쾌적한 환경의 입지 조건, 연면적

49.59㎡ 이상의 공간, 상담원 2명 이상 등으로 구체적으로 제시하였다. 제9조는 긴급전화센터, 상담소 및 보호시설 종사자의 일반적 자격 기준과 별도의 교육·훈련 시설에서 100시간 이상의 상담원 교육과정을 이수할 것을 규정하였고, 제11조에서는 보수교육의 기간, 방법, 강사 기준, 교육 내용 등을 규정하였다.

3) 가정상담

(1) 건강가정지원사업

건강가정지원사업은 2005년 건강가정기본법이 시행되면서부터 시작되어 여성가족부에서 담당하다가 2008년부터 보건복지가족부로 이관되었고, 2010년 3월 다시 여성가족부로 이관되었다. 이 사업의 기본 방향은 가족돌봄사업, 가족교육, 가족상담, 가족문화 활동 등의 가족지원 서비스 확대 및 발굴을 통해 가족의 건강성을 증진하고 다양한 가족에 대한 맞춤형 서비스 지원을 강화하는 것이다. 주요 사업은 중앙건강가정지원센터에서 가족지원 프로그램의 연구 개발 및 보급, 센터 종사자 교육, 지방센터 사업운영 지원 및 평가, 가족관련 정보 제공 및 전국단위 가족문화운동 전개 등이다. 아울러 지방건강가정지원센터에서 다양한 가족형태에 맞는 가족교육, 가족상담을 제공하고, 지역주민을 대상으로 가족문화 개선·홍보사업을 추진하며, 지역주민의 가족서비스 욕구조사, 가족관련 정보 제공 등을 한다. 건강가정지원센터는 전국적으로 97개가 설치되어 있으며 시·도별 설치 현황은 〈표 12-9〉와 같다.

표 12-9 시·도별 건강가정지원센터 설치 현황

구분	서울	부산	대구	인천	광주	대전	울산	경기	강원	충북	충남	전북	전남	경북	경남	제주	계
국비	7	5	3	3	2	1	1	7	3	2	5	3	3	3	4	2	54
지방비	19			2				21			1						43
계	26	5	3	5	2	1	1	18	3	2	6	3	3	3	4	2	97

출처: 보건복지부 홈페이지(http://www.mohw.go.kr/); 중앙건강가정지원센터(http://www.familynet.or.kr/).

(2) 다문화가족지원사업

다문화가족지원사업은 한국 사회의 다문화 사회화에 따라 2006년 3월부터 여성가족부에서 담당하여 실시하다가 2008년 3월 보건복지가족부로 이관되었고, 2010년

3월 다시 여성가족부로 이관되었다. 이 사업의 기본 방향은 다문화가족을 위한 가족교육 · 상담 · 문화 프로그램 등 서비스 제공을 통해 결혼이민자의 한국 사회 조기 적응 및 다문화가족의 안정적인 가족생활을 지원하는 것이다. 주요 사업은 방문교육사업, 통 · 번역 서비스 사업, 다문화가족 자녀 언어발달 지원, 다문화가족 농촌정착 지원 등이다. 다문화가족지원센터는 전국적으로 119개가 설치되어 있으며 시 · 도별설치 현황은 〈표 12-10〉과 같다.

표 12-10 시 · 도별 다문화가족지원센터 설치 현황

구분	서울	부산	대구	인천	광주	대전	울산	경기	강원	충북	충남	전북	전남	경북	경남	제주	계
국비	4	4	4	3	2	2	2	10	8	7	7	9	13	13	11	1	100
지방비	1			1					1	1	8	5	2				19
계	5	4	4	4	2	2	2	10	9	8	15	14	15	13	11	1	119

출처: 전국다문화가족사업지원단 홈페이지(http://mfsc.familynet.or.kr/).

(3) 이혼숙려제도

이혼숙려제도는 이혼율 증가의 대책을 위하여 2004년에 공청회를 거쳐서 입안되었고, 3년간의 시범실시 기간을 거친 후 2008년 6월 전격적으로 시행되었다. 그 내용은합의이혼이든 재판이혼이든 법원의 결정문을 받기 전에 자녀(미성년)가 있으면 3개월간, 없으면 1개월간 숙려기간을 갖고 상담 등을 통하여 이혼의 아픔과 이혼 후의 대처방안 등에 대하여 당사자가 충분히 고려하기를 권고하는 방안이다.

가정법원은 필요한 경우 당사자에게 이혼상담에 관해 전문적인 지식과 경험을 갖춘 전문상담인의 상담을 받을 것을 권고할 수 있다. 전문상담인의 경우 대학교수와의사 등 전문가를 법원에서 위촉한다.

(4) 건강가정사 자격제도

건강가정사 자격제도는 건강가정기본법에 근거하여 2005년부터 시작되었다. 건강가정사 자격은 대학 또는 이와 동등 이상의 학교에서 사회복지학 · 가정학 · 여성학 등 관련 교과를 이수하고 졸업한 자에게 주어진다. 대학에서 자격을 취득할 경우건강가정사 이수 교과목 중 총 12과목(핵심과목 5과목, 기초이론 4과목, 상담 · 교육 등실제 3과목) 이상을 이수하면 되고, 대학원에서 자격을 취득할 경우는 건강가정사 이

표 12-11	건강가정사 이수 교과목			
구분		교과목	대학 졸업	대학원 졸업
핵심과목		건강가정론, (건강)가정(족)정책론, 가족상담(및 치료), 가정(족)생활교육, 가족복지론, 가족과 젠더, 가족(정)과 문화, 건강가정현장실습, 여성과 (현대)사회, 비영리기관 운영관리	5과목 이상	4과목 이상
관련 과목	기초 이론	가족학, 가족관계(학), 가족법, 아동학, 보육학, 아동(청소년)복지론, 노년학, 노인복지론, 인간발달, 인간행동과 사회환경, 가족(정)(자원)관리, 가계경제, 가사노동론, 여가관리론, 주거학, 생애주기 영양학, 여성복지론, 여성주의 이론, 정신건강(정신보건사회복지)론, 장애인복지론, 가정생활복지론, 상담이론, 자원봉사론, 사회복지(개)론, 성과 사랑, 법여성학, 여성과 문화, 일과 가족(정)	4과목 이상	2과목 이상
	상담 교육 등 실제	생활설계상담, 아동상담, 영양상담 및 교육, 소비자상담, 주거상담, 부모교육, 부부교육, 소비자교육, 가정생활과 정보, 가계재무관리, 주택관리, 의생활관리, 지역사회 영양학, 프로그램 개발과 평가, 사회복지실천기술론, 지역사회복지론, 연구(조사)방법론, 부부상담, 집단상담, 사회복지실천론, 가족(정)과 지역사회, 여성과 교육, 여성과 리더십, 여성주의 상담, 위기개입론, 사례관리론	3과목 이상	2과목 이상

수 교과목 중 총 8과목(핵심과목 4과목, 기초이론 2과목, 상담 · 교육 등 실제 2과목) 이상을 이수하면 자격을 취득할 수 있다. 건강가정사 이수 교과목은 〈표 12-11〉과 같다.

(5) 가정상담 관련법

건강가정기본법 제35조는 가정문제의 예방 · 상담 및 치료, 건강가정의 유지를 위한 프로그램의 개발, 가족문화운동의 전개, 가정 관련 정보 및 자료 제공 등을 위하여 중앙, 시 · 도 및 시 · 군 · 구에 건강가정지원센터를 두고 건강가정사업을 수행하기 위하여 관련 분야에 대한 학식과 경험을 가진 전문가(이하 '건강가정사' 라 함)를 두도록 하였다. 건강가정사는 대학 또는 이와 동등 이상의 학교에서 사회복지학 · 가정학 · 여성학 등 보건복지부령이 정하는 관련교과를 이수하고 졸업한 자로 규정하였다. 동법 시행령 제15조는 가정문제의 예방 · 상담 및 개선, 건강가정 유지 프로그램 개발, 건강가정 교육, 가정생활문화운동 전개 등 건강가정사의 직무를 규정하였다.

다문화가족지원법 제8조는 국가 및 지방자치단체가 가정폭력의 피해를 입은 결혼이민자 등에 대한 보호 및 지원을 위하여 외국어 통역서비스를 갖춘 가정폭력 상담소 및 보호시설의 설치를 확대하도록 노력할 것을 규정하였다. 제12조는 다문화가족 지원에 필요한 전문 인력과 시설을 갖춘 법인이나 단체를 다문화가족지원센터로 지정하여 다문화가족을 위한 교육 · 상담 등 지원사업의 실시, 다문화가족 지원서비스 정보 제공 및 홍보, 다문화가족 지원 관련 기관 · 단체와의 서비스 연계 등을 할 수 있도록 하였고, 지원센터에는 다문화가족에 대한 교육 · 상담 등의 업무를 수행하기 위하여 관련 분야에 대한 학식과 경험을 가진 전문인력을 두도록 하였다. 동법 시행규칙 제3조는 다문화가족지원센터 전문인력의 기준으로 건강가정사, 사회복지사 등을 제시하고, 센터에는 이들 중 어느 하나에 해당하는 전문인력을 1명 이상 두어야 한다고 명시하였다.

민법 제836조 제1항에서는 협의상 이혼을 하려는 자는 가정법원이 제공하는 이혼에 관한 안내를 받아야 하고, 가정법원은 필요한 경우 당사자에게 상담에 관하여 전문적인 지식과 경험을 갖춘 전문상담인의 상담을 받을 것을 권고할 수 있도록 하였다. 그리고 제2항에서는 이혼숙려제도의 기간을 지정하였고, 제3항에서는 폭력으로 인하여 당사자 일방에게 참을 수 없는 고통이 예상되는 등 이혼을 하여야 할 급박한 사정이 있는 경우에는 이혼숙려 기간을 단축 또는 면제할 수 있도록 하였다.

4) 고용-노동상담

(1) 노동/직업상담정책

고용노동부는 공공부문의 적극적 고용시장정책을 통한 직업안정 서비스를 제공하고자 고용지원센터를 설립하고 실업급여와 취업알선이라는 공공부문의 고용지원 서비스를 시행하여 왔다. 전국의 고용(지원)센터는 종합고용지원센터 47개소, 고용지원센터 24개소, 종합고용지원센터 출장센터 13개소로 총 84개가 운영되고 있으며, 2007년 12월 현재 직업상담 공무원 1,335명과 직업상담원 140명이 일하고 있다(노동부, 2008). 고용서비스 담당인력의 전문성을 높이고자 고용(지원)센터 직원들을 대상으로 단계별 심화학습 체계를 구축하고, 서울대, 부산대, 전남대에 고용서비스 전문가과정을 설계 · 운영하고 있다.

또한 취업정보 제공을 위하여 워크넷, 직업훈련, 고용보험 등 정보를 통합 · 분석하는 '노동시장정보 통합분석 시스템(LaMAS)'을 구축하고, 공공 및 민간 취업포털

구인 정보를 통합 제공하는 '구인정보 허브시스템(Job-Net)' 및 청소년, 고령자, 여성, 단기일자리 등 수요자 맞춤형 워크넷을 구축하였다. 그리고 '개인형 맞춤형 취업지원 시스템(Individual Action Plan: IAP)을 도입하여 심층상담을 통해 구직자의 능력을 진단한 후 개인별 취업지원계획을 수립하고 단계별로 구직자 개개인에 필요한 취업지원 서비스를 지원하고 있다.

2007년 하반기부터는 중소기업 근로자에게 심리상담을 지원하는 사회적 일자리 사업으로 근로자 심리상담 지원 프로그램을 시작하기로 하고 공모를 통해 사업 수행 기관을 선정하여 실시하였다. 또한 2011년에는 종합직업체험관을 개관하여 국민들이 아동기부터 다양한 직업을 실제로 체험해 보고, 많은 직업 정보를 습득하여 건전한 직업관과 근로의식을 형성할 수 있도록 할 예정이다.

대상별 직업상담정책을 살펴보면, 여성 재취업 지원을 위하여 2007년에 여성고용 지원센터를 5개 설치하였고, 고령자 고용지원을 위하여 중견전문인력 고용지원센터와 고령자인재은행을 운영하고 있다. 또한 장애인 일자리 확대를 위하여 장애인고용 촉진공단에 통합고용지원팀을 신설하여 직업상담, 직업능력개발 서비스를 제공하고 있으며, 연소근로자 상담을 위하여 2006년 연소자 전용 타운홈피를 개설하고 타운홈피와 연계한 모바일 폰페이지(WAP)를 이용한 상담서비스를 실시하고 있다. 체불근로자 보호 시스템 강화의 일환으로는 체불임금청산지원팀에 근로감독관과 민간 상담전문가로 구성된 상담팀이 심층상담을 실시하도록 하고 있다. 그리고 산업재해 근로자의 재활지원을 위해서는 전문재활상담인력 선발, 산재근로자 상담 매뉴얼 개발 등을 실시하였다(노동부, 2008).

우리나라에서 직업상담자제도는 1996년 공공직업 안정기관인 인력은행이 설치되면서 취업알선 업무를 위해 도입되었고, 1997년 IMF로 인한 대량실업, 1998년 고용보험의 확대에 따라 본격적으로 운영하게 되었다. 2000년 직업상담사 자격제도가 국가자격으로 만들어졌으며, 2007년 행정직군에 직업상담직렬이 신설되어 직업상담원 1,397명을 공무원으로 전환하였다(노동부, 2008; 윤영한, 2009).

(2) 직업상담사 자격

직업상담사 자격은 1999년 개정된 국가기술자격법 시행령을 근거로 2000년부터 시작되었으며, 산업인력관리공단에서 시험을 주관하여 1차 이론시험, 2차 실기시험

을 실시한다. 필기시험 과목은 2009년까지는 1급은 직업상담 · 심리학, 고급직업정
보론(노동시장론 포함), 노동관계법규의 3과목, 2급은 직업상담 · 심리학, 직업정보론
(노동시장론 포함), 노동관계법규의 3과목이었고, 2010년부터는 1급은 고급직업상담
학, 고급직업심리학, 고급직업정보론, 노동시장론, 노동관계법규의 5과목, 2급은 직
업상담학, 직업심리학, 직업정보론, 노동시장론, 노동관계법규의 5과목으로 변경되
었다(국가기술자격법 시행규칙, 2008. 11. 26. 일부개정).

(3) 직업/기업상담 관련법

근로자참여 및 협력증진에 관한 법률 제25조는 근로자의 고충을 청취하고 이를 처
리하기 위하여 30인 이상의 사업장에 고충처리위원을 두도록 하였다. 남녀고용평등
법 제4조에서는 사업주와 근로자가 남녀가 동등하게 존중받고 근무할 환경 조성을
위해 노력할 의무를 명시하여 2001년 삼성전자 여러 사업장에 여성상담소를 설치하
는 근거로 활용되었다. 산업안전보건법 제5조는 '근로자의 신체적 피로와 정신적 스
트레스 등으로 인한 건강장애를 예방하고 근로자의 생명보전과 안전 및 보건을 유
지 · 증진' 하는 것을 사업주의 업무로 규정하였고, 동법 시행규칙 제259조는 근로자
의 직무 스트레스에 의한 건강장해에 대해 사업주의 예방조치를 명시하였다(류희영,
2008).

3. 민간의 상담

이 절에서는 앞서 살펴본 정부의 상담정책 영역별 민간의 활동을 다룬다.

• 아동상담 관련 민간활동: 현재 우리나라의 경우 아동의 정서문제, 학습문제, 폭력
  피해 문제 등을 다루는 많은 상담 시설과 단체가 활동하고 있으나 일정한 관리
  체제가 마련되어 있지 않아 정확한 현황 파악을 하기 어렵다. 다양한 놀이치료
  상담실, 아동복지센터가 지역마다 활성화되고 있으며, 굿네이버스 등의 민간단
  체에서 폭력아동 대상 상담서비스를 제공하고 있다.
  아동상담과 관련하여 한국아동청소년상담학회, 한국아동미술치료학회, 한국

아동심리치료학회, 한국놀이치료학회 등의 전문학회가 학술활동과 전문가 자격
제도를 운영하고 있다.

- **청소년상담 관련 민간활동**: 청소년의 학습, 진로를 상담하는 민간 상담실과 기업들
이 늘어가고 있다. 많은 학습지 회사가 학습코칭이라는 명칭으로 학업 관련 진
단과 상담을 실시하고 있으며, 여러 상담기관과 청소년정신과에서 집중력 개발,
학습전략훈련 등의 학업상담 프로그램을 운영하고 있다. 다양한 학습, 진로 관
련 검사도구를 개발하여 판매하는 회사에서도 학습상담과 진로상담 관련 프로
그램을 진행하거나 전문가 양성과정을 운영하고 있다.

  청소년상담과 관련하여 한국아동청소년상담학회가 전문 학술활동과 전문가
  자격제도를 운영하고 있으며, 한국청소년상담지원센터협의회에서 청소년상담
  의 활성화와 청소년상담자의 권익보호를 위해 활동하고 있다.

- **학교상담 관련 민간활동**: 학교폭력예방재단이 학교폭력 예방과 피해자 상담을 위
한 활동을 하고 있으며, 각 대학의 학생상담센터(학생생활연구소)가 대학생 대상
상담활동을 하고 있다.

  학교상담과 관련하여 한국학교상담학회, 한국대학상담학회 등의 전문학회가
  학술활동과 전문가 자격제도를 운영하고 있으며, 한국카운슬러협회, 전국대학
  학생생활연구소협의회, 한국전문상담교사협의회 등에서 학교상담 활성화와 회
  원권익 보호를 위해 활동하고 있다.

- **비행 · 교정상담 관련 민간활동**: 한국교정상담학회에서 전문 학술활동과 전문가 자
격제도를 운영하고 있으며, 한국군상담학회에서 경찰 대상 상담교육 활동을 수
행하고 있다.

- **군상담 관련 민간활동**: 군상담과 관련하여 한국군상담학회, 대한군상담학회, 한국
상담전문가연합회 등이 전문 학술활동과 전문가 자격제도를 운영하고 있으며,
장병 대상 집단상담 운영, 군간부 대상 상담자훈련 등의 군상담 활동을 지원하
고 있다.

- **여성상담 관련 민간활동**: YWCA, 여성민우회 등의 각종 여성단체와 종교단체, 사
회복지시설 등에서 여성 대상 진로상담, 가정상담, 폭력피해 상담 등의 활동을
하고 있다.

- **가정상담 관련 민간활동**: 2000년대 중반부터 다양한 가족상담기관이 설립되어 활

발한 활동을 하고 있으며, 각종 종교단체와 언론에서도 가족상담 및 가족생활교육 프로그램을 진행하고 있다.

가족상담과 관련하여 한국가족상담학회, 한국가족치료학회, 한국가족상담협회, 한국상담전문가연합회 등의 전문학회와 협회가 학술활동과 전문가 자격제도를 운영하고 있다.

- 직업/기업상담 관련 민간활동: 기업체의 독자적인 기업상담실 운영의 경우, 1990년대 중반 포항제철소를 시작으로 LG 일부 계열사에서 상담실이 설치되기 시작하였으나 중간에 소멸되었다. 삼성은 2000년 말에 본사에 여성상담소를 발족한 이래 2001년 6월부터 8개 사업장에서 여성상담소(현 열린상담센터)를 개소하였고, 1994년부터는 삼성생활문화센터 내에 상담실을 설치 · 운영하고 있다(김선경, 2002; 한명숙, 2004). 2000년대에 들어서는 삼성 계열사, LG 계열사, SK, 포스코, 하나은행 등도 전문상담 서비스를 도입하고 있고, 휴먼다이나믹이나 왓슨와이어트와 같은 외국계 EAP 회사가 국내에 진출하였다. 그리고 2005년 이후에는 다인 C&M과 같은 국내 EAP 회사가 설립되었다(왕은자, 김계현, 2007).

직업/기업상담과 관련하여 한국상담학회 산하에 기업상담연구회가 연구활동을 하고 있으며, 한국EAP협회, 대한코칭협회 등이 기업상담 활성화를 위하여 활동하고 있다.

- 위기상담 관련 민간활동: 생명의 전화, 사랑의 전화 등이 24시간 전화상담 체제를 운영하며 자살 · 폭력 등 위기상담 활동을 하고 있으며, 각종 종교단체, PQR 자살예방센터 등이 위기상담 활동과 연구를 진행하고 있다.

✿ 참고문헌 ✿

경찰청(2008). 2008 경찰백서.

김선경(2002). 기업상담의 실제와 전망. 대학생활연구, 20, 53-54. 한양대학교 학생생활상담연구소.

김인규(2009). 학부 상담학과 교육의 현황과 발전방안 연구. 상담학연구, 10(2), 793-811.

김희대(2008). 전문상담교사 양성기관의 운영현황과 진단 및 문제, 지원과제. 비교수전문직 교사 양성체제 적합성 진단 및 과제탐색 정책 워크숍 자료집. 한국교육개발원.

노동부(2008a). 2008 노동백서.

노동부(2008b). 2008 고용보험백서.

류희영(2008). 우리나라 기업상담의 실태 및 활성화 과제. 서울대학교 대학원 석사학위논문.

박경애, 조현주(2007). 한국 대학생의 상담 및 심리치료에 대한 생각. 청소년상담연구, 15(1), 3-15.

변화순, 이미정, 박복순(2009). 여성상담. 한국여성정책연구원

왕은자, 김계현(2007). 근로자지원프로그램 및 기업상담의 연구동향 분석: 효과연구를 중심으로. 상담학연구, 8(4), 1411-1433.

윤영한(2009). 직업상담자의 전문성 발달과정과 영향요인. 홍익대학교 대학원 박사학위논문.

정보통신부(2009). 2009 국가정보화백서.

하혜숙(2007). 남여 대학생의 성희롱 인식 차이 분석을 통한 효과적 상담 방안 연구. 서울대학교 대학원 박사학위논문.

한명숙(2004). 기업 내 상담자의 역할과 비전. 대학생활연구, 22, 90-102. 한양대학교 학생생활상담연구소.

제13장
상담연구

　상담은 인간 삶의 다양한 영역들(예: 진로, 학습, 성격, 적응, 결혼, 가족관계, 대인관계, 신앙 등)에 걸친 문제들을 다룬다. 이러한 이유 때문에 삶의 각 영역을 다루는 데 동원되는 상담방법이 다르고, 한 영역을 바라보는 관점에 따라서도 상담방법이 다를 것이다. 그럼에도 다양한 상담방법이 매우 효과적이라는 것이 일반적으로 내려지는 평가다(Smith, Glass, & Miller, 1980). 그러나 상담의 효과에 대한 이런 일반적인 평가가 상담에 관해 제기될 수 있는 다양한 질문에 대한 답을 제공해 주지는 못한다.

　상담에 관해 제기될 수 있는 질문이란 구체적으로 어떤 것을 말하는가? 단순히 얘기하자면 상담학 분야에서 제기되는 모든 질문과 앞으로 제기될 가능성이 있는 질문이 해당된다고 할 수 있을 것이다. 그러나 이런 식의 범위 제한이 없는 대답은 그 의미를 명료화하는 데 도움이 되지 못한다. 부분적이기는 해도 일정한 범위의 제한이 있는 대답이 질문에 대한 보다 의미 있는 정보를 제공해 줄 수 있을 것이다. 그러나 전체 상담에 관한 질문 중 일부를 선택하는 데는 임의성이 불가피하게 개재될 수밖에 없을 것이다. 이러한 임의성을 양해한다면, 이 장에서는 상담이 작동하는 기제와 과정, 그리고 그 효과에 관한 문제로 주제를 한정하고자 한다. 또한 상담이 다루는 것이 인간 삶의 광범위한 영역에 걸쳐 있기 때문에 이 장에서는 전통적으로 상담이라고 했을 때 우선 떠오르는 '심리치료' 상담에 국한하고자 한다.

구체적으로 이 장에서 다루고자 하는 주제는 크게 두 가지다. 첫 번째는 상담의 효과에 관한 것이다. 상담은 효과가 있는가? 효과가 있다면 얼마나 있는가? 상담의 효과를 내는 기제는 무엇인가? 상담의 효과는 어떻게 평가될 수 있는가? 등의 질문이 상담의 효과에 관한 주제를 다루는 데 활용될 것이다. 두 번째는 효과에 영향을 미치는 상담과정에 관한 것이다. 이것은 상담자와 내담자의 내면적·외현적 사고, 감정, 행동 및 상담자와 내담자의 상호작용 과정에 관한 것이다. 이 주제에 관해서는 지금까지의 주요 연구 결과들을 요약하는 한편, 과정연구와 관련된 연구설계 문제에 초점을 둘 것이다.

1. 상담성과 연구

1) 상담은 효과가 있는가

1950년대 영국의 심리학자 Hans Eysenck(1952)는 상담의 효과란 '자발적 회복'에 불과하며, 경우에 따라서는 내담자의 증상을 악화시킬 뿐이라는 연구 결과를 발표하였다. 이 연구 결과는 학계에 큰 충격을 주었으며, 이후 상담의 효과를 검증하는 방법론적 발전에 지대한 공헌을 하였다. 이 연구가 발표되자 많은 연구자가 그것의 방법론적 결함을 지적하면서 재분석의 필요성을 제기하였다. 여기서 제기된 방법론적 결함 중 이후의 상담효과 연구에 지대한 영향을 준 것은 연구에 참여한 내담자들을 실험집단과 통제집단에 무선 할당(randomization)하지 못한 연구들을 대상으로 하여 그 결과를 도출하였다는 것이었다. 말하자면 상담이라는 독립변인 이외의 잡음 변인들의 영향을 통제하지 못하였으므로 공정한 비교가 될 수 없다는 것이었다. 이러한 문제 제기는 1970년대 이후 사회적 책무성(accountability)이라는 미국의 사회적 압력과 맞물려 소위 무선할당을 활용한 임상실험(randomized clinical trial: RCT)이라는 진실험 설계를 상담효과 연구의 기본 요건으로 하는 주요 계기가 되었다.

Eysenck(1952) 이후 미국의 연구자들도 상담 효과에 관한 연구물들을 개관하였다(Bergin, 1971; Luborsky, Singer, & Luborsky, 1975). 그러나 그 결론은 영국에서의 결론과 상반된 것이었다. 본질적으로 같은 데이터를 놓고 대서양의 양편에서 서로 상반된 결론을 내린 것이다. Smith와 Glass(1977)는 이러한 현상이 나타난 근본 원인이 연구자의 주관적 편파성에 있다고 보고, 상담의 효과에 대해 보다 객관적으로 평가할 수 있는 통계적 절차인 메타분석 방법을 제안하였다.

메타분석 방법은 동일하거나 유사한 연구문제와 연구설계를 가진 여러 개의 연구 결과를 요약하는 통계적 기법이다. 이 방법을 활용하여 상담의 효과를 분석해 본 결과는 놀라운 것이었다. Smith와 Glass는 1977년도 메타분석 연구가 방법론적인 문제가 있었기 때문에 1980년에 이를 보완한 분석 결과를 발표하였다. 이에 따르면 상담의 효과는 d=.85로 Cohen의 분류에 따르면 사회과학에서는 큰 효과에 해당하는 것이었다. 좀 더 자세히 얘기하자면, 상담을 받은 집단의 성과 측정치 평균은 아무런 처치를 가하지 않은 통제집단보다 표준편차 단위로 약 .85점 더 높거나 낮다는 것이다. 메타분석 방법의 절차 및 그 결과 해석에 대해서는 뒤에서 자세히 설명할 것이다.

2) 상담이 효과를 내는 기제는 무엇인가

상담이 효과를 낸다면 그 효과의 원인을 무엇에 귀인할 수 있을까? 이러한 질문은 1980년대 이후 미국 의료보험회사와 정부 정책 입안자들이 심리상담의 효과기제가 사회적으로 그리고 과학적으로 수용할 만한 표준에 부합한다는 증거를 요구하기 시작(Parloff, 1986)하면서 제기되었다. 이에 대하여 연구자들은 소위 특수요인 접근(specific factor approach)이라는 것으로 대응하려 하였다. 특수요인 접근은 상담이 효과를 내는 것은 각 상담이론이 주장하는 기법(특수요인) 때문이라는 믿음을 갖고 이를 뒷받침할 증거를 제시하고자 하는 것이다. 이 접근의 핵심적 전략은 상담의 성과가 기법에 좌우되는 것이라면 다양한 상담의 효과는 그 기법에 따라 달라져야 한다는 것이다. 달리 얘기하면, 상담이론에 따라 핵심적 기법이 각기 다르므로 그것들의 상대적 효과는 양화 가능하다는 것이다. 1980년 초기에 이런 증거를 찾으려는 노력에도 불구하고 그 결과는 기대와 달리 모든 형태의 상담이 동일한 정도의 효과를 가진다는 것이었다.

특수요인 접근을 옹호하는 연구자들은 이러한 결과를 과거 연구 전략의 결함 때문이라고 보고, 실험설계를 개선하는 데 노력을 경주하였다. 예를 들면, Critelli와

Neuman(1984)은 '효과 증가분(incremental effectiveness)'을 보이기 위해 좀 더 그럴 듯한 위약(realistic placebo)을 활용해야 한다고 주장하였다. 여기서 효과 증가분이란 매우 그럴듯한 위약 효과에 추가되는 진처치(true treatment) 효과를 말한다(즉, 처치 효과＝위약 효과＋효과 증가분). 이후 Klein과 Rabskin(1984)은 효과 증가분을 찾아내기 위한 제거(dismantling) 전략을 제안하였다. 제거 전략이란 상담의 성공에 핵심적이라고 가정되는 상담의 요소들을 정의하고 그것을 체계적으로 제거하여 그 효과의 변화를 살펴보는 것이다. 여기서 핵심 성분이 제거된 상담 처치는 그럴듯한 위약이 된다. 그리고 모든 요소가 포함된 상담 처치는 진처치가 된다. 따라서 제거 전략은 이러한 두 처치의 효과를 비교하는 것이다. 그러나 Ahn과 Wampold(2001)가 이러한 전략을 활용한 1990년부터 1999년까지의 연구를 대상으로 메타분석을 실시한 결과는 특수요인 접근을 옹호하는 사람들에게 실망을 안겨 주는 것이었다. 모든 요소가 포함된 상담과 그 요소 중 핵심적이라고 믿어지는 요소가 빠진 상담 사이에 그 효과의 차이가 없는 것으로 나타난 것이다.

한편, 상담 효과의 기제를 밝히라는 사회적 요구에 대하여 일군의 연구자들은 "서로 다른 상담방법이 공통적인 치료요인을 가지고 있으며, 따라서 그 효과도 대동소이하다."(Lambert & Bergin, 1994)는 '공통요인 접근'으로 대응하였다. 비록 소수의 연구자들만이 공통요인 접근이 타당하다는 견해를 가지고 있지만, 사실은 오랜 역사를 가진 견해이기도 하다. 1936년 Rosenzweig는 모든 형태의 상담이 동일한 효과를 가지며, 이는 "모든 상담방법이 공통적으로 가지고 있지만 알려져 있지 않은 요인들 때문일 것"(p. 412)이라는 견해를 표명하였던 것이다. 이 견해에 따른 동등한 상담 효과는 현재 도도새(Dodo bird) 효과(Luborsky et al., 1975)라 불리고 있다. Wampold 등(1997)은 1970년부터 1995년까지 출판된 상담성과 연구들을 대상으로 상담방법들 간 효과 차이에 대한 메타분석을 실시하였다. 그 결과 나타난 효과의 크기 추정치는 $d = .20$으로 도도새 효과를 기각할 수 없었다.

공통요인 접근법에서는 상담이 효과를 내는 이유를 다음과 같이 설명하고 있다. 상담을 필요로 하는 사람은 무력감, 무망감, 혼란, 주관적인 무능력감과 같은 것을 특징으로 하는 사기 저하(demoralization)를 공통적으로 가지고 있다. 상담은 바로 이런 사기 저하에 작용하여 사기를 회복(remoralization)하게 한다. 그렇게 함으로써 대처능력을 증진시키고 증상을 경감시킨다. 간단히 얘기하면, "상담은 사기 저하를 직접적으로 치료하며 겉으로 드러난 증상은 간접적으로 치료하는 작용을 한다." (Parloff, 1986) 이러한 설명을 '사기 저하 가설'이라 한다. 이 설명에 따르면 결국 모든 상담방법은 동일한 효과를 가지며, 그 이유는 상담이 증상에 직접적으로 작용하는 것이 아니라 사기 저하에 작용하기 때문이다.

Frank와 Frank(1991)는 사기 저하에 직접적으로 작용하는 여섯 가지 기제를 제시하였다. 첫째, 상담자는 내담자와 관계를 돈독히 함으로써 내담자의 소외감과 싸운다. 둘째, 상담자는 도움에 대한 내담자의 기대를 불러일으키고 유지한다. 셋째, 상담자는 새로운 학습 경험을 제공한다. 넷째, 내담자는 상담의 결과, 정서적으로 각성된다. 다섯째, 상담자는 내담자의 자기효능감을 증진시킨다. 여섯째, 상담자는 내담자에게 배운 것을 실습해 볼 수 있는 기회를 제공한다. Frank와 Frank는 이러한 기제가 작동하기 위해서는 상담자와 내담자가 현재 상담방법의 근거가 되는 이론 및 그에 따른 기법에 부여하는 의미가 일치하여야 한다고 주장하였다. 이를 위해 상담자는 내담자의 특성 및 문제에 대한 견해와 일치하는 상담방법을 선택하거나, 내담자로 하여금 상담자가 제공하는 상담방법의 논리(rationale)를 수용하도록 도와야 한다. 또한 상담자는 특정 상담방법의 적용에 정통해야 하며, 상담방법의 토대가 되는 이론이 제시하는 논리와 일치하는 방식으로 상담에 임해야 한다.

이러한 논의는 여러 이론적 배경을 가진 상담방법의 효과가 동일함에도 개별 상담의 효과는 달라질 수 있음을 의미한다. 상담자와 내담자의 의미 일치를 이루어 내는 상담자의 능력 및 특정 상담방법을 적용하는 상담자의 능력이 다르기 때문이다. 통계적 용어로 표현하자면, 처치 간 변산(between treatment variability)은 없지만 처치 내 변산(within treatment variability)은 존재하며, 결국 이런 처치 내 변산은 상담자의 역량에 기인한다는 것이다. 실제 15편의 연구물들을 대상으로 상담자에 따른 효과의 변산을 살펴본 Crits-Christoph 등(1991)은 상담성과 변량의 약 9%가 상담자에 기인한다고 추정하였다. 상담방법의 차이가 상담성과 변량의 약 1%만을 설명한다는 Wampold 등(1997)의 추정치를 감안하면 9%는 큰 효과라고 할 수 있다.

그러나 Crits-Christoph 등(1991)은 이러한 상담자 효과가 연구설계가 정교해지면서 점점 작아지고 있다고 주장하였다. 그러나 이후의 다른 연구자들이 분석한 결과에서는 Crits-Christoph 등의 주장을 뒷받침할 만한 증거를 찾을 수 없다. 다만 최근 같은 데이터를 두고 독립적으로 분석한 두 연구 결과(Elkin, Falconnier, Martinovich,

& Mahoney, 2006; Kim, Wampold, & Bolt, 2006)는 이 문제가 아직 완전히 해결되지 않은 진행형의 이슈라는 점을 나타내고 있다. 두 연구는 National Institute of Mental Health Treatment of Depression Collaborative Research Program(NIMHTDCRP; Elkin et al., 1989) 데이터를 위계적 선형모형으로 분석하였는데, 그 결과 정반대의 결론을 도출하였다. Elkin 등의 분석에서는 상담자 효과는 없는 것으로 나타났고, Kim 등의 분석에서는 Crits-Christoph 등이 추정한 것과 동일하게 약 9%의 변량이 상담자에 기인한 것으로 나타났다. 이에 대한 여러 연구자들의 논의가 계속되고 있지만 아직 그 명확한 결론은 내려지고 있지 않은 상황이다.

3) 상담의 효과는 어떻게 연구되어 왔는가

상담의 효과에 관한 연구는 ① 상담은 효과적인 처치방법인가, ② 여러 상담방법들 간에 효과의 차이가 있는가에 대한 것으로 나누어 볼 수 있다. 전자는 아무런 처치를 가하지 않았을 때에 비해 상담 처치를 가했을 때 나타나는 내담자의 변화 정도를 묻는 것으로 '절대적 효과성(absolute efficacy)'(Wampold, 2001)을 검증하고자 하는 것이다. 후자는 상담방법 A가 상담방법 B보다 더 효과가 좋은지를 묻는 질문으로 '상대적 효과성(relative efficacy)'을 검증하고자 하는 것이다. 앞서 언급했듯이, '절대적 효과성'과 '상대적 효과성'을 연구하기 위해 집단 간 실험설계가 활용되지만 이러한 실험을 통해 나타난 결과 해석에는 여전히 어려움이 있다. 이러한 어려움을 극복하기 위한 한 방법으로 메타분석 방법이 동원되기도 한다. 여기에서는 '절대적 효과성'을 연구하기 위한 전략을 먼저 살펴본 다음 '상대적 효과성' 연구에 활용되는 전략을 살펴볼 것이다. 이후 각각의 전략을 통해 나타난 결과를 해석하는 데 있어서의 어려움을 논의한 후 메타분석 방법에 대해 설명할 것이다.

(1) 절대적 효과성 연구 전략

절대적 효과성 연구의 기본 전략은 처치집단과 무처치집단을 비교하는 것이다. 전형적인 설계에서 연구 참여자는 연구를 위해 사전에 설정된 준거를 충족해야 한다(예: 다른 공존 병리가 없어야 하며, DSM-IV 주요우울증 진단 준거를 충족해야 한다.). 연구 참여자들은 사전에 설정된 준거를 충족하는 사람들의 전집에서 무선 표집되며(실제로 무선 표집되기는 어렵다), 처치집단과 무처치집단에 무선 할당된다. 무선할당의 목적은 두 집단의 특성이 모든 면에서 비교할 만하다는 것을 보장하기 위한 것이다. 즉, 측정이 되었건 그렇지 않았건 처치를 가하기 전에 존재할 가능성이 있는 두 집단 간의 어떠한 차이도 우연에 의한 것이지 체계적인 어떤 요인 때문에 발생한 것이 아니라는 것을 보장하기 위해서다. 결국 실험 후 나타난 집단 간의 차이는 처치 때문이라는 것이 기본 가정이다. 이 경우 통계적인 영가설은 다음과 같다.

$$H_0: \mu_T = \mu_C$$

여기서 μ_T는 처치집단의 평균점수를 나타내고, μ_C는 무처치집단의 평균점수를 나타낸다. 이런 영가설이 기각된다면 상담이 효과가 있다는 결론을 내리게 된다.

이 설계는 처치에 포함된 모든 요소를 하나의 패키지로 하여 그 효과성을 검증하는 것이 되기 때문에 '처치 패키지' 설계라고도 한다(Kazdin, 1994). 처치 패키지 설계의 기본 논리는 처치 유무를 제외하면 두 집단 사이에는 어떠한 차이도 존재하지 않으므로 실험 후 나타난 집단 간 차이는 처치가 효과적이라는 증거가 된다는 것이다. 여기서 한 가지 강조하고자 하는 점은 처치 패키지 연구로 인정받기 위해서는 처치의 표준화가 필수적이라는 점이다. 처치의 표준화란 연구를 통해서 검증하고자 하는 상담 처치의 구성타당도를 확보하려는 노력을 말한다. 실제 상담에서 활용되는 구성요소가 검증하고자 하는 상담방법의 구성요소와 다르거나 그 성분을 전달하는 사람의 전달능력이 일정한 기준에 미달한다면 검증하고자 하는 상담 처치의 효과성을 제대로 검증해 내지 못할 것이다. 이는 약물의 효과를 검증하는 데 있어서 그 성분의 순수성(purity)과 복용량(dosage)에 비유될 수 있을 것이다. 약물의 효과를 검증하려면 약이 효과를 내리라고 기대하는 성분으로 구성되어 있어야 하고, 복용량도 효과를 낼 만큼 충분해야 할 것이다. 상담에 있어서 순수성이란 검증하고자 하는 상담방법에서 치유적으로 기능할 것으로 제시하는 처치의 원리와 기법(테크닉)이 되며, 복용량이란 상담을 수행하는 상담자의 상담능력이 될 것이다.

처치의 표준화를 위해서는 세 가지 요건이 갖추어져 있어야 한다. 첫째, 검증하고자 하는 상담방법이 명확히 제시되어야 한다. 이 요건은 최근 상담 매뉴얼의 개발 및 활용으로 충족되고 있다. Luborsky와 Barber(1993)에 따르면 상담 매뉴얼은 ① 특정

상담방법을 특징짓는 원리와 기법에 대한 기술, ② 이러한 원리와 기법을 언제 그리고 어떻게 적용할 것인가에 대한 상세한 예, ③ 상담자가 특정 회기나 전반적인 처치에서 제시된 원리와 기법을 얼마나 충실하게 따르고 있는지(adherence)를 평가하기 위한 측정도구의 세 가지 요소를 포함하고 있다.

둘째, 그 상담방법을 적절히 활용할 수 있도록 상담자를 훈련시켜야 한다. 상담자 훈련은 매뉴얼에 대한 인지적 이해를 높이기 위한 강의 및 세미나, 실제 사례에 대한 슈퍼비전으로 구성된다. 실제 연구를 위해서는 상담자 훈련 외에도 일정한 기준을 충족시키는 상담자를 사전에 선발하기도 한다. 그러나 훈련 후에는 평가를 거쳐 일정한 기준에 미달하는 상담자를 탈락시킨다.

셋째, 검증하고자 하는 상담방법이 의도된 대로 전달되고 있는지를 검토해야 한다. 이러한 검토는 실험이 시작되었을 때 각 상담자의 사례를 녹화하거나 현장에서 전문가가 평가하는 과정을 통해 성취된다. 통상 이러한 검토는 상담자가 매뉴얼에 제시된 원리와 기법을 얼마나 충실하게 따르고 있는지를 평가함으로써 이루어지는데, 이를 충실성 검토(adherence check)라고 한다. 그리고 처치의 표준화를 위해 필요한 이 세 가지 요건이 성공적으로 이루어지고 있는 정도를 '처치의 통합성(treatment integrity)' 또는 처치의 충실성(treatment fidelity)이라고 한다.

충실성 검토(adherence check)와 상담자 역량(competence)은 구별되어야 한다. 상담자는 매뉴얼에 제시된 원리를 충실히 따르고 그에 따른 기법을 활용할 수 있지만 이러한 원리와 기법을 기술적으로 적용하지 못할 수도 있다. Waltz, Addis, Koerner와 Jacobson(1993)은 상담자가 해석을 시의적절하게 해 주거나 인지적 왜곡을 정확하게 규명하는 등과 같이 원리와 기법을 기술적으로 적용하는 것을 역량이라고 정의한 바 있다. 문제는 충실성과 상담자 역량이 서로 관련되어 있지만 동일한 구인이 아니라는 것이다. 경험적 연구에서는 충실성과 상담자 역량 사이에 단지 25%의 변량만이 공유되는 것으로 나타나고 있다(Barber & Crits-Christoph, 1996). 따라서 상담효과 연구에서는 충실성 검토 외에 상담자 역량에 대한 평가도 별도로 이루어져야 한다.

처치 패키지 설계에 의한 연구에는 몇 가지 문제가 있다. 첫째, 이런 설계에 따른 연구 결과 상담집단과 통제집단 간에 유의한 차이가 발견되었을 때 그 차이는 상담의 효과성 때문이라고 귀인된다. 그러나 이러한 차이가 우연히 발생하였을 가능성을 배제할 수 없다. 일반적으로 통계적 검증은 최소한 5%의 오류 가능성을 허용하기 때문이다.

둘째, 실험이 끝났을 때 통제집단에 할당된 내담자의 상태가 이 실험에 참여하지 않았으며 다른 어떤 공식적 처치도 받지 않은 내담자 전집의 상태를 대표할 수 있는 지다. 심리적 문제가 있을 때 대부분의 사람은 주위 사람들을 찾아 위로를 받는 등 일 상적인 치유과정을 거칠 수 있다. 그러나 연구에 참여한 사람들은 실험이 끝나기까 지 이러한 일상적인 치유과정을 찾지 않을 것을 서약하게 된다. 또한 일단 연구에 참 여하기로 결정한 후 자신이 무처치 통제집단에 할당되었다는 것을 알게 되면 다시 한 번 사기저하 문제를 경험할 수도 있다. 이러한 방식으로 연구에 참여한 통제집단 의 내담자 상태가 아무런 공식적 처치를 받지 못한 자연 상태의 내담자 전집을 대표 하지 못할 가능성이 발생할 수 있다.

셋째, 처치가 필요한 내담자에게 연구가 종료될 때까지 아무런 처치를 제공해 주 지 못하는 것과 관련된 윤리적 문제다. 처치가 주어질 때까지 기다리는 동안 자살과 같은 문제가 발생할 수도 있으며, 앞서 기술한 바와 같이 다시 한 번 사기 저하를 경 험하여 증상이 악화될 수도 있다. 따라서 처치 패키지 설계에 의한 연구는 연구가 진 행되는 동안 통제집단 내담자들에 대한 계속적인 점검이 이루어질 필요가 있다 (Wampold, 2001).

(2) 상대적 효과성 연구 전략

상담방법 A가 효과가 있다는 것이 절대적 효과성 연구를 통해 검증되었다면 이미 효과가 검증된 기존의 상담방법 B와 비교하여 어떤 것이 더 효과적인 것인지를 결정 하고자 할 것이다. 이런 비교는 두 가지 목적을 가질 것이다. 첫 번째는 상담의 효과가 특정 성분(기법) 때문인지를 알아보려는 목적이다. 만약 상담의 효과가 상담방법 A에 포함된 성분 때문이라면 그것이 포함되어 있지 않은 상담방법 B에 비해 그 효과가 더 크게 나타날 것이기 때문이다. 이 경우 상담방법 B는 위약 처치가 된다. 상담방법 A의 입장에서 보면 상담방법 B에는 치유적인 성분이 포함되어 있지 않기 때문이다. 두 번 째는 비용이나 복잡성 측면에서 이점을 가지고 있는 새로운 상담방법이 이미 널리 활 용되고 있는 다른 상담방법만큼 효과적인지를 알아보려는 목적이다. 어떤 문제에 대 해 상담방법 A가 더 짧은 회기 수로 상담방법 B만큼 효과를 보인다면 이 문제에 관한 한 상담방법 A를 활용하는 것이 더 경제적일 것이기 때문이다.

이와 같은 목적으로 두 가지 이상의 상담방법의 효과를 비교하는 연구 전략을 '비교성과 연구 전략(comparative outcome strategy; Kazdin, 1994)이라 한다. 이 전략에 따른 설계는 두 가지 이상의 상담방법이 실험 처치에 포함된다는 점을 제외하면 절대적 효과성 연구를 위한 전략인 처치 패키지 전략과 본질적으로 동일하다. 이 전략에서도 무처치 통제집단을 활용한다. 그러나 무처치 통제집단은 각각의 상담방법이 효과가 있는지를 검토하는 데 목적이 있을 뿐이다. 이 설계에 따른 연구의 초점은 '상담방법 A가 상담방법 B보다 더 효과적인가?'라는 질문에 있다.

비교성과 연구를 위해서는 충실도 및 상담자 역량뿐만 아니라 실제 내담자에게 전달된 상담방법 A와 B가 구분되는지에 대해서도 검토해야 한다. 이런 구분을 '변별(differentiation)'이라 하는데, 실제 상담을 수행하는 데 핵심이 되는 주요 차원에 따라 둘 또는 그 이상의 상담방법이 구분될 수 있어야 함을 의미한다(Kazdin, 1994). 실제 연구에서 변별의 정도는 충실성 검토를 위한 척도를 활용하여 평가한다. 예를 들어, Beck, Rush, Shaw와 Emery(1979)의 인지행동치료법과 Strupp과 Binder(1984)의 단기역동심리치료법(time-limited dynamic psychotherapy)의 효과성 비교연구를 한다고 하자. 이때 변별이 된다고 함은 인지행동치료의 회기는 인지행동치료의 충실성 척도에서 높은 점수를 받고 단기역동심리치료의 충실성 척도에서는 낮은 점수를 받음을 의미한다. 마찬가지로 단기역동심리치료의 회기는 단기역동심리치료의 충실성 척도에서 높은 점수를 받아야 하고, 인지행동치료의 충실성 척도에서는 낮은 점수를 받아야 한다(Waltz et al., 1993).

비교성과 연구 전략에서 고려되어야 할 또 하나의 요소는 연구자 및 상담자의 특정 상담방법에 대한 충성도(allegiance)다. 충성도란 연구자 및 상담자가 특정 상담방법이 효과가 있다고 믿는 정도를 의미한다. 연구자나 상담자의 특정 상담방법의 효과에 대한 믿음은 내담자에게 전달되어 상담 성과에 영향을 미칠 수 있다. 예를 들어, 인지행동치료법에 대한 강력한 충성도를 갖고 있는 상담자와 정신분석적 치료법에 강력한 충성도를 갖고 있는 상담자가 인지행동상담을 실시한다고 생각해 보자. 아마도 인지행동치료법에 강한 충성도를 가지고 있는 상담자는 은연중에 내담자에게 이 치료법의 효과에 대한 자신의 믿음을 전달하고, 이를 통해 내담자는 자신의 문제가 호전되리라는 더 높은 기대를 가질 수 있게 될 것이다. 반면, 정신분석적 치료법에 강한 충성도를 가지고 있는 상담자는 자신이 하고 있는 인지행동적 상담방법의 효과에 대해 확신을 가지지 못하거나 심지어는 불신할 수 있을 것이다. 이런 불신감은 상담자의 표정, 말투, 목소리 톤 등으로 은연중에 내담자에게 전달되어 내담자에게 부정적으로 영향을 미칠 수 있을 것이다. 이런 효과는 일종의 자성예언(self-fulfilling prophecy)이라 할 수 있다. 약물효과 연구에서는 치료를 담당하는 사람이 어떤 약물을 처방하는지 알 수 없도록 하고, 치료를 받는 환자도 자신이 어떤 약물을 처방받는지 알 수 없도록 함으로써 충성도에 의한 효과를 통제한다. 이런 조건을 이중맹검법(double blind; 강진령, 2008)이라 한다. 상담효과 연구에서는 이런 조건을 활용할 수가 없다. 연구에 참여하는 상담자는 자신이 사용하는 상담방법을 알아야만 하기 때문이다.

비교성과 연구 전략에서는 충성도의 문제를 실험설계를 통해 통제하고자 한다. 즉, 특정 상담방법을 시행하는 상담자를 그 상담방법에 대한 충성도가 높은 상담자 집단에서 선정하는 것이다. 이렇게 선정된 상담자에게는 충성도가 높은 상담방법만을 시행하도록 하는 것이다. 이런 설계를 내재설계(nested design)라 한다. 이 설계의 장점은 충성도 효과를 통제할 수 있다는 것이다. 그러나 두 상담방법을 시행하도록 선정된 상담자 집단의 역량 차이는 통제하기 어렵다는 단점이 있다. 상담방법 A가 새로운 상담방법이라면 이 방법에 충성도를 갖는 상담자들은 그것을 활용해 본 경험이 비교적 적을 가능성이 크다. 반면, 이미 널리 활용되고 있는 상담방법 B에 대한 충성도가 높은 상담자들은 상담방법 B를 활용해 본 경험이 많을 가능성이 있다. 이 경우 집단 간 역량의 차이가 있을 수 있다. 내재설계에서는 이러한 차이에 기인한 효과를 통제하기가 어렵다. 충성도에 기인한 효과를 통제하기는 어렵지만 상담자 역량 차이에 기인한 효과를 통제하기 위한 설계가 교차설계(crossed design)다. 교차설계에서는 특정 상담방법에 대한 충성도에 관계없이 한 상담자가 둘 이상의 상담방법을 모두 시행하게 된다.

내재설계든 교차설계든 상담 효과를 검증하기 위한 분석에서 상담자는 상담 효과에 기여하는 하나의 요인으로 투입되어야 한다. 상담자가 요인으로 투입되지 않으면 상담방법 간의 차이에 기인한 효과와 상담자 차이에 의한 효과가 구분되지 않기 때문이다. 이때 상담자는 무선요인(random factor)으로 취급되어야 한다. 현실적으로 연구에 참여하는 상담자를 무선적으로 표집할 수 있는 것은 아니지만 연구의 결과가 연구에 동원된 상담자와 비슷한 특징을 갖는 상담자 일반에게 일반화되기를 기대할 것이기 때문이다(Wampold & Serlin, 2000). 이러한 분석을 통해 전체 변량 중 상담자에 의해 설명되는 변량의 비율을 계산할 수 있는데(intraclass correlation, ρ_I), 이를 상담자 효과(therapist effect)라고 한다. 앞서 제시한 바와 같이 상담자 효과는 $\rho_I = .09$ 정도로 추정되고 있다(Crits-Christoph et al., 1991; Kim et al., 2006). 내재설계와 교차설계에 따른 자세한 결과분석 방법 및 상담자 효과 추정에 관해서는 Wampold와 Serlin(2000), Wampold(2001)를 참조하면 된다.

어떤 상담방법의 절대적 효과성 및 상대적 효과성이 검증되고 난 후라면, 그 상담방법을 구성하고 있는 여러 요소 중 어떤 것이 필수적인 것이고 어떤 것이 부차적인 것인지를 알아보고자 할 것이다. 달리 말하면, 어떤 요소가 효과를 내는 성분인가 하는 것이 절대적 효과성 및 상대적 효과성 연구 다음에 오는 논리적 질문이 될 것이다. 이 질문은 제거전략(dismantling strategy)과 구성전략(constructive strategy)이라는 두 실험설계 방법에 의해 대답될 수 있다. 제거전략은 핵심 성분을 규명하기 위해 전체 상담을 부분으로 분해하여, 전체 패키지의 효과와 이 패키지에서 핵심이라고 여겨지는 성분(active ingredients)을 제거한 것의 효과를 비교한다. 이때 핵심 성분이 제거된 경우 그 효과가 축소될 것이 기대된다. 구성전략에서는 표준적인 상담방법에 몇 가지 성분을 더하면 추가적인 효과를 낼 것인지를 검증한다. 이 전략에 따른 연구설계에서 한 집단에게는 표준적인 상담방법이 적용되고, 다른 한 집단에게는 표준적인 상담방법에 다른 성분이 추가된 것이 적용된다.

제거전략과 구성전략은 '상담의 효과를 결정하는 핵심 성분은 무엇인가?' 라는 질문에 적합한 연구설계다. 이에 대한 답으로 특정 성분이 규명된다면 '상담 효과를 내는 데 필요한 적정량(optimal quantity)의 성분은 얼마나 제공되어야 할까?' 라는 질문이 제기될 수 있을 것이다. 이 질문에 적합한 전략이 처치구조 변경전략(parametric strategy)이다. 이 전략에서는 상담의 구성요소의 양에 따른 효과의 차이를 검증하고자 한다. 예를 들면, 불안 증상에 대한 Strupp과 Binder(1984)의 단기역동심리치료법은 통상 한 회기당 50분을 기준으로 제공된다. 그러나 회기당 30분만 제공해도 그 효과에 차이가 없을 것이라는 가설이 매우 설득력 있게 제시되었다고 하자. 이 경우 한 회기당 50분 대 30분이라는 양적 차이가 있는 두 상담방법의 효과가 비교된다.

(3) 메타분석

상담학에서 메타분석은 유사한 연구문제에 대해 유사한 연구설계를 활용한 연구에서 산출된 양적 결과를 통합하는 통계적 분석방법을 말한다(김계현, 2000). 이러한 분석방법의 출현 배경에는 앞서 설명한 Eysenck(1952), Luborsky 등(1975)처럼 상담효과에 대한 개관연구들의 결론이 서로 일치하지 않았다는 것이다. 본질적으로 동일한 성격의 자료를 개관하였지만 정반대되는 결론이 내려진 것이다. 첫 메타분석을 수행한 Smith, Glass와 Miller(1980)는 그 원인에 대해 논의하였다. 그들의 논의에서 가장 두드러진 원인으로 지목된 것은 연구자의 주관적 편파성이 작용하여 서로에게 유리한 연구물이 취사 선택되었다는 것이었다. 따라서 이러한 주관적 편파성이 배제된 객관적인 개관방법이 필요했던 것이다.

이러한 필요에 의해 등장한 메타분석은 ① 체계적인 연구물 선택, ② 객관적인 연구물 선택 기준 마련, ③ 개별 연구의 결과를 통합하기 위한 통계적 절차를 요구하고 있다. 이런 요건을 충족하는 메타분석 결과는 상담 효과에 관한 개별 연구에서 나타날 수 있는 단점을 보완할 수 있다. 상담 효과에 관한 개별 연구에서는 통계적 관습상 언제나 5%의 오류 가능성을 안고 있다. 통계적 검증에서 최소한 5%의 오류 가능성을 허용하기 때문이다. 이를 일종오류(type I error)라고 하고 α로 표기한다. 즉, 특정 상담방법의 효과가 $\alpha = .05$ 수준에서 통계적으로 유의하다고 결론 내릴 때 사실은 무처치집단과 차이가 없는데도 차이가 있다고 결론 내릴 가능성이 5%는 존재한다는 것이다.

메타분석도 이러한 일종오류 가능성이 없는 것은 아니다. 그러나 메타분석은 한 연구물에 토대를 둔 것이 아니라 다수의 개별 연구들에 토대를 두고 결론을 내리게 된다. 따라서 그만큼 오류를 범할 확률이 줄어드는 것이다(표집치를 통해 모수치를 추정할 경우 표집의 사례 수가 많을수록 모수치에 접근할 가능성이 크다는 것은 통계학 교과서에 공통적으로 제시되어 있다.). 또한 개별 연구들에서는 전형적으로 복수의 측정치를 활용한다. 문제는 모든 측정치에서 통계적으로 유의한 차이를 보여 주지 못한다는 데 있다. 예를 들어, 어떤 상담효과 연구에서 5개의 측정도구를 효과 측정을 위해 활용한다고 하자. 연구 결과 5개의 측정치 중 3개에서는 통계적으로 유의한 차이가 나타났고 나머지 2개에서는 유의한 차이가 나타나지 않았다고 한다면, 우리는 어느 한 방향으로의 결론을 내리기가 어려울 것이다. 그러나 메타분석과 같이 비슷한 측정도구를 활용한 여러 연구를 통합하여 본다면 보다 타당한 결론을 내릴 수 있을 것이다 (Wampold, 2001). 여기에서는 이와 같은 장점을 갖는 메타분석 방법의 일반적 절차, 통계적 분석방법 및 결과치 해석에 대해 살펴볼 것이다.

메타분석을 위한 하나의 표준화된 절차, 통계치 그리고 분석단계가 있는 것은 아니다. 연구의 목적에 따라 다른 절차 및 통계치가 활용될 수 있다. 여기에서 제시되는 내용은 상담 효과에 대한 분석에서 일반적으로 활용할 수 있는 절차에 대한 것이다. 따라서 다른 목적의 메타분석을 위해서는 다른 통계치를 활용하게 되며 그 분석절차도 달라질 수 있음을 염두에 두어야 한다.

① 단계 1: 연구 질문의 생성

먼저 메타분석을 실시하기 위해서는 선행 연구들을 통해 나타난 중요한 이론적, 개념적, 경험적 측면에 바탕을 둔 구체적인 가설이 있어야 한다. 좋은 가설을 갖기 위해서 연구자는 선행 연구의 결과에 대해 잘 알고 있어야 한다.

이 단계에서 종종 제기되는 질문 중 두 가지는 ① 학위논문도 분석에 포함해야 하는지, ② 방법론적으로 좋지 않은 연구들도 분석에 포함시켜야 하는지에 관한 것이다. 일반적으로 전문 학술지에 실린 연구들이 학위논문들보다 더 유의한 결과를 산출하는 것으로 알려져 있다. 이를 출판 편파(publication bias)라고 한다. 이러한 편파는 연구자가 통계적으로 유의한 차이를 나타내지 않는 연구는 투고하지 않는 경향과 학술지 편집장이 유의한 결과가 나타난 연구만을 선별적으로 게재하는 경향 때문에 나타난다고 알려져 있다. 따라서 학술지에 실린 연구들만으로 메타분석을 했을 경우 그 효과를 과대 추정할 수 있다. 또한 메타분석에서 방법론적으로 문제가 있는 연구들을 포함시킬 것인지에 대해서는 찬반이 분분하다. 그러나 이에 대한 결론적인 지침은 없다고 할 수 있다. 따라서 모든 연구를 분석에 포함시킬 경우, 연구자는 방법론적 문제가 효과의 크기 추정에 어떤 영향을 미치는지 반드시 검토해 보아야 한다.

② 단계 2: 연구물 찾기

일반적으로 세 가지 방법이 사용된다. 첫째는 웹 데이터베이스를 통한 검색이다. 둘째는 직접 전문 학술지에서 관련 논문을 찾는 방법이다. 셋째는 하나의 연구에 보고된 참고문헌 목록을 보고 찾는 방법이다.

③ 단계 3: 코딩

코딩은 개별 연구의 특징을 양적 데이터로 전환하는 절차를 말한다. 메타분석 연구에서는 코딩의 신뢰도, 코딩과정에서 나타난 문제점, 이런 문제들이 어떻게 해결되었는지, 누가 코딩을 담당하였는지 등에 대한 정보가 보고되어야 한다. 〈표 13-1〉은 메타분석에 이용된 연구들의 코딩 결과의 한 예다.

표 13-1 코딩 결과의 예

연구	대상	디자인[a]	상담자[b]	통제 집단[c]	처치[d]	호소문제	회기 수	개인/ 집단
1	45명의 초등학교 1학년생	1	2	1	1, 자기교시훈련	hyperactivity	8	개인
2	120명의 유치원생	2	6	1	2, 놀이치료	사회적 고립	20	집단
3	240명의 12~14세 아동	3	2, 3, 4	2	1, 체계적 둔감법	시험불안	–	개인
4	40명의 초등학교 3학년생의 엄마	3	1	1	1, 강화	mixed	6	집단
5	65명의 8~10세 아동	1	1, 4	1	2, 정신역동	noncompliance	25	개인
6	18명의 8세 아동	2	5	2	1, Bell and pad	bedwetting	4	개인
7	초등학교 4학년과 6학년생	3	–	3	1, 교류분석	noncompliance, learning problems	45	집단
8	10명의 10세 아동	–	6	2	2, 아들러 상담	낮은 자존감	–	집단
9	54명; 연령층에 대한 정보 없음	3	2	3	2, 인간중심 상담	우울 또는 불안	12	집단
10	30명의 초등학교 3학년생	1	2	–	1, 모델링	공격성	20	집단

[a] 디자인: 1＝비동등 통제집단설계, 2＝짝짓기 설계(matched design), 3＝무선화된 실험설계.
[b] 상담자: 1＝전문가, 2＝대학원생, 3＝부모, 4＝교사, 5＝학부생, 6＝1~5까지의 혼합.
[c] 통제집단: 1＝무처치, 2＝대기자, 3＝관심 위약(attention placebo).
[d] 처치: 1＝행동적 접근, 2＝비행동적 접근.
대시(-)는 정보를 확인할 수 없는 경우를 나타냄.

④ 단계 4: 효과의 크기 산출

• ES의 계산(Cohen의 d): 개별 연구(i)에 대한 효과의 크기(d_i)는 다음과 같은 과정을 거쳐 산출한다. 먼저 각 연구의 표본 효과의 크기(g_i)를 공식(1.1)을 이용하여 산출한다.

$$g_i = (M_T - M_C)/s \qquad (1.1)$$

M_T는 실험집단의 평균을 나타내고, M_C는 통제집단의 평균을 나타낸다. s는 실험집단과 통제집단을 통합한 표준편차다. s는 공식(1.2)에 의해 계산된다.

$$s = \frac{(n_T-1)(s_T)^2 + (n_C-1)(s_C)^2}{n_T + n_C - 2} \qquad (1.2)$$

n_T는 실험집단의 사례 수, n_C는 통제집단의 사례 수를 나타낸다. s_T는 실험집단의 표준편차, s_C는 통제집단의 표준편차를 나타낸다.

여기에서 산출한 효과의 크기는 표본에서의 통계치다. 그러나 궁극적으로 추정하려는 것은 모수치다. 모수치는 표본 통계치를 이용하여 추정할 수 있다. 공식(1.3)은 효과의 크기 모수치를 추정하는 것이다.

$$d_i = \left(1 - \frac{3}{4N - 9}\right) g_i \qquad (1.3)$$

N은 실험집단과 통제집단을 더한 사례 수를 나타낸다. d_i의 추정된 변량은 공식(1.4)에 의해 산출된다.

$$\sigma^2_{(d_i)} = (n_T + n_C)/n_T n_C + d_i^2/(n_T + n_C) \qquad (1.4)$$

이와 같은 과정을 거쳐 산출된 개별 연구의 효과 크기는 통합되어 하나의 통계치로 제시되어야 한다. 통합된 효과의 크기(d_+)는 공식(1.5)을 이용하여 산출할 수 있다.

$$d_+ = \sum_{i=1}^{k} \frac{d_i}{\sigma^2} / \sum_{i}^{k} \frac{1}{\sigma_{(d_i)}^2} \qquad (1.5)$$

이때 추정의 변량은 공식(1.6)과 같다.

$$\hat{\sigma}_{(d_+)}^2 = \left(\sum_{i}^{k} \frac{1}{\hat{\sigma}_{(d_i)}^2} \right)^{-1} \qquad (1.6)$$

- 효과의 크기 해석: 위와 같은 과정을 통해 구해진 통합된 효과의 크기 추정치와 그 추정의 표준오차는 $\hat{\delta}_+$의 신뢰구간을 설정하는 데 사용되는데, 이는 $\delta_+ = 0$이라는 영가설을 검증하기 위한 것이다. 95% 신뢰구간은 공식(1.7)과 같다.

$$\delta_L = d_+ - 1.96\,\hat{\sigma}\,(d_+) \qquad (1.7)$$
$$\delta_U = d_+ + 1.96\,\hat{\sigma}\,(d_+)$$

δ_L과 δ_U는 각각 하한계 값과 상한계 값을 나타낸다. 이 범위 내에 0을 포함하고 있지 않으면 추정된 효과의 크기는 통계적으로 유의하다고 할 수 있다.

추정된 효과의 크기는 세 가지 방식으로 해석될 수 있다. 첫 번째는 처치에 의해 설명되는 변량의 퍼센티지(%)로 해석하는 것이다. 이렇게 해석하기 위해서는 추정된 효과의 크기 d를 r^2로 변환시켜 주어야 한다. 변환 공식은 (1.8)과 같다.

$$r^2 \cong d^2 / (d^2 + 4) \qquad (1.8)$$

이렇게 계산된 r^2값은 이항 효과의 크기표(binomial effect size display; Rosenthal & Rubin, 1982)를 나타내는 데 활용될 수 있다. 〈표 13-2〉는 $d = .421$일 때 이항 효과의 크기표를 나타낸 것이다.

| 표 13-2 | 이항 효과의 크기표 | |

집단	실패	성공
통제집단	.50 + r/2(=.60)	50 - r/2(= .40)
처치집단	.50 - r/2(=.40)	50 + r/2(= .60)

출처: Wampold (2001).

두 번째는 Cohen(1988)의 분류에 따라 해석하는 것이다. Cohen은 효과의 크기를 다음과 같이 분류하였다.

큰 효과	large effect	: d = .80　r = .5
중간 크기의 효과	medium effect	: d = .50　r = .3
작은 효과	small effect	: d = .20　r = .1

세 번째는 통제집단의 분포와 처치집단의 분포를 중첩시켜 보는 것이다. 두 분포를 중첩시켜 보았을 때 처치집단의 평균 아래에 위치하는 통제집단의 비율을 활용하여 효과의 크기를 해석하는 방법이라 할 수 있다. 한 예로 $d = .421$일 때, 표준화된 정상분포에서 $z = .421$까지 누적적 분포의 값은 .66이다. 따라서 '처치집단에서 평균점을 받은 사람은 통제집단의 66%보다 낫다(better off.)'고 할 수 있다.

⑤ 단계 5: 효과의 크기에 대한 통계적 분석

개별 연구에서 산출된 효과의 크기 추정치가 같은 전집에서 표집된 것이라고 볼 수 있는지를 결정하기 위해 동질성 검증을 실시하여야 한다. 동질성 검증을 위하여 공식(1.9)과 같이 Q값을 구한다.

$$Q = \sum_{i=1}^{k} \frac{(\hat{\delta}_i - \hat{\delta}+)^+}{\hat{\sigma}^2_{(\hat{\delta}_i)}} \qquad (1.9)$$

k는 통합된 개별 연구의 수를 나타내며, Q는 자유도 k-1인 x^2 분포를 따른다.

Q값이 유의하다면 그 연구들은 같은 전집에서 표집된 것으로 볼 수 없다는 의미

다. 이 경우 연구들은 하나 또는 두 개의 변인을 기준으로 분리되어 각 집단 내의 동
질성을 획득하여야 한다. 그러나 어떤 변인을 기준으로 연구들을 분리하여야 하는지
에 대한 문제는 여전히 남아 있다. 전체 동질성 검증 후 사후에 어떤 변인을 선택하여
연구들을 분리하여 동질성 검증을 할 경우 우연에 의한 영향을 배제할 수 없다. 따라
서 사전에 이론적 또는 경험적 논리에 따라 기준이 되는 변인을 선정할 필요가 있다.

이때 여러 집단의 연구들에서 산출된 효과의 크기가 사전에 예언된 바대로 차이를
보이는지를 검증하기 위해 Q_B값을 산출할 수 있다. Q_B는 공식(1.10)을 이용하여 산
출된다.

$$Q_B = \sum_{i=1}^{p} \frac{(d_{i+} - d_{++})^2}{\hat{\sigma}^2_{(d_{i+})}} \qquad (1.10)$$

p는 나뉜 연구들의 집단 수를 나타내며, d_{i+}는 집단 i의 통합된 효과의 크기 추정
치를 나타낸다. $\hat{\sigma}^2_{(d_{i+})}$은 d_{i+}의 변량 추정치를 나타낸다. 또한 d_{++}은 전체 집단의 통
합된 효과의 크기 추정치를 나타낸다. Q_B는 자유도 $p-1$인 x^2 분포를 따른다.

만약 Q_B가 유의하다면 각 집단 내의 동질성 검증을 실시하여야 한다. 집단 내 동
질성 여부는 Q_W를 통해 검증될 수 있다. Q_W는 집단 내의 연구들만으로 산출된 Q값
을 의미하며 자유도 $q-1$인 x^2 분포를 따른다. 이때 q는 집단 내에 포함된 연구의 개
수를 나타낸다. 각 집단을 대상으로 한 동질성 검증 결과, 모두 동질적인 것으로 나
타나면 더 이상의 검증을 실시하지 않아도 된다. 그러나 집단 중 어느 하나라도 이질
적인 것으로 나타나면 추가적인 분석을 하여야 한다. 즉, 기준이 되는 다른 변인을 중
심으로 연구들을 나누어 다시 위의 검증 절차를 되풀이하는 것이다.

⑥ 단계 6: 결론과 해석의 제시

메타분석의 마지막 단계는 분석에 포함된 연구들에 한정된 적절한 결론을 제시하
는 것이다. 예를 들어, 대학생들을 대상으로 하는 집단상담 프로그램의 효과에 대해
분석한 후, '모든 집단상담 프로그램의 효과는 동일하고, 그 효과는 집단의 회기 수
와는 관련이 없다.'고 결론을 내렸다고 하자. 그러나 이 연구에 포함된 개별 연구들
이 실상 8회 미만의 구조화된 집단상담 프로그램의 효과검증 연구였다면 위와 같은

결론은 잘못된 것이라 할 수 있다. 따라서 연구자는 분석에 포함된 연구의 성격을 고려하여 적절한 결론을 제시할 수 있어야 한다.

4) 상담효과 연구의 방향

앞서 살펴본 절대적 효과성 연구 및 상대적 효과성 연구들은 기본적으로 진실험설계를 활용한다. 진실험 설계에서 연구자는 독립변인을 통제하는 것이 필수적이다. 이를 위해 연구자는 연구 참여자의 무선할당, 상담 매뉴얼 활용, 상담자훈련, 상담자의 충실성, 역량, 충성도 등과 같은 처치의 통합성 검토 절차를 시행한다. 이런 절차를 밟아 나타난 상담의 효과에 대한 결과를 효과성(efficacy)이라 한다. 효과성은 근본적으로 연구의 외적 타당도를 일부 희생하면서 내적 타당도를 극대화한 결과 나타난 상담 효과라고 할 수 있다. 그러나 효과성 연구를 위한 절차는 상담 실제에서는 성취하기 어려운 것이다. 한편으로 연구의 내적 타당도는 희생하면서 상담 실제라는 현실을 고려한 연구가 수행될 수도 있다. 상담 실제에서는 상담자의 역량도 천차만별이고, 내담자의 특성이나 상태에 따라 상담 절차를 변경하여야 하며, 무엇보다 내담자를 무선적으로 배정하는 것이 아니라 임상적 판단에 따라 배정한다(김계현, 2000). 이런 상담 실제의 현실적 여건을 변경하지 않으면서 상담의 효과를 연구할 수도 있다. 이런 연구를 통해 나타난 상담 효과에 대한 결과를 효과(effectiveness)라 한다.

효과성 연구 결과가 바로 상담 실제에 적용되는 것은 아니다. 효과성 연구 결과가 상담 실제에 적용되는지의 여부는 또 다른 경험적 연구의 영역이 되어야 한다. 이제까지의 상담 효과성 연구에서 상담은 매우 효과가 큰 처치방법이라는 것이 드러났다. 다행스럽게도 최근 효과성 연구의 결과가 효과연구의 결과와 다르지 않다는 것이 보고되고 있다. 한 예로 Minami 등(2009)은 미국의 어느 대학상담소에서 수행한 상담의 효과를 효과의 크기로 환산하여 효과성 연구에 대한 메타분석 결과 나타난 효과의 크기와 비교하였다. 그 결과, 연구자들은 대학상담소에서 수행한 상담의 효과 크기가 효과성 연구를 메타분석하여 산출한 효과 크기와 최소한 같거나 더 크다고 결론 내렸다. 물론 이 연구는 내적 타당도 면에서 문제가 없는 것은 아니다. 그러나 상담 실제에 관한 연구에서는 감수해야 할 문제다(김계현, 2000). 상담 실제에서의 효과연구는 아직 초보단계이므로 앞으로 더 많은 연구가 수행될 필요가 있다.

마지막으로 상담효과 연구의 방향에 대한 짧은 제언을 하고자 한다. 사실상 효과성 연구는 많은 비용과 노력을 요하는 값비싼 연구다. 연구 참여자 및 상담자를 모집하고 상담자를 훈련시키는 등의 절차에 많은 돈이 들고 또 많은 인원의 노력이 필요하기 때문이다. 상담에 대한 사회적 인식이 아직 미국이나 유럽의 여러 나라만큼 높지 않은 현실에서 이런 연구를 수행할 연구비를 지원받기란 거의 불가능에 가깝다고 여겨진다. 설사 연구비를 지원받는다 하더라도 충분한 수의 연구 참여자(내담자 및 상담자)를 확보하는 것 자체도 현실적으로 어렵다고 판단된다. 더구나 효과성 연구가 주류를 이루고 있는 미국에서도 과연 이런 식의 연구를 계속해야 하는지에 대한 의문을 제기하고 있는 실정이다(Lambert & Bergin, 1994; Wampold, 2001). 물론 이런 의문도 지금까지의 효과성 연구 결과에 토대를 두고 있다는 점에서 효과성 연구의 의의를 전적으로 부정하는 것은 아니다. 그럼에도 지금까지의 연구 결과를 종합해 볼 때 효과성 연구보다는 다른 방향의 연구가 보다 상담 효과에 대한 우리의 이해를 넓혀 줄 수 있다는 뜻이다.

구체적으로 미국의 상담연구자들이 제언하고 있는 상담효과 연구의 방향은 효과성 연구보다는 효과연구라 할 수 있다. 최근 미국심리학회 산하 상담심리학회(Division 17)는 효과연구에 기반한 처치(empirically supported intervention; Wampold, Lichtenberg, & Waehler, 2002)를 강조하고 있다. 이는 특정 장애에 대한 효과성을 강조하는 임상심리학회(Division 12)의 접근(empirically supported treatments; Chambless & Hollon, 1998)이 상담 실제에 의미 있는 정보를 주는 데 한계가 있다는 인식에 근거한 것이다.

미국 상담연구자들이 제안한 다른 한 방향의 상담효과 연구는 상담자에 관한 것이다. 앞서 제시한 것처럼 상담의 효과는 여러 상담방법의 차이라기보다는 상담자의 역량에 기인한 것이라는 연구 결과를 염두에 두고 제안된 것이다(Lambert & Bergin, 1994). 상담 효과에 관련된 여러 상담자 변인은 *Handbook of Psychotherapy and Behavior Change*(제4판, 제5판)에서 한 장을 할애하여 개관된 바 있다(Beutler, Machado, & Neufeldt, 1994; Beutler et al., 2004). 그러나 개관연구를 실시한 연구자들 스스로가 밝히고 있듯이, 상담 효과에 대한 유의미하게 큰 기여도를 보여 주는 개별 상담자 변인은 아직 규명되지 않고 있다. 따라서 이들 상담 연구자들은 상담 효과에 결정적 기여를 하는 상담자 변인을 탐색하는 것이 상담기법을 찾으려는 노력보다 훨씬 더 전망이 밝다고 주장한다.

적어도 상담연구나 현실 여건에 관한 한 우리보다 앞선 미국 상담연구자들의 목소리에 주의를 기울인다면 국내의 상담연구가 나아갈 방향은 효과성 연구가 아닐 것이다. 앞으로 국내 상담학 연구의 방향은 효과연구가 되었건 상담자 변인에 대한 연구가 되었건 우리의 현실을 감안하여 결정되어야 할 것이다.

2. 과정 – 성과 연구

앞에서는 상담의 효과를 검증하는 연구방법에 대해 알아보았다. 그러나 상담효과 연구에서는 상담의 효과가 나기까지 상담 회기 내에서 구체적으로 일어나고 있는 일들을 고려하지 못한다. 사실상 상담의 효과는 상담자의 개입, 그에 대한 내담자의 반응, 상담자와 내담자의 관계 등을 의미하는 상담과정을 거쳐서 발생하게 된다(김계현, 2000). 여기에서는 상담의 효과를 내는 데 필수적인 상담의 과정을 연구할 때 필요한 연구 절차 및 방법론적 이슈를 검토하고자 한다.

1) 상담과정 연구의 모델

상담과정(counseling process)이란 상담 회기 내에서 상담자와 내담자의 행동과 언어를 포함한 그들 간의 모든 상호작용 및 그들의 내적 경험 등을 지칭하는 것이다(김계현, 2000; Highlen & Hill, 1984; Wampold & Kim, 1988). 따라서 상담과정 연구의 목표는 ① 상담 회기 내에서 일어나는 일, ② 회기 내에서 일어나는 사건이나 상호작용의 시간 흐름에 따른 변화, ③ 회기 내에서 일어나는 일이 내담자 변화로 이어지는 과정을 알아보고자 하는 것이다(Hill, 1982; Wampold & Poulin, 1992).

상담과정 연구를 개념화하기 위한 기본 모델은 과정-산출(process-product) 모델이다. 이 모델은 상담자의 행동이 내담자의 행동을 유발하고, 이를 통해 내담자의 변화가 일어난다는 것이다. 그러나 Martin(1984)에 따르면, 이 모델은 상담자와 내담자의 교호적(reciprocal) 인과관계를 고려하지 못하고, 상담자와 내담자의 인지적 활동을 포착하지 못한다는 문제를 가지고 있다. Martin은 이 두 문제를 보완한 '인지매개

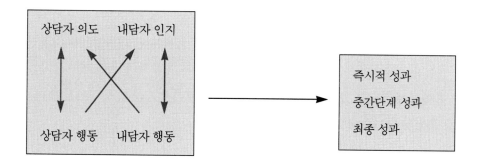

[그림 13-1] Martin의 인지매개 모델

출처: 김계현(2000), p. 339.

모델(cognitive mediational model)'을 제안하였다. Martin이 제안한 인지매개 모델은 [그림 13-1]과 같다.

이 모델에서는 상담자와 내담자의 외현적 행동뿐만 아니라 내면적 경험까지도 고려하고 있으며, 이들 간의 교호적 관계를 설정하고 있다. 상담과정에 대한 이런 개념화는 과정연구에 활용되는 다양한 측정도구의 개발 및 연계분석(sequential analysis)과 같은 통계적 기법이 개발되면서 상담연구의 주류가 되어 갔다.

2) 상담과정 연구의 실제

상담과정을 연구하기 위해서는 상담 회기에서 일어나는 여러 활동을 코딩하여야 한다. 그리고 코딩된 자료를 분석하여야 한다. 여기서는 Martin(1984)의 모델에 따라 외현적 사건과 내현적 사건을 코딩하기 위한 코딩체계 및 분석에 관해 제시한다.

(1) 코딩체계: 외현적 사건

코딩체계는 본질적으로 회기 내에 발생하는 행동들을 유목화하기 위한 것이다. 각각의 유목에는 활동의 내용을 대표하는 이름이 붙여진다. 대표적인 코딩체계로 국내 연구에 많이 활용된 것으로는 Hill Counselor Verbal Response System(Hill, 1978)과 이후의 개정판(Friendlander, 1982), Hill Client Verbal Response System(Hill, 1986), Penman Classification Shame(Penman, 1980) 등이 있다. 이러한 코딩체계에서 상담자와 내담자의 행동은 하나의 유목으로 분류되며, 하나의 행동이 둘 이상의 유목으로 분류되지 못한다. 실제에서는 하나의 행동이 둘 이상의 유목으로 분류될 수도 있지만 이후 분석에 있어서 문제를 가져오기 때문에 단 하나의 유목으로만 분류된다. 각각의 코딩체계는 코딩의 신뢰성을 높이기 위해 각 유목에 대한 상세한 정의 및 예를 제공하고 있다. 그러나 코딩의 신뢰도를 높이기는 쉽지 않아서 코더들에 대한 훈련이 장기간 요구되기도 한다.

코딩체계가 선택되고 나면 분석의 단위가 결정되어야 한다. 지금까지의 과정연구에서 가장 많이 활용되어 왔던 분석단위는 대화차례(speaking turn)와 문법적 단위(grammatical unit)였다. 대화차례는 상대방에 의해 방해받지 않고 계속되는 화자의 말을 단위로 한다. 예를 들면, 한 화자가 말을 하던 중 상대방이 끼어들어 말을 하게 되면 상대방이 끼어들기 직전까지가 하나의 단위가 되는 것이다. 문법적 단위는 사고의 단위(thought unit)라고도 하는데, 하나의 아이디어를 제시하는 일련의 말("one in which there is a connected flow of behavior in which a single intent of an elocutionary form can be identified")을 의미한다(Penman, 1980). 그 외 다른 분석단위도 있으며, 연구의 목적에 따라 선택할 수 있다. Bakerman과 Gottman(1986)은 다양한 분석단위에 대해 제시한 바 있다.

이렇게 분석단위를 결정하고 나면 실제 상담 회기의 축어록상에서 분석단위마다 유목을 할당하게 된다. 그러나 이런 분석단위를 나누는 것이나 유목을 부여하는 것이 쉬운 것은 아니다. 실제 연구에서 분석단위 나눔이나 유목 부여의 신뢰도를 검토하기 위해 몇 명의 평정자들이 참여하게 된다. 코딩체계가 분석단위 나눔이나 유목에 대한 설명 및 자세한 예를 제시하고 있어서 평정자들 간 일치율이 높을 것 같지만, 실제 축어록을 놓고 단위 나눔이나 유목 부여 작업을 해 보면 평정자들 간에 상당한 정도의 불일치를 보인다. 그래서 연구자는 평정자들을 대상으로 한 훈련을 실시하여야 한다. 훈련의 첫 단계는 몇 개의 축어록 샘플을 가지고 단위 나눔 및 유목화를 같이 해 보면서 일치하는 것과 불일치하는 것에 대해 논의하고, 이를 통해 서로의 이해를 공유하는 것이다. 두 번째 단계는 축어록 샘플을 가지고 평정자 각자가 독립적으로 해 보는 것이다. 이후 평정자가 독립적으로 수행한 단위 나눔 및 유목화 결과를 비교하여 불일치하는 부분에 대해 논의·타협하여 일치를 보아야 한다. 대개 어느 정도 일치도가 높다고 판단될 때까지 이런 과정을 몇 번 되풀이한다. 이 과정에서 평정자 간 일치도를 계산하게 되는데, 대개 80% 정도의 일치율을 보이면 적절한 것으로 판단한다(Heppner, Wampold, & Kivlighan, 2008). 또한 단순 일치도보다는 보다 엄격한 Cohen의 카파(kappa) 계수를 평정자 간 일치도로 활용하기도 하는데, 관행적으로 $\kappa = .70$ 정도를 적절한 것으로 판단한다.

평정자 간에 적절한 일치도를 보이면 실제 단위 나눔 및 유목화 작업이 시작된다. 이때 평정자들이 서로 의논하거나 합의하는 것이 아니라 완전히 독립적으로 작업하는 것이 필요하다. 만약 평정자들이 모든 자료에 대한 작업을 수행하는 것이 아니라면 각각의 자료에 무선 할당되어야 한다. 그래야 특정 평정자 때문에 생길 수 있는 오류를 줄일 수 있기 때문이다. 평정자들은 처음에는 단위 나눔 및 유목화 작업을 매우 꼼꼼하게 수행할 것이다. 그러나 시간이 지나면서 피로, 반복에 따른 지루함 등 때문에 판단의 정확성이 떨어질 것이다. 이러한 현상을 평정자 표류(drift)라고 한다. 평정자 표류를 예방하기 위해 연구자는 평정의 중간 중간 평정자의 고충을 들어주고 불필요한 절차적 문제들을 제거해 줄 필요가 있다.

평정 작업이 끝나면 연구자는 다시 한 번 평정자 간 일치도를 계산한다. 이 과정이 끝나면 연구자는 이 작업의 목적 및 연구의 가설을 설명해 줄 수 있다. 앞서 언급하지는 않았지만 평정자들은 연구의 목적 및 가설에 대해서는 알지 못해야 한다. 연구의 목적 및 가설을 평정 전이나 평정과정에서 알게 되면 평정에 체계적인 편파성이 작용할 수 있기 때문이다.

(2) 코딩체계: 내현적 사건

내현적 사건은 상담자나 내담자에게 경험되는 인지나 정서를 의미한다. 인지나 정서는 직접적으로 관찰되는 것이 아니기 때문에 당사자의 언어적 보고를 통해 추론하게 된다. 인지에 대한 보고는 비디오를 통해 상담 장면을 보거나 오디오를 통해 상담자와 내담자의 대화를 듣게 한 후 수집된다. 인지에 대한 보고를 수집하기 위해 대인과정 회상(interpersonal process recall; Kagan, 1975)방법이 흔히 사용되었다. 대인과정 회상방법은 상담 회기가 끝난 직후 상담자나 내담자가 그 회기의 비디오를 보거나 오디오를 들으면서 필요한 작업을 하는 것이다. Hill과 O'Grady(1985)는 각각의 상담자 진술 직후 비디오를 멈추고 왜 그런 진술을 했는지 사전에 준비된 이유들의 목록에서 고르도록 하였다. 이러한 이유들의 목록을 그들은 의도(intentions)라고 하였다. 의도는 회기 내에서 바로 그 순간에 내담자에게 특정 행동, 반응양식, 기법 또는 개입을 선택한 상담자의 이유를 지칭한다. 의도 목록은 경험이 많은 상담자에게 의도를 열거하게 하고, 이를 목록화하여 상호 중첩이 최소화되도록 통합한 결과로 산출된 것이다. 최종 산출된 의도 목록에는 19개의 의도 유목이 있다.

대인과정 회상방법보다는 좀 덜 구조화된 방법도 있다. 그것은 상담자나 내담자가 상담 장면이 녹화된 비디오를 보면서 정기적으로 특정 시점에서 비디오를 멈추고 직전의 비디오 장면에 대한 자신의 생각을 쓰도록 하는 것이다. Morran, Kurpius와 Brack(1989)은 이렇게 작성된 생각을 유목화하기 위한 코딩체계를 개발한 바 있다.

상담과정 연구자들이 정서에 대한 보고를 수집하기 위해 활용하는 코딩체계는 여러 가지가 있다. 그러나 최근 연구자들은 순간순간 발생하는 정서 반응에 주된 관심을 보이고 있다(Wampold & Poulin, 1992). 한 예로 Hill 등(1988)이 상담자의 개입에 대한 내담자의 정서반응을 평가하기 위해 개발한 코딩체계가 있다. Hill 등은 내담자에게 이 코딩체계가 포함하고 있는 21개의 정서반응 목록을 사전에 숙지하게 하고, 상담 장면이 녹화된 비디오를 보게 하였다. 비디오는 상담자 사고단위별로 정지되도록 하였고, 내담자로 하여금 그때의 반응을 정서반응 목록에서 고르도록 하였다. 여기서 사용된 정서반응 목록은 Elliot(1985)이 개발한 것을 수정하고 연구자들이 브레인스토밍을 통해 몇 가지를 추가한 것이었다.

(3) 통계적 분석 전략

상담과정 연구의 가장 초보적인 분석은 상담자나 내담자 혹은 양자의 외현적 행동 및 내현적 행동의 빈도를 알아보는 것이다. 상담 회기에서 어떤 행동들이 나타나는지, 가장 빈번히 나타나는 행동은 무엇인지 혹은 가장 잘 나타나지 않는 행동은 무엇인지를 알아보는 것은 상담과정 연구 초기에는 무척 흥미롭고도 필요한 연구였을 것이다. 그러나 이런 기술분석은 상담의 과정에 대한 이해를 넓혀 주기에는 한계가 있다. 상담과정은 상담자와 내담자의 교호적 관계를 통해 일어나는데, 이에 대한 정보를 주지 못하기 때문이다.

상담자와 내담자의 교호적 관계를 의미하는 상호작용에 관한 정보를 제공하기 위해서는 단순 빈도분석 외의 다른 분석방법이 필요하였다. 이러한 필요에 부응하는 통계적 분석방법으로 등장한 것이 연계분석 방법이었다. 연계분석 방법은 어떤 한 사건이 발생한 직후 다른 사건이 발생할 확률이 우연에 의해 기대되는 것보다 유의하게 큰지를 검증하는 통계적 방법이다. 이러한 분석을 통해 무선적으로 발생하는 듯 보이는 무수한 상호작용 가운데서 일정한 규칙성을 가지고 발생하는 패턴들을 규명해 낼 수 있다.

연계분석을 통해 분석해 낼 수 있는 패턴은 최소한 세 가지가 존재한다. 첫째는 일방적 연계 패턴(unidirectional sequencing pattern)이다. 일방적 연계 패턴은 두 반응의 이행에서 후속하는 반응의 발생이 선행 반응으로부터 영향을 받는 패턴을 말한다. Wampold와 Kim(1989)은 내담자의 기술(description) 반응 직후 '음, 음'과 같은 상담자의 소극적 인정(minimal encourager)이 우연히 기대할 수 있는 이상으로 자주 발생한다는 것을 발견하였다. 이러한 결과는 상담자의 소극적 인정 반응이 내담자의 비적응적 스토리텔링을 강화하고 있다는 것을 의미한다.

둘째는 양방적 관계 패턴(bidirectional sequencing pattern)이다. 이 패턴은 상담자의 행동이 내담자의 반응에 영향을 주지만 내담자의 반응이 상담자의 행동에 영향을 주기도 하는 상호작용을 말한다. Wampold와 Kim(1989)은 내담자의 기술 반응 직후 상담자의 소극적 인정 반응이 빈번하게 발생하지만 상담자의 소극적 인정 반응 직후에 내담자의 기술 반응도 우연히 기대할 수 있는 확률 이상으로 자주 발생한다는 것을 발견하였다. Wampold와 Kim은 이러한 패턴을 회로(circuit)라고 명명하였다.

셋째는 지배성(dominance)이다. 지배성이란 '예언 가능성에 있어서의 비대칭성'을 뜻한다. 말하자면 A의 행동이 B의 과거 행동으로부터 예측될 수 있는 정도가 A의 과거 행동으로부터 B의 행동이 예측될 수 있는 정도보다 더 클 경우 B가 지배적이라고 할 수 있다. 상담에 있어서 상담자의 대인 지배성은 Haley(1963)에 의해 강조된 바 있다. 이후 지배성과 상담 효과의 관계는 연계분석 방법을 통해 검증이 시도되었다. 한 예로 Tracey(1985)는 성공적인 상담의 경우 상담의 중기에 상담자가 지배적인 특성을 보인다는 것을 발견하였다.

연계분석은 기본적으로 상담자와 내담자의 순간순간 반응의 연계에 초점을 두는 분석방법으로 그 분석단위가 미시적 수준이라 할 수 있다. 최근에는 미시적 분석단위뿐만 아니라 회기단위의 거시적 수준의 분석단위가 활용되기도 한다. 거시적 분석단위를 활용한 분석방법으로 활용되는 것이 시계열 분석방법이다. 이 분석방법을 활용한 예로는 권희경과 장재홍(2003)이 있다. 이 분석방법에 대한 설명은 이 장의 범위를 넘어서는 것이니, 자세한 논의는 전문서적 및 권희경과 장재홍의 논문을 참조하라.

3) 상담과정과 상담 성과의 연결

상담과정 연구는 단순히 상담 회기 내에서 일어나는 일들에 대한 기술에서 벗어나 상담 성과와의 관련을 보려는 방향으로 나아가고 있다. 상담 성과는 즉시적 성과, 중간 단계 성과, 최종 성과로 나눌 수 있다. 즉시적 성과는 순간순간의 상호작용을 통해 평가되는 것으로 상담자의 치료적 행위 직후 나타나는 내담자의 경험이 해당된다. 중간 단계 성과는 회기를 단위로 평가된다. 중간단계 성과를 측정하기 위한 측정도구의 한 예로 Stiles와 Snow(1984)가 개발한 회기평가 질문지(Session Evaluation Questionnaire: SEQ)를 들 수 있다. 그 외 작업동맹 질문지(Working Alliance Inventory; Horvath & Greenberg, 1989)도 중간단계 성과를 측정하기 위한 측정도구라 할 수 있다. 최종 성과는 상담의 최종 효과로서 증상의 감소와 관련되는 것이다. 상담효과 연구에서 종속변인을 측정하기 위한 도구들이 최종 성과 측정도구다.

상담 과정과 성과를 연결하는 가장 직접적인 방법은 과정 측정치와 성과 측정치 간의 상관을 보는 것이다. Wampold가 연계 패턴의 강도를 나타내기 위해 개발한 지수인 카파 계수는 성과 측정치와의 상관분석이 가능하다. Wampold와 Kim(1989)은 내담자와 상담자 상호 간에 형성된 한 종류의 패턴에 대한 카파 계수와 내담자의 회기 만족도 간에 부적 상관관계가 있다는 것을 발견하였다.

상담 과정과 성과를 연결하는 또 하나의 방법은 상담자-내담자 상호작용의 특성을 집단으로 분류하고 과정변인에서의 차이를 검토하는 것이다. Tracey(1985)는 상담자와 내담자가 평정한 상담 성과를 토대로 좋은 상담 쌍과 좋지 못한 상담 쌍으로 분류하고, 상담자 지배성에서의 차이를 검토하였다. 그 결과 좋은 상담자-내담자 쌍은 상담 중기에 상담자가 높은 지배성을 나타내며, 좋지 못한 쌍은 상담자나 내담자 어느 한쪽의 지배성도 나타내지 않음을 발견하였다.

이 밖에도 상담 과정과 성과를 연결하는 다양한 전략이 존재한다. 지면의 한계상 이러한 다양한 전략에 대해 더 소개하기는 어렵다. 관심 있는 독자는 Heppner, Wampold와 Kivlighan(2008)의 19장을 참고하라.

4) 상담과정 연구의 미래

지금까지 상담과정 연구의 전략 및 연구방법에 대해 간략히 살펴보았다. 그러나 상담과정 연구는 여기에 소개된 것보다 훨씬 그 범위가 넓으며, 실제 연구의 수행과 관련된 많은 이슈가 있다. 이러한 이슈들에 관해서는 다른 전문서적(예: 김계현, 2000) 을 참고하라. 다만 여기서는 최근 상담과정 연구 편수가 이전에 비해 절대적으로 줄 어들었으며, 이는 관심의 퇴조를 의미할지도 모른다는 점을 지적하고 싶다. 이런 현 상의 원인에 대해서는 추측하기가 어려우나 이런 관심의 퇴조는 상담에 대한 우리의 이해에 제한을 가져올 것이다. 상담이란 결국 상담자와 내담자의 상호작용을 통해 그 효과가 발생하는 처치이기 때문이다.

✿ 참고문헌 ✿

강진령(2008). 상담심리 용어사전. 서울: 양서원.

권희경, 장재홍(2003). 상담자의 개입적절성 및 긍정적 태도가 내담자 저항에 작용하는 방식: 소수 사례에 대한 시계열분석 방법의 적용. 한국심리학회지: 상담 및 심리치료, 15, 161-177.

김계현(2000). 상담심리학 연구: 주제론과 방법론. 서울: 학지사.

Ahn, H., & Wampold, B. E. (2001). Where oh where are the specific ingredients?: A meta-analysis of component studies in counseling and psychotherapy. *Journal of Counseling Psychology, 48*, 251-257.

Bakerman, R., & Gottman, J. M. (1986). *Observing interaction: An introduction to sequential analysis.* Cambridge: Cambridge University Press.

Barber, J. P., & Crits-Christoph, P. (1996). Development of a therapist adherence competence rating scale for supportive-expressive dynamic psychotherapy: A preliminary report. *Psychotherapy Research, 6,* 79-92.

Beck, A. T., Rush, A. J., Shaw, B. F., & Emery, G. (1979). *Cognitive therapy of depression.* New York: Guilford.

Beutler, L. E., Machado, P., & Neufeld, S. (1994). Therapist variables. In A. E. Bergin & S. L. Garfield (Eds.), *Handbook of psychotherapy and behavior change* (4th ed., pp. 229-269). New York: Wiley.

Beutler, L. E., Malik, M., Alimohamed, S., Harwood, T. M., Talebi, H., Noble, S., & Wong, E. (2004). In M. J. Lambert (Eds.), *Handbook of psychotherapy and behavior change* (5th ed., pp. 227–306). New York: Wiley.

Bergin, A. E. (1971). The evaluation of therapeutic outcomes. In A. E. Bergin & S. L. Garfield (Eds.), *Handbook of psyschotherapy and behavior change: An empirical analysis* (2nd ed., pp. 139–190). New York: Wiley.

Chambless, D. L., & Hollon, S. D. (1998). Defining empirically supported therapies. *Journal of Consulting and Clinical Psychology, 61,* 248–260.

Cohen, J. (1988). *Statistical power analysis for the behavioral sciences* (2nd ed.). Hillsdale, NJ: Lawrence Erlbaum Associates.

Critlli, J. W., & Neumann, K. F. (1984). The placebo: Conceptual analysis of a construct in transition. *American Psychologist, 39,* 32–39.

Crits-Christoph, P., Baranackie, K., Kurcias, J. S., Carroll, K., Luborsky, L., McLellan, T., Woody, G., Thompson, L., Gallagier, D., & Zitrin, C. (1991). Meta-analysis of therapist effects in psychotherapy outcome studies. *Psychotherapy Research, 1,* 81–91.

Elkin, I., Falconnier, L., Martinovich, Z., & Mahoney, C. (2006). Therapist effects in the National Institute of Mental Health Treatment of Depression Collaborative Research Program. *Psychotherapy Research, 16,* 144–160.

Elkin, I., Shea, T., Watkins, J. T., Imber, S. D., Sotsky, S. M., Collins, J. F., Glass, D. R., Pilkonis, P. A., Leber, W. R., Docherty, J. P., Fiester, S. J., & Parloff, M. B. (1989). National Institute of Mental Health treatment of depression collaborative research program: General effectiveness of treatments. *Archives of General Psychiatry, 46,* 971–982.

Elliot, R. (1985). Helpful and nonhelpful events in brief counseling interviews: An empirical taxonomy. *Journal of Counseling Psychology, 32,* 307–322.

Eysenck, H. J. (1952). The effects of psychotherapy: An evaluation. *Journal of Counseling Psychology, 16,* 319–324.

Frank, M. L., & Frank, J. B. (1991). *Persuasion and healing: A comparative study of psychotherapy* (3rd ed.). Baltimore: Johns Hopkins University Press.

Friedlander, M. L. (1982). Counseling discourse as a speech event: Revision and extension of the Hill Counselor Verbal Response Category System. *Journal of Counseling Psychology, 29,* 425–429.

Haley, J. (1963). *Strategies of psychotherapy.* New York: Grune & Stratton.

Heppner, P. P., Wampold, B. E., & Kivlighan, D. M. (2008). *Research design in counseling* (3rd ed.). Belmont, CA: Brooks/Cole.

Highlen, P. S., & Hill, C. E. (1984). Factors affecting client change in counseling: Current status and theoretical speculations. In S. D. Brown & R. W. Lent (Eds.), *Handbook of counseling psychology* (pp. 334-396). New York: Wiley.

Hill, C. E. (1978). Development of a counselor verbal category system. *Journal of Counseling Psychology, 25,* 461-468.

Hill, C. E. (1982). Counseling process researcher: Philosophical and methodological dilemmas. *The Counseling Psychologist, 10,* 7-20.

Hill, C. E. (1986). An Overview of the Hill Counselor and Client Verbal Response Modes Category Systems. In L. S. Greenberg & W. M. Pinsof (Eds.), *The psychotherapeutic process: A research handbook* (pp. 131-159). New York: Guilford Press.

Hill, C. E., Helms, J. E., Tichenor, V., Spiegel, S. B., O'Grady, K. E., & Perry, E. S. (1988). Effects of therapist response modes in brief psychotherapy. *Journal of Counseling Psychology, 35,* 222-233.

Hill, C. E., & O'Grady, K. E. (1985). List of therapist intentions illustrated in a case study and with therapists of varying theoretical orientations. *Journal of Counseling Psychology, 32,* 3-22.

Horvath, A. O., & Greenberg, L. S. (1989). Development and validation of the Working Alliance Inventory. *Journal of Counseling Psychology, 36,* 223-233.

Kagan, N. (1975). Influencing human interaction: Eleven years with IPR. *Canadian Counselor, 9,* 44-51.

Kazdin, A. E. (1994). Methodology, design, and evaluation in psychotherapy research. In A. E. Bergin & S. L. Garfield (Eds.), *Handbook of psychotherapy and behavior change* (4th ed., pp. 19-71). New York: Wiley.

Kim, D. M., Wampold, B. E., & Bolt, D. (2006). Therapist effects in psychotherapy: A random effects modeling of the NIMH TDCRP data. *Psychotherapy Research, 16,* 161-172.

Klein, G. L., & Rabkin, J. G. (1984). Specificity and strategy in psychotherapy research and practice. In J. B. Williams & R. L. Spizer (Eds.), *Psychotherapy Research: Where are we and where should we go?* New York: Guilford.

Lambert, M. J., & Bergin, A. E. (1994). The effectiveness of psychotherapy. In A. E. Bergin & S. L. Garfield (Eds.), *Handbook of psychotherapy and behavior change* (4th ed., pp. 143-189). New York: Wiley.

Luborky, L., & Barber, J. P. (1993). Benefits of adherence to treatment manuals, and where to get them. In N. Miller, L. Luborsky, J. P. Barber, & J. P. Docherty (Eds.), *Psychodynamic treatment research: A handbook for clinical practice* (pp. 211-226). New York: Basic Books.

Luborsky, L., Singer, B., & Luborsky, L. (1975). Comparative studies of psychotherapies: Is it true that "Everyone has won and all must have prizes?" *Archives of General Psychiatry, 32,* 995-1008.

Martin, J. (1984). The cognitive mediational paradigm for research on counseling. *Journal of Counseling and Development, 63,* 556-560.

Minami, T., Davies, D. R., Tierney, S. C., Bettmann, J. E., McAward, S. M., Averill, L. A., Huebner, L. A., Weitzamn, L. M., Benbrook, A. R., Serlin, R. C., & Wampold, B. E. (2009). Preliminary evidence on the effectiveness of psychological treatments delivered at a university counseling center. *Journal of Counseling Psychology, 56,* 309-320.

Morran, D. K., Kurpius, D. J., & Brack, G. (1989). Empirical investigation of counselor self-talk categories. *Journal of Counseling Psychology, 36,* 505-510.

Parloff, M. B. (1986). Frank's "common elements" in psychotherapy: Nonspecific factors and placebos. *American Journal of Orthopsychiatry, 56,* 521-529.

Penman, R. (1980). *Communication processes and relationships.* London: Academic Press.

Rosenthal, R., & Rubbin, D. B. (1982). A simple, general purpose display of magnitude of experiential effect. *Journal of Educational Psychology, 74,* 166-169.

Rosenzweig, S. (1936). Some implicit common factors in diverse methods of psychotherapy: "At last the Dodo said, 'Everybody has won and all must have prizes.'" *American Journal of Orthopsychiatry, 6,* 412-415.

Smith, M. L., & Glass, G. V. (1977). Meta-analysis of psychotherapy outcome studies. *American Psychologist, 32,* 752-760.

Smith, M. L., Glass, G. V., & Miller, T. I. (1980). *The benefits of psychotherapy.* Baltimore: Johns Hopkins University Press.

Stiles, W. B., & Snow, J. S. (1984). Counseling session impact as viewed by novice counselors and their clients. *Journal of Counseling Psychology, 31,* 3-12.

Strupp, H. H., & Binder, J. L. (1984). *Psychotherapy in a new key.* New York: Basic Books.

Tracey, T. J. (1985). Dominance and outcome: A sequential examination. *Journal of Counseling Psychology, 32,* 119-122.

Waltz, J., Addis, M. E., Koerner, K., & Jacobson, N. S. (1993). Testing the integrity of a psychotherapy protocol: Assessment of adherence and competence. *Journal of Consulting and Clinical Psychology, 61,* 620-630.

Wampold, B. E. (2001). *The great psychotherapy debate: Models, Methods, and Findings.* Hillsdale, NJ: Lawrence Erlbaum.

Wampld, B. E., & Kim, K. H. (1989). Sequential analysis applied to counseling process and outcomes: A case study revisited. *Journal of Counseling Psychology, 36,* 357-364.

Wampold, B. E., Lichtenberg, J. W., & Waehler, C. A. (2002). Principles of empirically supported interventions in counseling psychology. *The Counseling Psychologist, 30,* 197-217.

Wampold, B. E., Mondin, G. W., Moody, M., Stich, F., Benson, K., & Ahn, H. (1997). A meta-analysis of outcome studies comparing bonafide psychotherapies: Empirically, "All must have prizes." *Psychological Bulletin, 122,* 203-215.

Wampold, B. E., & Poulin, K. L. (1992). Counseling research methods: Art and artifact. In S. D. Brown & R. W. Lent (Eds.), *Handbook of counseling psychology* (2nd ed., pp. 71-109). New York: Wiley.

Wampold, B. E., & Serlin, R. C. (2000). The consequences of ignoring a nested factor on measures of effect size in analysis of variance designs. *Psychological Methods, 4,* 425-433.

제14장
다문화상담

'다문화'는 현재 우리 사회가 경험하는 주요 현상 중 빼놓을 수 없는 사안이다. 우리나라는 최근 들어 여러 가지 이유로 전례 없이 많은 다문화 인구가 유입되고 있으며, 앞으로도 인구분포의 변화는 계속 진행될 것이다. 다문화사회가 진행되면서 상담활동도 그동안 진행되어 오던 방법들과는 다른 접근을 요청받고 있다. 상담자들은 거주민 문화 이외에 국가, 인종, 민족이 다른 이주민들의 문화에도 관심을 기울이면서 상담을 진행해야 한다. 서로의 세계관과 생활양식들에 큰 차이가 있는 다양한 문화권 출신의 사람들이 함께 생활하다 보면 여러 갈등에 부딪히게 되고, 이러한 갈등을 유발하고 경험하며 해결하는 과정에서 거주민 문화는 '주류문화'로서의 힘을 행사하면서 의도적 · 무의도적인 차별과 압제를 하기도 한다. 다문화상담은 이러한 차별과 압제에 과감하게 도전하면서 소수민의 권익을 지킴으로써 우리 사회의 모든 구성원이 주인의식을 갖고 생활하도록 돕기 위한 상담이다. 이 장에서는 다문화상담의 개념, 다문화상담의 대상, 다문화상담의 특징, 다문화상담의 원리, 다문화상담자의 자질 그리고 다문화상담자의 문화적 역량개발의 순으로 고찰하면서 다문화 시대에 상담자들이 고려하고 준비해야 할 사항들에 대한 논의의 기초를 마련하고자 한다.

1. 다문화상담의 개념

다문화란 서로 다른 문화가 부딪치고 영향을 주고받는 가운데 각 문화를 연결시키고 조화롭게 적용하고자 하는 사회적 필요성에 의해 생겨난 개념이다. 문화는 인간의 삶을 결정짓는 중요한 요소로 작용하면서 각 집단이나 사회 그리고 민족이나 인종에 따라 각기 고유한 형태로 나타나는데, 이렇게 각기 독특하면서 분절된 문화의 형태들이 하나의 조합을 이룬 상태를 다문화라고 볼 수 있다. 현대로 올수록 대부분의 나라는 다문화를 공유하는 사회가 되었다(김흥운, 김두정, 2007).

상담은 상담자와 내담자가 만남을 통해 내담자의 당면문제를 해결하고 내담자의 성장을 도와주는 전문적인 조력활동이다. 상담에서의 만남에는 개별 인격체로서의 상담자와 내담자가 참여하는데, 상담자와 내담자는 각자 자신이 속한 문화의 영향을 받으며 성장해 왔기 때문에 상담에서의 만남은 곧 문화와 문화의 만남이 될 수 있다.

최근 우리나라의 경우 110만 명이 훨씬 넘는 외국인이 체류하고 있고(법무부, 2010a), 국제결혼가정 자녀가 2009년 2만 4,745명에 이르는데다(교육과학기술부, 2009a), 앞으로도 국제결혼가정 자녀 및 체류외국인의 증가 추세가 더욱 뚜렷해질 것이다. 이러한 점을 감안할 때 다문화상담에 대하여 깊은 관심을 가질 필요가 있다. 더욱이 광의의 다문화 개념에서 볼 때 다문화상담은 국적이나 인종, 민족이 다른 사람과의 상담에서뿐 아니라 한국 국적을 공유하는 상담자와 내담자 사이에서도 일어나는 일이다. 문화에 대한 광의의 개념은 인종, 언어 그리고 국적이 다른 데서 연유하는 협의의 문화 차이뿐 아니라 종교, 지방, 계층, 학력, 신체장애 등으로 인하여 형성된 사고방식도 포함하기 때문이다.

문화의 개념은 성별, 주거지역, 나이, 교육적 배경까지도 포괄하는 광의의 개념과 국가, 민족, 종족의 테두리에서 이해되는 협의의 개념으로 이해할 수 있다. 광의의 개념에서 모든 상담관계는 각자의 문화가 다른 상담자와 내담자의 관계로 이해될 수 있다(설기문, 1993; Atkinson, Morten, & Sue, 1993; Pedersen, 1991). 상담자와 내담자가 같은 한국 사람이라고 해도 서로 다른 가정에서 성장하였으며 각 가정은 고유의 가족문화를 가지고 있기 때문에 상담과정은 기본적으로 다문화적 과정이라고 볼 수 있다.

인종, 민족, 성, 장애 유무, 연령 등에 의한 차이는 개별 가족이나 개인적 차이보다 크며 사회 불평등적 요소를 가지고 있다. 다문화적 접근의 배경에는 이러한 불평등적 요소를 이슈화하여 개선하려는 의도가 강력하게 함의되어 있다. 이런 점에서 인종, 민족, 성, 장애, 연령 등에 있어 소수이거나 약자이기 때문에 경험되는 현상들에 의도적이고 명시적으로 직면하여 내담자가 당면문제를 해결하고 자아성장을 이루도록 돕는 것을 다문화상담이라고 볼 수 있을 것이다(임은미, 2009). 이 장에서 함의하는 다문화상담은 성장 배경에서 비교적 뚜렷한 차이가 형성되어 있는 '다른' 사람들 간의 상담을 조망하고자 협의의 다문화 개념을 중심으로 한다.

2. 다문화상담의 대상

협의의 다문화 개념에서 볼 때, 현재 우리나라의 주요 다문화 인구는 북한이탈주민, 국제결혼가족, 외국인 근로자, 외국인 유학생으로 구성되어 있다. 법무부 출입국·외국인정책본부의 자료에 의하면 2009년 6월 현재 결혼이민자는 총 12만 6,155명(남 1만 5,323명, 여 11만 832명)이고, 외국인 근로자는 55만 9,965명(합법체류자 50만 9,674명, 불법체류자 50만 291명), 외국인 유학생은 총 5만 7,107명(합법체류자 5만 1,630명, 불법체류자 5,477명)이다(법무부, 2009). 그리고 북한이탈주민은 1996년 통계청 집계 이래 2008년까지 총 1만 4,323명(남 4,427명, 여 9,896명)에 이르고 있다(통계청, 2009). 출입국 외국인 정책본부에서 제시하는 우리나라 외국인 체류자 수만 해도 120만 명에 가까워지고 있다(법무부, 2010a).

1) 북한이탈주민

북한이탈주민은 북한을 탈출하여 우리나라에서 거주하고 있는 주민을 일컬으며, 북한이탈주민을 일컫는 용어는 여론과 상황에 따라 탈북자, 새터민을 거쳐 사용되고 있다.

북한 주민의 대규모 이탈이 본격화된 1996년부터 1998년 사이의 이탈 원인은 식량난으로 생계형이 대부분이었으나, 2000년 이후에는 경제난과 함께 외부 정보의 획득과 자유, 희망에 대한 소망, 미래에 대한 꿈의 실현 등으로 점차 변화하고 있다. 특히 자녀에게 더 나은 교육기회를 제공하고자 하는 동기가 주요한 북한 이탈의 원인으로 제시되고 있다(김홍운, 김두정, 2007).

북한이탈주민 수의 증가로 인하여 그들의 사회문화적 적응 및 지역사회 내에서의 갈등이 사회적 쟁점으로 대두되고 있다. 남한에서 그들의 생활은 통일 후에 남북한 사람들이 얼마나 잘 적응할 수 있는지를 가름해 볼 수 있는 잣대가 될 것이며, 그들의 적응문제는 당대뿐 아니라 자녀 세대에서도 매우 중요한 문제가 된다.

교육과학기술부(2009b)에 의하면 현재 북한이탈주민의 자녀인 탈북청소년(만 6~20세)의 수는 2009년 현재 1,478명에 이르고, 그들 중 초(562명), 중(305명), 고 (276명)에 재학하고 있는 학생은 1,143명뿐(탈북청소년의 77.3%)이다. 탈북청소년의 중도 탈락은 초등학교부터 발생하며 학년이 올라갈수록 높아지고 있다(〈표 14-1〉 참조). 탈북청소년의 중도 탈락률은 초등학교 1.4%, 중학교 9.0%에 이르고 이것은 탈북청소년 가운데 상당수가 의무교육을 마치지 못하고 있음을 나타낸다. 또한 고등학생은 6.1%가 탈락하고 있어서, 단순히 수치를 합산하면 우리나라 학교에서 약 24.6%의 탈북청소년이 고등학교를 마치지 못할 우려가 있음을 나타낸다.

〈표 14-2〉에 나타난 바 그들이 학교를 중도에 탈락하는 주요 사유는 부적응, 검정고시, 가사, 경제 사정 등으로 대개 열악한 가정환경과 문화 차이에서 비롯된 문제임을 알 수 있다. 이들 사유 중 부적응으로 인해 학교를 마치지 못하는 청소년의 비율이 가장 높은 39.9%를 차지한다는 것은 그들에게 학교 적응을 위한 상담지원이 매우 필요하다는 것을 나타낸다.

여러 연구에서 나타난 바에 따르면 북한이탈주민 청소년들은 다음과 같은 이유로 낮은 취학률과 높은 중도 탈락률을 보이고 있다(김홍운, 김두정, 2007). 첫째는 북한의

표 14-1 **탈북청소년의 중도 탈락률** (단위: 명, %)

구분		초	중	고	계
2008 학년도	4월 재학생 수	495	288	183	966
	중도 탈락생 수	7	26	26	59
	중도 탈락률(%)	1.4	9.0	14.2	6.1

* 중도 탈락률=학교급별(2008년도 중도 탈락자 총수/2008년도 재학생 총수)×100
출처: 교육과학기술부(2009b). 탈북청소년의 중도탈락률.

| 표 14-2 | 탈북청소년의 중도 탈락 사유 | (단위: 명) |

구분	2008학년도(2008. 3. ~ 2009. 2.)	비율
부적응	20	39.9%
경제적 사정	2	5.6%
검정고시	14	20.8%
가사	7	7.9%
질병	2	2.8%
기타	14	26.9%
계	59	100%

출처: 교육과학기술부(2009b). 탈북청소년의 중도탈락사유.

교육 시스템 붕괴 및 체류기간 동안의 교육 공백으로 인해 학업을 따라가기가 어렵다는 것이다. 또 교육을 받았다 하더라도 남북한의 교육체계, 교육과정, 교육내용의 이질성 때문에 남한의 교육과정을 따라가기에 어려움을 겪는다. 둘째는 교우관계의 어려움이다. 우리 사회의 학생들이 북한은 열등하고 촌스럽다는 이미지를 가지고 있어, 북한이탈주민 자녀는 심리적으로 위축감을 느끼고 자신의 정체성을 숨기려 하기 때문에 친구 사귀기가 쉽지 않다. 셋째는 연령을 고려하지 않은 학년 배정으로 인해 북한이탈주민 자녀들이 학교에 입학할 때 자신의 나이보다 두세 살 아래 학년에 입학 또는 편입하게 되는데, 이는 교우관계 형성과 학교생활 적응을 어렵게 한다.

이런 점에서 교육과학기술부에서 2009년 9월에 발표한 탈북청소년에 대한 교육지원 강화정책은 바람직한 대안으로 보인다. 교육복지정책과는 입국 초기 적응교육을 비롯해 특수고등학교의 특례입학 등 교육지원 정책을 발표하여 실행하고 있으며, 모국립대학에서는 교육과학기술부의 취지를 받아들여 대학의 입학전형에 탈북자 전형을 포함하기도 하였다.

북한이탈주민의 절대적인 수가 우리나라 인구에 비하여 많은 편은 아니지만, 위험을 무릅쓰고 한국을 선택하여 정착한 이들의 적응과정을 돕는 일은 매우 당연한 일이다. 현재 북한이탈주민은 줄어든 정착지원금과 취업난 속에서 남한 사회 적응 및 자녀들의 교육에도 노력해야 하는 매우 고달픈 현실 속에 놓여 있다. 북한이탈주민의 어른 세대를 위하여 남한 사회에서의 조직 적응 및 자녀지도를 위한 상담과 아울러 자녀 세대를 위하여 학교생활 적응, 학업 적응, 대인관계 적응, 진로발달을 위한 상담 작업이 활발하게 수행되어야 할 것이다.

2) 국제결혼가족

우리나라 국제결혼 이민자 수는 2010년 3월 현재 13만 4,841명에 이르러 전체 외국인의 10%를 넘고 있다. 결혼이민자라 함은 대한민국 국민과 혼인한 적이 있거나 혼인 관계에 있는 재한외국인으로서 출입국 관리법 시행령상 체류자격 F-1-3과 F-2-1을 가진 자를 말한다. 국제결혼 이민자의 경우 남자는 1만 7,427명, 여자는 11만 7,414명으로 우리나라 국제결혼가정은 여성이 이주하여 이뤄진 경우가 대부분이다. 국제결혼 이민자 수를 국가별로 보면 중국인과 한국계 중국인의 비율이 가장 높으며, 베트남이 그 뒤를 따르고 있다. 우리나라 사람과 국제 결혼한 배우자를 국민의 배우자라고 부르는데, 이 표현은 남성을 배제하지 않음으로써 결혼이민자가정이 남성의 이민으로도 이루어질 수 있음을 나타낸다. 한편, 국제결혼가정을 위해 이루어지는 국가사업들은 현재 결혼이민여성 가정을 주요 대상으로 하고 있다. 여성 이민자가 수적으로 많을 뿐 아니라 여성이민자가족이 사회경제·심리적으로 열악한 위치에 있는 경우가 많기 때문이다(〈표 14-4〉 참조).

국제결혼 이민자들은 기본적인 의사소통도 되지 않는 낯선 나라에 홀로 와서 낯선 가족문화에 적응하면서 가정을 이루고 자녀를 출산하고 양육해야 하는 상황이다. 주변에 어려움을 의논할 대상이 거의 없으며, 대개 자국 출신의 사람들끼리만 교류하다보니 한국 사회 적응에 도움이 되는 정보나 적응기제를 얻는 데 큰 어려움이 따른다. 이들의 안정적인 한국 사회 정착을 돕기 위해 보건복지부, 법무부, 여성가족부, 교육과학기술부, 농림부 등 정부의 각 부처에서 복지정책을 시행해 왔다. 특히 보건복지부는 2009년 9월 29일 현재 전국에 112개의 다문화가족지원센터를 설치하여 그 운영을 지원하고 있고(mfsc.familynet.or.kr), 법무부 사회통합팀은 2008년 전국에서 20개 ABT 대학(다문화 사회통합 주요 거점대학, Active Brain Tower)을 선정하고 다문화가족 지원사업을 수행하고 있다. 교육과학기술부의 교육복지지원국은 국제결혼가정 및 외국인 근로자 자녀의 학교 적응을 돕기 위해 중앙다문화교육센터를 설치하고 체계적인 조력방안을 모색하고 있다.

초·중·고에 재학하고 있는 결혼이민자들 자녀의 교육문제는 교육자들이 직면해야 하는 새로운 과제가 되었다. 국제결혼가정 자녀들의 56.1%는 도시에, 43.9%는 읍·면 지역의 학교에 다닌다. 한 곳에 몰려 있지 않기 때문에 많지 않은 듯 보이지만 만 전국 곳곳에 많은 수의 국제결혼가정 학생들이 있다(〈표 14-5〉 참조). 전체 결혼이 민자가정 자녀의 90%는 어머니가 외국인인 경우다. 아버지가 외국인이거나 기타의 경우에 해당하는 나머지 10%의 학생에 대하여도 배려가 필요하다(〈표 14-4〉 참조). 자신의 삶이 힘들고 고단하기 때문에 자녀교육에 많은 정성을 기울이기 어려운데다 해결되지 않는 가난과 언어 문제 등은 그들의 자녀교육 환경을 더욱 악화시킬 우려가 있기 때문이다. 현장의 교사들은 국제결혼가정 자녀들은 자신의 신분이 노출되지 않기를 원하며, 그들 중에는 학교 적응이나 학업성취에 뛰어난 경우도 있다고 한다. 이러한 희망적인 사례들이 많이 생기기를 바라는 바지만, 그럼에도 전반적으로 국제

표 14-3 **학교급별 국제결혼가정 자녀 수** (2009년 4월 1일 기준, 단위: 명)

구분	초		중		고		계	
	인원	증감(%)	인원	증감(%)	인원	증감(%)	인원	증감(%)
2006	6,795	27.4	924	58.5	279	35.4	7,998	30.6
2007	11,444	68.4	1,588	71.9	413	48.0	13,445	68.1
2008	15,804	38.1	2,213	38.9	761	84.0	18,778	39.6
2009	20,632	30.5	2,987	35.0	1,126	48.0	24,745	31.8

표 14-4 **전체 국제결혼가정 자녀 수와 어머니가 외국인인 자녀 수**

(2009년 4월 1일 기준, 단위: 명)

구분 시·도	국제결혼가정 학생 수(A)				어머니가 외국인인 학생 수(B)			
	초	중	고	계	초	중	고	계
계	20,632	2,987	1,126	24,745	18,845	2,519	900	22,264
비율(%)	83.4	12.1	4.5	100.0	91.3	84.3	79.9	90.0

표 14-5 **국제결혼가정 자녀 재학 학교의 지역 분포** (2009년 4월 1일 기준, 단위: 명)

구분 시·도	시 지역 학생 수				읍·면 지역 학생 수			
	초	중	고	계	초	중	고	계
계	11,126	1,951	808	13,885	9,506	1,036	318	10,860
비율(%)	45.0	7.9	3.3	56.1	38.4	4.2	1.3	43.9

출처: 교육과학기술부(2009a).

결혼가정의 구성원들은 한국어 능력, 사회 이해 및 적응 능력의 부족으로 사회적 차별의 대상이 되고 있다.

최근에 행해진 연구들에 따르면 국제결혼가정 자녀들은 한국 사회에서 이질감, 분노감, 부담감을 많이 느끼고 있다. 학교에서는 규칙 이해에 어려움을 겪고, 언어문제로 인해 움츠러듦을 경험하며, 교우관계에서 따돌림을 받고, 학력 격차로 인해 뒤떨어지는 느낌과 학습의욕 저하현상을 경험하는 것으로 나타났다. 국제결혼가정에서 부모 세대가 겪는 불화와 가난, 열악한 주거환경 등으로 인해 위축감을 경험하며, 그들에 대한 연민, 동정, 놀림, 괴롭힘 등의 사회적 편견과 자아정체감 혼란으로 인해 도벽이나 거짓말, 공격성, 신체화 증상, 게임 중독 등의 부적응 행동을 경험하기도 한다. 그러나 그들이 교사, 가족, 지역사회의 지지를 충분히 받으면 안정된 정체성과 자기존중감 그리고 성장을 이뤄 나가기도 한다는 것도 밝혀져 국제결혼가정 자녀를 위한 적극적 개입이 요구된다(한정애, 2009).

국제결혼 이민자의 출신국가 또한 다양하기 때문에, 혹자는 그들과의 기본적인 의사소통도 어려운 현 실정에서 상담이 얼마만큼 가능할지에 대한 의문을 제기하기도 한다. 언어소통의 장벽으로 인해 그들을 상담하는 데 어려움이 있기 때문에 국제결혼가정을 상담하기 위해 상담자가 이중언어 구사능력을 길러야 한다는 현실적인 주장도 제기되고 있다. 더욱이 국제결혼가정 자녀들이 급격한 증가 추세를 보이기 때문에, 한국 사회에 결혼이민자 자신도 적응하기 어려운 처지에 자녀교육까지 담당해야 하는 어려운 현실에 놓이게 되었다. 친·인척의 도움도 받기 어려운 현실에서 자신의 고통을 호소하고 해결받을 최소한의 출구가 마련되지 않는다면, 한국 사회의 다문화과정은 여전히 차별과 압제 또는 동화주의적 시각에서 벗어나기 어렵게 될 것이다. 그리하여 앞으로 국제결혼 이민자 개개인을 이해하고 돕기 위한 상담지원이 활발히 이루어져야 할 것이다.

3) 외국인 근로자

저출산과 고령인구의 증가는 노동력 감소현상을 초래하였고 이에 따라 외국인 이주근로자들이 국내로 대거 유입되었다(김홍운, 김두정, 2007). 1990년대 초 5만여 명에 불과했던 외국인 근로자의 규모는 지속적으로 증가하고 있다. 특히 산업연수생

제도와 2004년 발효된 외국인 근로자 '고용허가제'에 의해 국내의 외국인력 고용이 합법화되면서 국내의 외국인 근로자 고용 규모가 크게 확대되었다. 현재 외국인 근로자 체류 현황을 보면 총 56만 708명에 이른다. 이들 중 불법체류자가 5만 5,321명이 섞여 있어서 불법체류 외국인 근로자가 상당히 많다는 것을 알 수 있다. 외국인 근로자 수가 55만여 명에 이르고 있으나 그들의 출신국가가 매우 다양해서 다문화적 갈등이 상당히 예상된다. 아울러 불법체류자가 5만여 명에 이른다는 것은 불법체류

표 14-6 **출신국가별 국제결혼 이민자 수** (2010년 3월 31일 기준, 단위: 명)

출신국	인원 수	성 별	
전체 체류자	134,841	남	17,427
		여	117,414
중국 *	34,266	남	3,446
		여	30,820
한국계 중국인	32,791	남	7,166
		여	25,625
베트남	31,098	남	161
		여	30,937
일본	10,034	남	793
		여	9,241
필리핀	6,658	남	187
		여	6,471
캄보디아	3,463	남	9
		여	3,454
태국	2,433	남	42
		여	2,391
몽골	2,420	남	49
		여	2,371
미국	1,948	남	1,403
		여	545
기타	9,730	남	4,171
		여	5,559

* 한국계 중국인 미포함.
출처: 법무부(2010b). 국적별 결혼이민자 체류현황.

표 14-7 국적별 외국인 근로자 현황			(2010년 3월 31일 기준, 단위: 명)	
구분	총 체류자	합법체류자	불법체류자	
			16~60세	전체
총계	560,708	505,387	52,379	55,321
필리핀	30,517	23,723	6,779	6,794
몽골	12,745	8,684	4,048	4,061
한국계 중국인	305,430	295,462	7,500	9,968
중국*	19,725	12,504	6,890	7,221
스리랑카	14,211	13,041	1,169	1,170
베트남	51,953	43,403	8,548	8,550
태국	25,542	21,779	3,744	3,763
인도네시아	25,168	21,138	4,029	4,030
우즈베키스탄	13,292	11,194	2,077	2,098
파키스탄	5,613	4,483	1,120	1,130
캄보디아	5,601	4,865	736	736
방글라데시	5,894	3,269	2,617	2,625
키르기스스탄	715	598	116	117
네팔	5,738	4,674	1,063	1,064
미얀마	3,321	2,702	619	619
티모르민주공화국	95	95	0	0
일본	1,415	1,413	1	2
미국	14,440	14,374	53	66
캐나다	5,419	5,395	22	24
영국	2,469	2,460	7	9
러시아**	770	603	161	167
한국계 러시아인	2,099	2,074	14	25
호주	781	777	4	4
뉴질랜드	682	681	1	1
기타	7,073	5,996	1,061	1,077

* 한국계 중국인 미포함.
** 한국계 러시아인 미포함.
출처: 법무부(2010c). 취업자격외국인 국적별 현황 2010년 1분기.

자체의 문제와 더불어 불법체류로 인하여 체류자들이 법적인 보호장치의 혜택을 얻지 못해 발생하는 임금갈등, 노사갈등, 생활상의 갈등들이 많이 쌓일 수 있음을 말해 준다. 외국인 근로자의 출신국가는 매우 다양하지만(〈표 14-7〉 참조), 한국계 중국인의 비율이 30만 5,430(54.5%)명에 이르고 한국계 러시아인도 2,099명이어서 해외동포들이 일자리를 찾아 역으로 귀국하고 있음을 알 수 있다.

외국인 근로자들 또한 한국 사회 적응에 어려움을 많이 겪고 있다. 특히 불법체류자 비율이 높아서 생존에서도 불안하고 위태로운 경우가 많다. 합법체류자라 할지라도 예외적인 소수를 제외하고 외국인 근로자 대다수는 우리나라 사람들이 기피하는 업종에서 주로 근무하기 때문에 근로복지의 측면에서도 열악한 처지에 놓여 있다. 그들이 겪는 여러 문제 중에서 자녀들의 교육문제는 특히 심각하다. 잘 살아 보겠다고 일자리를 찾아 이주한 근로자들이 자녀들의 세대에게는 오히려 교육적 좌절을 물려주어야 하는 형편이기 때문이다. 이주근로자 자녀는 헌법 제6조 제2항 및 이주근로자와 그 가족의 권리보호에 관한 국제협약 제30조에 의해 그 지위가 보장되고, 해당 국민과의 평등한 대우를 기초로 하여 교육받을 권리를 갖는다. 그러나 우리나라는 이주근로자와 그 가족의 권리보호에 관한 국제협약에 비준하지 않았기 때문에 이주근로자 자녀가 법적 지위를 보장받을 수 없다(김홍운, 김두정, 2007).

이주근로자의 자녀는 부모보다 한국어를 빨리 배우지만 생활언어와 학습언어가 다르기 때문에 생활언어를 잘하는 아동이라 할지라도 학습언어를 익히게 되기까지 많은 시간이 소요된다. 그래서 꾸준히 지도를 받아야 하지만 그럴 기회를 갖기가 어렵다. 입학 전 한국어교육을 받을 수 있는 기관이 없어서 또래들에 비하여 한국어 실력이 부족한 상태로 학교에 입학한다. 또한 나이를 고려하지 않고 한국어 능력만을 기준으로 학년을 편성하기 때문에 또래가 아닌 한두 살 어린 동생들과 공부하게 되는 경우가 많다. 이로 인해 학교생활에 적응하기가 어려울 뿐 아니라, 학교 내에서 소외되고, 학업에 흥미를 잃기 쉬워 학교와 멀어져 학업을 중단하고 노동인구로 유입될 가능성이 크다. 이주아동들을 교육해 본 경험이 있는 학교들은 말이 통하지 않아 학습지도 및 생활지도가 어렵다며 학생들 받기를 꺼리는 실정이다.

외국인 근로자들 중에는 단기적으로 한국에 머물다가 귀국할 예정인 사람들도 있지만 여러 가지 방법으로 체류기간을 연장하거나 한국에 남으려는 사람들이 있다. 그러는 사이 그들의 자녀가 연령이 증가하게 되며, 한국에 있는 동안 외국인 근로자 자녀의 원만한 성장에는 상담자의 도움이 필요하다. 또한 우리나라의 산업을 키우기 위한 전문인력으로서의 외국인들을 적극적으로 유입하기 위해서는 그들을 위한 안정된 교육지원책이 필요하다는 점에서도 외국인 근로자를 위한 상담은 매우 중요한 일이다.

4) 외국인 유학생

대학 캠퍼스 내에서 해외 유학생과 만나게 되는 일은 더 이상 드문 경험이 아니다. 〈표 14-8〉에 제시된 바와 같이, 2010년 3월 기준으로 우리나라에 거주하는 해외 유학생의 수는 6만 8,158명에 이른다. 이들의 출신국가는 중국, 베트남, 몽골, 일본, 미국, 인도, 방글라데시, 우즈베키스탄, 말레이시아, 러시아, 인도네시아 등으로 가히 세계적이다(법무부, 2010d). 2010년 3월 31일 현재 우리나라에 체류하고 있는 유학생 수를 보면 중국에서 유학 온 학생들이 전체 유학생의 77%가량을 차지하고 있지만 유학생의 출신국가는 매우 다양함을 알 수 있다(〈표 14-8〉 참조).

표 14-8 외국인 유학생 현황 (2010년 3월 31일 기준, 단위: 명)

국적＼구분	총 체류자	합법체류자	불법체류자
총계	68,158	62,151	6,007
중국*	52,467	47,764	4,703
베트남	2,627	1,908	719
몽골	2,516	2,305	211
일본	1,257	1,249	8
미국	1,016	951	65
인도	643	624	19
방글라데시	531	507	24
말레이시아	497	497	–
우즈베키스탄	451	332	119
러시아	442	431	11
인도네시아	419	418	1
기타	5,292	5,165	127

* 중국: 한국계 중국인 포함된 숫자임.
• 유학(D-2): 전문대학 이상의 교육기관 또는 학술연구기관에서 정규과정의 교육을 받거나 특정의 연구를 하고자 하는 자.
출처: 법무부(2010d). 국적별 유학자격(D-2) 체류현황.

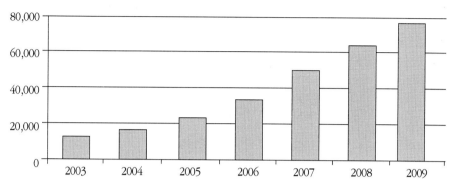

[그림 14-1] 연도별 국내 외국인 유학생 수

출처: 교육과학기술부(2009c). 연도별 국내 외국인 유학생 수

　[그림 14-1]은 해마다 증가하는 유학생의 수를 보여 주는데, 우리나라 사람들의 해외활동이 증가되고 몇몇 산업 분야가 해외에서 두각을 나타내면서 공부하기 위해 우리나라를 찾는 유학생의 수도 더욱 증가될 것으로 전망된다.

　우리의 현실에서 해외 유학생 유치는 대학평가와 직결되며, 충원이 부족한 학문 분야의 우수인력 유치를 위해 필요하고, 대학 사정에 따라서는 대학 운영을 위한 신입생 확보방안으로도 매우 중요한 수단이 되고 있다. 그러한 이유로 국내 대학들은 외국인 유학생 유치에 적극 나서고 있고, 외국인 유학생의 수는 해마다 증가하고 있다(교육과학기술부, 2009c). 이제 해외 유학생의 유치는 국가적으로도 유학생을 통한 교육산업의 발전, 우수 인적자원의 확보, 자국에 우호적인 세계인사 양성, 교육의 국제화를 위해 매우 중요한 사업으로 대두되고 있다(한영옥, 2007).

　이러한 시각에서 본다면 국내로 유학하는 해외 유학생의 규모는 앞으로 더 늘어날 수밖에 없으며, 양적 성장과 더불어 그들을 위한 질적 서비스의 제고방안도 본격적으로 논의되어야 한다. 최근에 이루어진 한 연구에서는 한국의 유학생 유치 실적이 전 세계 고등교육 단계에 있는 학생의 0.4%에 불과할 정도로 저조하며, 이러한 상황은 우리나라가 비영어 국가이기 때문에 갖게 되는 태생적 한계점으로 인한 것이기도 하다고 주장한다(한영옥, 2007). 그럼에도 우리나라는 해외 유학생의 유치가 국가와 학문 그리고 대학의 발전에 중요한 사안이기 때문에 앞으로도 해외 유학생 유치를 위한 관심과 노력은 계속될 것이다. 특히 중국을 비롯한 동남아 국가의 학생들에게는 우리나라가 근접성을 갖춘 자본주의 선진국가이고, 최근의 한류열풍으로 인한 긍정적 이미지로 비영어권이라는 한계점을 극복할 수 있는 장점도 있다.

유학생 유치사업은 단기적으로 이루어질 수도 있고 장기적으로 이루어질 수도 있다. 유학생 유치가 장기적인 국가 및 대학의 사업으로 자리 잡기 위해서는 단기적인 홍보도 중요하지만 유학생 지도의 질적 관리를 통한 긍정적인 명성을 확보하고 유지하는 것이 더욱 중요하다. 유학생은 본국으로 귀국하여 자국의 리더로서 활동할 잠재 역량이 큰 집단이기 때문에 유학생에 대한 심리적 서비스는 장기적으로 볼 때 국제적인 친선을 위해 유익하기도 하다.

그러나 캠퍼스 곳곳에서 보이는 유학생들은 한국인들과 원만하게 섞이지 못하고, 자기네 민족끼리 소집단을 이루어 어울려 다니거나 혼자서 다니는 모습이 많이 보인다. 또한 지도교수와 함께 협업을 하거나 지도교수를 찾는 비율이 매우 낮다. 기본적인 학사행정이나 학칙을 지키는데도 한국 문화에 대한 이해와 안내가 필요하지만 그들은 도움을 요청하려 하지 않는다. 그나마 이공계 대학의 경우 대규모 실험을 팀 작업으로 진행해야 하기 때문에 어울릴 수 있는 공식적인 제도가 마련되어 있지만, 학교 풍토와 의사소통의 곤란 및 사제 또는 선후배 관계에 대한 서로 다른 기대로 인해 오히려 불화를 겪는 경우도 있다. 서로 악의가 있는 것도 아닌데 문화 차이로 인하여 상대방의 행동을 오해하게 되고 그것을 개인적인 속성으로 귀인하여 상처받는 경우가 많다. 이런 경우 한국 학생이나 지도교수는 주변의 지원체제를 활용하여 스트레스를 해소하기가 비교적 쉽지만, 유학생의 경우는 자국 출신의 소수 유학생들과의 대화가 거의 유일한 창구가 되므로 그들을 위해 대학 내 유학생 상담실이 갖추어지고 적극적인 홍보가 이루어져야 할 것이다.

3. 다문화상담의 특징

다문화상담의 특징은 전통적인 상담에서 어떤 부분을 뚜렷하게 부각시키거나 전통적인 상담에 반대되거나 전통적인 상담에서 고려되지 않던 사항들을 고려하게 된다는 점에서 찾을 수 있다. 여기에서는 다문화상담의 특징을 협력적 상담관계 형성의 어려움과 필요성, 추수상담의 절대적 필요성, 맥락적 상담목표의 설정, 진단에 대한 자세와 진단과정에서의 유의사항 등으로 살펴보고자 한다.

1) 상담관계

상담자와 내담자가 원만한 상담관계를 맺는 것은 모든 상담과정에서 필수적인 일이다. 그러나 다문화상담에서는 상담관계가 더욱 강조된다. 그 이유는 상담자와 내담자의 성장 배경이나 그에 따른 세계관의 차이가 큰 다문화상담에서 서로 신뢰하고 자신의 모습을 개방하는 상담관계를 맺는 것이 그만큼 어려운 일이기 때문이다. 아시아 사람들은 미국에서 상담자를 찾지 않으려는 경향이 강했는데(Fong, 2003), 현재 우리나라의 상황에서도 이주민들이 상담자를 찾지 않으려는 경향을 보일 것이다.

이러한 현상은 Fong이 밝힌, 아시아계 미국인들이 상담자를 찾지 않으려 하는 이유들을 살펴보면 더 분명해진다. 아시아계 내담자들이 상담자를 찾지 않는 이유는 우선 자신에게 정신건강에 문제가 있음을 인식하거나 인정하지 않기 때문이다. 둘째, 도움을 받으면 그로 인해 오점이 남게 될까 봐 두렵기 때문이다. 셋째, 주류문화 상담자와의 상담과정에서 자신들의 전통적인 치료행동에 대하여 부정적인 언급이 오가기를 원치 않기 때문이다. 마지막으로 상담자가 문화적으로 유능하지 않을 것이라고 추측하기 때문이다.

이러한 이유들을 살펴볼 때, 상담자들이 아시아계 내담자들에게 친근하게 다가가기 위해서는 그들의 정신병리를 암시하는 용어의 사용을 자제하거나 부득이하게 사용할 경우에도 각별히 유의해야 하고, 내담자의 비밀보장에 만전을 기하고 또 상담기록부를 안전하게 보관해야 한다. 아울러 내담자의 출신문화를 존중해야 하고, 내담자의 출신 문화권에서 이루어지는 토속적이고 다소 덜 과학적인 치유행위에 대하여도 존중해야 하며, 문화적 역량을 높여 가야 할 것이다. 즉, 다문화상담자는 상담관계를 맺기 위해서 문화적 역량을 강화하며, 타 문화에 대한 지식과 이해를 넓히는 의도적인 노력을 기울여야 한다.

이는 아시아계인 우리나라 내담자가 우리나라에서 상담을 받을 때에도 어느 정도 경험되는 현상들이다. 주로 아시아계 이주민으로 구성된 우리나라 다문화 인구들 또한 위와 같은 특징을 강하게 가지고 있을 것이다. 그들과 협력적인 상담관계를 맺기 위해서 상담자가 각별한 노력을 기울여야 소수민 내담자들을 도울 수 있을 것이다.

2) 추수상담

추수상담(follow-up)은 상담의 성과가 지속될 수 있도록 하고 내담자의 재발이나 후퇴를 막기 위해 상담을 종결한 후 상담자와 내담자가 별도로 만남을 갖는 것을 의미한다. 전통적인 상담의 과정에서도 추수상담은 포함되어 있다.

다문화상담에서는 추수상담의 중요성이 더욱 강조된다. 그 이유는 성공적인 상담과정을 통해 내담자가 자신의 문제를 해결하기 위한 구체적인 아이디어를 가지고 상담실을 나섰다 해도 실제 생활에 직면하면 자신의 아이디어를 실현하기 어려운 장애들을 많이 만나게 되기 때문이다. 이러한 장애가 소수민 내담자들에게는 더욱 빈번하고 크게 경험될 것이다. 전화 걸기, 대중교통 이용하기, 관공서 출입하기 등 자국민에게는 자연스러운 일상생활도 소수민 내담자들에게는 특별한 주의를 기울여야 하는 일들이 많이 있는데, 이런 일은 해외에서 얼마 동안 지내 본 경험이 있다면 누구라도 겪어 봤음직한 일이다.

그래서 다문화 내담자들에게는 추수상담이 필요하고, 경우에 따라서는 여러 번의 추수상담도 필요할 수 있다. 상담자를 찾는 것이 아직 자연스럽지 않은 이들이 추수상담을 마음 편하게 요청하도록 하기 위해서는 상담종결 시에 추수상담에 대한 안내를 분명히 해야 한다. 상담에서 이미 논의되고 결정된 일이라 할지라도 일상생활에서 실천하는 과정에서 장애에 부딪히면 마음 편안하게 상담자에게 다시 도움을 요청할 수 있음을 알려야 한다.

3) 상담목표

다문화 내담자와 상담의 목표를 설정할 때는 내담자 개인만을 고려하는 것에서 더 나아가 그 목표를 실현했을 때 내담자가 자신의 가족 맥락에서 생활하면서 얼마나 혜택을 얻을 수 있는지에 주목해야 한다. 또한 상담목표가 내담자의 주류사회 적응에 도움이 되어야 할 뿐 아니라 이중문화 정체성을 확고히 하는 데도 도움이 되어야 한다. 이중문화 정체성은 아버지와 어머니가 민족, 인종, 국가 등에서 서로 다른 배경을 가지고 있을 때 자신에게 아버지의 배경과 어머니의 배경 모두가 통합되어 있음을 수용하고 편안하면서도 긍정적으로 인정하는 것을 말한다.

선진국 출신이 아닌 결혼이민 여성의 경우 자녀에게 모국의 언어나 가치관을 전달하지 않으려고 하는 경우가 있다. 스스로 그렇게 결정하기도 하고 남편과 가족의 강압에 의해 타의적으로 결정을 내리기도 한다. 대개는 자의반 타의반으로 한국적 정체성만을 자녀에게 의도적으로 심어 주는 경향이 있는데, 이로 인해 국제결혼가정 자녀들은 정체성의 혼란을 심하게 겪는다. 이는 자신의 외모는 어머니와 아버지를 모두 닮았고 분명히 어머니와 가장 가까운 정서적인 접촉을 하고 있는데 의식적으로는 어머니의 모습을 부정해야 하는 데서 오는 혼란이다.

이런 이유로 상담자는 국제결혼가정 자녀의 정체성 형성을 도와야 한다. 내담자의 긍정적 정체성 형성을 위해 어머니 나라와 아버지 나라 모두의 긍정적인 면을 인정하고 부각시켜 주어야 한다. 이러한 노력은 모든 상담과정에서 나타날 수 있는데, 특히 상담목표를 설정할 때 유의해야 한다. 가령 상담목표를 이루면 아버지에게는 칭찬을 받지만 어머니를 슬프게 하거나 혹은 어머니에게는 칭찬을 받지만 아버지에게는 꾸중을 들을 것으로 예측된다면, 다문화상담에서는 그 목표가 상담의 목표로서 타당한 것인지를 신중하게 검토하여 목표를 개선하거나 바꾸어야 할 것이다.

4) 진단

다문화상담에서는 내담자를 진단할 때 매우 신중해야 한다. 특히 내담자에게 병리가 있음을 암시하는 진단을 내려야 할 경우에는 내담자의 문화적 맥락을 충분히 고려하여, 상담자가 내담자 개인의 부정적인 특징으로 지목하는 어떤 특성이 내담자의 문화에서는 자연스럽게 받아들여지는 것은 아닌지 충분히 검토해야 한다. 이런 점에서 다문화상담자는 상담과정이나 성과를 평가하거나 내담자를 진단할 때, 외부자적 관점(etics)과 내부자적 관점(emics)을 이해하고 내부자적 관점을 취하도록 노력할 필요가 있다. 외부자적 관점은 여러 문화를 관통하는 보편적인 진리가 있어서 이 보편적인 문화 규준에 의해 행동과 동기를 평가하려는 관점이다. 내부자적 관점은 문화에 따라 진리가 결정된다고 보고, 개인의 행동을 그의 특정 문화가 가지는 가치, 신념 그리고 사회적 분위기에 의해 판단해야 한다고 주장한다(Wherly, 1995).

상담자들이 진단도구로 사용하는 심리측정 도구들은 한국어로 되어 있기 때문에, 한국어로 된 심리검사를 소수민 내담자들에게 실시하여 그들의 능력, 정서 상태, 성격 특성들을 명명하고 기술하는 일은 가급적 피해야 한다.

차후로는 다문화상담에 대한 인식이 깊어지면서 많은 측정도구가 내담자의 자국어로 번역이 될 것이다. 내담자의 자국어로 된 심리검사라 할지라도 각 검사 문항의 의미가 내담자의 문화권 내에서는 어떻게 이해되는지를 충분하게 검토하여 타당화 과정을 거친 검사라는 것을 확인하기 전에는 사용을 가급적 자제해야 한다. 게다가 타당화 과정을 거친 심리검사라 할지라도 내담자에게 제작자의 의도와 달리 이해되는 문항은 없는지 검토하면서 검사를 실시하고 해석해야 한다.

다문화상담에서는 진단보다는 내담자의 세계를 이해하려는 접근이 더 타당해 보인다. 이런 점에서 사회구성주의 철학을 근거로 한 상담자의 태도인 '알지 못함의 자세(not-knowing posture)'를 활용하는 것이 매우 바람직하다. 알지 못함의 자세는 내담자를 자기 세계의 전문가로 인정하고, 문제 해결의 열쇠가 내담자의 내부에 있음을 확신하여, 내담자의 세계에 상담자가 동참하여 내담자의 어려움에 공감함과 아울러 문제 해결 방안을 탐색하는 것이다. 알지 못함의 자세는 문화 차이로 인한 내담자의 행동을 개인적인 문제행동이라고 명명하거나 무의식중에 내담자에 대한 편견과 차별에 개입하는 일로부터 상담자를 보호해 줄 것이다.

4. 다문화상담의 원리

Sue(1992)는 현대 상담이론들의 주요 약점은 서구유럽 중심의 개인주의적 가치관에 지나치게 편중되어 있다는 점과 여러 인간의 조건들 중 한 부분에만 집중하여 다른 측면들은 간과하거나 극소화한다는 점이라고 주장한다. 느낌을 강조하는 인본주의적 실존주의 이론, 사고를 강조하는 인지적 이론들이 있는가 하면, 행동을 강조하는 행동주의 이론, 가족 체제와 구조를 강조하는 사회적 이론들도 있다. 이 대부분의 이론은 인간은 느낌, 행동, 사고 및 사회적 존재이면서도 그보다 훨씬 더 생물학적, 문화적, 정신적, 정치적 존재임을 인식하지 못하고 있다고 비판한다.

한국 사회에서 다문화상담은 세 가지 측면에서 그 의미가 크다(Sue, Ivey, & Pedersen, 1996). 첫째, 한국 사회에서 활동하고 있는 대다수의 상담자는 주로 북미문화에서 발달한 주요 상담이론을 배워서 활용하고 있다. 이로 인해 동서문화 차이를 세심하게 고려하지 못한 채 상담을 실시하여 내담자에게 피해를 주기도 하기 때문에 다문화적 관점이 필요하다. 둘째, 한국의 문화도 세분하면 다양한 문화로 분류할 수 있기 때문에 내담자의 문화에 보다 적절한 상담방법을 찾고 활용하려는 노력이 필요하다. 셋째, 결혼이주민, 외국인 근로자, 유학생 등으로 인하여 한국 사회도 이미 다문화사회가 되었고, 그들 사이에 문화적 충돌이 일어나는 가운데 다문화적 접근은 이주민 당사자들뿐 아니라 그 가족과 주변 사람들을 돕는 데 필수적으로 요구되고 있다.

다문화상담은 문화적 존재로서의 개인을 돕기 위한 통합적 관점 아래 수행되어야 하며, 전체적이고 포괄적인 관점을 확보하기 위해 다음에 제시된 사항들을 고려해야 한다(Sue et al., 1996).

1) 도움의 범위가 포괄적이어야 한다

상담은 전통적인 심리적 모형과 의학적 모형뿐 아니라 교육적 기능이 추가되어야 하며, 문화마다 독특한 개인의 내적 자원을 충분히 활용할 필요가 있다. 교육적 모델에서는 내담자를 '어려운 상황에 놓인 건강하고 정상적인 사람'으로 본다. 상담자의 임무는 그 어려움을 이겨내는 것을 '가르쳐 주는 것'이고, 내담자의 임무는 그 상황을 건설적으로 이겨내는 방법을 '배우는 것'이다. 비서구적 문화에서는 교사의 도움을 받는 것은 성장을 위해 유익한 일임을 인정하는 대신 정신건강 전문가로부터 '정신적' 문제에 도움을 받는 것은 내담자의 사회적 지위를 떨어뜨린다는 신념이 있다. 그러나 교사의 경우 학생의 사회적 지위를 향상시키는 방법으로 지도와 학습의 기능을 제공하기 때문에, 상담에 교육적 모델을 적용하는 것은 비서구인을 주축으로 하는 다문화상담에 매우 유용할 수 있다.

때때로 내담자들은 자연적 지지체제와 같은 자기치유(self-righting) 기제를 사용하여 자신의 내적 자원으로부터 도움을 받기도 한다. 그리고 어떤 문화에서는 스트레스 상황에서 자기 치유적 양식을 활성화하여 꿈, 해리 상태, 종교적 체험, 심지어는 정신병적 반응과 같은 변화된 의식 상태를 경험하게 하는 것이 허용되기도 한다. 이런 문화권에서는 정신적인 지도자들이 내담자의 자기치유 기제를 활용하여 심리 내적 자원을 강화시켜 치유를 이끌어 내기도 한다. 최근에는 이러한 방안들이 서구식 모델에 도전을 하기도 한다. 이러한 자기치유 기제에는 종교적 체험도 포함된다.

2) 문화를 포괄적이고 역동적으로 정의해야 한다

우리 각각은 모두 수천 가지의 다른 문화에 소속되어 있다. 이런 다양한 문화적 정체성을 가지고 각자는 서로 다른 자신만의 문화적 맥락에 적절하게 반응하며 산다. 그러나 문화가 너무 복잡하다 보니 교사, 행정가, 연구자, 서비스 종사자들이 문화적인 공통점과 차이점을 무시하며 각자의 관점에서 상황을 해석하고 주장하게 되었고, 주류문화의 차별과 억압이 생겨나게 되었다.

그러나 행동은 그것이 일어난 문화적 맥락에서 가장 잘 이해될 수 있다. 문화를 포괄적으로 보게 되면 다른 입장에서 볼 때 서로 근본적으로 다르거나 적대적이라고 볼 수 있는 두 사람이나 문화집단 사이에 공유하는 특징을 논의하는 장을 마련할 수 있다. 포괄적인 관점에서 문화는 외적인 것이 아닌 개인 내부에 있는 것이며, 다른 학습된 능력과 분절되는 것이 아니다. 문화를 이해하기 위해서는 높은 수준의 자기 이해가 있어야 한다. 문화적 자기이해를 향상시키는 것은 다양한 문화적 관점으로 각 상황을 이해하고 심각한 부정적인 결과를 예방하기 위해 상담자들이 반드시 해야 할 의무사항이다.

3) 확대된 관계체계와 전체적인 시각에서 도움방법을 모색해야 한다

유럽-북미 중심의 개인주의는 서구적 · 과학적 연구방법인 분석적 환원주의, 정상에 대한 개념, 개인주의, 자율성, 성숙, 일대일 치료관계 등에 분명하게 나타난다. 그러나 다문화상담에서 대부분의 내담자는 집단적인 세계관을 갖고 있기 때문에 치료와 도움을 받기 위해 지역사회 자원을 찾으려 한다. 그런 점에서 서구의 개인주의적인 인식은 인간과 상황의 관계를 맺지 못하고, 결국 지역사회의 풍부한 자원을 활용하지 못하게 할 수도 있다. 내담자가 활용할 수 있는 풍부한 자원에는 확대가족, 이웃, 영적인 지도자, 정부관리, 기타 많은 사람이 포함된다. 많은 다문화상담 이론가는 내담자가 처한 환경, 내담자가 특정 행동을 하게 된 맥락과 맥락 간의 역동성이 다문화상담 이론의 중심이 되어야 한다고 주장한다. 개인상담을 하든 가족상담을 하든 더 큰 체제에 대한 자각과 행동으로부터 시작해야 한다는 것이 다문화상담 이론가들의 의견이다.

4) 평가에 함의된 사회정치적 맥락을 이해해야 한다

도움을 주는 방법에 대한 평가는 주류문화가 표현하는 정치적 의견에 의해 좌우될 수 있음을 인식해야 한다. 예를 들어, 아시아와 서구의 심리학 모두는 발달에 초점을 두지만, 아시아에서는 초월적인 관점과 행복의 발달에 초점을 두는 데 비해 서구에서는 정신병리와 신체/정신 발달에 초점을 둔다. 서구의 모델은 초월적 · 신비적 경험을 병리적으로 해석하는데, 그것은 서구의 모델이 다른 문화에 대하여는 부적절하다는 것을 나타낸다.

이러한 평가는 결국 문화적 차이에 의해 설명될 수 있다. 지금까지 문화의 차이는 주류문화의 우월성을 부각시키기 위한 '유전적 결함' 모델로 설명되어 온 경향이 있다. 이것이 소수집단을 '그들의' 문화로 인해 결핍 또는 불이익을 당하는 것으로 보는 '문화적 결함' 모델과 연합되었다. 이로 인해 소수집단은 전문 상담자와 치료자들에게 잘 알려지지 않았고, 문화에 대한 논의가 중요 이슈로 부각되지 않았으며, 소수집단의 관점들은 연구문헌에 제시될 기회를 얻지 못하였다. 그 결과, 상담전문가는 소수집단 사람들에게 신뢰를 잃게 된 것이다.

다문화상담자는 서구적 조력방법이 우월하다고 생각하는 평가체제 속에 서구 중심의 주류문화가 생성해 낸 사회정치적 맥락의 효과가 포함되어 있음을 인지하고, 사회정치적 맥락을 초월하여 내담자에게 도움이 되는 조력방법을 선택하는 지혜를 가져야 한다.

5) 문화의 복합성을 이해해야 한다

문화는 복합적이지만 혼란스럽지는 않기 때문에 문화의 유형을 깊이 이해하면 그 복합성을 다룰 수 있다. 사회과학에서 복합이론(Waldrop, 1992)은 물리학의 혼돈이론에서 비롯되었으며, 그간 심리치료의 주류를 형성해 왔던 선형적이고 환원적인 사고에 대해 현대사회의 문제를 다룰 수 없는 접근이라고 비판한다. 혼돈과 비선형적 역동이 다문화상담 이론에 적용될 수 있는데, 내담자들이 당면한 다문화적 맥락에서 드러나는 혼돈 상태를 이겨내도록 이끌어 주기 위해서는 변화를 촉진할 수 있는 새로운 패러다임이 필요하기 때문이다.

대부분의 상담에서 혼돈은 출발점이며, 상담자는 내담자가 삶에서 혼돈을 만나고 대응해 나가는 과정에서 동반자이자 안내자가 되어야 한다. 서구문화에서는 혼돈을 무시하거나 해소해 버리는 경향이 있어서 이런 수준의 복합성을 다루는 개념적 도구가 부족한 형편이다. 이에 비서구 문화에 관심을 기울여서 유기체적 질서의 복합성도 다룰 수 있는 도구를 찾으려고 시도해야 한다. 복합성과 혼돈 상태의 상호작용은 예상하지 못했던 역설적인 그리고 맥락적인 설명을 요구한다.

6) 구성주의적 관점을 채택해야 한다

상담의 과정에서 문화적 맥락을 중심에 놓게 되면 인간 행동에 대한 새로운 이론적 설명이 가능해진다. 문화를 중심에 두는 접근은 문화적 맥락이 인간의 행동을 통제하고 설명한다고 보며, 문화적으로 학습된 기대와 가치에 초점을 둔다.

상담의 '구성주의자' 관점에서 개인은 유일하고 안정적인 실체에 직접 접근할 수 없으며, 대신 문화적인 영향을 받고 주변 사람들과 관계를 맺으며 실체를 주관적으로 인식하는 존재다. 지식에 대한 주관적 이해에서는 개인적인 현실과 구성된 의미가 중요해진다. 이러한 구성주의적 관점에서 보면 실체는 절대적인 진실에 기초하기보다는 문화적 맥락에서 복합적이고 역동적인 관계에 대한 이해에 기초한다. 인생이란 문화적 자아가 문화적 맥락 속에서 위치를 찾아가는 이야기와 규칙을 서술하는 것이다. 사회문화적 맥락이 변화하면 각 개인은 의미 있는 실체를 재구성하게 되고, 자아는 그 문화에 동화하고 적응하기 위해 변화한다.

인생은 각자가 이야기의 맥락에서 자신을 배우로 볼 때 의미 있게 보게 된다. 이야기의 맥락은 문화적 이야기, 종교적 서술, 가족의 신화, 과학의 발전, 정치운동 등 그 어떤 것도 될 수 있다. 인생 전반기에는 개인이 어떤 인생 이야기대로 살 것인지를 선택할 수 있는데, 후반기에는 대략 그 이야기대로 살았다는 것을 알게 된다(Howard, 1991). 인생 이야기의 맥락 속에서 각 사건은 원인인 동시에 결과이며, 개인의 역할은 협상에 따라 달라진다. 상담자는 내담자에게 도움을 주기 위해 새로운 환경을 구성하고 그것에 참여한다.

상담이 주류사회 집단의 관점을 암묵적으로 나타내는 단일한 이해의 틀을 사용하여 마치 중립적이고 이성과 합리성을 반영하며 진리 자체를 포함하는 경험적 자료를 계속 수집하는 것처럼 행동한다는 비난에서 벗어나 적합성을 확보하기 위해서는 문화적으로 다른 사람의 맥락에 기초한 주관적인 구성주의적 관점과 맥락적 관점을 포함해야 한다.

5. 다문화상담자의 자질

다문화상담자는 전통적인 상담훈련을 이미 충분히 받은 사람들이어야 한다. 다문화상담은 정신분석, 인간중심, 인지행동주의에 이어 상담에 등장한 제4세력이다(Sue et al., 1996). 정신분석 이후의 상담이론들이 정신분석에 대한 비판을 자신의 이론적 기초로 삼아 발전하였듯이, 전통 상담이론들이 갖는 한계는 다문화상담의 이론적 토대가 된다. 다문화상담의 관점에서 비판하는 것은 전통 상담이론들이 갖는 개인주의적 한계와 주류문화의 정치적 힘에 의해 객관적 실체가 있는 것처럼 꾸며지고 소수민에게 억압적으로 강요되는 기본 관점상의 사항들이다. 따라서 다문화상담자의 자질을 논하며 전통 상담을 비판한다는 것은 전통 상담이론이나 기법을 버리라는 뜻이 아니고 전통 상담의 토대 위에 평등과 존중, 상대성의 관점을 보완하여 조력자로서의 역할을 보다 충분히 이행하라는 뜻이다. 전통 상담이론이나 기법을 숙지한 상담자가 다문화상담자로 발전하기 위해서는 문화적으로 유능해져야 한다.

문화적으로 유능한 상담자의 특징에 대하여는 여러 연구자가 언급해 왔다(Cross, Bazron, Dennis, & Isaacs, 1989; Sue, Arredondo, & McDavis, 1992; Sue & Sue, 2003). 그들이 주장하는 문화적으로 유능한 상담자는 자신과 내담자의 문화적 특성에 대하여 충분히 알고, 수용적인 태도로 문화 차이를 인정하며, 문화 차이에 대한 이해를 상담 실제에서 실천하는 것이다. Sue 등(1992)이 제안하고 수정하여 미국상담학회 산하 다문화상담 및 발달협회(Association for Multicultural Counseling and Development: AMCD)에 소개한 문화적으로 유능한 상담자의 특징은 성상환 등(2009)이 이미 소개하였으므로, 여기에서는 Cross 등(1989)이 제시한 문화적으로 유능한 상담자의 다섯 가지 기술 영역을 소개하고자 한다.

1) 차이에 대한 자각과 수용

모든 내담자가 가지고 있는 개인적이고 독특한 차이들을 인식하는 것에 더하여, 문화적으로 유능한 상담자는 내담자의 세계관과 활동 속에 존재하는 문화적 차이에 대해서도 알아야 한다. 이 과정은 문화적 다양성을 인정하는 태도를 발달시키기 위해 필수적이다. 서구 지향적 상담은 중요한 문화적 차이에 대하여 인식하지 않은 채로 문화적으로 다른 인구집단에 보편적으로 적용될 수 없다. 내담자와 자신의 심리적 특성, 사고방식, 행동방식, 해석방식 등의 차이를 인식하지 못하는 상담자는 타인의 세계관을 수용하기 위한 학습을 해야 한다. 문화적으로 유능한 상담자는 인간 행동의 잘잘못을 판단할 때 상담자가 가지고 있는 가치와 가정들을 인식하는 능력, 많은 학파의 상담이론에 공통된 상담의 일반적 특징에 대한 자각력, 압제와 인종주의 같이 문화적으로 다른 내담자의 정체성과 관점에 영향을 미치는 사회정치적 힘에 대한 이해력, 내담자가 가진 세계관의 타당성을 부정하지 않고 공유하면서 진정한 절충주의적 상담 접근을 실천해야 한다(Sue, 1978).

2) 자기 인식

자기 인식력을 갖기 위해 상담자는 소수민을 공감하기 어렵게 만드는 선입견을 인식해 낼 줄 알아야 한다. Axelson(1993)은 다문화사회에서 상담자의 능력을 증진하기 위해 필요한 기본적인 자기 인식의 초점들을 네 가지로 제안하였다. 그것은 ① 모든 인류는 사고, 감정, 행동에 대하여 유사한 능력을 가지고 있음을 인정하기, ② 다른 집단 사람들 간의 차이점과 유사점을 연구하고 그들의 독특한 요구와 문제들을 알기, 즉 몇몇 문화에 대한 지식을 갖기, ③ 개인이 중요한 흥미 대상과 관계 맺는 방식, 어떤 개인적인 생각들을 가지고 있는지, 자신의 세계관을 어떻게 형성하는지에 대하여 알기, ④ 상담과정 동안 경험을 통해 내담자에 대한 독특한 인상을 형성하는 데 위의 세 단계 혼합하기다.

3) 차이의 역동에 대한 대응

차이의 역동도 자기 인식과 관련된다. 이 기술은 상호작용하고 의사소통하는 방법에 내재한 문화 간의 미묘한 차이들을 상담자가 알고 있음을 보여 주는 기술이다. 예를 들어, 시선 접촉은 다양한 의미를 갖는다. 어떤 문화에서는 대화할 때 시선 접촉을 피하고, 어떤 문화에서는 시선 접촉을 기대한다. 상담자는 적절한 문화적 상담기법을 적용하여 문화 간 차이에 대하여 알고 있음을 전달할 수 있다. 내담자의 말투에 자신의 말투를 맞춰 주거나 내담자가 사용하는 호칭을 함께 사용해 주는 등의 행동은 상담자가 내담자의 문화를 잘 이해하고 있음을 나타내 준다.

4) 내담자의 문화에 대한 지식

상담자는 내담자의 문화적 경향에 익숙해짐으로써 상담에 대하여 준비해야 한다. 내담자의 출신국, 사회정치적 맥락, 선호하는 언어, 종교, 가족 역할, 성역할, 적절한 행동에 대한 문화적 가설, 문화적 가치와 이념, 계층에 대한 정의, 관계에서의 힘, 직업 역할, 관습, 전통 등을 알아야 한다. 내담자의 문화에 대하여 아는 것은 상담과정, 특히 생산적인 상담 성과를 얻는 데 필수적으로 요구되는 상담자와 내담자 사이의 협동적 관계의 발달과 직결된다.

5) 상담기술의 문화적 적용

내담자의 문화적 가치에 보다 잘 맞추기 위해 상담 프로그램과 개입 전략을 개선하는 과정이다. 상담자는 내담자의 문화적 배경에 익숙해야 한다. 집단주의 문화 출신의 내담자들은 가족이 모든 결정에 참여하기를 기대하고, 상담자가 이러한 기본적 욕구를 무시하면 매우 무능해질 우려가 있다. 상담자는 방법, 절차 그리고 자료의 문화적 적절성을 확보하기 위해 매 단계의 상담과정을 조심스럽게 검토하고 평가할 필요가 있다.

6. 상담자의 문화적 역량 개발

유능한 다문화상담자가 되기 위해서는 상담자의 문화적 역량을 개발해야 한다. '문화적 역량'의 사전적인 의미는 '문화와 관련된 어떤 일을 해낼 수 있는 힘'인데, 다문화사회에서 문화적 역량은 개별 구성원의 문화적 다양성을 감당하며 다양성으로 인해 벌어지는 여러 가지 상황에 대처하는 일을 해낼 수 있는 능력을 나타낸다(구자경, 임은미, 2009).

지금까지는 다문화상담의 주요 활동이 다문화 인구를 파악하고, 소수민들이 한국 사회에 정착하는 과정을 돕는 상담 프로그램이나 개인상담의 실시 정도로 이루어지고 있다. 상담자들은 국제결혼이주여성 지원센터나 청소년상담기관, 학교상담실 등에 투입되어 아직은 개별 학교나 지역에는 소수로 존재하는 다문화 내담자들을 만나고 있다. 소수민들의 고충에 귀 기울이고 들어주며, 그들이 적응하도록 돕는 정보를 제공하거나 위로해 주며, 심층적인 대화들을 실시하는 것도 매우 중요한 일이다.

그러나 상담자 자신의 다문화적 역량을 기르는 데는 아직 본격적인 노력을 기울이지 못하는 것이 현실이다. 상담자 자신의 다문화적 역량이 길러져야 문화 차이로 인해 달라지는 내담자의 세계관에 대한 보다 깊은 이해를 바탕으로 내담자와 상담 협력체계를 구축하고, 내담자의 입장에서 효과적인 상담목표를 설정하며, 목표설정 과정에서 부딪히는 난관들을 극복할 수 있는 실질적인 도움을 줄 수 있을 것이다. 전국 교육대학이나 사범대학 또는 교원연수원에서 예비교원이나 교원을 대상으로 다문화 교육에 관한 강좌를 개설하고 운영하는 사업은 어느 정도 이루어지고 있다. 그러나 그것으로는 상담자의 다문화적 역량을 기르기에 매우 미흡할뿐더러 전체 교사의 다문화적 역량을 기르는 데도 한계가 있다.

최근에 발표된 한 프로그램(구자경, 임은미, 2009)은 교사의 다문화 역량을 개발하기 위한 취지에서 개발된 10회기 집단 프로그램이다. 프로그램의 주요 요소로서 다문화 이슈를 내포하는 사례를 제시하고 사회적 억압과 차별에 대해 개인이 취할 수 있는 여덟 가지 유형의 행동에 비추어 현재 자신의 문화적 역량을 점검하면서 점차 높은 문화적 역량을 함의하는 행동을 취할 수 있도록 인도하는 활동을 포함하고 있다. 사회적 억압과 차별에 대한 여덟 가지 반응 유형은 미국 워싱턴 대학에서 실시하고 있는 다문화 역량강화 프로그램인 집단 간 대화(intergroup dialogue; Nagda, 2001)
에서 구분한 문화적 대응의 표현으로서, 문화적으로 다수에 속하는 구성원들이 다양
한 문화적 갈등 상황에 처하여 차별당하는 소수집단 혹은 소수자에 대해 어떻게 대
하고 있고 어떻게 대처해야 하는지를 잘 보여 주고 있다. 이 여덟 가지 반응 유형은
능동적으로 억압과 차별에 참여하기, 부인하기/무시하기, 인식하지만 행동하지 않
기, 인식하고 행동하기, 자신을 교육하기, 타인을 교육하기, 지지하기/격려하기, 주
도적으로 행동하기/예방하기다(구자경, 신은주, 2009).

　　Johann은 다문화적 역량을 강화하기 위해서는 자아성찰의 능력, 문화 간 소통능
력, 각 문화 고유의 규범과 가치들에 대한 성찰과 관용 능력 등을 함양하는 것이 우선
적이라고 하였다. Johann은 다문화 역량을 강화하기 위한 능력들을 키우기 위해서
구체적인 실천적 방법들을 서술하고 있다. 예를 들면, 편견과 고정관념에 대한 감수
성을 함양시켜 인종주의에 대항하는 방법을 가르치는 훈련이나, 자신의 행위 또는
행동에 대한 성찰을 훈련하는 일, 다문화 갈등에 대하여 반응하는 훈련, 다문화사회
와 정체성 형성 및 이중언어성, 이민과정과 이민정책 등에 대한 지식 습득, 실천 현
장에 필요한 창조적 방법의 사용 등이 구체적인 실천방법으로 제시되고 있다(이민희,
2008: 구자경, 임은미, 2009 재인용).

　　정진경과 양계민(2005)은 다양한 문화적 배경을 지닌 사람들이 서로 접촉하는 과
정에서 발생하는 문화적 충격과 그로 인한 오해와 갈등을 예방하기 위하여 사전에
준비시키는 문화 간 훈련의 이론과 방법을 개관하였다. 이 연구에서는 문화 간 훈련
의 내용과 방법을 인지, 행동, 정서의 세 가지로 구성한다. 인지적인 방법에 해당되
는 구체적 기법으로는 강의와 문헌 자료, 컴퓨터 프로그램, 시청각 자료(필름), 자기
평가, 사례연구, 위기사건 대응연습 등이 있다. 행동적인 방법에는 역할극, 시뮬레이
션 게임, 현장체험 등이 있다. 그리고 정서적 방법은 사람들이 타 문화를 접하면서 불
편함, 낯설음, 불쾌함 등을 경험할 때 그러한 부정적 정서반응을 다루고 극복하는 것
에 초점을 두는 기법들로 구성된다(구자경, 임은미, 2009 재인용). 이제 초보단계로 이
루어지고 있는 상담자의 문화적 역량강화사업들이 활발하게 펼쳐지고 결실을 거두
게 되면 그만큼 진정한 의미의 다문화상담이 이루어지고, 다양한 문화권 출신의 사
람들이 서로를 인격적으로 존중하며 당면문제를 해결하고 자아성장을 이룰 수 있는
기초를 마련할 수 있을 것이다.

✿ 참고문헌 ✿

교육과학기술부(2009a). 다문화가정 자녀 현황. 교육과학기술부 교육복지정책과 내부자료.

교육과학기술부(2009b). 탈북청소년 지원정책 보도자료. 교육과학기술부 교육복지정책과.

교육과학기술부(2009c). 연도별 국내 외국인 유학생 수: 외국인 유학생 통계(2009년도). 교육과학기술부 인재정책실.

구자경, 신은주(2009). 대학생의 문화적 역량개발을 위한 집단프로그램 사례 연구. 평택대학교 논문집, 23, 319-342.

구자경, 임은미(2009). 교사의 문화적 역량 향상을 위한 집단 프로그램. 평택대학교 다문화가족센터.

김홍운, 김두정(2007). 한국 사회의 다문화 현상과 교육적 과제. 충남대학교: 인문학연구, 34(3), 153-176.

법무부(2009). 자주 찾는 통계 2009년 3분기. 법무부 출입국외국인정책본부.

법무부(2010a). 국적별 체류외국인 현황: 자주찾는 통계 2010년 1분기. 법무부 출입국외국인정책본부.

법무부(2010b). 국제별 결혼이민자 체류현황: 자주찾는 통계 2010년 1분기. 법무부 출입국외국인정책본부.

법무부(2010c). 취업자격외국인 국적별 현황: 자주찾는 통계 2010년 1분기. 법무부 출입국외국인정책본부.

법무부(2010d). 국적별 유학자격(D-2) 체류현황: 자주찾는 통계 2010년 1분기. 법무부 출입국외국인정책본부.

설기문(1993). 다문화주의의 입장에서 본 상담의 토착화와 한국적 상담의 가능성. 동아대학교 학생생활연구소: 학생연구, 21, 43-61.

성상환, 김광수, 임은미(2009). 다문화가정 학생 지도교사를 위한 상담매뉴얼 개발 연구. 서울대학교 중앙다문화교육연구소.

신은주, 구자경(2008). 문화적 역량개발을 위한 매뉴얼. 평택대학교 다문화가족센터.

양계민(2009). 국내 소수집단에 대한 청소년들의 태도에 영향을 미치는 요인. 한국심리학회지: 사회 및 성격, 23(2), 59-79.

이민희(2008). 다문화 교육 프로그램 매뉴얼. 평택대학교 다문화가족센터.

임은미(2011). 진로상담이론의 한국적 적용. 다문화 상담. 서울: 학지사.

정진경, 양계민(2005). 문화간 훈련의 이론과 방법, 한국심리학회지, 24(1), 185-215.

통계청(2009). 북한이탈주민 입국자 수. 통계청 국가통계포털 북한통계.

한영옥(2007). 유학생 유치규모 결정요인에 관한 연구. 서울대학교 대학원 석사학위논문.

한정애(2009). 다문화가정 초등학생의 적응과정 분석. 경성대학교 대학원 박사학위논문.

Atkinson, D. R., Morten, G., & Sue, D. W. (1993). *Counseling American minorities:*

A cross-cultural perspective (5th ed., pp. 21–50). Dubuque, IA: McGraw-Hill.

Axelson, J. A. (1993). *Counseling and development in a multicultural society* (4th ed.). Pacific Grove, CA: Brooks/Cole.

Cross, T. L., Bazron, A., Dennis, K. W., & Isaacs, M. R. (1989). *Toward a culturally competent system of care.* Washington, DC: Georgetown University Child Development Center.

Fong, R. (2003). Culturally competence with Asian Americans. In D. Lum (Ed.), *Culturally competent practice* (2nd ed., pp. 261–282). Pacific Grove, CA: Brooks/Cole–Thomson Learning.

Howard, G. S. (1991). Culture tales: A narrative approach to thinking, cross-cultural psychology and psychotherapy. *American Psychologist, 46,* 187–197.

Nagda, B(Ratnesh). A. (2001). *Creating Spaces of Hope and Possibility: A Curriculum Guide for Intergroup Dialogue.* Intergroup Dialogue, Education and Action (IDEA), Training & Resource Institute, School of Social Work, University of Washington.

Perderson, P. B. (1991). Multi-culturalism as a generic approach to counseling. *Journal of Counseling and Development, 70*(5), 6–12.

Saldāna, D. (2001). *Cultural competency: A practical guide for mental health service providers.* Hogg Foundation for Mental Health: The University of Texas at Austin.

Sue, D. W. V. (1978). Counseling across cultures. *Personnel and Guidance Journal, 56,* 451.

Sue, D. W. V. (1992). The challenge of multi-culturalism: The road less traveled. *American Counselor, 1,* 7–14.

Sue, D. W., Arredondo, & McDavis, R. J. (1992). Multi-cultural competencies/standards: A call to the profession. *Journal of Counseling and Development, 70*(4), 477–486.

Sue, D. W., & Sue. D. (2003). *Counseling the culturally diverse: Theory and practice* (4th ed.). New York: Wiley.

Sue, D. W., Ivey, A. E., & Perdersen, P. B. (1996). *Theory of Multicultural Counseling and Therapy.* Pacific Grove, CA: Brooks/Cole. (김태호 외 역(2008). 다문화상담의 이론과 실제. 서울: 태영출판사.)

Waldrop, M. M. (1992). *Complexity: The emerging science at the edge of order and chaos.* New York: Touchstone.

Wherly, B. (1995). *Pathways to multi-cultural counseling competence.* Pacific Grove, CA: Brooks/Cole.

찾아보기

《인 명》

《내 용》

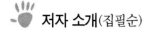
저자 소개(집필순)

▶ **김계현**
서울대학교 대학원 교육학과 석사(교육심리학 전공)
미국 오리건 대학교 대학원 상담심리학박사(상담심리
　학 전공)
전 서울대학교 학생생활연구소장
　　서울대학교 대학생활문화원장
　　한국상담학회회장(제2대)
　　위스콘신대학교 상담심리학과 교수
현 서울대학교 교육학과 교수

▶ **김창대**
서울대학교 대학원 교육학과 석사
미국 컬럼비아 대학교 교육대학원 상담심리학과 석
　사 · 박사
현 서울대학교 교육학과 교수
　　서울대학교 대학생활문화원 대학상담센터장

▶ **권경인**
서울대학교 대학원 교육학석사(교육상담 전공)
서울대학교 대학원 교육학박사(교육상담 전공)
전 서울대학교 대학생활문화원 연구원
　　서울대학교 교육연구소 객원연구원
현 광운대학교 상담복지정책대학원 상담심리치료학
　　　과 교수
　　광운대학교 학생상담실 실장

▶ **황매향**
서울대학교 대학원 교육학과 석사
서울대학교 대학원 교육학과 박사(교육상담 전공)
현 경인교육대학교 교육학과 조교수

▶ **이상민**
서울대학교 대학원 교육학과 석사(교육상담 전공)
미국 플로리다 대학교 일반대학원 상담학박사(학교
　상담전공)
전 미국 아칸소 대학교 상담학과 조교수
　　한국교육방법학회지 편집위원장
　　미국상담학회지 편집위원
현 고려대학교 사범대학 교육학과 부교수
　　세은심리상담연구소 자문교수

▶ **최한나**
미국 오하이오 주립대학교 대학원 석사(임상상담
　전공)
서울대학교 대학원 교육학박사(교육상담 전공)
전 한국청소년상담원 상담원
　　인천광역시 청소년상담지원센터 소장
현 숙명여자대학교 교육학부 조교수
　　한국상담학회 심리치료분과 이사
　　한국상담학회 기업상담분과 이사

▶ **서영석**
미국 미네소타 대학교 대학원 석사(상담심리학 전공)
미국 미네소타 대학교 철학박사(상담심리학 전공)
전 미국 미시간 주립대학교 상담센터 predoctoral intern
　　한국청소년상담원 상담교수
　　건국대학교 대학원 교육학과 조교수
현 연세대학교 교육학부 상담교육전공 주임교수
　　Asia Pacific Education Review Associate Editor

▸ 이윤주
서울대학교 대학원 교육학석사(교육학 전공)
서울대학교 대학원 교육학박사(교육학 전공)
현 영남대학교 교육학과 교수

▸ 손은령
서울대학교 대학원 교육학석사(교육상담 전공)
서울대학교 대학원 교육학박사(교육상담 전공)
전 서울대학교 학생생활연구소 상담원
　　전주대학교, 서원대학교 강의교수
　　대전 · 충남상담학회 부회장
　　미국 위스콘신 대학교 방문교수
현 충남대학교 사범대학 교육학과 교수
　　충남대학교 입학관리본부 부본부장

▸ 김용태
서울대학교 사범대학 교육학과 석사(상담 전공)
미국 풀러신학교 신학부 목회학석사
미국 풀러신학교 심리학부 결혼과 가족치료학박사
전 서울대학교 학생생활연구소 상담원
　　미국 트라이시티 정신건강상담소 인턴
　　한국상담학회 및 가족상담학회 학회장
현 햇불트리니티 신학대학원대학교 기독교상담
　　　학과 학과장
　　한국상담학회 심리치료상담학회 부회장 및 자격
　　　관리위원장

▸ 김봉환
서울대학교 대학원 교육학석사(교육심리 전공)
서울대학교 대학원 교육학박사(교육상담 전공)
전 한국기술교육대학교 교수
　　대통령자문 교육혁신위원회 전문위원
　　한국상담학회 학회지 편집위원장
현 숙명여자대학교 교육학부 교수
　　교육과학기술부 교육과정심의위원
　　진로개발 · 직업상담연구회장

▸ 김인규
서울대학교 대학원 교육학석사
서울대학교 대학원 교육학박사
전 한국청소년상담원 상담교수
현 전주대학교 상담학과 전공교수
　　전국대학상담학과협의회장

▸ 김동민
서울대학교 교육학과 졸업
University of Wisconsin-Madison(Ph.D.)
전 중앙대학교 교수학습지원센터 센터장
현 중앙대학교 교육학과 교수

▸ 임은미
서울대학교 대학원 교육학과 석사(교육상담 전공)
서울대학교 대학원 교육학박사(교육상담 전공)
전 전주대학교 상담학전공 조교수
　　한국청소년상담원 상담조교수
현 전북대학교 사범대학 교육학과 부교수

상담학총서

상담학개론

2011년 3월 15일 1판 1쇄 발행
2021년 4월 20일 1판 10쇄 발행

지은이 • 김계현 · 김창대 · 권경인 · 황매향 · 이상민 · 최한나 · 서영석
　　　　이윤주 · 손은령 · 김용태 · 김봉환 · 김인규 · 김동민 · 임은미
펴낸이 • 김진환
펴낸곳 • ㈜ 학지사
　　　　04031 서울특별시 마포구 양화로 15길 20 마인드월드빌딩
대표전화 • 02)330-5114　　　팩스 • 02)324-2345
등록번호 • 제313-2006-000265호

홈페이지 • http://www.hakjisa.co.kr
페이스북 • https://www.facebook.com/hakjisabook

ISBN 978-89-6330-648-3 93180

정가 20,000원

출판 · 교육 · 미디어기업 학지사

간호보건의학출판 학지사메디컬 www.hakjisamd.co.kr
심리검사연구소 인싸이트 www.inpsyt.co.kr
학술논문서비스 뉴논문 www.newnonmun.com
원격교육연수원 카운피아 www.counpia.com